KB030638

울산교육청 기출문제 7회 연속 최다 복원

늘봄·교무행정실무사

울산광역시교육청 교육공무직원 소양평가

전 직종 대비

직무능력검사+인성검사+면접

취업채널 저

북스케치

차례

Appendix 기출문제

2024년 울산교육청 기출문제 ······ 002
2022년 제2회 울산교육청 기출문제 ······ 016
2021년 제2회 울산교육청 기출문제 ······ 038
2021년 & 2020년 제1회 울산교육청 기출문제 ······ 053
2019년 제1회 울산교육청 기출문제 ······ 072
2018년 제2회 울산교육청 기출문제 ······ 079

Part 1 직무능력검사

Chapter 01 언어논리력

▶ 기본 이론 학습

01 어휘 관계 ······ 092
02 유의어 / 반의어 / 다의어 ······ 094
03 혼동하기 쉬운 어휘 ······ 105
04 한자성어 / 외래어 ······ 114
05 한글 맞춤법 / 표준어 규정 ······ 120

▶ 실전 연습 문제

01 기본 어휘력(단어의 의미) ······ 128
02 어휘 유추력(단어의 관계) ······ 146
03 어법, 맞춤법, 한자성어 ······ 156

Chapter 02 이해력

▶ 기본 이론 학습

01 글의 서술 방식 ······ 168
02 독해 기본 원리 ······ 168
03 유형 1 - 중심 내용 파악하기 ······ 172
04 유형 2 - 문장 순서 배열하기 ······ 173
05 유형 3 - 빈칸 채워 넣기 ······ 174
06 유형 4 - 내용 일치·불일치 ······ 176
07 유형 5 - 추론하여 파악하기 ······ 178

▶ 실전 연습 문제

01 글의 이해 ······ 181
02 글의 추론 ······ 203

Chapter 03 수리력

▶ 기본 이론 학습

01 기초연산 ······ 226
02 약수·배수 ······ 227
03 비와 비율 ······ 228
04 단위 환산 ······ 229
05 거리·속력·시간 ······ 229
06 농도 ······ 230
07 일의 양 ······ 230
08 금액 ······ 231
09 간격 ······ 231
10 나이 ······ 232
11 시계 ······ 232
12 경우의 수 ······ 232
13 확률과 통계 ······ 236
14 방정식 ······ 237
15 부등식 ······ 239
16 자료해석 ······ 240

▶ 실전 연습 문제

01 기초연산 ······ 243
02 응용계산 ······ 249
03 자료해석 ······ 264

Chapter 04 문제해결력

▶ 기본 이론 학습

01 수·문자 추리 ······ 284
02 논증 ······ 286

차례

03 명제 추리 ········ 287
04 참·거짓 추론 ········ 289
05 순서·위치·방향 추론 ········ 291

▶ 실전 연습 문제
01 수·문자 추리 ········ 293
02 명제·삼단논법 ········ 305
03 조건 추리 ········ 324

Chapter 05 공간지각력

▶ 기본 이론 학습
01 도형 개수 ········ 342
02 도형 회전 ········ 344
03 거울에 비친 모양이나 도장을 찍었을 때 모양 ········ 346
04 다면체 ········ 347
05 전개도 ········ 349
06 회전체와 절단면 ········ 352

▶ 실전 연습 문제
01 지각속도 ········ 356
02 도형추리 ········ 367
03 그림유추 / 종이접기 ········ 386
04 블록 ········ 400
05 전개도 ········ 413

Chapter 06 관찰탐구력

▶ 기본 이론 학습
01 자극과 반응 ········ 428
02 영양소 ········ 435
03 법정 감염병·가축 전염병 ········ 442
04 운동과 에너지 ········ 445
05 힘과 운동 ········ 453

▶ 실전 연습 문제 ········ 456

Part 2 인성검사

Chapter 01 인성검사 안내 ········ 484

Chapter 02 교육청별 검사 기준 ········ 486

Chapter 03 인성검사 실전 연습 ········ 487

Part 3 면접

Step 01 면접 준비의 A~Z! ········ 502

Step 02 상황별·주제별 답변 Skill ········ 504

Step 03 교육청·직종별 면접 기출 ········ 508

구성 및 활용

활용법 1 울산교육청 최근 기출문제 최다 수록

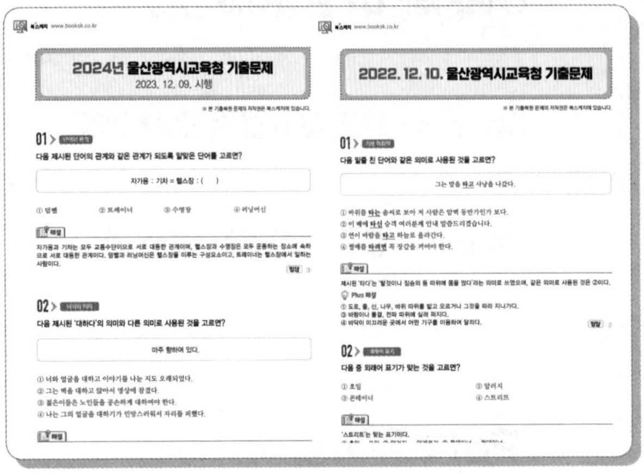

2024년 울산교육청 최근 기출문제를 비롯하여 2018년도까지 울산교육청 기출문제를 7회 연속 복원하여 울산교육청의 출제 유형을 빠르게 파악할 수 있도록 구성하였습니다.

활용법 2 영역별 필수 이론 학습

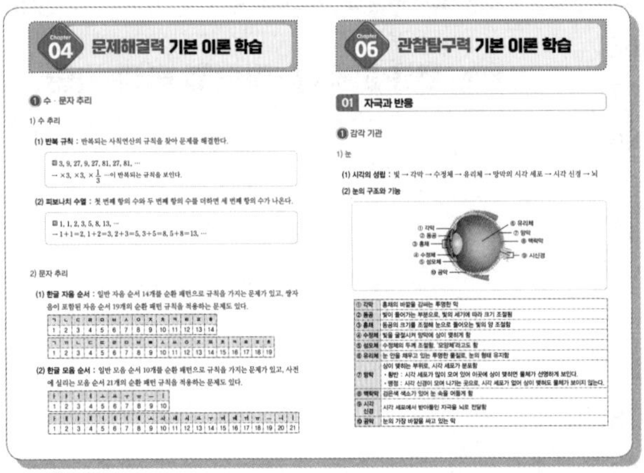

직무능력검사 출제 영역마다 필요한 기본 이론 학습을 통해, 문제 풀이를 위해 알아둘 내용을 효율적으로 공부할 수 있습니다.

활용법 3 유형별 예제 학습

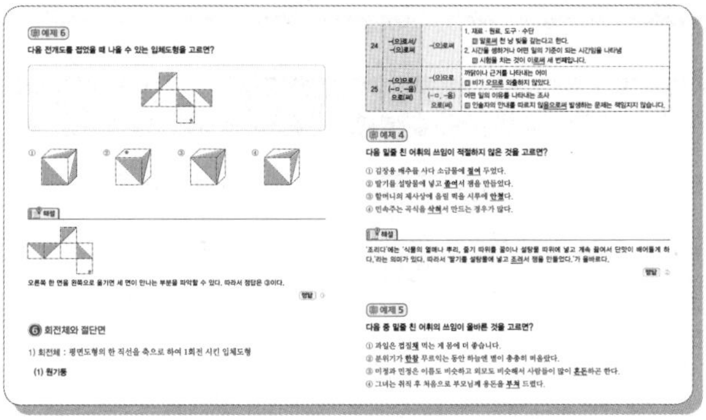

기본 이론 학습에 나오는 출제 유형의 문제 풀이를 함께 공부할 수 있도록 이론과 연계되는 풍부한 예제를 수록하였습니다.

활용법 4 실전 연습 문제

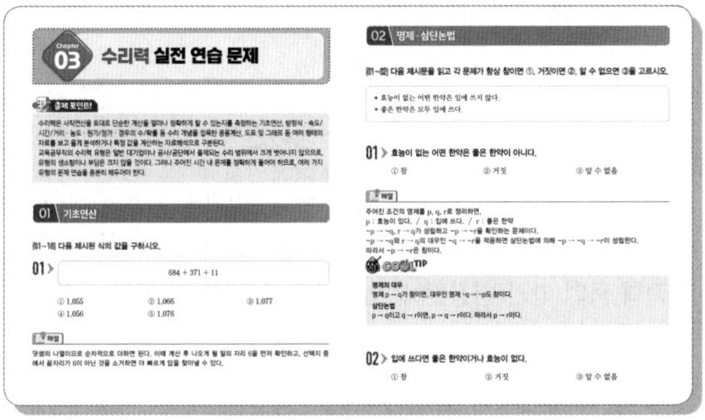

영역별 출제 포인트를 파악한 뒤 문제 해설과 유형별 꿀팁으로 학습 효과를 극대화합니다.

활용법 5 인성검사 + 면접

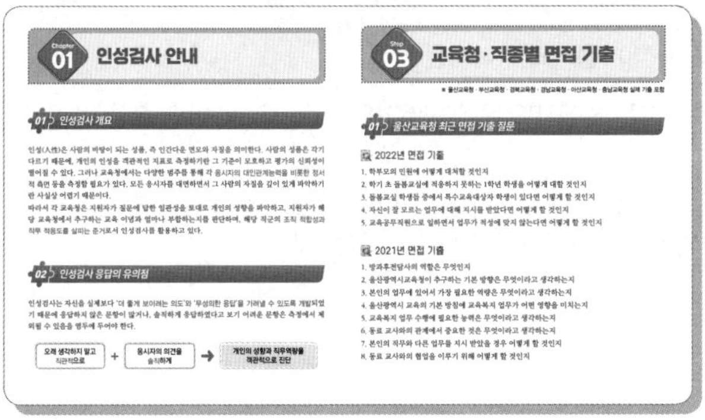

주요 교육청의 인성검사 기준과 실제 울산 면접 기출 질문을 수록해 완벽한 합격의 길로 안내합니다.

울산광역시교육청 교육공무직원 채용 안내

01 울산교육청 교육공무직 채용 직종 (25년 사전 공고 기준)

<table>
<tr><th rowspan="2">직종명</th><th colspan="3">인원</th><th colspan="3">시험방법</th><th rowspan="2">비고</th></tr>
<tr><th>일반
전형</th><th>장애
전형</th><th>특성화고
전형</th><th>서류
평가</th><th>필기
시험</th><th>면접</th></tr>
<tr><td>교육복지사</td><td colspan="2">9명</td><td>–</td><td></td><td>○</td><td>○</td><td rowspan="7">• 장애전형 인원 미정
(본 공고 시 장애전형 인원 안내 예정</td></tr>
<tr><td>조리사</td><td colspan="2">33명</td><td>–</td><td></td><td>○</td><td>○</td></tr>
<tr><td>학교운동부
지도자</td><td colspan="2">11명</td><td>–</td><td>○</td><td></td><td>○</td></tr>
<tr><td>특수교육실무사</td><td colspan="2">15명</td><td>7명</td><td>○</td><td>○</td><td>○</td></tr>
<tr><td>체험활동지원
실무사</td><td colspan="2">–</td><td>3명</td><td>○</td><td>○</td><td>○</td></tr>
<tr><td>늘봄 · 교무행정실무사</td><td colspan="2">124명</td><td>–</td><td>○</td><td>○</td><td>○</td></tr>
<tr><td>조리실무사</td><td colspan="2">202명</td><td>–</td><td>○</td><td></td><td>○</td></tr>
<tr><td>장애인특별고용
실무원</td><td>–</td><td>2명</td><td>–</td><td>○</td><td>○</td><td>○</td><td>• 장애인복지법시행령 제2조 장애인
• 국가유공자법 시행령 제14조 제3항 상이 등급 기준 해당자</td></tr>
</table>

※ 채용직종 및 인원은 정원 조정, 결원, 장애인 구분 전형 등에 따라 변경될 수 있으므로, 해당 시기 공고문을 반드시 확인하도록 한다.

※ 필기시험 : 인성검사 + 직무능력검사

02 응시자격

<table>
<tr><th>구분</th><th>요건</th><th>내용</th></tr>
<tr><td rowspan="3">공통</td><td>결격사유</td><td>• 울산광역시교육청 교육공무직 채용 및 관리조례 시행규칙」 제7조 채용 결격사유에 해당되지 않는 자
• 기타 법령에 의하여 응시자격이 정지되지 아니한 사람</td></tr>
<tr><td>응시 연령</td><td>• 18세 이상(2006. 12. 31. 이전 출생자)으로 정년(60세, 1965. 3. 1. 이후 출생자)에 도달하지 아니한 자</td></tr>
<tr><td>거주지 제한</td><td>• 채용시험 공고일 전일부터 면접 시험일까지 계속하여 본인의 주민등록상 주소지 또는 국내거소신고(재외국민에 한함)가 울산광역시로 되어 있는 자</td></tr>
</table>

03 자격증(면허증) 필수 직종 자격요건

※ 아래의 요건을 원서접수 마감일까지 갖춘 자

교육복지사	① 사회복지사, 청소년지도사, 청소년상담사, 평생교육사 중 자격증 1개 이상 소지자
조리사	① 조리사 면허증 소지자* (구 · 군청 발급) * 식품위생법 제53조 ※ 면허증 없이 조리사 자격증만 소지하고 있는 자는 응시 자격 없음
특수교육실무사	① 고등학교를 졸업한 자 또는 이와 같은 수준 이상의 학력이 있다고 인정되는 자
학교운동부 지도자	【아래 ①~② 모두 충족】 ① 해당 종목 1급 · 2급 전문 스포츠지도사 중 1개 이상 소지자* * 국민체육진흥법 제2조 제6호 ② 대한체육회 및 시도체육회로부터 지도자 자격취소 처분을 받거나 정지처분 등을 받고 그 기간 중이 아닌 자

04 특성화고 전형 응시자격

구분	내용
결격사유	• 울산광역시교육청 교육공무직 채용 및 관리조례 시행규칙」 제7조 채용 결격사유에 해당되지 않는 자 • 기타 법령에 의하여 응시자격이 정지되지 아니한 사람
응시대상	• 울산광역시 소재 특성화고등학교 졸업(예정)자 ※ 졸업자는 졸업일과 제2차 필기시험 예정일(소양평가 시험) 사이의 기간이 1년 이내인 사람
응시연령	• 18세 이상(2006. 12. 31. 이전 출생자) • 졸업예정자 중 조기 입학한 17세도 응시 가능 ※ 대학 재학 · 휴학자는 응시 불가
거주지 제한	• 채용시험 공고일 전일부터 면접 시험일까지 계속하여 본인의 주민등록상 주소지 또는 국내거소신고(재외국민에 한함)가 울산광역시로 되어 있는 자

05 2025년 달라지는 시험 제도

서류평가 - '업무 관련 자격가산 점수' 변경

직종	24년 현재 자격증
조리실무사	• 국민체력100(성인기인증단계) 3등급 이상 ▶ 30점 • 조리기능사(한식, 양식, 중식, 일식) 이상 ▶ 20점

▶

25년 시험 변경
• 국민체력100(성인기인증단계) 3등급 이상 ▶ 30점 • 조리기능사(한식, 양식, 중식, 일식) 중 4개 ▶ 20점 • 조리기능사(한식, 양식, 중식, 일식) 중 3개 ▶ 15점 • 조리기능사(한식, 양식, 중식, 일식) 중 2개 ▶ 10점 • 조리기능사(한식, 양식, 중식, 일식) 중 1개 ▶ 5점

06 신분 및 처우(전 직종 공통)

항목	내용
정년	만 60세
수습기간	3개월 (수습기간 중 업무능력 부족 또는 직무수행 태도 불량 등으로 계속근로가 부적격하다고 인정될 때는 계약을 해지할 수 있음)
보수 및 근로조건	울산광역시교육청 자체 지침에 따름
근무장소	울산광역시교육감이 지정하는 기관(부서) 또는 공립학교
신규연수 실시	채용 전 3일간 신규연수 실시(의무 참석)
근무지 발령	– 채용후보자명부(성적순)에 따라 근로계약 체결 및 발영 – 채용후보자명부에 따라 결원 기관에 발령 후 본인이 해당기관 근무를 희망하지 않아 계약체결을 하지 않을 경우 채용포기로 간주하며, 채용포기서를 제출해야 함

07 1차 소양평가 + 2차 면접시험

1차 시험(소양평가)

항목	내용
인성검사 (200문항, 40분)	응시자가 응답한 결과에 따라 성실성, 대인관계성, 이타성, 심리적 안정성으로 구분하여 점수를 산출하여 산출된 점수를 집단평균을 중심으로 표준편차 단위로 표준점수화 하여 최종점수 산정
직무능력검사 (45문항, 50분)	5개 영역(언어논리력, 수리력, 공간지각력, 문제해결력, 관찰탐구력)에 대한 45개 문항에 대한 평가 결과를 채점하여 점수 산정

2차 시험(면접시험)

- 제1차 시험 합격자에 한하여 제2차 면접시험에 응시할 수 있다.
- 제1차 시험 합격자에 대하여 필수 자격요건 및 가산점 관련 사항 등을 확인하여 허위로 판명될 경우 1차 시험 합격을 취소하며, 제2차 면접시험에 응시할 수 없다.

※ 기타 자세한 사항은 해당 공고문을 통해 반드시 확인하도록 하고, 시험 관련 질문은 공고문에 안내된 직종별 연락처로 문의하도록 한다.

Appendix
기출문제

▶ 2024년 울산광역시교육청 기출문제 (23년 12월 시행)

▶ 2022년 제2회 울산광역시교육청 기출문제

▶ 2021년 제2회 울산광역시교육청 기출문제

▶ 2021년 & 2020년 제1회 울산광역시교육청 기출문제

▶ 2019년 제1회 울산광역시교육청 기출문제

▶ 2018년 제2회 울산광역시교육청 기출문제

2024년 울산광역시교육청 기출문제

2023. 12. 09. 시행

※ 본 기출복원 문제의 저작권은 북스케치에 있습니다.

01 단어의 관계

다음 제시된 단어의 관계와 같은 관계가 되도록 알맞은 단어를 고르면?

자가용 : 기차 = 헬스장 : (　　)

① 덤벨　　② 트레이너　　③ 수영장　　④ 러닝머신

해설

자가용과 기차는 모두 교통수단이므로 서로 대등한 관계이며, 헬스장과 수영장은 모두 운동하는 장소에 속하므로 서로 대등한 관계이다. 덤벨과 러닝머신은 헬스장을 이루는 구성요소이고, 트레이너는 헬스장에서 일하는 사람이다.

정답 ③

02 어휘의 의미

다음 제시된 '대하다'의 의미와 다른 의미로 사용된 것을 고르면?

마주 향하여 있다.

① 너와 얼굴을 대하고 이야기를 나눈 지도 오래되었다.
② 그는 벽을 대하고 앉아서 명상에 잠겼다.
③ 젊은이들은 노인들을 공손하게 대하여야 한다.
④ 나는 그의 얼굴을 대하기가 민망스러워서 자리를 피했다.

해설

'대하다'의 의미 중 '마주 향하여 있다'의 의미로 쓰인 것은 ①, ②, ④이며, ③은 '어떤 태도로 상대하다'라는 의미로 사용되었다.

정답 ③

03 속담 · 한자어

다음 일화와 관련이 있는 속담을 고르면?

조선시대 황희 정승은 평생을 국가와 백성을 위해 헌신한 인물로 세종대왕의 신임을 얻어 여러 중요한 관직을 역임하며 영의정 자리에까지 올랐다. 그러나 그는 너무 검소한 나머지 집은 비가 올 때마다 새고 관복도 한 벌로 빨아 입을 정도였다고 한다. 그런 그를 돕기 위해 세종대왕은 하루 날을 잡아 숭례문을 통과하는 사람들의 물건을 사서 황희 정승에게 전달하라고 명하였다. 그런데 그날은 하필 날이 흐리고 비가 많이 와 숭례문을 드나드는 사람들이 매우 적었고, 문을 닫기 직전 한 노인이 가져온 계란을 사서 황희 정승에게 전하게 되었다. 그러나 그 계란은 모두 곯아 먹을 수 없는 계란이었다.

① 말 속에 뼈가 있다
② 뒤로 자빠져도 코가 깨진다
③ 술 취한 놈 달걀 팔듯
④ 도적이 코 세운다

해설

지문은 운이 좋지 못한 사람은 좋은 기회를 만나도 일이 잘 안 된다는 의미를 가진 '계란유골'의 유래가 된 일화이며, 이와 관련된 속담은 일이 안 되려면 하는 모든 일이 잘 안 풀린다는 뜻의 '뒤로 자빠져도 코가 깨진다'이다.

Plus 해설

① 말 속에 뼈가 있다[언중유골] : 예사로운 말 속에 단단한 속뜻이 들어 있음을 의미함
③ 술 취한 놈 달걀 팔듯 : 일하는 솜씨가 거칠고 어지러운 모양을 비유적으로 이르는 말
④ 도적이 코 세운다 : 잘못한 사람이 아무런 잘못도 없는 것처럼 행동함을 비유적으로 이르는 말

정답 ②

04~05 > 글의 이해

다음 글을 읽고 이어지는 물음에 답하시오.

우리나라 66세 이상 노인의 상대적 빈곤 위험도가 경제협력개발기구(OECD) 국가 중 가장 높은 수준인 것으로 나타났다. 통계청에 따르면 우리나라 66세 이상 인구의 상대적 빈곤율은 40.4%로 18세~65세 빈곤율인 10.6%의 4배에 달했다. 또한 고령층의 상대적 빈곤 위험도는 367%로 위험도 상위 국가 250%인 스위스, 153%인 일본보다 월등히 높았다. (㉠) 이에 우리나라 노인복지의 역사적 배경과 현 복지정책, 선진국의 복지실태를 분석하여 앞으로 우리가 나아가야 할 방향을 살펴보고자 한다. 먼저 우리나라 노인복지의 역사부터 짚어보도록 한다.

우리나라의 노인 복지 역사는 상당히 깊다. 노인복지의 역사는 삼국시대로 거슬러 올라간다. 노인복지로 사궁보호(四窮保護)가 있는데 사궁은 환(鰥), 과(寡), 고(孤), 독(獨)을 말한다. 환은 늙고 아내가 없는 홀아비, 과는 늙고 남편이 없는 여성, 고는 어리고 부모가 없는 사람, 독은 자녀가 없는 늙은이를 말한다. 신라시대 유리왕은 11월 순행 중 얼어 죽을 지경의 노인을 발견하고는 '나의 죄'라면서 옷을 벗어 덮어주고 음식을 먹였다는 기록이 있다. 또한 관리들에게 명하여 늙고 병들어 자활할 수 없는 사람에게 먹을 것을 주라고 했는데 이것이 사궁보호의 최초 기록이다.

백제에서는 다루왕 11년 10월 왕이 동서부 지방을 순행하던 중 가난하고 자활할 수 없는 사람에게 곡식 2섬씩 주었고, 고구려 태조는 늙고 자활할 수 없는 사람을 위로해 입을 것을 주었다는 기록이 있다.

(㉡) 양로란 나라에서 노인을 대접하는 행사로 음식과 옷을 베풀고 벼슬을 내렸다. 〈고려사절요〉에는 왕이 친히 구정에서 향연을 베풀기도 했고, 80세 이상인 자를 모아 친히 술과 음식, 옷, 다과를 주기도 하였다고 기록돼 있다.

조선시대에는 성리학이 도입되고 충효 사상이 근간이 되면서 노인 복지에 대해 상당한 신경을 썼다. 유교적 통치 이념을 위해 노인우대 정책을 구사한 것이다. 효를 바탕으로 가족 공동체를 구성하고, 이것이 임금에 대한 충성으로 이어지도록 노인 복지 정책을 구사한 것이다. 이는 조선의 법전인 〈경국대전〉에도 반영되어 있다. 반역, 음모 또는 역적의 경우를 제외하고는 아들과 손자, 아내와 첩 또는 노비로서 부모나 가장을 고발하는 자는 교수형에 처하며, 노비의 아내나 남편으로서 가장을 고발한 경우에는 장형(杖刑) 100대와 유형 3천리에 처한다는 규정이 있다. 노인이나 어른의 권위를 높이기 위한 규정이다. (㉢) 노인직은 일정 연령 이상인 자로서 이미 벼슬을 가지고 있던 사람에게는 품계를 올려주고 벼슬이 없던 사람에게는 새로 벼슬을 주는 제도였다. 이는 철저하게 유교적 충효 논리를 백성들에게 심어줘서 왕권강화를 노린 것이다.

일제강점기에는 노인복지의 일환으로 1944년 '조선구호령'이 공포됐다. '조선구호령'은 일본에서 실시되던 구호법에 모자보호, 의료보호 등을 부분적으로 추가해 확대 시행한 것이다. 하지만 주로 지배계급인 일본이 통치수단으로 노인 복지를 구사한 것이기 때문에 이 시기 노인 복지는 의미가 없다.

해방 이후 한국전쟁을 거치고 산업화 시기 국가 재건과 경제개발 정책이 우선되면서 노인복지는 자녀들의 영역으로 밀려났다. 하지만 자녀들이 대도시로 돈을 벌러 나가면서 노인은 고향에 남아 계속 농업 종사를 이어갔다. (㉣) 다만 1970년대 들어서면서 노인 문제가 사회적으로 대두되면서 1979년 보건복지부 전신인 보건사회부가 노인복지법 초안을 작성하였다.

출처 : 파이낸셜 리뷰

04 다음 중 이 글의 내용으로 적절하지 않은 것은?

① 우리나라의 노인 상대적 빈곤 위험도는 OECD 중 가장 높은 수준이다.
② 우리나라 노인복지는 삼국시대부터 문헌 기록을 통해 찾아볼 수 있다.
③ 〈고려사절요〉를 통해 고려 왕실이 노인복지를 위해 양로 활동을 했음을 알 수 있다.
④ 조선시대에는 노인복지의 일환으로 사궁보호 규정을 〈경국대전〉에 명문화하였다.

해설

사궁보호는 삼국시대 기록을 통해 알 수 있으며, 경국대전에서는 노인 우대를 반영한 규정을 찾아볼 수 있다.

정답 ④

05 다음 중 ㉠~㉣에 각 들어갈 문장으로 적절하지 않은 것은?

① 또한 태조는 80세 이상의 부모가 있는 자는 군역을 면해주기도 했다.
② 그러다보니 우리나라 정부가 노인 복지에 대해 관심을 가져야 한다는 목소리가 높다.
③ 고려시대는 보다 본격적으로 노인 복지를 실시하였는데 대표적인 것은 양로(養老)의 기록이다.
④ 그러다보니 국가도 노인 복지를 외면했고, 자녀들도 노인 공경을 외면하게 되면서 노인은 소외되기 시작했다.

해설

문맥상 ②는 ㉠, ③은 ㉡, ④는 ㉣에 들어갈 문장으로 적절하다. ①은 ㉢보다는 "양로란 나라에서 노인을 대접하는 행사로 ~ 80세 이상인 자를 모아 친히 술과 음식, 옷, 다과를 주기도 하였다고 기록돼 있다." 이 부분 뒤에 들어가는 것이 적절하며, ㉢ 자리에는 "노인을 위한 벼슬도 있었는데 대표적으로 노인직이 있었다." 문장이 들어가는 것이 적절하다.

정답 ①

06 자료해석

다음 제시된 자료를 보고 옳지 않은 것을 고르면?

교육단계별 및 소득수준별 학생 1인당 월평균 사교육비

(단위 : 만 원)

구분		2021년	2022년	2023년
전체		27.2	29.1	32.1
교육단계	초등학교	25.3	26.3	29
	중학교	29.1	31.2	33.8
	고등학교	28.5	32.1	36.5
가구소득	200만 원 미만	9.3	9.9	10.4
	200만 원 이상 ~ 300만 원 미만	15.3	15.6	17
	300만 원 이상 ~ 400만 원 미만	21.2	22.2	23.4
	400만 원 이상 ~ 500만 원 미만	27.4	27.9	30
	500만 원 이상 ~ 600만 원 미만	32.2	32.9	35.4
	600만 원 이상 ~ 700만 원 미만	36.5	37.3	40.4
	700만 원 이상 ~ 800만 원 미만	40.7	42.2	46.4
	800만 원 이상	48.3	50.5	53.9

- 학생 1인당 월평균 사교육비 = 월평균 사교육비 총액 ÷ 학생 수
- 가구소득은 월 소득 기준

① 부모의 경제력이 높을수록 자녀의 학력이 높아지게 된다.

② 초등학교, 고등학교의 학생 1인당 월평균 사교육비는 매년 증가하였다.

③ 가구소득이 높을수록 학생 1인당 월평균 사교육비가 높다.

④ 2023년 월 소득 200만 원 미만 가구와 800만 원 이상 가구의 학생 1인당 월평균 사교육비는 5배 정도 차이가 난다.

해설

제시된 자료에는 자녀의 학력이 언급되어있지 않으므로 부모의 경제력이 높을수록 자녀의 학력이 높아지는지는 알 수 없다.

Plus 해설

④ 2023년 월 소득 200만 원 미만 가구의 학생 1인당 월평균 사교육비는 10.4만 원이고, 800만 원 이상 가구의 학생 1인당 월평균 사교육비는 53.9만 원이다. 따라서 53.9만÷10.4만=5.18…이므로 5배 정도 차이가 난다.

정답 ①

07 자료해석

다음 표에서 D와 E를 합한 값의 전체 비중이 26%라 할 때 D의 값을 구하면?

A	B	C	D	E	F
120	240	235		140	145

① 80 ② 90 ③ 110 ④ 120

해설

D의 값을 x라 하면, D와 E를 합한 값의 전체 비중이 26%라 하였으므로

$\frac{x+140}{880+x} \times 100 = 26(\%)$가 성립한다. 이를 정리하면,

$100(x+140)=26(880+x)$ $100x+14,000=22,880+26x$

$74x=8,880$ $x=120$ 따라서 D의 값은 120이다.

정답 ④

08 팀워크능력

다음 중 팀워크를 강화하는 대화로 보기 어려운 것은?

① (새 프로젝트를 시작하기 전 팀장이 팀원에게)
"이번 프로젝트의 목표는 연말까지 월 고객 이탈률을 3% 미만으로 낮추는 것입니다. 여러분 모두 이를 달성하기 위해 각자 부여된 업무를 성실히 수행해 주시기를 당부드립니다."

② (회의 중 한 직원의 의견을 들은 후)
"말씀하신 의견 잘 들었습니다. 그런데 OO에 대한 내용은 제가 명확하게 이해하기 어려웠어요. 이 부분에 대해 더 자세하게 설명해 주실 수 있나요?"

③ (프로젝트가 끝난 후 피드백 과정에서)
"이번 프로젝트에서 김 대리의 기여 덕분에 좋은 성과를 낼 수 있었어요. 다만, 다음에는 OO 부분을 조금 더 신경써서 진행하면 좋겠어요."

④ (실수로 다른 주소로 업무 자료를 발송한 상황에서)
"이런 기본적인 일조차 실수를 하면 어떻게 합니까? 앞으로 어떤 업체에서 우리와 거래하고 싶겠어요. 그땐 박 사원이 책임질 겁니까?"

해설

조직에서 팀워크를 강화하기 위해서는 명확한 의사소통, 적극적인 경청, 건설적인 피드백, 문제를 함께 해결하는 협력적인 태도 등이 필요하다. ①은 프로젝트의 목표와 팀원의 역할 등을 명확하게 전달하였고, ②는 상대의 말을 적극적으로 경청했기 때문에 보다 자세한 내용을 요청할 수 있는 것이며, ③은 잘한 부분은 칭찬하고 보완할 점을 함께 말하는 건설적인 피드백이다. 그러나 ④는 직원의 잘못은 객관적으로 비판하여 짚되, 앞으로 같은 실수가 발생하지 않도록 방안을 함께 모색하며 격려하는 대화의 기술이 필요하다.

정답 ④

09 > 명제 추리

다음 명제가 모두 참일 때, 언제나 참이 아닌 것은?

- 야구를 잘하는 사람은 농구를 잘한다.
- 축구를 잘하는 사람은 농구를 못한다.
- 배구를 못하는 사람은 축구를 잘한다.

① 야구를 잘하는 사람은 축구를 못한다.

② 배구를 못하는 사람은 야구를 못한다.

③ 축구를 못하는 사람은 농구를 못한다.

④ 농구를 잘하는 사람은 배구를 잘한다.

해설

주어진 명제와 대우에서 잘하는 사람을 ○, 못하는 사람을 ×로 표시하여 정리하면 다음과 같다.

- 야구 ○ → 농구 ○ 농구 × → 야구 ×
- 축구 ○ → 농구 × 농구 ○ → 축구 ×
- 배구 × → 축구 ○ 축구 × → 배구 ○

① 야구 ○ → 농구 ○ → 축구 ×

② 배구 × → 축구 ○ → 농구 × → 야구 ×

④ 농구 ○ → 축구 × → 배구 ○

따라서 ③은 명제와 대우를 통해 판단할 때 참을 정확하게 알 수 없다.

정답 ③

10 > 조건 추리

A, B, C, D, E, F 6명은 독일, 이탈리아, 프랑스로 각각 2명씩 해외 출장을 가려 한다. 다음 조건에 따라 출장을 갈 때, 항상 옳지 않은 것은?

- A와 B는 서로 다른 나라로 출장을 간다.
- C는 프랑스로 출장을 간다.
- D와 F는 서로 같은 나라로 출장을 간다.
- E는 독일로 출장을 가지 않는다.

① E는 이탈리아로 출장을 간다.
② D와 F는 독일로 출장을 간다.
③ A와 E는 서로 같은 나라로 출장을 간다.
④ C와 E는 서로 다른 나라로 출장을 간다.

해설

확정된 조건을 먼저 보면, C는 프랑스로 출장을 가고, E는 독일은 가지 않는다. 따라서 독일로 갈 수 있는 사람은 A, B, D, F 중 두 사람이다. A와 B는 서로 다른 나라로 출장을 가야 하므로, A와 B가 독일, 이탈리아로 배치되게 되면, 같은 나라로 가야 하는 D와 F는 갈 수 있는 곳이 없다. 따라서 A와 B는 각각 이탈리아, 프랑스 중 한 곳씩 가고, 독일은 D와 F가 가고, E는 이탈리아에 가게 된다.

독일	이탈리아	프랑스
D	E	C
F	A or B	B or A

A는 이탈리아 또는 프랑스로 출장을 가므로 정답은 ③이다.

정답 ③

11 > 펀칭

다음 순서와 같이 종이를 접은 다음 펀치로 구멍을 뚫은 후 다시 펼쳤을 때의 모양을 고르면?

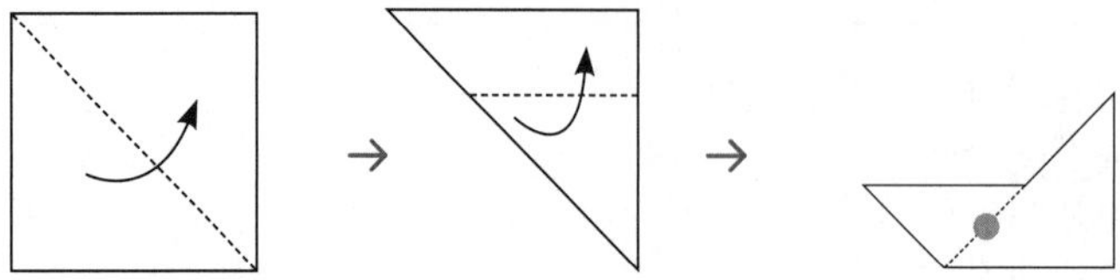

① 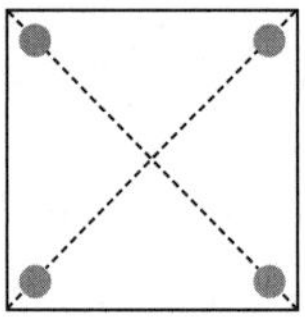 ② 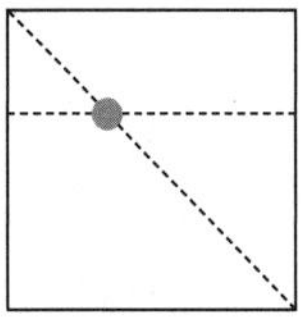 ③ 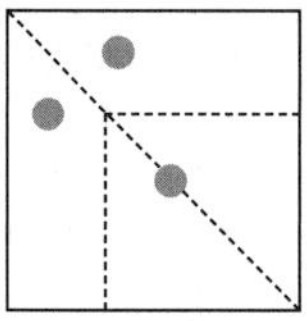 ④ 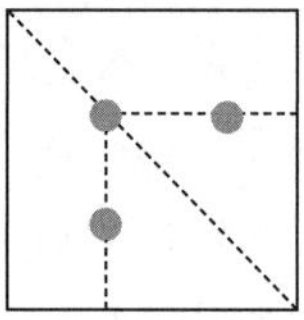

해설

종이를 접은 역순으로 펼치면 다음과 같다.

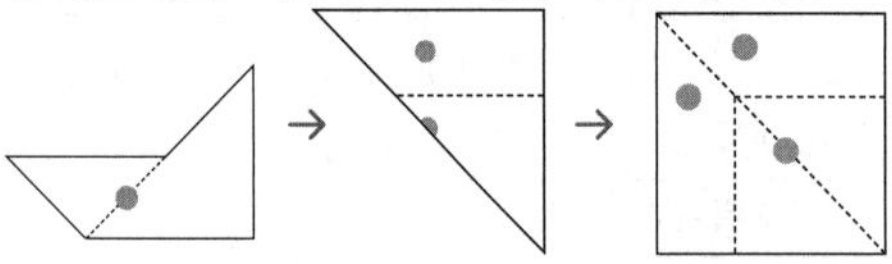

정답 ③

12 > 확산

다음 중 확산에 대한 설명으로 옳은 것은?

① 확산은 고체, 액체, 기체 속에서 모두 일어날 수 있다.
② 같은 온도일 때 기체 속에서보다 액체 속에서 더 빠르게 확산된다.
③ 온도가 높을수록 분자들의 확산이 빨라진다.
④ 진공 속에서는 분자 운동을 도와주는 물질이 없어 확산이 느리게 일어난다.

해설

확산은 물에 탄 잉크가 점점 번지는 것, 방에 향기가 퍼지거나 주방에 가스 냄새가 퍼지는 것처럼 분자들이 스스로 운동하여 액체나 기체 속으로 퍼져 나가는 현상을 말한다.
확산은 고체에서는 일어날 수 없고 온도가 높을수록, 분자의 질량이 작을수록, 액체보다는 기체 속에서, 기체보다는 진공 속에서 빨라진다.

정답 ③

13 힘의 종류

선박은 운항 시 아래 그림처럼 바닷물을 넣었다 배출한다. 이는 어떤 힘과 관계가 있는가?

① 탄성력　② 마찰력　③ 부력　④ 전기력

해설

선박은 화물 운반 시 배가 물에 가라앉을 상황에 대비하기 위해, 화물이 없을 때 부력에 의해 선체가 과도하게 수면 위로 올라가는 것을 방지하고자 바닷물을 채워 넣는다. 이처럼 선박의 균형을 유지하기 위해 선박 내부에 저장하는 바닷물을 선박평형수(ballast water)라 하며, 선박평형수를 채웠다 빼는 공간을 평형수 탱크라 한다. 따라서 그림과 관계 있는 힘은 부력이다.

③ 부력 : 물속에 있는 물체가 받는 힘

① 탄성력 : 용수철이나 고무줄이 늘어났을 때 원래 상태로 되돌아가려는 힘

② 마찰력 : 두 면이 접촉했을 때 두 면 사이에서 발생하여 운동을 방해하는 힘

④ 전기력 : 전하를 띤 물체 사이에 작용하는 힘

정답 ③

14 화산대 · 지진대

다음 중 화산대와 지진대에 대한 설명으로 옳지 않은 것은?

① 지진대는 지진이 잘 일어나는 지역을 연결한 것이다.

② 지진은 주로 대륙의 가장자리에서 잘 일어난다.

③ 지진대와 화산대는 거의 일치한다.

④ 화산은 주로 대륙의 중앙부에서 일어난다.

해설

지진대는 세계에서 지진이 자주 발생하는 특정 지역을 연결한 것이고, 화산대는 화산 활동이 활발한 지역을 연결한 것이다. 환태평양 지진대(아메리카 서부에서 일본, 필리핀을 지나 뉴질랜드까지 이어진 하나의 고리 모양)와 환태평양 화산대(불의 고리)가 대표적인 지진대와 화산대이다.

화산 활동과 지진은 지각이 불안정하고 지구 내부의 힘이 집중되는 부분에서 발생하므로 지진대와 화산대는 거의 일치하며, 대륙의 중앙보다는 판의 경계인 가장자리에서 잘 일어난다.

정답 ④

15 물질의 변화

다음 중 아래의 예와 같은 종류의 현상으로 볼 수 있는 것은?

얼음이 담긴 물 컵 표면에 물방울이 맺힌다.

① 겨울철 자동차 유리창에 성에가 생긴다.
② 아이스크림 포장에 넣어 온 드라이아이스가 작아진다.
③ 새벽 풀잎에 이슬이 맺힌다.
④ 빨래를 넣어 놓으면 마른다.

해설

얼음이 담긴 물 컵 표면에 물방울이 맺히는 것과 새벽 풀잎에 이슬이 맺히는 것은 기체 상태의 물질이 냉각되어 액체 상태로 변하는 상태 변화인 '액화'의 예이다.
①과 ②는 고체가 액체 상태를 거치지 않고 바로 기체 상태로 변하거나, 기체가 바로 고체 상태로 변하는 상태 변화인 '승화'이다.
④는 액체 상태의 물질이 기체 상태로 변하는 상태 변화인 '기화'이다.

정답 ③

16 샤를의 법칙

다음 그림처럼 열기구가 떠오를 수 있게 하는 과학 원리가 적용된 예가 아닌 것은?

① 오줌싸개 인형에 따뜻한 물을 넣으면 물이 나온다.
② 찌그러진 농구공을 뜨거운 물에 넣으면 펴진다.
③ 다 쓴 부탄가스통은 구멍을 뚫어 놓는다.
④ 풍선이 하늘로 올라가면 점점 커지다가 터진다.

해설

열기구가 떠오르는 것은 '샤를의 법칙'과 관련이 있다. 샤를의 법칙은 압력이 일정할 때, 기체의 온도가 올라갈수록 기체의 부피는 증가하고, 온도가 내려가면 부피가 감소한다는 법칙으로, 열기구 속의 공기를 가열하면 열기구 속 공기의 온도가 높아져 부피가 증가함에 따라 공기의 밀도가 주위의 공기의 밀도보다 작아지기 때문에 열기구가 떠오르게 된다. 이처럼 '샤를의 법칙'이 적용된 예는 ①~③이며 ④는 '샤를의 법칙'이 아닌 '보일의 법칙'이 적용된 예이다.

Plus 해설

① 오줌싸개 인형의 원리 : 공기를 이루는 기체 분자의 운동속도가 빨라져 공기의 부피가 증가하므로 공기가 나오면, 기체 분자의 운동 속도가 느려져 공기의 부피가 감소하므로 물이 들어간다. 물이 들어가면 인형 속 공기의 부피가 증가하여 물을 밀어내기 때문에 물이 나오게 된다.
② 기체의 온도가 올라가면 부피가 증가하므로 찌그러진 공을 뜨거운 물에 넣으면 다시 팽팽하게 펴진다.
③ 온도가 높아지면 빈 가스통의 부피가 증가하여 통이 폭발할 수 있기 때문에 구멍을 뚫어 놓는다.
④ 온도가 일정할 때 기체의 부피는 압력에 반비례한다는 '보일의 법칙'과 관련이 있으며, 풍선이 하늘로 올라가면 압력은 낮아지고 풍선 내부의 부피는 증가하므로 결국 터지게 된다.

정답 ④

17 물체의 운동

다음은 일정 시간 간격으로 찍은 야구공의 움직임이다. 이와 같은 운동을 하는 경우를 고르면?

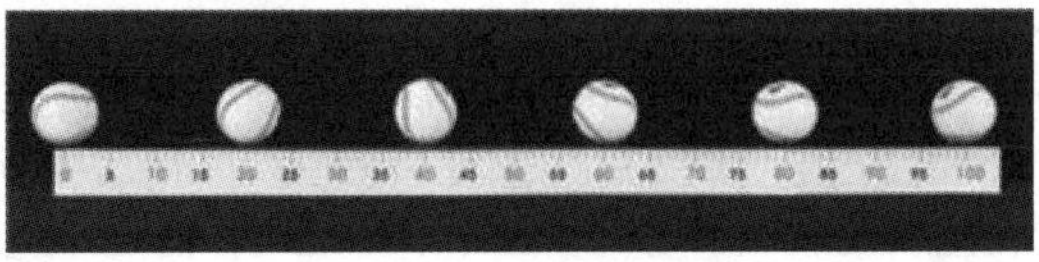

① 나무에서 떨어지는 열매
② 달리다 멈추기 시작한 자동차
③ 출발하여 점점 빨라지는 열차
④ 작동하는 무빙워크에 있는 사람

해설

제시된 사진은 등속직선운동을 나타낸 것으로, 공과 공 사이의 간격이 일정하므로 공은 속력이 일정한 등속 운동을 하고 있음을 알 수 있다. 따라서 이와 같은 등속직선운동을 하는 것은 움직이는 무빙워크에 있는 사람이며, ①과 ③은 속력이 증가하는 운동, ②는 속력이 감소하는 운동의 예이다.

정답 ④

18 생태통로

다음 그림과 같은 생태통로를 설치하는 목적을 모두 고르면?

ㄱ 야생동식물의 서식지 훼손 방지　　ㄴ 야생동물의 이동을 위함
ㄷ 단절된 생태계 연결　　ㄹ 주민의 이동 편의 증진

① ㄱ, ㄹ　　② ㄴ, ㄷ
③ ㄱ, ㄴ, ㄷ　　④ ㄱ, ㄴ, ㄷ, ㄹ

해설

제시된 그림은 생태통로(Wildlife passage, Wildlife crossing structure)이다. 생태통로(생태 이동통로, 야생동물 이동통로)는 도로 및 철도 등에 의하여 단절된 생태계의 연결 및 야생동물의 이동을 위한 인공구조물로서, 야생 동물이 노면을 거치지 않고 도로를 건널 수 있도록 조성하며 일반적으로 볼 때 육교형(overpass)과 터널형(underpass)으로 구분된다.
자연환경보전법 제2조에서는 "생태통로라 함은 도로 · 댐 · 수중보 · 하구언 등으로 인하여 야생동 · 식물의 서식지가 단절되거나 훼손 또는 파괴되는 것을 방지하고, 야생동 · 식물의 이동을 돕기 위하여 설치되는 인공구조물 · 식생 등의 생태적 공간을 말한다"로 정의하고 있다.
따라서 생태통로를 설치하는 목적을 모두 고르면 ㄱ, ㄴ, ㄷ이다.

정답 ③

19 > 마찰력

다음 중 마찰력이 커서 편리한 경우의 예를 고르면?

①

②

③

④
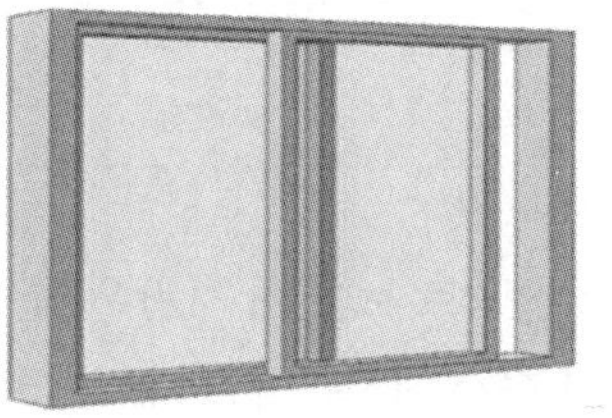

해설

마찰력은 물체가 다른 물체에 접촉하면서 운동할 때 접촉면에 생기는 운동을 방해하는 힘으로, 마찰력은 바닥면이 거칠수록 커지고, 두 물체가 반드시 접촉해야 생기는 힘이다.
등산화는 마찰력이 커야 편리한 대표적인 예로 등산화 바닥의 마찰력을 크게 하여 잘 미끄러지지 않게 만든다.
미끄럼틀과 스케이트는 마찰력을 작게 하여 빠르게 미끄러질 수 있게 하며, 창문을 열고 닫을 때도 마찰력이 작아야 잘 열리고 닫힌다.

정답 ③

2022. 12. 10. 울산광역시교육청 기출문제

※ 본 기출복원 문제의 저작권은 북스케치에 있습니다.

01 > 기본 어휘력

다음 밑줄 친 단어와 같은 의미로 사용된 것을 고르면?

그는 말을 **타고** 사냥을 나갔다.

① 바위를 **타는** 솜씨로 보아 저 사람은 암벽 등반가인가 보다.
② 이 배에 **타신** 승객 여러분께 안내 말씀드리겠습니다.
③ 연이 바람을 **타고** 하늘로 올라간다.
④ 썰매를 **타려면** 꼭 장갑을 끼어야 한다.

해설

제시된 '타다'는 '탈것이나 짐승의 등 따위에 몸을 얹다'라는 의미로 쓰였으며, 같은 의미로 사용된 것은 ②이다.

Plus 해설

① 도로, 줄, 산, 나무, 바위 따위를 밟고 오르거나 그것을 따라 지나가다.
③ 바람이나 물결, 전파 따위에 실려 퍼지다.
④ 바닥이 미끄러운 곳에서 어떤 기구를 이용하여 달리다.

정답 ②

02 > 외래어 표기

다음 중 외래어 표기가 맞는 것을 고르면?

① 호일 ② 알러지
③ 콘테이너 ④ 스트리트

해설

'스트리트'는 맞는 표기이다.
① 호일 → 포일, ② 알러지 → 알레르기, ③ 콘테이너 → 컨테이너

정답 ④

03 글의 이해

다음을 읽고, 기업에서 원하는 인재상에 해당하지 않는 것을 고르면?

대기업들이 인재상에 '도전'과 '혁신', '협업' 등의 키워드를 가장 많이 언급하고 있는 것으로 조사됐다. 이에 따라 대기업 취업을 준비하는 구직자라면 자기소개서 안에 혁신적 사고로 도전했던 경험과 동료와 협업할 줄 아는 인재임을 어필해야 할 것으로 보인다.

취업 플랫폼이 시가총액 상위 50위 기업들 중 자사 홈페이지에 인재상을 게재한 39개 사의 인재상 키워드 152건을 분석한 결과, 64.1%가 '도전'이라는 키워드를 거론한 것으로 나타났다. '도전' 다음으로 많이 등장한 인재상 키워드는 '혁신(46.2%)'이었다.

대기업들은 업무적 역량 외에도 동료와의 팀워크를 발휘할 줄 아는 인재에 대한 니즈도 큰 것으로 나타났다. '존중(43.6%)'과 '협력(38.5%)' 같은 함께 일하는 사람에 대한 자세를 나타내는 단어들이 인재상 주요 키워드 3위와 4위에 올랐다.

대기업 인재상에 많이 등장한 키워드 5위는 '창의(35.9%)'였다. 이 외에도 기업들은 '전문성(28.2%)', '열정(28.2%)', '자율성/주도성(25.6%)', '책임감(17.9%)', '실행력(15.4%)' 순으로 인재상 키워드를 자주 언급하고 있는 것으로 조사됐다.

출처 : 워크투데이, 2021. 11. 16. 기사

① 고객의 심리를 잘 파악하여 문제를 해결할 수 있는 인재
② 열정적으로 도전하고 세상의 변화를 선도하는 인재
③ 구성원과의 조화를 통해 팀워크를 높이는 인재
④ 창의적인 사고와 발상의 전환을 통해 새로운 아이디어를 도출하는 인재

해설

고객 심리와 관련된 인재상은 본문에 나와 있지 않다.

Plus 해설

② '도전'과 '혁신'에 해당하는 인재상이다.
③ '존중'과 '협력'에 해당하는 인재상이다.
④ '창의'에 해당하는 인재이다.

정답 ①

04~05 > 글의 이해

다음 글을 읽고 이어지는 물음에 답하시오.

미국의 한 연구팀이 동메달을 딴 선수가 은메달을 획득한 선수보다 더 큰 행복을 느낀다는 사실을 발견했다.

안드레아 루앙라스 미국 아이오와대 마케팅 부교수가 이끄는 연구팀은 2000년 시드니 대회부터 2016년 리우데자네이루 대회까지 5개 하계올림픽에서 시상대에 오른 메달리스트들의 사진을 표정 자동 분석 소프트웨어로 분석했다. 그 결과, 동메달 선수가 은메달 선수보다 더 큰 기쁨을 느낀다는 결과가 나온 것이다.

미국 공영방송 NPR에 따르면 루앙라스 교수는 "직관적으로는 은메달리스트가 더 순위가 높으니까 더 기뻐해야 할 것 같지만 연구 결과로는 동메달 선수가 은메달 선수보다 더 행복해하는 것으로 나타났다."고 말했다. 그는 "물론 그중에서 가장 행복해하는 건 금메달리스트"라고 덧붙였다.

은메달보다 동메달 획득이 더 기쁜 이유에 대해 루앙라스 교수와 그가 이끄는 연구팀은 여러 이론을 내놨다. 그중 하나는 비교 잣대가 다르다는 것이다. 루앙라스 교수는 "은메달 선수는 금메달 선수와 비교해서 생각하는 경향이 있다."며 "'내가 좀 더 잘했으면 금메달을 땄을 텐데'라고 생각한다."고 설명했다. 그러면서 "이런 사고법은 1~2위의 실력 차가 거의 종이 한 장 차이일 때 만연한 경향이 있다."고 부연했다. 그는 "하지만 동메달 선수는 적어도 4위는 아니라고 생각한다. 적어도 메달을 못 딴 선수는 아니라는 생각을 한다."고 덧붙였다.

또 하나의 이론은 은메달리스트들은 자신의 실제 기량보다 더 높은 기대치를 갖고 대회에 임하는 경우가 많다는 것이다. 루앙라스 교수는 "그래서 기대치를 충족시키지 못했을 때 행복감에도 영향을 미치게 된다"는 분석을 내놨다. 반대로 동메달 선수는 실제 기량보다 더 잘했을 가능성이 크다고도 말했다.

한 예로, 2020 도쿄올림픽 여자 기계체조 단체전에서 은메달을 획득한 미국 대표팀의 분위기는 침울했다. 올림픽 6관왕이 유력하게 점쳐졌던 시몬 바일스의 기권으로 미국은 러시아올림픽위원회(ROC)에 1위를 내줬다. 반면 동메달을 획득한 영국은 약 100년 만에 따낸 단체전 메달에 감격해 선수들 대부분이 눈물을 보였다. 아멜리에 모건은 "뭐라고 말을 해야 할지 모르겠다. 우리는 새 역사를 썼다."고 말했고, 코치인 몰리 리처드슨은 "달 위를 걷는 기분"이라며 감격을 표했다.

그러면서 루앙라스 교수는 동메달보다 은메달이 더 기쁜 심리학의 비밀이 우리의 일상생활에도 적용된다고 했다. 자신보다 더 낫고 빠르고 똑똑한 사람과 자신을 비교하기보다는 현실적인 목표를 세우고 이를 넘어서려고 노력하는 것이 더 행복해지는 방법이라는 것이다.

출처 : 서울경제, 2021. 07. 31. 기사

04 윗글을 읽고, 은메달보다 동메달이 더 행복한 이유를 잘못 설명한 것을 고르면?

① 은메달 선수가 덜 행복한 이유는 금메달 선수와 비교해서 생각하기 때문이다.
② 동메달 선수가 더 행복한 이유는 1 · 2위와 실력 차가 크지 않다고 생각하기 때문이다.
③ 동메달 선수가 더 행복한 이유는 적어도 메달을 못 따지는 않았으니 괜찮다고 생각하기 때문이다.
④ 은메달 선수가 덜 행복한 이유는 자신의 실제 기량보다 더 높은 기대치를 갖기 때문이다.

해설

동메달 선수가 1 · 2위와 실력 차가 크지 않다고 생각한다는 내용은 본문에 나와 있지 않다. 오히려 본문에는 은메달 선수는 1 · 2위의 실력 차가 거의 없었는데, 금메달을 못 따고 은메달을 따서 아쉬워한다는 내용이 나와 있다.

정답 ②

05 윗글을 읽고 은메달을 딴 선수에게 해주면 좋을 말로 가장 적절한 것은?

① 조금 더 노력하면 다음 경기에서는 금메달 딸 수 있을 거야.
② 메달을 못 딴 사람도 있는데, 은메달이라도 땄으니 다행이야.
③ 현실적인 목표를 세우고 노력하면 다음번에는 더 좋은 결과가 있을 거야.
④ 동메달리스트보다는 순위가 높으니까 괜찮아.

해설

글의 마지막 부분에 '자신보다 더 낫고 빠르고 똑똑한 사람과 자신을 비교하기보다는 현실적인 목표를 세우고 이를 넘어서려고 노력하는 것이 더 행복해지는 방법이다.'라고 나와 있다. 따라서 현실적인 목표를 세우고 노력하라는 말을 해주는 것이 가장 좋다.

정답 ③

06 > 글의 이해

다음 글의 내용을 잘못 이해한 것을 모두 고르면?

아동 안전교육 콘텐츠 공모전

- **접수 기간** : 5.2. ~ 5.31. 18:00까지
- **공모 자격** : 관심 있는 개인 또는 3인 이내 팀
  - 중복접수 제한 없음
  - 개인으로 여러 개의 응모작을 내는 건 가능하지만, 개인으로 참여 후 팀으로 참여 불가
- **공모 주제** : 만 3세~5세 대상 아동의 안전교육 콘텐츠
  - 아동복지법 제31조에 해당하는 안전교육
    ① 성폭력 예방 ② 아동학대 예방 ③ 실종 유괴 예방 · 방지
    ④ 보건위생관리 ⑤ 재난대비 안전 ⑥ 교통 안전
  - 놀이요소를 포함한 교육 콘텐츠
- **제출 양식** : PPT, 동영상, 활동지, 기타 양식 중 택1
  - PPT : PPT 또는 PDF 등 8장~15장 내외
  - 동영상 : MP4 등 30초~3분 이내의 순수 창작 영상(드라마, 애니메이션, 캠페인 등)
  - 활동지 : HWP 또는 PDF 등 8장 내외(퍼즐 맞추기, ○× 표시, 그림 또는 글로 표현하기 등)
  - 기타 : 캠페인, 카드뉴스, 웹툰, 인포그래픽 등
- **접수 방법** : 제출서류를 담당자 이메일로 접수
- **제출 서류** : 참가신청서 1부, 콘텐츠기획서 1부, 출품작 원본
- **시상 내역**

구분	명(팀)	상금	비고
최우수상	1명	1,000,000원	
우수상	2명	500,000원	
장려상	5명	200,000원	
참가상	50명	모바일 기프티콘	무작위 추첨 선정

- **유의사항**
  - 콘텐츠에 사용되는 이미지, 서체 등은 수상 후 홍보목적, 공공목적으로 활용함에 있어 법적인 문제가 없어야 한다.
  - 타 공모전 수상작품, 타인의 저작물, 표절, 명의도용 등의 경우 심사에서 제외되며, 수상 이후에 확인될 경우 수상 취소 및 상금을 환수할 수 있다.
  - 응모자는 응모작이 제삼자의 저작재산권을 침해하지 않도록 주의의무를 다하여야 한다. (폰트, 이미지 등 라이선스 확인 권장)
  - 수상작 상금에 부과되는 제세공과금을 제외한 금액을 수상자의 계좌로 입금한다.
  - 공모전 개최 목적 달성을 위한 범위 내에서 수상작을 활용하는 경우 이용 대가는 상금으로 대체한 것으로 간주한다.
  - 복수 응모(2작품 이내)도 가능하나, 수상작 선정은 1인 1작품으로 제한하며, 팀으로 참가 시 3인 이내로 구성하여야 한다.
  - 특정 개인·단체·기업 등을 홍보하는 내용은 제외하여야 한다. (제출물에 응모자를 인지할 수 있는 어떠한 표기도 할 수 없음. 작품에 응모자 이름, 소속 등 표기 금지)
  - 서류상 기재 오류 등으로 발생하는 불이익에 대해서는 지원자에게 책임이 있다.
  - 입상하지 않은 응모작에 대해서는 공모전 종료일로부터 3개월 이내에 모두 폐기한다.
  - 심사결과에 따라 시상 작품 수가 조정될 수 있다.

> ㉠ 공모전 접수는 이메일로만 가능하다.
> ㉡ 상금의 제세공과금은 주최 측에서 납부한다.
> ㉢ 두 작품 이내에서는 복수 접수가 가능하다.
> ㉣ 팀을 구성할 때는 4인까지 가능하다.
> ㉤ 제출 작품 하단에는 이름과 소속을 반드시 적어야 한다.
> ㉥ 참가상은 추첨으로 선정한다.
> ㉦ 주최 측에서 수상작을 상업적 목적으로 활용할 경우, 저작권료를 수상자에게 지급해야 한다.

① ㉠, ㉢, ㉣, ㉥ ② ㉡, ㉣, ㉤, ㉦
③ ㉡, ㉤, ㉥, ㉦ ④ ㉢, ㉣, ㉤, ㉥

해설

㉡ 상금의 제세공과금을 제외한 금액이 수상자의 계좌로 입금된다.
㉣ 팀으로 참가 시 3인 이내로 구성하여야 한다.
㉤ 작품에 응모자 이름, 소속 등을 표기하면 안 된다.
㉦ 공모전 개최 목적 달성을 위한 범위 내에서 수상작을 활용하는 경우, 이용 대가는 상금으로 대체한 것으로 간주된다.
따라서 잘못 이해한 것은 ㉡, ㉣, ㉤, ㉦이다.

Plus 해설

㉠ '접수방법'을 보면, 제출서류를 담당자 이메일로 보내야 함을 알 수 있다.
㉢ '유의사항'을 보면, 복수 응모(2작품 이내)도 가능하나, 수상작 선정은 1인 1작품으로 제한한다고 나와 있다.
㉥ '시상내역'을 보면, 참가상의 상품은 추첨으로 선정한다고 나와 있다.

정답 ②

07 거리 · 속력 · 시간

도서관과 공원을 왕복하는 데 갈 때는 시속 10km로, 올 때는 시속 15km로 달려서 총 1시간이 걸렸다. 도서관과 공원 사이의 거리를 구하면? (단, 같은 길로 왕복한다.)

① 4km ② 6km ③ 8km ④ 10km

해설

도서관과 공원 사이의 거리를 x라고 하면, 시간은 $\frac{\text{거리}}{\text{속력}}$이므로, $\frac{x}{10} \times \frac{x}{15} = 1$

$3x+2x=30 \quad 5x=30 \quad x=6$

따라서 도서관과 공원 사이의 거리는 6km이다.

정답 ②

08 > 자료 이해

다음은 항공사 채용설명회 일정표이다. 다음 중 옳은 설명을 고르면?

구분	10월 27일	10월 28일
10:10~11:00	현장등록 및 안내	현장등록
11:00~11:40	개막식	채용설명회(S 항공)
11:50~12:30	정책설명회(△△공사)	채용설명회(W 항공)
12:30~13:30	점심시간	점심시간
13:30~14:10	취업특강(자기소개서 특강)	채용설명회(U 항공)
14:20~15:00	취업특강(면접 특강)	채용설명회(K 항공)
15:10~15:50	채용설명회(D 항공)	취업특강(모의 면접 특강)
16:00~16:40	채용설명회(A 항공)	멘토특강(K 항공 임원 초청)
17:50~18:30	채용설명회(T 항공)	멘토특강(U 항공 임원 초청)

① 첫째 날 일정에는 현장등록과 안내, 개막식이 포함되어 있으나, 둘째 날에는 모두 생략된다.
② 채용설명회는 첫째 날과 둘째 날 같은 시간 동안 개최되며, 총 10개 항공사가 참여한다.
③ △△공사가 진행하는 정책설명회는 이틀 모두 개최된다.
④ 취업특강은 모두 3회 개최되며, 면접에 관한 특강은 2회로 구성된다.

해설

④ 취업특강은 모두 3회(자기소개서, 면접, 모의 면접) 개최되며, 이중 면접에 관한 특강은 2회(면접, 모의 면접)이다.

Plus 해설

① 첫째 날 일정에는 현장등록과 안내, 개막식이 포함되어 있으나, 둘째 날에는 현장등록만 진행한다.
② 채용설명회는 첫째 날 3회, 둘째 날 4회 개최되며, 총 7개 항공사가 참여한다.
③ △△공사가 진행하는 정책설명회는 첫째 날에만 개최된다.

정답 ④

09 최빈값 · 중앙값 · 평균값

다음 자료의 최빈값, 중앙값, 평균값을 순서대로 나열한 것은?

20 7 20 9 19 12 6 14 28

① 20, 15, 14
② 28, 12, 15
③ 20, 14, 15
④ 28, 15, 12

해설

- **최빈값** : 주어진 자료 중에서 가장 자주 나오는 값
  → 주어진 자료 중 가장 자주 나오는 값은 20이므로, 최빈값은 20이다.
- **중앙값** : 자료를 크기 순서로 나열했을 때 중앙에 위치하는 값
  → 자료를 크기 순서로 나열하면 6, 7, 9, 12, 14, 19, 20, 20, 28이므로, 중앙값은 14이다.
- **평균값** : 자료 전체의 합을 자료의 개수로 나눈 값
  → 평균값은 $(20+7+20+9+19+12+6+14+28)\div 9=15$이다.

따라서 정답은 20, 14, 15이다.

정답 ③

10 도형 넓이

다음 중 넓이가 다른 하나는? (단, 한 칸의 길이는 1cm로 가정한다.)

①
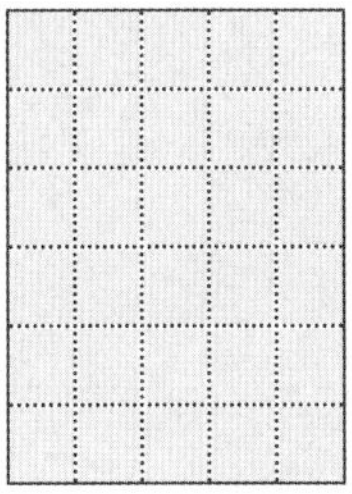

②
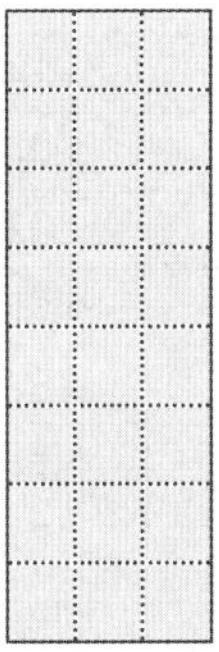

③
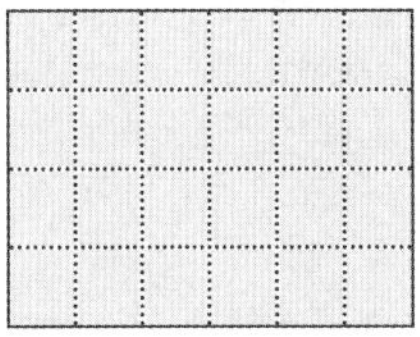

④
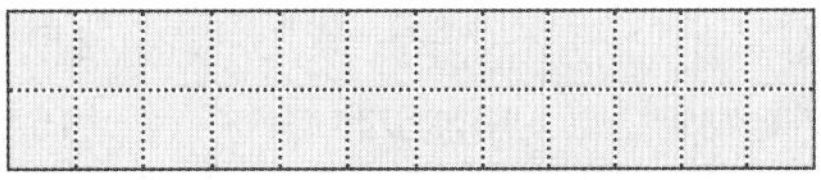

해설

한 칸의 길이를 1cm라고 했을 때, 도형의 넓이는 다음과 같다.

① $5\times6=30$

② $3\times8=24$

③ $6\times4=24$

④ $12\times2=24$

따라서 넓이가 다른 하나는 ①이다.

정답 ①

11 점수 계산

농구 슛을 시도할 때, 성공할 확률은 80%이다. 농구 슛에는 2점 슛과 3점 슛이 있고, 20번을 던져서 40점이 나왔을 때, 3점 슛은 몇 개 성공했는가?

① 5개　　② 6개

③ 7개　　④ 8개

해설

슛 성공 확률이 80%이므로, 20번을 시도했을 경우 $20\times0.8=16$번을 성공하게 된다. 2점 슛과 3점 슛을 성공했을 때의 점수는 다음과 같다.

3점 슛 성공	2점 슛 성공	가능 여부
3점(1개)	37점	성립 불가능
6점(2개)	34점(17개)	19개 성공
9점(3개)	31점	성립 불가능
12점(4개)	28점(14개)	18개 성공
15점(5개)	25점	성립 불가능
18점(6개)	22점(11개)	17개 성공
21점(7개)	19점	성립 불가능
24점(8개)	16점(8개)	16개 성공
27점(9개)	13점	성립 불가능
30점(10개)	10점(5개)	15개 성공
33점(11개)	7점	성립 불가능
36점(12개)	4점(2개)	14개 성공
39점(13개)	1점	성립 불가능

따라서 16번을 성공했을 때의 3점 슛의 개수는 8개이다.

정답 ④

12~13 〉

다음은 만 3~5세 누리과정 지원율 및 예산에 관한 자료이다. 다음을 보고 이어지는 물음에 답하시오.

(단위 : %, 억 원)

구분	지원율				예산
	만 3세	만 4세	만 5세	전체	
2018년	92	93	94	93	38,927
2019년	93	91	91	92	38,153
2020년	95	92	89	91	39,900
2021년	93	97	95	95	39,167
2022년	93	93	93	93	38,290

12 〉 자료 해석

위의 자료에 대한 설명으로 옳지 않은 것은?

① 2018년~2022년의 만 5세 지원율과 전체 지원율의 증감 패턴은 동일하다.
② 만 3세의 지원율이 가장 높은 해는 예산 금액 또한 가장 높다.
③ 만 4세와 만 5세의 지원율이 가장 높은 해는 동일하다.
④ 조사 기간 동안 만 3~5세 지원율은 항상 90%를 넘는다.

해설

④ 2020년 만 5세의 지원율은 89%이다.

Plus 해설

① 2018년~2022년의 만 5세 지원율과 전체 지원율의 증감 패턴은 '감소 → 감소 → 증가 → 감소'로 동일하다.
② 만 3세의 지원율이 가장 높은 해는 2020년이고, 예산 금액이 가장 높은 해도 2020년이다.
③ 만 4세와 만 5세의 지원율이 가장 높은 해는 2021년으로 동일하다.

정답 ④

13 〉 증가율

2020년 만 3~5세 누리과정 예산은 전년 대비 몇 퍼센트 증가하였는가? (단, 소수 둘째 자리에서 반올림한다.)

① 4.4%
② 4.6%
③ 4.8%
④ 5.0%

해설

2020년 예산은 전년 대비 $\frac{39{,}900-38{,}153}{38{,}153}\times 100 \fallingdotseq 4.6\%$ 증가하였다.

정답 ②

14 자료 해석

다음은 문화산업 현황에 대한 자료이다. 자료에 대한 설명으로 옳은 것을 모두 고르면?

[(단위 : 매출액(조 원), 수출액(천 달러)]

구분	2019년		2020년		2021년	
	매출액	수출액	매출액	수출액	매출액	수출액
계	126.70	10,189,026	128.29	11,924,284	137.51	12,452,897
출판	21.30	214,732	21.65	345,960	24.70	428,379
만화	1.30	46,010	1.53	62,715	2.13	81,980
음악	6.80	756,198	6.06	679,633	9.37	775,274
게임	15.60	6,657,777	18.89	8,193,562	20.99	8,672,865
영화	6.40	37,877	2.99	54,157	3.25	43,033
애니메이션	0.60	194,148	0.55	134,532	0.76	156,835
방송(영상)	20.80	474,359	21.96	692,790	23.97	717,997
광고	18.10	139,083	17.42	119,935	18.92	258,167
캐릭터	12.60	791,338	12.22	715,816	5.00	412,990
지식정보	17.70	649,623	19.37	691,987	19.95	660,850
콘텐츠솔루션	5.40	227,881	5.64	233,196	8.47	244,527

㉠ 출판의 매출액은 매년 가장 높다.
㉡ 2021년 수출액이 가장 낮은 항목은 매출액도 가장 낮다.
㉢ 조사 기간 동안 수출액이 꾸준히 증가하는 항목은 총 5개이다.
㉣ 문화산업 전체 수출액이 가장 많았던 해의 수출액은 가장 적었던 해보다 2,263,871천 달러 더 많다.
㉤ 2021년 광고 매출액은 전년 대비 약 8.6% 증가하였다.
㉥ 2020년 지식정보 매출액은 전년 대비 약 4.9% 증가하였다.

① ㉠, ㉡, ㉥　　② ㉠, ㉣, ㉤
③ ㉢, ㉣, ㉤　　④ ㉢, ㉣, ㉥

해설

㉢ 조사 기간 동안 수출액이 꾸준히 증가하는 항목은 출판, 만화, 게임, 방송(영상), 콘텐츠솔루션으로, 총 5개이다.
㉣ 문화산업 전체 수출액이 가장 많았던 해(2021년)의 수출액은 가장 적었던 해(2019년)보다 12,452,897−10,189,026=2,263,871천 달러 더 많다.
㉤ 2021년 광고 매출액은 전년 대비 $\frac{18.92-17.42}{17.42}\times 100 \fallingdotseq 8.6\%$ 증가하였다.

Plus 해설

㉠ 2020년은 방송(영상)의 매출액이 가장 높다.
㉡ 2021년 수출액이 가장 낮은 항목은 영화이고, 매출액이 가장 낮은 항목은 애니메이션이다.
㉥ 2020년 지식정보 매출액은 전년 대비 $\frac{19.37-17.70}{17.70}\times 100 \fallingdotseq 9.4\%$ 증가하였다.

정답 ③

15 삼단논법

ⓛ에 들어갈 말로 가장 적절한 것을 고르면?

> ㉠ 트로피를 받았다면 노력했다는 것이다.
> ㉡ ______________________________
> ㉢ 그러므로 희수는 트로피를 받지 못했다.

① 희수는 트로피를 받을 예정이다.
② 희수는 노력하지 않았다.
③ 희수는 노력하고 있다.
④ 트로피를 모두가 받을 수 있는 것은 아니다.

해설

삼단논법이 성립하기 위해서는 '희수는 노력하지 않았다.'라는 명제가 필요하다.

정답 ②

16 명제 추리

다음 명제가 모두 참일 때, 언제나 참인 것은?

> • 한국소설을 좋아하는 사람은 미국소설도 좋아한다.
> • 일본소설을 좋아하는 사람은 수필도 좋아한다.
> • 미국소설을 좋아하지 않는 사람은 수필도 좋아하지 않는다.

① 수필을 좋아하는 사람은 한국소설도 좋아한다.
② 미국소설을 좋아하지 않는 사람은 일본소설을 좋아한다.
③ 일본소설을 좋아하는 사람은 미국소설도 좋아한다.
④ 일본소설을 좋아하지 않는 사람은 미국소설도 좋아하지 않는다.

해설

주어진 명제와 그 대우를 정리하면 다음과 같다.
• 한국소설 → 미국소설, ~미국소설 → ~한국소설
• 일본소설 → 수필, ~수필 → ~일본소설
• ~미국소설 → ~수필, 수필 → 미국소설
∴ ~미국소설 → ~수필 → ~일본소설
일본소설 → 수필 → 미국소설
따라서 항상 참인 것은 ③이다.

정답 ③

17 > 조건 추리

네 사람(박 씨, 이 씨, 정 씨, 최 씨)이 의자에 나란히 앉아 있다. 다음을 모두 고려하였을 때, 항상 옳은 내용을 고르면?

- 정 씨와 박 씨는 이웃하지 않는다.
- 이 씨는 최 씨보다 왼쪽에 있다.
- 박 씨와 이 씨는 이웃해 있다.
- 박 씨와 최 씨는 이웃하지 않는다.

① 정 씨와 최 씨는 이웃해 있다.
② 이 씨와 최 씨는 이웃해 있다.
③ 최 씨는 정 씨보다 왼쪽에 있다.
④ 박 씨는 양쪽 다 누군가와 이웃해 있다.

해설

세 번째 조건에 따라 박 씨와 이 씨는 항상 이웃해 있어야 한다. '이－박' 순서일 경우, 첫 번째 조건을 고려하면, '정－이－박－최' 또는 '이－박－최－정'이 되므로 네 번째 조건과 모순된다. 따라서 박 씨와 이 씨는 '박－이' 순서로 이웃해야 한다. 모든 조건을 고려하면, 네 사람은 '박－이－정－최' 또는 '박－이－최－정' 순서로 앉아 있음을 알 수 있다.
따라서 항상 옳은 내용은 ①이다.

정답 ①

18 > 조건 추리

A, B, C, D, E는 마라톤 경기에서 다음과 같은 순서로 들어왔다. 다음 조건을 모두 고려하였을 때, 옳지 않은 내용을 고르면?

- A는 두 번째로 들어왔다.
- D는 C 바로 직전에 들어왔다.
- B는 A보다 늦게 들어왔지만, C보다는 빨리 들어왔다.

① E는 첫 번째로 들어왔다.
② D는 B보다 빨리 들어왔다.
③ B는 세 번째로 들어왔다.
④ 가장 늦게 들어온 사람은 C이다.

해설

B는 A보다 늦게 들어왔지만, C보다는 빨리 들어왔으므로 세 번째 또는 네 번째로 들어왔음을 알 수 있다. 그런데 D가 C 바로 직전에 들어왔다고 했으므로 D가 네 번째, C가 다섯 번째이고, B는 세 번째임을 알 수 있다. 따라서 들어온 순서대로 나열하면 E－A－B－D－C가 된다.
② D는 B보다 늦게 들어왔다.

정답 ②

19 문제해결

○○중고차 직원인 F 대리는 다음의 고객으로부터 중고차를 추천해 달라는 부탁을 받았다. F 대리가 고객에게 추천하기에 가장 적합한 자동차는 무엇인가?

> 고객 : 중고차를 사려고 하는데요. A/S 여부와 연식은 상관이 없으나, 주행거리는 되도록 짧았으면 좋겠어요. 특히 저는 아이를 태우고 다녀야 하므로 안전도 평가 등급이 가장 중요해요. 가격은 높아도 괜찮으니, 안전도 평가 등급이 좋은 차로 추천해 주세요.

구분	A 자동차	B 자동차	C 자동차	D 자동차
연식	2017년	2019년	2014년	2018년
주행거리	9만km	7만km	8만km	5만km
A/S 가능 여부	무상 가능	무상 가능	무상 불가능	무상 불가능
안전도 평가 등급	2등급	1등급	3등급	1등급
가격	1,800만 원	2,000만 원	1,500만 원	2,200만 원

※ 단, 안전도 평가는 1등급에 가까울수록 좋다.

① A 자동차
② B 자동차
③ C 자동차
④ D 자동차

해설

고객이 가장 중요하게 여기는 것은 안전도 평가 등급이다. 안전도 평가 등급이 좋은 자동차는 B 자동차와 D 자동차이다. 고객은 A/S 가능 여부, 연식, 가격은 상관이 없고, 주행거리가 되도록 짧았으면 좋겠다고 했으므로, 둘 중 D 자동차가 더 적합하다.

정답 ④

20 > 문제해결

ㅁㅁ회사는 직원의 최종점수에 따라 해외 출장지가 정해진다. A 사원의 평가 점수표와 조건을 보고, A 사원이 갈 수 있는 나라를 고르면?

구분	근무태도(100)	영어능력(100)	회계능력(100)	기타(100)
A 사원 평가 점수	60	100	80	40

- 최종점수는 각 항목에 다음의 가중치를 적용하여 계산한다.
  - 근무태도(30%), 영어능력(30%), 회계능력(25%), 기타(15%)
- 최종점수에 따라 갈 수 있는 나라는 다음과 같다.
  - 영국 : 95점 이상
  - 미국 : 86점 ~ 94점
  - 대만 : 85점 ~ 76점
  - 일본 : 75점 이하

① 영국
② 미국
③ 대만
④ 일본

해설

가중치를 적용한 최종점수는 다음과 같다.
$(60\times0.3)+(100\times0.3)+(80\times0.25)+(40\times0.15)=74$점
따라서 A 사원이 갈 수 있는 나라는 일본이다.

정답 ④

21 › 도형 회전

다음 도형을 반시계방향으로 90° 회전했을 때의 모양은?

① 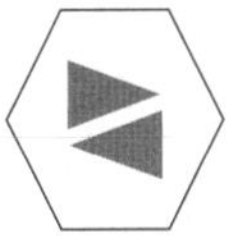 ②  ③ 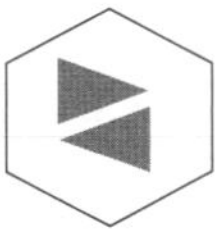 ④ 

해설

제시된 도형을 반시계방향으로 90° 회전하면 바깥 도형인 육각형의 뾰족한 부분이 위와 아래로 가게 되고, 내부의 검은색 삼각형은 옆으로 눕혀지게 된다.

정답 ③

22 › 도형 추리

다음은 일정한 규칙에 따라 배열된 것이다. ?에 들어갈 도형으로 알맞은 것은?

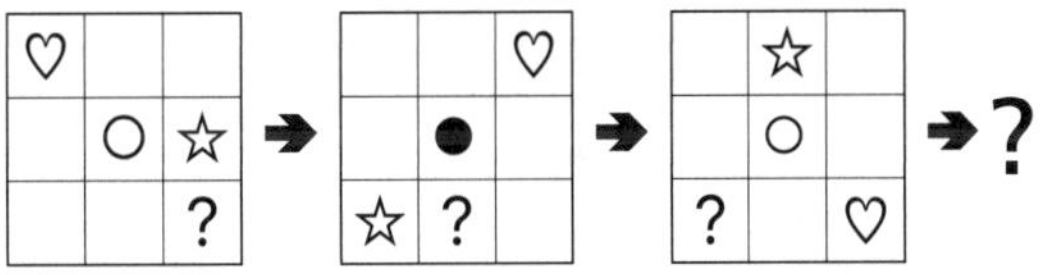

① 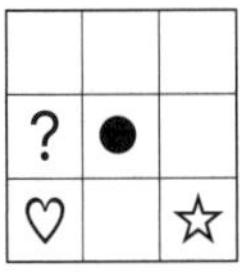 ② 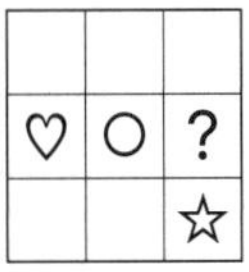 ③ 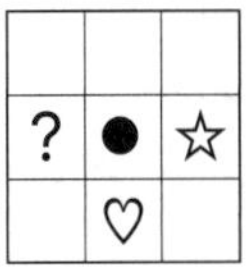 ④ 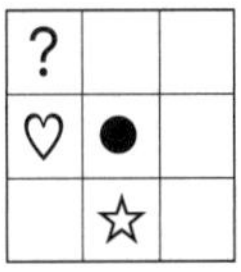

해설

가운데에 있는 ○는 색 반전이 되고 있고, ♡모양은 시계 방향으로 두 칸씩, ☆모양은 시계 방향으로 세 칸씩, ?모양은 시계 방향으로 한 칸씩 이동하고 있다. 따라서 정답은 ①이다.

정답 ①

23 블록

다음은 정육면체 모양 블록을 쌓아올린 것이다. 회색으로 칠해진 블록은 반대편까지 회색으로 칠해져 있다고 할 때, 흰색 블록의 개수는 몇 개인가?

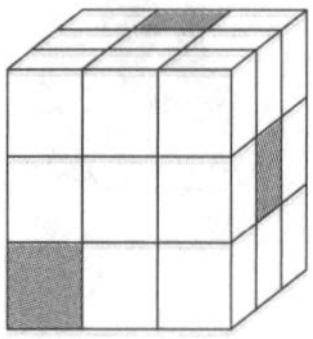

① 16개 ② 18개 ③ 20개 ④ 22개

해설

전체 블록 수는 $3\times3\times3=27$개이다. 이 중 회색 블록 수가 $3\times3=9$개이므로, 흰색 블록은 $27-9=18$개이다.

정답 ②

24 전개도

다음 전개도를 접었을 때 만들어지는 입체도형이 아닌 것을 고르면?

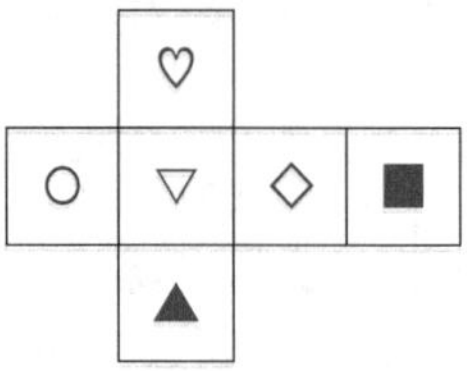

① 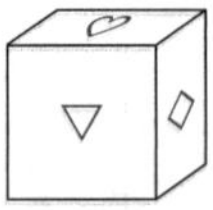 ② 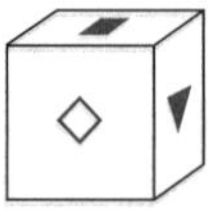 ③ 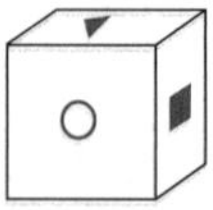 ④ 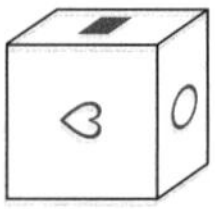

해설

오른쪽으로 90° 회전된 하트가 앞면에 나올 경우, 윗면에는 ○모양이, 오른쪽 면에는 ■모양이 나와야 한다. 따라서 정답은 ④이다.

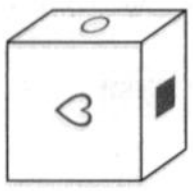

정답 ④

25 > 조각 조합

다음과 같은 모양을 만들 수 없는 조합을 고르면? (단, 테트리스 조각은 뒤집어 사용할 수 있다.)

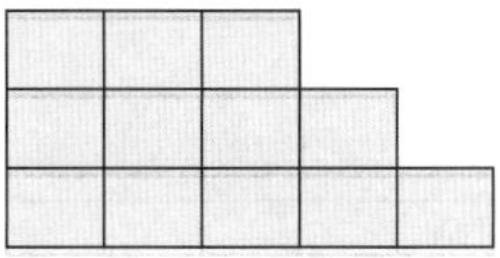

① 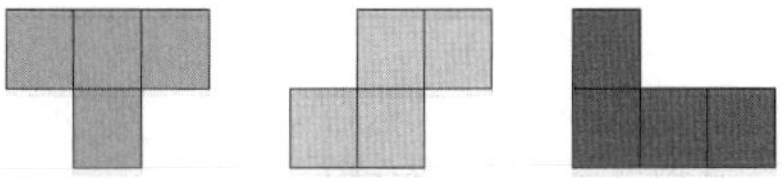

② 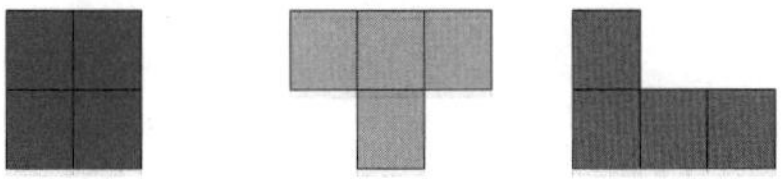

③ 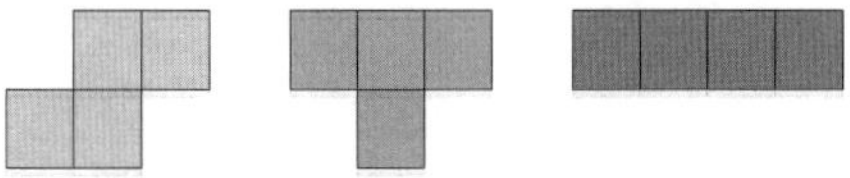

④ 

해설

① 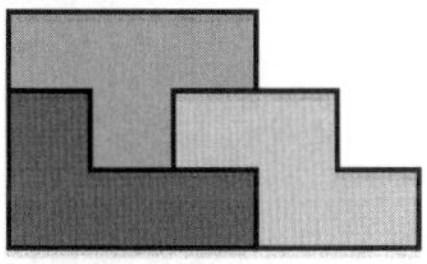

② 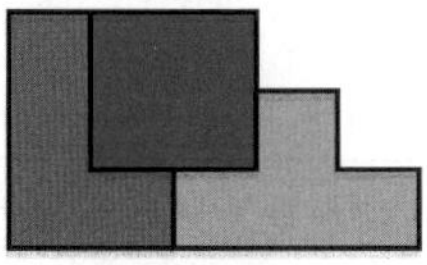

③ 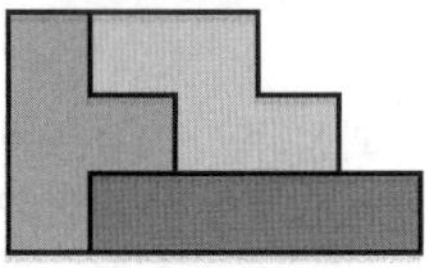

따라서 정답은 ④이다.

정답 ④

26 > 태양계 행성

태양계 행성 중 크기가 가장 큰 것과 가장 작은 것을 순서대로 나열하면?

① 목성, 수성　② 수성, 토성　③ 토성, 금성　④ 목성, 토성

해설

지구의 반지름을 1로 보았을 때, 목성은 11.2, 토성은 9.4, 천왕성은 4.0, 해왕성은 3.9, 금성은 0.9, 화성은 0.5, 수성은 0.4이다. 따라서 가장 큰 행성은 목성이고, 가장 작은 행성은 수성이다.

Plus 해설

태양계 행성 순서 : 수성 – 금성 – 지구 – 화성 – 목성 – 토성 – 천왕성 – 해왕성
태양계 행성 크기 : 목성 – 토성 – 천왕성 – 해왕성 – 지구 – 금성 – 화성 – 수성

정답 ①

27 > 포유류

다음 중 포유류가 아닌 동물을 고르면?

① 고래　② 돼지　③ 상어　④ 바다표범

해설

포유류는 젖을 먹여 새끼를 키우는 동물을 말한다. 고래, 돼지, 바다표범은 포유류에 속하고, 상어는 어류에 해당한다.

정답 ③

28 > 광합성

다음 중 광합성을 하지 않는 것을 고르면?

① 은행나무　② 소나무　③ 버섯　④ 배추

해설

버섯은 식물이 아닌 균류이다. 식물은 광합성을 해서 스스로 영양분을 만들지만, 버섯은 엽록소가 없어 광합성을 못하고, 다른 영양체에 붙어서 생육에 필요한 영양분을 얻는다.

Plus 해설

광합성이란 녹색 식물이 빛을 이용하여 이산화탄소와 물로 필요한 영양분을 만드는 과정이다. 식물은 햇빛, 물, 이산화탄소를 이용하여 스스로 양분을 만드는데, 광합성은 주로 잎에 있는 엽록체의 엽록소가 빛에너지를 흡수하여 이루어진다.

정답 ③

29 대전과 대전열

고무풍선 두 개를 털가죽으로 문질렀을 때, 두 개의 고무풍선 사이에서 일어나게 되는 현상으로 가장 적절한 것을 고르면?

① (+) (−) 인력
② (−) (+) 인력
③ (+) (+) 척력
④ (−) (−) 척력

해설

물체가 마찰할 때 전자를 잃기 쉬운 순서대로 나열하면 다음과 같다.

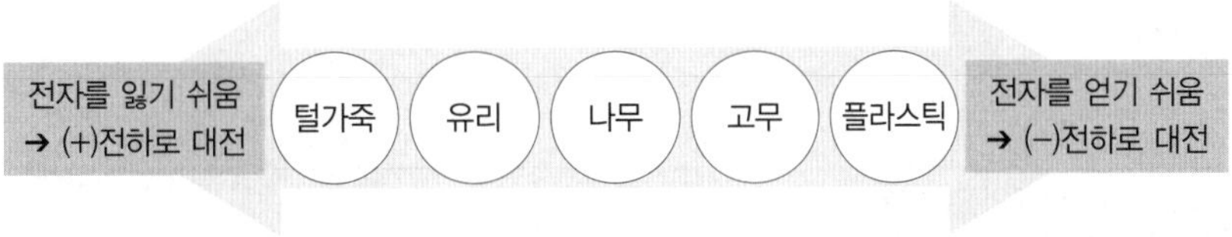

따라서 털가죽으로 고무풍선을 문지르면 (−) 전기를 띤 전자가 고무풍선으로 이동하여 털가죽은 (+) 전기, 고무풍선은 (−) 전기를 띤다. 두 고무풍선은 모두 (−) 전기를 띠게 되고, 같은 종류의 전기로 대전된 고무풍선은 서로 밀어낸다(척력).
인력 : 다른 종류의 전기를 띤 두 물체 사이에 서로 끌어당기는 힘
척력 : 같은 종류의 전기를 띤 두 물체 사이에 서로 밀어내는 힘

정답 ④

30 원소

다음 중 원소에 대한 설명으로 옳은 것을 모두 고르면?

㉠ 원소란 더 이상 다른 물질로 분해되지 않으면서 물질을 이루는 기본 성분이다.
㉡ 현재까지 알려진 원소의 종류는 120여 가지이다.
㉢ 인공적으로 만든 원소는 90여 가지이다.
㉣ 가장 가벼운 원소는 헬륨이다.

① ㉠, ㉡
② ㉠, ㉣
③ ㉡, ㉢
④ ㉢, ㉣

해설

원소란 더 이상 다른 물질로 분해되지 않으면서 물질을 이루는 기본 성분이다. 현재까지 알려진 원소의 종류는 120여 가지이며, 그중 90여 가지는 자연에서 발견된 것이고, 그 밖의 원소는 인공적으로 만든 것이다. 우리 주변의 모든 물질은 원소로 이루어져 있고, 가장 가벼운 원소는 수소이다.
따라서 원소에 대한 설명으로 옳은 것은 ㉠, ㉡이다.

정답 ①

31 〉 지구의 구성

지구 내부 구조에 대한 설명으로 틀린 것은?

① 지각은 지구의 가장 바깥층으로 단단한 암석으로 되어 있다.
② 지각과 맨틀의 경계면을 모호면이라 한다.
③ 지구 내부에서 가장 큰 부피를 차지하는 것은 맨틀이다.
④ 내핵은 액체로 이루어져 있다.

해설

④ 액체로 이루어진 것은 외핵이다.

Plus 해설

<table>
<tr><td>지각</td><td>고체</td><td>• 암석으로 된 지구의 겉 부분
• 대륙 지각과 해양 지각으로 구분됨
– 대륙 지각 : 약 35km, 화강암질 암석
– 해양 지각 : 약 5km, 현무암질 암석</td></tr>
<tr><td>모호면</td><td colspan="2">지각과 맨틀의 경계면</td></tr>
<tr><td>맨틀</td><td>고체</td><td>• 지구 내부 구조 중 두께가 가장 두꺼움
• 지구 전체 부피의 약 80%를 차지
• 지각보다 무거운 암석으로 이루어짐</td></tr>
<tr><td>외핵</td><td>액체</td><td rowspan="2">• 철과 니켈 같은 무거운 물질로 이루어짐
• 외핵은 지구 내부 구조에서 액체로 이루어진 유일한 구간
• 철과 니켈 같은 무거운 물질로 이루어짐
• 외핵은 지구 내부 구조에서 액체로 이루어진 유일한 구간</td></tr>
<tr><td>내핵</td><td>고체</td></tr>
</table>

정답 ④

32 > 밀도

다음 그림은 여러 가지 물질을 유리컵에 넣었을 때의 결과를 나타낸 것이다. 이에 대한 설명으로 옳은 것은?

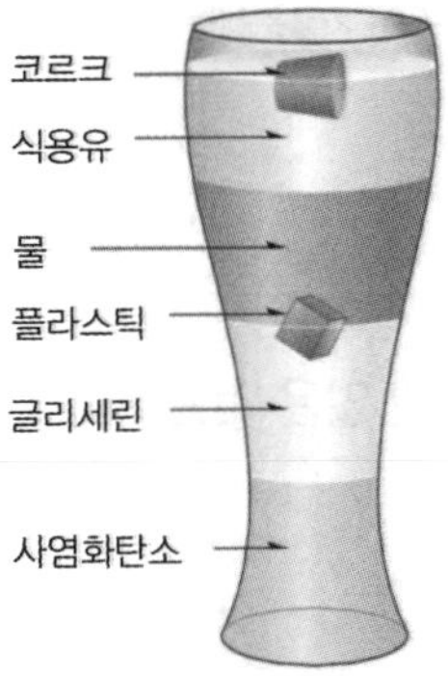

① 밀도가 가장 작은 것은 사염화탄소이다.

② 물보다 밀도가 작은 것은 2개이다.

③ 글리세린은 사염화탄소보다 밀도가 크다.

④ 물은 식용유보다 밀도가 작다.

해설

밀도가 작은 물질은 밀도가 큰 물질 위로 뜨고, 밀도가 큰 물질은 밀도가 작은 물질 아래로 가라앉는다. 물질의 밀도는 '코르크 < 식용유 < 물 < 플라스틱 < 글리세린 < 사염화탄소'이다. 따라서 옳은 설명은 ②이다.

① 밀도가 가장 작은 것은 코르크이다.

③ 글리세린은 사염화탄소보다 밀도가 작다.

④ 물은 식용유보다 밀도가 크다.

정답 ②

2021. 12. 11. 울산광역시교육청 기출문제

※ 본 기출문제는 실제 시험 응시자로부터 수집한 후기를 바탕으로 복원되었습니다.

01 문학 작품의 이해

다음 시를 읽고 이해한 것으로 적절하지 않은 것은?

그날이 오면 그날이 오며는
삼각산이 일어나 더덩실 춤이라도 추고
한강 물이 뒤집혀 용솟음칠 그날이,
이 목숨이 끊기기 전에 와 주기만 할 양이면
나는 밤하늘에 나는 까마귀와 같이
종로의 인경을 머리로 들이받아 울리오리다.
두개골은 깨어져 산산조각이 나도
기뻐서 죽사오매 오히려 무슨 한이 남으오리까.

그날이 와서, 오오 그날이 와서
육조 앞 넓은 길을 울며 뛰며 뒹굴어도
그래도 넘치는 기쁨에 가슴이 미어질 듯하거든
드는 칼로 이 몸의 가죽이라도 벗겨서
커다란 북을 만들어 들쳐 메고는
여러분의 행렬에 앞장을 서오리다.
우렁찬 그 소리를 한 번이라도 듣기만 하면
그 자리에 거꾸러져도 눈을 감겠소이다.

「그날이 오면」, 심훈

① 이 시의 주제는 '조국 광복의 그날에 대한 간절한 염원'이다.
② '그날이 오면 그날이 오며는'과 같은 반복과 '한강 물이 뒤집혀 용솟음칠' 등과 같은 과장을 통해 주제 의식을 강조하였다.
③ '울리오리다', '남으오리까', '감겠소이다'와 같은 경어체 종결 어법을 사용하고 있다.
④ '삼각산, 한강 물, 까마귀, 인경, 육조 앞'은 1930년대 우리 민족을 나타내는 가장 대표적인 상징물들이라고 할 수 있다.

해설

'까마귀'는 조국광복을 향한 자기희생의 객관적 상관물로 고독하고 비장한 자아상을 상징하고, '죽음'의 이미지를 내포하고 있다.

정답 ④

02 > 글의 이해

다음 글을 읽고 글의 내용으로 옳지 않은 것을 고르면?

책 읽는 속도에 따라서 빠르게 읽어내는 '속독'과 반대로 느리게 읽는 '슬로 리딩'이 있다. 독서 강의를 다니면서 파악한 바로는 일반적인 250~300쪽 내외의 책을 읽는 데 4~5시간 소요된다고 대답하는 사람이 가장 많았고, 좀 오래 걸리는 사람은 책 한 권에 9시간 내외, 책을 빨리 읽는 사람은 1~2시간 정도로 읽는다고 대답하는 경우가 많았다.

나는 처음에 불면증으로 밤을 새면서 책을 읽기 시작해서, 속도를 신경 쓰지 않고 천천히 슬로 리딩을 했다. 그런데 책을 계속 읽다보니 속도가 점점 빨라져서 지금은, 1~2시간이면 책 한 권을 읽을 정도로 속도가 빨라졌다. 다만 천천히 읽어야 하는 철학이나 역사, 과제용 책은 속독을 하지 않고 슬로 리딩으로 읽고 있다.

책을 빠르게 읽는 속독은 '건너뛰며 읽기'와 '미리보기'가 있다. '건너뛰며 읽기'는 여러 권의 참고도서를 분석하거나 책을 사기 전 핵심 내용을 파악하기 위해 자주 등장하는 단어와 목차를 분석해서 책을 파악하는 방법이고, '미리보기'는 우리가 서점에 가서 책을 고를 때 무의식적으로 사용하는 방법으로 책의 제목과 표지문구 등으로 책에 대한 기초 정보를 파악하는 독서법이다.

대부분의 책은 한 번만 읽는 '일독'을 하면서 새로운 책을 계속 읽는 '다독'을 하지만, 읽고 나서 여운이 남는 책은 다시 읽는 '반복독'을 하고 있다. 반복 독서는 책을 읽어도 내용을 이해할 수 없어서 책을 읽지 않는 사람들에게 필요한 독서의 기술이다. 세종대왕은 책 한 권을 100번을 읽고 100번을 읽히는 '백독 백습' 독서법을 실천했다. 또 미적분학을 발견한 라이프니츠는 독학으로 혼자 공부하면서 같은 책을 되풀이해서 읽어 다방면에 놀라운 지식을 쌓았는데, 이렇게 거듭 되풀이해서 다시 읽는 독서법을 '라이프니츠 독서법' 이라고 한다.

「독서의 기술, 책을 읽는 101가지 방법」, 전안나

① 책 읽는 속도에 따라서 빠르게 읽어내는 '속독'과 반대로 느리게 읽는 '슬로 리딩'이 있다.
② 슬로 리딩의 '건너뛰며 읽기'는 여러 권의 참고도서를 분석하거나 책을 사기 전 핵심 내용을 파악하기 위해 자주 등장하는 단어와 목차를 분석해서 책을 파악하는 방법이다.
③ 반복 독서는 책을 읽어도 내용을 이해할 수 없어서 책을 읽지 않는 사람들에게 필요한 독서의 기술이다.
④ '미리보기'는 우리가 서점에 가서 책을 고를 때 무의식적으로 사용하는 방법으로 책의 제목과 표지문구 등으로 책에 대한 기초 정보를 파악하는 독서법이다.

해설

3문단의 '책을 빠르게 읽는 속독은 '건너뛰며 읽기'와 '미리보기'가 있다.'를 통해 '건너뛰며 읽기'는 슬로 리딩법이 아니라 속독법이라는 것을 알 수 있다.

정답 ②

03 글의 이해

다음 글을 읽고 내용과 일치하지 않는 것을 고르면?

유치원생이나 초등학생 등 어린이들을 차량 사고로부터 보호하기 위하여 초등학교의 주 출입문을 중심으로 반경 300m 이내를 어린이보호구역으로 지정할 수 있다. 어린이보호구역 내에서는 필요에 따라 차량의 통행이 금지될 수 있으며 통행이 허용될 때에도 주행 속도를 시속 30km 이내로 제한한다. 또한 자동차의 정차나 주차가 금지되는데 이러한 제재를 위반할 경우 과태료나 범칙금을 부과받게 되며 어린이보호구역사고가 발생하면 형사 처벌을 받게 된다.

피해자에게 상해를 입힌 교통사고는 보험에 가입되어 있다면 교통사고처리특례법에 따라 피해자와 합의하여 공소를 면할 수 있으나 어린이보호구역사고의 경우, 이러한 특례법 조항이 적용되지 않는다. 즉, 합의했다 하더라도 처벌을 면한다는 보장이 없는 것이다.

어린이보호구역 내에서 시속 30km 이내의 속도로 운행하고 어린이의 안전에 유의하면서 운전해야 하는 의무를 위반하여, 업무상과실 또는 중대한 과실에 의해 교통사고를 일으켜 13세 미만의 어린이를 사상에 이르게 했다면 특정범죄가중처벌법이 적용되어 가중처벌을 받을 수 있다. 피해 정도에 따라 처벌이 달라지며 어린이가 사망했다면 무기 또는 3년 이상의 징역에, 상해를 입었다면 1년 이상 15년 이하의 징역이나 500만 원 이상 3천만 원 이하의 벌금에 처한다.

법무법인○○ 교통형사센터 경찰출신 전 변호사는 "어린이보호구역을 통행하는 차량의 운전자에게는 통상에 비해 더욱 엄격한 수준의 업무상 주의의무가 인정된다. 제한 속도를 준수하고 전방 및 좌우를 주시하며 어린이 안전에 각별히 유의하여 운전을 해야 하는 것이다. 만일 이러한 의무를 다하였음에도 불가하고 불가항력적인 사정에 의해 어린이보호구역사고가 발생했다면 이러한 정황을 소명, 입증함으로써 특가법의 적용을 피할 수 있다"고 말했다.

글로벌에픽, 2021. 08 기사

① 초등학교의 주 출입문 중심으로 반경 300m 이내를 어린이보호구역으로 지정할 수 있다.
② 어린이보호구역사고가 발생하면 형사 처벌을 받게 된다.
③ 어린이보호구역사고의 경우 피해자와 합의하여야만 공소를 면할 수 있다.
④ 어린이보호구역에서는 정차나 주차를 할 경우 과태료나 범칙금을 부과받게 된다.

해설

2문단을 통해 '어린이보호구역사고의 경우 합의를 했다 하더라도 처벌을 면한다는 보장이 없다'는 것을 알 수 있다.

정답 ③

04 한자성어

다음 시조의 밑줄 친 고사성어와 가장 유사한 뜻을 가진 고사성어를 고르면?

> 이 몸이 죽고 죽어 일백 번 고쳐 죽어
> 백골이 진토되어 넋이라도 있고 없고
> 임 향한 **일편단심(一片丹心)**이야 가실 줄이 있으랴
>
> 「단심가(丹心歌)」, 정몽주

① 고굉지신(股肱之臣) ② 위국충절(爲國忠節)
③ 맥수지탄(麥秀之嘆) ④ 망운지정(望雲之情)

해설

「단심가(丹心歌)」는 이방원의 「하여가(何如歌)」에 대한 답가이다. 밑줄 친 '일편단심(一片丹心)'은 한 조각의 붉은 마음, 즉 결코 변하지 않을 충성되고 참된 마음이란 뜻으로, 정몽주의 고려왕조에 대한 변함없는 충성심을 나타낸다. 따라서 이와 가장 유사한 뜻을 가진 고사성어는 '나라를 위한 충성스러운 절개'라는 뜻의 ② '위국충절(爲國忠節)'이다.

Plus 해설

① 고굉지신(股肱之臣) : 다리와 팔뚝에 비길 만한 신하라는 뜻으로, 임금이 가장 신임하는 중신을 이르는 말.
③ 맥수지탄(麥秀之嘆) : 보리 이삭이 무성함을 탄식한다는 뜻으로, 곧 고국의 멸망을 탄식한다는 말.
④ 망운지정(望雲之情) : 구름을 바라보며 그리워한다는 뜻으로, 객지에 나온 자식이 고향의 부모를 그리는 정을 가리키는 말.

정답 ②

05 응용계산

○○회사에 근무하고 있는 A의 올해 월급은 전년도 대비 8% 인상, B는 10% 인상되었다. A와 B의 전년도 월급의 합이 4,550,000원이었다고 할 때, A의 전년도 월급은 얼마였나? (단, A와 B의 올해 월급의 인상분 합은 407,000원이다.)

① 2,150,000원 ② 2,300,000원
③ 2,400,000원 ④ 2,450,000원

해설

A의 전년도 월급을 x, B의 전년도 월급을 y라고 할 때 다음의 공식을 만들 수 있다.
- $x + y = 4,550,000$원
- $0.08x + 0.1y = 407,000$원

이 공식을 연립하여 풀면 다음과 같다.
$0.08x + 0.1(4,550,000 - x) = 407,000$
$0.08x - 0.1x = 407,000 - 455,000$
$-0.02x = -48,000$
$x = 2,400,000$원
따라서 A의 전년도 월급은 2,400,000원이다.

정답 ③

06 응용계산

2011년 모녀의 나이 합이 53세였다고 할 때, 2021년 딸의 나이는 몇 세인가? (단, 어머니와 딸의 나이차는 31세이다.)

① 11세 ② 16세
③ 21세 ④ 26세

해설

2011년도 어머니의 나이를 x, 2011년도 딸의 나이를 y라고 할 때 다음 식을 만들 수 있다.
- $x + y = 53$세
- $x - 31 = y$

이 공식을 연립하여 풀면
$x + x - 31 = 53$
$2x = 84$ $x = 42$세이다.
따라서 2011년도 어머니는 42세, 딸은 11세이며, 2021년도에 딸의 나이는 21세가 된다.

정답 ③

07 자료해석

다음은 ○○회사의 2018~2021년까지의 신입사원 지원자 수와 합격자 수를 나타낸 표이다. 탈락자 비율이 가장 높았던 때는 언제인가? (단, 소수점 둘째자리까지 구한다.)

연도별 신입사원 지원 및 합격 현황

(단위 : 명)

구분	2018	2019	2020	2021
지원자 수	358	456	461	552
합격자 수	21	23	27	35
탈락자 비율(%)				

① 2018년
② 2019년
③ 2020년
④ 2021년

해설

탈락자 비율 $= \dfrac{\text{지원자 수} - \text{합격자 수}}{\text{지원자 수}} \times 100$

- 2018년 탈락자 비율 $= \dfrac{358 - 21}{358} \times 100 = 94.13\%$
- 2019년 탈락자 비율 $= \dfrac{456 - 23}{456} \times 100 = 94.95\%$
- 2020년 탈락자 비율 $= \dfrac{461 - 27}{461} \times 100 = 94.14\%$
- 2021년 탈락자 비율 $= \dfrac{552 - 35}{552} \times 100 = 93.65\%$

따라서 정답은 ②이다.

정답 ②

08 응용계산

○○ 주차장 요금표와 오늘 오후 동안 이용 차량들의 정보가 다음과 같을 때, 오늘 오후 ○○ 주차장의 총 수입은 얼마인가?

○○ 주차장 요금표

기본 주차비 (2시간)	대형	5,000원
	중형	3,000원
	소형	2,000원

※ 기본 주차시간 초과 시 시간당 1,000원 추가
※ ◎◎카페, △△미용실, ㅁㅁ식당 영수증 제시 시 주차요금 50% 할인

오늘 오후 이용 차량 정보

차량정보	이용시간	비고
A 대형	5시간	−
B 대형	3시간	−
C 중형	6시간	△△미용실 영수증 제시
D 중형	2시간	−
E 중형	4시간	−
F 소형	3시간	◎◎카페 영수증 제시

① 27,000원 ② 28,500원 ③ 30,000원 ④ 31,500원

해설

A 대형 : 5,000(기본 2시간) + 1,000 × 3시간(추가) = 8,000원
B 대형 : 5,000(기본 2시간) + 1,000 × 1시간(추가) = 6,000원
C 중형 : [3,000(기본 2시간) + 1,000 × 4시간(추가)] × 50%(영수증 할인) = 3,500원
D 중형 : 3,000(기본 2시간)원
E 중형 : 3,000(기본 2시간) + 1,000 × 2시간(추가) = 5,000원
F 소형 : [2,000(기본 2시간) + 1,000 × 1시간(추가)] × 50%(영수증 할인) = 1,500원
오늘 오후 ○○ 주차장의 총 수입은
8,000 + 6,000 + 3,500 + 3,000 + 5,000 + 1,500 = 27,000원이다.

정답 ①

09 최단경로 구하기

A ~ E 지점 간 이동거리가 다음과 같을 때, A 지점에서 E 지점으로 갈 수 있는 최단경로는 무엇인가?

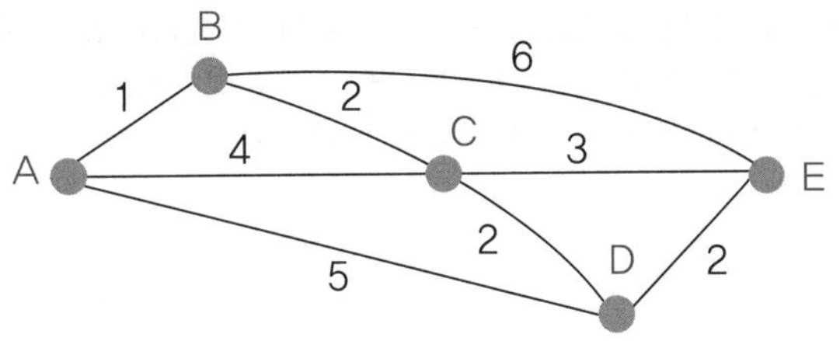

(단위 : km)

① A → B → E
② A → B → C → E
③ A → C → E
④ A → C → D → E

해설

② 'A → B → C → E' 경로의 이동거리는 총 6km로 가장 최단거리이다.
① · ③의 이동거리는 7km이고, ④의 이동거리는 8km이다.

정답 ②

10 오류 파악하기

다음 제시된 내용과 같은 오류를 범하고 있는 것은?

> 경주에 사는 사람은 경상북도에 산다.
> 김 씨는 경주에 살지 않는다.
> 그러므로 김 씨는 경상북도에 살지 않는다.

① 모든 인간은 죄인이다. 죄인은 감옥에 가야 한다. 그러므로 모든 인간은 감옥에 가야 한다.
② 그동안 나한테 왜 연락을 안 한 거야? 이제 내가 싫어진 거구나. 정말 너무 서운하다.
③ 역대 대통령은 모두 한국 고등학교 출신이지? 그러므로 한국 고등학교는 우리나라에서 가장 뛰어난 학교야.
④ 선생님, 저는 예술가가 되기보다는 뛰어난 화가가 되고 싶어요.

해설

경주는 경상북도에 포함된 일부이므로, 경주에 살지 않는다고 해서 김 씨가 경상북도에 살지 않는다고 단정할 수 없다. 이는 각 범주의 상하관계 또는 포함관계를 고려하지 않고 혼동하는 데서 생기는 오류로, '범주의 오류'에 속한다. 이와 같은 오류를 범하고 있는 것은 예술가와 화가의 범주를 혼동한 데서 생긴 오류인 ④이다.

Plus 해설

① 죄인은 종교적 의미의 죄인, 범죄자를 나타내는 죄인 등 다르게 해석할 수 있으므로 '애매어의 오류'이다.
② 이것 아니면 저것이라고 단정하고 추론하는 오류인 '흑백 논리의 오류'이다.
③ 어떤 부분의 특성을 전체가 가진다고 생각하는 '합성의 오류'이다.

정답 ④

11 > 조건추리

다음은 ○○영화관의 영화 상영시간표이다. 제시된 조건에 맞게 예매해야 할 영화는 무엇인가?

[영화 A (12세 이상 관람가)]

10 : 20	11 : 15	13 : 15	14 : 10	16 : 10	17 : 05	19 : 05	20 : 00
166/222 8관	88/176 6관	154/222 8관	57/176 6관	161/222 8관	97/176 6관	94/176 6관	158/222 8관

[영화 B (15세 이상 관람가)]

8 : 35	11 : 00	13 : 25	15 : 50	18 : 15	20 : 40
126/170 5관	123/170 5관	105/170 5관	100/170 5관	122/170 5관	116/170 5관

[영화 C (전체 관람가)]

9 : 30	11 : 45	14 : 05	16 : 15	18 : 30
117/170 4관	124/170 4관	114/170 4관	110/170 4관	121/170 4관

[영화 D (청소년 관람불가)]

20 : 50
123/170 4관

* 단, '청소년 관람불가' 영화는 보호자 동반 시에도 청소년은 관람이 불가능하다.

| 조건 |

1. 15세, 19세 두 자녀와 부부(4인)가 관람할 예정
2. 12시 이후에 상영하는 영화
3. 전체 관람석이 200명 이상인 상영관은 제외
4. '영화의 시작 시간'과 '같은 상영관의 전 타임 영화의 시작 시간' 간격이 긴 영화

① 영화 A ② 영화 B ③ 영화 C ④ 영화 D

해설

조건 1 ~ 3에 따라 청소년 관람불가 영화, 12시 이전에 상영하는 영화, 8관에서 상영하는 영화는 제외한다.

[영화 A (12세 이상 관람가)]

10 : 20	11 : 15	13 : 15	14 : 10	16 : 10	17 : 05	19 : 05	20 : 00
166/222 8관	88/176 6관	154/222 8관	57/176 6관	161/222 8관	97/176 6관	94/176 6관	158/222 8관

[영화 B (15세 이상 관람가)]

8 : 35	11 : 00	13 : 25	15 : 50	18 : 15	20 : 40
126/170 5관	123/170 5관	105/170 5관	100/170 5관	122/170 5관	116/170 5관

[영화 C (전체 관람가)]

9 : 30	11 : 45	14 : 05	16 : 15	18 : 30
117/170 4관	124/170 4관	114/170 4관	110/170 4관	121/170 4관

[영화 D (청소년 관람불가)]

20 : 50
123/170 4관

조건 1 ~ 3을 제외한 영화(시간)들 중 조건 4를 만족하는 영화는 A(14 : 10)또는 A(17 : 05)이다.

- 영화 A의 상영 시작 시간 간격 : 2시간 55분, 2시간 55분, 2시간
- 영화 B의 상영 시작 시간 간격 : 2시간 25분, 2시간 25분, 2시간 25분, 2시간 25분
- 영화 C의 상영 시작 시간 간격 : 2시간 20분, 2시간 10분, 2시간 15분

정답 ①

12 입체도형의 이해

다음 중 정삼각뿔이 될 수 없는 전개도를 고르면?

① 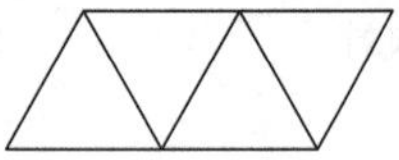

② 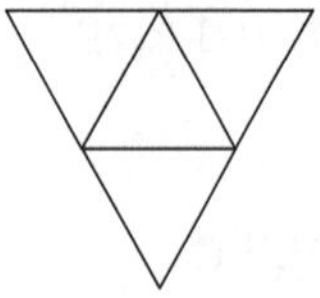

③ 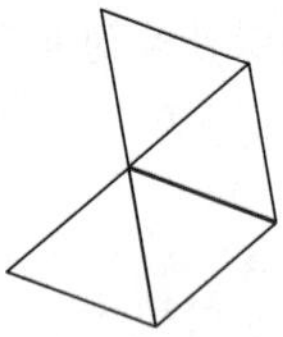

④ 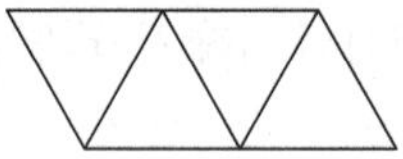

해설

①·②·④ 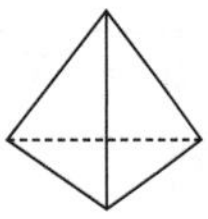

정답 ③

13 입체도형의 이해

다음 〈보기 1〉의 도형을 만들기 위해서는 〈보기 2〉의 도형이 몇 개 필요한가? (단, 〈보기 1〉과 〈보기 2〉의 도형은 모두 작은 정육면체로 이루어져 있다.)

〈보기 1〉

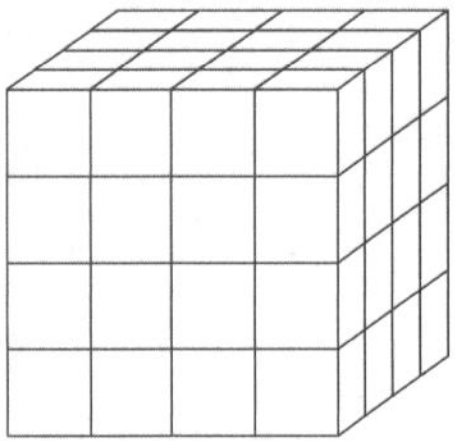

〈보기 2〉

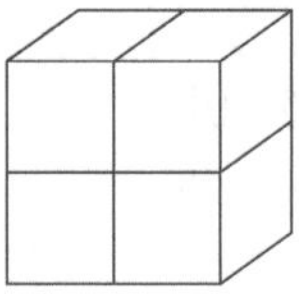

① 14개　　② 15개　　③ 16개　　④ 17개

해설

<보기 1>의 도형 앞면은 <보기 2>와 같은 도형 4개로 이루어져 있고, 4겹 모두 같은 모양이기 때문에, <보기 2>의 도형 총 '4 × 4 = 16개'가 필요하다.

정답 ③

14 그림 유추

집 안에서 창문 유리창에 다음과 같은 화살표 그림을 그렸다고 할 때, 창밖에서 보이는 모양은 무엇인가?

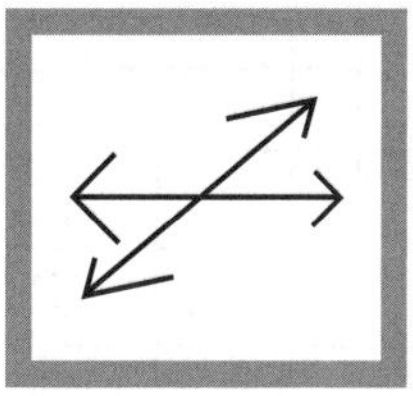

① 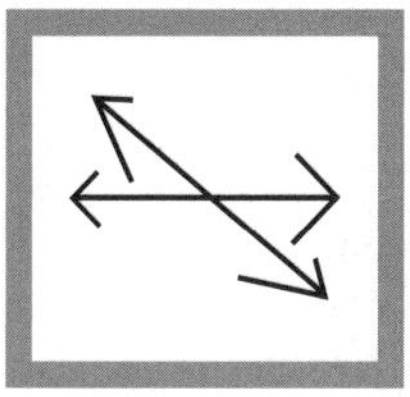

② 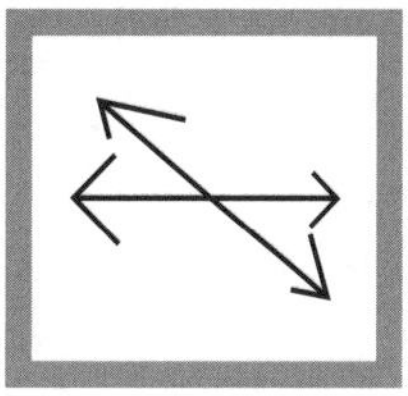

③ 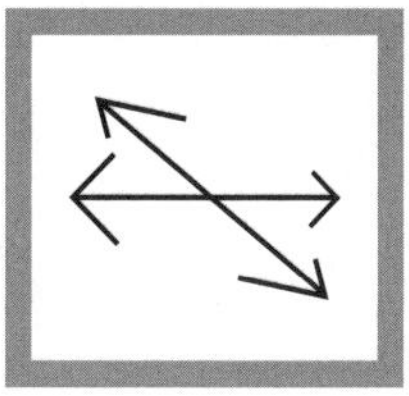

④ 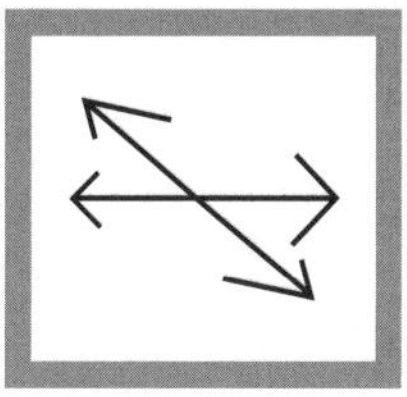

해설

창밖에서는 안에서 그린 그림이 좌우대칭되어 나타나므로, 다음과 같은 모양으로 보인다.

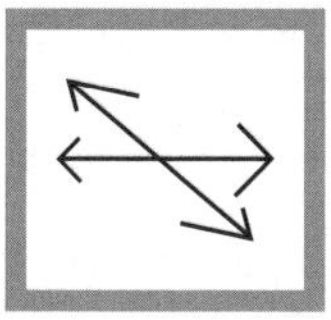

정답 ④

15 조각도형 유추

다음과 같이 다양한 사각형 모양의 색종이를 5장을 겹쳐 놓았을 때, 4장이 겹쳐진 부분은 총 몇 개인가?

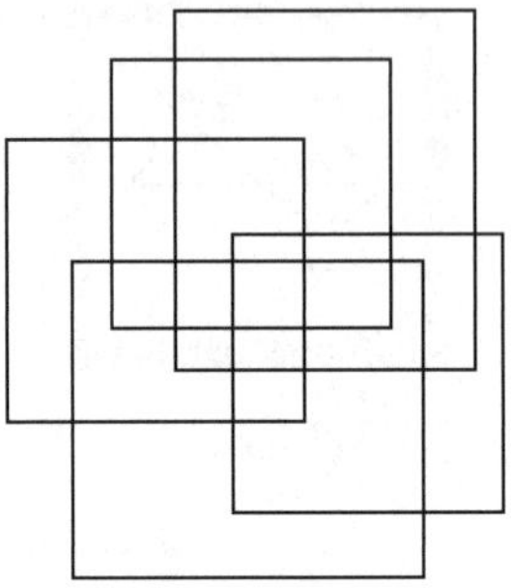

① 3개 ② 4개 ③ 5개 ④ 6개

해설

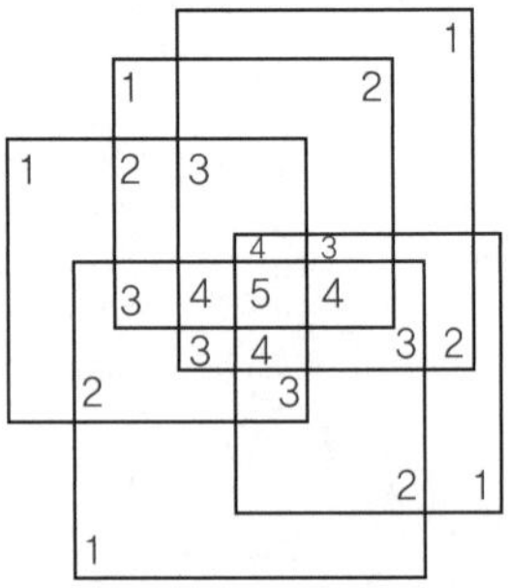

정답 ②

16 열대성저기압

열대성저기압이 인도양이나 뱅골만에서 발생 시 불리는 명칭은 무엇인가?

① 태풍 ② 허리케인 ③ 사이클론 ④ 윌리윌리

해설

열대성저기압이란 여름부터 가을에 걸쳐 열대지방 해양에서 무역풍과 남서계절풍 사이에 발생하는 폭풍우를 수반하는 저기압이다. 열대성저기압은 발생되는 장소에 따라서 북태평양 남서부의 태풍(typhoon), 멕시코만이나 서인도제도의 허리케인(hurricane), 인도양이나 뱅골만의 사이클론(cyclone), 오스트레일리아의 윌리윌리(willy－willy) 등으로 불린다.

정답 ③

17 > 샤를의 법칙

탁구공이 찌그러졌을 때 복구하기 위한 방법으로 가장 옳은 것은?

① 뜨거운 물에 넣는다.
② 차갑게 얼린다.
③ 압력을 가한다.
④ 공기를 주입한다.

해설

온도가 올라가면 공기의 부피가 늘어나고 온도가 내려가면 공기의 부피가 줄어든다. 따라서 뜨거운 물에 탁구공을 넣으면 탁구공 안의 온도가 올라가면서 공기의 부피가 늘어나게 되어 찌그러진 탁구공이 펴지게 된다.

정답 ①

18 > 빛의 삼원색

빛의 삼원색 빨강, 파랑, 초록 중 빨강과 초록이 가산 혼합되면 무슨 색이 나타나게 되는가?

① 노란색
② 청록색
③ 자홍색
④ 흰색

해설

- 초록색 + 파란색 = 청록색
- 빨간색 + 초록색 = 노란색
- 파란색 + 빨간색 = 자홍색
- 빨간색 + 파란색 + 초록색 = 흰색

Plus 해설

가산혼합

– 빛의 3원색의 혼합(섞을수록 명도가 높아지는 혼합)
– 2가지의 원색을 서로 섞으면 3가지 색상이 나오는데 이 색을 2차색(청록, 자홍, 노랑)이라고 한다.

정답 ①

19 > 마찰력

다음 중 마찰력을 크게 하는 예가 아닌 것은?

① 빙판길에 모래를 뿌린다.
② 아기 양말 발바닥 부분에 고무를 붙인다.
③ 눈이 오는 날 자동차 바퀴에 체인을 감는다.
④ 자전거 바퀴 축의 기계의 회전 부분에 윤활유를 바른다.

해설

자전거 바퀴 축의 기계의 회전 부분에 윤활유를 바르는 것은 마찰력을 작게 하는 예이다.

정답 ④

20 태양의 이동 방향

남반구에 속하는 호주에서의 해가 지는 방향으로 옳은 것은?

① 동 → 남 → 서　　② 동 → 북 → 서
③ 서 → 남 → 동　　④ 서 → 북 → 동

해설

남반구에서도 동쪽에서 해가 뜨고 서쪽에서 지는 것은 같다. 다만 해와 달이 남쪽이 아닌 북쪽을 거쳐서 진다. 다시 말해 해나 달이 동 → 북 → 서의 순서로 움직인다. 따라서 남반구에서는 해시계의 그림자가 북반구와 반대로 움직인다. 즉, "시계 방향"의 반대로 움직인다.

Plus 해설

남반구의 해가 뜨고 지는 방향

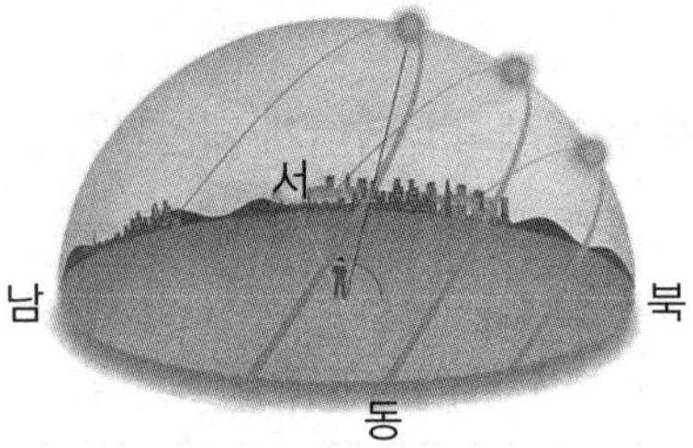

정답 ②

21 광석의 특성

다음 중 다이아몬드의 특징으로 옳지 않은 것은?

① 다이아몬드의 주성분은 흑연과 같다.
② 주성분은 탄소이며, 정육각형이 층을 쌓은 구조이다.
③ 천연광물 중 가장 굳기가 우수하며 광채가 뛰어난 보석이다.
④ 다이아몬드는 강도에 따라 화씨 1,400도부터 1,607도 사이에서 완전히 연소된다.

해설

다이아몬드의 주성분은 탄소이며, 분자구조상의 차이로 인해 동일한 원자로 구성된 자연 산물인 흑연과는 매우 다른 특성을 가진 보석이다. 흑연은 정육각형이 층을 쌓은 구조인 반면, 다이아몬드는 탄소 5개로 이뤄진 정사면체가 사방으로 이어진 구조이다.

정답 ②

2021. 04. 03. + 2021. 01. 16. 울산광역시교육청 기출문제

※ 본 기출문제는 실제 시험 응시자로부터 수집한 후기를 바탕으로 복원되었습니다.

01 어법 · 맞춤법

다음 중 밑줄 친 부분의 쓰임이 옳지 않은 것은?

① 그들은 지난밤 사건을 비밀에 **부쳤다**.
② 그녀는 사람들에게 시비를 잘 **붙인다**.
③ 우리는 매달 은행에 적금을 **붓고** 있다.
④ 조금 전 벌에 쏘인 자리가 탱탱 **붇다**.

해설

동사 '붓다'에는 '살가죽이나 어떤 기관이 부풀어 오르다'라는 뜻이 있다. 따라서 ④ '조금 전 벌에 쏘인 자리가 탱탱 붓다'로 표기하는 것이 옳다.

Plus 해설

① 부치다 : '어떤 문제나 일을 어떤 상태에 있게 하다'라는 의미이다.
② 붙이다 : '붙다'의 사동사로, '겨루는 일 따위를 서로 어울려 시작하게 하다'라는 의미이다.
③ 붓다 : '불입금, 이자, 곗돈 따위를 일정한 기간마다 내다'라는 의미이다.

> 붇다 1. 물에 젖어서 부피가 커지다.
> 2. 분량이나 수효가 많아지다.
> 3. (주로 '몸'을 주어로 하여) 살이 찌다.

정답 ④

꿀팁 COOL TIP 사동사

사동사 : 자기 스스로 행하지 않고 남에게 행동이나 동작을 하게 하는 동사
- **단형 사동(파생적 사동)** : 동사의 어간에 '이, 히, 리, 기, 우, 구, 추'와 같은 사동 접미사가 연결
  예 먹다 → 먹이다 / 입다 → 입히다 / 울다 → 울리다 /
  웃다 → 웃기다 / 자다 → 재우다 / 솟다 → 솟구다 / 낮다 → 낮추다
- **장형 사동(통사적 사동)** : '~게 하다, ~게 만들다, ~도록 하다'와 같은 보조 동사가 연결
  예 어머니께서 아이에게 약을 먹게 하셨다.

02 어법 · 맞춤법

다음 밑줄 친 단어 중 올바르게 쓰이지 않은 것은?

① 배경 음악이 그 장면을 잘 **받쳐** 주었다.
② 그는 씻어 놓은 상추를 채반에 **받쳤다**.
③ 겨울에는 양복 속에 내복을 **받쳐** 입는다.
④ 이장님께서 소에게 **받혀서** 코피가 났다.

해설

'밭치다'는 '구멍이 뚫린 물건 위에 국수나 야채 따위를 올려 물기를 빼다'라는 뜻이다. 따라서 ② '그는 씻어 놓은 상추를 채반에 밭쳤다'로 표기하는 것이 옳다.

Plus 해설

① 받치다 : '어떤 일을 잘할 수 있도록 뒷받침해 주다'라는 의미이다.
③ 받치다 : '(주로 '입다'와 함께 쓰여) 옷의 색깔이나 모양이 조화를 이루도록 함께 하다'라는 의미이다.
④ 받히다 : '받다'의 피동사로, '머리나 뿔 따위에 세차게 부딪히다'라는 의미이다.

정답 ②

03 한자성어

다음에서 설명하고 있는 한자성어를 고르면?

> 나무는 멈춰 있고자 하나 바람이 그치질 않고, 자식이 봉양하고자 하나 부모는 기다려 주지 않는다.

① 고분지탄 ② 망양지탄
③ 풍수지탄 ④ 맥수지탄

해설

'풍수지탄(風樹之歎)'은 부모에게 효도를 다하려고 생각할 때에는 이미 돌아가셔서 그 뜻을 이룰 수 없음을 이르는 말이다.

Plus 해설

① 고분지탄(鼓盆之歎) : 동이를 두드리며 아내의 죽음을 한탄하다.
② 망양지탄(亡羊之歎) : 학문의 길이 여러 갈래로 나뉘어져 있어 진리를 찾기 어려움, 방침이 많아 할 바를 모르게 되다.
망양지탄(望洋之嘆) : 넓은 바다를 보며 탄식함, 뛰어난 인물을 보면서 자신의 부족함을 한탄하다.
④ 맥수지탄(麥秀之歎) : 보리만 무성하게 자란 옛 궁궐 터를 지나며 고국의 멸망을 탄식하다.

정답 ③

04 기본 어휘력

다음 중 관용적 표현의 실질적 의미를 올바르게 이해하지 못한 것은?

① 간이 크다. — 담력이나 용기가 있다.
② 눈이 높다. — 좋은 것만 찾는 버릇이 있다.
③ 발이 넓다. — 일반적인 치수 이상으로 크다.
④ 손을 떼다. — 벗어나 중도에 그만두다.

해설

관용적 표현 '발이 넓다'는 '활동의 범위 혹은 인맥이 넓다'라는 의미이다.

Plus 해설

관용적 표현이란 어휘나 문장 본래의 표면적 의미가 아닌, 새로운 뜻으로 굳어져 쓰이는 표현이다. 관용적 표현을 사용하면 화자의 생각이나 의견을 효과적으로 전달할 수 있으나, 문맥에 따라 실질적 의미가 달라질 수 있으므로 주의해야 한다.
② 눈이 높다 : '좋은 것만 찾는 버릇이 있다' 또는 '사물의 좋고 나쁨을 가리는 안목이 뛰어나다'라는 뜻이다.
③ 손을 떼다 : '벗어나 중도에 그만두다' 또는 '다 마쳐 끝을 내다'라는 뜻이다.

정답 ③

05 어법 · 맞춤법

다음 밑줄 친 부분의 띄어쓰기가 옳지 않은 것은?

① 세 번 <u>만</u>에 시험에 합격했다.
② 어떤 것이 더 작은 <u>지</u> 모른다.
③ 각자 맡은 <u>바</u> 책임을 다하세요.
④ 내일 동이 트는 <u>대로</u> 떠나겠다.

해설

어미 '-ㄴ지', '-ㄹ지'의 일부인 '지'는 어간에 붙여 쓴다. 반면 '그가 떠난 지 보름이 지났다.'와 같이 시간의 경과를 의미하는 '지'는 의존 명사이므로 앞말과 띄어 쓴다.

Plus 해설

의존 명사는 앞에 꾸며 주는 말이 있어야 하지만, 명사 기능을 하므로 단어로 취급된다. 따라서 앞말과 띄어 쓴다.
① 의존명사 '만' : 시간의 경과나 횟수를 나타낼 때는 띄어 쓴다.
   조사 '만' : 체언에 붙어 한정 또는 비교의 뜻을 나타낼 때는 붙여 쓴다.
③ 의존명사 '바' : 앞말이 나타내는 기회나 그리된 형편을 의미할 때는 띄어 쓴다. 주로 '-은(는)/-을 바에(는)' 구성으로 쓰인다.
   어미 '-ㄴ바' : 어떠한 사실이나 이에 관련된 상황을 의미할 때는 붙여 쓴다.
④ 의존명사 '대로' : 용언의 관형사형 뒤에 나타날 때는 띄어 쓴다.
   조사 '대로' : 체언 뒤에 붙어 '그와 같이'라는 뜻을 나타낼 때는 붙여 쓴다.

정답 ②

06 > 글의 이해

다음 글의 제목으로 가장 적절한 것은?

동물원은 사람들에게 가족, 친구, 연인과의 추억이 담긴 곳이지만 동물에게는 족쇄이자 감옥이다. 콘크리트 바닥으로 된 좁은 면적에 창살을 설치해 동물을 방치했던 종래의 수준에서 벗어나 동물 습성을 고려한 서식환경을 제공하고 있지만, 본래의 생태적 습성이나 자연환경을 구현하는 데 역부족이다. 동물원 내에서 동물 종에 따른 자연생태를 완전히 실현할 수 없다는 한계는 동물들의 건강 문제로 이어진다. 신체적 건강은 물론이고, 야생의 공포나 불안을 느끼지 않게 되어 습성에 따른 자연스러운 행동이 유발되지 않기 때문에 정신적 건강에도 영향을 미친다. 예를 들어, 동물원의 코끼리는 관절염이나 욕창 같은 야생 코끼리에게는 없는 질병을 앓고 있으며, 계속 몸을 앞뒤로 흔들거나 몇 걸음 가지 않아 방향을 바꾸고 주변을 서성이는 등 단순한 행동을 반복하는 특징을 보인다. 코끼리는 하루 60km 이상을 여행하고 무리생활을 하는 생태적 습성이 있다. 하지만 동물원에서 이를 구현하기 어렵기 때문에 정신적 스트레스를 받아 정형행동을 보이게 되고, 번식력 저하까지 이어지게 되는 것이다.

① 슬픈 동물원
② 코끼리의 습성
③ 동물의 스트레스
④ 동물원의 허와 실

해설

윗글은 자연환경과 다른 동물원의 서식환경이 동물의 신체적 건강뿐 아니라 정신적 건강에도 영향을 미치고 있다는 점을 설명하기 위해 코끼리를 예로 들고 있다.

정답 ③

07 > 글의 이해

다음 글을 읽고 이해한 내용으로 옳지 않은 것은?

아동학대란 보호자를 포함한 성인이 아동의 건강과 복지를 해치거나 정상적 발달을 저해할 수 있는 신체적, 정서적, 성적 폭력 및 보호자에 의한 유기와 방임을 말한다. 신체학대는 신체적 손상을 입히거나, 입도록 허용한 경우이다. 구타나 폭력에 의한 멍, 화상, 찢김, 골절, 장기 파열 및 기능의 손상 등이 해당되며 생후 36개월 이하의 영아에게 가해진 체벌은 이유 여하를 막론하고 학대로 간주된다. 신체적 손상이 아닌 언어적 · 정서적 위협이나 억제, 감금, 기타 가학적 행위는 정서학대로 구분된다. 아동의 인격이나 감정을 심하게 무시하거나 모욕하는 행위뿐만 아니라 좁은 공간에 장시간 혼자 가둬 두는 행위와 원망적, 거부적, 적대적, 경멸적 언어 폭력 또한 포함된다. 성학대는 성인의 성적 충족을 목적으로 아동과 함께 하는 모든 성적 행위를 말한다. 구체적으로 성적 유희, 성기 및 자위행위 장면의 노출, 관음증 및 성기 삽입, 성적 접촉, 강간, 매춘, 매매 등이 있다. 방임 또한 아동학대에 포함된다. 방임은 고의적 혹은 반복적으로 아동 양육 및 보호를 소홀히 해 아동의 건강과 복지를 해치거나 정상적인 발달을 저해할 수 있는 모든 행위이다. 기본적인 의식주 미제공,

장시간 위험한 상태에 방치하는 물리적 방임 및 유기, 무단결석 허용 등의 교육적 방임, 예방접종을 제때 하지 않거나 필요한 치료를 소홀히 하는 등의 의료적 방임, 아동과의 약속에 무신경하거나 아동의 마음에 상처를 입히는 정서적 방임 등이 있다.

아동학대를 방지하고 대처하기 위해서 아동학대예방 전문기관을 설치하고 아동복지센터, 아동복지시설, 아동학대예방협회 등의 비영리법인을 아동보호 전문기관으로 지정하는 등 학대아동의 발견・보호・치료에 대한 신속한 처리가 이루어져야 한다. 아동보호 전문기관은 학대받은 아동의 발견・보호・치료를 의뢰할 뿐만 아니라 아동학대의 예방 및 방지를 위한 홍보활동, 아동학대 행위자를 위한 상담과 교육, 아동학대행위자 및 그 가정에 대한 조사, 기타 학대받은 아동의 보호를 위하여 필요한 사항과 관련된 활동을 한다. 아동학대 신고의무자는 직무를 수행하면서 아동학대범죄를 알게 된 경우나 그 의심이 있는 경우 아동보호 전문기관 또는 수사기관에 신고해야 한다. 아동학대 신고의무자는『아동복지법』,『영유아보육법』등의 법률에 의거해 총 24개 직군으로 구분되어 있고,『아동학대처벌법』에 따르면 신고의무자가 아동학대를 신고하지 않을 경우 500만 원 이하의 과태료가 부과된다. 아동학대 신고의무자뿐 아니라 누구든지 아동학대범죄를 알게 된 경우나 그 의심이 있는 경우에는 아동보호전문기관 또는 수사기관에 신고할 수 있다.

① 아동학대는 크게 4가지 유형으로 구분된다.
② 아동 혼자 좁은 공간에 장시간 가두는 것은 정서학대이다.
③ 아동학대 신고의무자는 법적으로 정해져 있다.
④ 아동학대가 의심되는 경우 일단 지켜봐야 한다.

해설

윗글 마지막 문단의 여섯 번째 문장에 따르면 '아동학대 신고의무자는 직무를 수행하면서 아동학대범죄를 알게 된 경우나 그 의심이 있는 경우 아동보호 전문기관 또는 수사기관에 신고해야 한다.' 또한 마지막 문장에 따르면 '아동학대 신고의무자뿐 아니라 누구든지 아동학대범죄를 알게 된 경우나 그 의심이 있는 경우에는 아동보호전문기관 또는 수사기관에 신고할 수 있다.'는 것을 알 수 있다. 따라서 아동학대가 의심되는 경우 지켜보기보다는 신고해야 한다.

Plus 해설

① 윗글에 따르면 아동학대는 크게 신체학대와 정서학대, 성학대, 방임의 4가지로 구분된다.
② 윗글 6~7번째 줄의 '… 좁은 공간에 장시간 혼자 가둬 두는 행위와 … 포함된다.'를 통해 정서학대에 해당됨을 알 수 있다.
③ 윗글의 마지막 문단 4번째 문장의 '아동학대 신고의무자는 … 법률에 의거해 총 24개 직군으로 구분되어 ….' 부분을 통해 옳은 내용임을 알 수 있다.

정답 ④

08 응용계산

○○기업 직원은 총 210명이고 남녀 직원의 비율은 4 : 3이다. 전 직원 중 $\frac{2}{3}$는 대중교통을 이용해 출근하며, 대중교통을 타고 출근하는 직원 중 $\frac{2}{5}$는 여자 직원이다. ○○기업 남자 직원과 대중교통을 이용해 출근하는 남자 직원의 비는?

① 5 : 2
② 5 : 3
③ 10 : 3
④ 10 : 7

해설

○○기업 직원은 총 210명이고 남녀 직원의 비율은 4 : 3이므로, 남직원의 수는 $210 \times \frac{4}{7} = 120$(명)이고, 전 직원 중 대중교통을 이용하는 남직원의 수는 $210 \times \frac{2}{3} \times \frac{3}{5} = 84$(명)이다.
따라서 ○○기업 남자 직원의 수 120 : 대중교통을 이용해 출근하는 남자 직원의 수 84 = 10 : 7이다.

정답 ④

09 응용계산

신입사원 A, B, C, D가 두 명씩 짝을 지어 신입사원 연수에 참여해야 할 때, A와 B가 짝이 될 확률은?

① $\frac{1}{2}$
② $\frac{1}{4}$
③ $\frac{1}{6}$
④ $\frac{1}{8}$

해설

신입사원 4명 중 2명씩 짝을 지을 수 있는 경우의 수는 3+2+1=6이므로, A와 B가 짝이 될 확률은 $\frac{1}{6}$이다.

정답 ③

10 응용계산

○○기업이 주최하는 자선 마라톤 대회는 각 참가자가 뛴 거리 1km당 1,000원의 금액이 기부된다. A 그룹 188명이 2km, B 그룹 150명이 3.5km, C 그룹 60명이 5km를 뛰었다고 할 때, 총 기부액은? (단, 같은 그룹에 속하는 참가자는 모두 같은 거리를 뛰었다.)

① 1,127,000원
② 1,201,000원
③ 1,525,000원
④ 1,726,000원

해설

A 그룹 188명이 2km를 뛰었으므로, $188\times2{,}000=376{,}000$
B 그룹 150명이 3.5km를 뛰었으므로, $150\times3{,}500=525{,}000$
C 그룹 60명이 5km를 뛰었으므로, $60\times5{,}000=300{,}000$
따라서 $376{,}000+525{,}000+300{,}000=1{,}201{,}000$

정답 ②

11 응용계산

다음은 피자를 주문하는 데 추가할 수 있는 토핑 및 소스 메뉴이다. 제시된 메뉴에 따라 총 추가 금액이 15,000원을 넘지 않도록 토핑 및 소스를 고를 수 있는 모든 경우의 수를 구하면?
(단, 반드시 1개 이상 선택해야 하며, 같은 것을 1개 이상 추가할 수 없다.)

토핑 · 소스 추가

☑ 새우 5,000원	☑ 불고기 5,000원
☑ 올리브 1,000원	☑ 파인애플 1,000원
☑ 치즈 1,000원	☑ 옥수수 1,000원
☑ 갈릭 디핑 소스 500원	☑ 스위트 칠리 소스 500원

① 36가지 ② 40가지
③ 44가지 ④ 45가지

해설

추가할 수 있는 토핑과 소스를 금액대별로 나누면 5,000원짜리 2개, 1,000원짜리 4개, 500원짜리 2개이다. 제시된 것을 모두 한 개씩 추가했을 때의 총금액이 15,000원이므로, 15,000원을 넘지 않도록 하는 모든 경우의 수는 5,000원짜리 지폐 2장, 1,000원짜리 지폐 4장, 500원짜리 동전 2개로 지불할 수 있는 방법의 수를 구하는 것과 같다.

- **5,000원짜리를 선택하는 방법** : 선택하지 않거나 1개 선택하거나 2개 선택할 수 있음
  ∴ 0, 1, 2 → 3가지
- **1,000원짜리를 선택하는 방법** : 선택하지 않거나 1개 선택하거나 2개 또는 3개 또는 4개 선택할 수 있음
  ∴ 0, 1, 2, 3, 4 → 5가지
- **500원짜리를 선택하는 방법** : 선택하지 않거나 1개 선택하거나 2개 선택할 수 있음
  ∴ 0, 1, 2 → 3가지

그런데 반드시 1개 이상 선택해야 하므로 아무 것도 고르지 않는 경우는 제외해야 한다. 따라서 금액대별로 선택하는 방법의 개수를 다 곱한 후에 아무것도 선택하지 않는 0, 0, 0인 경우를 빼주어야 한다.
따라서 모든 경우의 수는 $(3\times5\times3)-1=44$(가지)이다.

정답 ③

12 자료해석

다음 제시된 자료에 대한 설명으로 옳은 것은?

우리나라 초·중·고등학생의 사교육비

(단위 : 억 원)

구분	2014	2015	2016	2017	2018	2019
초등학교	75,949	75,287	77,438	81,311	85,531	95,597
중학교	55,678	52,384	48,102	48,297	49,972	52,554
고등학교	50,671	50,675	55,065	57,095	59,348	61,819
총액	182,297	178,346	180,606	186,703	194,852	209,970

GDP 대비 공교육비

(단위 : %)

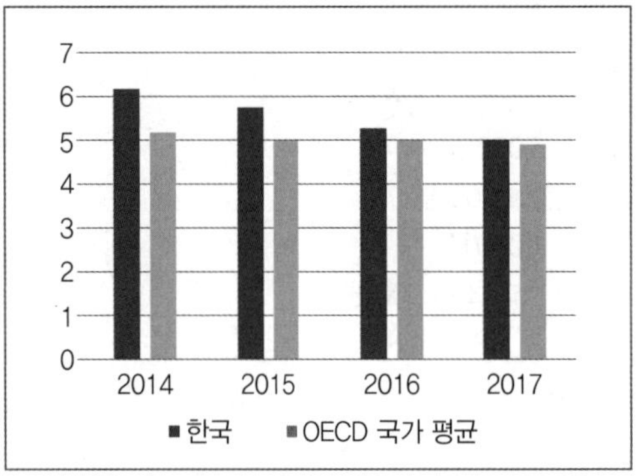

학생 1인당 공교육비 지출액

(단위 : $)

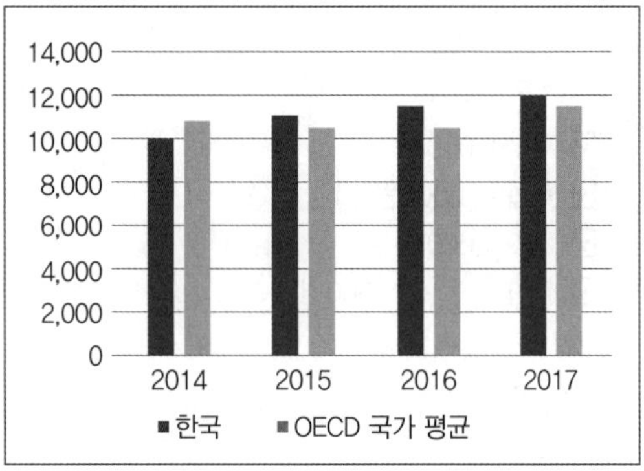

① 우리나라 초 · 중 · 고등학교 학생의 사교육비는 매년 증가하고 있다.
② 우리나라의 GDP 대비 공교육비는 OECD 국가 평균보다 낮은 해가 있다.
③ 우리나라 학생들은 고학년에 진학할수록 사교육에 더 많은 비용을 지출하고 있다.
④ 우리나라의 학생 1인당 공교육비 지출액은 OECD 국가 평균과 다르게 꾸준히 증가했다.

해설

'학생 1인당 공교육비 지출액' 그래프를 보면 OECD 국가 평균 2016년 학생 1인당 공교육비 지출액은 소폭 감소했으나, 우리나라의 학생 1인당 공교육비 지출액은 2014년 이래 점진적으로 증가했다.

Plus 해설

① '우리나라 초 · 중 · 고 학생의 사교육비' 내 총액은 2015년 감소했다.
② 그래프 'GDP 대비 공교육비'에 따르면 우리나라의 GDP 대비 공교육비 비율은 OECD 국가의 평균 비율보다 항상 높다.
③ 표 '우리나라 초 · 중 · 고 학생의 사교육비'에 따르면 중학교와 고등학교의 사교육비 총액은 초등학교 총액에 비해 적다. 따라서 중학교나 고등학교에 비해 초등학교 때 사교육에 지출하는 비용이 더 많은 것을 알 수 있다.

정답 ④

13 전개도

다음 제시된 주사위를 오른쪽으로 두 바퀴, 아래쪽으로 한 바퀴 돌렸을 때 나오는 모양은?
(단, 주사위의 마주보는 면의 합은 7이다.)

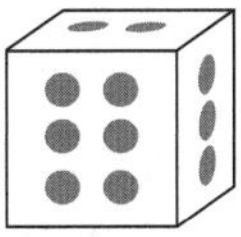

①
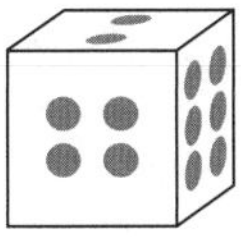
②
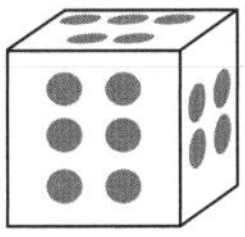
③
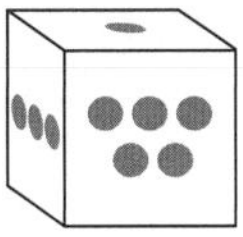
④
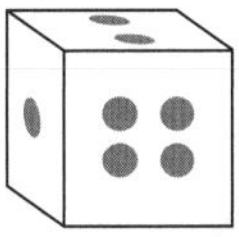

해설

제시된 주사위를 오른쪽으로 두 바퀴, 아래쪽으로 한 바퀴 돌렸을 때 나오는 모양은 다음과 같은 순서이다.

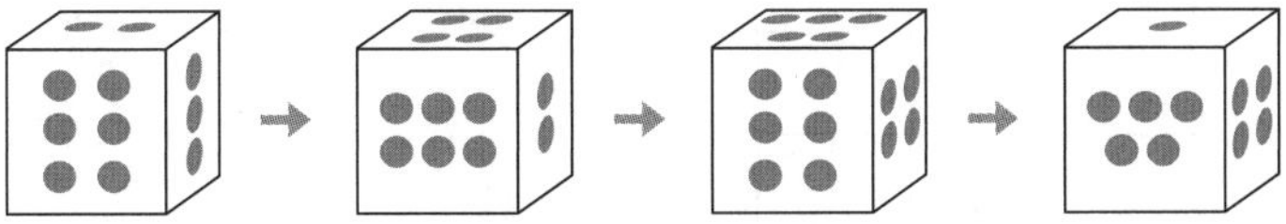

주사위의 마주보는 면의 합은 7이므로, 위 제시된 마지막 주사위 내 오른쪽 측면 4의 마주보는 면의 눈 개수는 3이다. 따라서 정답은 ③이다.

정답 ③

14 도형추리

다음 제시된 도형에서 찾을 수 있는 크고 작은 사각형의 개수는 총 몇 개인가?

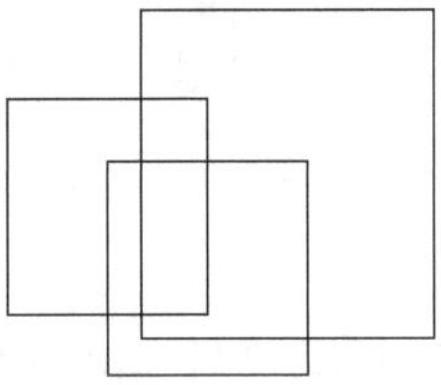

① 7개 ② 8개 ③ 9개 ④ 10개

해설

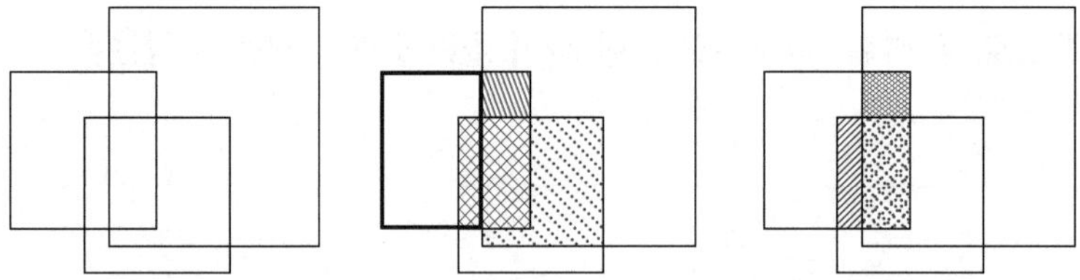

3개　　　　4개　　　　3개

따라서 제시된 도형에서 찾을 수 있는 크고 작은 사각형의 개수는 총 10개이다.

정답 ④

15 전개도

다음 제시된 전개도를 무늬가 있는 면이 겉면이 되도록 접을 때 나올 수 없는 모양은?

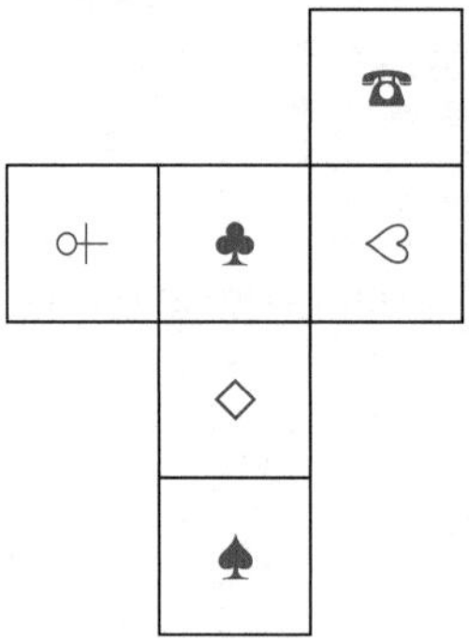

①
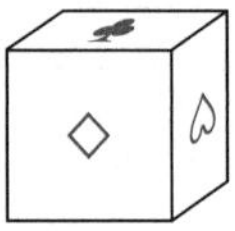

②

③
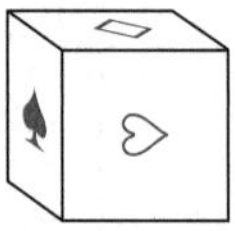

④
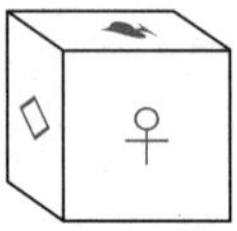

해설

위 전개도에 따르면 ☎ 모양의 밑면은 ♡와 맞닿아 있다. 따라서 보기 ② 방향에 따른 주사위 모양은 다음과 같이 바뀌어야 한다.

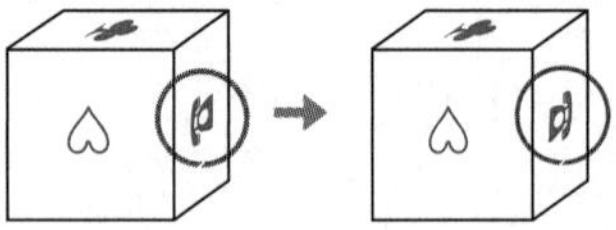

정답 ②

16 > 도형추리

다음 도형을 제시된 규칙에 따라 5번 회전했을 때 나오는 모양은?

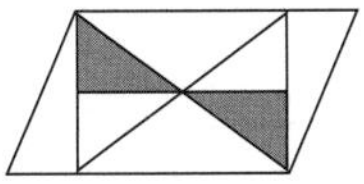

※ → ▣ → # → ▣ → ◇ → ?

: 시계 방향으로 90° 회전
◇ : 시계 반대 방향으로 90° 회전
※ : 시계 방향으로 180° 회전
▣ : 좌우 대칭

① 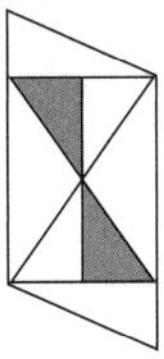 ② 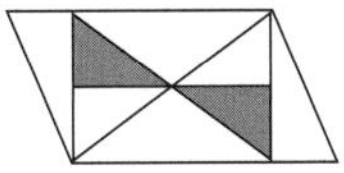 ③ 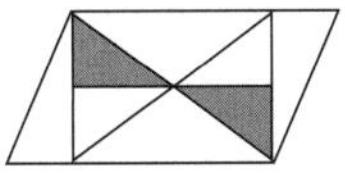 ④ 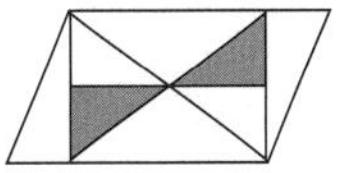

해설

제시된 도형을 규칙에 따라 시계 방향으로 180° 회전 → 좌우 대칭 → 시계 방향으로 90° 회전 → 좌우 대칭 → 시계 반대 방향으로 90° 회전하면, 보기 ③과 같이 원래 제시된 도형과 같은 모양이 나오게 된다.

정답 ③

17 > 도형추리

다음 제시된 정사각형에서 찾을 수 있는 직각 삼각형과 정사각형 개수의 합은?

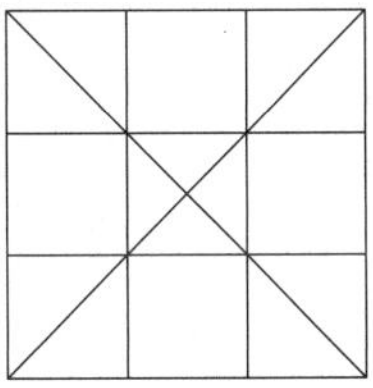

① 24개 ② 30개 ③ 34개 ④ 38개

해설

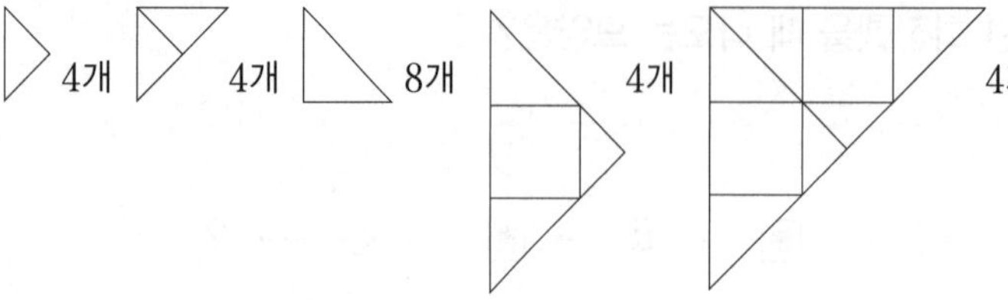

4개 → 직각 삼각형의 수는 총 24개

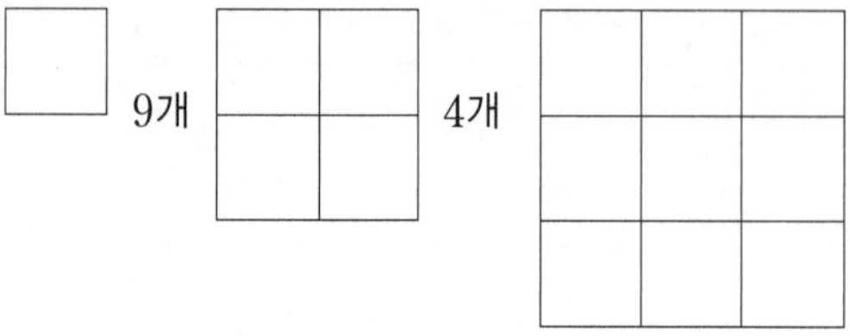

1개 → 정사각형의 개수는 총 14개이다.

따라서 제시된 정사각형에서 찾을 수 있는 직각 삼각형과 정사각형 개수의 합은 38개이다.

정답 ④

18 종이접기 유추

다음 제시된 점선 표시만큼 접히기 위해서 종이를 최소 몇 번 접었다 펼쳐야 하는가?

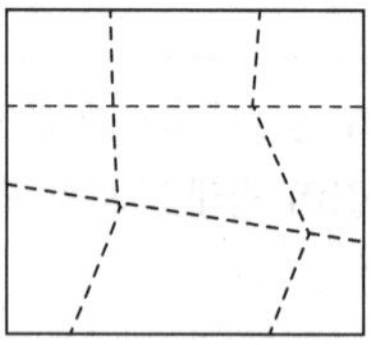

① 3번　　② 4번　　③ 5번　　④ 6번

해설

다음 화살표와 같이 종이를 4번 접었다 펼치면 제시된 그림 내 점선과 같다.

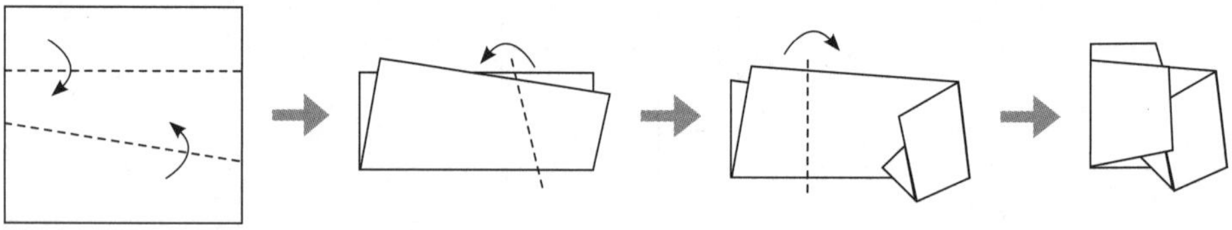

정답 ②

19 > 도형추리

다음과 같은 도장을 빈 종이에 찍었을 때 나올 수 없는 모양은?

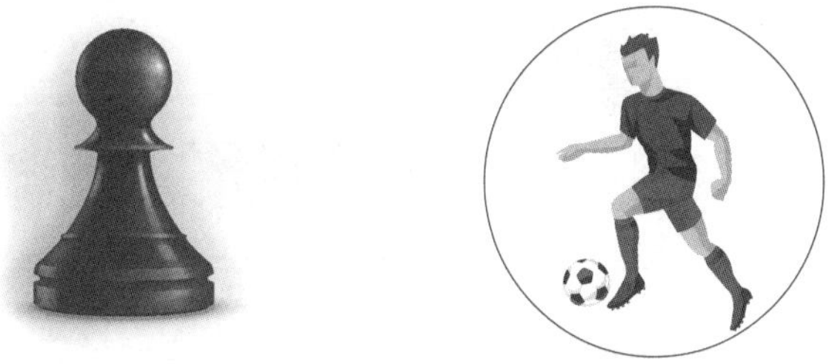

①

②

③

④

해설

도장을 찍으면 도장 내 이미지는 좌우대칭으로 나타난다. 따라서 도장 내 이미지를 좌우대칭하지 않은 채 왼쪽으로 90° 회전시킨 보기 ④의 모양은 나올 수 없다.

Plus 해설

① : 제시된 이미지를 좌우대칭한 후 180° 회전시킨 모양이다.
② : 제시된 이미지를 좌우대칭한 후 왼쪽으로 90° 회전시킨 모양이다.
③ : 제시된 이미지를 좌우대칭한 후 오른쪽으로 90° 회전시킨 모양이다.

정답 ④

20 전개도

다음 제시된 전개도를 무늬가 있는 면이 겉면이 되도록 접을 때 나올 수 없는 모양은?

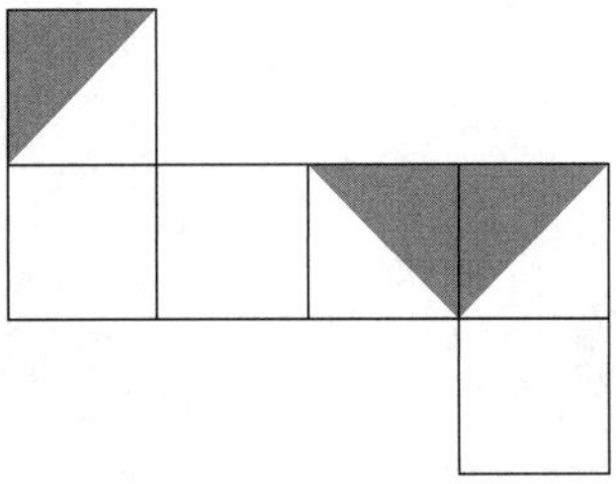

① ② ③ ④

해설

제시된 전개도를 접은 후 왼쪽으로 차례대로 돌렸을 때 나오는 모양은 다음과 같다.

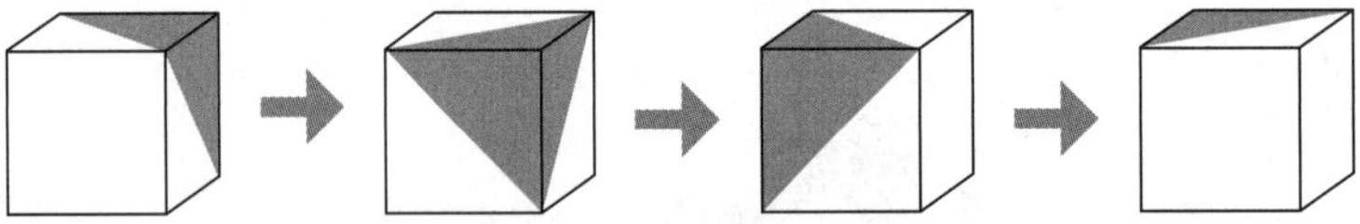

④ 방향에 따른 주사위 모양은 ②와 같으므로, ④와 같은 모양은 나올 수 없다.

정답 ④

21 필수 영양소

다음 밑줄 친 이것은 무엇인가?

이것은 생물의 몸을 구성하는 단백질의 기본 구성 단위이다. 이것은 생체 내에서 합성이 되지 않거나 합성하기가 어려워서 음식물로 섭취해야 한다. 주로 육류, 어류, 가금류 등에 포함되어 있으며 물이나 음료수에 타서 마시기도 한다.

① 비타민 ② 무기질 ③ 아미노산 ④ 탄수화물

해설

아미노산은 필수 아미노산과 비필수 아미노산으로 구분된다. 필수 아미노산은 생체 내에서 합성이 되지 않거나 합성하기가 어려워서 음식물로 섭취해야 하는 아미노산을 말한다. 또 체내에서 합성이 되더라도 필요량만큼 합성이 되지 않는 일부 아미노산도 포함된다. 비필수 아미노산은 체내에서 대사적으로 합성이 가능한 아미노산을 말한다.

정답 ③

22 원소기호의 변천

다음 중 원소기호의 역사와 관련한 내용으로 바르지 않은 것을 고르면?

황	철	아연	은	수은	납
S	*Fe*	*Zn*	*Ag*	*Hg*	*Pb*

① 원소기호(Symbol of Element)는 주기율표상의 원소를 나타내는 약속기호로서, 전 세계 누구나 쉽게 알아볼 수 있도록 기호로 표기한 것이다.

② 중세 화학자인 연금술사들이 자신들만 알아볼 수 있도록 여러 가지 그림으로 사용했던 것을 시초로 보는 의견이 다수이다.

③ 영국의 화학자인 존 돌턴(John Dalton)은 원과 기호로 만든 단순화된 원소기호를 사용했으며 이후 스웨덴의 화학자인 베르셀리우스(Berzelius)가 오늘날의 원소기호를 고안했다.

④ 베르셀리우스는 알파벳으로 원소기호를 쓰기 시작했으며 원소 이름의 첫 글자를 대문자로 나타내고, 첫 글자가 같으면 바로 다음 글자만 사용하여 소문자로 표기하였다.

해설

현재 우리가 사용하는 원소기호는 베르셀리우스가 제안한 방법이다. 수소는 hydrogen의 첫 글자를 대문자로 나타내어 H로, 산소는 oxygen의 첫 글자를 대문자로 나타내어 O로 표기한다. 첫 글자가 같아 중복된다면 다음 글자나 중간 글자들 중 하나를 선택하여 뒤에 소문자로 표기하는 방식을 고안하였다.

예 헬륨(helium) → He, 마그네슘(magnesium) → Mg, 수은(hydrargyrum) → Hg

따라서 바르지 않은 설명은 ④이다.

정답 ④

23 > 식품영양

다음 밑줄 친 이것은 무엇인가?

지방질이나 비타민 A, D 등을 함유한 식품은 시간이 경과하면 산패(酸敗)라는 변질현상이 나타난다. **이것**은 산패를 방지하기 위해 사용하는 식품첨가물이다. 그 종류로는 아스코르브산, 에리소르브산, 다이뷰틸하이드록시톨루엔(BHT), 뷰틸하이드록시아니솔(BHA), 갈산프로필 등이 있다.

① 시트르산　② 산도조절제　③ 산화방지제　④ 영양강화제

해설

지방질이나 비타민 A, D 등을 함유한 식품이 산화되는 산패현상을 막기 위해 사용되는 식품첨가물은 '산화방지제'이다. '산화방지제'는 지방질이 자동산화를 일으키고 연쇄적으로 산화가 진행되는 것을 방지한다.

Plus 해설

식품첨가물이란 식품을 제조 · 가공 또는 보존하기 위해 첨가 · 혼합 등의 방법으로 식품에 첨가하는 물질이다.
① 시트르산 : 그 자체로 산화방지 효과가 있는 것은 아니지만, 산화방지제의 효과를 증가시키는 작용을 하는 유기산으로 이를 상승제라고 한다.
② 산도조절제 : 식품의 산성도를 조절해 미생물의 증식을 방지한다.
④ 영양강화제 : 식품의 영양 강화를 위해 사용하는 비타민, 무기질, 아미노산 등의 물질이다.

정답 ③

24 > 분자운동

다음 중 풍선에 공기를 불어 넣으면 부풀어 오르는 원리에 대한 설명으로 옳은 것은?

① 풍선 내 기체 분자들이 스스로 움직여 퍼져나가기 때문이다.
② 공기 중의 열에너지를 흡수해 분자운동이 활발해지기 때문이다.
③ 풍선 내 기체 분자들은 가볍고 촘촘하게 배열되어 있기 때문이다.
④ 기체 분자 수가 증가해서 풍선 벽에 작용하는 힘이 커지기 때문이다.

해설

풍선에 공기를 불어 넣을수록 풍선 속 기체 분자의 수가 많아져서 기체 분자가 풍선 벽에 더 많이 충돌하게 되므로 풍선 벽에 가하는 힘이 커진다. 즉, 풍선 안쪽 벽에 작용하는 기체의 압력이 바깥쪽보다 커지기 때문에 풍선이 부풀어 오른다.

Plus 해설

① 분자운동 중 '확산'이란, 물질을 이루는 분자들이 스스로 움직여 액체나 기체 속으로 퍼져 나가는 현상이다.
② 가열 · 냉각 시 분자운동의 변화이다. 물질이 열에너지를 흡수하면 분자운동이 활발해지고, 방출하면 둔해진다.
③ 기체 분자는 가볍고 촘촘하게 배열되어 있지만, 풍선이 부풀어 오르는 직접적인 원인은 아니다.

정답 ④

25 식품영양

다음은 「식품 등의 표시 · 광고에 관한 법률(식품표시광고법) 시행규칙」에 규정된 알레르기 유발물질이다. 이러한 알레르기 유발 식품을 대체할 수 있는 대체 식품으로 적합하지 않은 것은?

> **알레르기 유발 물질**
>
> - 알류(가금류만 해당)
> - 우유
> - 메밀
> - 땅콩
> - 대두
> - 밀
> - 고등어
> - 게
> - 새우
> - 돼지고기
> - 복숭아
> - 토마토
> - 호두
> - 닭고기
> - 쇠고기
> - 오징어
> - 잣
> - 조개류(굴, 전복, 홍합 포함)
> - 아황산류(이를 첨가하여 최종 제품에 이산화황이 10mg/kg 이상 함유된 경우)
>
> – 소비자 안전을 위한 표시사항(식품표시광고법 시행규칙 별표2)

① 밀 → 감자, 쌀
② 달걀 → 두부, 콩나물
③ 생선 → 김, 미역, 멸치
④ 돼지고기 → 쇠고기, 흰살 생선

해설

식품 알레르기란 특정 식품을 먹고 몸의 면역시스템이 과다 작용하여 두드러기, 홍반, 가려움증, 기침, 재채기, 호흡곤란, 복통, 구토, 빠른맥 혈압 저하, 의식 저하 등의 증상이 나타나는 것으로 심한 경우, 전신 과민반응 쇼크로 목숨을 잃을 수도 있다. 식품의약품안전처는 한국인에게 알레르기를 유발할 수 있는 물질을 22가지로 지정하여 이러한 식품에 대한 원료 표시를 살펴보도록 하고 있다. 식품의약품안전처에서 권고하는 알레르기 유발 물질 대체 식품은 다음과 같다.

식품 알레르기 유발 식품	대체 식품
우유	두유
콩	김, 미역, 멸치
밀	감자, 쌀
달걀	두부, 콩나물
돼지고기	쇠고기, 흰살 생선
생선	두부, 달걀, 쇠고기, 닭고기

따라서 선택지 중에서 대체 식품으로 적합하지 않은 것은 ③이며 김, 미역, 멸치는 콩을 대체할 수 있는 식품으로 적합하다.

정답 ③

26 > 식자재 가공

다음 중 채소별 보관 및 관리 방법으로 적절하지 않은 것은?

① 대파 — 신선도 유지를 위해 물기를 남긴 채 냉장 보관해야 한다.
② 시금치 — 신문지에 싸거나 밀폐시킨 후 냉장고에 세워서 보관한다.
③ 브로콜리 — 살짝 데친 후 용도에 맞게 썰어 냉동 보관한다.
④ 아스파라거스 — 긴 용기에 물기가 있는 키친타월을 깔고 보관한다.

해설

대파는 물에 닿았을 경우 되도록 빨리 이용해야 하고, 조리 후 남은 부위는 밀폐 용기에 넣어 냉장 보관하거나 절단하여 냉동 보관해야 한다.

정답 ①

27 > 식품영양

다음 빈칸에 들어갈 말로 적절한 것은?

감자에 함유된 독성물질인 ______은 햇빛에 노출될 때 감자가 녹색으로 변하면서 생긴다. 이 독성물질은 감자의 아린맛을 증가시키고 구토, 식중독, 현기증, 두통 등을 유발한다. 심할 경우 호흡이 어려워지기 때문에 다량 섭취하면 굉장히 위험할 수 있다. 이것은 감자뿐 아니라 같은 가짓과 식물인 토마토나 고추에도 포함되어 있다. 하지만 극히 소량이기 때문에 안심하고 먹을 수 있다.

① 배당체
② 우론산
③ 솔라닌
④ 사포닌

해설

솔라닌(solanine)은 감자, 토마토, 가지와 같은 가짓과 식물종에서 유래한 독성물질이다. 주로 위장장애와 신경장애를 일으키며, 성인기준 약 200~300mg 정도는 중독, 400mg인 경우 치사량에 해당한다. 솔라닌은 열에 굉장히 강한 특성을 가지고 있다. 따라서 솔라닌을 함유한 식품은 일반적인 요리 과정을 통해서는 분해되지 않으므로 주의해야 한다.

Plus 해설

① 배당체 : 식물계에 분포하는 성분 중 하나이다.
② 우론산 : 당의 산화 생성물의 일종이다.
④ 사포닌 : 암을 예방할 뿐 아니라 장 활동을 활발하게 해주고, 콜레스테롤 배출을 돕는다. 인삼과 양배추, 당근 등의 미나리과 식물 · 감초 · 생강 · 마늘, 콩 등에 함유되어 있다.

정답 ③

28 여러 가지 힘

다음 제시문에 대한 원인을 설명할 수 있는 원리는?

과일이 익으면 땅에 떨어진다.

① 탄성력 ② 마찰력 ③ 중력 ④ 부력

해설

중력은 지구와 물체가 서로 당기는 힘이다. 중력은 항상 지구의 중심을 향해 작용하기 때문에 들고 있던 물체를 놓으면 아래로 떨어진다.

Plus 해설

① 탄성력 : 고무줄, 용수철, 고무풍선, 피부 등 탄성을 가진 물체(탄성체)가 원래 상태로 되돌아가려는 힘이다.
② 마찰력 : 물체가 어떤 면과 접촉하여 운동할 때 그 물체가 움직이지 못하도록 운동을 방해하는 힘이다.
④ 부력 : 물이나 공기 같은 유체에 잠긴 물체가 유체로부터 중력과 반대 방향인 위 방향으로 받는 힘이다.

정답 ③

29 물질의 상태변화

다음 사례에 대한 원인을 설명한 것으로 적절한 것은?

- 물이 끓어서 수증기가 된다.
- 땀이 마르면서 체온이 내려간다.
- 여름날 마당에 물을 뿌리면 시원해진다.

① 액화열을 방출해서 추워진다.
② 기화열을 흡수해서 추워진다.
③ 응고열을 방출해서 추워진다.
④ 융해열을 흡수해서 추워진다.

해설

기화열은 액체가 기체로 될 때 흡수하는 열이다. 대표적인 예로 끓는 물이 수증기가 되거나, 땀이 마르면서 체온이 내려가거나, 더운 날 마당에 물을 뿌리면 주변 온도가 내려가는 현상 등이 있다.

Plus 해설

① 액화열 : 기체가 액체상태로 변할 때 방출하는 열이다.
③ 응고열 : 액체가 고체상태로 변할 때 방출하는 열이다.
④ 융해열 : 고체가 액체상태로 변할 때 흡수하는 열이다.

정답 ②

2019. 12. 07. 울산광역시교육청 기출문제

※ 본 기출문제는 실제 시험 응시자로부터 수집한 후기를 바탕으로 복원되었습니다.

01 > 글의 이해 · 한자성어

다음 기사 내용을 보고 연상할 수 있는 적절한 한자성어를 고르면?

'안개' 짙은 금융시장에서 로봇이 뜬다. 로봇이 투자를 주도하는 '로보어드바이저(Robo-Asvisor · RA)'가 자산운용 · 관리 시장에서 빠른 속도로 성장하고 있다. 로보어드바이저는 로봇(Robot)과 투자전문가(Advisor)를 합친 용어다. 알고리즘과 빅데이터를 활용해 모바일 기기나 컴퓨터로 자산운용 · 관리를 수행하는 온라인 자산관리 서비스를 지칭한다.

최근 글로벌 경기 침체로 불확실성이 높아지면서 로보어드바이저가 두각을 드러내고 있다. 전문가들은 로보어드바이저의 자산운용 규모가 급증한다고 내다본다. 2023년이면 로보어드바이저 운용 자산은 세계 2,552조 원, 한국 25조 원에 이른다고 추산한다.

출처 : 국민일보 2019. 10. 10. 기사

① 고식지계(姑息之計)
② 구밀복검(口蜜腹劍)
③ 마부위침(磨斧爲針)
④ 낭중지추(囊中之錐)

해설

어둡고 부정적인 전망에서 두각을 보인다는 상황을 빗대어 표현할 수 있는 한자성어로는 낭중지추(囊中之錐)가 적절하다. 낭중지추는 주머니 속에 있는 송곳이란 뜻으로 재능이 아주 빼어난 사람은 숨어 있어도 저절로 남의 눈에 드러난다는 의미이다.

Plus 해설

① 고식지계(姑息之計) : 당장의 편한 것만을 택하는 일시적이며 임시변통의 계책을 이르는 한자성어이다.
② 구밀복검(口蜜腹劍) : 입으로는 달콤함을 말하나 뱃속에는 칼을 감추고 있다는 뜻으로 겉으로는 친절하나 마음속은 음흉(陰凶)함을 의미한다.
③ 마부위침(磨斧爲針) : 도끼를 갈아 바늘을 만든다는 뜻으로 아무리 이루기 힘든 일도 끊임없는 노력과 끈기 있는 인내로 성공하고야 만다는 뜻이다.

정답 ④

02 기초연산

OO청과는 사과와 배를 A 냉장고와 B 냉장고에 넣어두었다. 두 냉장고에 있는 과일은 모두 80개이다. 이 중 사과가 36개이고 A 냉장고에 있는 과일이 B 냉장고에 있는 과일보다 4개 많다. B 냉장고에 있는 배가 23개라면 A 냉장고에 있는 사과는 모두 몇 개인가? (단, 두 냉장고에 있는 과일은 사과와 배만 있다고 가정한다.)

① 18개　② 19개
③ 20개　④ 21개

해설

총 과일의 개수가 80개이고 사과가 36개이므로 배는 $80-36=44$개이다. B 냉장고에 있는 배가 23개이므로 A 냉장고에 있는 배는 $44-23=21$개이다. 표로 나타내면 다음과 같다.

구분	A 냉장고	B 냉장고
사과	x	y
배	21	23

사과는 총 36개이므로 $x+y=36$이고, A 냉장고의 과일이 B 냉장고의 과일보다 4개 많으므로
$x+21=(y+23)+4$이다. 두 식을 연립하여 풀면 $x=21$, $y=15$이다.
따라서 A 냉장고에 있는 사과는 모두 21개이다.

정답 ④

03 기초연산

K 씨는 하루 권장 칼로리에 맞게 음식을 섭취하려 한다. 다음 자료를 참고하여 K 씨의 하루 권장 칼로리를 구하면? (단, K 씨의 키는 160cm이고, 평소 신체 활동량이 많다.)

하루 권장 칼로리 계산법

✔ 하루 권장 칼로리 : 표준체중(kg) × 활동지수
✔ 표준체중 : (자신의 키 − 100) × 0.9
✔ 활동지수
- 앉아서 주로 생활하거나 매일 가벼운 움직임만 하며 활동량이 적은 경우 : 25
- 규칙적인 생활로 보통의 활동량을 가진 경우 : 30
- 육체노동 등 평소 신체 활동량이 많은 경우 : 40

① 1,840kcal　② 1,890kcal
③ 2,120kcal　④ 2,160kcal

해설

K 씨의 표준체중은 $(160-100)\times 0.9=54$kg이므로 K 씨의 하루 권장 칼로리는 $54\times 40=2{,}160$kcal이다.

정답 ④

04 자료해석

주어진 영양소 기준치를 참고하여, 영양성분표의 ㉠에 들어갈 영양소 기준치를 구하면? (단, 모든 계산은 소수 첫째 자리에서 반올림한다.)

영양소 기준치

영양소	영양소 기준치
탄수화물(g)	328
식이섬유(g)	25
단백질(g)	60
지방(g)	50
포화지방(g)	15
콜레스테롤(mg)	300
나트륨(mg)	2,000

* 일반인의 평균적인 1일 영양소 섭취 기준량을 정해놓은 것으로, 위의 함량을 기준으로 영양소 기준치에 대한 비율을 설정한다.

영양성분표

1회 제공량 3개(30g)
총6회 제공량(180g)

1회 제공량당 함량		% 영양소 기준치
열량	165kcal	
탄수화물	17g	5%
식이섬유	0.6g	2%
단백질	2g	3%
지방	10g	20%
포화지방	5g	33%
트랜스지방	0g	
콜레스테롤	14mg	5%
나트륨	83mg	(㉠)

* % 영양소 기준치 : 1일 영양소 기준치에 대한 비율

① 2%
② 3%
③ 4%
④ 5%

해설

$\frac{83}{2,000} \times 100 = 4.15$ 이므로 소수 첫째 자리에서 반올림하면 4%이다.

정답 ③

05 논리적 오류

다음 아래의 대화에서 나타나는 논리적 오류로 적절한 것은?

> 지영 : "이번에 개업한 길 건너에 있는 떡볶이 가게에 가봤니?"
> 아현 : "아니, 안 가봤어."
> 지영 : "나도 아직 안 가봤는데 내일 같이 점심 먹으러 가지 않을래?"
> 아현 : "근데 나는 떡볶이를 별로 좋아하지 않아서 조금 고민이네…"
> 지영 : "고민하는 걸 보니, 너는 나랑 점심 먹기가 싫구나."

① 애매어의 오류
② 흑백논리의 오류
③ 분할의 오류
④ 부적합한 권위에 호소하는 오류

해설

다른 가능성은 배제한 채 단 두 가지의 경우밖에 없음을 전제로 하여 주장을 정당화하는 흑백논리의 오류이다.

Plus 해설

애매어의 오류	논증에 사용된 낱말이 둘 이상으로 해석될 수 있을 때, 상황에 맞지 않은 의미로 해석하는 데에서 생기는 오류
흑백논리의 오류	다른 가능성은 배제한 채 단 두 가지의 경우밖에 없음을 전제로 하여 주장을 정당화하는 오류
분할의 오류	전체적으로 보았을 때 특정한 성질을 지니므로, 일부 부분 역시 해당 성질을 지닐 것이라고 착각하는 오류
군중에 호소하는 오류	많은 사람이 믿고 있다는 이유로 어떤 사실을 참이라고 단정하는 오류
부적합한 권위에 호소하는 오류	해당 분야와 관련이 없는 유명인의 말이나 행동을 근거로 주장을 정당화하는 오류

정답 ②

06 > 그림자 유추

탁자 위의 종이컵에 손전등을 비추어 4개의 그림자가 동시에 나타나게 하려고 한다. 그러기 위해서 필요한 손전등의 개수는?

① 1개 ② 2개
③ 4개 ④ 6개

해설

광원을 여러 개 사용하면 하나의 물체에 여러 개의 그림자를 동시에 나타나게 할 수 있다. 광원을 두 개 사용하면 두 개의 그림자가 생기고 광원을 네 개 사용하면 네 개의 그림자가 생기게 된다.

정답 ③

07 > 인체와 건강

다음 중 갑상선 기능 유지에 가장 필수적인 영양소는?

① 인 ② 철분
③ 요오드 ④ 비타민

해설

갑상선은 체내에 필요한 갑상선 호르몬을 생성하여 분비한다. 갑상선 호르몬 합성의 필수적인 주원료는 요오드이다. 요오드는 갑상선 호르몬의 두 종류인 T4의 65%, T3의 58%를 구성하고 있다. 요오드는 우리 몸의 성장과 발달에 있어서 필수적인 영양소이며, 갑상선 기능 유지에 필수적이다.

정답 ③

08 > 소화기관과 질병

다음 중 황달 증상을 유발하는 가장 대표적인 소화기관 관련 질병은?

① 독감 ② 콜레라
③ 홍역 ④ 간염

해설

얼굴색이나 눈동자가 노랗게 변하는 황달은 몸에 문제가 생겼다는 것을 알려주는 징후이다. 황달은 혈중의 빌리루빈 성분이 정상 수치보다 많을 때 발생하며, 빌리루빈은 간에서 만들어지는 담즙의 구성성분으로 혈중 총 빌리루빈이 0.2~1.0mg/dL일 때 정상으로 본다. 주로 간 기능이 떨어져 빌리루빈을 분해하지 못할 때 혈액에 빌리루빈이 쌓이면서 황달이 생기게 된다.

정답 ④

09 위치에너지

다음 중 중력에 의한 위치에너지에 대한 설명으로 옳지 않은 것은?

① 기준면으로부터 높은 곳에 있는 물체가 중력에 의해 가지는 에너지이다.
② 기준면에서 물체의 위치에너지는 0이다.
③ 기준면에 따라 위치에너지의 크기는 다르다.
④ 위치에너지를 이용하여 풍력 발전, 요트, 볼링 등의 일을 할 수 있다.

해설

풍력 발전, 요트, 볼링 등은 운동에너지를 이용한 예이다. 운동에너지는 운동하는 물체가 가지고 있는 에너지를 말하며, 물체에 해 준 일만큼 물체의 운동에너지는 증가한다.
위치에너지는 높은 곳에 있는 물체가 중력에 의해 갖는 에너지이므로 수력 발전, 물레방아, 디딜방아, 널뛰기 등의 일을 예로 들 수 있다.

정답 ④

10 관성의 법칙

다음 중 관성의 종류가 다른 하나는?

① 삽으로 흙을 퍼서 던지면 흙이 멀리 날아간다.
② 이불을 두드려서 먼지를 턴다.
③ 버스가 커브 길을 돌면 몸이 바깥 방향으로 쏠린다.
④ 버스가 달리다가 멈추면 버스 안의 승객은 버스가 움직이던 방향으로 넘어진다.

해설

관성은 물체가 자신의 운동 상태를 계속 유지하려는 성질을 말하며, 뉴턴의 운동 제1법칙인 관성의 법칙은 정지해 있던 물체는 계속 정지해 있고 운동하던 물체는 계속 등속직선운동을 한다는 법칙이다. 따라서 관성은 정지 관성과 운동 관성으로 나눌 수 있으며 ②는 정지 관성에 해당하고 나머지는 운동 관성에 해당한다.

정답 ②

11 무기질의 종류

다음 중 무기질의 종류와 기능에 대한 내용이 잘못 연결된 것은?

① 칼슘 - 뼈와 이를 구성하는 영양소로 근육의 수축 및 이완 작용을 조절하며, 결핍증으로는 구루병과 골다공증 등이 있다.
② 나트륨 - 몸속의 수분이 세포 안팎으로 고루 퍼져 있게 하며, 과다 섭취 시 고혈압이나 심장질환을 유발할 수 있다.
③ 인 - 세포핵과 인 단백질의 구성 성분이며, 결핍 시 기운이 없고 몸이 허약해지며 빈혈에 걸리기 쉽다.
④ 철 - 적혈구를 구성하는 헤모글로빈의 성분으로 신체의 각 조직에 산소를 운반하며 간, 살코기, 진한 녹색 채소에 많이 함유되어 있다.

해설

기운이 없고 몸이 허약해지며 빈혈에 걸리기 쉬운 것은 철의 결핍 시 나타나는 현상이다.

정답 ③

12 원자 모형 이론

다음 중 돌턴의 원자 모형 이론에 해당하는 설명을 모두 고르면?

㉠ 원자의 중심에는 크기가 작고 질량이 매우 큰 (+) 전하를 띠는 원자핵이 있다.
㉡ 모든 물질은 더 쪼갤 수 없는 입자인 원자로 이루어져 있다.
㉢ 화학 반응이 일어날 때 원자는 없어지거나 새로 생기지 않으며, 다른 종류의 원자로 변하지 않는다.
㉣ 두 종류 이상의 원자들이 일정한 비율로 결합하여 새로운 물질을 만든다.
㉤ 원자가 고른 밀도를 가진 (+) 전하를 띤 공 속에 (-) 전하를 띤 전자가 박혀 있다.

① ㉠, ㉢, ㉣
② ㉡, ㉢, ㉣
③ ㉢, ㉣, ㉤
④ ㉠, ㉡, ㉤

해설

돌턴(1803)의 원자 모형 이론은 물질은 더 쪼갤 수 없는 공 모양의 딱딱한 원자로 이루어져 있다는 이론으로 질량 보존 법칙, 일정 성분비 법칙, 배수 비례 법칙 등 화학의 기본 법칙을 설명하는 이론적 토대를 마련하였다. ㉡~㉣은 돌턴 원자 모형 이론의 내용이며, ㉠은 러더퍼드(1911)의 원자 모형, ㉤은 톰슨(1897)의 원자 모형에 대한 내용이다.

정답 ②

2018. 12. 15. 울산광역시교육청 기출문제

※ 본 기출문제는 실제 시험 응시자로부터 수집한 후기를 바탕으로 복원되었습니다.

01 기본 어휘력

다음 글의 밑줄 친 '정독, 숙독'과 비슷한 의미를 가진 유의어로 옳은 것은?

조선시대의 실학자인 이덕무는 스스로를 간서치(看書痴)라 불렀는데 이는 책만 읽는 바보, 멍청이라는 뜻이다. 「간서치전」에는 "오로지 책 보는 것만 즐거움으로 여겨 춥거나 덥거나 주리거나 병들거나 전혀 알지 못했다. 어릴 때부터 스물한 살이 되도록 하루도 손에서 옛 책을 놓은 적이 없었다."라고 적고 있다. 독서를 너무 많이 한 탓에 눈에 병이 나서 친구들로부터 책 병이 들었다고 놀림을 받은 적도 있지만 벼슬에 대한 욕심을 버리고 일생을 책에 파묻혀 보내었다.

또한 퇴계 이황은 독서의 방법으로 '**정독**'과 '**숙독**'을 언급하였다. 퇴계 이황은 제자의 질문에 대한 답변으로 "글을 읽은 사람이 비록 글의 뜻은 알았지만 만약 익숙하지 못하면 읽자마자 잊어버리게 되어 마음에 간직할 수 없을 것임은 틀림없다. 이미 알고 난 후에 또 거기에 자세하고 익숙해질 공부를 더한 뒤에라야 비로소 마음에 간직할 수 있으며, 또 흐뭇한 맛도 느낀다."라고 답하였다. 이는 「퇴계집」 언행록에 나오는 이야기로 내용을 내적 체험으로 만들기 위한 사색이 필요하다고 본 것이다.

① 음독(音讀) ② 묵독(默讀) ③ 탐독(耽讀) ④ 속독(速讀)

해설

'정독(精讀)'은 뜻을 새겨 가며 자세히 읽는 것을 뜻하고, '숙독(熟讀)'은 글의 뜻을 잘 생각하면서 차분하게 하나하나 읽는 것으로 자세히 읽는다는 의미이다. 따라서 '정독'과 '숙독'의 유의어로 가장 알맞은 것은 '어떤 글이나 책을 열중하여 읽는다'라는 뜻의 '탐독(耽讀)'이다.

Plus 해설

- 음독(音讀) : 글을 소리 내어 읽는 것이다.
- 묵독(默讀) : 소리를 내지 않고 속으로 글을 읽는 것이다.
- 속독(速讀) : 책을 빠른 속도로 읽는 것이다.

정답 ③

02 글의 이해

다음은 할아버지와 10대 청소년인 손자 간의 대화 내용이다. 두 사람의 대화상 문제점을 가장 적절하게 이야기한 사람은 누구인가?

> 할아버지 : 병호야.
> 손자 : 네, 할아버지. 왜 부르셨어요?
> 할아버지 : 저번에 인터넷으로 무슨 강의를 신청해야 한다고 그러지 않았니?
> 손자 : 맞아요. 내일까지 수학 인강을 신청하면 문상을 공짜로 준다고 그랬어요. 그래서 오늘 결제해야 할 것 같아요.
> 할아버지 : 뭐라고? 인강을 신청하면 문상을 준다고? 그게 무슨 말이니? 도대체 무슨 말인지 모르겠구나.

① 민지 : 손자가 또래 관계에서나 사용할 법한 인강, 문상 등의 단어를 사용하여 할아버지와 의사소통을 하는 데 어려움을 겪고 있어.

② 수영 : 손자가 외래어를 섞어 말하기 때문에 할아버지는 무슨 말인지 이해하지 못하고 있어.

③ 민지 : 10대 청소년들 사이에서 사용하고 있는 비속어 문제가 정말 심각하다고 생각해.

④ 지영 : 손자는 높임말을 바르게 사용하지 않고 할아버지에 대한 예의를 지키고 있지 않아.

해설

'인강'은 인터넷 동영상 강의를 줄인 말이고, '문상'은 문화상품권을 줄인 말이다. 이러한 사실을 알지 못하는 할아버지의 입장에서는 손자가 하는 말이 무슨 말인지 알아듣기가 힘들고, 할아버지와 손자 간의 대화가 원활하게 이루어질 수 없게 된다.
②, ③, ④ 손자가 외래어 또는 비속어를 사용하는 부분을 찾을 수 없고, 높임말을 잘못 사용한 부분도 없으므로 수영, 민지, 지영이 언급한 내용은 제시문과 관련이 없다.

정답 ①

03 명제 · 삼단논법

영업부 직원에 대한 다음 명제가 모두 참일 때, 항상 참인 것을 고르면?

> - 설득력이 좋은 직원은 협상을 잘한다.
> - 성격이 내향적인 직원은 기획력이 좋다.
> - 협상을 못 하는 직원은 성격이 내향적이다.

① 협상을 못 하는 직원은 기획력이 좋지 않다.

② 설득력이 좋지 않은 직원은 협상을 못 한다.

③ 기획력이 좋지 못하면 협상을 잘한다.

④ 성격이 내향적인 직원은 설득력이 좋다.

해설

제시된 명제와 그 대우를 간단하게 표시하면 다음과 같다.

설득력 ○ → 협상 ○	대우	협상 × → 설득력 ×
성격 내향적 → 기획력 ○	↔	기획력 × → 성격 내향적 ×
협상 × → 성격 내향적		성격 내향적 × → 협상 ○

명제가 참이면 그 명제의 대우도 참이므로, 위에 표시한 내용은 모두 참이다.
또한, 삼단논법에 따라 명제 $p \rightarrow q$가 참이고 $q \rightarrow r$이 참이면 $p \rightarrow q \rightarrow r$이 성립한다.
따라서 "협상 × → 성격 내향적 → 기획력 ○"이 성립하고, "기획력 × → 성격 내향적 × → 협상 ○"도 성립한다. 따라서 "기획력이 좋지 못하면 협상을 잘한다."는 참이다.

Plus 해설

① "협상 × → 성격 내향적 → 기획력 ○"에 의해 협상을 못 하는 직원은 기획력이 좋다.
② "협상 × → 설득력 ×"은 참이나 이 명제의 '역'인 "설득력 × → 협상 ×"은 참 · 거짓을 알 수 없다.
④ "협상 × → 성격 내향적"이 참이고 "협상 × → 설득력 ×"도 참이나 "성격 내향적 → 설득력 ○"은 참 · 거짓을 알 수 없다.

정답 ③

04~05 조건추리

다음과 같이 보도블록을 사이에 두고 A 라인 상가와 B 라인 상가가 마주 보고 있다. A 라인 2호에는 옷가게가 있고 나머지 상점 위치가 다음과 같다고 할 때 이어지는 물음에 답하시오. (단, 그림 외 다른 상점은 없다고 가정한다.)

(가) 음식점 두 개는 붙어 있다.
(나) 카페 두 개는 마주 보고 있으며, 이 중 하나는 B 라인 1호이다.
(다) 부동산과 병원은 같은 라인에 있지만 이웃하지 않는다.

	1호	2호	3호	4호
A 라인		옷가게		
B 라인				

04 다음 중 제시된 조건을 통해 알 수 있는 사실이 아닌 것은?

① 옷가게 맞은편에는 부동산이 올 수 있다.
② B 라인 카페 옆에는 병원이 올 수 있다.
③ 음식점 맞은편에는 부동산이 올 수 없다.
④ 옷가게 맞은편에는 음식점이 올 수 없다.

해설

(가)에서 음식점 두 개가 붙어 있다고 하였으므로, 음식점이 A 라인이냐 B 라인이냐를 기준으로 살펴보도록 한다.

1. 음식점이 A 라인 상가에 있을 경우

<table>
<tr><td>A 라인</td><td>카페</td><td>옷가게</td><td>음식점</td><td>음식점</td></tr>
</table>

<table>
<tr><td rowspan="2">B 라인</td><td rowspan="2">카페</td><td>부동산</td><td rowspan="2"></td><td>병원</td></tr>
<tr><td>병원</td><td>부동산</td></tr>
</table>

→ 제시된 조건에 위배되는 사항이 없다.

2. 음식점이 B 라인 상가에 있을 경우

<table>
<tr><td rowspan="2">A 라인</td><td rowspan="2">카페</td><td rowspan="2">옷가게</td><td>부동산</td><td>병원</td></tr>
<tr><td>병원</td><td>부동산</td></tr>
</table>

<table>
<tr><td>B 라인</td><td>카페</td><td>음식점</td><td>음식점</td><td></td><td>또는</td><td>카페</td><td></td><td>음식점</td><td>음식점</td></tr>
</table>

→ (다)에서 부동산과 병원은 이웃하지 않는다고 하였으므로 성립하지 않는다.

따라서 음식점 두 개는 A 라인 상가 3호와 4호에 붙어 있고, 부동산과 병원은 B 라인 상가 2호와 4호에 교차하여 올 수 있으며 ①~④ 중 성립할 수 없는 것을 고르면 ③이 된다.

정답 ③

05 위 상가 상점 중 비어 있는 한 곳에 약국이 들어선다고 한다. 어느 곳이 가능한가?

① A 라인 3호 ② A 라인 4호

③ B 라인 2호 ④ B 라인 3호

해설

04를 보면 A 라인은 1호부터 순서대로 카페－옷가게－음식점－음식점이고, B 라인은 카페－부동산 또는 병원－(　)－병원 또는 부동산이다. 따라서 약국이 올 수 있는 곳은 B라인 3호이다.

정답 ④

06 > 자료해석

다음은 2018년 문화체육관광부에서 실시한 국민독서실태조사에 따른 성인의 종이책 독서율을 표로 나타낸 것이다. 표에 대한 이해로 옳지 않은 것은? (단, 소수점 첫째 자리에서 반올림한다.)

(단위 : 건, %)

		2018		
		사례 수	읽음	읽지 않음
전체	소계	6,000	59.9	40.1
성별	남자	2,988	58.2	41.8
	여자	3,012	61.5	38.5
연령별	19~29세	1,070	73.5	26.5
	30대	1,071	68.9	31.1
	40대	1,218	61.9	38.1
	50대	1,190	52.2	47.8
	60대 이상	1,451	47.8	52.2
학력별	중졸 이하	1,002	44.2	55.8
	고졸, 고퇴	2,120	49.3	50.7
	대재 이상	2,878	73.1	26.9
가구소득별	200만 원 이하	997	49.1	50.9
	201~300만 원	976	52.5	47.5
	301~400만 원	1,768	58.8	41.2
	401~500만 원	1,224	65.6	34.4
	500만 원 이상	1,035	72.4	27.6

① 연령이 높을수록 종이책을 읽는 사람의 수가 줄어든다.

② 대재 이상의 종이책 독서 사례의 수는 전체 종이책 독서 사례 수의 약 48%를 차지한다.

③ 여성 중 종이책을 읽지 않는 사람의 수는 60대 이상 중 종이책을 읽지 않는 사람의 수보다 많다.

④ 가구소득이 500만 원 이상인 사람 중 종이책을 읽는 사람의 수는 가구소득이 200만 원 이하인 사람 중 종이책을 읽지 않는 사람 수의 2배가 넘지 않는다.

해설

- 종이책을 읽는 19~29세의 수 : 1,070(명)×73.5(%)＝786.4…≒786(명)
- 종이책을 읽는 30대의 수 : 1,071(명)×68.9(%)＝737.9…≒738(명)
- 종이책을 읽는 40대의 수 : 1,218(명)×61.9(%)＝753.9…≒754(명)
- 종이책을 읽는 50대의 수 : 1,190(명)×52.2(%)＝621.1…≒621(명)
- 종이책을 읽는 60대 이상의 수 : 1,451(명)×47.8(%)＝693.5…≒694(명)

대체로 연령이 높아질수록 종이책을 읽는 사람의 수가 줄어드는 추세를 보이지만, 40대와 60대 이상에서는 종이책을 읽는 사람의 수가 증가하였다. 따라서 연령이 높을수록 종이책을 읽는 사람의 수가 줄어든다는 내용은 옳지 않다.

Plus 해설

② 대재 이상의 종이책 독서 사례의 수는 2,878건이므로 이는 전체 종이책 독서 사례 수 6,000건 중 약 48%를 차지한다.

$\frac{2,878}{6,000} \times 100 = 47.96\cdots \fallingdotseq 48\%$

③ 여성 중 종이책을 읽지 않는 사람의 수를 먼저 구하면 $3,012 \times 38.5(\%) = 1,159.62 \fallingdotseq 1,160$(명)이고, 60대 이상 중 종이책을 읽지 않는 사람 수를 구하면 $1,451 \times 52.2(\%) = 757.422 \fallingdotseq 757$(명)이다. 따라서 여성 중 종이책을 읽지 않는 사람의 수는 60대 이상 중 종이책을 읽지 않는 사람의 수보다 많다.

④ 가구소득이 500만 원 이상인 사람 중 종이책을 읽는 사람의 수를 먼저 구하면 $1,035 \times 72.4(\%) = 749.34 \fallingdotseq 749$(명)이고, 가구소득이 200만 원 이하인 사람 중 종이책을 읽지 않는 사람의 수는 $997 \times 50.9(\%) = 507.473 \fallingdotseq 507$(명)이다. 따라서 가구소득이 500만 원 이상인 사람 중 종이책을 읽는 사람의 수는 가구소득이 200만 원 이하인 사람 중 종이책을 읽지 않는 사람 수의 2배가 넘지 않는다.

정답 ①

07 > 응용계산

15명이 퀴즈대회에 참가하여 1등부터 15등까지 상금을 받게 되었다. 1등이 받는 상금은 100만 원이고, 2등부터 7만 원씩 적은 금액으로 차등 지급한다면 15명이 받는 상금의 총액은 얼마인가?

① 650만 원 ② 735만 원

③ 765만 원 ④ 780만 원

해설

1등이 받는 상금이 100만 원이고 7만 원씩 적게 차등 지급되면 2등은 93만 원, 3등은 86만 원…씩 받게 되므로, 15등은 100만 원에서 98(7×14)만 원을 뺀 2만 원을 받게 된다.

등차수열을 이용하여 합을 구하면, 첫째 항 $a=100$, 공차 $d=-7$, 제n항이 15이므로

등차수열의 제n항까지의 합 $S_n = \frac{n\{2a+(n-1)d\}}{2}$ 공식에 대입하여 계산한다.

$$S_{15} = \frac{15\{(2 \times 100) + (14 \times -7)\}}{2} = 765$$

따라서 1등부터 15등까지 15명이 받는 상금의 총액은 765만 원이다.

정답 ③

08 도형추리

다음 다섯 개의 그림이 중앙으로 모였을 때 만들어지는 도형으로 옳은 것은?

① 정삼각형
② 직각삼각형
③ 직사각형
④ 사다리꼴

해설

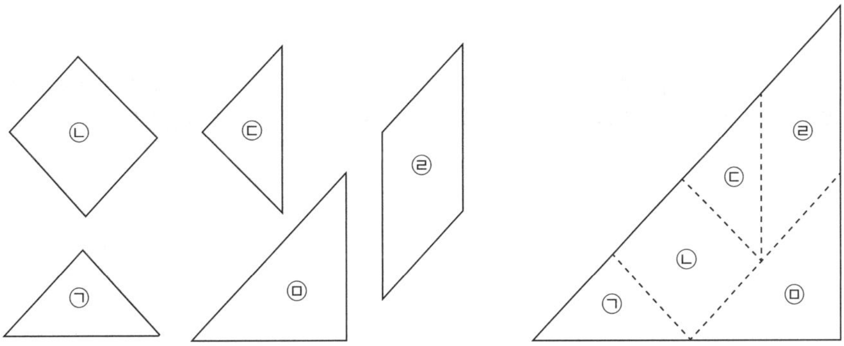

정답 ②

09 > 전개도

다음 전개도 중 주사위를 만들 수 없는 것은?

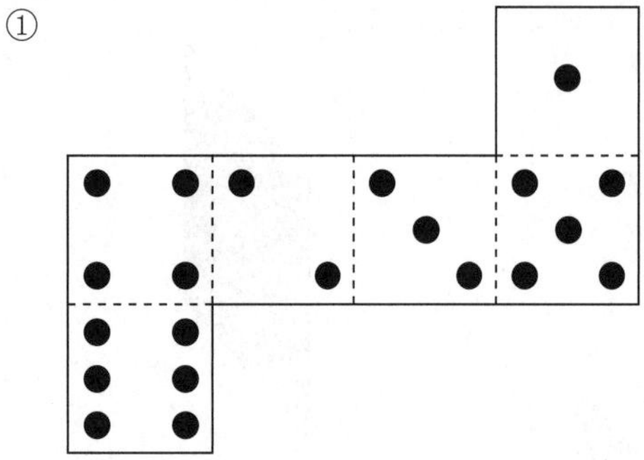

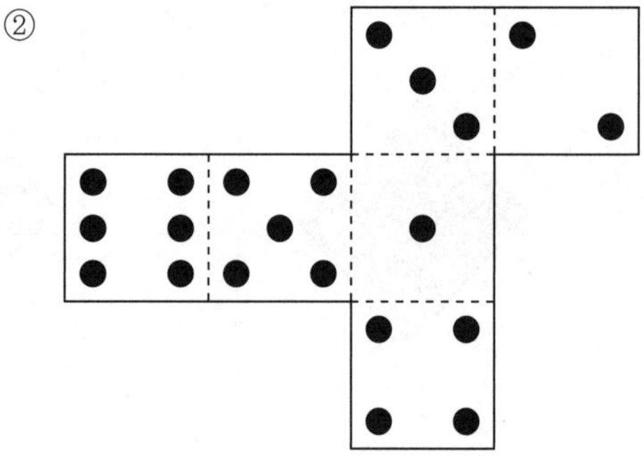

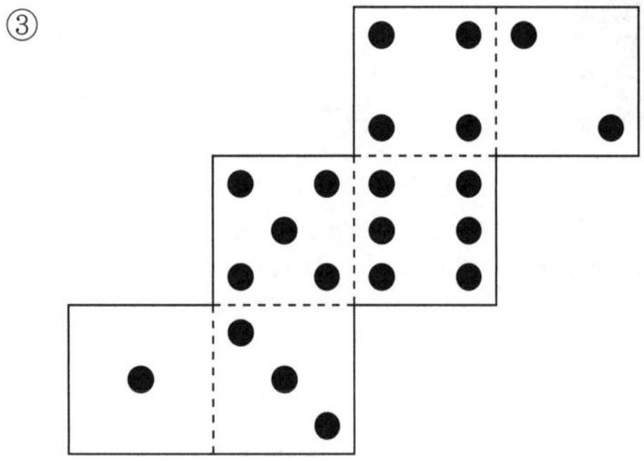

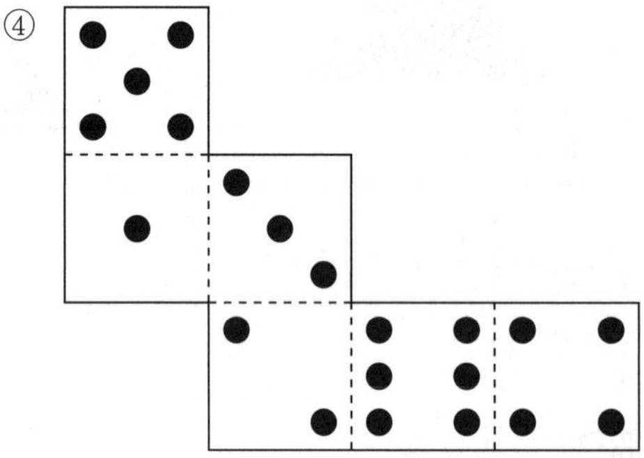

해설

④번 전개도를 접으면 ㉡과 ㉤이 서로 마주보는 면이 되고, ㉠과 ㉥이 서로 겹쳐지게 되면서 ㉣의 마주보는 면이 2개가 되므로 ㉢의 마주보는 면이 없다. 따라서 ④는 주사위를 만들 수 없는 전개도에 해당한다.

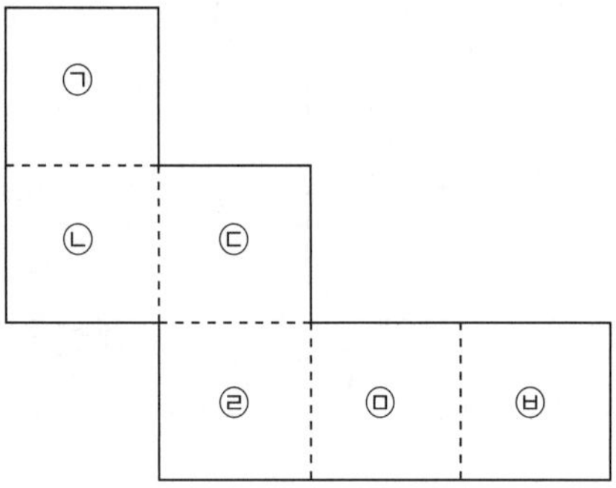

정답 ④

10 〉 도형추리

다음 도형의 규칙을 파악하였을 때, ' ? ' 안에 들어갈 도형으로 알맞은 것은?

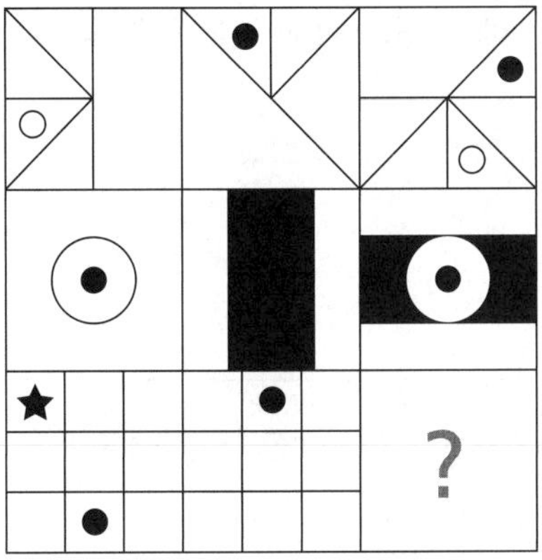

①
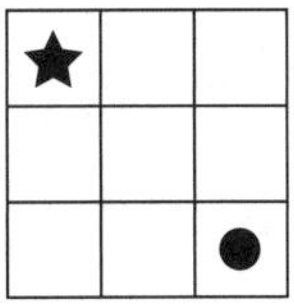

②
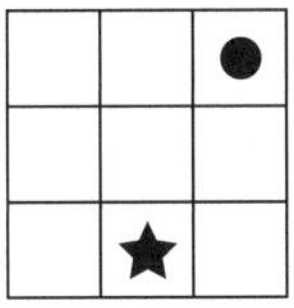

③
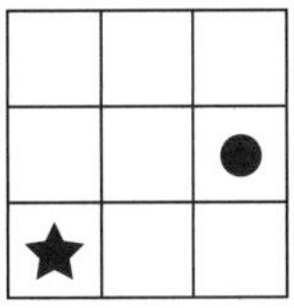

④
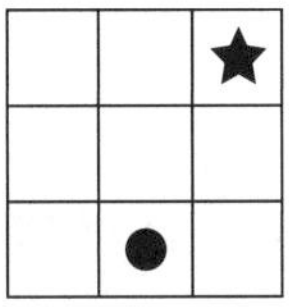

해설

주어진 도형은 1열과 2열에 있는 도형들이 서로 다른 방향으로 회전을 한 다음 3열에서 하나로 합쳐지는 형태이다. 먼저 1행을 살펴보면 1행 1열의 그림은 반시계 방향으로 90° 회전했음을 알 수 있고, 1행 2열의 그림은 시계 방향으로 90° 회전했음을 알 수 있다. 이렇게 각각 회전한 도형을 3열에서 하나로 합치는 것이다. 같은 방식을 2행과 3행에 차례차례 적용시켜 보면 답을 쉽게 찾을 수 있다. 단지, 2행과 3행의 경우는 각각 회전을 한 다음 3열에서 하나로 합칠 때, 서로 겹치는 부분이 있어 마치 사라진 것처럼 보이지만, 이는 검은색 부분끼리 겹쳐지면서 겉으로 드러나지 않은 것이다. 따라서 도형의 규칙을 적용하여 답을 구하면 다음 그림과 같다.

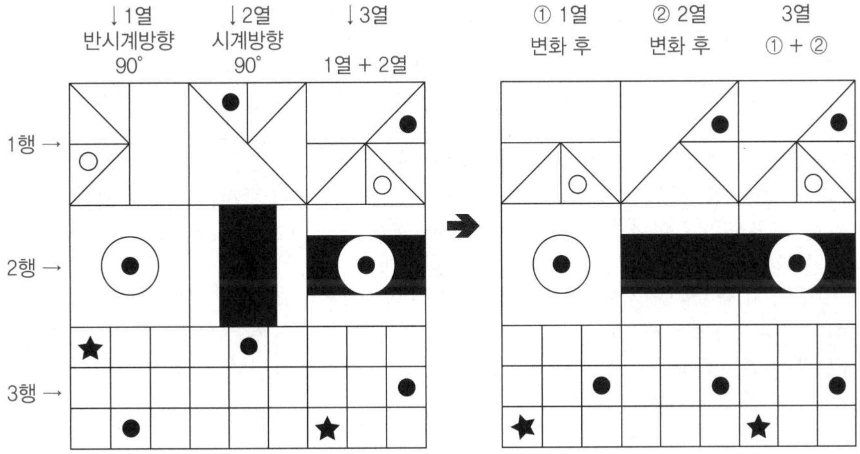

정답 ③

11 응용계산

소양이와 인성이는 미니 농구 게임을 했다. 소양이의 골 성공률은 $\frac{1}{2}$이고, 인성이의 골 성공률은 $\frac{2}{3}$라고 한다. 두 사람이 동시에 골대를 향해 공을 던졌을 때, 적어도 한 사람이 성공할 확률은 얼마인가?

① $\frac{5}{6}$　② $\frac{1}{3}$　③ $\frac{1}{2}$　④ $\frac{1}{6}$

해설

소양이의 성공률은 $\frac{1}{2}$, 인성이의 성공률은 $\frac{2}{3}$이므로 둘 다 성공하지 못할 확률은 $\frac{1}{2} \times \frac{1}{3} = \frac{1}{6}$이다.
따라서 적어도 한 사람이 성공할 확률은 $1 - \frac{1}{6} = \frac{5}{6}$이다.

정답 ①

12~13 글의 이해

다음 글을 읽고 각 물음에 답하시오.

책을 좋아하는 독서인이라면 누구나 자기만의 특별한 독서 경험과 독서론이 있을 것이다. 남다른 독서 경험을 떠올리라치면 정말 가슴이 설레곤 한다. 필자는 고등학교 시절 셰익스피어의 『로미오와 줄리엣』 중 유명한 발코니 장면에서 줄리엣이 로미오와 헤어지기 싫어하며 읊조린 "Parting is such sweet sorrow!(이별이라는 것이 이토록 달콤한 슬픔일 줄이야!)"라는 대사를 통해 언어의 묘미와 영어의 아름다움을 인식하게 되었다. 헤어지는 것은 슬픈 일이지만 또 만날 수 있기에 '달콤한 슬픔'이라고 한 것이다. 이 얼마나 절묘한 표현인가. 한창 감수성이 예민한 시절 이런 독서 경험을 통해 삭막한 학교생활을 무사히 넘길 수 있었다.

중국 현자들도 한결같이 자기만의 독특한 독서 경험과 독서론을 내세우고 있다. 책을 많이 읽고 많이 생각하다 보면 주관이 생기고 사물과 사람에 대해 남보다 정확한 평가를 내릴 수 있다. 여기에 건전한 감상력까지 수반하게 된다. 역대 현자들의 남다른 독서관과 경험도 다 많이 읽고 많이 생각한 결과물이다.

어문학자 나죽풍(羅竹風, 1910년~)은 독서를 크게 딱딱한 독서와 부드러운 독서로 나누었다. 요즘 용어를 빌리면 하드웨어적 독서와 소프트웨어적 독서로 구분한 것이다. 전자는 『철학 개론』이나 『역사학 방법론』 등 이론적 성격이 강하고 난이도가 높은 책을 주로 포함하며, 후자는 한가하게 힘들이지 않고 읽을 수 있는 소설이나 수필 같은 읽을거리를 말한다.

작가 오강(吳强, 1910~1991년)은 「염서(念書) · 간서(看書) · 청서(廳書)」라는 글에서 나이에 따른 독서법의 변화를 이야기하고 있다. 어릴 때는 입으로 읽는 독서, 즉 염서가 주를 이루고, 젊은 날에는 눈으로 보는 간서가 주를 이루며, 노년기에는 귀로 듣는 청서 위주로 바뀐다고 했다. 그리고 자신이 접한 책 중 20% 가까이는 귀로 들은 책이라고 했다.

문예 이론가 오조공(吳調公, 1914년~)은 대학 시절 식당에 붙어 있던 '뱃가죽을 단단히 당겨 밥을 먹고, 눈을 크게 뜨고 책을 읽으라'는 글귀에서 감명을 받아 독서를 실천에 옮겼다는 경험담을 들려준다.

문학가이자 번역가인 유무기(柳無忌, 1907년~)는 「꿈속의 책 냄새」라는 글에서 책에 대한 애정을 과시하며 '책 냄새'라는 뜻의 '서향'과 '책 냄새 물씬 풍기는 서향 사회'를 (㉠)하고 있다. 그는 이렇게 말한다.

> 나는 서향이란 단어를 별나게 좋아한다. 그 책 냄새는 동전 냄새와 강렬한 대조를 이룬다. ……… 나의 상상 속에서 이 서향 사회는 정말 사랑스럽다. 그리고 책은 정말 냄새가 난다. 어찌 꿈속에서만 그러랴!
> 돈 냄새를 없애거나 썩는 것을 방지하는 가장 좋은 방법은 책 냄새를 맡는 것이다.
> 전통적 봉건사회에서는 이른바 '서향세가(書香世家)'란 말이 있었지만, 지금 이 새로운 시대에 우리는 무수한 서향 가정과 독서 모임, 향기로운 차와 책방 그리고 책 좋아하는 사람이 근무하는 도서관을 갈망한다. 이 모든 것이 합쳐져 결코 실현 불가능하지 않은 이상적인 사회를 구성한다.

책 내음 물씬 풍기는 서향 사회를 꿈꾸는 것은 책 좋아하는 독서인만의 희망이 아닐 것이다. 이 사회와 나라, 나아가 인류의 행복과 존엄을 위해서라도 이루어야 할 가장 값진 소망이 아니겠는가?

김영수 저, 『현자들의 평생공부법』 중 「다양한 독서 경험과 독서론」, 2011(역사의아침)

12 위 글의 내용을 바탕으로 대화한 내용 중 적합하지 않은 것은?

① 독서를 많이 하면 자신만의 독서 방법이나 감상 능력, 비평하는 감각 등이 생기겠구나.

② 오강 작가의 독서법 변화론을 오디오북에 접목시켜 장년층이나 노년층의 지속적인 독서를 유도하는 것도 좋겠다.

③ 나죽풍 학자 식으로 이야기하자면 대학교 전공 서적을 공부하는 건 딱딱한 독서이고, 카페에서 쉬면서 읽는 소설은 부드러운 독서로 구분할 수 있겠네.

④ 오조공 이론가의 주장에 따르면 실천하지 않는 독서는 죽은 지식이니 한 권의 책을 읽더라도 끝까지 제대로 탐독하는 것이 중요하겠어.

해설

지문에 제시된 내용은 오조공 문예 이론가가 대학 시절 식당에 붙어 있던 한 글귀를 보고 감명을 받아 독서를 실천하게 되었다는 일화이지, 독서의 실천과 지식의 유용성 관계를 이야기한 것은 아니다. 또한, 독서 방법으로 탐독을 주장한 것도 아니다. 따라서 대화 중 적합하지 않은 것은 ④이다.

정답 ④

13 다음 중 (㉠)에 들어갈 말로 적절하지 않은 것은?

① 희구(希求)　　② 지양(止揚)
③ 갈망(渴望)　　④ 예찬(禮讚)

해설

유무기 문학가가 가지고 있는 책에 대한 애정을 설명하면서, 그가 '책 냄새'인 '서향'을 남다르게 좋아하는 것과 독서를 통한 이상 사회를 희망하는 것까지 함께 소개하고 있다. 따라서 ㉠에는 어떠한 대상을 바라고 좋아한다는 의미의 단어가 들어가는 것이 적절하다. ①~④ 중 이와 어울리지 않는 것은 '② 지양(止揚)'이다. 지양(止揚)은 더 높은 단계로 오르기 위하여 어떠한 것을 하지 아니함을 뜻하는 말이다.

Plus 해설

① 희구(希求) : 바라고 구함.
③ 갈망(渴望) : 간절히 바람.
④ 예찬(禮讚) : 무엇이 좋거나 아름답다고 찬양함.

정답 ②

Part 1
직무능력검사

Chapter 01 언어논리력
Chapter 02 이해력
Chapter 03 수리력
Chapter 04 문제해결력
Chapter 05 공간지각력
Chapter 06 관찰탐구력

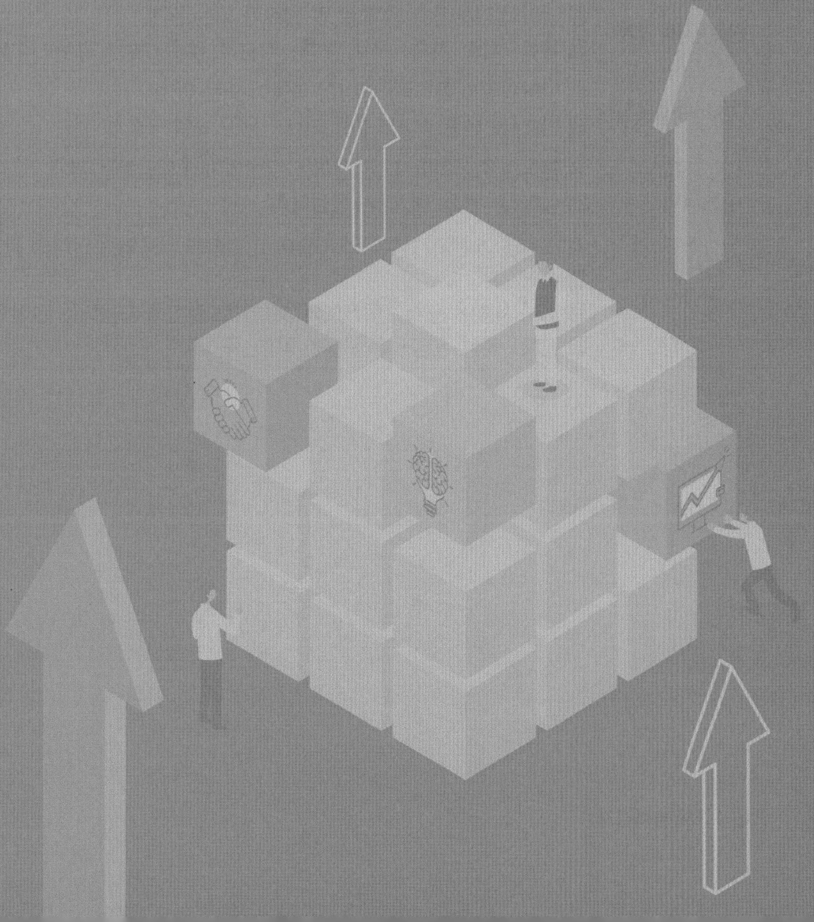

Chapter 01 언어논리력 기본 이론 학습

① 어휘 관계

1) 단어 간 의미관계

<table>
<tr><td>유의관계</td><td colspan="3">의미가 거의 같거나 비슷한 단어 간의 관계
예 어머니－엄마－모친, 이름－성명－존함－함자</td></tr>
<tr><td rowspan="2">반의관계</td><td rowspan="2">의미가 서로 반대되거나 대립하는 단어 간의 관계</td><td>모순관계</td><td>두 개념 사이에 중간 개념이 존재하지 않는 배타적 대립관계
예 남자－여자, 살다－죽다, 있다－없다</td></tr>
<tr><td>반대관계</td><td>두 개념 사이에 중간 개념이 존재하는 대립관계
예 검다－희다, 길다－짧다, 크다－작다</td></tr>
<tr><td>상하관계</td><td colspan="3">한 단어의 의미가 다른 단어의 의미를 포함하는 관계
예 동물－포유류－돼지, 아시아－대한민국－서울, 악기－건반악기－피아노</td></tr>
<tr><td>전체－부분관계</td><td colspan="3">한 단어가 다른 단어의 부분이 되는 관계
예 나무－가지－나뭇잎, 몸－팔－손－손톱, 자동차－바퀴－휠</td></tr>
<tr><td>원료－제품관계</td><td colspan="3">한 단어가 다른 단어의 재료 및 원료가 되는 관계
예 우유－치즈, 가죽－구두, 누룩－막걸리, 메주－된장, 고무－타이어</td></tr>
<tr><td>주체－행위관계</td><td colspan="3">한 단어의 의미가 다른 단어의 역할이 되는 관계
예 변호사－변론, 의사－진료, 학자－연구, 선수－경기</td></tr>
<tr><td>중심의미－주변의미관계</td><td colspan="3">한 단어는 중심의미, 다른 단어는 주변의미에 해당하는 관계
예 실마리－열쇠, 매개체－징검다리</td></tr>
<tr><td>서술관계</td><td colspan="3">주어－서술어 관계 : 주어와 서술어로 결합해 사용되는 단어의 관계
예 머리－자라다
목적어－서술어 관계 : 목적어와 서술어로 결합해 사용되는 단어의 관계
예 인재－육성, 문명－수용하다, 직업－구하다</td></tr>
</table>

2) 어휘 간 호응관계

	부정 가치어	긍정 가치어
1	몹시	매우
2	절대(로), 결코	반드시
3	일절	일체
4	탓	덕(택), 덕분
5	장본인	주인공, 주역
6	빌미	계기
7	공교롭게도	마침

* '너무'의 경우 과거에는 부정 가치어로 취급되었으나, 사전의 개정으로 긍정적인 말도 함께 어울려 쓸 수 있게 되었다. 예 너무 좋다. / 너무 반갑다.

1	몹시	더할 수 없이 심하게 예 몹시 추운 날씨 / 몹시 힘든 일 / 기분이 몹시 상하다.
	매우	보통 정도보다 훨씬 더 예 그는 매우 착하다. / 그녀는 출장을 매우 자주 다닌다.
2	절대(絕對)로	어떠한 경우에도 반드시 예 세상에 절대 공짜라는 것은 없다. / 절대로 나쁜 일을 해서는 안 된다.
	반드시	틀림없이 꼭, 기필코 예 반드시 시간에 맞추어 오너라. / 인간은 반드시 죽는다.
3	일절(一切)	'아주, 전혀, 절대로'의 뜻으로, 흔히 행위를 그치게 하거나 어떤 일을 하지 않을 때 쓴다. 예 일절 간섭하지 마시오. / 그는 고향을 떠난 후로 연락을 일절 끊었다.
	일체(一切)	'전부, 완전히'의 뜻으로, 모든 것을 의미한다. 예 그는 재산 일체를 학교에 기부하였다. / 걱정 근심일랑 일체 털어 버리자.
4	탓	주로 부정적인 현상이 생겨난 까닭이나 원인. 혹은 구실이나 핑계로 삼아 원망하거나 나무라는 일 예 남의 탓으로 돌리다. / 그는 급한 성격 탓에 나와 충돌이 잦다.
	덕택	베풀어 준 은혜나 도움 예 그는 아내의 정성 어린 간호 덕택에 병세가 호전되었다.
5	장본인(張本人)	어떤 일을 꾀하여 일으킨 바로 그 사람 예 이렇게 되기까지 그 사달을 일으킨 장본인은 그였다.
	주인공(主人公)	어떤 일에서 중심이 되거나 주도적인 역할을 하는 사람 예 그는 이번 시합에서 우리 팀을 이끈, 돌풍의 주인공이었다.
6	빌미	재앙이나 탈 따위가 생기는 원인 예 빌미를 잡히다. / 독재자는 이 사건을 탄압의 빌미로 삼았다.
	계기	어떤 일이 일어나거나 변화하도록 만드는 결정적인 원인이나 기회 예 사건의 계기 / 올림픽을 계기로 하여 사회 체육에 대한 관심이 높아졌다.
7	공교롭게도	생각지 않았거나 뜻하지 않았던 사실이나 사건과 우연히 마주치게 된 것 예 공교롭게도 아들과 아버지의 생일이 같다.
	마침	어떤 경우나 기회에 알맞게. 또는 공교롭게 예 오늘 내가 찾아가려던 참이었는데 마침 잘 왔다.

예제 1

제시된 문장에서 문맥상 가장 적절한 어휘를 고르면?

1) 그는 공소사실과의 관련성을 [일절 / 일체] 부인했다.

2) 열심히 공부한 [탓 / 덕]에 성적이 점차 나아지고 있다.

3) 도살을 앞둔 유기견을 구조한 것을 [빌미 / 계기]로 운영을 시작한 유기견보호소 ㅇㅇ은 시설이 무허가 건축물로 드러나면서 행정 당국의 원상복구 명령을 받았다. 이에 한 사회적기업은 철거 위기에 놓인 ㅇㅇ을 후원하겠다며 크라우드 펀딩을 대신 진행했다. 그러나 ㅇㅇ은 펀딩 자금을 횡령당하는 등 후원을 [빌미 / 계기]로 사기를 당했다며 해당 사회적기업을 고소했다.

정답 1) 일절 / 2) 덕 / 3) 계기, 빌미

② 유의어 / 반의어 / 다의어

1) 유의어 : 소리는 서로 다르지만 의미가 비슷한 말

강등(降等)－좌천(左遷)	등급이나 계급 따위가 낮아짐
개선(改善)－개량(改良)	잘못된 것이나 부족한 것, 나쁜 것 따위를 고쳐 더 좋게 만듦
개척(開拓)－개간(開墾)	거친 땅을 일구어 논밭이나 쓸모 있는 땅으로 만듦
격려(激勵)－고무(鼓舞)	용기나 의욕이 솟아나도록 북돋워 줌
결심(決心)－결의(決意)	마음을 굳게 정함
결점(缺點)－하자(瑕疵)	못되거나 부족하여 완전하지 못한 점
결정(決定)－단안(斷案)	행동이나 태도를 분명하게 정함. 또는 그렇게 정해진 내용
난항(難航)－역경(逆境)	여러 가지 장애 때문에 일이 순조롭게 진행되지 않음
납득(納得)－수긍(首肯)	다른 사람의 말이나 행동, 형편 따위를 잘 알아서 긍정하고 이해함
만회(挽回)－회복(回復)	바로잡아 원래의 상태로 돌이키거나 원래의 상태를 되찾음
명백(明白)－명료(明瞭)	의심할 바 없이 아주 뚜렷함
몰두(沒頭)－탐닉(耽溺)	어떤 일에 온 정신을 다 기울여 열중함
묵과(默過)－묵인(默認)	잘못을 알고도 모르는 체하고 그대로 넘김
발명(發明)－창안(創案)	아직까지 없던 기술이나 물건을 새로 생각하여 만들어 냄
발의(發議)－제안(提案)	안이나 의견을 내놓음. 또는 그 의안
변별(辨別)－판단(判斷)	사물의 옳고 그름이나 좋고 나쁨을 가림
복용(服用)－투약(投藥)	약을 먹음
본질(本質)－실태(實態)	본디부터 가지고 있는 사물 자체의 성질이나 모습

부족(不足)－결핍(缺乏)	필요한 양이나 기준에 미치지 못해 충분하지 아니함
불멸(不滅)－불후(不朽)	없어지거나 사라지지 아니함
서거(逝去)－작고(作故)	사람의 죽음을 높여 이르는 말
선정(選定)－선발(選拔)	여럿 가운데서 어떤 것을 뽑아 정함
세련(洗練)－숙련(熟練)	서투르거나 어색한 데가 없이 능숙하게 익힘
소모(消耗)－소비(消費)	재화, 시간 등을 들이거나 써서 없앰
소지(所持)－소유(所有)	가지고 있음. 또는 그 물건
수색(搜索)－검색(檢索)	구석구석 뒤지어 찾음
숙명(宿命)－운명(運命)	날 때부터 이미 정해져 있는 목숨이나 처지
실제(實際)－현실(現實)	현재 실제로 존재하는 사실이나 상태
실현(實現)－성취(成就)	꿈, 기대 따위를 실제로 이룸
암시(暗示)－시사(示唆)	넌지시 깨우쳐 줌
역사(歷史)－연혁(沿革)	사회 · 문화적 변천과 흥망의 과정. 또는 그 기록
열중(熱中)－골몰(汨沒)	한 가지 일에 정신을 쏟음
외관(外觀)－외양(外樣)	겉으로 드러난 모양
위임(委任)－위탁(委託)	어떤 일을 책임 지워 맡김. 또는 그 책임
유명(有名)－저명(著名)	이름이 널리 알려져 있음
육성(育成)－교육(敎育)	지식과 기술 따위를 가르치며 인격을 길러 줌
의도(意圖)－취지(趣旨)	무엇을 하고자 하는 생각이나 계획. 또는 무엇을 하려고 꾀함
의존(依存)－의지(依支)	다른 것에 마음을 기대어 도움을 받음. 또는 그렇게 하는 대상
이전(移轉)－양도(讓渡)	재산이나 권리 따위를 남에게 넘겨줌. 혹은 넘겨받음
저가(低價)－염가(廉價)	시세보다 싼 값. 또는 저렴한 값
전념(專念)－전심(傳心)	오직 한 가지 일에만 마음을 씀
전승(傳承)－계승(繼承)	조상의 전통이나 문화유산, 업적 따위를 물려받아 이어 나감
정독(精讀)－미독(味讀)	자세히 살피어 읽음
제공(提供)－공급(供給)	무엇을 내주거나 갖다 바침
제압(制壓)－압도(壓倒)	위력이나 위엄으로 세력이나 기세 따위를 억눌러서 통제함
중상(中傷)－비방(誹謗)	근거 없는 말로 남을 헐뜯어 명예나 지위를 손상시킴
증명(證明)－입증(立證)	어떤 사항이나 판단에 대하여 진실인지 아닌지 증거를 들어 밝힘
지시(指示)－명령(命令)	일러서 시킴. 또는 그 내용
착안(着眼)－착상(着想)	어떤 문제를 해결하기 위한 실마리를 잡음
채용(採用)－기용(起用)	사람을 골라서 씀
책망(責望)－질책(叱責)	잘못을 꾸짖거나 나무라며 못마땅하게 여김
청탁(請託)－부탁(付託)	어떤 일을 해 달라고 맡기거나 청하거나 맡김
촉망(囑望)－기대(期待)	어떤 일이 이루어지기를 바라고 기다림
추정(推定)－추측(推測)	미루어 생각하여 판정함

친밀(親密)-친선(親善)	지내는 사이가 매우 친하고 가까움
포부(抱負)-희망(希望)	어떤 일을 이루거나 하기를 바람
풍조(風潮)-시류(時流)	시대에 따라 변하는 세태
풍파(風波)-파란(波瀾)	순조롭지 않게 일어나는 여러 가지 어려움이나 시련
한계(限界)-범위(範圍)	사물이나 능력, 책임 따위가 실제 작용할 수 있는 범위
해탈(解脫)-열반(涅槃)	불교에서 모든 번뇌의 얽매임에서 벗어나고, 진리를 깨달아 불생불멸의 법을 체득한 경지를 이르는 말
핵심(核心)-요점(要點)	가장 중요하고 중심이 되는 사실이나 관점
허공(虛空)-천공(天空)	텅 빈 공중
혼잡(混雜)-번잡(煩雜)	여럿이 한데 뒤섞이어 어수선함
활용(活用)-변통(變通)	이리저리 잘 응용함
회전(回轉)-선회(旋回)	한 점이나 축 또는 어떤 물체를 중심으로 하여 그 둘레를 빙빙 돎

2) 반의어 : 의미가 서로 반대되는 말

가결(可決)-부결(否決)	가결	회의에서 제출된 의안을 합당하다고 결정함
	부결	의논한 안건을 받아들이지 아니하기로 결정함
가중(加重)-경감(輕減)	가중	더 무겁게 함. 또는 더 무거워짐
	경감	덜어내어 가볍게 함
간섭(干涉)-방임(放任)	간섭	직접 관계가 없는 남의 일에 부당하게 참견함
	방임	돌보거나 간섭하지 않고 제멋대로 내버려 둠
감소(減少)-증가(增加)	감소	줄어서 적어짐. 또는 덜어서 적게 함
	증가	더하여 많아짐
감퇴(減退)-증진(增進)	감퇴	줄어서 쇠퇴함
	증진	더하여 나아감. 또는 나아가게 함
객관(客觀)-주관(主觀)	객관	인간의 생각 밖에 존재하며, 그 생각에 의존하지 않은 외부의 세계
	주관	자기대로의 생각, 개인적인 견해나 관점
격감(激減)-급증(急增)	격감	수량이 갑자기 줆
	급증	갑작스럽게 늘어남
곤란(困難)-용이(容易)	곤란	어떤 일을 하는 입장 · 상황 · 조건 등이 좋지 않아 어렵거나 까다로운 상태
	용이	어렵지 아니하고 아주 쉬움
기정(旣定)-미정(未定)	기정	이미 결정되어 있음
	미정	아직 정하지 못함
낙관(樂觀)-비관(悲觀)	낙관	인생을 즐겁게 여기거나 세상을 밝고 좋게 생각함. 또는 일이 잘될 것으로 봄
	비관	인생을 슬프게 보거나 세상을 어둡고 쓸쓸하게 생각함. 또는 일이 잘 안 될 것으로 봄

낙제(落第)–급제(及第)	낙제	시험에 떨어지는 것. 낙방(落榜)
	급제	시험이나 검사에 합격함
내용(內容)–형식(形式)	내용	사물의 속내나 실속
	형식	겉으로 드러나는 격식. 또는 내용을 담고 있는 틀
눌변(訥辯)–달변(達辯)	눌변	더듬거리는 서툰 말솜씨
	달변	능숙하여 막힘이 없는 말
능숙(能熟)–미숙(未熟)	능숙	능하고 익숙함
	미숙	일 따위에 익숙하지 못하여 서투름
막연(漠然)–명확(明確)	막연	뚜렷하지 못하고 어렴풋함
	명확	명백하고 확실함
물질(物質)–정신(精神)	물질	물건의 본바탕. 또는 재산이나 재물
	정신	마음이나 생각. 또는 영혼
배출(排出)–흡수(吸收)	배출	안에서 밖으로 밀어 내보냄
	흡수	빨아서 거두어들임
불법(不法)–합법(合法)	불법	법이나 도리 따위에 어긋남. 또는 법을 어김
	합법	법령 또는 법식에 맞음
쇄국(鎖國)–개국(開國)	쇄국	다른 나라와의 통상과 교역을 금지함
	개국	나라의 문호를 열어 다른 나라와 교류함
순행(循行)–역행(逆行)	순행	순로를 좇아 돌아봄. 또는 명령을 좇아 행함
	역행	거꾸로 나아감. 또는 순서를 바꾸어 행함
습득(拾得)–분실(紛失)	습득	물건을 주워서 얻음
	분실	자기도 모르는 사이에 물건을 잃어버림
승리(勝利)–패배(敗北)	승리	겨루어 이김
	패배	싸움에 져서 도망함
실제(實際)–가공(架空)	실제	사실의 경우나 형편
	가공	터무니없음. 또는 근거 없음
암시(暗示)–명시(明示)	암시	넌지시 깨우쳐 줌
	명시	분명히 드러내 보이거나 가리킴
연결(連結)–단절(斷絕)	연결	사물과 사물, 현상과 현상이 서로 이어지거나 관계를 맺음
	단절	유대나 연관 관계를 끊음
염세(厭世)–낙천(樂天)	염세	세상을 괴롭고 귀찮은 것으로 여겨 비관함
	낙천	세상과 인생을 즐겁고 좋은 것으로 여김
원인(原因)–결과(結果)	원인	어떤 일의 근본이 되는 까닭
	결과	어떤 원인으로 인하여 이루어진 결말
유보(留保)–결정(決定)	유보	어떤 일을 당장 처리하지 아니하고 나중으로 미루어 둠
	결정	행동이나 태도를 분명하게 정함. 또는 그렇게 정해진 내용

인위(人爲)-자연(自然)	인위	사람의 힘이나 능력으로 이루어지는 일
	자연	저절로 그렇게 되는 모양이나 사람의 힘을 더하지 않는 천연 그대로의 상태
임대(賃貸)-임차(賃借)	임대	돈을 받고 자기의 물건을 남에게 빌려줌
	임차	돈을 내고 남의 물건을 빌려 씀
자의(恣意)-타의(他意)	자의	제멋대로 하는 생각이나 방자한 마음씨
	타의	다른 생각이나 마음. 또는 다른 사람의 생각이나 의견
자유(自由)-속박(束縛)	자유	무엇에 얽매이지 아니하고 자기 마음대로 할 수 있는 상태
	속박	강압적으로 얽어매거나 제한함
적대(敵對)-우호(友好)	적대	마주 대하여 버팀. 또는 적으로 여김
	우호	벗으로 사귐 또는 국가나 개인 사이가 서로 좋음
중시(重視)-경시(輕視)	중시	가볍게 여길 수 없을 만큼 매우 크고 중요하게 여김
	경시	대수롭지 않게 보거나 업신여김
집중(集中)-분산(分散)	집중	어떤 일 · 현상 · 대상 등 한 곳이나 한정된 짧은 시간에 몰리거나 쏠리게 함
	분산	따로따로 흩어짐. 또는 따로따로 흩어지게 함
찰나(刹那)-영원(永遠)	찰나	매우 짧은 시간
	영원	어떤 상태가 끝없이 이어짐
퇴화(退化)-진화(進化)	퇴화	진보 이전의 상태로 되돌아감. 퇴행(退行)
	진화	진보(進步)하여 차차 더 나은 것이 됨
특수(特殊)-보편(普遍)	특수	특별히 다름
	보편	모든 것에 공통되거나 들어맞음
표면(表面)-이면(裏面)	표면	겉으로 나타나거나 눈에 띄는 부분
	이면	겉으로 나타나거나 눈에 보이지 않는 부분
허가(許可)-불가(不可)	허가	법률이 정한 범위에서 허락하는 일
	불가	어떤 일을 해서는 안되는 상태에 있는 것
호재(好材)-악재(惡材)	호재	증권 거래에서 시세 상승의 요인이 되는 재료
	악재	증권 거래에서 시세 하락의 원인이 되는 조건
후대(厚待)-냉대(冷待)	후대	아주 잘 대접함. 또는 그런 대접
	냉대	정성을 들이지 않고 아무렇게나 하는 대접

3) 다의어 : 두 가지 이상의 뜻을 가진 단어

걸다	1. 벽이나 못 따위에 어떤 물체를 떨어지지 않도록 매달아 올려놓다. 예 금메달을 목에 걸다. 2. 자물쇠, 문고리를 채우거나 빗장을 지르다. 예 대문에 빗장을 걸다. 3. 솥이나 냄비 따위를 이용할 수 있도록 준비하여 놓다. 예 아궁이에 냄비를 걸다. 4. 기계 따위가 작동하도록 준비하여 놓다. 혹은 작동되도록 하다. 예 전축에 음반을 걸다. / 차에 시동을 걸다. 5. 어느 단체에 속한다고 이름을 내세우다. 예 문단에 이름을 걸어 놓은 작가는 많지만 작품 활동을 하는 작가는 그렇게 많지 않다.
굳다	1. 무른 물질이 단단하게 되다. 예 떡이 굳어서 먹기 힘들어졌다. 2. 근육이나 뼈마디가 뻣뻣하게 되다. 예 퇴근할 때는 항상 어깨 근육이 굳어 있다. 3. 표정이나 태도 따위가 부드럽지 못하고 딱딱하여지다. 예 긴장이 돼서 면접관에게 굳은 표정으로 인사했다. 4. 몸에 배어 버릇이 되다. 예 굳어 버린 세 살 버릇을 고치기는 힘들다. 5. 돈이나 쌀 따위가 헤프게 없어지지 아니하고 자기의 것으로 계속 남게 되다. 예 교복을 물려 입어서 교복 살 돈이 굳었다.
그리다	1. 연필, 붓 따위로 어떤 사물의 모양을 그와 닮게 선이나 색으로 나타내다. 예 방학 숙제로 그림을 그렸다. 2. 생각, 현상 따위를 말이나 글, 음악 등으로 나타내다. 예 이 영화는 직장인의 애환을 그리고 있다. 3. 어떤 모양을 일정하게 나타내거나 어떤 표정을 짓다. 예 별똥별이 포물선을 그리며 떨어졌다. 4. 상상하거나 회상하다. 예 그녀는 할아버지와의 추억을 그리며 잠이 들었다.
나누다	1. 여러 가지가 섞인 것을 구분하여 분류하다. 예 선생님은 학생들을 청군과 백군으로 나누어 편을 갈랐다. 2. 몫을 분배하다. 예 이익금을 모두에게 공정하게 나누어야 불만이 생기지 않는다. 3. 음식 따위를 함께 먹거나 갈라 먹다. 예 나는 그녀와 술을 한잔 나누면서 여러 가지 이야기를 했다. 4. 말이나 이야기, 인사 따위를 주고받다. 예 두 사람이 서로 인사를 나누다. 5. 즐거움이나 고통, 고생 따위를 함께하다. 예 고통은 주위 사람과 나누면 작아지고, 즐거움은 나누면 커진다고 한다. 6. 같은 핏줄을 타고나다. 예 나는 그와 피를 나눈 형제이다.

날리다	1. 공중에 띄워서 어떤 위치에서 다른 위치로 움직이게 하다. 예 아이들은 종이비행기를 하늘로 날리며 놀았다. 2. 어떤 물체가 바람에 나부끼어 움직이게 하다. 예 그녀는 외투 자락을 날리면서 재빠르게 달려왔다. 3. 명성을 떨치다. 예 그녀는 1960년대에 명성을 날리던 영화배우였다. 4. 가지고 있던 재산이나 자료 따위를 잘못하여 모두 잃거나 없애다. 예 노름으로 사업 밑천을 날리다. 5. 아이를 잃다. 예 이름 모를 병으로 아이를 날리고 슬픈 얼굴로 돌아온 사람들도 있었다. 6. 정성을 들이지 아니하고 일을 대강대강 아무렇게나 하다. 예 만일 이 일을 날려 한다면 월급을 받지 못할 것이다. 7. 웃음을 띠다. 예 그녀는 눈에 웃음을 방긋이 날렸다.
당기다	1. 좋아하는 마음이 일어나 저절로 끌리다. 예 마음이 당겨 그를 따라갔다. 2. 입맛이 돋우어지다. 예 가을은 입맛이 당기는 계절이다. 3. 물건 따위를 힘을 주어 자기 쪽이나 일정한 방향으로 가까이 오게 하다. 예 문을 너무 세게 당겨 다칠 뻔했다. 4. 정한 시간이나 기일을 앞으로 옮기거나 줄이다. 예 장마 때문에 공사 기간을 당겨 일찍 공사를 끝내기로 결정했다.
듣다	1. 사람이나 동물이 소리를 감각 기관을 통해 알아차리다. 예 당신의 목소리를 듣고 싶습니다. 2. 다른 사람의 말이나 소리에 스스로 귀 기울이다. 예 정치인은 국민의 소리를 들을 줄 알아야 한다. 3. 다른 사람의 말을 받아들여 그렇게 하다. 예 학교에 가면 선생님 말씀을 잘 들어라. 4. 기계, 장치 따위가 정상적으로 움직이다. 예 운전 중에 브레이크가 말을 듣지 않아 사고가 날 뻔했다. 5. 어떤 것을 무엇으로 이해하거나 받아들이다. 예 그는 고지식해서 농담까지도 진담으로 듣는다. 6. 주로 약 따위가 효험을 나타내다. 예 두통에 잘 듣는 약
띠다	1. 물건을 몸에 지니다. 예 추천서를 띠고 회사를 찾아가도록 해라. 2. 용무나 직책, 사명 따위를 지니다. 예 중요한 임무를 띠고 있는 그의 행보에 눈길이 간다. 3. 빛깔이나 색채 따위를 가지다. 예 사과가 홍조를 띠면서 굵어질 채비를 하고 있다. 4. 감정이나 기운 따위를 나타내다. 예 그의 얼굴은 미소를 띠고 있었다. 5. 어떤 성질을 가지다. 예 그 모임은 정치적 성격을 띠고 있다.

맵다	1. 고추나 겨자와 같이 맛이 알알하다. 예 라면이 맵다. 2. 성미가 사납고 독하다. 예 어머니는 매운 시집살이를 하셨다. 3. 날씨가 매우 춥다. 예 겨울바람이 맵고 싸늘하게 불어왔다. 4. 연기 따위가 눈이나 코를 아리게 하다. 예 연기 때문에 눈이 매웠다. 5. 결기가 있고 야무지다. 예 그녀는 하는 일마다 맵게 잘 처리한다.
밀다	1. 일정한 방향으로 움직이도록 반대쪽에서 힘을 가하다. 예 수레를 뒤에서 밀다. 2. 나무 따위의 거친 표면을 반반하고 매끄럽게 깎다. 예 대패로 통나무를 밀다. 3. 허물어 옮기거나 깎아 없애다. 예 불도저로 야산을 밀다. 4. 뒤에서 보살피고 도와주다. 예 아무래도 누군가 그를 밀고 있다. 5. 바닥이 반반해지도록 연장을 누르면서 문지르다. 예 구겨진 바지를 다리미로 한 번 밀어라. 6. 눌러서 얇게 펴다. 예 밀가루 반죽을 밀개로 밀었다.
바르다	1. 풀칠한 종이나 헝겊 따위를 다른 물건의 표면에 고루 붙이다. 예 이참에 벽지를 새로 바르자. 2. 차지게 이긴 흙 따위를 다른 물체의 표면에 고르게 덧붙이다. 예 벽에 흙을 발랐다. 3. 물이나 풀, 약, 화장품 따위를 물체의 표면에 문질러 묻히다. 예 약을 바르지 않으면 상처가 덧날 수도 있다.
쌓다	1. 물건을 차곡차곡 포개어 얹어서 구조물을 이루다. 예 장작을 쌓아 불을 붙였다. 2. 밑바탕을 닦아서 든든하게 마련하다. 예 책을 쓰기 위해서는 학문의 기초부터 쌓아야 한다. 3. 경험, 기술, 업적, 지식 따위를 거듭 익혀 많이 이루다. 예 그는 경험을 쌓기 위해 떠났다. 4. 재산, 명예 또는 불명예, 신뢰 또는 불신 따위를 많이 얻거나 가지다. 예 약속을 어기지 않아야 신뢰를 쌓을 수 있다.
쏘다	1. 활이나 총, 대포 따위를 일정한 목표를 향해 발사하다. 예 과녁을 향해 화살을 정확하게 쏘다. 2. 말이나 시선으로 상대편을 매섭게 공격하다. 예 예의없는 그에게 따끔한 말을 한마디 쏘아 주었다. 3. 벌레가 침과 같은 것으로 살을 찌르다. 예 벌이 손등을 쏘아 퉁퉁 부었다. 4. 매운맛이나 강한 냄새가 사람의 입 안이나 코를 강하게 자극하다. 예 톡 쏘는 양파 냄새에 눈이 시큰거린다.

쓰다	1. 어떤 일을 하는 데에 재료나 도구, 수단을 이용하다. 예 빨래하는 데 세제를 많이 쓴다고 빨래가 깨끗하게 되는 것은 아니다. 2. 어떤 일에 마음이나 관심을 기울이다. 예 정말 괜찮으니까 그 일에 신경 쓰지 마. 3. 어떤 일을 하는 데 시간이나 돈을 들이다. 예 아르바이트에 시간을 많이 써서 공부할 시간이 없다. 4. 힘이나 노력 따위를 들이다. 예 아이에게 애를 쓴 보람도 없이 아이는 결국 나쁜 길로 들어서고 말았다. 5. 붓, 펜과 같은 도구로 종이 따위에 획을 그어서 일정한 글자가 이루어지게 하다. 예 오늘 배운 데까지 공책에 두 번 써 오는 게 숙제다. 6. 모자 따위를 머리에 얹어 덮다. 예 머리에 가발을 쓰다.
열다	1. 닫히거나 잠긴 것을 트거나 벗기다. 예 문을 열다. 2. 모임이나 회의 따위를 시작하다. 예 국회를 열다. 3. 사업이나 경영 따위의 운영을 시작하다. 예 형은 집에서 가까운 네거리에 가게를 열었다. 4. 새로운 기틀을 마련하다. 예 이 땅에 새 시대를 열다. 5. 어떤 관계를 맺다. 예 두 나라가 경제적인 협력을 위하여 국교를 열었다. 6. 자기의 마음을 다른 사람에게 터놓거나 다른 사람의 마음을 받아들이다. 예 그는 결국에는 굳게 닫혔던 마음을 열었다. 7. ('입'을 목적어로 하여) 다른 사람에게 어떤 일에 대하여 터놓거나 이야기를 시작하다. 예 용의자는 마침내 형사에게 입을 열었다.
울다	1. 기쁨, 슬픔 따위의 감정을 억누르지 못하거나 아픔을 참지 못하여 눈물을 흘리다. 또는 그렇게 눈물을 흘리면서 소리를 내다. 예 그는 서러운 마음이 들어 슬피 울었다. 2. 짐승, 벌레, 바람 따위가 소리를 내다. 예 첫닭이 울었다. 3. 물체가 바람 따위에 흔들리거나 움직여 소리가 나다. 예 전깃줄이 바람에 운다. 4. 종이나 천둥, 벨 따위가 소리를 내다. 예 천둥이 우는 소리에 잠에서 깼다.
지내다	1. 사람이 어떤 장소에서 생활을 하면서 시간이 지나가는 상태가 되게 하다. 예 그동안 어떻게 지내셨습니까? 2. 서로 사귀어 오다. 예 우리 부부는 행복하게 지낸답니다. 3. 과거에 어떤 직책을 맡아 일하다. 예 그는 장관을 지낸 사람이다. 4. 혼인이나 제사 따위의 관혼상제 같은 어떤 의식을 치르다. 예 제사를 지내다. 5. 계절, 절기, 방학, 휴가 따위의 일정한 시간을 보내다. 예 아이들은 시골집에서 여름 방학을 지냈다.

취하다	1. 자기 것으로 만들어 가지다. 예 그는 휴가를 떠나 휴식을 취했다. 2. 어떤 일에 대한 방책으로 어떤 행동을 하거나 일정한 태도를 가지다. 예 선생님은 나에 대하여 쭉 관망하는 태도를 취해 왔다. 3. 어떤 특정한 자세를 취하다 예 나는 사진을 찍기 위해 여러 가지 자세를 취하고 있었다.
파다	1. 구멍이나 구덩이를 만들다. 예 땅을 파다. 2. 그림이나 글씨를 새기다. 예 그는 도장을 파는 것이 직업이다. 3. 천이나 종이 따위의 한 부분을 도려내다. 예 목둘레선을 깊이 파서 목 부분이 허전하다. 4. 어떤 것을 알아내거나 밝히기 위하여 몹시 노력하다. 예 사건의 진상을 파다. 5. 전력을 기울이다. 예 그는 지금까지 자기 전공 분야만을 파서 다른 분야에 대해선 거의 아는 것이 없다. 6. 문서나 서류 따위에서 어떤 부분을 삭제하다. 예 호적을 파다.
하다	1. 사람이나 동물, 물체 따위가 행동이나 작용을 이루다. 예 사람은 생각을 하고 말을 하고 사랑을 하는 존재다. 2. 장신구나 옷 따위를 갖추거나 차려입다. 예 목걸이를 하다. / 가면을 하다. 3. 어떠한 결과를 이루어 내다. 예 반에서 일등을 하다. / 장원 급제를 하다. 4. 값이 어느 정도에 이르다. 예 이 가방은 얼마나 해요? 5. 어떤 일을 그렇게 정하다. 예 우리는 그곳에서 다시 만나기로 하고 헤어졌다. 6. 생각하거나 추측하다. 예 알아서 하겠거니 했다가 낭패를 보는 경우가 있다. 7. 음식물 따위를 먹거나 마시거나 담배 따위를 피우다. 예 커피 한잔 하실래요? / 그는 술을 좀 한다.

예제 2

다음 중 연결된 어휘의 관계가 다른 하나를 고르면?

① 숙명(宿命) – 운명(運命)
② 제압(制壓) – 압도(壓倒)
③ 격려(激勵) – 고무(鼓舞)
④ 중시(重視) – 경시(輕視)

해설

①~③은 유의어 관계인 반면, ④ '중시(重視) – 경시(輕視)'는 반의어 관계이다.

정답 ④

예제 3

다음 밑줄 친 어휘 중 제시문에서 설명하지 않은 것은?

> 쓰다³「동사」
>
> 1. 【…에 …을】
> 「1」 어떤 일을 하는 데에 재료나 도구, 수단을 이용하다.
> 「2」【…을 …으로】 사람에게 어떤 일을 하게 하다.
>
> 2. 【…에/에게 …을】
> 「1」 (흔히, '한턱', '턱' 따위와 함께 쓰여) 다른 사람에게 베풀거나 내다.
> 「2」 어떤 일에 마음이나 관심을 기울이다.
> 「3」 합당치 못한 일을 강하게 요구하다.
> 「4」【…을 …으로】 어떤 일을 하는 데 시간이나 돈을 들이다.
> 「5」【－려고/－기 위하여】 힘이나 노력 따위를 들이다.
>
> 3. 【…을】
> 「1」 몸의 일부분을 제대로 놀리거나 움직이다.
> 「2」【…을 …으로】 어떤 건물이나 장소를 일정 기간 사용하거나 임시로 다른 일을 하는 곳으로 이용하다.
> 「3」【…에/에게 …을】【…을 …으로】 어떤 말이나 언어를 사용하다.
>
> 4. ('－아서 / －면 쓰－' 구성으로 쓰여) (주로 반어적인 표현에 쓰여)
> 「1」 도리에 맞는 바른 상태가 되다.

① 마음의 병에는 쓸 약도 없다.
② 나 정말 괜찮으니까 그 일에 신경 쓰지 마.
③ 광부들이 온몸에 석탄가루를 까맣게 쓰고 일을 한다.
④ 우리 집 창고를 공장으로 쓰겠다고 해서 세를 주었다.

해설

③ '…… 쓰고 …… '는 '먼지나 가루 따위를 몸이나 물체 따위에 덮은 상태가 되다'라는 의미이다. 따라서 제시문에서 설명하고 있는 '쓰다'의 다의어에 해당하지 않는다.
① 1. 「1」 어떤 일을 하는 데에 재료나 도구, 수단을 이용하다.
② 2. 「2」 어떤 일에 마음이나 관심을 기울이다.
④ 3. 「2」 어떤 건물이나 장소를 일정 기간 사용하거나 임시로 다른 일을 하는 곳으로 이용하다.

정답 ③

③ 혼동하기 쉬운 어휘

1) 기본 어휘

1	가늠/ 가름/ 갈음	가늠	사물을 어림잡아 헤아림 예 가늠이 안 되는 높이
		가름	1. 쪼개거나 나누어 따로따로 되게 함 예 편을 가름 2. 승부나 등수 따위를 정함 예 승패의 가름은 가위바위보로 하자.
		갈음	다른 것으로 바꾸어 대신함 예 제 소개는 춤으로 갈음하겠습니다.
2	갱신/ 경신	갱신(更新)	이미 있던 것을 고쳐 새롭게 함(계약, 기간, 서류 · 문서, 증명서, 컴퓨터 등 관련) 예 여권 갱신을 받다.
		경신(更新)	이미 있던 것을 고쳐 새롭게 함(기록, 실적, 수치 등 관련) 예 세계 기록을 경신하다.
3	껍질/ 껍데기	껍질	물체의 겉을 싸고 있는 단단하지 않은 물질 예 양파의 껍질을 벗기다.
		껍데기	1. 달걀이나 조개 따위의 겉을 싸고 있는 단단한 물질 예 바위에 굴 껍데기가 달라붙어 있다. 2. 알맹이를 빼내고 겉에 남은 물건 예 베개 껍데기를 벗겼다.
4	결재/ 결제	결재(決裁)	결정할 권한이 있는 상관이 부하가 제출한 안건을 검토하여 허가하거나 승인함 예 결재 서류
		결제(決濟)	증권 또는 대금을 주고받아 매매 당사자 사이의 거래 관계를 끝맺는 일 예 결제 자금
5	고안/ 착안	고안(考案)	연구하여 새로운 안을 생각해 냄 예 신제품 고안
		착안(着眼)	어떤 일을 주의하여 봄. 또는 어떤 문제를 해결하기 위한 실마리를 잡음 예 착안 사항
6	곤욕/ 곤혹	곤욕(困辱)	심한 모욕 또는 참기 힘든 일 예 구설수로 곤욕을 치르다.
		곤혹(困惑)	곤란한 일을 당하여 어찌할 바를 모름 예 갑작스런 질문에 곤혹을 느끼다.
7	금일/ 익일	금일(今日)	오늘 예 금일 중으로 방문해야 한다.
		익일(翌日)	어느 날 뒤에 오는 날 예 익일 오전에 만나자.
8	너비/ 넓이	너비	평면이나 넓은 물체의 가로로 건너지른 거리(폭) 예 도로의 너비를 재다.
		넓이	일정한 평면에 걸쳐 있는 공간이나 범위의 크기(면적) 예 땅의 넓이가 넓다.

9	독선/ 독단	독선(獨善)	자기 혼자만이 옳다고 믿고 행동하는 일 예 독선에 빠지다.
		독단(獨斷)	남과 상의하지 않고 혼자서 판단하거나 결정함 예 독단으로 일을 처리하다.
10	동의/ 동조	동의(同意)	다른 사람의 행위를 승인하거나 시인함 예 동의를 구하다.
		동조(同調)	남의 주장에 자기의 의견을 일치시키거나 보조를 맞춤 예 그녀는 그의 말에 동조하는 듯했다.
11	막역/ 막연	막역(莫逆)	'허물이 없이 아주 친하다'의 어근 예 막역한 친구
		막연(漠然)	'갈피를 잡을 수 없게 아득하다' 또는 '뚜렷하지 못하고 어렴풋하다'의 어근 예 막연한 기대
12	반드시/ 반듯이	반드시	틀림없이 꼭 예 약속은 반드시 지켜라.
		반듯이	기울거나 굽지 않고 바르게 예 고개를 반듯이 들어라.
13	반증/ 방증	반증(反證)	어떤 사실이나 주장이 옳지 않음을 그에 반대되는 근거를 들어 증명함 예 그의 주장에 반증을 대기가 어렵다
		방증(傍證)	직접적인 증거가 되지는 않지만, 간접적으로 증명에 도움을 줌 예 방증 자료
14	불가피/ 불가결	불가피 (不可避)	피할 수 없음 예 정치의 개혁이 불가피하다.
		불가결 (不可缺)	없어서는 안 됨 예 그 조건은 필수 불가결이다.
15	상승/ 향상	상승 (上昇/上升)	낮은 데서 위로 올라감 예 신분 상승
		향상(向上)	실력, 수준, 기술 따위가 나아짐. 또는 나아지게 함 예 생활 수준 향상
16	수리/ 수선	수리(修理)	도구, 공구, 기구 등으로 고치는 것 예 자전거를 수리하다.
		수선(修繕)	실과 바늘 따위로 고치는 것 예 옷을 수선하다.
17	실용성/ 실효성	실용성 (實用性)	실제적인 쓸모가 있는 성질이나 특성 예 예쁘지만 실용성이 떨어진다.
		실효성 (實效性)	실제로 효과를 나타내는 성질 예 실효성 있는 대책
18	실재/ 실제	실재(實在)	실제로 존재함 예 실재의 인물
		실제(實際)	사실의 경우나 형편 예 실제 상황

19	안갚음/ 앙갚음	안갚음	자식이 커서 부모를 봉양하는 일 예 이제는 안갚음을 할 나이가 되었다.
		앙갚음	남이 저에게 해를 준 대로 저도 그에게 해를 줌 예 내가 당한 수모를 앙갚음할 날이 와야 하는데.
20	운영/ 운용	운영(運營)	(경영) 1. 조직이나 기구, 사업체 따위를 운용하고 경영함 예 조직 운영에 대한 책임을 지다. 2. 어떤 대상을 관리하고 운용하여 나감 예 대학의 학사 운영
		운용(運用)	(사용) 무엇을 움직이게 하거나 부리어 씀 예 법의 운용을 멋대로 하다.
21	임대/ 임차	임대(賃貸)	돈을 받고 자기의 물건을 남에게 빌려줌 예 임대 아파트
		임차(賃借)	돈을 내고 남의 물건을 빌려 씀 예 사무실을 임차하였다.
22	증가/ 증감	증가(增加)	양이나 수치가 늚 예 운전자가 증가했다.
		증감(增減)	많아지거나 적어짐 예 세액의 증감
23	증강/ 증진	증강(增強)	수나 양을 늘리어 더 강하게 함 예 국력의 증강에 힘쓰다.
		증진(增進)	기운이나 세력 따위가 점점 더 늘어 가고 나아감 예 식욕 증진
24	지그시/ 지긋이	지그시	슬며시 힘을 주는 모양 예 지그시 밟다.
		지긋이	나이가 비교적 많아 듬직하게 예 그는 나이가 지긋이 들어 보인다.
25	지양/ 지향	지양(止揚)	더 높은 단계로 오르기 위하여 어떠한 것을 하지 아니함 예 갈등을 지양하다.
		지향(志向)	어떤 목표로 뜻이 쏠리어 향함. 또는 그 방향이나 그쪽으로 쏠리는 의지 예 평화를 지향하다.
26	–째/ 채/ 체	–째	'그대로' 또는 '전부'의 뜻을 더하는 접미사 예 껍질째 먹어라.
		채	'이미 있는 상태 그대로 있다'는 뜻을 나타내는 말 예 앉은 채로 잠들다.
		체	그럴듯하게 꾸미는 거짓 태도나 모양 예 그는 모르는 체를 했다.
27	출연/ 출현	출연(出演)	연기, 공연, 연설 따위를 하기 위하여 무대나 연단에 나감 예 신인 배우를 출연시키다.
		출현(出現)	나타나거나 또는 나타나서 보임 예 문명의 출현

28	한참/ 한창	한참	시간이 상당히 지나는 동안 예 한참 동안 기다리다.
		한창	어떤 일이 가장 활기 있고 왕성하게 일어나는 때. 또는 어떤 상태가 가장 무르익은 때 예 축제가 한창인 대학가
29	혼돈/ 혼동	혼돈(混沌)	마구 뒤섞여 있어 갈피를 잡을 수 없음. 또는 그런 상태 예 외래문화의 무분별한 수입은 가치관의 혼돈을 초래했다.
		혼동(混同)	구별하지 못하고 뒤섞어서 생각함 예 그는 현실과 꿈 사이에서 혼동을 일으켰다.
30	홀몸/ 홑몸	홀몸	배우자나 형제가 없는 사람 예 그는 홀몸이 되었다.
		홑몸	아이를 배지 아니한 몸 예 홑몸이 아니다.

2) 심화 어휘

1	가르치다/ 가리키다	가르치다	지식이나 기능, 이치 따위를 깨닫게 하거나 익히게 하다. 예 저는 지금 학교에서 학생들을 가르치고 있습니다.
		가리키다	손가락 따위로 어떤 방향이나 대상을 집어서 보이거나 말하거나 알리다. 예 시곗바늘이 오후 네 시를 가리키고 있었다.
2	거치다/ 걷히다	거치다	1. 무엇에 걸리거나 막히다. 예 칡덩굴이 발에 거치다. 2. 오가는 도중에 어디를 지나거나 들르다. 예 대구를 거쳐 부산으로 가다. 3. 어떤 과정이나 단계를 겪거나 밟다. 예 학생들은 초등학교부터 중학교, 고등학교를 거쳐 대학에 입학하게 된다.
		걷히다	1. 구름이나 안개 따위가 흩어져 없어지다. / 비가 그치고 맑게 개다. 예 안개가 걷히다. / 장마가 걷힌 뒤 갑자기 쌀쌀해졌다. 2. 늘어진 것이 말아 올려지다. / 널거나 깐 것이 다른 곳으로 치워지다. 예 그물이 걷히다. / 이불이 걷히다. 3. 여러 사람에게서 돈이나 물건 따위가 거두어지다. 예 세금이 잘 걷힌다.
3	걷잡다/ 겉잡다	걷잡다	1. 한 방향으로 치우쳐 흘러가는 형세 따위를 붙들어 잡다. 예 불길이 걷잡을 수 없이 번져 나갔다. 2. 마음을 진정하거나 억제하다. 예 걷잡을 수 없이 흐르는 눈물
		겉잡다	겉으로 보고 대강 짐작하여 헤아림 예 겉잡아서 한 달은 걸릴 일
4	그러므로/ 그럼으로(써)	그러므로	(이유, 원인) '그렇기 때문에, ~한 까닭에'의 의미를 갖는 접속 부사 예 그는 부지런하다. 그러므로 잘 산다.
		그럼으로(써)	(수단) '~을 가지고, ~을 통해서, ~을 이용하여' 등의 의미를 가짐 예 그는 열심히 일한다. 그럼으로써 삶에 보람을 느낀다.

5	느리다/ 늘이다/ 늘리다	느리다	속도가 빠르지 못하다. 예 진도가 느리다.
		늘이다	1. 본디보다 더 길어지게 하다. 예 고무줄을 늘이다. 2. 아래로 길게 처지게 하다. 예 거미줄같이 늘여진 밧줄 3. 넓게 벌여 놓다. 예 경계망을 늘였다.
		늘리다	'물체의 넓이, 부피 따위를 본디보다 커지게 하다'는 뜻으로, '늘다'의 사동사 예 그 배역을 맡기 위해 체중을 30kg이나 늘렸다.
6	다리다/ 달이다	다리다	다리미나 인두로 문지르다. 예 다리지 않은 와이셔츠라 온통 구김살이 가 있다.
		달이다	1. 액체 따위를 끓여서 진하게 만들다. 예 간장을 달이다. 2. 약제 따위에 물을 부어 우러나도록 끓이다. 예 보약을 달이다.
7	들르다/ 들리다	들르다	지나는 길에 잠깐 들어가 머무름 예 친구 집에 들르다.
		들리다	'사람이나 동물이 소리를 감각 기관을 통해 알아차리다'의 피동사 예 노래 소리가 들린다.
8	맞추다/ 맞히다	맞추다	1. 둘 이상의 일정한 대상들을 나란히 놓고 비교하여 살피다. 예 시험이 끝나면 학생들은 서로 답을 맞추어 보았다. 2. 서로 떨어져 있는 부분을 제자리에 맞게 대어 붙이다. 예 깨진 조각을 본체와 맞추어 붙이다. 3. 어떤 기준이나 정도에 어긋나지 아니하게 하다. 예 시간에 맞추어 전화를 하다.
		맞히다	'문제에 대한 답을 틀리지 않게 하다'는 뜻으로, '맞다'의 사동사 예 정답을 맞히다.
9	바치다/ 받치다/ 받히다/ 밭치다	바치다	1. 신이나 웃어른에게 정중하게 드리거나 아낌없이 내놓다. 예 신에게 제물을 바쳤다. 2. 반드시 내거나 물어야 할 돈을 가져다주다. 예 관청에 세금을 바치다.
		받치다	1. 물건의 밑이나 옆 따위에 다른 물체를 대다. 예 쟁반에 커피를 받치고 조심조심 걷다. 2. 화 따위의 심리적 작용이 강하게 일어나다. 예 그녀는 감정이 받쳐서 끝내는 울음을 터뜨렸다. 3. 먹은 것이 잘 소화되지 않고 위로 치밀다. 예 아침에 먹은 것이 자꾸 받쳐서 점심을 굶었다. 4. 단단한 곳에 닿아 몸의 일부분이 아프게 느껴지다. 예 맨바닥에서 잠을 자서 등이 받친다.
		받히다	'머리나 뿔 따위에 세차게 부딪히다'는 뜻으로, '받다'의 피동사 예 신호를 무시하고 달려오는 승용차에 받혀 크게 다쳤다.
		밭치다	구멍이 뚫린 물건 위에 국수나 야채 따위를 올려 물기를 빼다. 예 잘 삶은 국수를 찬물에 헹군 후 체에 밭쳐 놓았다.

<table>
<tr><td rowspan="2">10</td><td rowspan="2">벌리다/
벌이다</td><td>벌리다</td><td>둘 사이를 넓히거나 멀게 함
예 줄 간격을 벌리다.</td></tr>
<tr><td>벌이다</td><td>일을 계획하여 시작하거나 펼쳐 놓음
예 잔치를 벌이다.</td></tr>
<tr><td rowspan="2">11</td><td rowspan="2">부치다/
붙이다</td><td>부치다</td><td>1. 모자라거나 미치지 못하다.
예 그 일은 힘에 부친다.
2. 편지나 물건 따위를 상대에게로 보내다.
예 아들에게 학비와 용돈을 부치다.
3. 어떤 문제를 다른 곳이나 다른 기회로 넘기어 맡기다.
예 안건을 회의에 부치다.
4. 어떤 일을 거론하거나 문제 삼지 않는 상태에 있게 하다.
예 회의 내용을 극비에 부치다.
5. 원고를 인쇄에 넘기다.
예 접수된 원고를 편집하여 인쇄에 부쳤다.
6. 먹고 자는 일을 제집이 아닌 다른 곳에서 하다.
예 삼촌 집에 숙식을 부치다.
7. 논밭을 이용하여 농사를 짓다.
예 남의 논을 부친다.
8. 번철이나 프라이팬 따위에 기름을 바르고 빈대떡, 저냐, 전병(煎餠) 따위의 음식을 익혀서 만들다.
예 빈대떡을 부친다.
9. 부채 따위를 흔들어서 바람을 일으키다.
예 부채를 부치다.</td></tr>
<tr><td>붙이다</td><td>1. 맞닿아 떨어지지 않게 하다.
예 봉투에 우표를 붙이다.
2. 불을 일으켜 타게 하다.
예 연탄에 불을 붙이다.
3. 조건, 이유, 구실 따위를 딸리게 하다.
예 계약에 조건을 붙이다.
4. 식물이 뿌리를 내리게 하다.
예 땅에 뿌리를 붙이다.
5. 내기를 하는 데 돈을 태워 놓다.
예 내기에 1000원을 붙이다.
6. 물체와 물체 또는 사람을 서로 바짝 가깝게 하다.
예 땅에 발을 붙이고 서 있었다.
7. 어떤 감정이나 감각을 생기게 하다.
예 공부에 흥미를 붙이다.
8. 목숨이나 생명 따위를 끊어지지 않게 하다.
예 하루하루 목숨을 붙이고 산다는 것
9. 겨루는 일 따위를 서로 어울려 시작하게 하다.
예 주인과 손님을 흥정을 붙이다.</td></tr>
<tr><td>12</td><td>붇다/
붓다</td><td>붇다</td><td>1. 물에 젖어서 부피가 커지다.
예 오래되어 불은 국수는 맛이 없다.
2. 분량이나 수효가 많아지다.
예 체중이 붇다.</td></tr>
</table>

12	붇다/ 붓다	붓다	1. 살가죽이나 어떤 기관이 부풀어 오르다. 예 울어서 눈이 붓다. 2. 성이 나서 뾰로통해지다. 예 화가 나서 잔뜩 부어 있었다. 3. 액체나 가루 따위를 다른 곳에 담다. 예 어머니는 냄비에 물을 붓고 끓였다.
13	불구하다/ 불고하다	불구(不拘) 하다	'~에도, ~음에도 불구하고' 구성으로 쓰여, 얽매여 거리끼지 아니하다. 예 몸살에도 불구하고 출근하다.
		불고(不顧) 하다	돌아보지 않다. / 돌보지 않다. 예 체면을 불고하다. / 처자식을 불고하다.
14	비추다/ 비치다	비추다	1. (타동사) 빛을 내는 대상이 다른 대상에 빛을 보내어 밝게 하다. 예 손전등을 방 안에 비추다. 2. (타동사) 빛을 반사하는 물체에 어떤 물체의 모습이 나타나게 하다. 예 거울에 얼굴을 비추다. 3. '~에 비추어' 형태로 쓰여, 어떤 것과 관련하여 견주어 보다. 예 내 경험에 비추어 볼 때 이 사업은 성공하기가 어렵다.
		비치다	1. 빛이 나서 환하게 되다. 예 어둠 속에 달빛이 비치다. 2. 무엇으로 보이거나 인식되다. 예 내 눈에는 그의 행동이 상사에 대한 아부로 비쳤다. 3. 의향을 떠보려고 슬쩍 말을 꺼내거나 의사를 넌지시 깨우쳐 주다. 예 그는 이번 선거에 출마할 의향을 어느 정도 비쳤다.
15	삭이다/ 삭히다	삭이다	1. 긴장이나 화를 풀어 마음을 가라앉히다. 예 분을 삭이다. 2. 먹은 음식물을 소화시키다. 예 돌도 삭일 나이에 그렇게 소화를 못 시켜서 어떻게 하냐.
		삭히다	김치나 젓갈 따위의 음식물을 발효시켜 맛이 들게 하다. 예 멸치젓을 삭히다.
16	안치다/ 앉히다	안치다	1. 밥, 떡, 찌개 따위를 만들기 위하여 그 재료를 솥이나 냄비 따위에 넣고 불 위에 올리다. 예 솥에 쌀을 안치러 부엌으로 갔다. 2. 어려운 일이 앞에 밀리다. 예 당장 눈앞에 안친 일이 많아 어찌할 바를 모르겠다. 3. 앞으로 와 닥치다. 예 언덕에 오르니 전경이 눈에 안쳐 왔다.
		앉히다	1. '앉다'의 사동사 예 그는 딸을 앞에 앉혀 놓고 잘못을 타일렀다. 2. 어떤 직위나 자리를 차지하게 하다. 예 사장이 자기 아들을 부장 자리에 앉혔다. 3. 무엇을 올려놓거나 설치하다. 예 사장은 새로운 기계를 공장에 앉혔다. 4. 문서에 어떤 줄거리를 따로 적어 놓다. 예 그는 책을 읽다가 중요한 것을 여백에 앉히는 습관이 있다. 5. 어떤 일에 적극적으로 나서지 않게 하고 수수방관하게 하다. 예 다 큰 아들을 가만히 앉혀 놓고 늙은 부모가 생계를 맡고 있다.

17	여위다/ 여의다	여위다	몸의 살이 빠져 파리하게 되다. 예 얼굴은 홀쭉하게 여위고 두 눈은 퀭하였다.
		여의다	1. 부모나 사랑하는 사람이 죽어서 이별하다. 예 그는 일찍이 부모를 여의고 고아로 자랐다. 2. 딸을 시집보내다. 예 중매쟁이를 통해 막내딸을 여의다.
18	이따가/ 있다가	이따	(부사) 조금 지난 뒤에 예 이따가 단둘이 있을 때 얘기하자.
		있다	(동사) 어느 곳에서 떠나거나 벗어나지 아니하고 머물다. 예 그는 내일 집에 있는다고 했다.
19	저리다/ 절이다	저리다	1. 가슴이나 마음 따위가 못 견딜 정도로 아프다. 예 그리움으로 가슴이 저리다. 2. 뼈마디나 몸의 일부가 오래 눌려서 피가 잘 통하지 못하다. 예 다친 다리가 저리다.
		절이다	'생선이나 야채 따위를 소금에 간이 들거나 숨이 죽도록 소금기가 배어들게 하다'는 뜻으로, '절다'의 사동사 예 갈치를 사다가 소금에 절였다.
20	조리다/ 졸이다	조리다	1. 양념을 한 고기나 생선, 채소 따위를 국물에 넣고 바짝 끓여서 양념이 배어들게 하다. 예 멸치와 고추를 간장에 조렸다. 2. 식물의 열매나 뿌리, 줄기 따위를 꿀이나 설탕물 따위에 넣고 계속 끓여서 단맛이 배어들게 하다. 예 토마토를 설탕에 조려 냉장고에 넣어 두었다.
		졸이다	1. '찌개, 국, 한약 따위의 물을 증발시켜 분량을 적어지게 하다'는 뜻으로, '졸다'의 사동사 예 찌개를 졸이다. 2. 속을 태우다시피 초조해하다. 예 가슴을 졸이다.
21	좇다/ 쫓다	좇다	목표 · 이상 · 행복 따위를 추구함 예 이상을 좇는 젊은이
		쫓다	어떤 대상을 잡거나 만나기 위하여 뒤를 급히 따름 예 그의 뒤를 쫓아 건물로 들어갔다.
22	주리다/ 줄이다	주리다	먹을 만큼 먹지 못하여 배곯다. 예 여러 날을 주렸다.
		줄이다	'수 · 분량, 규모 · 크기, 시간 · 기간 등을 본디보다 작게 하다'는 뜻으로, '줄다'의 사동사 예 비용을 줄이다.
23	-(으)러/ -(으)려	-(으)러	목적 예 친구를 만나러 간다.
		-(으)려	의도 예 친구를 만나려(고) 한다.
24	-(으)로서/ -(으)로써	-(으)로서	1. 자격 · 지위 · 신분 예 자식으로서 마땅히 할 일 2. 어떤 동작이 일어나거나 시작되는 곳 예 이 문제는 너로서 시작되었다.

24	-(으)로서/ -(으)로써	-(으)로써	1. 재료 · 원료, 도구 · 수단 예 말로써 천 냥 빚을 갚는다고 한다. 2. 시간을 셈하거나 어떤 일의 기준이 되는 시간임을 나타냄 예 시험을 치는 것이 이로써 세 번째입니다.
25	-(으)므로/ (-ㅁ, -음) 으로(써)	-(으)므로	까닭이나 근거를 나타내는 어미 예 비가 오므로 외출하지 않았다.
		(-ㅁ, -음) 으로(써)	어떤 일의 이유를 나타내는 조사 예 인솔자의 안내를 따르지 않음으로써 발생하는 문제는 책임지지 않습니다.

예제 4

다음 밑줄 친 어휘의 쓰임이 적절하지 않은 것을 고르면?

① 김장용 배추를 사다 소금물에 **절여** 두었다.
② 딸기를 설탕물에 넣고 **졸여**서 잼을 만들었다.
③ 할머니의 제사상에 올릴 떡을 시루에 **안쳤**다.
④ 민속주는 곡식을 **삭혀**서 만드는 경우가 많다.

해설

'조리다'에는 '식물의 열매나 뿌리, 줄기 따위를 꿀이나 설탕물 따위에 넣고 계속 끓여서 단맛이 배어들게 하다.'라는 의미가 있다. 따라서 '딸기를 설탕물에 넣고 조려서 잼을 만들었다.'가 올바르다.

정답 ②

예제 5

다음 중 밑줄 친 어휘의 쓰임이 올바른 것을 고르면?

① 과일은 껍질**채** 먹는 게 몸에 더 좋습니다.
② 분위기가 **한참** 무르익는 동안 하늘엔 별이 총총히 떠올랐다.
③ 미정과 민정은 이름도 비슷하고 외모도 비슷해서 사람들이 많이 **혼돈**하곤 한다.
④ 그녀는 취직 후 처음으로 부모님께 용돈을 **부쳐** 드렸다.

해설

'부치다'에는 '편지나 물건 따위를 상대에게 보내다'는 뜻이 있으므로 옳게 쓰인 것은 ④이다.
① 그대로 또는 전부를 뜻하는 접미사 '째'를 써서 '껍질째'가 되어야 한다.
② 어떤 상태가 가장 무르익은 때는 '한창'이다.
③ 구별하지 못하고 뒤섞어서 생각함을 뜻하는 '혼동'을 써야 한다.

정답 ④

④ 한자성어 / 외래어

1) 주요 한자성어

각골난망(刻骨難忘)	남에게 입은 은혜가 뼈에 새길 만큼 커서 잊히지 아니함
각주구검(刻舟求劍)	융통성 없이 현실에 맞지 않는 낡은 생각을 고집하는 어리석음
감탄고토(甘呑苦吐)	달면 삼키고 쓰면 뱉는다는 뜻. 자신의 비위에 따라서 사리의 옳고 그름을 판단함
견강부회(牽強附會)	이치에 맞지 않는 말을 억지로 끌어 붙여 자기에게 유리하게 함
견문발검(見蚊拔劍)	모기를 보고 칼을 뺀다는 뜻. 사소한 일에 크게 성내어 덤빔
결초보은(結草報恩)	죽은 뒤에라도 은혜를 잊지 않고 갚음
고식지계(姑息之計)	우선 당장 편한 것만을 택하는 꾀나 방법
고장난명(孤掌難鳴)	외손뼉만으로는 소리가 울리지 않는다는 뜻. 혼자의 힘만으로 어떤 일을 이루기 어려움
곡학아세(曲學阿世)	바른 길에서 벗어난 학문으로 세상 사람에게 아첨함
괄목상대(刮目相對)	눈을 비비고 상대편을 본다는 뜻. 남의 학식이나 재주가 놀랄 만큼 부쩍 늚
구밀복검(口蜜腹劍)	입에는 꿀이 있고 배 속에는 칼이 있다는 뜻. 말로는 친한 듯하나 속으로는 해칠 생각이 있음
교각살우(矯角殺牛)	소의 뿔을 바로잡으려다가 소를 죽인다는 뜻. 잘못된 점을 고치려다가 그 방법이나 정도가 지나쳐 오히려 일을 그르침
낭중지추(囊中之錐)	주머니 속의 송곳이라는 뜻. 재능이 뛰어난 사람은 숨어 있어도 저절로 사람들에게 알려짐
만시지탄(晩時之歎)	시기에 늦어 기회를 놓쳤음을 안타까워하는 탄식
면종복배(面從腹背)	겉으로는 복종하는 체하면서 내심으로는 배반함
사면초가(四面楚歌)	사방에서 초나라 노랫소리가 들린다는 뜻. 적에게 완전히 포위당하여 고립되어 있음
상전벽해(桑田碧海)	뽕밭이 푸른 바다로 바뀔 정도로 세상이 변함
순망치한(脣亡齒寒)	입술이 없으면 이가 시리다는 뜻. 서로 이해관계가 밀접한 사이에 어느 한쪽이 망하면 다른 한쪽도 그 영향을 받아 온전하기 어려움
식자우환(識字憂患)	학식이 있는 것이 오히려 근심을 사게 됨
양두구육(羊頭狗肉)	양의 머리를 걸어 놓고 개고기를 판다는 뜻. 겉보기만 그럴듯하게 보이고 속은 변변하지 아니함
어부지리(漁父之利)	조개와 도요새가 서로 다투며 버티는 틈에 그 싸움과는 전혀 관계가 없는 어부가 둘을 다 잡아서 이득을 보았다는 뜻. 엉뚱한 제3자가 이익을 가로챔
자가당착(自家撞着)	같은 사람의 말이나 행동이 앞뒤가 서로 맞지 아니하고 모순됨
타산지석(他山之石)	다른 산의 나쁜 돌도 산의 옥돌을 가는 데 쓸 수 있다는 뜻. 본이 되지 않는 남의 말과 행동도 인격을 수양하는 데 도움이 될 수 있음
하석상대(下石上臺)	아랫돌 빼서 윗돌 괴고 윗돌 빼서 아랫돌 괸다는 뜻. 임시변통으로 이리저리 둘러맞춤
환부작신(換腐作新)	썩은 것을 싱싱한 것으로 바꿈

2) 의미별 한자성어

(1) 자기의 속마음까지 알아주는 진정한 친구나 그 사귐	
① 간담상조(肝膽相照)	간과 쓸개를 비추어 보일 정도의 사이라는 데서 나온 말
② 관포지교(管鮑之交)	옛 중국의 관중과 포숙 사이처럼 돈독한 관계를 이르는 말
③ 문경지교(刎頸之交)	'목을 벨 수 있는 벗'이라는 뜻으로, 생사를 같이 할 수 있는 매우 소중한 친구
④ 수어지교(水魚之交)	물과 물고기 사이와 같이 떼려야 뗄 수 없는 친구 사이
⑤ 지기지우(知己之友)	자기를 가장 잘 알아주는 친한 친구
(2) 무척 위태로운 일의 형세	
① 누란지세(累卵之勢)	알을 쌓아 놓은 듯이 위급한 상황
② 명재경각(命在頃刻)	금방 숨이 끊어질 듯이 위태로움
③ 백척간두(百尺竿頭)	백 척 높이의 장대 끝에 있듯이 위태로워 보임
④ 위기일발(危機一髮)	위기가 바로 머리맡에 있는 듯한 형세
⑤ 일촉즉발(一觸卽發)	한 번 스치기만 해도 폭발할 것 같은 위태위태한 형세
⑥ 풍전등화(風前燈火)	바람 앞의 등불과 같이 위태함
(3) 시절이 무척 태평함	
① 강구연월(康衢煙月)	'강구의 거리에서 연기가 나고 달빛이 비친다'는 뜻으로, 태평한 세상의 평화로운 풍경
② 고복격양(鼓腹擊壤)	'배를 두드리며 흙덩이를 친다'는 뜻으로, 의식이 풍족한 상황
③ 비옥가봉(比屋可封)	충신, 효자, 열녀가 많은 까닭에 벼슬에 봉할 만한 집들이 줄지어 있을 정도로 세상이 평안함
④ 태평성대(太平聖代)	어질고 착한 임금이 다스리는 태평한 세상
⑤ 함포고복(含哺鼓腹)	음식을 먹으며 배를 두드릴 정도로 태평해 즐거운 모양
(4) 평범한 사람들	
① 갑남을녀(甲男乙女)	갑이라는 남자와 을이라는 여자와 같이 평범함
② 장삼이사(張三李四)	장 서방네 셋째 아들과 이 서방네 넷째 아들이란 뜻으로 특별히 신분을 일컬을 정도가 못 되는 사람
③ 초동급부(樵童汲婦)	나무하는 아이와 물 긷는 아낙네처럼 평범함
④ 필부필부(匹夫匹婦)	짝을 이룬 지아비와 지어미는 세상 천지에 흔하다는 데서 나온 말
(5) 부모님께 효도를 다함	
① 반포보은(反哺報恩)	자식이 부모가 길러준 은혜에 보답하는 것
② 반포지효(反哺之孝)	'까마귀 새끼가 자란 뒤에 늙은 어미에게 먹이를 물어다 주는 효성'이라는 뜻으로, 자식이 자라서 부모를 봉양함
③ 백유지효(伯兪之孝)	'백유(伯兪)의 효도'라는 뜻으로, 어버이에 대한 지극한 효심을 일컫는 말
④ 오조사정(烏鳥私情)	'까마귀가 새끼 적에 어미가 길러 준 은혜를 갚는 사사로운 애정'이라는 뜻으로, 자식이 부모에게 효성을 다하려는 마음
⑤ 풍수지탄(風樹之歎(嘆))	'나무가 고요하고자 하나 바람이 그치지 않는다'는 뜻으로, 부모에게 효도를 하려고 할 때에는 이미 돌아가셨음
⑥ 혼정신성(昏定晨省)	저녁에는 부모님의 잠자리를 정해 드리고 아침에는 부모님께서 안녕히 주무셨는지를 살필 정도로 효성이 지극함

(6) 학문에 전념함	
① 수불석권(手不釋卷)	'손에서 책을 놓지 않는다'는 뜻으로, 늘 책을 가까이 함
② 일취월장(日就月將)	'날마다 달마다 성장하고 발전한다'는 뜻으로, 학업이 갈수록 진보함
③ 자강불식(自强(彊)不息)	스스로 힘을 쓰고 몸과 마음을 가다듬어 쉬지 아니함
④ 주경야독(晝耕夜讀)	'낮에는 농사짓고 밤에는 공부한다'는 뜻으로, 바쁜 틈을 타서 어렵게 공부함
⑤ 절차탁마(切磋琢磨)	'옥돌을 자르고 줄로 쓸고 끌로 쪼고 갈아 빛을 내다'는 뜻으로, 학문이나 인격을 갈고 닦음
⑥ 형설지공(螢雪之功)	'반딧불과 눈빛으로 이룬 공'이라는 뜻으로, 가난을 이겨내며 고생 속에서 공부하여 이룬 공을 일컫는 말
(7) 우선 그 순간만 모면하겠다는 얄팍한 계책	
① 미봉책(彌縫策)	임시변통으로 이리저리 꾸며 맞추기 위한 계책
② 고식지계(姑息之計)	자기의 계집과 자식만을 생각하듯이 당장 눈앞의 안일함만 취하는 계책
③ 동족방뇨(凍足放尿)	언 발에 오줌을 누어 봐야 따뜻함은 그 순간일 뿐이라는 데서 나온 말
④ 임기응변(臨機應變)	그때그때의 형편에 따라 변통성 있게 그 자리에서 처결함
⑤ 하석상대(下石上臺)	대충 눈가림으로 아랫돌을 위의 대에 받쳐 놓음
(8) 나라가 망함을 탄식함	
① 망국지탄(亡國之歎(嘆))	나라가 망함에 대한 탄식
② 망국지한(亡國之恨)	나라가 망함에 대한 탄식
③ 맥수서유(麥秀黍油)	'보리의 이삭과 기장의 윤기'라는 뜻으로, 고국의 멸망을 탄식함
④ 맥수지탄(麥秀之歎(嘆))	'보리만 무성하게 자란 것을 탄식함'이라는 뜻으로, 고국의 멸망을 탄식함
(9) 개인적인 후회나 한탄	
① 만시지탄(晩時之歎(嘆))	'때늦은 한탄'이라는 뜻으로, 시기가 늦어 기회를 놓친 것이 원통해서 탄식함
② 망양지탄(望洋之歎(嘆))	'넓은 바다를 보고 탄식한다'는 뜻으로, 1. 남의 원대함에 감탄하고, 나의 미흡함을 부끄러워함 2. 제힘이 미치지 못할 때 하는 탄식
③ 비육지탄(髀肉之嘆)	'넓적다리에 살이 붙음을 탄식한다'는 뜻으로, 1. 자기의 뜻을 펴지 못하고 허송세월하는 것을 한탄하다 성공할 기회를 잃고 공연히 허송세월만 보냄을 탄식 2. 영웅이 때를 만나지 못하여 싸움에 나가지 못하고 넓적다리에 헛된 살만 쪄 가는 것을 한탄한다는 말에서 나옴
④ 연목구어(緣木求魚)	'나무에 인연하여 물고기를 구한다'는 뜻으로, 1. 목적이나 수단이 일치하지 않아 성공이 불가능함 2. 허술한 계책으로 큰일을 도모함
(10) 교훈적 의미	
① 근묵자흑(近墨者黑)	'먹을 가까이하면 검어진다'는 뜻으로, 나쁜 사람을 가까이하면 그 버릇에 물들기 쉬움
② 사필귀정(事必歸正)	처음에는 그릇되더라도 모든 일은 결국 반드시 정리로 돌아감
③ 읍참마속(泣斬馬謖)	'눈물을 머금고 마속의 목을 벤다'는 뜻으로, 사랑하는 신하를 법대로 처단하여 질서를 바로잡음

④ 인과응보(因果應報)	'원인과 결과는 서로 물고 물린다'는 뜻으로, 1. 과거 또는 전생의 선악의 인연에 따라서 뒷날 길흉 화복의 갚음을 받게 됨을 이르는 말 2. 좋은 일에는 좋은 결과가, 나쁜 일에는 나쁜 결과가 따름
⑤ 타산지석(他山之石)	다른 산의 돌이라는 뜻으로, 다른 산에서 나는 거칠고 나쁜 돌이라도 숫돌로 쓰면 자기의 옥을 갈 수가 있으므로, 다른 사람의 하찮은 언행이라도 자기의 지덕을 닦는 데 도움이 됨을 비유해 이르는 말

3) 주요 외래어 표기

X	O	X	O
그라데이션	그러데이션	고로케, 크로케트	크로켓
나레이션	내레이션	넌센스	난센스
다이나믹	다이내믹	도너츠	도넛
런닝셔츠	러닝셔츠	레몬에이드	레모네이드
레인보우	레인보	레크레이션	레크리에이션
렌트카	렌터카	레포트	리포트
로보트	로봇	랍스타, 롭스터	로브스터, 랍스터
로케트	로켓	리더쉽	리더십
리모콘	리모컨	링겔, 링게르, 닝겔	링거
매니아	마니아	메세지	메시지
매커니즘, 메카니즘	메커니즘	멤버쉽	멤버십
미스테리	미스터리	밀크쉐이크	밀크셰이크
바디랭기지	보디랭귀지	바베큐	바비큐
발렌타인데이	밸런타인데이	밧데리	배터리
뱃지, 뺏지	배지	발란스, 배런스	밸런스
부저	버저	불독	불도그
비지니스	비즈니스	삐에로	피에로
산타크로스	산타클로스	상들리에	샹들리에
샌달	샌들	샾	숍
소세지	소시지	쇼파	소파
수퍼마켓	슈퍼마켓	쉬림프	슈림프
스넥	스낵	스노우보드	스노보드
스케쥴	스케줄	스탭	스태프
스텐리스, 스텐레스	스테인리스	스테미나, 스태미너	스태미나
스포이드, 스푸이트	스포이트	스폰지	스펀지
싱가폴	싱가포르	아울렛	아웃렛

X	O	X	O
악세사리	액세서리	알콜	알코올
아답터, 어답터	어댑터	알러지, 알레지	알레르기
앵콜, 앵코르, 앙콜	앙코르	액센트, 엑센트	악센트
어플리케이션	애플리케이션	엠블란스, 엠뷸런스	앰뷸런스
엔돌핀	엔도르핀	옥스포드	옥스퍼드
워크샵	워크숍	윈도우	윈도
잠퍼	점퍼, 잠바	쥬니어	주니어
쥬라기	쥐라기	쥬스	주스
째즈	재즈	초콜렛	초콜릿
카운셀러	카운슬러	카톨릭	가톨릭
카페트	카펫	캬라멜	캐러멜
커텐	커튼	컨닝	커닝
캐롤	캐럴	칼라	컬러
컨텐츠	콘텐츠	컴플렉스	콤플렉스
커피샵	커피숍	컨닝	커닝
콘테이너	컨테이너	콘트롤	컨트롤
콜렉션	컬렉션	컨테스트	콘테스트
케익	케이크	케찹	케첩
콩쿨, 콩쿠르스	콩쿠르	쿠테타	쿠데타
크리스찬	크리스천	크리스탈	크리스털
클라이막스	클라이맥스	크락션, 클락션	클랙슨
타겟	타깃	타올	타월
텔레비젼	텔레비전	팡파레, 빵빠르	팡파르
팜플렛	팸플릿	프리젠테이션	프레젠테이션
페스티발	페스티벌	프로포즈	프러포즈
플래쉬	플래시	플룻	플루트

예제 6

다음 제시된 속담과 관련 있는 한자성어를 고르면?

10년이면 강산(江山)도 변한다.

① 절차탁마(切磋琢磨)
② 형설지공(螢雪之功)
③ 풍수지탄(風樹之嘆)
④ 상전벽해(桑田碧海)

해설

상전벽해(桑田碧海)는 '뽕나무밭이 푸른 바다가 되었다'는 뜻으로, 세상이 몰라 볼 정도로 바뀐 것 또는 세상의 모든 일이 엄청나게 변해버린 것을 의미한다.

정답 ④

예제 7

다음 외래어 표기 중 옳지 않은 것은?

① lobster — 랍스터
② propose — 프로포즈
③ caramel — 캐러멜
④ shrimp — 슈림프

해설

'propose'의 외래어 표기는 '프러포즈'이다.

정답 ②

⑤ 한글 맞춤법 / 표준어 규정

1) 한글 맞춤법 제5장 띄어쓰기

• 제1절 조사

제41항	조사는 그 앞말에 붙여 쓴다. 예 꽃이, 꽃으로만, 꽃이나마, 꽃이다, 꽃입니다, 꽃마저, 꽃밖에, 꽃에서부터, 꽃처럼 또한, 조사가 둘 이상 연속되거나 어미 뒤에 붙을 때에도 앞말에 붙여 쓴다. 예 학교에서처럼, 사과하기는커녕

• 제2절 의존 명사, 단위를 나타내는 명사 및 열거하는 말 등

제42항	의존 명사는 띄어 쓴다. 예 아는 것이 힘이다, 할 수 있다, 먹을 만큼 먹어라, 뜻한 바를 알겠다
제43항	단위를 나타내는 명사는 띄어 쓴다. 예 한 개, 차 한 대, 금 서 돈, 소 한 마리, 옷 한 벌, 열 살 다만, 순서를 나타내는 경우나 숫자와 어울리어 쓰이는 경우에는 붙여 쓸 수 있다. 예 두시 삼십분 오초, 제일과, 삼학년, 육층, 1446년 10월 9일, 2대대
제44항	수를 적을 적에는 '만(萬)' 단위로 띄어 쓴다. 예 십이억 삼천사백오십육만 칠천팔백구십팔, 12억 3456만 7898
제45항	두 말을 이어 주거나 열거할 적에 쓰이는 말들은 띄어 쓴다. 예 국장 겸 과장, 열 내지 스물, 청군 대 백군, 사과, 배, 귤 등등
제46항	단음절로 된 단어가 연이어 나타날 적에는 붙여 쓸 수 있다. 예 그때 그곳, 좀더 큰것, 이말 저말, 한잎 두잎

• 자주 틀리는 띄어쓰기

1	뿐	조사	체언 뒤에 붙어서 한정의 뜻을 나타내는 경우 예 남자뿐이다, 셋뿐이다
		의존 명사	용언의 관형사형 뒤에 나타날 경우 예 웃을 뿐이다, 만졌을 뿐이다
2	만	조사	체언에 붙어서 한정 또는 비교의 뜻을 나타내는 경우 예 하나만 알고 둘은 모른다, 이것은 그것만 못하다
		의존 명사	시간의 경과나 횟수를 나타내는 경우 예 떠난 지 사흘 만에 돌아왔다, 세 번 만에 시험에 합격했다
3	만큼	조사	체언 뒤에 붙어 '앞말과 비슷한 정도로'라는 뜻을 나타내는 경우 예 중학생이 고등학생만큼 잘 안다, 키가 전봇대만큼 크다
		의존 명사	용언의 관형사형 뒤에 나타날 경우 예 볼 만큼 보았다, 애쓴 만큼 얻는다

4	대로	조사	체언 뒤에 붙어 '그와 같이'라는 뜻을 나타내는 경우 예 법대로, 약속대로
		의존 명사	용언의 관형사형 뒤에 나타날 경우 예 아는 대로 말한다, 약속한 대로 하세요
5	바	어미	어떤 사실을 말하기 위하여 그 사실이 있게 된 것과 관련된 상황을 제시할 경우 주로 '-ㄴ바' 구성으로 쓰임 예 서류를 검토한바 몇 가지 미비한 사항이 발견되었다
		의존 명사	일의 기회나 그리된 형편의 뜻을 나타내는 경우 주로 '-은, -는, -을 바에(는)' 구성으로 쓰임 예 어차피 매를 맞을 바에는 먼저 맞겠다
6	듯	어미	용언의 어간 뒤에 쓰일 때 예 구름에 달이 흘러가듯
		의존 명사	용언의 관형사형 뒤에 쓰일 경우 예 그가 먹은 듯
7	지	어미	어미 '(으)ㄴ지, ㄹ지'의 일부 예 집이 큰지 작은지 모르겠다, 어떻게 할지 모르겠다
		의존 명사	시간의 경과를 나타내는 경우 예 그가 떠난 지 보름이 지났다, 그를 만난 지 한 달이 지났다
8	차(次)	접미사	명사 뒤에 붙어 '목적'의 뜻을 더하는 경우 예 인사차 들렀다, 사업차 외국에 나갔다
		의존 명사	1. 용언의 관형사형 뒤에 나타날 경우 예 고향에 갔던 차에 선을 보았다, 마침 가려던 차였다 2. '번', '차례'의 뜻. 혹은 주기나 경과의 해당 시기를 나타내는 경우 예 제일 차 세계 대전
9	들	접미사	복수를 나타내는 경우 예 남자들, 학생들
		의존 명사	두 개 이상의 사물을 열거하는 구조에서 '그런 따위'라는 뜻을 나타내는 경우 (이때의 '들'은 의존 명사 '등(等)'으로 바꾸어 쓸 수 있다.) 예 쌀, 보리, 콩, 조, 기장 들을 오곡(五穀)이라 한다
10	판	합성어	예 노름판, 씨름판, 웃음판
		의존 명사	수 관형사 뒤에서 승부를 겨루는 일을 세는 단위를 나타낼 경우 예 바둑 두 판, 장기를 세 판이나 두었다

• 제3절 보조 용언

<table>
<tr><td>제47항</td><td>보조 용언은 띄어 씀을 원칙으로 하되, 경우에 따라 붙여 씀도 허용한다(ㄱ을 원칙으로 하고, ㄴ을 허용함).
<table><tr><th>ㄱ</th><th>ㄴ</th></tr><tr><td>불이 꺼져 간다.</td><td>불이 꺼져간다.</td></tr><tr><td>어머니를 도와 드린다.</td><td>어머니를 도와드린다.</td></tr><tr><td>그릇을 깨뜨려 버렸다.</td><td>그릇을 깨뜨려버렸다.</td></tr><tr><td>비가 올 듯하다.</td><td>비가 올듯하다.</td></tr><tr><td>그 일은 할 만하다.</td><td>그 일은 할만하다.</td></tr><tr><td>잘 아는 척한다.</td><td>잘 아는척한다.</td></tr></table>다만, 앞말에 조사가 붙거나 앞말이 합성 동사인 경우, 그리고 중간에 조사가 들어갈 적에는 그 뒤에 오는 보조 용언은 띄어 쓴다.
예 잘도 놀아만 <u>나는구나!</u>, 책을 읽어도 <u>보고</u>, 그가 올 듯도 <u>하다</u></td></tr>
</table>

• 제4절 고유 명사 및 전문 용어

<table>
<tr><td>제48항</td><td>성과 이름, 성과 호 등은 붙여 쓰고, 이에 덧붙는 호칭어, 관직명 등은 띄어 쓴다.
예 윤동주, 채영신 씨, 최치원 선생, 충무공 이순신 장군
다만, 성과 이름, 성과 호를 분명히 구분할 필요가 있을 경우에는 띄어 쓸 수 있다.
예 남궁억/남궁 억, 독고준/독고 준</td></tr>
<tr><td>제49항</td><td>성명 이외의 고유 명사는 단어별로 띄어 씀을 원칙으로 하되, 단위별로 띄어 쓸 수 있다(ㄱ을 원칙으로 하고, ㄴ을 허용함).
<table><tr><th>ㄱ</th><th>ㄴ</th></tr><tr><td>대한 중학교</td><td>대한중학교</td></tr><tr><td>한국 대학교 사범 대학</td><td>한국대학교 사범대학</td></tr></table></td></tr>
<tr><td>제50항</td><td>전문 용어는 단어별로 띄어 씀을 원칙으로 하되, 붙여 쓸 수 있다(ㄱ을 원칙으로 하고, ㄴ을 허용함).
<table><tr><th>ㄱ</th><th>ㄴ</th></tr><tr><td>만성 골수성 백혈병</td><td>만성골수성백혈병</td></tr><tr><td>중거리 탄도 유도탄</td><td>중거리탄도유도탄</td></tr></table></td></tr>
</table>

2) 표준어 규정 제2장 발음 변화에 따른 표준어 규정

• 제5절 복수 표준어

제18항

다음 단어는 ㄱ을 원칙으로 하고, ㄴ도 허용한다.

ㄱ	ㄴ	비고
네	예	
쇠-	소-	-가죽, -고기, -기름, -머리, -뼈
괴다	고이다	물이 ~, 밑을 ~
꾀다	꼬이다	어린애를 ~, 벌레가 ~
쐬다	쏘이다	바람을 ~
죄다	조이다	나사를 ~
쬐다	쪼이다	볕을 ~

단, '괴이다, 꾀이다, 쐬이다, 죄이다, 쬐이다'와 같은 말은 자주 쓰이기는 하나, 국어의 일반적인 음운 현상으로 설명하기 어려우므로 표준어로 인정하지 않는다.

제19항

어감의 차이를 나타내는 단어 또는 발음이 비슷한 단어들이 다 같이 널리 쓰이는 경우에는, 그 모두를 표준어로 삼는다(ㄱ, ㄴ을 모두 표준어로 삼음).

ㄱ	ㄴ	비고
거슴츠레-하다	게슴츠레-하다	
고까	꼬까	~신, ~옷
고린-내	코린-내	
교기(驕氣)	갸기	교만한 태도
구린-내	쿠린-내	
꺼림-하다	께름-하다	
나부랭이	너부렁이	'너부렝이'는 비표준어

3) 표준어 규정 제3장 어휘 선택의 변화에 따른 표준어 규정

• 제5절 복수 표준어

제26항

한 가지 의미를 나타내는 형태 몇 가지가 널리 쓰이며 표준어 규정에 맞으면, 그 모두를 표준어로 삼는다.

복수 표준어	비고
가는-허리/잔-허리	
가락-엿/가래-엿	
갱-엿/검은-엿	
가뭄/가물	가뭄철/가물철, 왕가뭄/왕가물
가엾다/가엽다	가엾어/가여워, 가엾은/가여운

제26항	감감-무소식/감감-소식	
	개수-통/설거지-통 개숫-물/설거지-물	설거지하다 '설겆다'는 비표준어
	-거리다/-대다	가물-, 출렁-
	게을러-빠지다/게을러-터지다	
	고깃-간/푸줏-간	'고깃-관, 푸줏-관'은 비표준어
	관계-없다/상관-없다	
	극성-떨다/극성-부리다	
	기세-부리다/기세-피우다	
	기승-떨다/기승-부리다	
	귀퉁-머리/귀퉁-배기	'귀퉁이'의 비어
	깃-저고리/배내-옷/배냇-저고리	
	꼬까/때때/고까	~신, ~옷
	넝쿨/덩굴	'덩쿨'은 비표준어
	녘/쪽	동~, 서~
	눈-대중/눈-어림/눈-짐작	
	느리-광이/느림-보/늘-보	
	늦-모/마냥-모	종래 '만이앙(晩移秧)모'에서 온 말 '만양모'는 비표준어
	다달-이/매-달	
	-다마다/-고말고	
	댓-돌/툇-돌	
	되우/된통/되게	
	들락-날락/들랑-날랑 들락-거리다/들랑-거리다	
	딴-전/딴-청	
	땅-콩/호-콩	
	땔-감/땔-거리	
	-뜨리다/-트리다	깨-, 떨어-, 쏟-
	마-파람/앞-바람	
	-만큼/-만치	
	말-동무/말-벗	
	먹-새/먹음-새	'먹음-먹이'는 비표준어
	면-치레/외면-치레	
	멀찌감치/멀찌가니/멀찍-이	
	모쪼록/아무쪼록	

제26항	물-봉숭아/물-봉선화	
	민둥-산/벌거숭이-산	
	밑-층/아래-층	
	바깥-벽/밭-벽	바깥사돈/밭사돈, 바깥주인/밭주인
	바른/오른[右]	~손, ~쪽, ~편
	발-모가지/발-목쟁이	'발목'의 비속어
	벌레/버러지	'벌거지, 벌러지'는 비표준어
	변덕-스럽다/변덕-맞다	
	보-조개/볼-우물	
	보통-내기/여간-내기/예사-내기	'행-내기'는 비표준어
	부침개-질/부침-질/지짐-질	'부치개-질'은 비표준어
	뾰두라지/뾰루지	
	삽살-개/삽사리	
	생-뿔/새앙-뿔/생강-뿔	'쇠뿔'의 형용
	서럽다/섧다	서럽게 운다/섧게 운다 '설다'는 비표준어
	-(으)세요/-(으)셔요	
	-스레하다/-스름하다	거무-, 발그-
	시늉-말/흉내-말	
	심술-꾸러기/심술-쟁이	
	씁쓰레-하다/씁쓰름-하다	
	아무튼/어떻든/어쨌든/하여튼/여하튼	
	알은-척/알은-체	
	애꾸눈-이/외눈-박이	'외대-박이, 외눈-퉁이'는 비표준어
	어이-없다/어처구니-없다	
	어저께/어제	
	언덕-바지/언덕-배기	
	여왕-벌/장수-벌	
	여쭈다/여쭙다	여쭈어(여쭤)/여쭈워
	여태/입때	'여직'은 비표준어
	여태-껏/이제-껏/입때-껏	'여직-껏'은 비표준어
	역성-들다/역성-하다	'편역-들다'는 비표준어
	연-달다/잇-달다	
	옥수수/강냉이	~떡, ~묵, ~밥, ~튀김
	외겹-실/외올-실/홑-실	'홑겹-실, 올-실'은 비표준어
	외손-잡이/한손-잡이	
	우레/천둥	'우뢰(雨雷)'는 비표준어

제26항	-이에요/-이어요	
	일찌감치/일찌거니	
	장가-가다/장가-들다	'서방-가다'는 비표준어
	제-가끔/제-각기	
	좀-처럼/좀-체	'좀-체로, 좀-해선, 좀-해'는 비표준어
	중신/중매	
	척/체	모르는~, 잘난~
	천연덕-스럽다/천연-스럽다	
	철-따구니/철-딱서니/철-딱지	'철-때기'는 비표준어
	추어-올리다/추어-주다	
	추켜-올리다	

4) 새롭게 인정된 주요 표준어

기존 표준어	추가된 표준어	기존 표준어	추가된 표준어
간질이다	간지럽히다	거치적거리다	걸리적거리다
-고 싶다	-고프다	괴발개발	개발새발
굽실	굽신	~기에	~길래
까다롭다	까탈스럽다	꺼림칙하다	꺼림직하다
께름칙하다	께름직하다	꾀다	꼬시다
끼적거리다	끄적거리다	날개	나래
남우세스럽다	남사스럽다	냄새	내음
두루뭉술하다	두리뭉실하다	딴죽	딴지
뜰	뜨락	마을	마실
만날	맨날	묏자리	묫자리
복사뼈	복숭아뼈	삐치다	삐지다
새치름하다	새초롬하다	섬뜩	섬찟
손자	손주	실몽당이	실뭉치
쌉싸래하다	쌉싸름하다	아옹다옹	아웅다웅
어수룩하다	어리숙하다	예쁘다	이쁘다
오순도순	오손도손	잎사귀	잎새
자장면	짜장면	주책없다	주책이다
찌뿌듯하다	찌뿌둥하다	차지다	찰지다
추어올리다/추켜올리다	치켜올리다	치켜세우다	추켜세우다
푸르다	푸르르다	태껸	택견
허섭스레기	허접쓰레기	허접스럽다	허접하다

예제 8 다음 중 띄어쓰기가 옳은 것을 고르면?

1) 갈림길이 나오는 구간은 [여기서부터입니다 / 여기서부터 입니다 / 여기서 부터입니다 / 여기서 부터 입니다].
2) 그는 나와 [동창인바 / 동창인 바] 그를 잘 알고 있다.
3) 결혼 [10년차 / 10년 차]에 내 집을 장만했다.

해설

1) '부터'와 '입니다'는 모두 조사로, 앞말에 붙여 쓴다.
2) 어떤 사실과 관련된 상황을 말하고 있는 '－ㄴ바'는 어미이므로, 앞말에 붙여 쓴다.
3) '번', '차례' 혹은 주기나 경과 등 시기를 나타내는 경우 의존 명사로, 앞말과 띄어 쓴다.

정답 1) 여기서부터입니다 / 2) 동창인바 / 3) 10년 차

예제 9 다음 중 표준어끼리 연결되지 않은 것을 고르면?

① 맨날 — 만날
② 국거리 — 국감
③ 복숭아뼈 — 복사뼈
④ 딴지 — 딴죽

해설

'땔감/땔거리'는 불을 때는 데 필요한 재료를 말하는데, 이와 비슷한 예로 '바느질감/바느질거리', '반찬감/반찬거리', '양념감/양념거리', '일감/일거리'가 있다. 그러나 모든 '거리'와 '감'이 대치될 수 있는 것은 아니다. '국거리'는 '국감'이라고 하지 않고 '장난감'은 '장난거리'라고 하지 않는다.

정답 ②

예제 10 다음 중 맞춤법이 옳은 것을 고르면?

1) 흡연구역에서 담배를 [피다 / 피우다].
2) 책을 읽느라고 밤을 [새다 / 새우다].
3) 객차 뒤에 화물칸을 [잇달다 / 연달다].

해설

1) '피다'는 자동사인 반면, '피우다'는 타동사이다.
2) '새다'는 자동사인 반면, '새우다'는 타동사이다.
3) '움직이는 물체가 다른 물체의 뒤를 이어 따르다' 혹은 '어떤 사건이나 행동 따위가 이어 발생하다'의 의미를 나타내는 '연달다', '잇달다', '잇따르다'는 모두 복수 표준어이다. 이때 이 말들은 자동사로 쓰인다. 그러나 '사물을 다른 사물에 이어서 달다'의 뜻을 나타낼 때에는 '잇달다'만 표준어이다. 이때 '잇달다'는 타동사로 쓰인다.

정답 1) 피우다 / 2) 새우다 / 3) 잇달다

Chapter 01 언어논리력 실전 연습 문제

출제 포인트!

언어논리력의 출제 유형은 기본 어휘력, 어휘 유추력, 맞춤법·어법·한자성어 등으로 구분된다.
유의어·반의어 고르기, 밑줄 친 말과 같은 의미로 쓰인 단어 찾기, 한글 맞춤법 및 어법, 한자성어 등 어휘에서 파생되는 다양한 유형의 문제가 두루 출제되고 있다.
A : B 형태로 제시된 단어의 관계와 같은 것을 고르는 어휘 유추 유형은 교육공무직 시험에서 기본적으로 출제되는 유형이므로, 문제를 통해 다양한 어휘 관계를 익혀두도록 한다.
특히, 최근에는 다의어에서 유사한 의미로 사용된 것을 고르는 문제가 많이 출제되고 있으므로 교재에 수록된 이론 부분과 함께 충분한 대비를 해두는 것이 필요하다.

01 기본 어휘력(단어의 의미)

[01~10] 다음 제시된 단어와 의미가 같거나 유사한 것을 고르시오.

01

감탄

① 탄성　　② 낙담　　③ 감개
④ 탄복　　⑤ 희열

해설

'감탄(感歎)'은 '마음속 깊이 느끼어 탄복함'이란 뜻의 명사이다. '탄복(歎服)'은 '매우 감탄하여 마음으로 따름'이란 뜻의 명사로 '감탄'과 유의어 관계이다.

Plus 해설

① 탄성(歎聲) : 탄식하는 소리, 감탄하는 소리(소리이므로 '감탄'과 유의어는 아니다.)
② 낙담(落膽) : 바라던 일이 뜻대로 되지 않아 마음이 몹시 상함.
③ 감개(感慨) : 어떤 느낌이 마음 깊은 곳에서 배어 나옴.
⑤ 희열(喜悅) : 기쁨과 즐거움. 또는 기뻐하고 즐거워함.

02

짐작

① 확실　② 어림　③ 계산
④ 대강　⑤ 애매

해설

'짐작(斟酌)'은 '사정이나 형편 등을 어림잡아 헤아림'이란 뜻으로, '대강 짐작으로 헤아림'이란 뜻의 '어림'과 유의어 관계이다.

Plus 해설

④ 대강(大綱) : 자세하지 않게 기본적인 부분만 들어 보이는 정도로.
⑤ 애매(曖昧) : 희미하여 분명하지 아니함.

03

구속

① 방임　② 박탈　③ 방치
④ 방면　⑤ 억류

해설

'구속(拘束)'은 '행동이나 의사의 자유를 제한하거나 속박함'이란 뜻으로, '억지로 머무르게 함'이란 뜻의 '억류(抑留)'와 유의어 관계이다.

Plus 해설

① 방임(放任) : 돌보거나 간섭하지 않고 내버려 둠.
② 박탈(剝奪) : 남의 재물이나 권리 등을 빼앗음.
③ 방치(放置) : 내버려 둠.
④ 방면(放免) : 붙잡아 가두어 두었던 사람을 놓아줌.

01 ④　02 ②　03 ⑤

04 주선

① 개방　② 협상　③ 중개
④ 제시　⑤ 연결

해설

'주선(周旋)'은 '일이 잘되도록 여러 방법으로 힘씀'을 뜻하며 '제삼자로서 두 당사자 사이에 서서 일을 주선함'이란 뜻의 '중개(仲介)'와 유의어 관계이다.

05 고무

① 고취　② 고성　③ 칭송
④ 담화　⑤ 갈채

해설

'고무(鼓舞)'와 '고취(鼓吹)'는 '힘을 내도록 격려하며 용기를 북돋움'을 뜻하는 유의어 관계이다.

Plus 해설

③ 칭송(稱頌) : 칭찬하여 일컬음.
④ 담화(談話) : 서로 이야기를 주고받음. 공적인 자리에 있는 사람이 어떤 문제에 대한 견해를 밝히는 말
⑤ 갈채(喝采) : 외침이나 박수 등으로 환영의 뜻을 나타냄.

06 갈무리

① 보관　② 햇무리　③ 갈망
④ 마무리　⑤ 짜임새

해설

'갈무리'는 '물건 등을 잘 정리하거나 간수함, 일을 처리하여 마무리함'이란 뜻으로 '저장, 정돈, 마무리' 등의 단어와 유의어 관계이다.

언어논리력

07

고갱이

① 강냉이 ② 중심부 ③ 곡식
④ 낟알 ⑤ 열매

해설

'고갱이'는 '풀이나 나무의 줄기 한가운데에 있는 연한 심, 사물의 중심이 되는 부분을 비유적으로 이르는 말'을 뜻하며 '알, 속, 중심부, 핵심' 등의 단어와 유의어 관계이다.

08

달뜨다

① 침착하다 ② 기쁘다 ③ 환하다
④ 샘솟다 ⑤ 덤벙거리다

해설

'달뜨다'는 '마음이 가라앉지 않고 조금 흥분되다'를 뜻하며 '덤벙거리다, 들뜨다' 등의 단어와 유의어 관계이다.

09

범주

① 도주 ② 이념 ③ 범용
④ 구분 ⑤ 이탈

해설

'범주(範疇)'는 '동일한 성질을 가진 부류나 범위'를 뜻하며 '일정한 기준에 따라 전체를 몇 개로 갈라 나눔'이란 뜻의 '구분(區分)'과 유의어 관계이다.

04 ③ 05 ① 06 ④ 07 ② 08 ⑤ 09 ④

Plus 해설

③ 범용(汎用) : 여러 분야나 용도로 널리 쓰는 것
⑤ 이탈(離脫) : 어떤 범위나 대열 등에서 떨어져 나감.

10

해임

① 사임 ② 사직 ③ 면직
④ 임명 ⑤ 해명

해설

'해임(解任)'은 '어떤 지위나 맡은 임무를 그만두게 함'을 뜻하며 '일정한 직위나 직무에서 물러나게 함'을 뜻하는 '면직(免職)'과 유의어 관계이다.

Plus 해설

① 사임(辭任) : 맡아보던 일자리를 스스로 그만두고 물러남.
② 사직(辭職) : 맡은 직무를 내놓고 물러남.
④ 임명(任命) : 일정한 지위나 임무를 남에게 맡김.
⑤ 해명(解明) : 까닭이나 내용을 풀어서 밝힘.

[11~20] 다음 제시된 단어와 의미가 반대되거나 상대되는 것을 고르시오.

11

잘다

① 길다 ② 작다 ③ 굵다
④ 쩨쩨하다 ⑤ 옹졸하다

해설

'잘다'는 '과일이나 글씨 따위의 크기가 작다', '길이가 있는 물건의 몸피가 가늘고 작다', '세밀하고 자세하다', '일이 작고 소소하다', '생각이나 성질이 좀스럽다' 등의 의미를 가진 형용사이며 '굵다, 너그럽다' 등의 단어와 반의어 관계이다.

Plus 해설

④ 쩨쩨하다 : 너무 하찮아서 시시하고 신통치 않다. 사람이 잘고 인색하다.
⑤ 옹졸하다 : 성품이 너그럽지 못하고 생각이 좁다.

12

엔간하다

① 가깝다 ② 유난스럽다 ③ 무난하다
④ 평범하다 ⑤ 어지간하다

해설

'엔간하다'는 '대중으로 보아 정도가 표준에 꽤 가깝다'를 뜻하며 '언행이나 상태가 보통과 달리 특별한 데가 있다'를 뜻하는 '유난스럽다'와 반의어 관계이다. ① 가깝다, ④ 평범하다, ⑤ 어지간하다는 모두 '엔간하다'와 유의어 관계이다.

13

정착

① 유목 ② 안착 ③ 변동
④ 유람 ⑤ 유랑

해설

'정착(定着)'은 '일정한 곳에 자리를 잡아 붙박이로 있거나 머물러 삶'을 뜻하며 '일정한 거처가 없이 떠돌아다님'을 뜻하는 '유랑(流浪)'과 반의어 관계이다.

Plus 해설

① 유목(遊牧) : 일정한 거처를 정하지 않고 옮겨 다니면서 목축을 하여 삶.
② 안착(安着) : 어떤 곳에 무사하게 잘 도착함.
③ 변동(變動) : 바뀌어 달라짐.
④ 유람(遊覽) : 돌아다니며 구경함.

14

기민하다

① 예민하다 ② 날래다 ③ 느리다
④ 덧없다 ⑤ 재빠르다

10 ③ 11 ③ 12 ② 13 ⑤

해설

'기민하다'는 '눈치가 빠르고 동작이 날쌔다'를 뜻하는 말로 '느리다, 둔하다' 등의 단어와 반의어 관계이며, '날래다, 재빠르다, 민첩하다, 약삭빠르다' 등의 단어와는 유의어 관계이다.

15

생경하다

① 단조롭다　② 생소하다　③ 평이하다
④ 익숙하다　⑤ 단출하다

해설

'생경하다'는 '익숙하지 않아 어색하다', '글의 표현이 세련되지 못하고 어설프다', '세상 물정에 어둡고 완고하다' 등의 의미를 가진 형용사로 '익숙하다, 낯익다, 친숙하다' 등의 단어와 반의어 관계이며, '생소하다'와는 유의어 관계이다.

16

실팍하다

① 다부지다　② 박약하다　③ 밉살스럽다
④ 고약하다　⑤ 부실하다

해설

'실팍하다'는 '사람이나 물건 등이 보기에 매우 실하다'라는 뜻으로 '몸, 마음, 행동 등이 튼튼하지 못하고 약하다'라는 뜻의 '부실하다'와 반의어 관계이다.

Plus 해설

① 다부지다 : 벅찬 일을 견뎌낼 만큼 굳세고 야무지다. 생김새가 옹골차다.
② 박약하다 : 의지나 체력 등이 굳세지 못하고 약하다. 불충분하거나 모자란 데가 있다.
③ 밉살스럽다 : 말이나 행동이 남에게 미움을 받을 만한 데가 있다.
④ 고약하다 : 맛, 냄새 등이 비위에 거슬리게 나쁘다. 얼굴 생김새가 흉하거나 험상궂다.

17 내리사랑

① 외사랑 ② 치사랑 ③ 건넌사랑
④ 윗사랑 ⑤ 갑작사랑

해설

'내리사랑'은 '손윗사람이 손아랫사람을 사랑함'을 뜻하는 말로 자식에 대한 부모의 사랑을 나타내며, '치사랑'은 '손아랫사람이 손윗사람을 사랑함'을 뜻하는 말로 부모에 대한 자식의 사랑을 나타낸다.

Plus 해설

① 외사랑 : 자신을 사랑하지 않는 사람을 혼자 사랑하는 일
③ 건넌사랑 : 사랑(집의 안채와 떨어져 있는 손님을 접대하는 곳)으로 쓰는 건넌방
④ 윗사랑 : 위채에 있는 사랑(손님을 접대하는 곳)
⑤ 갑작사랑 : 갑작스럽게 느끼는 사랑

18 겸양하다

① 위축되다 ② 겸손하다 ③ 오만하다
④ 미천하다 ⑤ 귀중하다

해설

'겸양하다'는 '겸손한 태도로 남에게 양보하거나 사양하다'라는 뜻으로 '태도나 행동이 건방지거나 거만하다'란 뜻의 '오만하다'와 반의어 관계이다.

Plus 해설

① 위축되다 : 마르거나 시들어서 우그러지고 쭈그러들게 되다. 어떤 힘에 눌리어 기를 펴지 못하게 되다.
④ 미천하다 : 신분이나 지위 등이 하찮고 천하다.

14 ③ 15 ④ 16 ⑤ 17 ② 18 ③

19

경망

① 신중　② 기망　③ 중대
④ 방정　⑤ 경박

해설

'경망(輕妄)'은 '행동이나 말이 가볍고 조심성이 없음'을 뜻하는 말로 '매우 조심스러움'을 뜻하는 '신중(愼重)'과 반의어 관계이며, '방정, 경박' 등의 단어와는 유의어 관계이다.

Plus 해설

② 기망(欺罔) : 남을 속여 넘김.

20

토로하다

① 술회하다　② 피력하다　③ 비난하다
④ 은폐하다　⑤ 누설하다

해설

'토로하다'는 '마음에 있는 것을 죄다 드러내어서 말하다'라는 뜻으로 '덮어 감추거나 가리어 숨기다'라는 뜻의 '은폐하다'와 반의어 관계이며, '술회하다, 피력하다' 등의 단어와 유의어 관계이다.

Plus 해설

① 술회하다 : 마음속에 품고 있는 여러 가지 생각을 말하다.
② 피력하다 : 생각하는 것을 털어놓고 말하다.
⑤ 누설하다 : 비밀이 새어 나가다. 새어 나가게 하다.

[21~22] 다음 중 서로 유의어 관계가 아닌 것을 고르시오.

21 ① 하여간 ② 가부간 ③ 어지간 ④ 여하간 ⑤ 아무튼

해설

'어지간'은 '수준이 보통에 가깝거나 그보다 약간 더하다, 정도나 형편이 기준에 크게 벗어나지 아니한 상태에 있다'라는 뜻인 '어지간하다'의 어근이며, ①·②·④·⑤는 서로 유의어 관계이다.

Plus 해설

① 하여간(何如間)·④ 여하간(如何間) : 어찌하든지 간에
② 가부간(可否間) : 옳거나 그르거나, 찬성하거나 반대하거나 어쨌든
⑤ 아무튼 : 의견이나 형편, 상태 등이 어떻게 되어 있든

22 ① 추렴 ② 수렴 ③ 갹출 ④ 염출 ⑤ 토렴

해설

'토렴'은 '밥이나 국수에 뜨거운 국물을 부었다 따랐다 하여 덥게 함'을 뜻하는 말이며, ①~④는 서로 유의어 관계이다.

Plus 해설

① 추렴 : 모임이나 놀이 또는 잔치 따위의 비용으로 여럿이 각각 얼마씩의 돈을 내어 거둠.
② 수렴 : 돈이나 물건 따위를 거두어들임. 의견이나 사상 등이 여럿으로 나뉘어 있는 것을 하나로 모아 정리함.
③ 갹출 : 같은 목적을 위하여 여러 사람이 돈을 나누어 냄.
④ 염출 : 필요한 비용 따위를 어렵게 걷거나 모음.

19 ① 20 ④ 21 ③ 22 ⑤

[23~24] 다음 밑줄 친 단어와 의미가 유사한 것을 고르시오.

23

그녀는 마음이 <u>**어질다**</u>.

① 너그럽다 ② 고약하다 ③ 괴팍하다
④ 다정하다 ⑤ 어리숙하다

해설

'어질다'는 '마음이 너그럽고 착하며 슬기롭고 덕행이 높다'라는 뜻의 형용사이다. '어질다'와 유사한 의미를 가진 단어는 '너그럽다'이다.

Plus 해설

② 고약하다 : 성미 또는 언행이 사납다.
③ 괴팍하다 : 붙임성 없이 까다롭고 별나다.
④ 다정하다 : 정이 많다. 또는 정분이 두텁다.
⑤ 어리숙하다 : 겉모습이나 언행이 순진하고 어리석은 데가 있다.

24

그는 잘못 쓰인 문장을 <u>**고쳤다**</u>.

① 개신하다 ② 수습하다 ③ 정정하다
④ 개조하다 ⑤ 치유하다

해설

밑줄 친 단어는 '잘못되거나 틀린 것을 바로잡다'라는 의미로 '글자나 글 따위의 잘못을 고쳐서 바로잡는다'의 의미를 가진 '정정하다'와 유사하다.

Plus 해설

① 개신하다 : 제도나 관습 따위를 새롭게 고치다.
② 수습하다 : 흩어진 재산이나 물건을 거두어 정돈하다. 어수선한 사태를 거두어 바로잡다.
④ 개조하다 : 고쳐 만들거나 바꾸다.
⑤ 치유하다 : 치료하여 병을 낫게 하다.

[25~30] 다음 밑줄 친 단어와 같거나 유사한 의미로 사용된 것을 고르시오.

25

그는 얼른 자세를 고쳐 앉았다.

① 고장난 카메라를 **고쳐** 왔다.
② 병을 잘 **고친다고** 소문이 난 병원은 늘 붐빈다.
③ 그는 틀린 답을 **고쳐** 오답노트를 만들었다.
④ 그녀는 화장을 얼른 **고친** 후 자리에 앉았다.
⑤ 로또에 당첨된다고 신세가 **고쳐지는** 건 아니다.

언어논리력

해설

밑줄 친 '고치다'는 '모양이나 내용 따위를 바꾸다'라는 의미로 쓰였다. 따라서 유사한 의미로 쓰인 것은 ④이다.

Plus 해설

① 고장이 나거나 못 쓰게 된 물건을 손질하여 제대로 되게 하다.
② 병 따위를 낫게 하다.
③ 잘못되거나 틀린 것을 바로잡다.
⑤ 처지를 바꾸다.

26

새벽에 천둥 번개가 심하게 쳐서 겁을 먹었다.

① 새로운 자격증 시험을 위해 마음을 독하게 **먹었다**.
② 시험 결과가 좋지 않아 충격을 **먹었다**.
③ 장마철에는 물**먹은** 솜처럼 몸이 무겁다.
④ 주문을 잘못 받아 하루 종일 욕을 **먹었다**.
⑤ 처음 출전인데도 무려 1등을 **먹었다**.

해설

밑줄 친 '먹었다'는 '겁, 충격 따위를 느끼게 된다'는 의미로 쓰였다. 따라서 같은 의미로 사용된 것은 ②이다.

Plus 해설

① 어떤 마음이나 감정을 품다.
③ 물이나 습기 따위를 빨아들이다.
④ 욕, 핀잔 따위를 듣거나 당하다.
⑤ 어떤 등급을 차지하거나 점수를 따다.

23 ① 24 ③ 25 ④ 26 ②

꿀팁 COOL TIP 다의어

제시된 말과 유사한 의미로 쓰인 것을 고르는 문제가 최근 어휘 문제에서 빈번하게 출제되고 있다. 이러한 문제는 제시문의 밑줄 친 말을 다른 말로 바꾸어 보고, 대체한 말을 각 선택지에 적용했을 때 의미가 자연스러우면 정답일 확률이 높다.
예를 들어 25번 "자세를 고쳐 앉았다."에서 '고치다' 대신 '바꾸다'나 '바로잡다'로, 26번 "겁을 먹었다."에서 '먹다' 대신 '느끼게 되다'로 대체해보면 정답 역시 의미가 자연스럽게 연결됨을 알 수 있다.

27

그는 들고 있던 우산을 **넘겼다**.

① 그는 사전을 한 장씩 **넘기면서** 단어를 찾고 있었다.
② 그는 나무를 찍어 앞으로 **넘겼다**.
③ 그는 범인을 경찰에게 **넘겼다**.
④ 목이 부어 밥을 목구멍으로 **넘기지** 못한다.
⑤ 그는 아이의 부탁을 가볍게 **넘겼다**.

해설

주어진 문장에서의 '넘겼다'는 '물건, 권리, 책임, 일 따위를 맡기다'라는 의미로 쓰였다. 따라서 유사한 의미로 쓰인 것은 ③이다.

Plus 해설

① 종이, 책장 따위를 젖히다.
② 서 있는 것을 넘어지게 하다.
④ 음식물, 침 따위를 목구멍으로 넘어가게 하다.
⑤ 지나쳐 보내다.

28

최근 천연 섬유에 대한 관심이 **뜨겁다**.

① 여름 한낮의 태양은 정말 **뜨거웠다**.
② 그녀는 얼굴이 **뜨거워** 고개를 들 수 없었다.
③ 이 난로는 매우 **뜨거우니** 조심해서 다루어야 한다.
④ 그들의 신앙은 너무나 **뜨거웠고** 간절했다.
⑤ 열이 올라 불덩이처럼 **뜨거워진** 몸으로 출근할 수밖에 없었다.

해설

주어진 문장에서의 '뜨겁다'는 비유적으로 사용되어 '감정이나 열기가 격렬하다'라는 의미로 쓰였다. 따라서 유사한 의미로 쓰인 것은 ④이다.

Plus 해설

①·③ 손이나 몸에 상당한 자극을 느낄 정도로 온도가 높다.
② 무안하거나 부끄러워 얼굴이 화끈거리다.
⑤ 사람의 몸이 정상보다 열이 높다.

29

점심을 짜게 먹어서 그랬는지 물을 많이 **켰다**.

① 넓은 숲에서는 나무를 **켜는** 톱 소리로 요란했다.
② 그는 막걸리 한 사발을 단숨에 쭉 **켜고** 땀을 닦았다.
③ 그녀는 일어나 기지개를 한번 **켜고** 나서 창문을 열었다.
④ 어두운 방에 등잔불을 **켜니** 주위가 환해졌다.
⑤ 집에 들어와 TV를 **켜고** 드라마를 보면서 저녁을 먹었다.

해설

제시된 문장의 '켜다'는 '갈증이 나서 물을 자꾸 마시다'라는 의미로, ②의 '물이나 술 따위를 단숨에 들이마시다.'를 의미하는 '켜다'와 비슷한 의미이다.

Plus 해설

① 나무를 세로로 톱질하여 쪼개다.
③ 팔다리나 네 다리를 쭉 뻗으며 몸을 펴다.
④ 등잔이나 양초 따위에 불을 붙이거나 성냥이나 라이터 따위에 불을 일으키다.
⑤ 전기나 동력이 통하게 하여 전기 제품 따위를 작동하게 하다.

27 ③ 28 ④ 29 ②

30

> 출품된 원고는 심사 기준에 맞추어 검토되었다.

① 그는 그녀의 기분을 **맞추기** 위해 주말마다 영화를 보러 갔다.
② 이 많은 부품 중에서 어떤 것들을 **맞추어야** 하는지 막막하기만 했다.
③ 우리는 합숙을 하면서 서로 마음을 **맞추었다**.
④ 시험이 끝나면 아이들은 서로 답을 **맞추어** 보느라고 정신이 없었다.
⑤ 대학교를 선택할 때에는 점수보다 자신의 적성에 **맞추어** 결정하도록 해라.

해설

주어진 문장에서의 '맞추다'는 '어떤 기준이나 정도에 어긋나지 않게 하다'의 의미로 쓰였다. 따라서 유사한 의미로 쓰인 것은 ⑤이다.

Plus 해설

① 다른 사람의 의도나 의향 따위에 맞게 행동하다.
② 서로 떨어진 부분을 자리에 맞게 대어 붙이다.
③ 서로 어긋남이 없이 조화를 이루다.
④ 둘 이상의 일정한 대상들을 나란히 놓고 비교하여 살피다.

31 다음 중 밑줄 친 단어의 의미와 동일하게 쓰인 것은?

> 흔히들 경제는 심리라고 합니다. 1997년 외환 위기에 의해 IMF 구제 금융을 받기 전까지 한국 경제는 활기찼습니다. 누가, 어느 그룹이 신사업 분야, 신시장에 먼저 진출하여 선점하느냐, 어느 기업이 매출과 점유율 면에서 앞서고 있느냐 등 양적 경쟁이 치열했습니다. 따라서 투자 면에서도 과열된 분위기를 **띠고** 있었고, 자연히 투자 실패로 인한 경영 부실도 많았습니다.

① 이야기를 잘해 두었으니 정성스럽게 작성한 추천서를 **띠고** 회사를 찾아가도록 해라.
② 일을 하다 보니까 더 배우고 싶은 것들이 생기고 이 분야에 대해서 전문성을 **띠고** 싶다.
③ 어떤 정부 수행원보다 중요한 임무를 **띠고** 있는 송 장관의 이번 방북 행보에 눈길이 간다.
④ 들판 여기저기 보이는 과수원에는 사과가 슬쩍 홍조를 **띠면서** 굵어질 채비를 하고 있다.
⑤ 서류 가방을 직접 챙겨 든 총수들은 시종일관 미소를 **띤** 채 북한 경제인들과 인사를 나누었다.

해설

'분위기를 띠고 있었고'에서 '띠다'는 '감정이나 기운 따위를 나타내다'라는 의미이다. 선택지에서 동일한 의미로 쓰인 것은 ⑤ '미소를 띤 채'의 '띠다'이다.

Plus 해설

① '추천서를 띠고'의 '띠다'는 '물건을 몸에 지니다'라는 의미이다.
② '전문성을 띠고'의 '띠다'는 '어떤 성질을 가지다'라는 의미이다.
③ '임무를 띠고'의 '띠다'는 '용무나 직책, 사명 따위를 지니다'라는 의미이다.
④ '홍조를 띠면서'의 '띠다'는 '빛깔이나 색채 따위를 가지다'라는 의미이다.

32 다음 글을 읽고 본문의 밑줄 친 부분의 의미와 가장 가까운 것을 고르면?

어둠에서 빛으로. 이는 계몽을 가리키는 표현 중 하나이다. 계몽은 흔히 빛을 통한 비유로 이해된다. 빛을 통한 비유는 낯선 것이 아니었다. 중세 시대에 신의 상징 혹은 진리의 상징으로 여겨지던 빛은 르네상스를 거쳐 근대에 이르러 이성의 빛으로 전환되었다. 근대 계몽의 빛으로서 이성은 도덕, 종교, 예술 그리고 일상사의 영역에서 미망과 혼란에 사로잡힌 상상력, 광적인 열광, 공상에의 몰입, 스스로 생각할 힘을 잃어버린 정신없는 상태 등에서 기인하는 혼돈과 어둠을 밝게 비추었다. 계몽의 빛은 미성년을 성숙한 청년으로 인도하는 빛이었다. 그러기에 계몽주의 철학자 칸트는 계몽을 미성숙 상태에서 **<u>벗어나는</u>** 것이라고 하였다. 이성의 빛을 향한 동정은 이제 "과감히 알려고 하라!", 곧 자신의 지성을 주저 없이 사용할 것을 주문하는 데까지 이르렀다.

근대의 계몽은 당시 비약적인 발전을 이룬 자연 과학의 성과와 맞물리면서 이성의 각성을 통해 세계를 직시하고자 하였다. 이성은 세계와 현실을 비추는 강력한 추동력으로 간주되었다.

① 손흥민 선수는 지난 준결승전의 부진에서 **<u>벗어나</u>** 결승전에서 3골을 몰아쳤다.
② 이 동굴을 **<u>벗어나면</u>** 푸른 바다가 보일 것이다.
③ 그는 바쁜 일상에서 **<u>벗어나</u>** 세계 여행을 떠났다.
④ 조직에서는 상사의 눈을 **<u>벗어나는</u>** 행동을 해서는 안 된다.
⑤ 김철호 씨는 회사 미팅에서 자주 주제에서 **<u>벗어나는</u>** 이야기를 한다.

해설

'미성숙 상태에서 벗어나는 것'에서 '벗어나다'는 '어려운 일이나 처지에서 헤어나다'의 의미이다. '손흥민 선수는 지난 준결승전의 부진에서 벗어나'에서의 '벗어나'도 '어려운 일이나 처지에서 헤어나다'의 의미를 가진다.

Plus 해설

② '공간적 범위나 경계 밖으로 빠져나오다'라는 의미이다.
③ '맡은 일에서 놓여나다'라는 의미이다.
④ '남의 눈에 들지 못하다'라는 의미이다.
⑤ '이야기의 흐름에서 빗나가다'라는 의미이다.

30 ⑤ 31 ⑤ 32 ①

33 밑줄 친 ㉠~㉤ 중 맥락상 쓰임이 적절하지 않은 것은?

정부 예산 투입을 통해 덕진공원을 휴양형 휴식공간으로 만들겠다는 전주시의 계획이 더욱 ㉠ **구체화**될 수 있을 것으로 보인다. 후백제 시대에 ㉡ **편성**된 것으로 알려진 덕진연못은 역사·문화적 가치가 우수한 대표 관광지로 손꼽혀왔다. 그러나 주변 지역의 도시화에 따른 개발과 유입 수량 부족으로 수질이 악화돼 대책이 필요한 상황이었지만 ㉢ **준설** 등을 위해서는 막대한 예산이 소요돼 연못을 정비하는 데 어려움을 겪었다. 언제나 필요한 것은 예산이다. 처음 환경부에 국비 지원을 건의할 때만 해도 가능하리라 생각한 이는 없었다. 전국 첫 사례가 그렇듯이 그동안 어떤 자치단체도 중점관리저수지로 ㉣ **지정**돼 정부로부터 예산을 ㉤ **타다** 쓴 사례가 없었기 때문이다.

① ㉠ ② ㉡ ③ ㉢ ④ ㉣ ⑤ ㉤

해설

'편성'은 '엮어 모아서 책, 신문, 영화 따위를 만듦'이란 의미이므로 ㉡에 쓰이는 것은 적절하지 않다. 그러므로 '무엇을 만들어서 이룸'의 뜻을 지닌 '조성'으로 수정하는 것이 옳다.

Plus 해설

③ '준설'은 '물의 깊이를 깊게 하여 배가 잘 드나들 수 있도록 하천이나 항만 등의 바닥에 쌓인 모래나 암석을 파내는 일'을 의미하며 맥락상 쓰임이 적절하다.
④ '지정'은 '가리키어 확실하게 정함'이라는 뜻으로 적절하게 사용되었다.
⑤ '타다'는 여러 가지 뜻이 있지만 여기서는 '몫으로 주는 돈이나 물건 따위를 받다'라는 의미로 사용되었으며 맥락상 쓰임이 적절하다.

34 다음 빈칸에 들어갈 말로 적절한 것끼리 순서대로 짝지어진 것은?

도시 내 미세먼지를 비롯한 환경 문제와 대응과제를 모색하는 정책세미나가 국회의원회관 제1세미나실에서 열릴 예정이다. 이번 세미나의 주요 (㉠)은(는) 미세먼지 저감 대책에 관한 것이며, 미세먼지 발생 현황과 농도 저감을 위한 기술동향도 함께 살펴보는 자리가 될 것으로 기대된다. 이번 세미나에서는 △△연구원 박사와 ㅁㅁ대학교 교수 두 명의 발표자가 공동(㉡)을(를) 맡았고, 환경 관련 전문가 5명이 함께 토론자로 참석한다.

	㉠	㉡
①	의제	발제
②	발제	논제
③	입론	발제
④	발제	의제
⑤	의제	논제

해설

㉠에는 '회의에서 의논할 문제'라는 뜻의 '의제'가, ㉡에는 '토론회나 연구회 따위에서 어떤 주제를 맡아 조사하고 발표함'이라는 뜻의 '발제'가 들어가야 한다.

Plus 해설

- 논제 : 논설이나 논문, 토론 따위의 주제나 제목
- 입론 : 의논하는 취지나 순서 따위의 체계를 세움. 또는 그 의논

35 다음 ㉠~㉢에 들어갈 단어를 바르게 연결한 것은?

- 희소금속은 매장량이 적지만 산업적 수요가 큰 금속원소로, 극소수 국가에 (㉠)한 금속을 말한다.
- 어느 폐자원재활용업체의 대표는 2100년이 되면 지하자원이 거의 사라질 것이므로 나머지 부분을 도시 곳곳에 (㉡)한 지상자원(스마트폰 같은 '도시광산')이 채울 것이라고 예견했다.
- 많은 전문가들이 투자에는 투기적 성격이 (㉢)되어 있고, 투기 역시 투자적 기능을 가지고 있어서 상호 교집합적 성격의 투자와 투기를 구별하는 것은 별 의미가 없다고 말한다.

①	㉠ 혼재(混在)	㉡ 편재(偏在)	㉢ 산재(散在)
②	㉠ 편재(偏在)	㉡ 산재(散在)	㉢ 혼재(混在)
③	㉠ 혼재(混在)	㉡ 산재(散在)	㉢ 편재(偏在)
④	㉠ 편재(偏在)	㉡ 혼재(混在)	㉢ 잔재(殘在)
⑤	㉠ 잔재(殘在)	㉡ 산재(散在)	㉢ 혼재(混在)

해설

㉠에는 '한 곳에 치우쳐 있다'라는 뜻의 '편재'가 들어가야 하고 ㉡에는 '여기저기 흩어져 있다'라는 뜻의 '산재'가 들어가야 한다. ㉢에는 '뒤섞여 있다'라는 뜻의 '혼재'가 들어가야 한다.

Plus 해설

잔재(殘在) : 남아 있음

33 ② 34 ① 35 ②

02 어휘 유추력(단어의 관계)

[01~15] 제시된 단어와 같은 관계가 되도록 빈칸에 들어갈 알맞은 단어를 고르시오.

01

여름 : 대서 = 가을 : (　　)

① 처서　② 동지　③ 우수　④ 입하　⑤ 곡우

해설

사계절 중 하나와 그 계절에 해당하는 절기를 연결한 것이다. 처서(處暑)는 입추와 백로 사이에 들며 양력 8월 23일경을 가리키므로 가을과 관련이 있다.

Plus 해설

② 동지(冬至)는 양력 12월 21일경이므로 겨울, ③ 우수(雨水)는 양력 2월 18일경이므로 봄, ④ 입하(立夏)는 양력 5월 5일경이므로 여름, ⑤ 곡우(穀雨)는 양력 4월 20일경이므로 봄과 관련이 있다.

02

현악기 : (　　) = (　　) : 심벌즈

① 바이올린, 관악기　② 해금, 타악기　③ 금관악기, 가야금
④ 줄, 금속　⑤ 단소, 드럼

해설

주어진 단어는 포함 관계를 나타낸다. 해금은 현악기에 포함되고, 심벌즈는 타악기에 포함된다.

03

고희(古稀) : (　　) = (　　) : 71세

① 60세, 환갑(還甲)　② 61세, 종심(從心)　③ 70세, 망구(望九)
④ 70세, 망팔(望八)　⑤ 70세, 이순(耳順)

해설

고희(古稀)는 뜻대로 행해도 어긋나지 않는다는 의미로 70세를 뜻하며, 망팔(望八)은 여든을 바라보는 나이로 71세를 뜻한다.

Plus 해설

- 이순(耳順) : 60세를 뜻하는 말로, 공자가 예순 살부터 생각하는 것이 원만하여 어떤 일을 들으면 곧 이해가 된다고 한 데서 유래하였다.
- 환갑(還甲) : 육십갑자의 갑(甲)으로 되돌아온다는 의미로 61세를 뜻한다.
- 종심(從心) : 마음대로 한다는 의미로 70세를 뜻한다.
- 망구(望九) : 사람의 나이가 아흔을 바라본다는 의미로 81세를 뜻한다.

04

길이 : 피트 = 부피 : (　　)

① 갤런　② 파스칼　③ 마일
④ 바이트　⑤ 와트

해설

피트(ft)는 길이의 단위이고, 갤런(gal)은 부피의 단위이다.

Plus 해설

② 파스칼(Pa)은 압력의 단위이다.
③ 마일(mile)은 길이의 단위이다.
④ 바이트(B)는 데이터양을 나타내는 단위이다.
⑤ 와트(W)는 일률을 나타내는 전력 단위이다.

05

(　　) : 소나무 = 낙엽수 : (　　)

① 산, 등산　② 여름, 가을　③ 상록수, 은행나무
④ 활엽수, 침엽수　⑤ 겨울, 자작나무

해설

주어진 단어는 포함 관계를 나타낸다. 상록수는 계절에 관계없이 잎의 색이 항상 푸른 나무를 뜻하므로 소나무가 포함된다. 반면에 낙엽수는 잎의 수명이 1년이 채 안 되어 잎을 가지지 않는 계절이 있는 수목을 가리키므로 은행나무가 포함된다.

01 ①　02 ②　03 ④　04 ①　05 ③

Plus 해설

④ 활엽수는 잎의 모양이 평평하고 넓은 나무를 가리키고 느티나무 · 단풍나무 · 참나무 등이 포함된다. 침엽수는 잎이 대개 바늘같이 뾰족한 나무로 소나무 · 잣나무 · 향나무 등이 포함된다.

06

복합어 : 책가방 = 단일어 : (　　)

① 맨발　② 가방　③ 풋사과
④ 늦잠　⑤ 첫사랑

해설

복합어는 하나의 실질 형태소에 접사가 붙거나 두 개 이상의 실질 형태소가 결합하여 만들어진 단어이며, 파생어와 합성어로 나뉜다. 반면에 단일어는 형태소 분석이 더이상 안 되는 단어로서 낱말을 쪼개었을 때 각각 아무 뜻을 가지지 못하여 더이상 나눌 수 없는 낱말이다.

07

한자어 : (　　) = 고유어 : 시나브로

① 과자　② 가뭄　③ 찌개
④ 이내　⑤ 달포

해설

한자어란 한자에 기초하여 만들어진 말이고, 고유어란 해당 언어에 본디부터 있던 말이나 그것에 기초하여 새로 만들어진 말을 뜻한다. 따라서 과자는 '菓(과자 과, 실과 과)'와 '子(아들 자)'가 합쳐진 한자어이고, 나머지는 모두 고유어에 속한다.

Plus 해설

④ 이내 : 해 질 무렵 멀리 보이는 푸르스름하고 흐릿한 기운
⑤ 달포 : 한 달이 조금 넘는 기간

08

해수어 : (　　) = (　　) : 미꾸라지

① 고등어, 담수어　② 붕어, 민물고기　③ 연어, 특산어
④ 물고기, 수중 생물　⑤ 상어, 진흙

해설

해수어는 바다에 사는 물고기를, 담수어는 민물에 사는 물고기를 뜻한다. 고등어는 해수어, 미꾸라지는 담수어이다.

Plus 해설

② 붕어는 담수어이다.
③ 연어는 바닷물고기이지만 가을에 강 상류에 올라와 모랫바닥에 알을 낳고 죽으므로 해수와 담수 사이를 왕래하는 물고기이다.

09

미(美) : 아프로디테 = 지혜 : (　　)

① 포세이돈　② 아테나　③ 아폴론
④ 데메테르　⑤ 아르테미스

해설

아프로디테는 그리스 신화에 나오는 미와 사랑의 여신이다. 아테나는 그리스 신화에 나오는 지혜의 여신이다.

Plus 해설

① 포세이돈은 그리스 신화에 나오는 바다의 신이다.
③ 아폴론은 그리스 신화에 나오는 의술 · 예언 · 가축 · 궁술의 신이다.
④ 데메테르는 그리스 신화에 나오는 땅의 여신이자 농경과 곡물, 수확의 여신이다.
⑤ 아르테미스는 그리스 신화에 나오는 사냥의 여신이자 야생의 동물을 수호하는 여신이다.

10

공중전화 : 핸드폰 = (　　) : 자동차

① 마차　② 버스　③ 지하철
④ 신호등　⑤ 비행기

06 ②　07 ①　08 ①　09 ②

해설

제시된 단어는 과거에서 현재로 오면서 대체되는 물건의 관계로 괄호 안에는 자동차를 대체하는 마차가 들어가야 한다.

11

인도 : 뉴델리 = 포르투갈 : (　　)

① 바르샤바　　② 마드리드　　③ 코펜하겐
④ 리스본　　⑤ 스톡홀름

해설

인도의 수도는 뉴델리로 제시된 단어가 나라와 수도의 관계임을 알 수 있다. 따라서 괄호 안에는 포르투갈의 수도인 리스본이 들어가야 한다.

Plus 해설

① 폴란드의 수도, ② 에스파냐의 수도, ③ 덴마크의 수도, ⑤ 스웨덴의 수도이다.

12

길이 : cm = 온도 : (　　)

① ℉　　② kn　　③ oz
④ ha　　⑤ lb

해설

cm는 길이를 나타내는 단위이므로 괄호 안에는 온도를 나타내는 단위인 ℉(화씨온도)가 들어가야 한다.

Plus 해설

② 속도를 나타내는 단위 : kn(노트), 1kn = 1.852km/h
③ 부피를 나타내는 단위 : oz(온스), 1oz ≒ 28.3g
④ 넓이를 나타내는 단위 : ha(헥타르), 1ha = 10,000m^2
⑤ 무게를 나타내는 단위 : lb(파운드), 1lb ≒ 0.45kg

13

충청북도 : 제천 = 경상남도 : ( )

① 천안 ② 함안 ③ 목포
④ 과천 ⑤ 상주

해설

제천은 충청북도에 속하므로 포함 관계이다. 따라서 빈칸에는 경상남도에 속하는 함안이 들어가야 한다.

Plus 해설

① 천안은 충청남도, ③ 목포는 전라남도, ④ 과천은 경기도, ⑤ 상주는 경상북도에 속한다.

14

계절 : ( ) = 태양계 : ( )

① 사계절, 행성 ② 겨울, 혜성 ③ 온도, 지구
④ 여름, 우주 ⑤ 절기, 왜소행성

해설

제시된 단어는 부분 관계로 겨울은 계절의 한 부분이고, 혜성은 태양계의 한 부분이다.

15

( ) : 빗자루 = 가구 : ( )

① 걸레, 나무 ② 청소부, 침대 ③ 청소도구, 옷장
④ 청소기, 식탁 ⑤ 쓰레받기, 의자

해설

제시된 단어는 포함 관계로 빗자루는 청소도구에 포함되고, 옷장은 가구에 포함된다.

10 ① 11 ④ 12 ① 13 ② 14 ② 15 ③

[16~28] 다음 중 단어의 관계가 나머지와 다른 하나를 고르시오.

16 ① 변상 : 보상 ② 수영 : 헤엄 ③ 판매 : 구입
④ 결재 : 재결 ⑤ 소산 : 결과

해설

①·②·④·⑤는 모두 유의 관계이지만, ③은 반의 관계이다.

Plus 해설

- 결재(決裁) : 결정할 권한을 가진 상관이 부하가 제출한 안건을 검토하여 허가하거나 승인함.
- 재결(裁決) : 옳고 그름을 가려 결정함.
- 소산(所産) : 어떤 행위나 상황 등에 따른 결과로 나타나는 현상

17 ① 영국 : 빅 벤 ② 프랑스 : 에펠탑 ③ 이집트 : 피라미드
④ 멕시코 : 멕시코시티 ⑤ 이탈리아 : 트레비분수

해설

①·②·③·⑤는 나라와 그 나라의 랜드마크가 연결되었지만, ④는 나라와 그 나라의 수도가 연결되었다.

18 ① 파랑 : 청록 ② 연두 : 보라 ③ 노랑 : 남색
④ 주황 : 파랑 ⑤ 자주 : 녹색

해설

①은 유사색이고, 나머지는 모두 보색 관계이다. 유사색이란 색상환 배열에서 서로 이웃하고 그 색의 바탕에 공통된 성질을 가지고 있는 색들을 가리킨다. 반면에 보색이란 색상이 다른 두 색의 물감을 적당한 비율로 혼합하여 무채색이 되는 경우로 색상환에서 서로 대응하는 위치의 색을 가리킨다.

19 ① 생산 : 소비 ② 출생 : 사망 ③ 반납 : 환급
④ 상상 : 경험 ⑤ 매입 : 매각

해설

①·②·④·⑤는 모두 반의 관계이지만, ③은 유의 관계이다. 반납은 도로 돌려줌을 뜻하고, 환급 또한 같은 의미로 쓰인다. 따라서 반납과 환급은 유의 관계이다.

언어논리력

20 ① 보리 : 맥주 ② 밀 : 빵 ③ 파라핀 : 양초
④ 사진 : 액자 ⑤ 막걸리 : 쌀

해설

①·②·③·⑤는 모두 원료와 제품의 관계이지만, ④는 포함 관계이다.

21 ① 변호사 : 변론 ② 의사 : 진찰 ③ 교수 : 강의
④ 가수 : 노래 ⑤ 카메라 : 촬영

해설

①·②·③·④는 모두 행위 관계가 성립하지만, ⑤는 용도 관계이다.

22 ① 정월대보름 : 쥐불놀이 ② 단오 : 그네뛰기 ③ 한가위 : 강강술래
④ 동지 : 지신밟기 ⑤ 설날 : 널뛰기

해설

각 명절의 이름과 그 명절에 하는 전통놀이가 연결된 것이다. 지신밟기는 정월대보름에 하는 놀이이다.

23 ① 제인 오스틴 : 오만과 편견 ② 헤르만 헤세 : 데미안
③ 표도르 도스토옙스키 : 죄와 벌 ④ 빅토르 위고 : 보바리 부인
⑤ 알베르 카뮈 : 이방인

16 ③ 17 ④ 18 ① 19 ③ 20 ④ 21 ⑤ 22 ④

해설

①·②·③·⑤는 작가와 그 작가의 대표 작품이 연결된 것이다. '보바리 부인'의 작가는 '구스타브 플로베르'이고, '빅토르 위고'의 대표 작품은 '레 미제라블'이다.

24 ① 문방사우 : 붓 ② 화강암 : 현무암 ③ 사군자 : 국화
④ 사물놀이 : 징 ⑤ 타악기 : 팀파니

해설

①·③·④·⑤는 모두 포함 관계가 성립하지만, ②는 동위 관계이다. 여기서 동위 관계란 두 단어가 동일한 상위 개념에 포함되는 단어의 관계를 뜻한다.

25 ① 대중교통 : 지하철 ② 언어 : 영어 ③ 몸 : 머리
④ 예술 : 음악 ⑤ 식물 : 소나무

해설

①·②·④·⑤는 모두 상하 관계가 성립하지만, ③은 전체와 부분 관계이다.

26 ① 결정 : 보류 ② 입증 : 증명 ③ 개화 : 낙화
④ 혼돈 : 질서 ⑤ 임의 : 강제

해설

①·③·④·⑤는 반의 관계이지만, ②는 유의 관계이다. 입증은 어떤 증거를 내세워 증명하는 것이고, 증명은 어떤 사항이나 판단에 대하여 그것이 진실인지 아닌지 증거를 들어 밝히는 것이다.

27 ① 행성 : 별 ② 소설 : 사건 ③ 악기 : 피아노
④ 채소 : 시금치 ⑤ 의복 : 드레스

해설

사건은 소설의 구성요소 중 하나이며, 나머지는 모두 상하 관계가 성립한다.

28 ① 쌀 : 떡 ② 나무 : 종이 ③ 우유 : 치즈
④ 자동차 : 엔진 ⑤ 고무 : 타이어

해설

엔진은 자동차를 이루는 구성요소 중 하나이며, 나머지는 모두 원료 관계가 성립한다.

[29~30] 다음 제시된 단어 중 연관되는 3개의 단어와 공통으로 연상되는 단어를 고르시오.

29

물, 전등, 스킨, 키보드, 로션, 접시, 택배, 보청기, 크림

① 컴퓨터 ② 옷 ③ 화장품
④ 연필 ⑤ 여행

해설

'스킨, 로션, 크림'을 통해 '화장품'을 연상할 수 있다.

30

텔레비전, 그릇, 교복, 달력, 공부, 저울, 시험, 신발, 옥수수

① 학생 ② 필기구 ③ 체중계
④ 아파트 ⑤ 비행기

해설

'교복, 공부, 시험'을 통해 '학생'을 연상할 수 있다.

23 ④ 24 ② 25 ③ 26 ② 27 ② 28 ④ 29 ③ 30 ①

03 어법, 맞춤법, 한자성어

01 다음 중 의미의 전달이 정확하지 않은 문장은?

① 초대한 손님들이 전부는 오지 않았다.
② 세 사람이 각각 송어 두 마리를 낚았다.
③ 아직 아이가 신발을 신는 중입니다.
④ 그녀가 화사한 꽃 한 다발을 가지고 왔습니다.
⑤ 누가 그 책을 좋아합니까?

해설

그 책을 좋아하는 사람이 누구인지를 묻는 질문일 수도 있고, 그 책을 좋아하는 사람은 아무도 없다는 것을 강조하는 표현일 수도 있다.

02 다음 중 경어법의 표현이 바르지 않은 문장은?

① 아버지께서는 이제 연세가 높아 점점 귀가 먹으신다.
② 어머니 표정을 보니 무슨 깊은 고민이 계신 것 같다.
③ 할머니, 아빠가 저녁 8시에 공항에 도착한대요.
④ 지원아, 선생님께서 쉬는 시간에 교무실로 오라셔.
⑤ 할아버지 말씀만 하지 마시고 제 말씀도 들어보셔요.

해설

높여야 할 대상의 신체 부분이나 소유물 등과 관련한 말에는 '-(으)시-'를 결합시켜 높이는 간접높임법을 사용해야 한다. 따라서 ②에서는 높이는 대상이 '고민'이 아닌 '어머니'이므로, '고민이 계신 것 같다'를 '고민이 있으신 것 같다'로 고쳐야 한다.

Plus 해설

① 간접 높임법이 바르게 사용되었다.
③ · ④ 압존법은 문장 행위의 주체가 듣는 사람보다 낮은 위치에 있을 경우 '-(으)시-'를 쓸 수 없음을 말한다.
⑤ '말씀'은 높임말과 낮춤말 모두 쓸 수 있으므로 바르게 사용되었다.

[03~04] 다음 중 관용어가 사용되지 않은 문장을 고르시오.

03 ① 와, 저 녀석 간이 부은 모양인데?
② 조건을 이렇게나 따지니, 저렇게 눈이 높아서야.
③ 우리 엄마는 손이 커서 음식 하나를 만들면 며칠씩이나 먹어야 해.
④ 우리 아들은 발이 매우 커서 어지간한 신발들은 맞지 않는다.
⑤ 우리 학교 아이들이 경기에서 우승하는 것은 식은 죽 먹기다.

해설

④에서의 '발이 크다'는 단어의 기본적 의미로 사용되었다. 관용어(慣用語)는 둘 이상의 단어가 결합하여 특별한 의미로 사용되는 관습적인 말이므로 ④는 관용어가 사용되었다고 볼 수 없다.

Plus 해설

① 간이 붓다 : 지나치게 대담해지다.
② 눈이 높다 : 정도 이상의 좋은 것만 찾는 버릇이 있다.
③ 손이 크다 : 씀씀이가 후하고 크다.
⑤ 식은 죽 먹기다 : 매우 쉬운 일이다.

04 ① 그 손님은 툭하면 꼬투리를 잡고 까다롭게 굴어서 직원들이 다 학을 뗐어.
② 회의가 예상보다 길어졌는데 이제 그만 아퀴를 짓도록 합시다.
③ 언니가 미안하다고 사과했지만 오래도록 잊히지 않고 옹이가 졌다.
④ 어쩜 그렇게 표정 하나 안 바뀌고 입에 발린 말을 잘하니?
⑤ 아이가 하도 시끄럽게 굴어서 엄마는 아예 손으로 아이의 입을 막았다.

해설

⑤에서의 '입을 막다'는 관용어가 아닌 단어의 기본적 의미로 사용되었다. 관용어로 쓰이는 '입을 막다'는 '자기에게 불리한 말을 하지 못하게 하다'의 의미로 쓰인다.

Plus 해설

① 꼬투리를 잡다 : 트집을 잡다. 빌미를 잡다.
학을 떼다 : 괴로운 상황을 벗어나느라 진땀을 빼거나 거의 질려 버리다.
(학[瘧] : 말라리아. 말라리아 병원충을 가진 학질모기에게 물려서 감염되는 법정 전염병으로, 갑자기 고열 증상이 나타나고 구토 및 발작을 일으킨다.)
② 아퀴를 짓다 : 일이나 말을 마무리짓다.
③ 옹이가 지다 : 마음에 언짢은 감정이 있다.
④ 입에 발리다 : 남의 비위를 맞추기 위해 아부하다.

01 ⑤ 02 ② 03 ④ 04 ⑤

05 다음 중 밑줄 친 부분의 맞춤법이 잘못된 것은?

① 나는 또 **객쩍은** 생각을 했다.
② 대표치는 **대푯값**과 같은 말이다.
③ 회사에 소문이 **불거져** 나왔다.
④ 주차장의 규모를 **늘려** 달라는 건의가 들어왔다.
⑤ 그들은 간단한 **인삿말**을 주고받았다.

해설

한글 맞춤법 사이시옷 규정에 따르면 순우리말과 한자어로 된 합성어로서 앞말이 모음으로 끝난 경우, 뒷말의 첫소리가 된소리로 나거나 뒷말의 첫소리 'ㄴ, ㅁ' 앞에서 'ㄴ' 소리가 덧나거나 뒷말의 첫소리 모음 앞에서 'ㄴㄴ' 소리가 덧나는 것에 한하여 사이시옷을 사용한다. '인사말'의 표준 발음은 'ㄴ' 소리가 덧나지 않으므로 '인사말'로 써야 한다.

Plus 해설

① 객쩍다 : 행동이나 말, 생각이 쓸데없고 싱겁다.
② 대푯값 : 자료의 특징이나 경향을 가리키는 수의 값
③ 불거지다 : 어떤 사물이나 현상이 두드러지게 커지거나 갑자기 생겨나다.
④ 늘리다 : 물체의 넓이, 부피 따위를 본디보다 커지게 하다.

06 다음 중 밑줄 친 부분의 띄어쓰기가 잘못된 것은?

저는 올해 ① **서른두 살**이며, 부산에서 직장 생활을 하다가 ② **5년차**일 때 일을 그만두고 서울에서 제빵 공부를 ③ **시작한 지** 2년이 되었습니다. 서울과 ④ **부산 간**을 오가는 것이 힘들 때도 있지만 열심히 배워서 꼭 ⑤ **뜻한 바**를 이루고 싶습니다.

해설

②에서 '차'는 일정한 기간을 나타내는 명사구 뒤에 쓰여 주기나 경과의 해당 시기를 나타내는 말로 의존명사이다. 따라서 '5년 차'와 같이 띄어 써야 한다.

07 다음 중 밑줄 친 부분의 띄어쓰기가 옳지 않은 것은?

① 아무리 그렇게 말해도 좋은 걸 어떡해?
② 제 3장의 내용을 요약해 주시기 바랍니다.
③ 공사를 진행한 지 꽤 오래되었다.
④ 결혼 10년 차에 내 집을 장만했다.
⑤ 처벌하려면 법대로 하세요.

해설

'제(第)'는 '그 숫자에 해당되는 차례'의 뜻을 나타내는 접두사이므로 붙여서 '제3장'으로 써야 한다.

Plus 해설

①·③·④ 의존명사 '것', '지', '차'는 앞에 있는 관형사와 띄어 쓴다.
⑤ '법대로'에서 '대로'는 의존명사가 아닌 보조사로 쓰였으므로 붙여 쓰는 것이 맞다.

08 다음 중 올바른 맞춤법이 쓰인 문장은?

① 접은 셔츠를 서랍에 오래 두었더니 구김이 가서 달여야겠다.
② 이번에는 쉬운 문제를 낼 테니 틀리지 말고 꼭 마쳐야 해.
③ 그 방법보다는 이렇게 하는 게 더 낳을 것 같아요.
④ 연락이 계속 닿지 않아 그녀는 저녁 내 마음을 졸였다.
⑤ 그 외투에는 갈색 구두가 문안하게 어울리겠다.

해설

'졸이다'는 '속을 태우다시피 초조해하다'라는 의미로 ④에서의 '졸였다'는 올바른 표현이다.

Plus 해설

① '달이다'는 '약이나 액체 등을 끓여서 진하게 만들다'를 의미하며, '옷이나 천 등의 주름이나 구김을 펴기 위해 다리미 등으로 문지르다'의 의미를 나타낼 때에는 '다리다'를 쓴다.
② '마치다'는 '어떤 일이나 절차 등이 끝나다'를 의미하며, '문제에 대한 답이 틀리지 아니하다'의 의미를 나타낼 때에는 '맞히다'를 쓴다.
③ '낳다'는 '배 속의 아이, 새끼, 알을 몸 밖으로 내놓다', '어떤 결과를 이루거나 가져오다' 등을 의미하며, '보다 더 좋거나 앞서 있다'의 의미를 나타낼 때에는 '낫다'를 쓴다.
⑤ '이렇다 할 단점이나 흠잡을 만한 것이 없다'의 의미를 나타낼 때에는 '무난하다'를 쓴다.

05 ⑤ 06 ② 07 ② 08 ④

09 다음 중 띄어쓰기가 바르게 된 것은?

① 이제 내게 남은 것은 이것 뿐입니다.
② 너무 반가운통에 맨발로 나가 맞이했다.
③ 그는 자기 이름 조차 쓸 줄 모르는 까막눈이다.
④ 우리 앞으로 자주 만납시다그려.
⑤ 그 이벤트는 4시 부터 시작될 예정이에요.

해설

'그려'는 청자에게 문장의 내용을 강조할 때 쓰는 보조사로 앞말과 붙여 쓰는 것이 원칙이다. 보조사는 체언, 부사, 활용 어미 등에 붙어서 어떤 특별한 의미를 더해 주는 조사를 말한다.

Plus 해설

①·③·⑤ '뿐'은 '그것만이고 더는 없음'을, '조차'는 '이미 어떤 것이 포함되고 그 위에 더함'의 뜻을, '부터'는 '어떤 일의 시작'을 나타내는 보조사이므로, 앞말과 붙여서 '이것뿐', '이름조차', '4시부터'로 써야 한다.
② '통'은 '어떤 일이 벌어진 환경이나 판국'을 나타내는 의존명사로 앞말과 띄어서 '반가운 통에'로 써야 한다.

10 다음 중 복수 표준어로 사용되지 않는 것은?

① 딴죽 – 딴지
② 마을 – 마실
③ 쌉싸래하다 – 쌉싸름하다
④ 생뚱맞다 – 쌩뚱맞다
⑤ 거치적거리다 – 걸리적거리다

해설

'생뚱맞다'는 '행동이나 말이 상황에 맞지 않고 엉뚱하다'는 뜻으로, '쌩뚱맞다'는 비표준어이다.

11 다음 중 표준어로 인정된 말이 아닌 것은?

① 희안하다
② 짜장면
③ 삐지다
④ 남사스럽다
⑤ 께름직하다

해설

짜장면은 자장면과, 삐지다는 삐치다와, 남사스럽다는 남우세스럽다와, 께름직하다는 께름칙하다와 함께 쓸 수 있는 새롭게 인정된 복수표준어이다. 그러나 '희안하다'는 '희한하다'의 비표준어이다.

12 다음 중 외래어 표기가 바르게 된 것은?

① 조립식 장난감으로 로봇을 그럴듯하게 만들었어요.
② 영화 마지막에 나오는 배우의 나레이션이 정말 감동적이었다.
③ 전화를 받을 수 없으니 메세지를 남겨 주세요.
④ 그는 이마의 흉터가 컴플렉스여서 앞머리로 가리고 다닌다.
⑤ 여느 때보다 사장님의 현명한 리더쉽이 필요한 시기야.

해설

'로보트'가 아닌 '로봇'이 맞는 외래어 표기이므로 바르게 쓰였다.

Plus 해설

② 나레이션(×) → 내레이션(○)
③ 메세지(×) → 메시지(○)
④ 컴플렉스(×) → 콤플렉스(○)
⑤ 리더쉽(×) → 리더십(○)

13 다음 중 문장의 표현이 바르게 된 것은?

① 그의 뒤를 바짝 좇아 건물로 들어갔다.
② 쌓인 낙엽들을 지긋이 밟으니 사그락 소리가 났다.
③ 사과는 껍질채 먹어야 건강에 더 좋아.
④ 이렇게 성대한 잔치를 벌릴 줄이야.
⑤ 알면서도 모르는 체를 하면 어떻게 해?

해설

'체'는 '그럴듯하게 꾸미는 거짓 태도나 모양'을 뜻하므로 ⑤는 맞게 표기되었다.

Plus 해설

① '좇아'는 '이상을 좇는 청년'처럼 '목표, 행복 등을 추구함'을 나타낼 때 쓰는 말이며, '어떤 대상을 잡거나 만나기 위해 뒤를 급히 따름'을 나타낼 때에는 '쫓아'를 쓴다.
② '지긋이'는 '나이가 비교적 많아 듬직하게'를 나타낼 때 쓰는 말이며, '슬며시 힘을 주는 모양'을 나타낼 때에는 '지그시'를 쓴다.
③ '채'는 '앉은 채 잠들었다'처럼 '이미 있는 상태 그대로'를 나타낼 때 쓰는 말이며, '그대로' 또는 '전부'의 뜻을 나타낼 때에는 '째'를 쓴다.
④ '벌리다'는 '둘 사이를 넓히거나 멀게 함'을 나타낼 때 쓰는 말이며, '일을 계획하여 시작하거나 펼쳐 놓음'의 뜻을 나타낼 때에는 '벌이다'를 쓴다.

09 ④ 10 ④ 11 ① 12 ① 13 ⑤

14 다음 중 글의 내용과 어울리지 않는 문장을 고르면?

면역력을 높이는 방법 중 가장 효과적인 것은 체온을 올리는 것이다. (가) **체온이 상승하면 기혈의 순환이 원활해져 건강한 혈관과 혈액을 유지시킬 수 있다.** 또한 따뜻한 체온은 세포 활동을 촉진시키기 때문에 신진대사가 활발해지는 효과도 있다. (나) **면역체계가 약화되면 다양한 신호가 감지된다.** 이런 효과들은 결국 면역력으로 이어져 세균이나 바이러스 등 외부의 침입으로부터 우리 몸을 건강하게 지켜준다. 몸을 따뜻하게 하는 방법은 규칙적으로 운동을 하는 것이다. (다) **약간 땀이 날 정도로 유산소 운동을 하는 것이 가장 도움이 된다.** 따뜻한 성질을 가진 마늘, 대추, 계피 등을 먹어주는 것도 좋다. (라) **반신욕이나 족욕도 체온을 올리며 몸의 순환을 도와준다.**

① (가) ② (나) ③ (다) ④ (라) ⑤ 없음

해설

(나)의 뒷문장에 '이런 효과들'은 (나)의 앞문장 '신진대사가 활발해지는 효과'와 관련된 것이다. 따라서 (나)는 글의 내용에 어울리지 않는 문장이다.

15 다음 중 밑줄 친 부분을 어법에 맞도록 수정한 방안으로 적절하지 않은 것은?

㉠ 6월 말부터 농수산물에서 **시작한** 물가 상승은 연말에도 계속됐다.
㉡ 며칠간 밤을 새우며 팀원들과 공모전을 준비하는 것은 여간 힘든 일이 **많았다**.
㉢ 사업 비용이 초기에 많이 투입되어야 하는 안건은 사장의 **제가**를 받기 어렵다.
㉣ 그녀의 눈동자는 밝은 달이 빛을 뿌리고 있는 밤하늘을 그대로 **투영하고** 있었다.
㉤ 아이가 제 물건을 잃어버리고 들어온 날이면, 어머니는 애가 **칠칠맞다고** 타박을 주었다.

① ㉠ 시작된 ② ㉡ 아니었다 ③ ㉢ 재가
④ ㉣ 투영시키고 ⑤ ㉤ 칠칠맞지 못하다고

해설

㉣은 어법에 맞는 문장이므로 수정할 필요가 없다.

Plus 해설

② '여간'은 주로 부정어와 함께 쓰인다. '여간이 아니다'는 '보통이 아니고 대단하다'라는 의미이다.
③ '제가'는 '집안을 잘 다스려 바로잡음'이라는 의미이다. 따라서 '안건을 결재하여 허가함'이라는 뜻을 가진 '재가'로 고쳐야 한다.
⑤ '칠칠맞다'는 '칠칠맞지 못하다', '칠칠맞지 않다'와 같이 '못하다', '않다'와 함께 쓰인다.

16 밑줄 친 ㉠~㉤을 수정한 것으로 바르지 않은 것은?

벤담은 국민들이 행복하게 사는 것에 관심이 많았다. 그래서 인생의 목적이 쾌락에 있다고 생각했다. 그에게 행복은 쾌락이고 불행은 고통이었기 때문이다.

㉠ **그리고 그는 행복이 한 사람 차원에서 그치면 안 된다고 생각했다**. 여러 사람이 행복을 누리는 '공중적 쾌락주의'로 발전해야 한다고 주장한 것이다. 그는 많은 사람들이 행복을 느끼면 그게 바로 옳은 것이라고 생각하였다. 이런 이유로 벤담은 가장 많은 사람에게 최대의 행복을 주는 '최대 다수의 최대 행복'을 외쳤다. 이런 그의 철학을 '공리주의'라고 한다.

그 시대에는 많은 철학자가 무엇이 옳고 그른지, 또 무엇이 선이고 악인지를 명쾌하게 풀기 위해 ㉡ **오랜동안 골머리를 앓았다**. 하지만 벤담은 대담하게 그런 논의는 불필요하다고 생각했다. "진리와 도덕을 멀리서 찾지 말라!"고 하면서 말이다. 그는 도덕에 무슨 원인이 있어야 하냐고 반박하며, 그냥 결과가 좋고 많은 사람이 행복하면 도덕적인 것이라고 했다. '최대 다수의 최대 행복!'이란 그의 생각이 ㉢ **오롯이 담겨 있는 말이 아닐 수 없다**.

벤담은 올바른 행동이란 쾌락의 양을 늘리고 고통의 양을 줄이는 것이라고 하며, 쾌락의 양을 객관적으로 계산할 수 있는 쾌락 계산법을 내놓았다. 그는 쾌락을 평가하는 기준으로 '강도, 확실성, 근접성, 다산성, 지속성, 순수성, 범위'라는 7가지를 꼽았다.

강도는 어떤 행동으로 인한 쾌락의 정도가 ㉣ **얼마나 큰 지를**, 확실성은 그 행동이 얼마나 확실하게 쾌락을 주는지를 평가하는 것이다. 근접성은 쾌락을 얼마나 빨리 얻을 수 있는지를, 다산성은 쾌락이 단지 ㉤ **일회적인것인지**, 다른 쾌락들을 동반하는지를 측정하는 것이다. 지속성은 쾌락이 얼마나 지속될 수 있는지를, 순수성은 쾌락 속에 혹시 고통의 요소가 섞여 있지는 않은지를, 범위는 쾌락이 얼마나 많은 사람에게 미치는지를 묻는 것이다. 벤담은 이 7가지 기준마다 쾌락을 '+'로, 고통을 '—'로 정해 쾌락을 계산하였다.

① ㉠ : 문맥상 앞의 내용과 전환되는 부분이므로 '그리고'를 '그런데'로 수정한다.
② ㉡ : 맞춤법에 맞도록 '오랜동안'을 '오랫동안'으로 수정한다.
③ ㉢ : 문맥에 따라 '오롯이'를 '온전히'로 수정한다.
④ ㉣ : '–지'가 연결어미이기 때문에 붙여 쓴다.
⑤ ㉤ : '것'은 의존명사이므로 앞 어절과 띄어 쓴다.

해설

㉢에 사용된 '오롯이'는 '모자람이 없이 온전하게'라는 뜻으로 문맥에 맞는 적절한 단어이다. 따라서 유의어인 '온전히'로 수정할 필요가 없다.

14 ② 15 ④ 16 ③

17 다음 ㉠~㉤의 밑줄 친 부분을 맞춤법에 맞게 고친 사람을 |보기|에서 고르면 모두 몇 명인가?

> ㉠ 오늘은 아침부터 **웬지** 김 과장님의 표정이 좋지 않았다.
> ㉡ 이미 미팅은 끝이 났고, 그 프로젝트는 폐기하기로 **돼어** 있다는 것을 알았다.
> ㉢ 내가 우리 회사 대표로 뽑히**던지** 말**던지** 전혀 관심이 없다.
> ㉣ 사장님의 모습이 회사 내에서 **간간이** 사라지는 경우가 많이 생겼다.
> ㉤ 그 아파트는 전세 3억 원에 **임차**되었다.

| 보기 |

> 미연 : ㉠의 '웬－'은 '어떠한'을 의미하는 관형사이므로, '왜 그런지'의 뜻을 나타내는 부사인 '왠지'로 수정해야 한다.
> 성수 : ㉡의 '돼어'는 어간 '되－'에 연결 어미 '－어'가 붙어서 이루어진 말이므로 '되어'로 수정해야 한다.
> 상민 : ㉢의 '－던지'는 물건이나 일의 내용을 가리지 아니한다는 뜻을 나타내는 '－든지'로 수정해야 한다.
> 지수 : ㉣의 '간간이'는 '드문드문, 듬성듬성, 이따금씩'을 나타내는 부사어인 '간간히'로 고쳐 써야 한다.
> 영지 : ㉤의 '임차'는 돈을 받고 물건을 빌려주는 일을 뜻하는 '임대'로 수정해야 한다.

① 1명　② 2명　③ 3명　④ 4명　⑤ 5명

해설

㉠ '웬－'은 '어떠한'을 의미하는 관형사이므로 명사와 함께 쓰여야 한다. '왠지'는 '왜 그런지'의 뜻을 나타내는 부사이므로 ㉠의 '웬지'는 '왠지'로 고쳐 써야 한다.
㉡ '되어'는 어간 '되－'에 연결 어미 '－어'가 붙어 이루어진 말이다. 따라서 '되어'로 수정해야 한다.
㉢ '－던지'는 지난일을 나타내는 선어말 어미 '－더'에 어미 '－ㄴ지'가 결합한 형태이고, '－든지'는 물건이나 일의 내용을 가리지 아니하는 뜻을 나타내는 조사이다. 따라서 문맥상 '－든지'로 고쳐 써야 한다.
㉤ '임차'는 '돈을 주고 물건을 빌리는 일'이고 '임대'는 '돈을 받고 물건을 빌려 주는 일'이다. 따라서 문맥상 '임대'로 고쳐 써야 한다.

Plus 해설

㉣ '간간이'는 '드문드문, 듬성듬성, 이따금씩'을 의미하는 부사어이므로 옳게 쓰였다. 따라서 '간간히'로 고쳐 쓰는 것은 적절하지 않다.

18 다음 괄호 안에 들어갈 한자성어로 알맞지 않은 것은?

그는 좌우명인 (　　　　)에 따라, 꾸준히 준비하여 좋은 성과를 내었다.

① 우공이산(愚公移山)
② 주경야독(晝耕夜讀)
③ 절차탁마(切磋琢磨)
④ 결자해지(結者解之)
⑤ 자강불식(自强不息)

해설

포기하지 않고 꾸준히 하여 이룬다는 표현을 나타내는 고사성어로 '결자해지'는 알맞지 않다. '결자해지'는 '자기가 저지른 일은 자기가 해결하여야 함'을 이르는 말이다.

Plus 해설

① 우공이산(愚公移山) : 어떤 일이든 끊임없이 노력하면 반드시 이루어짐을 이르는 말이다.
② 주경야독(晝耕夜讀) : 어려운 여건 속에서도 꿋꿋이 공부함을 이르는 말이다.
③ 절차탁마(切磋琢磨) : 학문이나 자신의 이상을 갈고 닦아 목표에 이름을 뜻한다.
⑤ 자강불식(自强不息) : 스스로 힘써 행하여 쉬지 않음을 뜻한다.

19 다음 중 의미가 다른 한자성어는?

① 미봉책(彌縫策)
② 고식지계(姑息之計)
③ 임기응변(臨機應變)
④ 하석상대(下石上臺)
⑤ 한강투석(漢江投石)

해설

①·②·③·④는 '그 순간만 모면하겠다는 얄팍한 계책'을 가리키는 한자성어이며, '한강투석(漢江投石)'은 '아무리 한강에 돌을 던져 보아야 한강을 메울 수 없다'는 뜻으로 아무리 애써도 그 뜻을 이루기 어려움을 나타낼 때 쓰는 한자성어이다.

Plus 해설

① 미봉책(彌縫策) : 임시변통으로 이리저리 꾸며 맞추기 위한 계책
② 고식지계(姑息之計) : 당장 눈앞의 안일함만 취하는 계책
③ 임기응변(臨機應變) : 그때그때의 형편에 따라 변통성 있게 처리함.
④ 하석상대(下石上臺) : 대충 눈가림으로 아랫돌을 위의 대에 받쳐 놓음.

17 ④ 18 ④ 19 ⑤

20 다음 제시된 각 속담과 연결되는 한자성어가 아닌 것은?

> ㉠ 10년이면 강산도 변한다.
> ㉡ 변덕이 죽 끓듯 한다.
> ㉢ 물에 빠진 놈 건져 놓으니 봇짐 내놓으라 한다.
> ㉣ 백지장도 맞들면 낫다.
> ㉤ 낫 놓고 기역자도 모른다.

① 상전벽해(桑田碧海)
② 조령모개(朝令暮改)
③ 주객전도(主客顚倒)
④ 고장난명(孤掌難鳴)
⑤ 일자무식(一字無識)

해설

㉠은 상전벽해, ㉡은 조령모개, ㉢은 주객전도, ㉤은 일자무식과 연결되며 ㉣과 연결되는 한자성어는 '십시일반(十匙一飯)'이다.
고장난명(孤掌難鳴)은 '손바닥 하나만으로는 소리가 나지 않는다'는 뜻으로, 혼자의 힘으로 어떤 일을 이루기 어려움을 의미한다.

Plus 해설

① 상전벽해(桑田碧海) : 뽕밭이 푸른 바다로 바뀔 정도로 세상이 변함.
② 조령모개(朝令暮改) : 아침에 내린 명령을 저녁에 또 바꿀 정도로 이랬다저랬다 함.
③ 주객전도(主客顚倒) : 주인과 손님이 뒤바뀐 형세
⑤ 일자무식(一字無識) : 글자 한 자도 모를 정도로 무식함.

21 다음 문장의 빈칸에 들어갈 한자어로 적절한 것은?

> 정부는 이번 개각에서 ㅇㅇㅇ 교수를 법무부장관에 기용하기 위해 사전 검증작업에 들어간 것으로 확인되었다. ㅇㅇㅇ 교수가 법무부장관 (   )에 오르내리는 배경에는 현 정부가 검찰 개혁을 궁극적으로 완수할 적임자로 적합하다고 판단한 신뢰가 작용했기 때문으로 보인다.

① 등용문(登龍門)
② 하마평(下馬評)
③ 미증유(未曾有)
④ 풍문(風聞)
⑤ 미봉책(彌縫策)

해설

하마평(下馬評)은 관직의 인사이동이나 관직에 임명될 후보자에 관하여 세간에 떠도는 풍설을 가리키는 말이다.

Plus 해설

① 등용문(登龍門) : 용문(龍門)에 오른다는 뜻으로, 어려운 관문을 통과하여 크게 출세함을 의미한다.
③ 미증유(未曾有) : 지금까지 한 번도 있어 본 적이 없음을 의미한다.
④ 풍문(風聞) : 바람처럼 떠도는 소문을 말한다.
⑤ 미봉책(彌縫策) : 눈가림만 하는 일시적인 계책을 의미한다.

22 다음 기사문의 내용을 토대로 빈칸에 들어갈 알맞은 한자성어를 고르면?

이번 일본의 수출 보복에 대해 국무총리는 현명한 선택이 아니라고 비판하며 외교적인 노력이 여러 방면에서 진행되고 있다고 밝혔다. 국무총리는 "자유무역의 최대 수혜자가 일본인데, 바로 그 일본이 자유무역을 제약하는 조치를 취했다."며 일본이 의장국으로 G20 선언문을 채택한 다음날 그에 반하는 조치를 발표한 것은 크나큰 (   )이라고 비판했다.

① 위기일발(危機一髮)
② 자가당착(自家撞着)
③ 정저지와(井底之蛙)
④ 견위치명(見危致命)
⑤ 맥수지탄(麥秀之嘆)

해설

자유무역의 최대 수혜자인 일본이 자유무역을 제약하는 조치를 취한 것은 앞뒤가 맞지 않는 모순이므로, 이를 비판하는 데 어울리는 한자성어로는 '자기가 한 말이나 행동의 앞뒤가 모순됨'을 뜻하는 '자가당착(自家撞着)'이 적절하다.

Plus 해설

① 위기일발(危機一髮) : 위기가 바로 머리맡에 있는 듯한 형세를 가리킨다.
③ 정저지와(井底之蛙) : 우물 안의 개구리처럼 식견이 좁아 세상의 넓은 형편을 모르는 경우를 가리킨다.
④ 견위치명(見危致命) : 나라의 위태로움을 보고 목숨을 버림을 의미한다.
⑤ 맥수지탄(麥秀之嘆) : 고국의 멸망을 한탄함을 이르는 말이다.

20 ④ 21 ② 22 ②

Chapter 02 이해력 기본 이론 학습

① 글의 서술 방식

1) 글의 서술 방식 : 글을 전개하는 과정에서 필자가 자신의 생각을 효과적으로 표현하고 전개하기 위해 사용하는 서술상의 특징을 말한다.

2) 서술 방식

(1) 정의	대상이나 용어의 범위, 개념을 규정지음으로써 그 본질적 특성을 명확하게 이해시켜 서술하는 방법
(2) 예시	일반적인 원리나 추상적인 진술 내용에 대해 구체적인 사례를 들어 생생하게 서술하는 방법
(3) 인과	어떤 결과를 가져오게 한 원인을 분석하거나 어떤 원인에 의해 결과적으로 일어난 일을 분석하여 서술하는 방법
(4) 분류	어떤 대상들이나 생각들을 공통적인 특성에 근거하여 나누거나 묶어 서술하는 방법
(5) 분석	복잡한 것을 단순한 요소나 부분들로 나누어 더욱 세밀하게 구체화시켜 서술하는 방법
(6) 묘사	감각적 인상에 의존하여 대상을 세부적으로 나누어 그림을 그리듯이 서술하는 방법
(7) 비교 · 대조	대상 간의 유사점이나 차이점에 근거하여 대상의 특성을 서술하는 방법
(8) 유추	어렵고 복잡한 대상이나 현상을 이와 유사성이 있는 다른 범주의 쉽고 단순한 것에 빗대어 서술하는 방법

② 독해 기본 원리

1) 독해 핵심 원리

(1) 문단 요약하기

① 한 문단엔 하나의 생각(중심 문장)이 들어있다. 그 중심 문장의 위치를 빠르게 찾아 간략히 메모하는 연습을 한다.

② 문단 요약은 요지(핵심어에 대한 추상적 진술)를 기록하는 것이다.

③ 처음에는 독해를 하면서 문단 요약을 하는 것에 시간이 오래 걸리는 것 같으나, 점차 이로 인해 독해 시간이 단축되고 정확도가 높아진다.

(2) 문단 간 관계 파악하기

① 앞선 문단 요약이 정확해질수록 문단 간 관계를 파악하는 것도 용이해진다.

② 각 문단이 시작하는 부분에 있는 접속어나 지시어에 유의한다.

③ 접속어나 지시어가 없으면 생략된 것이므로, 그 생략된 접속어나 지시어를 추리해서 채워 넣으면 문단 간 관계를 더욱 분명하게 파악할 수 있다.

> 예 '그러나' → 앞 문단에 대한 대립 / 반론과 주장 / 긍정과 부정
> '그러므로' → 앞 문단에 대한 전제와 결론(주장) / 예시와 결론 / 열거와 종합

(3) 중심 문장(주제 혹은 요지)의 위치 파악하기

① 중심 문장은 대개 처음에 오거나(두괄식) 마지막에 오는(미괄식) 경우가 많다.

② 정의, 예시, 인과, 비교・대조, 유추 등 다양한 표현 방식(설명 방법, 전개 방법)이 사용되는 문장들은 모두 뒷받침 내용이며, 그 앞에 중심 내용이 있다.

③ 다양한 표현 방식을 통해 중심 내용과 뒷받침 내용의 관계를 파악하면, 그 중심 내용을 보다 쉽고 분명하게 파악할 수 있다.

2) 효율적인 독해 방법

(1) 기호 표시로 시각화하기

> 예 ○ : 중심 화제(핵심어) 및 주요 대상 표시
> △ : 주요 접속사 표시 → '그러나', '그런데' (전환과 역접)
> '그러므로' (결론)
> : 핵심 정보나 중심 문장에 밑줄 긋기
> ① : 나열된 정보나 특징들에 번호 표시

(2) 접속어의 뒤 주목하기

다음과 같은 접속어가 나오면 그 앞이 뒷받침 내용이고, 그 뒤가 중심 내용이므로 접속어의 뒷부분을 밑줄 쳐 시각화한다.

> 예 '그러나', '그런데', '따라서', '결국', '그러므로', '그래서', '이것은', '이처럼', '요컨대' …

(3) 접속어의 앞 주목하기

다음과 같은 접속어가 나오면 그 앞이 중심 내용이므로 앞부분을 밑줄 쳐 시각화한다.

> 예 '왜냐하면', '다시 말하면', '가령', '예를 들면' …

(4) 예시 · 부연 · 유추(비유)의 앞 주목하기

무엇에 대한 예시 · 부연 · 유추(비유)에서 그 '무엇'이 핵심 정보이다. 예시 · 부연 · 유추(비유)는 중요한 정보인 '무엇'을 설명하고 이해시키기 위해 동원한 설명 방법이다.

(5) 가장 많이 반복된 어휘가 핵심어이고, 그 핵심어에 대한 추상적 진술(서술어)이 요지(중심 문장)이다.

3) 일반적인 독해 원리

(1) 더 길게 말하는 것이 필자가 강조하는 것이다.

필자는 본인의 입장이나 의견이 담긴 화제에 대해 더 길게 언급하며 강조한다. 예를 들어, 어떤 대상에 대한 장 · 단점, 긍정적 · 부정적 측면을 함께 설명할 때 단점이나 부정적 측면에 대한 설명이 길다면, 필자는 화제에 대해 비판적인 의견과 태도를 갖고 있는 것이다.

(2) 다양한 종류의 화제가 나올 때는 마지막 것이 핵심 화제이다.

특히 마지막 화제가 앞서 나온 화제에 대한 상위어(추상어)일 때에는 반드시 마지막 상위어가 핵심 화제이다. 예를 들어, 첫째 '마고자', 둘째 '짚신', 셋째 '송편'을 화제로 올리고 마지막에 '마고자', '짚신', '송편'을 포괄해 설명할 수 있는 상위어 '전통'이라는 화제가 나오면, 앞의 세 화제는 마지막 '전통'이라는 화제를 끌어내기 위한 전제나 예시인 것이다.

(3) 물음표(?)가 있는 경우에는 그에 대한 답변(주로 해결 방안)이 있다.

필자가 '?' 형식으로 문제 제기를 할 경우 반드시 그에 대한 답변을 내리는 부분이 나온다. 바로 그 부분이 글 전체의 주제(핵심 정보)가 된다. 대개 답변은 마지막 문단의 첫 문장에 있는 경우가 많지만, '?' 가 나온 다음 문단에서 바로 답하면서 두괄식으로 논의를 심화시키는 경우도 있다. 그러므로 서론에서 '?'로 문제 제기를 한 글을 독해할 때엔 반드시 그에 대한 대답을 먼저 찾아야 글 전체가 한눈에 보인다.

의문문이든 설의적인 문장이든 '?'가 있는 모든 문장은 핵심 내용이거나 핵심 내용을 안내하는(바로 뒤에 핵심 내용이 이어지는) 문장이므로 주목해야 한다. 묻고 답하는 것이나 설의적인 물음도 강조의 한 방법이기 때문에 중요하지 않으면 '?'를 사용하지 않는다.

(4) 서술어를 꼼꼼하게 읽어야 한다.

핵심어에 대한 서술어에는 대상에 대한 속성이나, 대상과 상황에 대한 작가의 관점 · 정서 · 태도 등이 담겨 있으므로 중심 내용이 된다. 따라서 독해에서 서술어는 접속사와 더불어 가장 중요한 성분이다. 문장 구조가 복잡할수록 '주어, 목적어, 보어, 서술어'를 골라 읽으면 보다 쉽게 문장의 전체 내용을 파악할 수 있다.

(5) 접속어 역할을 하는 어미에 주목해야 한다.

긴 문장 가운데에 있는 어미는 접속어와 같은 역할을 하므로 다음과 같은 어휘가 나오면 그 뒤의 중심 내용을 밑줄 쳐 시각화하는 것이 좋다.

> 예 '~하지만', '~보다도', '~되면', '~아니고', '~이므로', '~때문에', '~하므로', '~처럼', '~와 같이', '~와 달리', '그 결과', '그럼으로써' …

(6) 부연의 접속어('다시 말하면')가 나오면 더 쉬운 쪽을 통해 이해할 수 있다.

부연은 앞의 내용을 다시 설명하는 내용이므로 부연 앞의 중심 문장을 통해 내용이 파악되었다면 다시 읽을 필요가 없다. 그러나 부연 앞의 중심 문장을 이해하지 못했다면, 부연의 접속어 이하 문장을 통해 다시 한번 중심 문장을 이해할 수 있다.

(7) 헷갈리는 오답에 주의해야 한다.

출제자는 의도적으로 헷갈리는 선택지를 두 개 이상 둔다. 그러므로 단순히 답을 찾는 자세에서 더 나아가 정답과 오답의 근거를 지문에서 발견하는 연습을 해야 한다.

일반적으로 오답은 전체보다는 부분적인 내용(일부분의 사실)을, 상식적으로는 이치에 맞지만 지문의 관점과는 거리가 있는 내용을 진술한다.

③ 유형 1 – 중심 내용 파악하기

1) 문제 유형 : 필자의 주장이나 중심 생각을 파악하는 유형으로, 글의 주제나 목적, 전반적인 흐름에 대해 묻는 문제이다.

2) 해결 방식

① 글에서 언급한 소재나 화제 중 글의 핵심 내용과 관련된 중심 화제를 파악한다.

② 중심 화제는 글에서 반복되는 어휘일 가능성이 높으며, 이러한 핵심어는 필자의 관심을 반영하므로 글의 주제와 밀접한 관련을 갖고 있다.

③ 핵심어에 대한 필자의 태도, 설명 등이 드러나는 부분이 중심 문장일 가능성이 높으므로, 핵심어를 찾으면 중심 문장을 찾기 쉽다.

④ 중심 문장은 세부적이고 상세한 구체적 진술이 아닌 일반적 진술이 대부분이므로, 핵심어를 포함하면서 일반적 진술로 이루어진 문장을 찾는다.

⑤ 문단이나 지문에서 중심 문장 간의 관계를 살펴보고, 필자의 주장 · 의도 · 관점 · 설명 등이 두드러지게 나타나는 문장을 찾은 후 글 전체의 주제나 중심 내용을 도출한다.

예제 1 이 글의 주제로 가장 적절한 것을 고르면?

헌팅턴 무도병은 선천적인 유전성 질환이며, 뇌신경계를 침범하여 점점 퇴행에 이르게 한다. 주요 근육의 조절능력이 상실되며, 정신건강에도 영향을 미친다. 진행성 질환으로서 시간이 경과할수록 증상은 점점 악화된다. 1872년 미국 의사 조지 헌팅턴(George Huntington)이 처음 이 질병을 '헌팅턴 무도병'이라고 명명했는데, 이는 이 질환에 걸린 사람들이 춤추는 것과 같이 흔들거리는 동작을 취하기 때문이었다. 헌팅턴 무도병의 3대 증상은 무도증, 정신증상 및 치매이다. 병의 초기 단계에서는 무도증이 비교적 신체 일부에 국한되어 나타나지만, 질환이 진행됨에 따라 무도증이 전신으로 퍼진다. 진단이 이루어진 후 사망에 이르기까지 15~20년 정도가 소요되며, 오랜 기간에 걸쳐 병이 진행되면 결국 과다 근육긴장증과 심한 경직 상태에 이르게 된다.

① 헌팅턴 무도병의 어원
② 헌팅턴 무도병의 원인
③ 헌팅턴 무도병의 증상
④ 헌팅턴 무도병의 유전성

해설

이 글은 선천적 유전성 질환인 헌팅턴 무도병의 증상에 관하여 기술하고 있다. 헌팅턴 무도병은 진행성 질환으로 시간이 경과함에 따라 신체 일부에서 전신으로 퍼지며 악화된다. 3대 증상은 무도증, 정신증상 및 치매이다.

정답 ③

④ 유형 2 - 문장 순서 배열하기

1) 문제 유형 : 글의 분석 능력과 종합 능력을 파악하는 유형으로, 문장들 간의 논리적 관계를 이해하고 있는지 묻는 문제이다.

2) 해결 방식

① 주어진 글을 읽고 무엇에 관한 글인지, 전개 방식이 어떠한지 파악한다.

② 글의 요지를 파악하고, 순서를 찾는 데 도움이 될 만한 단서들을 찾는다.

③ 문장 간 유기적인 관계를 보여주는 접속어와 지시어에 유의한다. 때로 난도를 높이기 위해 문장 사이를 연결하는 접속어를 생략하기도 한다는 점에 주의한다.

④ 내용의 흐름이 자연스러워지도록 문장을 배열한다.

⑤ 배열한 문장 순서에 따라 글을 다시 읽어보고 논리적 순서에 맞는지 검토한다.

예제 2 주어진 문장에 이어질 내용을 순서에 맞게 나열한 것은?

중국의 담벼락은 집보다 높다.

(가) 그러나 일본의 초가집에는 숫제 담이란 것이 없고, 설령 담이 있다 하더라도 내부가 환히 보이는 아주 낮은 담이다.
(나) 한편, 우리나라의 담은 중국의 담보다 낮지만, 일본의 담보다 높다.
(다) 아무리 발돋움을 하여도 그 내부를 들여다볼 수 없다.
(라) 그것은 개방되어 있는 것과 다름이 없다. 우리나라의 돌담은 바로 폐쇄와 개방의 중간에 위치해 있다.

① (나) - (가) - (다) - (라)　② (나) - (라) - (다) - (가)
③ (다) - (가) - (나) - (라)　④ (다) - (가) - (라) - (나)

해설

(다) 중국의 담 높이에 대해 설명하는 제시문에 대한 부연 설명
(가) 접속 부사 '그러나'를 사용해 일본의 담 높이에 대한 설명으로 화제전환
(라) 일본의 담 높이에 대한 설명으로, (가)에 대한 부연 설명
(나) 우리나라의 담 높이에 대한 설명으로, 우리나라 · 중국 · 일본이 모두 언급되어 있기 때문에 3개국의 담에 대한 설명이 나온 뒤 마지막에 위치해야 하는 문장

정답 ④

⑤ 유형 3 - 빈칸 채워 넣기

1) 문제 유형 : 글의 통일성과 일관성을 구성할 수 있는지 파악하는 유형으로, 제시된 글을 바르게 이해하고 논리적 추론을 통해 주어진 단어나 문장을 적절하게 배치할 수 있는지 묻는 문제이다.

2) 해결 방식

(1) 어휘를 넣는 문제

어휘는 사전적 · 지시적 의미 외에 전의적, 문맥적, 비유적 · 함축적 의미 등을 가지며, 글 속에서 다양한 의미를 갖게 된다. 글에 사용된 어휘의 의미를 파악하기 위해서는 사전적 의미를 바탕으로 생각하되 글 속에서의 실제적 의미가 무엇인지 살펴보아야 하며, 사전적 의미를 정확하게 모를 경우에도 그 앞뒤 문맥과 정황, 분위기 속에서 유추해 의미를 이끌어내야 한다.

사전적 의미(중심적 의미)	기본적이고 핵심적인 의미
전의적 의미	본래의 지시적 의미와 다른 뜻으로 쓰이는 것
문맥적 의미(주변적 의미)	문맥이나 상황 속에서 중심적 의미의 범위가 확장되어 다른 뜻으로 쓰이는 것
비유적 의미	주어진 단어(보조관념)가 그와 유추 관계에 있는 다른 대상(원관념)을 나타내는 것

(2) 접속어 · 연결어를 넣는 문제

빈칸 앞뒤 문장의 내용을 읽으면서 그 내용의 상반, 인과, 강조, 예시, 설명, 비교, 요약 등 관계를 확인한 후 적절한 접속어나 연결어를 넣는다.

예컨대	앞 문장에 덧붙여 설명할 때
그러면	• 앞의 내용이 뒤의 내용의 조건이 될 때 • 앞의 내용을 받아들이거나 그것을 전제로 새로운 주장을 할 때
그런데	• 화제를 앞의 내용과 관련시키면서 다른 방향으로 이끌어나갈 때 • 앞의 내용과 상반된 내용을 이끌 때
그러나	앞 문장과 뒤 문장이 상반되는 관계일 때
그리고 · 또(는/한)	앞 문장과 뒤 문장이 병렬 관계이거나 점층적 구조일 때
그러므로 · 따라서	앞의 내용이 뒤의 내용의 이유나 원인, 근거가 될 때

(3) 문장을 넣는 문제

글의 주제, 중심 내용 등을 통해 글의 구조와 전체 흐름을 파악한 뒤 연결어, 지시어, 대명사 등을 이용해 앞뒤 문장과의 관계를 확인하여 논리적인 공백을 찾는다.

예제 3 다음 글의 흐름에 따라 빈칸에 들어갈 내용으로 적절한 것을 고르면?

> 사회가 급변하면 사람들은 이전의 생활을 그대로 수긍하지 못한다. 새로운 생활에 맞는 새로운 언어 또한 필요로 하게 된다. 그 언어가 자연스럽게 육성되기를 기다릴 수도 있지만 사람들은 대개 외국으로부터 필요한 개념의 언어를 빌려오고는 한다. 돈이나 기술을 빌리는 것에 비하면 언어는 대가 없이 빌려 쓸 수 있으므로 제한 없이 외래어를 차용한다. 이처럼 외래어의 증가는 [ ] 와(과) 함께 진행된다. 광복 이후 우리 사회에서 외래어가 넘쳐나는 것은 그간 우리나라의 고도성장과 결코 무관하지 않다.

① 국제화　② 사회의 팽창
③ 언어의 다양성　④ 언어의 보편성

해설

광복 이후 우리 사회에서 외래어가 증가한 이유는 우리나라가 고도성장하면서 사회가 팽창했기 때문이다.

정답 ②

예제 4 다음 글의 (㉠)과 (㉡)에 들어갈 접속어로 가장 적절한 것은?

> 히포크라테스가 분류한 네 가지 기질이나 성격 유형에 대한 고대의 개념으로 성격에 대한 논의를 시작하는 것이 일반적인 방식이지만, 나는 여기에서 1884년『포트나이트리 리뷰』에 실렸던 프랜시스 골턴 경의 논문 성격의 측정으로 이야기를 시작하겠다.
> 찰스 다윈의 사촌이었던 골턴은 초기 진화론자로서 진화가 인간에게도 영향을 끼쳤다고 주장한 사람이다. (㉠) 그의 관념은 빅토리아 시대적 편견을 가지고 있었고, (㉡) 그의 주장이 오늘날에는 설득력이 떨어진다. 그럼에도 불구하고 결국에는 자연 선택 이론이 인간을 설명하는 지배적인 학설이 될 것이라는 그의 직관은 옳았다.

	㉠	㉡
①	그래서	그리하여
②	그리고	그래서
③	그러나	따라서
④	그런데	그리고

해설

위 글은 초기 진화론자인 골턴의 이론을 소개하면서, 그가 시대적 편견을 가지고 있었기 때문에 오늘날 그의 주장은 설득력이 떨어지지만, 그럼에도 결국 그의 직관과 학설이 옳다는 내용을 서술하고 있다. 따라서 ㉠은 앞 문장과 상반되는 관계를 나타내는 접속어가, ㉡은 앞의 내용이 뒤의 내용의 근거가 됨을 나타내는 접속어를 쓰는 것이 적절하다.

정답 ③

이해력

⑥ 유형 4 – 내용 일치·불일치

1) 문제 유형 : 글의 전반적인 흐름과 맥락에 따른 내용 이해도를 평가하는 유형으로, 문단별 세부적인 내용을 정확하게 파악했는지 묻는 문제이다.

2) 해결 방식

(1) 설명문의 경우

① 독자가 모르는 대상이나 사실에 대해 쉽게 이해할 수 있도록 알려주는 글이므로, 설명의 대상이 무엇인지, 즉 화제를 파악하는 것이 우선이다.

② 글에서 제시된 주요 용어, 이론, 개념 등에 주의하고 그에 대한 설명을 살펴보면 핵심 정보를 파악하는 데 도움이 된다.

③ 글의 전개 방법(정의, 예시, 인과, 비교 · 대조, 유추 등)에 대한 이해를 바탕으로 세부 정보와 그 관계를 파악한다.

(2) 논설문의 경우

① 필자가 의견을 제시하여 독자들을 설득하는 것을 목적으로 하는 글이므로, 필자가 문제 삼고 있는 것이 무엇인지 그에 대한 태도나 제시한 해결책은 어떠한지를 파악한다.

② 필자가 의견을 객관화하기 위해 제시한 근거(논거)의 타당성과 논지 전개의 적절성, 주장의 수용 가능성 등에 대해 올바르게 판단한다.

③ 주장을 뒷받침하기 위한 근거(논거)들이 타당성을 가지고 서로 유기적인 관계를 맺고 있는지 여부를 판단한다. 이때 접속어 등 연결어에 주목하고, 특히 글의 핵심이 집약되어 있는 부분을 잘 살펴본다.

예제 5 다음 글을 이해한 내용으로 옳지 않은 것은?

> 즐거움을 얻기 위해 책을 읽을 때 우리는 메모를 하지 않고 넋을 잃은 상태로 몰입하는 것이 가장 바람직하다. 정보를 얻거나 시험을 치르기 위해 독서를 할 경우에는 메모를 하는 편이 낫다. 깨달음을 위해 독서할 경우에는 책의 종류에 따라 메모를 해도 좋고 안 해도 좋다. 이처럼 세 경우의 독서는 극적으로 다른 경험이 될 수 있다. 독서의 목적에 따라 우리는 때로 책에 푹 빠져들고 싶을 때도 있고, 우리 의도와 상관없이 책에 사로잡힐 때도 있으며, 분석을 위해 냉정한 상태를 유지하려고 노력할 때도 있다.

① 독서의 목적에 따라 책을 읽는 방식이 달라질 수 있다.
② 다양한 방식의 독서는 서로 다른 극적인 경험을 안겨준다.
③ 정보를 얻기 위해 책을 읽을 때에는 메모를 하는 편이 낫다.
④ 즐거움을 위해 독서를 할 때에도 냉정을 유지하려고 노력해야 한다.

해설

이 글에 따르면 '즐거움'을 위해 독서를 할 때에는 넋을 잃은 상태로 몰입하는 것이 가장 바람직하다. 냉정을 유지하도록 노력해야 할 때는 분석을 위해 독서를 할 때이다.

정답 ④

예제 6 다음 글을 통해 알 수 있는 글쓴이의 주장으로 가장 적절한 것은?

우리에게 친숙한 동물들의 사소한 행동을 살펴보면 그들이 자신의 환경을 개조한다는 것을 알 수 있다. 가장 단순한 생명체는 먹이가 그들에게 헤엄쳐 오게 만들고, 고등동물은 먹이를 구하기 위해 땅을 파거나 포획 대상을 추적하기도 한다. 이처럼 동물들은 자신의 목적을 위해 행동함으로써 환경을 변형시킨다. 이러한 생존 방식을 흔히 환경에 적응하는 것으로 설명한다. 그러나 이러한 설명은 생명체들이 그들의 환경 개변(改變)에 능동적으로 행동한다는 중요한 사실을 놓치고 있다.

가장 고등한 동물인 인간도 다른 생명체와 마찬가지로 생존이나 적응을 넘어서 환경에 대해 적극성을 보인다. 이는 인간의 세 가지 충동－사는 것, 잘 사는 것, 더 잘 사는 것－으로 인하여 가능하다. 잘 살기 위한 노력은 순응적이기 보다는 능동적인 모습으로 나타나게 된다. 인간도 생명체이다. 더 잘 살기 위해서는 환경에 순응할 수만은 없다.

① 인간은 환경에 적응해 왔다.
② 삶의 기술은 생존을 위한 것이다.
③ 생명체는 환경을 능동적으로 변형한다.
④ 인간은 잘 사는 것을 삶의 목표로 한다.

해설

첫 번째 문단에서 동물이 자신의 목적을 위해 환경을 변형시킨다는 내용과 두 번째 문단에서 인간도 생존과 적응을 넘어 환경에 대해 적극성을 보인다는 내용을 종합할 때 '생명체는 환경을 능동적으로 변형한다'는 내용이 궁극적인 주장임을 알 수 있다.

정답 ③

⑦ 유형 5 - 추론하여 파악하기

1) **문제 유형** : 논리적으로 글을 파악하고 분석할 수 있는지 평가하는 유형으로, 지문에서 직접적으로 언급되지 않은 사항을 앞뒤 문맥과 문장을 통해 유추할 수 있는지 묻는 문제이다.

2) **해결 방식**

(1) 새로운 내용의 추론은 주어진 정보에 대한 이해를 바탕으로 논리적인 인과관계를 따져서 얻어내거나 새로운 내용을 재구성하고 추리하여 얻어낸다. 이때, 글에 주어진 내용뿐만 아니라 글을 읽는 사람이 가지고 있는 배경지식의 도움을 받을 수도 있다.

(2) 제시된 글에서 사용된 추론 방식을 파악하기 위해서는 전제와 논지, 논지와 논거를 구분해야 한다. 그리고 핵심이 되는 전제, 논지, 논거를 추려내어 그것들을 재구조화해야 한다.

(3) 논증적인 글은 논지와 그에 따른 논거로 구성된다. 논거는 크게 사실논거와 소견논거로 나눌 수 있다.

① **사실논거** : 객관적인 지식이나 정보, 통계적 수치나 사실, 사료(史料), 실제로 있었던 사건 등을 내용으로 하는 논거

② **소견논거** : 일반적으로 인정되는 상식이나 특정 분야의 권위자의 의견 등을 내용으로 하는 논거

예제 7 다음 글을 통해 추론할 수 있는 내용으로 적절하지 않은 것은?

언어 지도는 일정 지역의 언어적인 차이를 한눈에 알아보도록 지도 형식을 빌려 표시한 것으로, 시간의 흐름에 따라 변화하는 언어를 공간적으로 투영한 것이다. 이것은 동일한 의미를 지닌 단어가 지역에 따라 형태가 어떻게 달리 나타나는가, 동일한 형태의 한 단어가 지역에 따라 의미가 어떻게 분화되는가 등을 시각적으로 일목요연하게 보여준다.

언어 지도는 현재 언어 상태의 생생한 모습을 보여주고, 국어의 역사적인 변화에 관한 정보를 드러내주며, 해당 지역의 역사나 문화를 반영하여 민속학적, 문화사적 연구에 도움을 준다. 또 지도에 담긴 방언형을 통해 이전 시기의 언어를 재구성하거나, 문학 작품에 나타난 방언 어휘를 이해하는 데에도 도움을 준다.

언어 지도는 자료를 기입해 넣는 방식에 따라 몇 가지로 나누는데, 그중 한 분류법이 진열 지도와 해석 지도로 나누는 방식이다. 전자가 원자료를 해당 지점에 직접 기록하는 기초 지도라면, 후자는 원자료를 언어학적 관점에 따라 분석, 가공하여 지역적인 분포 상태를 제시하고 설명하는 지도를 말한다.

진열 지도는 각 지점에 해당하는 방언형을 지도에 직접 표시하거나 적절한 부호로 표시하는데, 언어학적으로 비슷한 어형은 비슷한 모양의 부호를 사용한다. 가령 '누룽지'의 방언형으로 '누렁기, 누룽지, 소데끼, 소디끼' 등이 있다면, '누렁기, 누룽지'와 '소데끼, 소디끼'를 각각 비슷한 부호로 사용하는 것이다. 한편, 해석 지도는 방언형이 많지 않을 때 주로 이용하며, 연속된 지점에 동일한 방언형이 계속 나타나면 등어선(等語線)을 그어 표시한다.

① 언어 지도를 이용하면 언어의 통시적 연구에서 미흡한 부분을 보완할 수 있다.
② 언어 지도를 보면 김소월 시에 있는 토속적 어휘를 이해하는 데 도움이 된다.
③ 언어 지도를 통해 지역 차나 세대 차의 요인에 따라 나타나는 방언형을 알 수 있다.
④ 여러 방언형 중 하나를 표준어로 정할 때, 방언형의 분포를 보여주는 지도를 활용할 수 있다.

해설

지문 내에서 언어 지도를 표준어를 정하는 데 이용할 수 있다는 근거를 찾을 수 없다.
① 1문단 첫째 줄에 따르면 '언어 지도는 … 시간의 흐름에 따라 변화하는 언어를 공간적으로 투영한 것이다.'라고 했으므로, 언어 지도를 활용하면 통시적으로 변화하는 언어 현상을 공간적으로 확인할 수 있다는 것을 알 수 있다.
② 2문단 마지막 줄에 따르면 ' … 문학 작품에 나타난 방언 어휘를 이해하는 데에도 도움을 준다.'고 했으므로, 언어 지도는 김소월 시에 있는 방언을 이해하는 데 도움이 될 것이라는 것을 알 수 있다.
③ 2문단의 내용을 통해 추론할 수 있다.

정답 ④

예제 8 (가)를 바탕으로 (나)에 담긴 글쓴이의 생각을 적절히 추론한 것은?

(가) 철학사에서 합리론의 전통은 감각에 대해 매우 비판적이었다. 예컨대 플라톤은 감각이 보여주는 세계를 끊임없이 변화하는, 전적으로 불안정한 세계로 간주하고 이에 근거하여 지식을 얻는 것은 불가능하다고 생각했다. 반대로 경험론자들은 우리의 모든 관념과 판단은 감각 경험에서 출발한다고 주장하면서 어떤 지식도 절대적으로 확실할 수는 없다고 결론짓는다.

(나) 모든 사람은 착시 현상 등을 경험해 본 적이 있기에 감각이 우리를 속일 수 있다는 것을 분명히 알고 있고 감각에 대한 어느 정도의 경계심을 지니고 있다. 하지만 그렇다고 해서 일상생활에서 자신의 감각을 신뢰하고 이에 따라 행동하는 것은 잘못이 아니다. 모든 감각적 정보를 검증 절차를 거친 후 받아들이다가는 정상적 생활을 영위하는 것 자체가 불가능해질 것이기 때문이다. 반대로, 실용적 기술 개발이나 평범한 일상적 행동과는 달리 과학적 연구는 상당한 정도의 정확성을 요구하므로 경험적 자료에 대해 어느 정도의 경계심을 유지하는 것도 당연하다.

① 실용적 기술을 개발하는 것은 일차적으로 경험론적 사고에 토대를 둔다.
② 세계는 끊임없이 변화하므로 일상생활에서는 합리론적 사고를 우선하여야 한다.
③ 과학 연구는 합리론을 버리고 철저히 경험론을 바탕으로 이루어져야 한다.
④ 감각에 대한 신뢰는 어느 분야에나 전적으로 차별 없이 요구된다.

해설

(가)에서는 전통적 합리론이 감각을 비판적으로 받아들인 반면, 경험론은 인간의 관념과 판단이 감각 경험의 영향을 받기 때문에 어떤 지식도 절대적일 수 없다고 하였다.
(나)의 마지막 문장 "실용적 기술 개발이나 평범한 일상적 행동과는 달리 과학적 연구는 상당한 정도의 정확성을 요구하므로 경험적 자료에 대해 어느 정도의 경계심을 유지하는 것도 당연하다."를 보면, 과학적 연구는 합리론을 바탕으로, 실용적 기술개발이나 일상생활은 경험론을 바탕으로 두는 것이 타당하다는 글쓴이의 생각을 추론할 수 있다. 따라서 (가)를 바탕으로 (나)에 담긴 글쓴이의 주장으로 적절한 것은 ①이다.

정답 ①

Chapter 02 이해력 실전 연습 문제

출제 포인트!

이해력은 주로 독해능력을 측정하는 문제로 구성된다. 주어진 글의 내용을 얼마나 정확하게 파악하고, 중요한 내용을 선별할 수 있는지를 묻는 문제들이 출제되고 있다. 또한, 순서가 섞인 문장 또는 문단을 글의 맥락에 맞게 배열하는 문제도 자주 출제되는 유형이므로, 글의 흐름을 논리적으로 파악할 수 있는 충분한 연습이 필요하다.
주제 및 중심내용 찾기, 지문을 통해 옳고 그름 판단하기, 지문을 바탕으로 유추할 수 있는 내용 찾기, 논리적으로 배열하기 등 다양한 유형 연습을 통해 대응력을 향상시키도록 한다.

01 글의 이해

01 다음 글의 제목으로 가장 적절한 것을 고르면?

우리나라는 어린이 국가예방접종 지원사업으로 영유아・소아의 예방접종률이 90%를 넘을 정도로 예방접종이 잘 실시되고 있다. 반면 성인의 경우 예방접종을 여러 가지 이유로 빠뜨리는 경우가 많다. 하지만 성인 중에서도 각종 만성질환을 가지고 있거나 전염병에 항체가 없는 경우라면 바이러스에 취약할 수 있다.
우리나라 성인에게 권장되는 예방접종에는 우선 독감(인플루엔자)백신이 있다. 독감은 매년 유행하는 바이러스가 달라 매년 백신접종이 필요하다. 폐렴과 뇌수막염을 일으키는 폐렴구균도 예방접종을 통해 어느 정도 예방이 가능하다. 최근 50대 이상뿐만 아니라 젊은 층에서도 발병률이 높아지고 있는 대상포진도 백신접종을 권장하는 질환 중 하나이다.
질병관리본부 관계자는 "그동안 예방접종 사업은 영유아・소아에 집중되었지만 성인의 예방접종 역시 중요하다."며 "특히 만 65세 이상의 경우 인플루엔자와 폐렴구균 백신 비용을 지원하고 있는 만큼 적극적으로 예방접종에 참여해주길 바란다."고 말했다.

① 예방접종의 효과
② 성인 예방접종의 필요성
③ 성인에게 권장하는 예방접종의 종류
④ 젊은 층에서 증가하고 있는 전염질환 종류
⑤ 영유아・소아에 집중되어 있는 예방접종의 문제점

해설

이 글은 영유아와 소아의 예방접종률이 90%를 넘는 것에 비해 성인의 예방접종률이 낮다고 언급하며, 성인에게 예방접종의 필요성을 설명하고 권하고 있다. 따라서 글의 제목으로 가장 적절한 것은 '② 성인 예방접종의 필요성'이다.

02 다음 글의 제목으로 가장 적절한 것을 고르면?

'공공(公共)'은 공평하고 치우치지 않으며, 드러내어 놓고 여럿이 널리 한 가지로 베푼다는 의미로 해석이 가능하다. 이런 공공의 뜻과 성질을 의미하는 '성(性)'을 결합한 복합어인 '공공성(公共性)'은 '사적인 것(private)'과 구분되는 '공동체(common), 공동(public), 공개(open)'된 성질로 정의할 수 있으며 이 세 가지 요소가 유동적으로 결합되어 상황에 따라 변화하는 특성을 가지고 있다.

'공공재(Public Goods)'는 어느 한 사람이 어떤 재화나 서비스를 사용하더라도 다른 사람이 그것을 똑같이 사용할 수 있고, 심지어 비용을 지불하지 않은 사람도 함께 사용할 수 있는 것을 의미한다. 국가도로망은 도시건설에 있어 국민들의 이동권 보장을 위해 기본적으로 요구되며 사유재로 시작한 철도와는 달리 처음부터 공공재로 시작하였다.

국가도로망인 고속도로는 엄연한 공공재이며 공공성이 충분히 확보되어야 하는 대국민 교통서비스이다. 따라서 고속도로의 공공성은 도로건설이나 운영을 통해 국민 모두에게 이익이 발생하는 공익성과, 이러한 이익이 지역뿐만 아니라 도로운영 여건에 상관없이 골고루 돌아가는 형평성, 그리고 이러한 과정이 도로의 공공성을 확보하고 있는가에 대한 국민의 검증 절차를 거치는 국민과의 소통, 정책참여 등을 확보해야 한다.

① 공공재의 의의
② 공공성의 특성
③ 고속도로의 검증 절차
④ 대국민 교통서비스의 확대
⑤ 고속도로 공공성의 의미

해설

윗글은 공공성과 공공재에 대한 개념과 특성을 설명하고, 국가도로망인 고속도로가 가지는 공공성의 의미에 대해 설명하고 있다.

03 다음 글의 내용과 일치하지 않는 것을 고르면?

고객 미수령금이란 부실화된 금융기관의 예금자 등이 찾아가지 않은 예금보험금, 파산배당금, 개산지급금 정산금을 의미한다.
이를 세부적으로 살펴보면 예금보험금은 부보금융회사의 영업 인·허가의 취소 등 보험사고로 인하여 고객의 예금을 지급할 수 없을 때 공사가 해당 금융회사를 대신하여 지급하는 금액을 뜻한다. 파산배당금은 금융기관이 파산하는 경우 남는 자산을 현금화해 채권 순위 및 채권액에 따라 채권자들에게 배분하는 금액이다. 공사가 미리 지급한 금액(개산지급금)보다 파산배당금이 많을 경우 그 초과금액을 예금자에게 추가로 지급하는데, 이를 개산지급금 정산금이라 한다. 여기서 개산지급금은 부실 저축은행의 5,000만 원 초과 예금자가 파산배당금을 장기 분할 수령함에 따르는 불편함을 해소하기 위해 공사가 파산배당 예상액을 먼저 지급해 주는 금액이다.

① 부실화된 금융기관의 예금자 등이 찾아가지 않은 예금보험금은 고객 미수령금에 해당한다.
② 파산배당금은 고객 미수령금에 해당한다.
③ 예금보험금은 공사가 해당 금융회사를 대신해 지급한다.
④ 개산지급금은 공사가 파산배당 예상액을 선지급해 주는 금액이다.
⑤ 파산배당금은 금융기관 파산 시, 자산을 현금화하여 채권자들에게 동일하게 배분하는 금액이다.

이해력

해설

파산배당금은 금융기관이 파산하는 경우, 남는 자산을 현금화해 채권 순위와 채권액에 따라 채권자들에게 배분하는 금액이다. 따라서 파산배당금이 채권자들에게 동일하게 배분하는 금액이라는 ⑤의 설명은 옳지 않다.

01 ② 02 ⑤ 03 ⑤

04 다음 글의 제목으로 가장 적절한 것을 고르면?

우리나라는 질병으로 인하여 발생할 수 있는 경제적 위험에 대비하기 위해 사회보험방식의 건강보험제도를 운영하고 있다. 1977년 제도 도입 이후 국민의 건강 수준과 의료 접근성이 획기적으로 향상되었으며, 건강보험 급여 혜택을 통해 질병 예방과 치료는 물론 국민건강 증진에 기여해 왔다.

그러나 그간 건강보험 혜택을 확대하기 위해 지속적으로 노력해 왔음에도 불구하고 건강보험 보장률은 지난 10년간 60% 초반에 정체되어 있는 등 국민이 체감하는 효과가 미흡하였다. 또한 우리나라 건강보험 보장률은 주요 OECD 국가들 평균에 비하여 다소 낮아 선진국에 비해 국민들이 직접 부담하는 의료비가 높은 수준이어서 의료비 지출은 가계경제의 부담으로 작용하고 있다.

더불어 건강보험이 적용되지 않는 비급여 항목의 비중이 높아, 국민들이 직접 부담하는 의료비 비율은 36.8%로 OECD 평균인 19.6% 대비 1.9배이며, 40.8%인 멕시코에 이어 두 번째로 높은 수준이다. 이는 결국 중증질환으로 인한 고액 의료비 발생 위험에 대비하는 책임이 많은 부분 개인에게 맡겨져 있다는 것을 의미한다. 실제 재난적 의료비가 발생하는 비율은 4.49%에 이르며 최근에는 발생 비율이 증가하고 있다. 특히 저소득층은 재난적 의료비 발생 등 위험에 더욱 크게 노출되어 있으나, 소득 대비 건강보험 의료비 상한금액 비율은 고소득층보다 더 높아 이들에 대한 보호 장치 마련이 시급한 상황이다.

① 건강보험 보장성 강화의 개념
② 건강보험 보장성 강화 정책의 의의와 필요성
③ 국민 의료보장 실현을 위한 정책
④ 우리나라 건강보험 정책의 문제점
⑤ 우리나라 건강보험 보장률

해설

우리나라에 건강보험제도가 도입된 이유와 도입 이후의 문제점을 나열하면서, 이를 보완할 수 있는 건강보험 보장성 강화 정책의 의의와 필요성에 대해서 이야기하고 있다.

05 다음 글을 읽고 유추할 수 있는 내용이 아닌 것은?

정부와 한국은행, 민간 연구기관, 글로벌 신용평가사가 발표한 올해 한국의 경제 성장률 전망치가 제각각이지만 그 수치는 점점 줄어 지난해보다 더 나빠질 것으로 예측하고 있다. 연초 경제 전문가들은 미·중 무역전쟁, 중국 성장 둔화 여파로 시장에는 '회색 코뿔소'의 그림자가 짙게 드리울 것으로 전망했었다. 실제로 한국 경제는 주력 산업의 수출이 악화되고, 고용·투자·소비도 부진한 모습을 보이고 있다.

회색 코뿔소는 갑작스럽게 발생하는 것이 아니라 지속적으로 위기 경고음이 울리는데도 현실화하기 전까지 간과하다가 더 큰 위험에 빠지는 것을 말한다. 미셸 부커 세계정책연구소장이 2013년 스위스 다보스포럼에서 처음 제기한 용어로, 코뿔소는 덩치가 커 움직임을 포착할 수 있지만 정작 마주치면 두려움 때문에 적절한 대처를 하지 못하거나 회피하게 되는 상황을 비유한 것이다.

회색 코뿔소와 비슷한 용어로는 그레이 스완·블랙 스완·화이트 스완이 있다. 그레이 스완이란 예측할 수 없었던 상황에서 발생해 시장에 커다란 충격을 주는 '블랙 스완'에서 파생된 말로 시장에는 이미 알려져 있고 예측 가능한 악재이지만, 마땅한 해결책이 없어 위험이 상존하는 상태를 일컫는다. 그레이 스완은 경제에 지속적으로 악영향을 줌으로써 주요 경제지표의 움직임을 제한하는 요인으로 작용한다. 경제에 미치는 파급 면에서는 그레이 스완이 블랙 스완보다는 덜하다. 화이트 스완은 과거 경험에 따라 예상할 수 있는 악재임에도 불구하고 대책을 마련하지 않고 있다가 위기를 막지 못하는 상황에 빠지는 것이다. 회색 코뿔소·그레이 스완과 비슷한 개념이지만 위험 예측 가능성이 좀 더 높다는 점에서 차이가 있다.

① 회색 코뿔소는 지속적으로 위기임을 알려주는 신호이다.
② 그레이 스완은 블랙 스완보다 경제에 미치는 파급력이 덜하다.
③ 블랙 스완에서 파생된 말이 그레이 스완이다.
④ 블랙 스완은 예측이 가능하지만 대책을 마련하지 않아 발생한다.
⑤ 화이트 스완은 과거의 경험에 따라 악재를 예상할 수 있다.

해설

3문단 두 번째 줄을 보면 블랙 스완은 예측할 수 없었던 상황에서 발생해 시장에 커다란 충격을 준다고 했으므로 ④의 내용은 적절하지 않다.

04 ② 05 ④

이해력

06 다음 글이 전달하고자 하는 핵심 내용을 가장 바르게 파악한 것은?

우리 사회는 과연 어느 정도의 민주주의를 하고 있는가. 집권당과 야당을 포함한 정치 지도자들은 어떤 수준의 정치를 하고 있다고 느끼고 있을까. 국민들은 집권당과 정치 지도자들에 대해서 어떻게 생각하고 있는가. 오늘날의 상황은 이러한 물음을 반복하지 않을 수 없게 만들었다.

어떤 정치학자는 정치란 아무렇게나 움직이는 것이 아니라 체계적으로 움직이는 행태 체계라고 주장한다. 정치는 투입과 산출이 유기적으로 연계되어 균형적으로 작용하게 되는 경우 정상적으로 운영된다. 특히 민주 정치 제도의 경우는 다른 정치 제도들에 비해서 그 투입과 산출 과정이 원활하게 작동되어 간다. 이러한 명제가 민주 정치 제도의 특징적 기능을 가장 잘 설명해 주고 있다.

이러한 기본적 명제에 비추어서 우리 사회의 저변과 정치 현실에서 일어났던 일련의 사건들과 그 흐름을 분석해 본다면 앞에서 제기했던 물음에 대한 해답이 당연히 나오게 되리라고 본다. 먼저 집권당을 비롯한 정치 지도자들은 우리 사회에서 정치가 만족할 만한 수준에서 운영되고 있다고 생각하지 않을 것이다. 균형 감각을 가진 사람이라면 정치 지도자들이 민주 정치를 더 확실하게 제도화시키기 위한 노력을 해야 한다고 느끼고 있다. 우리 정치에 국민의 요구들이 어느 정도 투입되고 있고, 또 산출될 것인지 누구도 확실하게 말할 수 없는 상황이 아닌가라고 생각할 수밖에 없다.

행정적 차원이든 또는 정치적 차원이든 간에 어떤 과오나 실책은 즉시 밝혀지고 책임 소재가 추궁되고 또한 그에 대한 가시적 조치가 취해져야 한다. 책임 행정 없이 책임 정치가 있을 수 없고, 책임 정치 없이 민주 정치가 실현될 수 없다. 그러므로 우리는 최근 한두 달 간에 일어났던 대형사고, 범죄사고, 부정사고 그리고 다른 예기치 않았던 종류의 사태가 앞으로도 일어날 수 있다는 사실에 대한 인식을 가져야 한다.

① 정치란 국민을 정치가의 의도대로 다스리는 것이다.
② 정치란 국민들의 요구가 투입되고 산출되는 과정이다.
③ 정치란 집권당과 야당 지도자들 간의 투쟁 과정이다.
④ 정치란 국민들이 잘 살 수 있도록 제도화하는 것이다.
⑤ 정치란 과오에 대한 책임 소재를 분명히 밝히는 것이다.

해설

윗글에서 정치란 국민들의 요구가 실현될 수 있게 하는 것이라고 보았기 때문에 '정치는 국민들의 요구가 투입되고 산출되는 과정'이라고 정의하는 것이 가장 적절하다.

글의 첫 부분에서는 오늘날 우리 사회의 상황에 대한 문제를 제기하고, 민주 정치 제도가 다른 정치 제도에 비해 투입과 산출 과정이 원활하게 작동되고 있음을 보여 준다. 따라서 현 상황에서 정치 지도자들이 해야 할 임무와 균형 감각의 필요성을 강조하고 정치 지도자들의 과오나 실책에 대한 명확한 가시적 조치가 필요함을 역설하고 있다.

07 다음 글의 내용과 일치하지 않는 것은?

우리는 하루에 차를 얼마나 타는가? 우리나라 자동차 수는 약 2,000만 대로, 국민 2.3명당 자동차 1대를 보유하고 있다. 그러나 하루 평균 차량 이용 시간은 불과 1시간밖에 안 된다고 한다. 나머지 시간은 주차장에 방치되어 있는 것이다. 카셰어링 서비스 대표업체인 한 업체는 이러한 점에 착안하여 차량공유서비스를 도입하였고, 공유를 통해 무인 차량 대여서비스를 제공하는 이 회사는 지난해 말 기준으로 회원수가 600만 명에 육박하는 등 급속한 성장세를 보였다. 이는 기존의 소유중심에서 공유중심으로 경제모델의 패러다임이 전환되고 있음을 보여주는 대표적 사례이다.

공유경제는 자원낭비와 환경오염을 줄이고자 하는 지속가능한 성장 패러다임의 등장과 함께 유휴자원을 활용하여 부가가치를 창출하는 새로운 방식의 경제형태로 많은 관심을 받기 시작했다. 2000년대 중반 하버드대학의 로런스 레싱 교수는 소유중심의 기존 자본주의 경제와 구분하여, 이미 생산된 재화를 공유하며 가치를 극대화하는 새로운 소비 형태로 공유경제를 개념화하였다.

공유경제는 사실 인류가 공동생활을 시작하면서 발달되어온 생활방식의 한 형태로, 전통적으로는 두레나 품앗이가 있었다. 그리고 오늘날에는 ICT 기술을 접목한 온라인 플랫폼 서비스가 도입되면서 거침없는 성장세를 보이고 있다. 이러한 유휴자원 공유를 통한 경제활동은 제공자에게는 새로운 수익 창출을, 이용자에게는 비용부담을 줄여 주는 Win-Win효과로 많은 관심을 받고 있다.

공유경제는 공간, 물건, 지식을 공유하는 세 가지 형태로 나눌 수 있다. '공간'을 공유하는 형태로 셰어하우스, 공유주방, 공유사무실, 공유미용실 등이 운영되고 있고, '물건'을 공유하는 형태로는 공유자동차, 공유자전거, 공유킥보드 등이 있으며, 강의 및 문화강좌, 체험교실 등을 통해 재능 및 지적재산을 공유하는 '지식' 공유 사례 등이 있다. 이처럼 사회 전반에 걸쳐 불고 있는 공유의 바람은 공공부문에까지 영역을 넓히고 있다. 작년 추석 연휴기간 동안 전국 공공기관 주차장 1만6천여 곳을 무료로 개방하였던 사례와 같이 공공기관, 지자체에서 보유하고 있는 공유자원을 유휴시간에 개방하여 주민이 이를 활용할 수 있도록 하는 것이다.

출처 : 전라일보, '같이의 가치, 공유경제'

① 차량공유서비스는 기존의 소유중심에서 공유중심으로 경제모델의 패러다임이 전환되고 있음을 보여주는 대표적인 사례이다.
② 공유경제는 인류가 공동 생활을 시작하면서 발달되어온 생활방식 중 한 형태이다.
③ 공유경제는 자원 낭비와 환경오염을 줄이고자 하는 지속가능한 성장 패러다임의 등장과 함께 많은 관심을 받기 시작했다.
④ 셰어하우스, 공유주방, 체험교실 등은 공유경제에서 '공간'을 공유하는 형태이다.
⑤ 하버드대 로런스 레싱 교수는 공유경제를 소유중심의 기존 자본주의 경제와 구분하여 새로운 소비 형태로 개념화하였다.

해설

4문단을 통해 체험교실은 '지식' 공유의 사례임을 알 수 있다.

06 ② **07** ④

이해력

08 다음 글의 내용과 일치하지 않는 것을 고르면?

한 사회의 발전 과정에서는 할 일이 많다. 그리고 많은 일을 해내야 한다. 그래서 이 과정에서는 자연스럽게 일을 훌륭하게 많이 해내는 능력이 요구된다. 이에 따라 실력이 있는 사람을 찾고, 그런 사람이 사회적으로 더 진출하고 출세하고 득세하게 되는 능력주의 풍토가 형성되게 마련이다.

능력주의는 실은 전통사회에서의 귀속주의에 비하면 아주 근대화된 사회 풍토의 모습이다. 즉, 한 개인의 사회적 진출 · 지위 · 보수가 그 개인의 능력이나 업적보다는 그가 속해 있는 생득적(生得的)인 계급 · 가문 · 지연에 따라 결정되는 귀속주의보다는 근대화된 모습이라는 것이다. 아직도 여러 기관에서 때로는 능력 자체를 평가하기보다는 학벌을 따져서 직원을 채용하는 예가 있는데, 이것도 능력주의의 방향으로 졸업해야 할 일종의 귀속주의의 응어리라고 할 수 있다.

또 한편 우리는 '실력껏, 능력껏, 마음대로, 생각대로'라는 능력주의의 가치가 정치적 민주주의의 자유의 개념과 경제적 자본주의에서의 자유 경쟁의 원리와도 원칙적으로 불가분의 관계가 있다는 점에도 생각이 미쳐야 한다. 즉, 능력주의가 바탕을 두고 있는 자유 없이는 정치적 민주주의도 그 빛을 잃고, 자유 경쟁 없이는 경제적 자본주의도 그 힘을 잃는다. 따라서 전통적 귀속주의의 청산을 위해서만이 아니라 우리가 선택한 민주적, 자본주의적 정치, 경제 체제를 발전시키기 위해서라도 능력주의는 적절하게 옹호될 수밖에 없다.

그러나 귀속주의적 지향에서 탈피한 능력주의, 자본주의 경제의 원동력인 능력주의도 그것이 너무 팽배해 감에 따라서는 또 다른 지향과 맞부딪히게 되어 자신의 재조정을 요구받게 된다. 평등주의와의 문제가 그것이다. 점점 벌어지는 있는 자와 없는 자의 격차, 권력층과 서민층의 격차, 서울과 지방의 격차 등이다. 이런 각종 커지는 격차는 마침내 이 사회의 여러 가지 위화감을 조성하게 되어 정치적 안정에도 그리고 경제적 발전에도 점점 역기능적으로 되어 가고 있는 것을 우리는 여러 상황에서 목격하고 있다.

능력주의는 전통적 귀속주의도 청산하면서 발전 초기에는 아주 기능적이고 필요한 지향이었다. 그러나 점점 짙어 가는 능력주의가 여러 가지 역기능을 수반하기에 이르러서는 어떤 형태로든 재조정 또는 재지향이 불가피하다. 능력주의를 통해 정치, 경제면에서 효율성을 잃지 않으면서도 평등주의를 통해 정치, 경제면에서의 공평성을 조화시켜 나가는 일이야말로 지금 우리에게 주어진 시급한 과제인 것이다.

① 능력주의만 고집하는 사회는 계층 간의 갈등에 빠질 수가 있다.
② 사회 발전의 과정에서 능력주의 풍토가 만들어진다.
③ 자본주의 체제의 유지를 위해서는 능력주의가 필요하다.
④ 자본주의 사회에서는 공평성보다는 효율성을 중시해야 한다.
⑤ 근대화된 사회에서는 개인의 능력에 의해 지위가 결정된다.

해설

능력주의를 통해 정치 · 경제면에서 효율성을 잃지 않으면서도 평등주의를 통해 정치 · 경제면에서 공평성을 조화시켜 나가는 것이 시급한 과제라고 하였으므로, 자본주의 사회에서 공평성보다 효율성을 중시해야 한다는 내용은 적절하지 않다.

Plus 해설

① 능력주의만 고집하는 사회는 있는 자와 없는 자의 격차, 권력층과 서민층의 격차, 서울과 지방의 격차 등 사회의 여러 가지 위화감을 조성하게 되어 계층 간의 갈등에 빠질 수가 있다.
② 사회 발전의 과정에서는 일을 훌륭하게 많이 해내는 능력, 실력이 있는 사람을 찾고 그런 사람이 사회적으로 더 진출하고 출세하고 득세하게 되는 능력주의 풍토가 형성된다.
③ 능력주의가 바탕을 두고 있는 자유 경쟁 없이는 경제적 자본주의도 그 힘을 잃고, 민주적 · 자본주의적 정치, 경제 체제를 발전시키기 위해서라도 능력주의는 필요하다.
⑤ 귀속주의보다 근대화된 사회에서는 한 개인의 사회적 진출, 지위, 보수가 그 개인의 능력이나 업적에 의해 결정된다.

09 다음 글의 내용을 통해 알 수 있는 것은?

구글의 디지털도서관은 출판된 모든 책을 디지털화하여 온라인을 통해 제공하는 프로젝트이다. 이는 전 세계 모든 정보를 취합하여 정리한다는 목표에 따라 진행되며, 이미 1,500만 권의 도서를 스캔하였다. 덕분에 셰익스피어 저작집 등 저작권 보호 기간이 지난 책들이 무료로 서비스되고 있다.

이에 대해 미국 출판업계가 소송을 제기하였고, 2008년에 구글이 1억 2,500만 달러를 출판업계에 지급하는 것으로 양자 간 합의안이 도출되었다. 그러나 연방법원은 이 합의안을 거부하였다. 디지털도서관은 많은 사람들에게 혜택을 줄 수 있지만, 이는 구글의 시장독점을 초래할 우려가 있으며, 저작권 침해의 소지도 있기에 저작권자도 소송에 참여하라고 주문하였다.

구글의 지식 통합 작업은 많은 이점을 가져오겠지만, 모든 지식을 한곳에 집중시키는 것이 옳은 방향인가에 대해서는 숙고가 필요하다. 문명사회를 지탱하고 있는 사회계약이란 시민과 국가 간의 책임과 권리에 관한 암묵적 동의이며, 집단과 구성원 간, 또는 개인 간의 계약을 의미한다. 이러한 계약을 위해서는 쌍방이 서로에 대해 비슷한 정도의 지식을 가지고 있어야 한다는 전제조건이 충족되어야 한다. 그런데 지식 통합 작업을 통한 지식의 독점은 한쪽 편이 상대방보다 훨씬 많은 지식을 가지는 지식의 비대칭성을 강화한다. 따라서 사회계약의 토대 자체가 무너질 수 있다. 또한 지식 통합 작업은 지식을 수집하여 독자들에게 제공하고자 하는 것이지만, 더 나아가면 지식의 수집뿐만 아니라 선별하고 배치하는 편집 권한까지 포함하게 된다. 이에 따라 사람들이 알아도 될 것과 그렇지 않은 것을 결정하는 막강한 권력을 구글이 갖게 되는 상황이 초래될 수 있다.

① 구글의 저작권자의 갈등은 소송을 통해 해결되었다.
② 구글의 지식 통합 작업은 사회계약의 전제조건을 더 공고하게 할 것이다.
③ 구글의 지식 통합 작업은 독자들과 구글 사이에 평등한 권력 관계를 확대할 것이다.
④ 구글의 디지털도서관은 지금까지 스캔한 1,500만 권의 책을 무료로 서비스하고 있다.
⑤ 구글의 지식 통합 작업은 지식의 수집에서 편집권을 포함하는 것까지 확대될 수 있다.

08 ④

해설

3문단의 '또한 지식 통합 작업은 지식을 수집하여 독자들에게 제공하고자 하는 것이지만, 더 나아가면 지식의 수집뿐만 아니라 선별하고 배치하는 편집 권한까지 포함하게 된다.'를 통해 알 수 있다.

Plus 해설

① 2문단에 미국 출판업계와 구글 간의 합의안이 도출되었으나, 연방법원이 이 합의안을 거부하였다고 나와 있으므로 소송을 통해 갈등이 해결되지 않았음을 알 수 있다.
② 3문단에 지식 통합 작업으로 지식의 비대칭성이 강화되고, 사회계약의 토대 자체가 무너질 수 있다고 나와 있다.
③ 3문단에 구글의 지식 통합 작업으로 사람들이 알아도 될 것과 그렇지 않은 것을 결정하는 막강한 권력을 구글이 갖게 되는 상황이 초래될 수 있다고 나와 있다.
④ 1문단에 저작권 보호 기간이 지난 책들이 무료로 서비스되고 있다고 나와 있다.

10 다음 글의 내용과 일치하지 않는 것은?

고사성어 '형설지공(螢雪之功)'은 가난 때문에 불을 밝힐 기름이 없는 진(晉)나라 사람 차윤(車胤)이 반딧불이를 잡아 그 빛으로 책을 비춰 읽었다는 데서 유래되었다. 이는 당장의 여건이 좋지 않아도 의지가 굳은 사람에게는 방법이 있다는 뜻이다. 보통 사람들에게 이 고사성어는 환경을 탓하지 말라는 교훈적인 얘기일 뿐이다. 하지만 현대의 과학자들은 이 얘기에서 언뜻 허무맹랑해 보이는 '반딧불이를 모아 그 빛을 이용했다'는 내용에 흥미를 가진다. 반딧불이는 오랫동안 여름날 아이들의 놀이 도구요, 낭만의 대상이며 시각적인 아름다움과 함께 교훈을 주는 존재였다. 수많은 시와 소설, 노래가 반딧불을 통해 자연의 아름다움과 서정을 노래했다.

개똥벌레라고도 불리는 반딧불이는 자기 몸에서 스스로 빛을 내는 곤충이다. 일본에서는 '호따루'로 불리며, 영어로는 '파이어플라이(Firefly)' 즉, 빛을 내는 파리라는 뜻을 가지고 있다. 북극과 남극을 제외한 전 세계에 1,900여 종의 반딧불이가 서식하고 있는데, 이 중 동남아에서 약 920여 종, 아메리카에서 약 430여 종이 확인되었으며, 우리나라에서는 '늦반딧불이', '애반딧불이', '운문산반딧불이', '파파리반딧불이' 등 6종류가 서식하는 것으로 확인되었다.

반딧불이의 꽁무니에서 나오는 반딧불은 사랑을 위한 신호라는 설이 일반적이다. 반딧불이의 성비는 보통 수컷과 암컷이 50 : 1로 암컷 쟁탈전이 치열한데 암컷이 빛을 내 위치를 알리면 수컷은 날아가 빛을 밝히며 구애하는 것이다. 반딧불이의 구애는 성충이 된 후 2~3일 후부터 시작된다. 빛은 배에 있는 발광세포의 '루시페린(Luciferin)'이 산화하는 과정에서 나온다. 반딧불은 대개 500~600μm(마이크로미터)의 황색 또는 황록색의 파장을 갖지만 빛의 세기와 간격은 종에 따라 다르고 온도의 영향을 받는다. 반딧불의 밝기는 보통 한 마리가 3lx(럭스)로 이론상 80마리를 모으면 쪽당 20자가 인쇄된 천자문을 읽을 수 있고, 200마리를 모으면 신문을 읽을 수 있는 밝기가 된다. 하지만 반딧불은 동시에 반짝이지 않기 때문에 여러 마리를 잡아도 고사성어에 나오는 이야기처럼 책을 읽기에는 어려움이 있다. 반딧불의 특징 중 하나는 빛을 내지만 뜨겁지는 않다는 데 있다. 보통 전구는 전기의 10%만을 빛으로 바꾸고 나머지는 열로 발산한다. 이에 비해 반딧불의 효율은 98%에 이른다. 게다가 이 차가운 고효율의 화학전구는 바람이 불거나 물에 닿아도 꺼지지 않는다. 이상적인 빛이다.

이러한 반딧불의 성격은 현대 과학, 특히 유전자 연구에 기여한 바가 크다. 반딧불이의 발광 유전자는 루시퍼라제라는 유전자인데 이 루시퍼라제 유전자를 누에 등 다른 곤충의 세포주에 이식하면, 유전자를 이식받은 곤충 세포주가 반딧불이처럼 빛을 내는 것을 확인할 수 있다. 또한 발광 유전자를 바이러스에 집어넣어 각종 유해 세균을 검출하는 데에도 쓰인다. 몇 주일 동안 박테리아를 배양하는 대신 발광 유전자가 삽입된 바이러스를 감염시키면 해당 바이러스에 대한 감염 여부를 몇 시간 만에 빛의 밝기로 알 수 있는 것이다. 특히 우리나라 자생종인 '늦반딧불이'는 외국의 종보다 상대적으로 빛이 세고 큰 발광 기관을 가지고 있어 활용도가 더욱 높다.

① 반딧불이의 발광 유전자를 다른 곤충의 세포에 이식하면 반딧불이처럼 발광 현상을 경험할 수 있다.

② 반딧불이의 발광세포인 루시페린이 산화하는 과정에서 빛이 나오게 되는데, 이 빛의 세기와 간격은 종에 따라 상이하다.

③ 현재까지 밝혀진 바에 의하면 반딧불이는 아메리카에 서식하고 있는 종이 동남아에 서식하고 있는 종의 2배가 넘는다.

④ 반딧불이를 200마리 정도 모으면 이론상 600lx(럭스) 정도까지 밝아져서 신문을 읽을 수 있다.

⑤ 보통 전구와 비교하면 반딧불이는 90% 이상 고효율의 빛을 발산한다.

해설

2문단의 세 번째 문장 '북극과 남극을 제외한~'을 보면, 동남아에서 약 920여 종, 아메리카에서 약 430여 종이 확인되었다고 했으므로 동남아에서 확인된 종이 아메리카에서 확인된 종의 2배가 넘는다. 따라서 ③은 잘못된 내용이다.

Plus 해설

① 4문단의 두 번째 문장을 통해 알 수 있는 내용이다.

② 3문단의 네 번째, 다섯 번째 문장을 통해 알 수 있는 내용이다.

④ 3문단의 여섯 번째 문장을 통해 알 수 있는 내용이다.

⑤ 3문단의 아홉 번째, 열 번째 문장을 보면, 보통 전구는 전기의 10%만을 빛으로 바꾸고 나머지는 열로 발산하지만 반딧불이는 98%의 효율을 갖고 있다고 했으므로, 반딧불이가 보통 전구보다 90% 이상의 고효율을 갖고 있음을 알 수 있다.

09 ⑤ **10** ③

11 다음 글을 읽고 유추할 수 있는 내용이 아닌 것은?

농업의 가치를 논하면서 빠지지 않는 것이 식량 안보이다. 가장 중요한 농업의 가치는 국민 먹거리를 안정적이고 건강하게 공급한다는 취지에 있을지도 모른다. 하지만 경지면적은 지속적으로 감소하고 있고, 식량 자급률도 여전히 개선되지 않고 있다. 이런 가운데 안전하고 건강한 농산물에 대한 국민적 요구는 증가하고 있는 상황이다. 식량 자급률을 높이는 것도 어려운데, '안전하고 건강한 농산물 생산'이라는 두 마리 토끼를 동시에 잡아야 하는 상황이다.

논과 밭을 합쳐 지난 2008년 175만 9,000ha이던 국내 경지면적은 지난해 162만 1,000ha로 8%가량 감소했다. 면적으로 따지면 13만 8,000ha로 여의도 면적(8.4km²)의 약 164배가량의 경지가 지난 10년 사이 사라진 것이다.

국민 1인당 경지면적으로 환산해도 열악하기는 마찬가지다. 지난 8월 기준 국내 인구는 5,181만 2,153명으로 지난해 경지면적을 기준으로 1인당 돌아가는 땅은 94평가량이다. 이는 1인당 100평이 안 되는 면적임을 뜻하고, 자급률 차원에서도 식량 안보는 취약하다는 것이다.

실제 농식품부가 집계하고 있는 식량 자급률에 따르면 지난 2016년 잠정치에서 쌀·보리쌀·밀·옥수수·콩·서류 및 기타 등의 식량 자급률은 50.9%로 절반을 겨우 넘기고 있다. 이는 사료용 곡물 자급률을 제외한 것으로 사료용 곡물 자급률까지 포함할 경우 자급률은 20%대로 떨어진다.

지난달 말 한국생명공학연구원은 '4차 산업 혁명 시대, 식량 안보 R&D 추진전략'을 주제로 콘퍼런스를 개최하고, 한국의 곡물 자급률이 국가 식량 안보를 위협하는 수준이라는 지적을 내놓기도 했다. 연구원은 이 콘퍼런스에서 '현재 한국의 곡물 자급률은 사료용 곡물을 포함해 24%로 국가 식량 안보를 위협하는 수준'이라고 지적했다.

또 세계적 관점에서 'UN 식량농업기구(FAO)는 2050년 세계 인구는 97억 명이 될 것으로 추정하고 있는데, 지금 추세대로 식량을 소비하면 2050년에는 지금의 1.7배가량의 식량이 필요할 것으로 전망하고 있으며, 또 현재 75억 인구 가운데 약 10억 명이 만성적인 식량부족과 영양결핍으로 고통받고 있다'고 밝혔다. 머지않아 전 세계가 심각한 식량 문제에 봉착할 것이라는 지적인 셈이다.

① 경지면적이 계속해서 감소하고 있다.
② 10년 사이에 13만 8,000ha의 경지면적이 사라졌다.
③ 국민 1인당 경지면적은 100평이 되지 않는다.
④ 2016년도의 식량 자급률은 사료용 곡물 자급률까지 포함하여 절반을 겨우 넘긴다.
⑤ 우리나라는 현재 곡물 자급률이 국가의 식량 안보를 위협하는 수준에 봉착했다.

해설

4문단을 보면, 2016년 잠정치에서 쌀·보리쌀·밀·옥수수·콩·서류 및 기타 등의 식량 자급률은 50.9%로 사료용 곡물 자급률을 제외한 것이고, 사료용 곡물 자급률까지 포함할 경우 지급률은 20%대로 떨어짐을 알 수 있다.

Plus 해설

① 1문단 세 번째 문장을 보면, 경지면적이 지속적으로 감소하고 있음을 알 수 있다.

② 2문단 두 번째 문장을 보면, 지난 10년 사이 여의도 면적의 약 164배가량에 해당하는 13만 8,000ha의 경지가 사라졌음을 알 수 있다.
③ 3문단 두 번째 문장과 세 번째 문장을 보면, 국민 1인당 경지면적은 94평가량으로 100평이 되지 않음을 알 수 있다.
⑤ 5문단의 내용을 통해 알 수 있다.

12 다음 (가)~(마) 문단의 중심 내용으로 가장 적절하지 않은 것은?

(가) 정부는 기후변화 대응을 위하여 제1차 기후변화대응 기본 계획을 수립하였다. 기존의 감축정책 실현에 중점을 둔 계획이 아닌 감축, 기후변화 적응, 국제협력 등을 총망라한 종합계획이며, 2030년 온실가스 국가감축목표 달성 및 기후변화적응대책 추진 등을 통해 저탄소 이행을 준비하는 계획이다.
(나) 정부는 제1차 기후변화대응 기본 계획의 추진 방향으로 전 국민의 참여를 유도하며, 에너지 신산업 육성 및 확산으로 신시장 선점을 위해 ① 경제적 온실가스 감축수단 활용, ② 신산업 육성으로 경제성장 지원, ③ 기후변화에 안전한 사회건설, ④ 범사회적 실천 기반 구축 등 세부 추진 방향 및 주요 과제 7가지를 수립했다. 정부는 신 기후체제를 앞두고 국제사회에서 기후변화대응에 선도적 역할을 해온 점 등을 감안하여 2030년 국가 온실가스 감축목표를 배출전망치 대비 37% 감축하기로 결정하였다.
(다) 이에 따라 정부는 2030 국가 온실가스 감축 기본 로드맵을 발표하고, 2030년 감축량 31,500만 톤 중 국내에서는 발전, 산업, 건물 등 8개 부문에서 21,900만 톤을 감축하고 발전부문은 국내에서 가장 많은 6,450만 톤, 산업부문은 5,640만 톤을 감축토록 했다.
(라) 다만 집단에너지업종은 발전 업종에서 분리하였다. 높은 에너지 효율에도 불구하고 발전 업종과 동일하게 높은 감축률을 적용받던 집단에너지 업계의 애로를 해소하고, 산업부문은 국가경제에 미치는 영향을 감안해 감축량을 12% 이내로 고려했다. 이에 따라 건물부문 3,580만 톤, 에너지신산업부문 2,820만 톤, 수송부문 2,590만 톤, 공공/기타부문 360만 톤, 폐기물부문 360만 톤, 농축산부문 100만 톤을 각각 감축할 계획이다. 국외에서는 파리협정에서 제시한 국제시장 메커니즘을 통해 9,600만 톤을 감축할 방침이다.
(마) 국외감축은 감축 관련 국제사회 합의와 글로벌 배출권 거래시장 확대, 재원조달 방안 마련 등 전제조건 충족이 필요한 사항으로 제반 조건 진행 현황 및 감축수단별 세부사업 발굴 결과 등을 반영해 2020년까지 온실가스 국외감축 세부 추진 계획을 마련할 예정이다. 정부는 기본 로드맵을 토대로 국제 동향 및 국내 여건 등을 반영해 매년 지속적으로 수정·보완한 '이행 로드맵'을 NDC 제출 전까지 마련해 나갈 예정이다.

① (가) : 정부의 기후변화대응 기본 계획 수립
② (나) : 기후변화대응 추진 방향 및 주요 과제
③ (다) : 국가 온실가스 감축 목표량
④ (라) : 집단에너지업종 온실가스 감축 방법
⑤ (마) : 국외감축 추진 계획 및 이행 로드맵 마련 계획

11 ④

이해력

해설

(라)에서는 (다)에서 설명한 각 부문의 감축 목표 중 예외 사항과 구체적인 사항을 설명하고 있다. 감축 방법에 대한 내용은 나타나 있지 않으므로 답은 ④이다.

13 다음 글의 (가)~(마)를 요약한 내용으로 적절하지 않은 것은?

(가) '스튜어드십'이란 영국 중세시대에 정원의 자산을 관리하던 집사를 가리킨다. 소액 투자자들로부터 자금을 집적하여 만들어진 대규모 자금을 자본시장에서 운용하는 법인 형태의 투자 주체를 기관 투자자라고 하는데, 스튜어드십 코드는 이들에게 마치 '집사'와도 같은 의무를 부여하는 지침을 의미한다. 따라서 스튜어드십 코드가 적용될 경우, 기관 투자자들은 투자가 이루어진 기업의 의사결정에 적극적으로 참여하는 의무를 부여받게 된다.

(나) 2010년 영국에서 처음 제정된 스튜어드십 코드는 한국에서 아직 생소한 개념이다. 이 용어는 국내법에서 한 번도 사용된 바 없으며 스튜어드십 코드의 형식인 '연성규범'과 '원칙 준수 및 예외 설명', '원칙과 지침' 등 그 형식도 우리나라에 익숙한 법률의 형태가 아니다. 따라서 스튜어드십 코드는 도입 당시에 한국에서 모든 부분이 생소한 규범이었다.

(다) 스튜어드십 코드와 비슷한 한국 법률상의 책임으로는 '수탁자 책임'이 있다. 기존의 수탁자 책임이 고객과 수익자의 이익을 고려하는 것에 그쳤다면 스튜어드십 코드는 고객, 수익자뿐만 아니라 회사의 중장기적 가치 향상에 기여하여 최종적으로 자본시장과 경제의 내실 있는 발전을 도모하는 것이다. 따라서 기존의 수탁자 책임보다 그 내용이 추가되고, 구체화된 것이라고 할 수 있다. 그리고 스튜어드십 코드는 수탁자 책임이 규율할 수 없는 투자연쇄 속에서 자산소유자, 자산운용자, 의결권자문기관 등에게 포괄적으로 적용할 수 있는 특징이 있다.

(라) 한국에서는 생소한 규범이지만 스튜어드십 코드는 이미 10개국 이상이 도입한 국제적인 규범이 되었다. 비록 스튜어드십 코드는 여러 지역에서 도입되었지만 같은 스튜어드십 코드라도 그 도입 배경, 도입 내용이 지역마다 다르다. 스튜어드십 코드의 대략적인 내용은 비슷하지만 그 국가에 맞게 수정해서 수용했다는 것이 특징이다. 영국의 경우 2008년 금융위기 당시 기관 투자자가 주주의 권리를 행사하지 않고 침묵해왔다는 것에 반성하는 차원에서 제정하였으며, 일본의 경우 디플레이션과 경기 침체에서 벗어나기 위하여 제정되었다. 한국의 경우 기업 지배구조 위험의 극복을 위해서 스튜어드십 코드를 도입하였다.

(마) 한국의 스튜어드십 코드는 아직 걸음마 단계에 있다. 따라서 스튜어드십 코드가 한국에 맞지 않는 것이라고 말하기에는 너무 이른 시기이고, 관련된 개선 방안을 고민해보아야 한다고 생각한다. 특히 한국의 스튜어드십 코드는 국민연금의 참여 전과 후로 나뉠 것이다. 왜냐하면 국민연금은 자산 운용 규모가 막대하기 때문에 외부 자산운용자에게 운용을 위탁하는 경우가 많아서 국민연금이 스튜어드십 책임을 이행하게 되면 국민연금의 자산을 운용하는 자산운용자도 국민연금의 지시에 따라 결국 스튜어드십 책임을 이행하기 때문이다. 우리나라 스튜어드십 코드의 문제점을 잘 파악해서 개선해나가고 참여자들이 책임을 잘 이행할 수 있도록 자문 등의 지원을 해나간다면 최종적으로 기업지배구조 개선이라는 목표를 달성해서 한국 자본시장의 활성화를 견인하는 역할을 해나갈 것으로 기대된다.

① (가) : '스튜어드십 코드'의 어원과 정의
② (나) : '스튜어드십 코드'가 한국에서 생소한 개념으로 인식되는 이유
③ (다) : '스튜어드십 코드'와 '수탁자 책임' 개념의 공통점과 차이점
④ (라) : 국가별 '스튜어드십 코드'의 도입 배경과 목적
⑤ (마) : 국민연금의 '스튜어드십 코드' 도입을 위한 제도 개선 방안 소개

해설

국민연금의 스튜어드십 코드 참여에 대한 설명과 스튜어드십 코드에 대한 기대의 내용이 나와 있을 뿐 국민연금의 스튜어드십 코드 도입을 위한 제도 개선 방안에 대한 소개 내용은 나와 있지 않다.

14 다음 글을 통해 추론할 수 있는 내용이 아닌 것은?

모든 이미지는 기호이다. 무언가가 다른 무언가를 의미적으로 가리키게 되면 기호가 된다. 이런 의미에서 모든 그림은 기호이다. 그것이 무언가를 상징하든 아니든 화면 속 이미지는 반드시 다른 무언가를 '지시'하기 때문이다. 그런데 그림이 지나치게 추상적이면 기호로서의 기능이 굉장히 약해진다. 그림 속 이미지가 특정 의미나 대상과 정확히 매칭이 되면 명료해지는 것은 사실이지만, 한정적인 문맥에서 해석되어질 수밖에 없다는 한계를 지닌다. 마찬가지로 그려진 대상이 표현적으로나 의미적으로 열려 있게 되면 해석의 확장 가능성은 확보가 되지만, 반작용으로 해석의 모호함이 수반되기 마련이다.

피카소와 브라크는 그림 속 대상을 면으로 분할하고 시점을 파괴함으로써 전혀 새로운 방식의 추상적인 이미지를 얻었다. 그런데 다중적인 시점이 공간의 새로운 질서를 만들어 버리고나니 그림 속 이미지의 기호적 기능이 현저히 떨어져 버렸다. 그래서 고안해 낸 것이 글자를 집어넣어 그려진 대상을 명시하거나 혹은 실제 사물의 이미지를 화면에 오려 붙이는 방법이다. 이렇게 생겨난 기법이 바로 '풀칠한다는 의미'를 가진 '콜라주(collage)'이다.

공간과 형태를 반자연주의적 방식으로 '재단'하여 추상에 이르렀던 것을 '분석적 단계'라고 한다. 분석적 단계를 거쳐 이미지가 추상화되자 브라크와 피카소가 선택한 방식은 화면에다 다시금 대상을 재현하고 있는 이미지를 오려 붙이는 방식이다. 입체주의의 이 단계를 '종합적 단계'라고 한다. 재현에서 추상으로, 추상에서 다시 재현으로 돌아오는 것이다.

피카소와 브라크는 모두 콜라주 기법을 사용했지만, 방법적으로는 차이를 보인다. 나무 문양의 종이를 오려 만돌린과 기타를 표현하는 방식을 보면 두 사람의 차이가 현저히 드러난다. 브라크는 몸통이 나무로 이루어진 만돌린을 나타내기 위해 나무 문양의 벽지를 오려 붙이면서, 재현된 대상의 재료적 특징을 강조한다. 반면 피카소의 기타에서 나무 문양의 벽지는 악기의 몸통이기도 하면서 배경으로 나타나기도 한다. 두 악기의 형태적 특징을 나타내기 위해 구멍을 낸 방식도 다르다. 브라크의 구멍은 그냥 구멍일 뿐이지만, 피카소의 구멍은 배경보다 한 층 위에 붙여져 있으면서 깊이감을 나타낸다. 피카소의 콜라주에는 공간의 자연적 질서가 뒤섞여 있다.

12 ④ 13 ⑤

① 추상적 그림은 필연적으로 지시성이 떨어질 수밖에 없다.
② 피카소와 브라크는 모두 새로운 질서의 공간을 창조한 화가들이다.
③ 피카소와 브라크는 추상성을 극복하기 위해서 콜라주 기법을 고안했다.
④ 재현에서 추상으로 재현하는 단계를 분석적 단계, 추상에서 재현으로 돌아오는 단계를 종합적 단계로 설명하고 있다.
⑤ 피카소와 브라크의 콜라주 기법은 방법적 측면에서는 차이가 없지만, 공간을 창조하는 방식은 같다고 할 수 있다.

해설

4문단에서 '피카소와 브라크는 모두 콜라주 기법을 사용했지만, 방법적으로는 차이를 보인다.'라고 하였으므로 ⑤는 추론할 수 없는 내용이다.

Plus 해설

① 1문단에서 모든 이미지는 기호이므로 지시성을 갖는다고 하였는데, 그림이 지나치게 추상적이면 기호로서의 기능이 약해진다고 하였으므로 추론할 수 있는 내용이다.
② 2문단에서 피카소와 브라크가 다중적 시점으로 새로운 공간을 창조했다고 했으므로 추론할 수 있는 내용이다.
③ 2문단에서 피카소와 브라크는 그림 속 이미지의 기호적 기능을 보완하기 위해서 콜라주 기법을 생각해 냈다고 하였으므로 추론할 수 있는 내용이다.
④ 3문단의 내용을 통해서 분석적 단계와 종합적 단계의 개념을 알 수 있으므로 추론할 수 있는 내용이다.

15 다음 글에 대한 내용으로 적절하지 않은 것은?

주변과의 갈등이나 폭력 같은 스트레스를 받을 때 툭툭 털어내기도 하지만, 때로는 심각한 우울증에 빠지기도 한다. 스트레스로 인한 우울증은 이처럼 개인차가 있는 것이다. 국내 연구팀이 우울증의 개인차를 부르는 유전자를 찾아냈다. 우울증 이해에 다가가면서 증상을 완화하는 새로운 치료제를 개발할 길을 열 것으로 보인다. 최근 한국뇌연구원 뇌질환연구부 책임연구원과 선임연구원, 미국 마운트시나이대 공동 연구팀은 쥐 모델 연구를 통해 사회적인 스트레스를 받는 상황에서 우울증을 일으키는 유전자를 발견했다고 밝혔다.

우울증은 유전에 의한 문제보다는 후천적 요인에 의해 많이 발생한다. 개인 간의 갈등이나 폭력 같은 사회적 스트레스 현상이 주된 원인이다. 하지만 같은 스트레스를 받아도 누군가는 우울증에 빠지는 데 반해 누군가는 쉽게 떨쳐내기도 하는 이유는 밝혀지지 않았다. 연구팀은 과거 연구를 통해 뇌 속 뉴런의 성장에 관여하는 뇌성장유래인자(BDNF)가 우울 행동을 유발하는 것은 확인했으나 자세한 원리는 파악하지 못했었다.

연구팀은 쥐에게 스트레스를 준 후 스트레스를 잘 견디지 못하는 쥐를 조사했다. 쥐에게 10일 동안 자신보다 공격적인 쥐에게 공격당해 패배한 이후 하루 격리당하는 식의 장기 사회패배 스트레스(CSDS)를 줬다. 이는 군대나 학교처럼 폐쇄적이고 수직적인 관계에 장기간 노출됐을 때 나타나는 스트레스로 우울증의 원인 중 하나다. 연구팀은 CSDS로 인해 다른 쥐들과의 상호작용 빈도가 정상 때의 3분의 1 수준으로 떨어지는 우울 증상이 나타난 쥐들을 스트레스 취약군으로 분류했다.

연구팀은 취약군 쥐의 유전자를 조사한 결과 'Gadd45b' 유전자가 우울증의 개인차를 부르는 요소임을 발견했다. 스트레스 취약군 쥐들은 이 유전자의 발현 빈도가 일반 쥐보다 약 30% 높은 것으로 나타났다. 또 이 유전자가 평소에는 억제된 유전자에서 활성을 억제하는 메틸(CH)기를 떼어내 스트레스에 따른 우울 행동을 증가시키는 것으로 나타났다. 연구진은 Gadd45b 발현을 억제했더니 우울 행동이 줄어드는 것도 발견했다. 연구팀은 스트레스 취약군 쥐들에게 바이러스를 통한 유전자 조절 기법을 활용해 유전자의 발현을 줄였다. 유전자 조절을 받은 쥐들은 다른 쥐들과 상호작용을 하는 빈도가 치료 전에 비해 2배가량 증가했다. 유전자 발현을 억제해 쥐들의 우울 증상을 어느 정도 해소한 것이다.

책임연구원은 "후속 연구를 통해 특정 개인이 사회적 스트레스와 우울증에 취약한 이유와 이 성향이 자식에게 유전되는지를 밝힐 것"이라며 "우울증 진단과 치료제를 개발하는 연구에 보탬이 되길 바란다."고 말했다.

① 한국뇌연구원 뇌질환연구부, 미국 마운트시나이대 공동 연구팀은 쥐 모델 연구를 통해 사회적인 스트레스를 받는 상황에서 우울증을 일으키는 유전자를 발견했다.

② 연구팀이 스트레스 취약군에 속하는 사람의 유전자를 조사한 결과 'Gadd45b' 유전자가 우울증의 개인차를 부르는 요소임을 발견했다.

③ 연구팀은 과거 연구를 통해 뇌 속 뉴런의 성장에 관여하는 뇌성장유래인자(BDNF)가 우울 행동을 유발하는 것은 확인했으나 자세한 원리는 파악하지 못했었다.

④ 유전자 조절을 받은 쥐들은 다른 쥐들과 상호작용을 하는 빈도가 치료 전에 비해 2배가량 증가했다.

⑤ 군대나 학교처럼 폐쇄적이고 수직적인 관계에 장기간 노출됐을 때 나타나는 스트레스를 '장기 사회패배 스트레스'라고 한다.

해설

4문단 첫 번째 줄에 따르면, 연구팀은 사람이 아닌 쥐의 유전자를 조사한 결과 'Gadd45b' 유전자가 우울증의 개인차를 부르는 요소임을 발견했다.

Plus 해설

① 1문단 네 번째 줄에서 알 수 있는 내용이다.
③ 2문단 네 번째 줄에서 알 수 있는 내용이다.
④ 4문단 끝에서 두 번째 줄에서 알 수 있는 내용이다.
⑤ 3문단 세 번째 줄에서 알 수 있는 내용이다.

14 ⑤ 15 ②

[16~17] 다음 글을 읽고 각 물음에 답하시오.

미국 버지니아 대학 의과대학, 예일 대학, 캘리포니아 대학의 연구진은 토양과 퇴적물에 존재하는 박테리아가 전기를 어떻게 전도하는지에 대한 새로운 연구결과를 발표하였다. 이 박테리아는 자연에서 결코 찾아볼 수 없는 생물학적 구조를 가지고 있는데, 이 구조는 전자 장치를 최적화하고 매우 작은 배터리와 와이어 없는 심장 박동기를 제조하는 데 적용될 수 있다.

과학자들은 지오박터 설퍼레두신스(Geobacter sulfurreducens)가 선모(pili)라고 불리는 머리카락 같은 부속물을 통해서 전기를 전달한다고 알고 있었다. 그러나 이번 연구진은 선모가 아니라 완벽하게 정렬된 단백질 섬유를 통해서 전기를 전달한다는 것을 밝혀냈다. 이러한 단백질은 금속을 함유하는 분자 코어로 둘러싸여 있고 단백질 나노와이어는 사람의 머리카락 폭보다 10만 배 더 작다.

지오박터(Geobacter) 박테리아는 미네랄 회전율을 높이고 방사성 폐기물을 청소하는 것 등과 같이 토양에서 중요한 역할을 한다. 산소가 없는 환경에서 생존하고 과잉 전자를 제거하기 위해 나노와이어로 형성된다. 저온 전자 현미경의 해상도가 높아진 약 5년 전부터 나노와이어를 본격적으로 조사할 수 있게 되었고, 원자 수준에서 이러한 단백질 필라멘트 나노와이어의 구조를 실제로 이해할 수 있게 하였다.

이 연구는 매우 작은 크기의 생체 구조를 이해하게 함으로써 자연계 전체에 대한 새로운 통찰력과 유용한 아이디어를 얻을 수 있게 한다. 한 가지 예로 거미줄을 들 수 있다. 거미줄은 이번에 조사된 나노와이어와 같이 단백질로 만들어졌지만 강철보다 강하다. 이런 생체 물질과 유사한 물질을 만들 수 있다면 새로운 분야의 발전에 크게 기여할 수 있을 것이다.

이번 연구는 생물 에너지를 이용하는 것부터 오염 제거, 생물학적 센서 제조까지 다양한 분야에서 매우 유용하게 적용될 수 있을 것이다. 또한 박테리아로 전자 장치의 소형화를 이끌어낼 수 있을 것이다.

16 윗글의 주제로 가장 적절한 것을 고르면?

① 단백질 필라멘트 나노와이어 구조의 연구
② 작은 크기의 생체 구조에 대한 이해
③ 새로운 생체 물질과 발전 분야
④ 단백질 나노와이어의 적용
⑤ 전기 전도성을 가진 박테리아의 새로운 발견

해설

이 글은 기존에 존재하던 박테리아의 새로운 전기 전도 방법의 발견에 대한 글이다. 기존의 연구 결과와 다르게 새롭게 발견된 연구 결과에 대한 내용이므로 ⑤가 글의 주제로 가장 적절하다.

17 윗글을 읽고 유추할 수 있는 내용이 아닌 것은?

① 지오박터 박테리아는 과잉 전자 제거를 위해 나노와이어로 형성된다.
② 과학자들은 지오박터 설퍼레두신스가 선모라 불리는 부속물을 통해 전기를 전달한다고 알고 있었다.
③ 저온 전자 현미경 해상도가 높아진 때부터 나노와이어의 구조를 실제로 이해할 수 있게 되었다.
④ 작은 크기의 생체 구조를 이해하게 되어 자연계 전체에 대한 새로운 통찰력을 얻을 수 있게 되었다.
⑤ 이번 연구를 통해 토양과 퇴적물에 존재하는 박테리아가 선모를 통해 단백질 섬유로 전기를 전달한다는 사실을 밝혀냈다.

해설

과학자들은 기존 연구를 통해 지오박터 설퍼레두신스가 선모라 불리는 부속물을 통해 전기를 전달한다고 알고 있었으나, 새로운 연구를 통해 완벽하게 정렬된 단백질 섬유를 통하여 전기를 전달한다는 것을 밝혀냈다.

[18~19] 다음 글을 읽고 이어지는 물음에 답하시오.

일반적으로 블록체인 컴퓨터의 대표적인 기능은 4가지로 요약할 수 있다. 암호화폐 발행, 스마트계약, 디지털 자산, 탈중앙화된 P2P 기반 자동화조직(DAO ; Decentralized Autonomous Organization)이다. 그리고 이러한 4가지 기능을 가지고 만들어지는 생태계를 암호경제라고 한다.

암호화폐 발행 기능은 암호경제의 지불 수단으로서의 역할을 담당하고, 블록체인 컴퓨터의 활용법을 알면 누구든지 쉽게 다양한 특성 및 기능을 가진 암호화폐를 만들 수 있다. 스마트계약은 블록체인 컴퓨터에서 실행되는 소프트웨어로 정의한다. 스마트계약의 주요 목적은 스마트 자산, 즉 디지털 자산을 통제하기 위함이다. 스마트계약의 주요 기능으로는 디지털 자산의 거래를 하는 것이다. 이런 의미에서 스마트계약이라고 명명한 것이다.

그렇다면 디지털 자산이란 무엇인가? 디지털 자산이란 한마디로 가치가 있는 데이터를 말하는데, 여기서 짚고 넘어가야 할 중요한 사실이 하나 있다. 일반적으로 데이터를 제4차 산업혁명의 원유라고 한다. 즉, 데이터는 제4차 산업혁명의 핵심 요소라는 것이다. 향후에는 데이터를 단순한 데이터로 보는 것이 아니라 데이터가 가지고 있는 가치를 더 중요하게 생각하는 관점으로 변화할 것이다. 우리가 다루고자 하는 데이터들은 가치가 있는 데이터를 의미하고, 가치가 있는 데이터를 디지털 자산이라고 하는 것이다. 이러한 의미가 이해되면 가치 있는 데이터를 거래하는 시장이 생길 것이다. 이때 데이터를 거래할 시 사용되는 기능을 스마트계약이라 한다. 이런 측면에서 블록체인 컴퓨터가 창출하는 암호경제는 디지털 자산을 거래하는 디지털 자산 거래시장을 의미한다. 암호화폐 발행 기능이 필요한 이유는 디지털 자산 거래 시 필요한 지불수단이기 때문이다. 즉, 암호화폐 없이는 디지털 자산 거래 시장을 활성화하는 데 있어 많은 제약이 따를 수밖에 없다. 이러한 의미에서 암호화폐와 블록체인은 분리할 수 없는 것이다. 마지막으로 탈중앙화된 P2P 기반 자동화조직의 의미는 암호경제에 참여하는 플레이어들조차도 P2P 조직으로 만들자는 것이다.

16 ⑤ 17 ⑤

가장 중요한 것은 디지털 자산이 되는 데이터의 범위 및 종류를 한정하지 않았다는 것이다. 이는 현재 우리가 대상으로 삼는 모든 데이터를 의미한다. 금융관련 데이터인 경우에는 금융생태계를 블록체인 기반의 암호경제로, 자본관련 데이터인 경우 블록체인 기반 암호경제로 모두 블록체인 생태계로 혁신할 수 있다는 것이다.

실질적으로 우리는 데이터를 기반으로 모든 일을 하고 있고, 이는 현재의 모든 생태계를 블록체인 기반의 암호경제로 혁신할 수 있다는 것을 의미한다. 이러한 생태계 혁신 흐름을 블록체인 패러다임(Blockchain paradigm)이라고 한다. 즉, 현재 전 세계는 블록체인 패러다임을 추진하고 있다는 것이다. 이러한 기반 위에 현재의 모든 생태계는 암호화폐가 지불수단으로 사용되는 암호경제로 혁신되고 있으며, 암호화폐의 중요성을 강조하기 위해 토큰생태계라고 부르기도 한다.

18 윗글의 주제로 가장 적절한 것을 고르면?

① 암호경제의 창출
② 암호화폐의 중요성
③ 블록체인 컴퓨터의 주요 기능
④ 암호경제와 블록체인 패러다임
⑤ 디지털 자산 거래시장의 도래

해설

블록체인 컴퓨터의 대표적인 기능 4가지에 대한 설명과 이것을 통해 만들어지는 암호경제에 대한 설명이 이어지는 글이다. 또한 이러한 흐름을 블록체인 패러다임으로 명명하고 있음을 언급하고 있다. 따라서 이 글의 주제로 가장 적절한 것은 '④ 암호경제와 블록체인 패러다임'이다.

19 윗글의 내용과 일치하지 않는 것은?

① 블록체인 컴퓨터의 기능으로 만들어지는 생태계를 암호경제라고 한다.
② 블록체인 컴퓨터가 창출하는 암호경제는 디지털 자산을 거래하는 디지털 자산 거래시장을 의미한다.
③ 디지털 자산이 되는 데이터들은 가치가 있는 것들로 디지털 자산 거래 시 범위와 종류에는 제약이 따를 수 있다.
④ 데이터를 기반으로 하고 있는 모든 일들은 현재의 모든 생태계를 블록체인 기반의 암호경제로 혁신할 수 있다는 것을 의미한다.
⑤ 스마트계약의 주요 기능은 디지털 자산의 거래를 하는 것이다.

해설

4문단 첫 번째 줄을 보면, 디지털 자산이 되는 데이터의 범위 및 종류를 한정하지 않는다고 하였으므로 ③의 내용은 적절하지 않다.

[20~21] 다음 글을 읽고 질문에 답하시오.

여느 나라와 마찬가지로 호주에서도 차는 소유자의 라이프스타일, 취향, 지위를 보여주는 상징적인 도구가 되어 왔다. 하지만 최근 호주에서 차는 개인의 전유물에서 시민들이 공유하는 교통수단으로 인식이 변화하고 있다. 호주 카셰어링 시장이 가히 폭발적이라 현지 미디어에서는 이를 '위험한 속도'에 비유하고 있다. 한 산업보고서에 따르면, 2013년 4,560만 호주달러에 불과하던 카셰어링 시장 규모는 지난 5년간 연평균 22.4%씩 성장해 2018년에는 1억 2,070만 호주달러에 이를 것으로 보인다. 5년 후인 2023년에는 지금보다 2배 이상 성장해 2억 6,490만 호주달러 규모로 증가할 것으로 전망되고 있다. 그렇다면 호주 시장에서 카셰어링 서비스가 가파르게 성장한 배경은 무엇일까?

그 첫 번째 이유는 도심으로의 인구 유입을 들 수 있다. 이민자들의 국가인 호주는 해외에서 유입되는 인구의 지속적인 증가와 도심으로의 인구 유입 현상을 동시에 겪고 있다. 호주 정부에서는 교통 인프라 구축 차원에서 시민들이 편리하게 카셰어링 서비스를 이용할 수 있도록 적극적으로 지원한다. 카셰어링 차량 1대는 도로상의 개인소유 차량 10대를 줄이는 효과가 있어 교통 정체와 주차 문제를 해결하는 데 도움을 줄 것으로 예상된다.

또한 호주의 높은 물가는 카셰어링 서비스의 이용도를 높이는 주요한 원인이 된다. 호주의 물가는 세계 최고 수준이다. 따라서 생활비가 많이 들어 차량을 소유하는 것에 대한 부담이 큰 편이다. 특히 도시에 거주하는 이들에게는 카셰어링 서비스를 이용하는 편이 훨씬 저렴하다. 여기에 더해 주차 공간을 찾는 데 소요되는 시간을 줄일 수 있다는 장점도 있다.

호주의 인터넷 환경 발달 역시 카셰어링 서비스의 확산에 큰 영향을 끼쳤다. 호주는 불과 몇 년 전까지만 해도 세계 최하위 수준의 인터넷 속도를 보여주는 등 인터넷 환경이 매우 열악했다. 그러나 최근 호주 정부의 광통신망 구축사업으로 카셰어링 플랫폼과 같은 온·오프라인을 융합한 서비스 시장이 빠르게 성장하고 있다. 호주에서 카셰어링 서비스를 이용한 다수의 사람들은 휴대전화를 통한 온라인 플랫폼 이용에 익숙하다. 또한 소유보다는 공유를 선호하는 세대로 환경문제에도 관심이 높아 온실가스 배출 제로 차량을 이용할 수 있다면 기꺼이 돈을 더 지급할 의사가 있는 것으로 나타났다.

호주를 비롯한 전 세계는 소유에서 공유의 시대로 나아가고 있다. 호주의 카셰어링 서비스 시장은 지속 성장하고 있지만, 미국·유럽의 대도시에 비하면 아직 갈 길이 멀다. 현지의 카셰어링 서비스는 여전히 부족하기 때문에 호주는 잠재력이 높은 시장이다. 특히 차별화된 온라인 서비스 플랫폼을 보유한 국내 기업들에게는 지금이 호주 시장 진출을 시도해볼 만한 적기라고 할 수 있다.

20 윗글의 제목으로 가장 적절한 것은?

① 호주 카셰어링 서비스와 미래 산업의 향방
② 인터넷 기술의 발전과 카셰어링 서비스의 관계
③ 이민자들의 나라 호주, 카셰어링 시장 진출의 방안
④ 호주의 카셰어링 시장을 통해 본 공유경제의 가능성
⑤ 진화하는 호주의 카셰어링 시장, 그 성장 배경과 전망

18 ④ 19 ③

이해력

해설

이 글은 호주의 카셰어링 시장이 가파르게 성장한 배경과 전망에 대한 글이다. 글에서 호주의 카셰어링 시장이 성장한 배경은 도심으로의 인구 유입, 높은 물가, 인터넷 환경의 발달 등에 의한 것이라고 나와 있다. 또한 호주의 카셰어링 시장은 계속해서 성장하고 있지만, 미국이나 유럽의 대도시에 비하면 갈 길이 멀어 잠재력이 높은 시장이라고 나와 있다. 따라서 이 글의 제목으로는 '진화하는 호주의 카셰어링 시장, 그 성장 배경과 전망'이 가장 적절하다.

21 윗글의 논지 전개 방식으로 적절한 것은?

① 예를 사용하여 어려운 개념을 쉽게 설명하고 있다.
② 공간의 이동에 따른 대상의 변화과정을 서술하고 있다.
③ 구체적인 근거를 제시하여 현상의 원인을 분석하고 있다.
④ 일반적인 견해를 비판하면서 현실에 대한 문제를 제기하고 있다.
⑤ 사건의 결말을 밝히고 그 진행 과정을 역순행적으로 서술하고 있다.

해설

첫 번째 문단 마지막 문장 '그렇다면 호주 시장에서 카셰어링 서비스가 가파르게 성장한 배경은 무엇일까?'를 통해 다음 문단부터 카셰어링 서비스가 가파르게 성장한 현상에 대한 원인을 분석할 것임을 알 수 있다. 다음 문단들을 살펴보면 도심으로의 인구 유입, 높은 물가, 인터넷 환경의 발달, 환경문제 등의 근거를 제시하고 있으므로 ③이 정답이다.

02 글의 추론

01 다음은 '고속도로의 공공성 강화 방안'에 대한 글 중 일부분이다. 논리적 순서대로 알맞게 배열한 것을 고르면?

(가) 개인이나 기업에서 독단적으로 제공할 수 있는 재화가 아니며, 수익을 기대하기도 어렵다.
(나) 또한, 국민의 삶의 질을 향상시키는 데 큰 역할을 해왔으며, 국토 공간 발전에 있어 도로의 기능은 지금도 중시되고 있다. 앞으로도 중추적인 역할을 수행할 것으로 판단된다.
(다) 먼저, 국가의 예산이 절대적으로 거대한 규모로 투입된다는 것이다. SOC 사업은 말 그대로 사회간접자본이며, 이로 인해 막대한 국가의 예산이 투입된다.
(라) 도로의 특징을 살펴보면 다른 재화나 서비스와 다른 몇 가지 특징이 있다.
(마) 하지만 도로가 가지고 있는 특성은 우리 사회에 꼭 필요한 요소이다. 도로의 공급으로 인해 물류 및 산업이 발전하고 국가 경제 발전에 큰 이바지를 한 역사는 이미 많은 전문가로부터 증명되었다.

① (다) – (나) – (가) – (라) – (마)
② (다) – (라) – (마) – (가) – (나)
③ (라) – (가) – (나) – (다) – (마)
④ (라) – (다) – (나) – (마) – (가)
⑤ (라) – (다) – (가) – (마) – (나)

해설

이 글은 '고속도로의 공공성 강화 방안' 중 도로 부문 공공성의 평가 기준에 대한 내용으로 먼저 '(라) 공공성을 지닌 도로의 특징'으로 시작하여 '(다), (가) 도로의 특징에 대한 부연 설명'으로 이어지고, (마)와 (나)의 순서로 '도로가 공적으로 필요한 이유'에 대해 설명하고 있다.
따라서 논리적 순서대로 알맞게 배열한 것은 '⑤ (라) – (다) – (가) – (마) – (나)'이다.

20 ⑤ 21 ③ | 01 ⑤

02 다음 문단을 글의 흐름에 맞게 순서대로 배열한 것은?

(가) 비슷한 지수로는 '스타벅스지수'를 들 수 있다. 스타벅스지수는 스타벅스 카페라테(톨 사이즈 · 355mL)의 가격을 이용해 실제 환율과 적정 환율과의 관계를 알아보기 위해 고안해 낸 구매력 평가 환율 지수다. 이른바 '라테지수'로도 불린다.
(나) 빅맥이 특정국에서 미국보다 싸다면 그 나라의 통화는 저평가된 것이고 균형 시장을 위해 앞으로 오르게 된다는 식이다. 올해 1월을 기준으로 한국의 빅맥 가격은 4.11달러, 미국은 5.28달러다. 빅맥 가격이 가장 비싼 곳은 스위스로 6.76달러에 달한다.
(다) 빅맥지수는 각국의 맥도날드에서 팔리는 빅맥 햄버거 가격을 분기별로 비교해 한 국가의 통화가치와 물가수준을 가늠하는 척도로 사용되어 왔다. '환율은 두 나라에서 동일한 상품과 서비스의 가격이 비슷해질 때까지 움직인다'는 이론(구매력 평가설)을 근거로 적정 환율을 산출하는 데 활용된다.
(라) 한편 햄버거 판매의 위축과 함께 국가별로 가격 할인 상품이 등장하면서 빅맥이 더 이상 국가별 물가수준 등을 가늠하는 기준 상품으로 적당하지 않다는 지적도 나오고 있다.
(마) 빅맥지수는 1986년 영국 경제 주간지 이코노미스트가 개발한 지수로 매년 1월과 7월 두 차례에 걸쳐 발표된다.

① (마) – (다) – (나) – (라) – (가)
② (다) – (마) – (나) – (가) – (라)
③ (마) – (나) – (다) – (가) – (라)
④ (다) – (나) – (마) – (라) – (가)
⑤ (마) – (가) – (나) – (다) – (라)

해설

이 글은 빅맥지수에 대한 내용이다. 가장 먼저 (마) 빅맥지수에 대한 개념과 발표 일정에 관한 내용이 나오고, (다) 빅맥지수의 활용법에 대한 내용이 이어진다. 그리고 (나) 빅맥지수를 활용한 평가 방법에 대한 내용이 나오고, (라) 빅맥지수 사용에 대한 부당성의 제기에 대한 내용이 나온다. 마지막으로 (가) 빅맥지수와 비슷하게 사용되는 경제 용어에 대한 설명이 이어지며 글을 끝맺는다. 따라서 주어진 문단을 글의 흐름에 맞게 바르게 배열한 것은 '① (마) – (다) – (나) – (라) – (가)'이다.

03 다음 글의 내용 흐름상 가장 적절한 문단 배열의 순서는?

(가) 회전문의 축은 중심에 있다. 축을 중심으로 통상 네 짝의 문이 계속 돌게 되어 있다. 마치 계속 열려 있는 듯한 착각을 일으키지만, 사실은 네 짝의 문이 계속 안 또는 밖을 차단하도록 만든 것이다. 실질적으로는 열려 있는 순간 없이 계속 닫혀 있는 셈이다.

(나) 문은 열림과 닫힘을 위해 존재한다. 이 본연의 기능을 하지 못한다는 점에서 계속 닫혀 있는 문이 무의미하듯이, 계속 열려 있는 문 또한 그 존재 가치와 의미가 없다. 그런데 현대 사회의 문은 대부분의 경우 닫힌 구조로 사람들을 맞고 있다. 따라서 사람들을 환대하는 것이 아니라 박대하고 있다고 볼 수 있다. 그 대표적인 예가 회전문이다. 가만히 회전문의 구조와 그 기능을 머릿속에 그려보라. 그것이 어떤 식으로 열리고 닫히는지 알고는 놀랄 것이다.

(다) 회전문은 인간이 만들고 실용화한 문 가운데 가장 문명적이고 가장 발전된 형태로 보일지 모르지만, 사실상 열림을 가장한 닫힘의 연속이기 때문에 오히려 가장 야만적이며 가장 미개한 형태의 문이다.

(라) 또한 회전문을 이용하는 사람들은 회전문의 구조와 운동 메커니즘에 맞추어야 실수 없이 문을 통과해 안으로 들어가거나 밖으로 나올 수 있다. 어린아이, 허약한 사람, 또는 민첩하지 못한 노인은 쉽게 그것에 맞출 수 없다. 더구나 휠체어를 탄 사람이라면 더 말할 나위도 없다. 이들에게 회전문은 문이 아니다. 실질적으로 닫혀 있는 기능만 하는 문은 문이 아니기 때문이다.

① (가) – (나) – (라) – (다)
② (가) – (라) – (나) – (다)
③ (나) – (가) – (라) – (다)
④ (나) – (다) – (라) – (가)
⑤ (다) – (가) – (라) – (나)

해설

(가)는 회전문의 구조를, (나)는 문의 의미를, (다)는 회전문에 대한 글쓴이의 견해를 나타내므로 가장 포괄적이고 일반적인 내용인 (나)가 가장 첫 문단으로 와야 한다. 또한 (나)의 마지막 문장에서 회전문이 어떤 식으로 열리고 닫히는지 알면 놀랄 것이라고 했으므로, 첫 문장에서 회전문의 축을 중심으로 작동 원리에 관해 설명하는 (가)가 이어져야 한다. (가)의 마지막 문장에서 회전문은 열려 있는 순간 없이 계속 닫혀 있는 셈이라고 했으므로, 이러한 구조를 가진 회전문이 일부의 사람들에게는 문의 기능을 하지 못한다는 내용인 (라)가 오고, 결과적으로 회전문은 야만적이며 미개한 형태의 문임을 설명하는 (다)가 오는 것이 적절하다. 따라서 '(나) – (가) – (라) – (다)'의 순서로 배열하는 것이 가장 적절하다.

02 ① 03 ③

04 다음은 A 씨가 '합리적인 사고를 생활화하자'라는 주제로 쓴 글이다. ㉠~㉤의 문장들을 논리적 구성에 맞게 재배열한 것으로 옳은 것은?

우리는 철학적인 사고, 특히 합리적인 사고라 하면 서양에서나 적용 가능한 것으로 치부하는 경향이 있다.

㉠ 예컨대 공직자가 부정한 수입을 제의받았을 때, 그는 자신의 물질적인 이익뿐만 아니라 공직자로서의 사회적 책임과 직업의식을 고려하여 이를 거부할 수 있어야 한다.
㉡ 우리나라에서는 어떤 일을 할 때 한 쪽에 속하지 않는 사람을 배척하고, 오히려 이상한 사람으로 몰아붙이기도 한다.
㉢ 즉, 내가 어떤 일을 할 때 그 일을 통해 얻는 이익뿐만 아니라, 치러야 할 대가까지도 충분히 고려해서 결정해야 한다는 것이다.
㉣ 그러나 이런 풍토는 사람의 행동을 흑백 논리로 재단하는 것으로, 삶의 균형과 조화를 위해서도 바람직하지 않다.
㉤ 한편, 합리적인 사고의 핵심은 자신의 이익에만 사로잡히지 않고 전체의 차원에서 문제를 파악하고 판단하는 데 있다.

이렇듯 합리적 사고는 우리들의 생활 어디에라도 적용할 수 있으며, 그렇게 할 때 균형 잡힌 삶이 실현될 수 있다.

① ㉠－㉡－㉢－㉣－㉤
② ㉡－㉠－㉢－㉣－㉤
③ ㉡－㉣－㉤－㉢－㉠
④ ㉤－㉡－㉣－㉠－㉢
⑤ ㉣－㉤－㉢－㉠－㉡

해설

이 문제는 문맥에 맞도록 글의 흐름을 바로잡는 문제 유형이다. 우선 선택지를 보고 문단의 첫 부분에 올 수 있는 문장을 먼저 정한다. 그리고 첫 문장의 핵심어 또는 핵심 내용을 이어받을 수 있는 다음 문장을 고려하면 된다. 제시문의 첫 문장은 우리나라 사람들이 합리적인 사고방식을 무시하는 경향이 있다는 내용이다. 그러므로 다음에 이어지는 문장은 실제 생활에서 그러한 경향이 어떻게 나타나는지를 밝히고, 문제점을 지적한 다음 대안으로서 합리적 사고가 무엇인지 규정하고, 그 예를 들어 보이는 것이 가장 자연스럽다. 따라서 ㉡－㉣－㉤－㉢－㉠의 순서로 연결되는 것이 가장 자연스럽다.

05 다음 글의 논리적 순서로 적절한 것을 고르면?

(가) 다만 그전에 소득을 파악하는 방법에도 개선이 있어야 할 것이다. 그리고 전체적으로 3단계에 걸쳐 소득 보험료 비중을 현재의 50%에서 75%로 높이고, 고령층 등 특정 계층의 부담이 한꺼번에 늘어나지 않도록 소득과 재산이 많은 피부양자부터 단계적으로 축소할 방침이다.

(나) 이처럼 소득에 부과하는 보험료 비중이 높아지게 되면, 퇴직 후 지역 가입자로 전환된 사람 대다수는 보험료가 약 45% 정도로 하락하는 효과가 있다. 또한 한 직장에서 1년 이상을 근무하다 퇴사하면, 퇴사 후 2년 동안은 직장에서 근로자 몫으로 부담하던 보험료를 그대로 내도록 하는 임의계속가입제도 이용도 가능하다.

(다) 그리고 저소득 지역 가입자의 부담을 줄이고, 고소득 피부양자의 무임승차를 막을 수 있다. 기본적으로는 서민들의 부담을 덜어주고 형평성을 강화하겠다는 것이 이번 건강보험료 부과 체계 개편의 핵심인 것이다. 이번 부과 체계 개편이 서민들의 적정급여를 가능하게 하고 국민들 간의 형평성을 줄이는 데 기여하기를 바란다.

(라) 우리나라 건강보험 제도의 시초는 1972년 200인 이상 사업장 근로자를 대상으로 시작한 것이었다. 이후 약 40여 년 동안 건강보험 제도는 수많은 변화와 개선의 역사를 이루어 왔다. 최근 국민건강보험제도는 다시 전환점을 맞이하였다. 기존과 달리 건강보험료 부과 체계가 소득 중심으로 달라질 예정이다. 즉, 수익이 높고 재산이 많은 이들에게 더 많은 보험료를 부과하겠다는 의미이다. 그 방법과 효과는 다음과 같다.

(마) 지금까지는 높은 소득과 재산이 있어도 피부양자로 등재되어 있으면 보험료를 내지 않았다. 앞으로 이러한 사람들을 지역 가입자로 전환해 보험료를 납부하게 할 방침이다. 소득의 경우 연간 최대 1억 원 기준에서 4천만 원 초과, 재산은 과표 6억 원에서 3억 5천만 원 및 연소득 3천만 원 이상부터 적용이 된다. 직장 가입자 역시 마찬가지이다. 월급 외 고소득 직장인도 단계적으로 부과를 확대한다.

① (라) – (나) – (다) – (가) – (마)
② (라) – (마) – (가) – (나) – (다)
③ (라) – (가) – (나) – (다) – (마)
④ (나) – (다) – (라) – (마) – (가)
⑤ (마) – (라) – (다) – (가) – (나)

해설

제시된 글은 건강보험료 부과 체계의 개편에 대해 말하고 있다. 따라서 전체적인 개편의 방향을 소개하고 있는 (라)가 첫째 문단으로 가장 적절하다. (라)에서 개편의 방법과 효과를 알아보고자 하였으므로 (라)의 다음으로는 개편의 방법에 해당하는 (마) – (가)가 오는 것이 적절하다. 그리고 개편으로 인한 효과를 설명하는 (나), (다)가 오는 것이 적절한데, (다)는 부과 체계 개편의 의의를 다시 한 번 정리하고 있으므로 마지막 문단으로 적절하다. 따라서 논리적 순서에 맞게 배열한 것은 '② (라) – (마) – (가) – (나) – (다)'이다.

04 ③ 05 ②

06 다음 글의 순서를 바르게 배열한 것은?

(가) 이러니 산재 피해자 가족들이 안전관리 의무를 다하지 않아 노동자를 죽음에 이르게 한 기업을 직접 처벌할 수 있는 '중대재난기업처벌법'의 제정을 촉구하는 것 아니겠는가. 한국은 노동자 1만 명당 사고로 숨지는 사망 만인율이 0.51로 경제협력개발기구(OECD) 최고 수준이다. 한 해 1,000명 가까운 노동자가 '일터에서의 사고'로 목숨을 잃고 있다는 사실을 잊으면 안 된다. 정부와 기업은 모든 역량을 동원하여 '안전한 일터' 만들기에 집중해야 한다.

(나) 그럼에도 산재 사고가 급증하는 것은 산재 인정 문턱을 낮춰 더 많은 피해자를 '보호망'으로 끌어안았기 때문만은 아닐 것이다. 대한민국의 일터가 '후진국형'에 머물고 있기 때문이라는 것은 부정할 수 없다. 노동자의 주의 태만도 있겠으나 "2022년까지 산재 사망사고를 절반으로 줄이겠다."던 정부의 책임을 묻지 않을 수 없다. 기업의 관리 책임은 더 크다.

(다) 고용노동부는 지난해 산업현장에서 재해를 당한 노동자가 10만 2,305명으로 전년도보다 14% 늘었다고 발표했다. 산재 사망자는 10% 가까이 증가했다. 사고로 971명이, 질병으로 1,171명이 각각 숨졌다. 산재 노동자가 증가한 것은 적용 사업장을 확대하고, 신청 · 심사 과정 등을 개선해 승인이 쉽도록 한 덕분이라고 정부는 말했다. 일터에서 사고를 당하거나 질병을 얻은 노동자가 산재 피해자로 인정받으면 배 · 보상 등을 통해 최소한의 삶을 유지할 수 있다는 점에서 그나마 다행스러운 일이다.

(라) 사정이 이런데도 최근 산업안전보건법 시행령이 입법 예고되자, 한국경영자총협회 등 경영계가 반발하고 있다. '중대 재해가 발생했거나, 발생할 급박한 위험이 있는 경우' 정부가 작업중지를 명령할 수 있도록 한 조항을 두고, 작업중지 명령권이 남발되면 수백억~수천억 원의 피해가 우려된다는 것이다. 원청업체에 산재사고의 책임을 일부 물리도록 한 조항에 대해서도 "기업을 범법자로 만들겠다는 것이냐."며 불만을 토로했다고 한다. 중대 재해가 일어나면 작업을 중지하고 일터가 안전한지를 살피는 일은 정부와 기업의 의무이자 책임이다. 경영계의 반발은 "위험과 함께 책임도 외주화하겠다."는 것이나 다를 바 없다.

① (라) – (가) – (나) – (다)
② (라) – (가) – (다) – (나)
③ (다) – (나) – (라) – (가)
④ (다) – (나) – (가) – (라)
⑤ (다) – (라) – (가) – (나)

해설

(다)를 제외한 문단은 연결어로 시작되기 때문에 글의 맨 처음에 올 수 없다. 따라서 (다)의 고용노동부가 발표한 결과가 제일 앞에 제시되는 것이 적절하다. (다)에서 승인이 쉽도록 한 덕분에 산재 노동자가 늘었다고 한 정부의 발표가 나왔으므로, (나)의 그럼에도 그것 때문만은 아닐 것이라는 내용이 이어지는 것이 자연스럽다. 남은 (라)와 (가)의 내용을 살펴보면 내용상 (라)가 앞에 나와야 하며, 정부와 기업의 역할을 상기시키며 글을 마무리 짓는 (가)가 마지막에 나오는 것이 적절하다. 따라서 정답은 '③ (다) – (나) – (라) – (가)'이다.

07 다음 (가)~(라) 단락을 맥락에 맞게 순서대로 배열한 것은?

정부 주도의 주택 보급이 활성화되던 1970년대에서 1990년대는 '벽돌의 시대'였다. 그러나 이후 구조와 건축 재료의 발달로 벽돌은 저렴한 저층 건축 재료로 낙인찍혔다. 하지만 벽돌은 최근 개성 넘치는 새로운 옷으로 다시금 주목받고 있다.

(가) 과거 벽돌은 근대성을 상징하는 재료였다. 또한 벽돌은 재활용이 가능한 재료로 광복 후 전란으로 폐허가 된 서울을 신속하게 복구하는 데에도 쓰였다. 근대화와 함께 도입된 벽돌은 1970년대까지 활발하게 사용되었는데, 소규모 주택을 공급하는 건축업자들이 만드는 '블란서 2층 양옥집'이 유행했을 때에도, 대부분이 붉은 벽돌집이었다. 이후에 '집' 하면 자연스레 '붉은 벽돌집'을 떠올릴 정도로 많은 벽돌집이 지어졌다.

(나) 최근엔 구조재가 아닌 치장재로 새롭게 주목받기 시작하며 다양한 색깔과 독특한 쌓기 방식으로 건물의 외벽에서 개성을 드러내고 있다. 여기에는 크게 두 가지 이유가 있다. 우선 건축 기술의 발달로 벽돌이 건물의 힘을 받는 구조체로부터 독립해 외장재로 자유롭게 사용할 수 있게 되었다는 점이다. 벽돌을 활용한 다양한 쌓기 방법이 개발되고 철물의 개발로 높이 쌓는 것이 가능해지면서 고층 건물의 외부를 벽돌로 장식하여 얻는 시각적 독특함이 눈길을 끌 수 있게 된 것이다.

(다) 1980~90년대 이후 아파트 시장의 활황으로 대형 건설업자들이 콘크리트로 아파트를 수없이 짓고 있을 때, 소규모 주택 시장의 건축업자들은 공동주택에 '빌라'라는 이름을 붙이고 콘크리트 내력벽 위에 화강석을 건식으로 붙인 저품질 주택을 양산했고, 자연스레 대중은 붉은 벽돌집은 싸구려 집이라는 인식을 갖게 되었다. 기술의 발달과 재료의 다양화 역시 벽돌을 멀어지게 만든 원인 중 하나다. 어떤 건축가들은 물성을 드러내는 재료로써 노출 콘크리트를 진지하게 탐구하기 시작했으며, 어떤 건축가들은 건물의 '스킨'이라 하여 건물 외벽을 금속 패널로 치장하는 데 몰두하기도 했다. 이 사이에 벽돌건축은 점차 건축가들의 관심에서도 멀어져 갔다.

(라) 그러나 무엇보다 가장 중요한 것은 벽돌에는 자연스럽고 친숙한 이미지와 느낌이 있다는 것이다. 벽돌은 흙을 구워서 만든다. 그리고 천연 재료라는 이미지와 더불어 가지런한 줄눈은 안정감을 준다. 게다가 한국처럼 다습하며 기온 변화가 심한 곳에선 건축 재료의 오염이 많은 편인데 벽돌은 다른 건축 재료에 비해 변형이나 오염으로 인한 문제가 상대적으로 적다. 이것이 많은 사람들이 벽돌 외벽을 선호하는 이유다.

① (가) – (나) – (다) – (라)
② (가) – (다) – (나) – (라)
③ (가) – (다) – (라) – (나)
④ (나) – (라) – (가) – (다)
⑤ (라) – (나) – (가) – (다)

해설

이 글은 시간 순서대로 진행되고 있다. (가)에서 1970년대까지 벽돌의 쓰임이 활발했음을 말하고 있고 (다)에서 1980~90년대 이후에 벽돌에 대한 인식이 변화했음을 이야기하고 있다. (나)와 (라)는 최근 이야기를 하고 있는데, (나)에서 최근에 벽돌이 다시 주목받기 시작했음을 알리고 (라)에서 '무엇보다 중요한 것은'으로 문장을 시작하며 (나)의 내용을 보충하고 있다. 따라서 정답은 (가) – (다) – (나) – (라)이다.

06 ③ 07 ②

이해력

08 다음의 문단을 순서대로 가장 바르게 배열한 것은?

(가) 연구내용에 따르면 지난 세기 네덜란드에선 작은표범나비를 비롯해 상제나비, 높은산점배기숫돌나비 등 15종의 나비가 멸종하였다. 또 개체 수가 급감한 종이 71여 종에 달했다. 실제론 이보다 훨씬 많은 종의 나비들이 개체 수 감소 현상을 겪고 있다고 연구팀은 확신했다. 나비보호협회의 크리스 반 스와이예와 그의 연구팀은 1890년부터 1980년 사이에 수집가들이 잡은 12만 마리의 나비와 200만 건의 목격을 과학적 데이터로 분석했다. 연구팀은 "이번 연구는 곤충의 총 질량이 해마다 2.5% 감소하고 있다는 국제 보고에 이은 또 다른 경고"라고 강조했다.

(나) '튤립의 땅'이라고 불리는 네덜란드에서 사라지는 나비의 수가 엄청난 것으로 나타났다. 영국 가디언은 지난 130년 동안 네덜란드의 나비 개체 수가 84%나 감소했다는 네덜란드 나비보호협회(Dutch Butterfly Conservation)의 연구 결과를 최근 보도했다.

(다) 이에 연구팀은 "향후 2년 안에 유럽연합은 새로운 정책을 고안해 자연을 파괴하는 농업에 대한 대응책을 마련해야 한다."면서 "아직까진 기존 농업방식을 유지하려는 대규모 농장이 더 많지만 생물다양성을 보장하는 방식으로 바꿔보려는 소규모 농업인들도 점차 늘고 있어 희망이 아주 없진 않다."고 전했다.

(라) 네덜란드에서 이처럼 나비 종이 급감하는 이유는 농업의 발달이 큰 영향을 미쳤다. 이번 연구를 이끈 스와이예 연구원은 "비슷한 시기에 영국에서도 나비 다섯 종이 멸종했는데, 높은산점배기숫돌나비는 스웨덴에서 채취한 유충을 통해 성공적으로 복원되었다."면서 "영국과 달리 네덜란드에서 나비가 급격히 모습을 감춘 이유는 농업이 발달하면서 나비를 위한 공간이 얼마 남지 않았기 때문"이라고 설명했다. 연구팀에 따르면 1950년 이전 네덜란드의 초원은 흡사 현재의 자연보호구역과도 같았다. 토양은 충분히 젖어 있었고, 풍부한 개체의 꽃이 자랐으며, 1년에 1회 또는 2회 정도만 가축들이 풀을 뜯었을 뿐 그 외 농업의 영향을 전혀 받지 않았다.

(마) 그러나 1950년대 이후 20년 동안 시골마을이 재건되면서 초원은 물에 잠겼고, 단 한 종의 풀만 자라나기 시작했으며, 가축은 이전보다 6배 더 자주 풀을 뜯어 먹었다. 게다가 어마어마한 양의 비료까지 땅에 뿌려지면서 네덜란드에는 나비를 위한 공간이 얼마 남지 않게 되었다. 결국 나비가 설 자리는 도로변이나 자연보호구역을 제외하고는 전부 사라진 것이다. 한 종의 멸종은 먹이사슬에 영향을 미치기 때문에 결국 나비의 멸종은 연쇄적으로 새, 포식자까지 부정적인 영향을 가져올 위험이 있다.

① (가) – (다) – (라) – (마) – (나)
② (나) – (가) – (다) – (라) – (마)
③ (나) – (가) – (라) – (마) – (다)
④ (나) – (라) – (마) – (다) – (가)
⑤ (라) – (마) – (다) – (나) – (가)

해설

네덜란드에서 나비의 개체 수가 크게 감소한 이유와 영향에 대해 설명하는 글이다. (나) 나비 개체 수가 감소했다는 연구 결과에 이어 (가) 상세한 연구 내용이 나온다. (라), (마)에서 네덜란드에서 나비의 개체 수가 급감한 이유를 설명하고 있고, (다)에서 앞서 말한 원인에 대한 대응 방안의 필요성에 대해 말하고 있다.
따라서 문단을 순서대로 바르게 배열한 것은 '③ (나) – (가) – (라) – (마) – (다)'이다.

09 4차 산업혁명의 도래를 주제로 다음 문단을 순서대로 가장 바르게 배열한 것은?

(가) 4차 산업혁명 시대에서 기술 및 산업 간 경계가 붕괴하게 될 것이며, 제품과 서비스의 부가가치를 누가 창출할 것인가를 두고 기업 간 치열한 경쟁이 있을 것으로 보인다. 전통적인 산업이라 하더라도 AI, IoT 등의 미래기술에서 벗어날 수는 없으며, 특히 타 산업 또는 타 기술의 발전으로 인해 기업이나 산업이 소멸될 수도 있다.
(나) 선진국들의 경우 우리나라만큼 '4차 산업혁명'이라는 단어에 집중하고 있지 않으나, 기업 또는 국가 단위에서 미래를 대비하고 있다. 예를 들어, 미국은 실리콘밸리의 'FANG(Facebook, Apple, Netflix, Google)' 중심, 일본은 Society 5.0, AI 산업화 로드맵 등 중심, 독일은 첨단기술전략 2020 산업 4.0 & Labor 4.0을 동시에 계획하거나 추진 중에 있다. 특히 빠른 속도로 성장하고 있는 중국은 AI와 빅데이터를 중심으로 4차 산업혁명 시장을 선도하고 있다.
(다) 최근 기술발전으로 인해 아날로그 시대의 장인 정신은 디지털 시대의 현명한 시행착오로 변화하고 있다. 전통적인 방식의 PDS(plan-do-see)는 자동차 산업의 충격시험, 전자제품 테스트 등과 같은 완전한 데이터 또는 경험을 중심으로 결정되거나 실행되었다. 하지만 미래에서는 린 스타트업(lean start-up) 중심이 될 것이며, 이는 plan(계획)이 없어진 Learn(학습)-Build(실행)-Measure(평가)의 형태로 변화할 것이다.
(라) 예를 들어, 알리바바의 4억 개의 광군제 광고는 전통적인 방식으로 만들어진 것이 아닌 자체적으로 개발한 AI인 '루반'을 통해 광고를 제작하였다. 이는 일정 수준으로 노출한 뒤, 반응이 있으면 발전시킨 형태의 광고를 제작하는 형태로서 철저한 계획보다는 인공지능을 통해 일정한 학습을 하여 서비스를 발전시키는 전형적인 4차 산업혁명의 실질적인 예라고 할 수 있다.
(마) 우리나라는 4차 산업혁명의 늦은 추진을 만회하기 위해 방향성을 '지능화 혁명'에 두고 집중하고 있다. 2016년 다보스포럼에서 제기된 4차 산업혁명의 범위는 바이오, 에너지, 데이터 등을 포함하였으나 늦은 출발과 복잡한 산업구조로 인하여 효율적 선택을 하였다. '지능화 혁명'은 인공지능을 주축으로 데이터, 네트워크, IoT 등을 연계하는 것을 의미하며 발전 속도와 범위에 따라 좀 더 넓은 범위로 확장될 수 있다.

① (나) – (라) – (가) – (다) – (마)
② (다) – (라) – (나) – (가) – (마)
③ (다) – (마) – (가) – (나) – (라)
④ (마) – (가) – (나) – (라) – (다)
⑤ (마) – (다) – (라) – (가) – (나)

해설

4차 산업혁명의 도래를 주제로 한 글이다. 가장 먼저 (마) 우리나라가 현재 4차 산업혁명에서 집중하고 있는 분야와 (다) 전통적인 방식에서 미래로 나아가며 변화하는 기술 방식에 대한 설명이 이어지고, (라) 그 방식에 대한 예를 들어 설명하고 있다. 이어서 (가) 변화된 4차 산업혁명 시대의 기술과 산업에 대한 내용이 나오고, 마지막으로 (나) 4차 산업혁명을 대비하는 선진국들에 대한 내용이 나와야 한다.
따라서 정답은 (마) – (다) – (라) – (가) – (나)이다.

08 ③ 09 ⑤

10 다음 문단을 문맥의 흐름에 맞게 순서대로 바르게 배열한 것을 고르면?

(가) 따라서 기존 방식의 '사회적 책임 활동'은 기업이 창출한 수익의 일정 부분을 재분배하여 사회로 환원하는 방식으로 진행되기 때문에 수익성이 악화되면 '사회적 책임 활동' 관련 지출액이 감소되는 문제점을 가지고 있다. 실제로 우리나라 대기업들의 사회공헌 활동 지출 금액은 2012년 3조 2,500억 원에서 2013년 2조 7,700억 원, 2014년 2조 6,708억 원 등 해마다 줄어들고 있으며, 기업의 사회공헌 활동은 기업의 이익에서 일부를 통해 금액이 지출되기 때문에 기업의 수익성이 악화될 경우 지출액이 줄어들 수 있다는 한계가 있다.

(나) 하지만 일부는 '공유가치 창출'이 '사회적 책임 활동'을 대체하는 새로운 패러다임이 아니며 실제 업계에서도 큰 반응을 보이지 않는다는 점에서 부정적인 견해를 제시하기도 한다. '공유가치 창출'의 개념 자체가 모호하고 '공유가치 창출'을 위한 구체적인 전략이 무엇인지, 그리고 '공유가치 창출'이 '사회적 책임 활동'과 어떻게 차별화되는지 구분하기란 쉽지 않다. 따라서 현재 '사회적 가치' 실현에 대한 요구가 증대되어 기업의 '공유가치 창출'에 대한 관심이 높아지고 있는 상황에서 어떠한 활동을 해야 하는지 다양한 시각에서 검토할 필요성이 있다.

(다) 새 정부가 들어서면서부터 '사회적 가치'가 주목을 받기 시작하였지만, 이것은 우리나라만의 특이한 현상이 아니다. 전 세계적으로 기업의 '사회적 책임 활동(Corporate Social Responsibility ; CSR)'으로 대표되는 사회공헌 활동이 주목을 받고 있다. 기업 이미지 개선과 지속가능경영 그리고 기업이 외부요인에 대응하는 기회비용 차원에서 기업의 '사회적 책임 활동'이 점점 중요해지고 있다. 기업과 정부는 전통적으로 수익창출과 공익 창출이라는 상충되는 목표를 가지고 있는 배타적인 관계이지만 독립적으로 비대칭적 빈부 격차와 지구 온난화를 해결할 수 없다는 한계점을 공통으로 인식하고 있다.

(라) 하지만 기업의 '사회적 책임 활동'은 많은 제약 사항을 가지고 있다. 대부분의 기업들이 기부와 후원을 통해 적극적인 사회공헌 활동을 진행하고 있는데, 이러한 행위가 궁극적으로 기업이 '사회적 책임 활동'을 비용으로 인식하게 하여 이윤 추구에 제약 요인으로 간주하게 되었다.

(마) 이렇듯 기존의 사회적 기여 방식의 한계가 나타남에 따라 기업은 사회적 문제 해결을 위해 이전과는 다른 방식의 접근이 필요하게 되었고, 이때 등장한 개념이 바로 '공유가치 창출(Creating Shared Value ; CSV)'이란 개념이다. '공유가치 창출'은 '사회적 책임 활동'과 같은 기존 사회공헌 활동이 기업에 있어 일종의 자선 행위였던 것에 반해, 기업 자신의 이익을 위한 활동으로 '사회적 가치' 창출을 통한 기업 수익 증진을 목표로 하는 새로운 경영 방식이다. Porter&Kramer가 처음 제기한 것으로 기업은 새로운 사회적 문제해결 방식을 통해 '사회적 가치'를 창출하고 동시에 경제적 수익도 창출한다는 점이 특징이다.

① (다) – (나) – (가) – (라) – (마)
② (다) – (가) – (마) – (나) – (라)
③ (다) – (나) – (마) – (가) – (라)
④ (다) – (라) – (가) – (마) – (나)
⑤ (다) – (라) – (마) – (나) – (가)

해설

이 글은 사회적 가치 실현에 대한 기업의 역할에 대한 내용으로 (다) 우리나라뿐만 아니라 전 세계적으로 중요해지고 있는 '사회적 책임 활동'과 그 한계점을 설명하고, (라) 기업의 사회적 책임 활동의 제약 사항과 (가) 제약 사항의 문제점과 한계, 이어서 (마) 문제를 해결하기 위한 새로운 방식의 '공유가치 창출' 개념과 기존 사회적 책임 활동과의 차이점, (나) 공유가치 창출 개념의 부정적 견해에 대해서 설명하고 있다.
따라서 문맥의 흐름에 맞게 순서대로 바르게 배열한 것은 '④ (다) – (라) – (가) – (마) – (나)'이다.

11 다음 |보기|에 이어질 내용을 논리적 순서에 맞게 배열한 것은?

| 보기 |

분식(粉飾)은 '실제보다 좋게 보이도록 거짓으로 꾸미는 것'을 의미한다. 즉, 분식회계는 회사의 실적을 좋게 보이게 하기 위해 회사의 회계장부를 조작하는 것이다.

(가) 여기에 투자자나 채권자가 분식 결산된 재무제표를 보고 투자한 후 손해를 보면 손해배상 청구소송을 할 수도 있다. 여기서 끝이 아니다. 회계감사 보고서를 금융감독원이 다시 한 번 조사해 분식회계 여부를 밝혀내는 '감리'라는 장치도 존재한다.
(나) 예를 들면 가공의 매출을 기록한다거나 발생한 비용을 적게 계상해 누락시키는 등의 방법으로 재무제표상의 수치를 고의로 왜곡할 수 있다.
(다) 한편 분식회계와 반대로 세금 부담이나 노동자에 대한 임금 인상을 피하기 위해 실제보다 이익을 적게 계상하는 것을 '역분식회계'라고 한다.
(라) 따라서 기업은 분식회계를 막기 위한 감사를 둬야 한다. 또 외부감사인인 공인회계사로부터 회계감사를 받도록 되어 있다. 분식회계를 제대로 적발하지 못한 회계법인에는 불이익이 돌아간다. 영업정지나 설립 인가 취소 결정을 받을 수 있다.
(마) 팔지도 않은 물품의 매출 전표를 끊어 매출 채권을 부풀리거나 창고에 쌓인 재고의 가치를 장부에 과대 계상하는 수법도 많이 사용된다. 이는 주주와 채권자들의 판단을 왜곡함으로써 그들에게 손해를 끼치는 것은 물론 탈세와도 관련이 있어 법으로 금지되었다.

① (나) – (라) – (가) – (다) – (마)
② (나) – (마) – (라) – (가) – (다)
③ (가) – (나) – (마) – (라) – (다)
④ (마) – (가) – (라) – (다) – (나)
⑤ (마) – (나) – (라) – (가) – (다)

해설

이 글은 분식회계에 대한 내용으로 |보기|에서 분식회계의 정의를 설명하고, (나) 분식회계에 대한 예시가 나온다. 그다음 (마) 분식회계의 수법과 금지에 대한 내용이 차례로 이어지고, (라), (가)의 분식회계를 막기 위한 방안이 나오며, (다) 분식회계의 반대 개념인 '역분식회계'에 대한 내용이 나온다.
따라서 |보기|에 이어질 내용을 논리적 순서에 맞게 배열한 것은 '② (나) – (마) – (라) – (가) – (다)'이다.

10 ④ 11 ②

12 다음 |보기|에 이어질 내용을 논리적 순서대로 알맞게 배열한 것은?

| 보기 |

학생들은 시험 기간과 숙제를 위해 밤을 새우는 경우가 많으며, 직장인들은 늦게까지 업무를 보는 경우가 적지 않다. 이에 대부분의 사람들은 카페인이 함유된 음료를 찾아 마시고, 순간적으로 집중력을 강화시켜 주어진 과제를 처리하지만 그에 대한 부작용도 심심치 않게 발견된다.

(가) 카페인은 중추 신경 자극제로, 피로감을 느끼게 하는 '아데노신' 물질의 분비를 차단시킴으로써 뇌의 각성상태를 유지시키는 효과가 있고, 신경전달물질인 도파민의 분비량을 늘리기도 한다.

(나) 카페인 부작용을 방지하기 위해서는 구매 및 섭취 과정에서 소비자들의 주의가 요구된다. 카페인 함유 제품에는 '고 카페인 함유'라는 주의 문구와 함께 '총 카페인 함유량'이 표시되어 있으므로 소비자들은 이를 꼭 확인하여 권장 섭취량에 맞는 적당한 카페인을 섭취해야 한다.

(다) 또한, 카페인은 지방산의 이용을 촉진하여 긴 시간 운동 시 지구력을 증가시켜주고, 근육에서는 에너지 대사를 활발하게 하는 효과가 있다. 카페인을 적절하게 섭취한다면 뇌를 각성시켜 잠을 쫓는 효과와 함께 집중력을 순간적으로 높일 수 있는 긍정적인 효과를 누릴 수 있지만, 과다하게 섭취할 경우 오히려 역효과를 불러일으키기도 한다.

(라) 또한, 카페인의 과잉섭취는 위염과 '속 쓰림' 현상을 일으키고, 칼슘을 배출시키기 때문에 위나 뼈가 약한 사람들은 주의를 기울여야만 한다. 카페인을 함유하고 있는 식품에는 우리가 주변에서 쉽게 구할 수 있는 탄산음료를 비롯해, 에너지 음료, 커피, 진통제, 감기약, 피로회복제, 다이어트 보조 식품 등이 있으며, 현대인들이 자주 섭취하는 아메리카노에는 기본 사이즈 한 컵을 기준으로 약 100mg에서 200mg의 카페인이 함유되어 있다.

(마) 식품의약품안전처가 발표한 자료에 따르면 카페인 일일 섭취 권장량은 성인 남성의 경우 400mg, 임산부 300mg, 어린이 75mg 수준이다. 개인마다 민감도에 차이가 있어 기준이 절대적이지 않지만, 권장량 이상의 카페인을 섭취할 경우 혈관을 수축시켜 혈액순환을 방해하고 두통을 일으키기도 하며, 심장박동 수를 증가시키기 때문에 가슴이 두근거리는 현상과 함께 혈압을 상승시킨다.

① (가) – (다) – (나) – (라) – (마)
② (가) – (다) – (마) – (라) – (나)
③ (나) – (라) – (마) – (다) – (가)
④ (나) – (마) – (라) – (가) – (다)
⑤ (마) – (라) – (가) – (다) – (나)

해설

이 글은 카페인의 장점과 부작용에 대한 내용이다. |보기|에서 카페인 섭취로 인한 부작용에 대하여 문제 제기를 하고, (가) 카페인의 효과에 대한 내용이 나오고 나서 (다) 카페인 섭취 시 나타나는 효과에 대한 설명이 나온다. 그 다음에 (마) 카페인의 일일 섭취 권장량과 과잉 섭취 시 나타나는 증상에 대한 내용이 나오고, (라) 과잉 섭취 시 나타나는 증상들을 추가로 설명하고 음식에 포함되어 있는 카페인 함유량에 대한 설명이 이어진

다. 마지막으로 (나) 카페인에 의한 부작용을 방지하기 위하여 소비자들이 주의해야 하는 것이 무엇인지에 대한 내용이 나온다.
따라서 |보기|에 이어질 내용을 논리적 순서에 맞게 배열한 것은 '② (가)-(다)-(마)-(라)-(나)'이다.

13 다음 |보기|에 이어질 내용을 순서대로 가장 바르게 배열한 것은?

| 보기 |

미국 상·하원이 법인세 최고 세율을 35%에서 21%로 인하하는 감세법안 처리를 마무리하였다. 1986년 레이건 행정부 이후 31년 만의 최대 감세다. 내년부터 세계 최대 경제국인 미국의 법인세율이 22.7% 수준인 경제협력개발기구(OECD) 회원국의 평균보다 낮아진다.
미 대통령은 "재정적자가 늘고 복지 지출이 축소될 것"이라는 비판에도, 기업투자를 늘리고 경제 활성화를 위해 감세안을 밀어붙였다. 파격적인 감세 정책이 가져올 긍정적인 효과가 부작용보다 훨씬 클 것으로 보고 있다는 얘기다. 미국은 개인소득세 최고 세율도 39.6%에서 내년부터 37%로 인하한다.

(가) 세계는 지금 감세 전쟁을 벌이고 있다. '기업하기 좋은 나라' 경쟁에서 뒤처지지 않아야 경제를 성장시키고 일자리도 늘릴 수 있다는 게 각국의 판단이다. 강력한 노동개혁을 추진 중인 프랑스 정부는 33.33%인 법인세율을 2022년까지 단계적으로 25%까지 내릴 계획이다. 영국은 2020년까지 19%인 법인세율을 17%로 낮출 방침이고, 일본은 실질 법인세율을 29.97%에서 최저 20%로 내리는 방안을 추진 중이다. 미국으로의 기업 이탈을 우려하는 중국 정부도 기업비용 경감 방안을 검토하고 있다.

(나) 미국 레이건 행정부는 최적 수준보다 훨씬 높던 세율을 인하하여 경제를 부흥시킨 대표 사례이다. 월스트리트저널 보도에 따르면 1980년대 레이건 행정부의 법인세율 인하(48%→34%)를 포함한 대규모 감세 정책은 1983~1988년 연평균 성장률을 4.42%까지 끌어올렸다. 감세 후유증을 우려했던 의회예산국(CBO)의 예상보다 1.3%P 높았다. 법인세 등 세수도 증가세를 나타내면서 10년 동안 추가로 4조 4,000억 달러(현재 가치 기준)의 재정수입을 창출했다고 한다. 과거 우리나라도 법인세율을 인하(27%→25%)하였지만, 법인세 수입은 경제성장률 이상으로 증가하였다. 반면에 오바마 행정부의 증세 정책은 성장률을 끌어내렸고 세수도 기대에 못 미쳤다.

(다) 하지만 우리나라는 이 같은 세계 흐름과는 정반대이다. 법인세 최고 세율이 내년부터 22%에서 25%(과세표준 3,000억 원 초과 대기업)로 되레 올라간다. 기업의 해외 이탈과 경쟁력 약화라는 우려가 제기되었지만, 양극화 해소 및 복지재원 확보 등을 이유로 국회에서 증세 법안이 통과되었다. 한국 기업들은 불리한 조건에서 경쟁할 수밖에 없는 처지인 것이다.

(라) 미국은 점점 더 '기업하기 좋은 나라'가 되어가고 있다. 시장은 넓고 정부 간섭은 적으면서 노동시장의 유연성은 세계 최고이다. 거기다 세금까지 인하하면서 한국을 포함한 세계 기업을 유인하고 있다. 래퍼 곡선의 기본 전제는 세율이 낮을수록 노동의욕, 저축의욕 및 투자의욕이 제고된다는 것이다. 법인세 경쟁에서 한국만 외톨이 신세이다.

12 ②

(마) 세계 각국이 재정 압박 속에서 법인세율 인상이 아니라 인하를 선택하는 데에는 이유가 있다. 법인세율 인하가 일자리의 원천인 기업 투자를 유인할 뿐 아니라, 성장률을 높이고 세수를 늘리는 데도 도움이 되기 때문이다. 미국 경제학자인 아서 래퍼가 세율과 조세 수입의 관계를 정리한 '래퍼 곡선(Laffer curve)'에서 알 수 있듯, 세율이 일정 구간보다 높으면 조세 저항과 경제활동 유인 저하로 총 세수는 줄어든다.

① (가) – (라) – (마) – (나) – (다)
② (가) – (마) – (다) – (나) – (라)
③ (가) – (다) – (마) – (나) – (라)
④ (마) – (나) – (라) – (다) – (가)
⑤ (라) – (마) – (나) – (다) – (가)

해설

이 글은 법인세 래퍼 곡선을 주제로 하여 미국이 여러 비판에도 불구하고 앞으로의 긍정적인 효과를 기대하며 법인세 감세법안 처리를 마무리 지었으며, 세계적으로도 법인세율을 감소하는 추세이지만 우리나라의 경우는 반대로 법인세 최고 세율이 올라갔음을 언급하고 있다. 또한 세계 각국이 법인세율 인하를 선택하는 이유와 과거의 대표적인 성공 사례를 보여주고, 법인세 경쟁에서 한국의 현재 상황을 이야기하며 글을 마무리 짓고 있다. 따라서 |보기|의 미국의 감세 정책에 대한 내용에 이어 (가) 세계의 감세 추세, (다) 우리나라의 최고 세율 증세, (마) 세계 각국이 법인세율 인하를 선택한 이유, (나) 세율 인하의 성공적인 사례, (라) 세계의 감세 흐름과 현재 우리나라의 모습 순으로 연결되어야 하므로 '③ (가) – (다) – (마) – (나) – (라)'가 정답이다.

14 다음 |보기|에 이어질 내용을 순서대로 가장 바르게 배열한 것은?

| 보기 |

햇빛을 인위적으로 차단해 지구의 온도 상승을 막는 '태양 지구공학'이 기후변화를 막을 대안으로 새롭게 떠올랐다. 국제학술지 네이처에는 대기에 에어로졸(미세한 입자)을 뿌려 햇빛을 차단하면 지구의 0.4%만 기후변화를 겪을 것이라는 미국 하버드대 연구팀의 연구 결과를 최근 게재하였다. 태양 지구공학은 지구 생태계나 기후순환 시스템을 물리 · 화학적 방법을 통해 의도적으로 조작하여, 온난화 속도를 늦추는 기술이다.

(가) 연구를 이끈 데이비드 키스 하버드대 교수는 올 여름 거대한 풍선을 상공에 띄워 빛을 잘 반사하는 탄산칼슘 미세입자 1kg을 지상 20km 높이의 성층권에 뿌릴 예정이다. 적도 남위 · 북위 10도 상공에서 성층권에 탄산칼슘을 뿌리면 대기가 극지방으로 순환하기 때문에 전 지구에 적당한 양이 분포된다. 게다가 성층권에 뿌려진 탄산칼슘은 2년 정도만 잔류하기 때문에 양을 조절하거나 통제하는 일도 가능하다. 성층권에 뿌려진 탄산칼슘 미세입자는 가로 1km, 세로 100m의 얼음 반사 층을 만들어 땅에 도달하는 일사량을 차단해 지구를 식히게 된다. 실험 과정에서 연구팀은 지구로 들어오는 햇빛 양의 변화 및 온도 변화를 측정한다. 미세입자와 대기 중 화학물질의 상호작용도 관측해 대기오염을 줄이는 효과가 있을지 알아볼 예정이다. 이 프로젝트에는 2,000만 달러(약 2,200억 원)가 투입된다.

(나) 하지만 환경론자들은 인위적으로 만든 갑작스러운 기후변화가 어떤 부작용을 일으킬지 예측하기 어렵다고 지적하였다. 피나투보 화산 분출이 일어난 이듬해 이뤄진 조사에 따르면 남아프리카는 20%, 남아시아 지역은 15%가량 강우량이 줄었다. 일사량이나 온도 변화가 특정 지역에 한해 국지적으로 일어나더라도 지구의 물 순환 시스템은 전체가 바뀌어 강수량이 불균형해질 수 있다는 것이다.

(다) 기후전문가들은 "연구팀의 실험 결과에 따라 향후 지구공학 발전 방향이 결정될 것"이라고 말했다. 지구공학은 '기후변화에 대응하는 마지막 수단'으로 여겨졌으나 점점 더 대안으로 떠오르고 있다. 기후전문가들도 "온실가스 배출량을 줄이려는 노력만으론 지구의 기후를 이전 상태로 되돌리기에 역부족"이라며 "지구온난화의 속도가 더 빠르게 일어나고 있기 때문"이라고 밝혔다. 키스 교수는 "온실기체 배출을 제거하거나 줄이는 방법에 비해 변화가 빠르고, 상대적으로 비용도 적게 든다는 것이 지구공학의 장점"이라고 설명했다.

(라) 하버드대 연구팀은 1991년 필리핀 피나투보 화산 폭발로 인한 '피나투보 효과'에서 이 같은 아이디어를 얻었다고 밝혔다. 당시 화산 폭발은 2,000만 톤의 이산화황을 성층권으로 방출했다. 이산화황 입자들이 햇빛을 10% 가려 3년간 지구 평균기온을 0.5도 떨어트렸다. 이와 마찬가지로 대기에 미세한 입자를 뿌려 지구가 태양 빛을 반사하는 비율을 높이면 지구온난화와 온실가스 효과를 반감시킬 수 있다는 게 연구팀의 주장이다.

(마) 이 같은 지적에 연구팀은 부작용이 없으면서 기후변화를 줄일 수 있는 적정한 수준을 찾는 연구를 진행했다. 이들은 온도에 따른 강수량 변화와 허리케인의 생성을 컴퓨터 시뮬레이션을 통해 분석했다. 분석 결과, 연구팀은 성층권에 탄산칼슘을 뿌려 햇빛을 차단하면 오존층에 거의 영향을 주지 않을 뿐더러 온도 상승을 절반 수준으로 억제하고, 강수량의 불균형도 없앤단 사실을 확인했다. 허리케인의 강도도 85% 이상 상쇄할 수 있는 것으로 나타났다. 연구팀은 기후변화의 부작용을 상쇄하면서 지구공학 적용에 따른 부작용도 동시에 줄일 수 있는 열쇠가 '탄산칼슘'에 있었다는 사실을 처음 확인했다.

① (가) – (마) – (다) – (라) – (나)
② (나) – (마) – (가) – (라) – (다)
③ (다) – (나) – (마) – (가) – (라)
④ (라) – (가) – (다) – (나) – (마)
⑤ (라) – (나) – (마) – (가) – (다)

해설

태양 빛을 차단하여 지구 온난화를 막는 '태양 지구공학' 기술을 주제로 한 글이다. (라) 이 기술의 아이디어를 얻게 된 '피나투보 효과'에 대한 설명이 이어지고, (나) 해당 기술의 부작용과 (마) 부작용을 피할 수 있는 연구의 진행에 대한 내용이 나온다. 그리고 (가) 앞선 연구에서 열쇠가 되는 '탄산칼슘'의 효과를 설명하고, (다) 해당 실험 결과 및 지구공학 기술에 대한 기대와 장점에 대한 내용이 이어진다.
따라서 |보기|에 이어질 내용이 순서대로 바르게 배열된 것은 '⑤ (라) – (나) – (마) – (가) – (다)'이다.

13 ③ 14 ⑤

15 다음 |보기|에 이어질 내용을 순서대로 가장 바르게 배열한 것은?

| 보기 |

스마트 복지 4.0시대의 3대 기술로 인공지능, 플랫폼, 블록체인을 제시한다. 인공지능과 빅데이터를 기반으로 보건복지 분야의 공급과 수요 예측이 가능하므로 맞춤형 서비스 중심의 혁신적인 복지전달 체계구축이 가능하고, 현재 사회적 안전망의 문제점(공공사회복지 지출 증가, 복지 사각지대, 의료 공공성 등)을 극복할 수 있을 것이다. 경력을 유지하기 어려운 사람들을 위한 안전망으로써 연금제도 및 사회보장제도가 이미 마련되어 있으나 사회·경제적 활동에 재편입될 수 있는 안전망은 미흡하므로 일자리 매칭 탐색, 매칭 시간 및 비용 감소를 위한 플랫폼 기술을 활용할 수 있는데 궁극적으로 이는 일자리 안전망 구축에 기여할 것이다. 마지막으로 신뢰의 기술, 블록체인의 활용으로 복지수당의 부정수급을 막고, 안전한 복지수당 지급실현에 기여할 수 있다.

(가) 먼저 4차 산업혁명은 인간을 위한 가상과 현실의 융합 과정이며, 이 과정은 데이터화(데이터수집), 정보화(클라우드), 지능화(인공지능 기반 예측과 맞춤), 스마트화(현실 최적화)라는 4단계로 구현될 수 있는데, 이를 '스마트 트랜스폼'이라 명명하기로 한다. 그런데 이 과정은 마치 인간의 두뇌에서 이루어지는 4단계와 유사하다. 인간의 뇌는 현실세계가 아니라 데이터로 이루어진 가상세계라 할 수 있다. 인간의 뇌와 4차 산업혁명은 현실세계를 가상화해 구조화된 모델을 만들어 예측과 맞춤을 통해 현실을 최적화한다는 측면에서 같다.

(나) 스마트 복지 4.0시대로 가기 위해서는 1단계로 데이터를 수집해야 한다. 이는 기존 데이터를 수집하는 것이다. 2단계로 이것을 클라우드에 저장한다. 우리의 문제는 클라우드의 활용이 어렵다는 것으로, 클라우드 개인정보 규제 개혁이 필요하다. 3단계로 이것을 활용할 인재를 육성하고, 이를 통해 다양한 서비스를 만들어 주어야 한다. 4단계 공공조직의 한계 극복을 위해 소셜벤처 등의 적극적 참여가 필요하다.

(다) 그렇다면 우리가 꿈꾸는 스마트 복지 4.0시대는 어떻게 구현될 수 있을까? 기존에도 스마트 복지에 관한 연구는 끊임없이 진행되었고, 다양한 혁신적인 기술과 복지의 융합으로 사회적 약자를 위한 유용한 서비스가 제공되고 있다. 그러나 개별 기술과 문제의 대응을 통한 해결보다는 4차 산업혁명 시대의 성장과 복지의 선순환과 3대 안전망을 뒷받침할 수 있는 방법을 제시하고자 한다.

(라) 이때 현실을 가상화하는 디지털 트랜스폼 기술과 가상세계를 최적화하는 인공지능, 그 결과를 현실에 옮기는 아날로그 트랜스폼 기술이 필요하다. 그래서 4차 산업혁명은 단순한 디지털 전환 과정이 아니라 디지털 트랜스폼과 아날로그 트랜스폼의 순환인 스마트 트랜스폼 과정인 것이다.

(마) 아직 우리가 해야 할 일은 너무 많다. 저출산 문제는 단지 인구의 감소만이 아니다. 출산 및 양육 등 많은 부분과 연결고리가 있으며, 고령화 문제 역시 일자리와 사회적 비용 상승 등 다양하게 맞물려 있다. 이렇게 숱한 문제들을 풀어가기 위해 공간정보를 보다 체계적으로 수집 및 저장하고 어떻게 분석하고 활용할지 고민이 필요하다. 그리고 이러한 때 빅데이터, 클라우드 플랫폼, 인공지능과 같은 4차 산업혁명 기술도 적재적소에 결합되어야 한다. 스마트 복지 4.0시대는 바로 곁에 와 있는 듯 하지만 어떻게 다가가는지 그 발걸음에 달려 있다.

① (가) – (나) – (라) – (다) – (마)
② (나) – (가) – (다) – (라) – (마)
③ (나) – (다) – (가) – (라) – (마)
④ (다) – (가) – (라) – (나) – (마)
⑤ (다) – (나) – (라) – (가) – (마)

해설

이 글은 4차 산업혁명 기술이 만드는 스마트 복지사회에 대한 내용으로 |보기|에서 스마트 복지시대의 3대 기술을 제시하였다. 먼저 (다) 스마트 복지시대 구현을 위해 제공되고 있는 서비스와 4차 산업혁명 시대에서의 성장에 대한 방법 제시에 대한 내용이 이어지고, (가) 4차 산업혁명의 스마트 트랜스폼과 인간 두뇌와의 유사점에 대한 내용이 나온다. 그리고 (라) 4차 산업혁명에 필요한 트랜스폼의 과정에 대한 내용이 이어지고, (나) 스마트 복지 시대를 위한 4단계의 과정에 관한 내용, (마) 스마트 복지 시대에 해결해야 할 많은 복지 문제에 대한 내용이 차례로 이어진다.
따라서 |보기|에 이어질 내용을 순서대로 배열한 것은 '④ (다) – (가) – (라) – (나) – (마)'이다.

15 ④

16 다음 |보기|에 이어질 내용을 논리적 순서에 맞도록 배열한 것은?

| 보기 |

전문가들은 영화 '마션'처럼 인간이 탐사기지 같은 시설물 속에 거주하는 것이 가능하다고 보고 있다.

(가) 그 결과, 현재 인류의 기술로는 화성의 이산화탄소를 모두 증발시켜도 지구 대기압의 200분의 1에 불과한 화성 대기압을 3배 정도밖에 높이지 못했다. 또 평균 영하 60도 이하인 화성 온도를 10도밖에 올리지 못했다. 연구진에 따르면, 무엇보다 극지 얼음과 광물 속 이산화탄소를 증발시킬 기술이 부족했다. 극지 이산화탄소 얼음은 폭발물을 터뜨려 증발시킬 순 있었으나 모두 증발해도 대기압을 높이기가 어려웠던 것이다.

(나) 이러한 연구를 해온 연구진은 지난 20년간 화성 탐사선, 탐사로봇 등이 확보한 자료를 분석해 화성 땅속과 극지 얼음층 등에 들어 있는 이용 가능한 이산화탄소 총량을 계산했다. 이 이산화탄소를 증발시켜 온난화를 유발하는 방식의 화성 지구화가 가능한지 살펴봤으며, 이 과정에서 화성 대기 바깥층에서 이산화탄소가 계속 우주 공간으로 빠져나가는 현상도 고려했다.

(다) 화성의 '지구화'를 위해서는 화성 대기압과 기온을 액체상태 물이 존재할 수 있는 수준으로 높이는 등 환경을 바꿔야 한다. 때문에 과학자들은 그 방안으로 화상 땅속과 극지 얼음 등에 다량 포함된 이산화탄소를 증발시켜 대기 중 이산화탄소 밀도를 높임으로써 온난화를 유발해 온도와 대기압을 높이는 방식을 검토해왔다.

(라) 50억 년 후의 일이지만 태양은 수명이 다하면 적색 거성이 돼 급격히 팽창하면서 지구를 삼키게 된다. 인류가 그때까지 살아남는다면 다른 행성으로 이주할 수밖에 없다. 이에 지구와 가장 비슷한 환경을 가진 화성을 '지구화'한다면 인류의 대규모 이주가 가능할 것이다.

(마) 결론적으로 현재 화성에는 대기압과 온도를 크게 끌어올릴 만큼 이산화탄소가 충분히 존재하지 않았다. 연구진은 "예측 가능한 미래에 화성의 이산화탄소를 이용해 화성을 지구화하는 것은 불가능하다."고 설명했다. 하지만 이 연구결과는 하나의 가능성에 지나지 않은 것이라고 보는 시각도 존재한다. 미국 항공우주국(NASA)은 화성 '지구화' 기간을 500년 정도로 제시하고 있는 것으로 전해졌다.

① (나) – (라) – (다) – (마) – (가)
② (다) – (라) – (가) – (마) – (나)
③ (라) – (나) – (다) – (가) – (마)
④ (라) – (다) – (나) – (가) – (마)
⑤ (마) – (라) – (나) – (가) – (다)

해설

이 글은 미국 연구팀의 화성의 지구화에 대한 내용이다. (라) 지구와 가장 비슷한 환경을 가진 화성으로의 이주 가능성에 대한 내용이 나오고, (다) 화성의 지구화를 위한 방법과 (나) 이산화탄소를 통한 화성의 지구화의 방법과 과정에 대한 내용이 나온다. 뒤이어 (가) 이산화탄소를 통한 기술의 어려움과 (마) 결론적으로 이산화탄소를 통한 화성 지구화의 불가능성에 대한 내용이 이어진다.
따라서 |보기|에 이어질 내용을 논리적 순서에 맞게 배열한 것은 '④ (라) – (다) – (나) – (가) – (마)'이다.

17 다음 글을 읽고 본문의 빈칸 Ⓐ에 들어갈 적절한 내용을 고르면?

'집단 지성'은 다수의 개체들이 협동하는 과정에서 알게 된 집단의 지적 능력을 의미한다. 이는 캐나다의 곤충학자인 스탠튼이 개체로는 보잘것없는 개미가 공동체를 만들어 협업하여 커다란 개미집을 만드는 장면을 관찰하는 과정에서 착안한 개념으로, 여러 마리의 개미가 모인다면 한 마리의 개미보다 높은 지능을 형성할 수 있다는 논의로 발전된다.

개미뿐만 아니라 인간에게서도 이러한 집단 지성을 찾아낼 수 있다. 인터넷 공간 내에서 사람들이 서로 의견을 나누고 그 결과물을 공유하는 것은 집단 지성이 구현되고 있는 대표적인 예라고 할 수 있다. 누구나 자유롭게 글을 써서 올릴 수 있고 고쳐 쓸 수 있는 방식으로 만들어지는 온라인 백과사전은 집단 지성의 대표적인 산물이다. 과거에는 백과사전을 만드는 데 참여할 수 있는 사람들이 몇몇 학자들로 제한될 수밖에 없었고, 한 번 수록된 항목이나 내용을 고치기 위해서는 꽤 오랜 시간이 필요했다. 그러나 온라인 백과사전을 만드는 데에는 비전문가도 참여할 수 있으며, 수정 또한 실시간으로 가능하다. 한두 명에 국한되지 않고 여러 명이 한 번에 참여할 수 있기 때문에, 잘못된 정보는 다수의 협업으로 수정이 가능하게 되었다. 이렇게 온라인 백과사전은 집단 지성의 협업과 참여로 만들어진다.

그러나 누구나 참여할 수 있다는 속성으로 인해 오히려 온라인 백과사전은 신뢰성을 의심받기도 한다. 접근의 용이성과 개방성으로 인해 온라인 백과사전 고유의 장점을 의도적으로 악용하는 사례도 나타나는 것이다. (　　　　Ⓐ　　　　) 이러한 점으로 인해 온라인 백과사전이 백과사전으로서 가지는 지위에는 논란이 있을 수밖에 없는 한계도 지니고 있다.

① 이를 구체적으로 살펴보면, 온라인 백과사전 전체 내용의 80% 정도는 소수의 사람이 서술하고 있음을 확인할 수 있다. 이용자는 엄청난 수에 이르지만 그것을 작성하는 사람은 몇몇에게 집중되어 있는 것이다.

② 이를 반증하듯, 전 세계의 수많은 사람이 온라인 백과사전의 내용 서술에 참여하고 있다. 온라인 백과사전은 누구에게나 열려 있는 우리 모두의 백과사전의 지위를 가지게 되는 것이다.

③ 이를 방증하듯, 온라인 백과사전의 내용을 서술하는 참여자는 현재 진행 중인 사안이나 확실하게 결론이 내려지지 않은 항목에 대해서도 서술하고 고쳐 쓰면서 온라인 백과사전의 집단 지성을 보여 준다.

④ 이를 증명하듯, 온라인 백과사전을 운영하는 단체는 최근 수백 개의 가짜 계정으로 백과사전에 실린 특정 단체에 대한 정보를 조직적으로 수정한 사례가 발견되었다고 발표하였다.

⑤ 이를 예로 들어 보면, 온라인 백과사전은 영어는 물론 한국어, 중국어, 스페인어부터 아프리카의 지방 언어에 이르기까지 300여 개 이상의 언어로 존재함을 확인할 수 있다.

16 ④

해설

빈칸 Ⓐ에는 온라인 백과사전 고유의 장점을 의도적으로 악용한 사례인 정보를 조직적으로 수정한 내용을 제시하여, 온라인 백과사전이 백과사전으로서의 지위를 가지는 것에 논란이 있을 수 있다는 의미가 와야 하므로 ④가 가장 적절하다.

Plus 해설

① 온라인 백과사전을 몇몇 소수의 사람이 작성한다는 것은 온라인 백과사전의 장점이 아니며, 장점을 의도적으로 악용하는 사례도 아니다.
② 온라인 백과사전의 항목 서술에 전 세계의 수많은 사람이 참여한다는 것은 온라인 백과사전 고유의 장점을 보여주는 사례이다.
③ 온라인 백과사전이 현재 진행 중인 사안이나 확실하게 결론이 내려지지 않은 항목에 대해서도 서술한다는 것은 온라인 백과사전의 고유의 장점을 보여주는 사례이다.
⑤ 온라인 백과사전이 전 세계 300여 개 이상의 언어로 존재한다는 것은 온라인 백과사전 고유의 장점을 잘 보여주는 사례이다.

18 다음 글을 읽고 사원들이 내린 판단으로 가장 적절하지 않은 것은?

한 국가가 배타적으로 주권을 행사할 수 있는 지리적 범위를 일컬어 영역이라 하며 여기에는 영토, 영해, 영공이 포함된다. 이 가운데 가장 중요한 것은 영토로서 국민이 발을 딛고 생활하는 터전이자 역사의 무대이다. 우리 영토가 압록강과 두만강으로 확정된 국경 이남의 반도부와 3,900여 개의 크고 작은 섬으로 구성된다는 뜻이다. 남북한을 합한 면적은 약 22.1만 제곱킬로미터로서 영국과 비슷한 크기이다. 남한의 면적만 해도 약 10만 제곱킬로미터에 달해 오스트리아, 헝가리와 비슷한 크기이다.

우리나라는 영해 및 접속 수역법에 따라 '기선으로부터 측정하여 그 외측 12해리 선까지에 이르는 수역'을 영해로 규정하고 있다. 그런데 기선은 대축척 해도에 표시된 한반도 해안의 저조선을 의미하는 통상 기선과 영일만의 달만갑에서 서해상의 소령도까지 대통령령으로 정한 23개의 기점을 연결하는 직선 기선으로 나뉜다. 해안선이 평활하고 섬이 거의 없는 동해안을 포함해 제주도, 울릉도, 독도는 통상 기선을, 해안선의 굴곡이 심하고 섬이 많은 서해안과 남해안은 직선 기선을 적용하여 12해리 선까지를 영해의 범위로 설정한다. 그러나 대한해협의 경우 생도와 홍도를 잇는 직선 기선으로부터 3해리 안쪽을 영해의 범위로 설정한다. 이는 일본 영토인 쓰시마가 가까이 있어 수역이 좁기 때문이다.

구속력은 영해에 미치지 못하지만 접속 수역과 배타적 경제 수역도 매우 중요하다. 접속 수역은 관세, 재정, 출입국 관리, 보건에 관한 권익의 침해 방지를 위해 설치하며 기선으로부터 24해리 내에서 영해를 제외한 수역을 지칭한다. 배타적 경제 수역은 기선으로부터 200해리 수역 가운데 영해를 제외한 부분에 해당한다. 천연 자원의 탐사, 개발, 보존, 관리와 해수, 해류, 해풍을 이용한 에너지 생산 등 제반 활동의 권리를 주장할 수 있는 수역이다.

영공은 영토와 영해 상공의 배타적 관할 구역으로서 영해에서 상공을 향해 수직으로 그은 선의 내부에 해당한다. 주권이 미치는 고도에 특별한 제한은 없으나 일반적으로 대기권으로 한정한다. 최근 한반도 주변 상공과 관련해 1951년에 설정한 한국 방공 식별 구역이 국민적 관심을 끌었다. 1969년에 설정된 일본 방공 식별 구역과 2013년에 발표된 중국 방공 식별 구역에 이어도의 상공이 포함된 반면 정작 우리나라의 방공 식별 구역에는 빠져 있었기 때문이다.

이에 따라 우리나라는 인천의 비행 정보 구역과 일치되게 기존의 방공 식별 구역을 확대하는 조정안을 발표하였는데, 인접국의 구역과 중첩되지 않고 국제적으로 통용되어 군사, 외교적인 마찰을 피할 수 있고 무엇보다 우리의 권한 아래 이어도를 관찰할 수 있는 조치로 평가받는다.

① "동해안과 마찬가지로 서해안과 남해안의 경우도 통상 기선을 적용하여 영해의 범위를 설정하면 지금보다 영해의 크기가 줄어들겠군요."
② "접속 수역이나 배타적 경제 수역 상공을 외국 국적의 비행기가 비행할 경우, 우리나라는 영공을 침범한 이 비행기가 수역 상공 밖으로 나갈 것을 요구할 수 있겠네요."
③ "영토와 영해 상공의 대기권 바깥을 외국 국적의 인공위성이 지나가도 우리나라에서는 인공위성을 운행하는 나라에 어떤 조치를 취하거나 권리를 주장하기 어렵겠군요."
④ "전염병 감염 환자가 탄 외국 국적의 배가 접속 수역으로 진입했을 경우, 우리나라는 우리 국민을 보호하기 위해 이 배가 접속 수역 밖으로 이동할 것을 요구할 수 있겠네요."
⑤ "외국 국적의 탐사선이 우리나라의 배타적 경제 수역 내에서 해양 자원을 탐사할 경우, 우리나라는 탐사권을 주장하며 이 배가 탐사 행위를 중단할 것을 요구할 수 있겠군요."

이해력

해설

3문단에 따르면 접속 수역이나 배타적 경제 수역은 영해에 해당되지는 않는다. 따라서 접속 수역이나 배타적 경제 수역은 영공이 아니므로 영공을 침범했다고 볼 수 없다.

Plus 해설

① 2문단에 따르면 동해안과 제주도는 통상 기선을, 서해안과 남해안은 직선 기선을 적용한다. 통산 기선은 해안의 저조선을 의미하기 때문에 섬이 많은 서해안과 남해안에 통상 기선을 적용하면 영해의 크기가 줄어들게 된다.
③ 4문단을 보면, 영공은 일반적으로 대기권으로 한정된다. 따라서 대기권 바깥은 영공이 아니기 때문에 대기권 바깥을 지나는 인공위성에 대해서 어떤 조치를 취할 수 없다.
④ 3문단에 따르면 접속 수역은 '보건에 관한 권익의 침해 방지'가 설정의 한 이유로 나와 있다. 따라서 전염병 감염 환자가 탄 외국 국적의 배에 접속 수역 바깥으로 이동할 것을 요구할 수 있다.
⑤ 3문단에 따르면 배타적 경제 수역은 '천연 자원의 탐사'에 대한 권리를 주장할 수 있는 곳이다. 따라서 해양 자원을 탐사하는 외국 국적의 배에 탐사 행위를 중단할 것을 요구할 수 있다.

17 ④ 18 ②

[19~20] 다음 글을 읽고 이어지는 물음에 답하시오.

- **글의 목적** : 대상포진의 증상과 치료 및 예방 방법에 대한 정보를 전달하여 독자들이 대상포진을 정확히 알고 치료·예방할 수 있도록 돕는다.
- **예상 독자** : 병원에 방문하는 환자와 일반 국민

(가) 대상포진의 초기 증상은 감기와 비슷하다. 두통과 함께 몸살이 난 것처럼 팔과 다리가 쑤시고 나른하다. 1주일이 지나면 몸통이나 팔, 다리 등 신경이 분포한 곳에 작은 물집(수포)이 여러 개씩 무리지어 나타난다. 처음에는 고름이 차면서 색이 탁해졌다가 2주 정도 지나면 딱지가 생기면서 증상이 나아진다. 통증과 감각 이상 증상도 나타나고, 특징이 있다면 오른쪽이나 왼쪽 등 증상이 한쪽으로만 나타난다는 것이다.

(나) 또 통증을 느끼는 감각이 예민해지면서 사소한 통증에도 극심한 고통을 느끼기도 한다. 마취통증의학과 전문의들은 "환자 중에는 옷에 닿기만 해도 쓰라려 하고 선풍기나 에어컨 바람에도 아파서 어쩔 줄 몰라하는 환자도 많다."고 전했다.

(다) 마취통증의학과 전문의들은 "대상포진을 심하게 앓은 사람이 아니더라도 갑작스럽게 신경통이 생겼다면 대상포진 후 신경통을 의심해 볼 필요가 있다."라며 "수포가 생기기 전 혹은 수포 없이 대상포진이 발병했다가 스스로 없어진 경우에도 신경손상이 있을 수 있기 때문"이라고 설명했다.

(라) 대상포진을 앓는 환자들에게 신경통이 나타나는 이유는 대상포진 바이러스가 피부 표면에 수포를 만들 때 신경관을 타고 올라오는데 이때 신경을 손상시키기 때문이다. 따라서 치료가 늦어질수록, 수포의 범위가 넓을수록, 대상포진을 앓을 때 통증이 심했던 경우일수록 신경통이 나타날 확률이 높다.

(마) 대상포진 후 신경통은 지난 5년간 매년 만 명씩 환자 수가 증가해 지난 2009년 약 8만 명에서 2013년 약 13만 명까지 늘었다. 신경통을 호소하는 연령층은 주로 50~70대로 전체의 74%를 차지한다. 보통 60세 이상의 경우, 2명 중 1명꼴로 신경통이 나타나는 것으로 알려졌다. 20~30대는 대상포진 환자는 많지만, 다행히 신경통으로 이어지는 경우는 드물다.

19 윗글에서 구성이 잘못된 부분과 위치를 옮겨야 하는 이유, 그리고 적절한 위치를 옳게 말한 것은?

① (가)는 대상포진의 특징과 관련된 내용이므로 (마)의 뒤로 옮긴다.
② (나)는 대상포진의 통증과 고통에 관하여 설명하는 내용이므로 (다)의 뒤로 옮긴다.
③ (다)는 대상포진을 앓을 때의 신경통에 관한 전문가의 견해이므로 (라)의 뒤로 옮긴다.
④ (라)는 대상포진을 앓을 때 환자들이 신경통을 겪는 원인에 관한 내용이므로 (마)의 뒤로 옮긴다.
⑤ (마)는 대상포진 후의 신경통에 관한 내용이므로 (나)의 뒤로 옮긴다.

해설

(다)는 대상포진에 걸렸을 때 앓을 수 있는 신경통에 관한 전문가의 견해를 이야기하는 부분인데, (나)에서 신경통에 관한 언급이 없었으므로 (나)의 뒤에 오는 것은 구성상 적절하지 않다. 따라서 위치를 이동하여야 하는데, 신경통에 관하여 처음으로 정보를 전달하는 부분은 (라)이므로, (라)의 뒤로 이동하는 것이 구성상 적절하다.

Plus 해설

① (가)는 대상포진의 초기 증상과 특징에 관하여 서술하고 있다. 이 글의 목적이 대상포진의 증상과 치료 및 예방 방법에 관한 정보 전달이므로 글의 처음 부분에 초기 증상과 특징을 설명하는 내용은 구성상 적절하다.
② (나)는 대상포진을 앓는 환자들이 통증을 느끼는 원인과 그 고통이 얼마나 큰지를 전문가의 말을 빌려 서술하고 있다. (가)의 마지막 부분에서 대상포진의 통증에 관하여 언급하고 있으므로 (나)는 (가)의 뒤에 오는 것이 구성상 적절하다.
⑤ (마)는 연령대에 따른 대상포진 후 신경통을 앓는 환자들에 대한 정보를 전달하므로 구성상 마지막에 오는 것이 적절하다.

20 다음 중 윗글의 목적을 고려할 때 (마)의 뒤에 이어질 내용으로 적절하지 않은 것은?

① 대상포진은 현재로서는 예방 접종이 유일한 예방 방법이다.
② 과거에는 대상포진을 앓는 환자가 대부분 노년층이었다면 현재는 20~30대 환자들도 어렵지 않게 찾을 수 있다.
③ 대상포진은 신경 손상을 최소화하는 데 치료 목적을 두므로 항바이러스제가 주로 쓰인다.
④ 대상포진 예방 접종을 했다고 하더라도 연령대에 따라서 그 효과가 달라질 수 있음을 알아야 한다.
⑤ 대상포진은 통증이 나타나고 두 달 내 치료해야 만성 신경통으로 갈 가능성이 작아지고, 시기가 늦을수록 그만큼 효과가 감소한다.

해설

글의 목적은 대상포진의 증상과 치료 및 예방 방법에 대한 정보를 전달하여 독자들이 대상포진을 정확히 알고 치료 · 예방할 수 있도록 돕는 것이다. 그런데 글의 내용을 보면 증상에 대한 정보만 있지 치료 방법이나 예방 방법에 관련된 내용은 찾을 수 없다. 따라서 (마)의 뒤에 이어질 내용은 대상포진의 치료 및 예방 방법에 관한 내용이라는 것을 유추할 수 있다. 선택지 중에서 대상포진의 치료 및 예방 방법에 관련된 내용이 아닌 것은 ② 이다.

19 ③ **20** ②

Chapter 03 수리력 기본 이론 학습

① 기초연산

1) 사칙연산

(1) 괄호 순서 : (소괄호) → {중괄호} → [대괄호]

예 $48 \div \{2(4+2)\} = 48 \div (2 \times 6) = 48 \div 12 = 4$

(2) 연산자 순서 : 곱셈 · 나눗셈 → 덧셈 · 뺄셈

예 $4+2 \times 4-2 = 4+8-2 = 10$

(3) 동급 연산자 : 앞에서부터 뒤로

예 $4 \times 2 \div 2 \times 4 = 8 \div 2 \times 4 = 4 \times 4 = 16$

(4) 생략된 곱하기 : 앞에서부터 뒤로

예 $4 \div 2(4+2) = 4 \div 2 \times 6 = 2 \times 6 = 12$

2) 분수 간 크기 비교

(1) 곱셈을 이용하여 비교

예 $\frac{b}{a}$와 $\frac{d}{c}$의 비교 (단, $a, b, c, d > 0$)

→ $bc > ad$이면, $\frac{b}{a} > \frac{d}{c}$

(2) 어림셈하여 비교

예 $\frac{43}{150}$ 과 $\frac{111}{270}$ 의 비교

→ $\frac{43}{150}$ 은 $\frac{1}{3}$ 보다 작고, $\frac{111}{270}$ 은 $\frac{1}{3}$ 보다 크므로, $\frac{43}{150} < \frac{111}{270}$

(3) 분모와 분자의 배율로 비교

예 $\frac{351}{127}$ 과 $\frac{3,429}{1,301}$ 의 비교

→ 3,429는 351의 10배보다 작고, 1,301은 127의 10배보다 크므로 $\frac{351}{127} > \frac{3,429}{1,301}$

(4) 분모와 분자의 차이로 비교

예 $\frac{b}{a}$ 와 $\frac{b+d}{a+c}$ 의 비교 (단, $a, b, c, d > 0$)

→ $\frac{b}{a} > \frac{d}{c}$ 이면, $\frac{b}{a} > \frac{b+d}{a+c}$ $\frac{b}{a} < \frac{d}{c}$ 이면, $\frac{b}{a} < \frac{b+d}{a+c}$

수리력

② 약수 · 배수

1) 공약수 · 최대 공약수

(1) 공약수 : 두 정수의 약수 중 공통으로 들어 있는 약수

(2) 최대 공약수 : 공약수 중 가장 큰 수

예 4의 약수 : 1, 2, 4
12의 약수 : 1, 2, 3, 4, 6, 12
4와 12의 공약수 : 1, 2, 4
4와 12의 최대 공약수 : 4

* 서로소 : 공약수가 1뿐인 둘 이상의 자연수
예 7의 약수 : 1, 7
10의 약수 : 1, 2, 5, 10
7과 10의 공약수 : 1
∴ 7과 10은 서로소이다.

2) 공배수 · 최소 공배수

(1) 공배수 : 두 정수의 배수 중 공통으로 들어 있는 배수

(2) 최소 공배수 : 공배수 중 가장 작은 수

예 4의 배수 : 4, 8, 12, 16, 20, 24, 28, 32, 36, …
12의 배수 : 12, 24, 36, 48, …
4와 12의 공배수 : 12, 24, 36, …
4와 12의 최소 공배수 : 12

③ 비와 비율

1) 비 : 두 수의 양을 기호 ' : '을 사용해 나타낸 것

비례식에서 내항의 곱과 외항의 곱은 항상 같다.
예 A : B = C : D일 때, A×D = B×C

2) 비율 : 기준량(원래의 양)에 대한 비교량(비교하는 양)의 크기

(1) 비율 $= \frac{\text{비교량}}{\text{기준량}}$

(2) 비교량 = 비율 × 기준량

(3) 기준량 = 비교량 ÷ 비율

예 • 비율 : $\frac{1}{2} = 0.5$ • 비교량 : 0.5×2 = 1 • 기준량 : 1÷0.5 = 2

* 백분율(%) : 기준량이 100일 때의 비율
* 할푼리 : 소수 첫째 자리, 둘째 자리, 셋째 자리를 각각 이르는 말

소수	분수	백분율	할푼리
0.1	$\frac{1}{10}$	10%	1할
0.01	$\frac{1}{100}$	1%	1푼
0.25	$\frac{25}{100} = \frac{1}{4}$	25%	2할5푼
0.375	$\frac{3}{10} + \frac{7}{100} + \frac{5}{1,000} = \frac{375}{1,000}$	37.5%	3할7푼5리

④ 단위 환산

구분	단위	구분	단위
길이	1cm = 10mm 1m = 100cm 1km = 1,000m	무게	1kg = 1,000g 1t = 1,000kg = 1,000,000g
넓이	$1cm^2 = 100mm^2$ $1m^2 = 10,000cm^2$ $1km^2 = 1,000,000m^2$	들이	$1ml = 1cm^3$ $1dl = 100cm^3 = 100ml$ $1L = 1,000cm^3 = 10dl$
부피	$1cm^3 = 1,000mm^3$ $1m^3 = 1,000,000cm^3$ $1km^3 = 1,000,000,000m^3$	시간	1분 = 60초 = $\frac{1}{60}$시간 1시간 = 60분 = 3,600초

⑤ 거리 · 속력 · 시간

1) 공식

(1) 거리 $=$ 속력 $\times$ 시간

(2) 속력 $= \frac{\text{거리}}{\text{시간}}$

(3) 시간 $= \frac{\text{거리}}{\text{속력}}$

2) 유형

(1) 직선 거리

① 속력이 다를 때 평균 속력 구하기 : 구하고자 하는 평균 속력을 x로 둘 것

$$\frac{1}{\text{갈 때 속력}} + \frac{1}{\text{올 때 속력}} = \frac{2}{x}$$

② 왕복을 하는 경우 : 중간에 소요되는 시간은 한 번만 계산할 것

갈 때 걸린 시간 $+$ 올 때 걸린 시간(갈 때 걸린 시간 $+$ 중간에 소요된 시간) $=$ 왕복시간

(2) 원형 거리

① 같은 방향으로 출발하는 경우 : 빠른 사람이 따라 잡을 때 만나게 됨

원형 거리의 둘레 = 빠른 사람이 간 거리 − 느린 사람이 간 거리

속력이 다른 두 사람이 처음 만나는 시간 $= \dfrac{\text{원형 거리의 둘레}}{\text{빠른 속력} - \text{느린 속력}}$

② 반대 방향으로 출발하는 경우 : 두 사람은 같은 시간 동안 움직이는 것임

원형 거리의 둘레 = 속력이 다른 두 사람이 각자 이동한 거리의 합

속력이 다른 A, B 두 사람이 처음 만나는 시간 $= \dfrac{\text{원형 거리의 둘레}}{\text{A 속력} + \text{B 속력}}$

(3) 중간에 속력이 바뀌는 경우

A 지점에서 B 지점까지 p시간 이내에 가는 중에 속력이 바뀌는 경우

시속 $a$km로 갈 때 걸린 시간 + 시속 $b$km로 갈 때 걸린 시간 $\leq p$

$= \dfrac{x}{a} + \dfrac{\text{총거리} - x}{b} \leq p$ (이때, x는 시속 $a$km로 간 거리)

⑥ 농도

(1) **소금물의 농도(%)** $= \dfrac{\text{소금의 양(g)}}{\text{소금물의 양(g)}} \times 100$

(2) **소금의 양(g)** $= \dfrac{\text{소금물의 농도}}{100} \times \text{소금물의 양}$

⑦ 일의 양

(1) **전체 일의 양** = 시간 × 시간당 일의 양

(2) **시간당 일의 양** $= \dfrac{\text{전체 일의 양}}{\text{시간}}$

(3) **시간** $= \dfrac{\text{전체 일의 양}}{\text{시간당 일의 양}}$

Tips

1. 전체 일을 1로 둔다.
2. 단위 시간당 일의 양을 분수로 나타낸다.

예 전체 일을 마치는 데 일주일이 걸릴 때, 1일 동안의 일의 양(단위 시간당 일의 양)은 $1 \div 7 = \frac{1}{7}$ 이다.

⑧ 금액

(1) **정가** $=$ 원가 $+$ 이익 $=$ 원가$\times\left(1+\frac{\text{이익률}}{100}\right)$

(2) **이익** $=$ 원가$\times\frac{\text{이익률}}{100}$

(3) **할인가** $=$ 정가 $-$ 할인액 $=$ 정가$\times\left(1-\frac{\text{할인율}}{100}\right)$

(4) **할인율(%)** $=\frac{\text{정가}-\text{할인가(판매가)}}{\text{정가}}\times 100$

* 단리 : 원리 합계 $=$ 원금 $\times$ (1+이율$\times$기간)
* 복리 : 원리 합계 $=$ 원금 $\times$ $(1+\text{이율})^{\text{기간}}$

Tips

1. 정가가 원가보다 a% 비싸다. → 정가 $=$ 원가 $\times$ $\left(1+\frac{a}{100}\right)$
2. 판매가가 정가보다 b% 싸다. → 판매가 $=$ 정가 $\times$ $\left(1-\frac{b}{100}\right)$

⑨ 간격

(1) **직선 거리에 나무를 심는 경우 :** 나무의 수 $=$ 간격 수 $+ 1$

(2) **원형 거리에 나무를 심는 경우 :** 나무의 수 $=$ 간격 수

⑩ 나이

(1) 시간이 흘러도 대상 간 나이 차이는 동일하다.

(2) x년이 흐르면, 모든 사람은 x살씩 나이가 든다.

(3) 구하고자 하는 값을 x로 두고 방정식을 세운다.

⑪ 시계

(1) 시간 단위 환산 시 주의한다.

> 예 1분 $= \frac{1}{60}$시간, 1시간 $=$ 3,600초

(2) 시침은 1시간에 $(360° \div 12 =)30°$, 1분에 $(30° \div 60 =)0.5°$씩 움직인다.
분침은 1분에 $(360° \div 60 =)6°$씩 움직인다.

(3) 시계산 문제를 해결할 때는 시침과 분침의 각도 차가 1분에 5.5°라는 것을 이용한다. 분침이 시침보다 빠르기 때문에 1분에 5.5°씩 간격이 좁아진다.

> 예 a시 b분일 때, 시침과 분침이 이루는 각도
> → $|(30° \times a + 0.5° \times b) - 6° \times b| = |30° \times a - 5.5° \times b|$

⑫ 경우의 수

1) 기본 법칙

(1) **합의 법칙** : 두 사건 A, B가 동시에 일어나지 않을 때, 사건 A 또는 B가 일어날 경우의 수는 $m+n$(가지)이다.

> 예 숫자 1부터 10까지 적힌 10장의 카드 중 2장을 선택해, 카드에 적힌 두 수의 합이 7의 배수가 되는 경우의 수는?
> 2장의 카드 합의 크기 범위 : $3 \le \square + \square \le 19$
> 가능한 7의 배수 : 7, 14
> 두 수의 합이 7이 되는 경우 : (1, 6) (2, 5) (3, 4) $=$ 3(가지)
> 두 수의 합이 14가 되는 경우 : (4, 10) (5, 9) (6, 8) $=$ 3(가지)
> $\therefore 3 + 3 = 6$(가지)

(2) **곱의 법칙** : 사건 A, B가 동시에 일어날 경우의 수는 $m \times n$(가지)이다.

> 예 주사위 2개를 동시에 던질 때 나올 수 있는 경우의 수는?
> → 6(첫 번째 주사위 경우의 수) × 6(두 번째 주사위 경우의 수) = 36(가지)

2) 조합

(1) **조합** : 서로 다른 n개에서 순서를 고려하지 않고, r개를 택하는 경우의 수

$$ {}_nC_r = \frac{n!}{r!\,(n-r)!} \text{ (단, } 0 < r \le n) $$

> 예 서로 다른 6개의 공 중에서 순서에 상관없이 2개를 고를 때 가능한 경우의 수는?
> → $ {}_6C_2 = \dfrac{6 \times 5}{2 \times 1} = 15$ (가지)

(2) **중복조합** : 서로 다른 n개에서 순서를 고려하지 않고, 중복을 허용하여, r개를 택하는 경우의 수

$$ {}_nH_r = {}_{n+r-1}C_r $$

> 예 서로 다른 3개의 공 중에서 순서에 상관없이 5개를 고를 때 가능한 경우의 수는? (단, 같은 공을 중복하여 고를 수 있다.)
> → $ {}_3H_5 = {}_{3+5-1}C_5 = {}_7C_5 = {}_7C_2 = \dfrac{7 \times 6}{2 \times 1} = 21$ (가지)

3) 순열

(1) **순열** : 서로 다른 n개에서 중복을 허용하지 않고, r개를 골라, 순서를 고려해 나열하는 경우의 수

$$ {}_nP_r = \frac{n!}{(n-r)!} \text{ (단, } 0 < r \le n) $$

> 예 문자 a, b, c, d, e 중 3개를 골라 일렬로 나열하는 경우의 수는?
> → $ {}_5P_3 = 5 \times 4 \times 3 = 60$(가지)

수리력

(2) 중복순열 : 서로 다른 n개에서 중복을 허용하고, r개를 골라, 순서를 고려해 나열하는 경우의 수

$$_{n}\Pi_{r} = n^{r}$$

예 문자 a, b, c 중 4개를 골라 일렬로 나열하는 경우의 수는? (단, 같은 문자를 중복하여 고를 수 있다.)
→ $_{3}\Pi_{4} = 3^{4} = 81$(가지)

(3) 원순열

① 서로 다른 n개를 원형으로 나열하는 경우의 수

$$\frac{n!}{n} = (n-1)!$$

예 문자 a, b, c, d, e를 원형으로 나열하는 경우의 수는?
→ $\frac{5!}{5} = (5-1)! = 4! = 4 \times 3 \times 2 \times 1 = 24$(가지)

② 서로 다른 n개에서 r개를 골라, 원형으로 나열하는 경우의 수

$$\frac{_{n}P_{r}}{r}$$

예 문자 a, b, c, d, e 중 3개를 골라 원형으로 나열하는 경우의 수는?
→ $\frac{_{5}P_{3}}{3} = \frac{5 \times 4 \times 3}{3} = 20$(가지)

Tips

원순열에서 회전하여 일치하는 것은 모두 같은 것으로 본다.

Tips

다각형 모양의 탁자에 둘러앉는 경우의 수 (다각형 순열)
1. 원순열 이용하기 : 원순열의 수 × 서로 다른 기준이나 위치의 수
2. 대칭성 이용하기 : 순열의 수 ÷ 반복되거나 대칭되는 수

예 삼각형 모양의 탁자에 다음과 같이 9명이 둘러앉는 방법의 수는?

1. 원순열 × 위치 수 = $(9-1)!\times3=(8\times7\times6\times5\times4\times3\times2\times1)\times3=40{,}320\times3=120{,}960$

2. 순열 ÷ 대칭 수 = $\dfrac{9!}{3}=\dfrac{9\times8\times7\times6\times5\times4\times3\times2\times1}{3}=120{,}960$

예 정사각형 모양의 탁자에 다음과 같이 8명이 둘러앉는 방법의 수는?

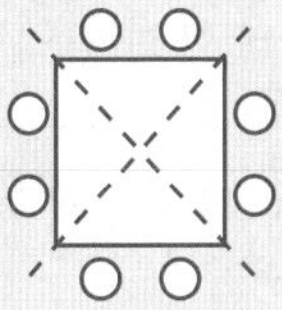

1. 원순열 × 위치 수 = $(8-1)!\times2=(7\times6\times5\times4\times3\times2\times1)\times2=5{,}040\times2=10{,}080$

2. 순열 ÷ 대칭 수 = $\dfrac{8!}{4}=\dfrac{8\times7\times6\times5\times4\times3\times2\times1}{4}=10{,}080$

(4) 같은 것이 있는 순열 : n개 중에 같은 것이 각각 p개, q개, r개일 때, n개의 원소를 모두 택하여 만든 순열의 수

$$\frac{n!}{p!q!r!}\ (\text{단, } p+q+r=n)$$

예 a, b, b, c, c, c를 일렬로 나열하는 경우의 수는 모두 몇 가지인가?

→ $\dfrac{6!}{2!3!}=\dfrac{6\times5\times4\times3\times2\times1}{2\times6}=5\times4\times3=60$ (가지)

Tips

최단 경로 문제는 '같은 것이 있는 순열' 문제로 간주한다.

예 다음 그림과 같은 도로가 있다. A 지점에서 출발해 B 지점까지 가는 최단 경로의 수는?

→ A 지점에서 B 지점까지 가기 위해서는 가로 4칸, 세로 3칸 최소 7칸을 이동해야 한다.

따라서 $\dfrac{7!}{4!\times3!}=\dfrac{7\times6\times5\times4\times3\times2\times1}{(4\times3\times2\times1)\times(3\times2\times1)}=7\times5=35$ (가지)

⑬ 확률과 통계

1) 확률

(1) 일어날 수 있는 모든 경우의 수를 n가지, 사건 A가 일어날 경우의 수를 a가지라고 할 때,

① 사건 A가 일어날 확률 : $P \times \frac{a}{n}$

② 사건 A가 일어나지 않을 확률 : $P'=1-P$

(2) 두 사건 A, B가 배반사건(두 사건이 동시에 일어나지 않을 때)인 경우

$$P(A \cup B) = P(A) + P(B)$$

(3) 두 사건 A, B가 독립(두 사건이 서로 영향을 주지 않을 때)인 경우

$$P(A \cap B) = P(A)\,P(B)$$

(4) **조건부확률** : 확률이 0이 아닌 두 사건 A, B에 대하여 사건 A가 일어났다고 가정할 때, 사건 B가 일어날 확률

$$P(B \mid A) = \frac{P(A \cap B)}{P(A)} \text{ (단, } P(A)>0)$$

Tips

- '적어도 ~'라는 표현이 있으면 여사건(어떠한 사건이 일어나지 않을 사건)으로 접근한다.
- '~일 때, ~일 확률'이라는 표현이 있으면 조건부확률로 접근한다.

2) 통계

(1) **평균 :** 여러 수나 같은 종류의 양의 중간 값

예 ㅇㅇ초등학교 4학년 1반 학생 3명의 수학시험 점수가 각각 56, 78, 82점일 때, 이 학생들의 수학시험 점수 평균은?

→ $\frac{56+78+82}{3} = \frac{216}{3} = 72$ (점)

(2) 분산 : 변량이 평균으로부터 떨어져 있는 정도를 나타내는 값, 즉 변수의 흩어진 정도

(3) 표준편차 : 자료가 평균을 중심으로 얼마나 퍼져 있는지를 나타내는 수치. 표준편차가 0에 가까우면 자료 값들이 평균 근처에 집중되어 있다는 것을 의미하고, 표준편차가 클수록 자료 값들이 널리 퍼져 있다는 것을 의미한다.

(4) 도수분포표 : 주어진 자료를 몇 개의 구간으로 나누고, 각 계급에 속하는 도수를 조사하여 나타낸 표

① **변량** : 자료를 수량으로 나타낸 것

② **도수** : 각 계급에 속하는 자료의 개수

③ **계급** : 변량을 일정한 간격으로 나눈 구간

④ **계급의 개수** : 변량을 나눈 구간의 수

⑤ **계급의 크기** : 변량을 나눈 구간의 너비, 즉 계급 양 끝 값의 차

⑥ **계급값** : 계급을 대표하는 값, 즉 계급의 중앙값 $= \dfrac{\text{계급 양 끝 값의 합}}{2}$

* 최빈값 : 자료 중 빈도수가 가장 높은 자료 값
* 중앙값 : 자료를 크기순으로 나열했을 때 한가운데 위치하는 자료 값

예 다음 ㅇㅇ초등학교 4학년 1반 학생 10명의 키를 조사한 도수분포표를 보고, 질문에 답하시오.

키(cm)	학생 수(명)
145~150	1
150~155	1
155~160	4
160~165	3
165~170	1
합계	10

• 계급의 개수는 몇 개인가? → 5개

• 계급의 크기는 얼마인가? → 5(cm)

• 도수가 가장 큰 계급의 계급값은?

$\rightarrow \dfrac{155+160}{2} = 157.5$

⑭ 방정식

1) 등식 (A = B)

(1) 양변에 같은 수 m을 더해도 등식은 성립한다.

$$A + m = B + m$$

(2) 양변에 같은 수 m을 빼도 등식은 성립한다.

$$A - m = B - m$$

(3) 양변에 같은 수 m을 곱해도 등식은 성립한다.

$$A \times m = B \times m$$

(4) 양변에 0이 아닌 같은 수 m을 나누어도 등식은 성립한다.

$$A \div m = B \div m \text{ (단, } m \neq 0)$$

2) 일차방정식

(1) 일차방정식 풀이 순서

① 분수나 소수를 정수로 고친다.

② 괄호를 푼다.

③ 미지수 x를 포함한 항은 좌변으로, 상수항은 우변으로 이항한다.

④ $ax = b$ $(a \neq 0)$ 꼴로 양변을 정리한다.

⑤ x의 계수인 a로 양변을 나눈다.

(2) 응용문제 풀이 순서

① 구하고자 하는 값을 x로 둔다.

② 문제에서 제시하고 있는 수를 미지수 x를 사용해 나타낸다.

③ 두 x간의 관계를 찾아 방정식을 만든다.

④ 방정식을 풀어 해를 구한다.

⑤ 구한 해가 문제의 답이 맞는지 확인한다.

3) 연립 일차방정식

(1) 연립 일차방정식 풀이 순서

① 계수가 분수인 경우 : 양변에 분모의 최소 공배수를 곱해 정수로 고친다.
계수가 소수인 경우 : 양변에 10, 100, … 을 곱해 정수로 고친다.

② 괄호가 있는 경우 : 괄호를 풀고, 동류항을 간단히 한다.

③ A=B=C 꼴인 경우 : (A=B, A=C), (B=A, B=C), (C=A, C=B) 중 하나를 택해 푼다.

(2) 응용문제 풀이 순서

① 미지수 x, y를 사용하여 나타낼 것을 정한다.

② x, y의 관계에 적절한 연립 방정식을 세운다.

③ 연립 방정식을 풀어 해를 구하고, 문제의 답이 맞는지 확인한다.

⑮ 부등식

(1) a < b일 때

$$a + c < b + c$$
$$a - c < b - c$$

(2) a < b, c > 0일 때

$$ac < bc$$
$$\frac{a}{c} < \frac{b}{c}$$

(3) a < b, c < 0일 때

$$ac > bc$$
$$\frac{a}{c} > \frac{b}{c}$$

수리력

⑯ 자료해석

1) 풀이 방법

(1) 자료의 소재와 제목을 확인한다.

무엇에 대한 자료인지 살펴봄으로써 자료의 내용과 계산법 등을 미리 추론해볼 수 있다.

(2) 여러 항목의 시점을 확인한다.

여러 항목에 대한 같은 시점의 자료인지, 같은 항목에 대한 여러 시점의 자료인지 파악한다. 여러 항목에 대한 여러 시점의 자료일 수도 있다. → 각 자료에 따라 묻는 내용이 달라진다.

(3) 절대 수치인지 상대 수치인지 파악한다.

① **절대 수치** : 각 수치가 실제 값을 나타냄

〈총 인구수와 아동 인구수〉

구분	2018년	2019년	2020년	2021년
총 인구수(천 명)	51,529	51,696	51,778	51,826
아동 인구수(천 명)	8,961	8,736	8,480	8,176

② **상대 수치** : 비율 수치와 같은 말. 자료 전체에서 차지하는 비중이나 기준이 되는 수치에 대한 상대적인 값을 나타냄

〈총인구 중 아동 인구 구성비〉

구분	2018년	2019년	2020년	2021년
아동 인구 비율(%)	17	17	16	16

(4) 지문을 확인한다.

계산이 필요 없는 지문부터 확인하여 처리하고, 계산이 필요한 지문은 계산 과정을 줄여 계산한다. 계산하려는 숫자 간의 차이가 클 경우 일의 자리 숫자까지 계산할 필요가 없다.

2) 빈출 공식

(1) 증감률 : 증가하거나 감소하는 비율

$$\text{A(기준) 대비 B(비교대상)의 증감률} = \frac{\text{B(비교대상)} - \text{A(기준)}}{\text{A(기준)}} \times 100$$

예 2020년 대비 2021년의 아동 인구수 증감률

구분	2020년	2021년
아동 인구수(천 명)	8,480	8,176

$\rightarrow \frac{8,176-8,480}{8,480} \times 100 \fallingdotseq -3.6\%$

Tips

• % 수치 사이의 증가폭은 그 차이를 의미한다. 이때 단위는 %p 로 표시한다.

예 2018년 ~ 2021년의 아동 인구 비율 증가폭

구분	2018년	2021년
아동 인구 비율(%)	17	16

$\rightarrow 16-17=-1\%\text{p}$

* %p : % 간의 차이를 나타내는 단위

(2) 구성비(비중) : 전체에서 부분이 차지하는 크기

$$\frac{\text{부분}}{\text{전체}} \times 100$$

예 2020년 총인구 중 아동 인구의 구성비

구분	2020년
총 인구수(천 명)	51,826
아동 인구수(천 명)	8,176

$\rightarrow \frac{8,176}{51,826} \times 100 \fallingdotseq 16\%$

(3) 평균

① 산술평균 : 여러 수의 합을 수의 개수로 나눈 값

$$\frac{x_1+x_2+\cdots+x_n}{n}$$

예 2019년 ~ 2021년 아동 인구수 평균

구분	2019년	2020년	2021년
아동 인구수(천 명)	8,736	8,480	8,176

$\rightarrow \frac{8,736+8,480+8,176}{3}=8,464$ 천 명

② **가평균** : 자료의 수가 많은 경우의 평균을 구할 때, 간단하게 계산하기 위해 임의로 정한 평균값

예 다섯 과목의 평균 점수

구분	국어	수학	국사	물리	체육
점수(점)	80	76	80	83	86

→ 80이 많으므로 80을 가평균으로 정하고, 80을 기준으로 남거나 모자라는 수를 계산한다.

$$\frac{80+(80-4)+80+(80+3)+(80+6)}{5}=\frac{80\times 5}{5}+\frac{5}{5}=81\text{점}$$

③ **가중평균** : 각 항의 수치에 그 중요도에 비례하는 계수를 곱한 다음 산출한 평균

$$\frac{\text{각각}(\text{관찰값}\times\text{가중치})\text{의 합}}{\text{가중치의 총합}}$$

예 다섯 과목의 가중평균 점수

구분	국어	수학	국사	물리	체육
점수(점)	80	76	80	83	86
가중치(%)	40	30	15	10	5

$$\rightarrow \frac{(80\times 0.4)+(76\times 0.3)+(80\times 0.15)+(83\times 0.1)+(86\times 0.05)}{0.4+0.3+0.15+0.1+0.05}$$

$$=32+22.8+12+8.3+4.3=79.4\text{점}$$

Chapter 03 수리력 실전 연습 문제

출제 포인트!

수리력은 사칙연산을 토대로 단순한 계산을 얼마나 정확하게 할 수 있는지를 측정하는 기초연산, 방정식 · 속도/시간/거리 · 농도 · 원가/정가 · 경우의 수/확률 등 수리 개념을 접목한 응용계산, 도표 및 그래프 등 여러 형태의 자료를 보고 옳게 분석하거나 특정 값을 계산하는 자료해석으로 구분된다.
교육공무직의 수리력 유형은 일반 대기업이나 공사/공단에서 출제되는 수리 범위에서 크게 벗어나지 않으므로, 유형의 생소함이나 부담은 크지 않을 것이다. 그러나 주어진 시간 내 문제를 정확하게 풀어야 하므로, 여러 가지 유형의 문제 연습을 충분히 해두어야 한다.

01 기초연산

[01~10] 다음 제시된 식의 값을 구하시오.

01

$$684+371+11$$

① 1,055 ② 1,066 ③ 1,077
④ 1,056 ⑤ 1,076

해설

덧셈의 나열이므로 순차적으로 더하면 된다. 이때 계산 후 나오게 될 일의 자리 6을 먼저 확인하고, 선택지 중에서 끝자리가 6이 아닌 것을 소거하면 더 빠르게 답을 찾아낼 수 있다.

02

$$47\times 7-28$$

① 329 ② 311 ③ 301
④ 893 ⑤ −893

01 ②

해설

사칙연산은 곱셈과 나눗셈을 먼저 하고, 덧셈과 뺄셈을 나중에 한다. 따라서 순서대로 계산하면 301이 정답이다. 이 문제도 역시 계산 후 오게 될 일의 자리 1을 먼저 확인한 후 답을 찾으면 시간을 줄일 수 있다.

03

$$654 \div 3 + 97$$

① 315 ② 6.54 ③ 754
④ 335 ⑤ 325

해설

나눗셈을 먼저 하고 덧셈을 하면 되므로, 순차적으로 계산하면 315가 정답이다.

04

$$12.27 + 39.34 + 9.54$$

① 52.15 ② 61.75 ③ 59.35
④ 58.75 ⑤ 61.15

해설

소수점 이하 자리를 먼저 계산하면 끝이 15가 되므로 선택지를 좁힌 후 답을 구하면 시간을 단축할 수 있다.

05

$$\left\{\left(\frac{4}{5} - \frac{5}{10}\right) + \frac{1}{3}\right\} \times \frac{2}{5}$$

① $\frac{23}{50}$ ② $\frac{18}{65}$ ③ $\frac{19}{55}$
④ $\frac{19}{75}$ ⑤ $\frac{39}{75}$

해설

소괄호, 중괄호 순으로 괄호 안을 먼저 계산한다.

$$\left\{\left(\frac{4}{5}-\frac{5}{10}\right)+\frac{1}{3}\right\}\times\frac{2}{5}=\left\{\left(\frac{8}{10}-\frac{5}{10}\right)+\frac{1}{3}\right\}\times\frac{2}{5}=\left(\frac{3}{10}+\frac{1}{3}\right)\times\frac{2}{5}=\left(\frac{9}{30}+\frac{10}{30}\right)\times\frac{2}{5}=\frac{19}{75}$$

06

$$4\frac{3}{5}\div\frac{1}{3}\times\frac{5}{3}$$

① $9\frac{7}{15}$ ② $\frac{13}{15}$ ③ 23

④ $5\frac{13}{25}$ ⑤ 207

해설

$$4\frac{3}{5}\div\frac{1}{3}\times\frac{5}{3}=\frac{23}{5}\times3\times\frac{5}{3}=\frac{69}{5}\times\frac{5}{3}=23$$

07

$$\sqrt{3}\times(5\sqrt{9}\times\sqrt{3})$$

① $15\sqrt{3}$ ② 15 ③ $5\sqrt{3}$

④ 45 ⑤ 75

해설

$$\sqrt{3}\times(5\times3\times\sqrt{3})=\sqrt{3}\times15\sqrt{3}=15\times3=45$$

02 ③ 03 ① 04 ⑤ 05 ④ 06 ③ 07 ④

08

$$17\times(-21)+39$$

① 318 ② 357 ③ -306
④ -318 ⑤ 396

해설

곱셈을 먼저 하고 덧셈을 나중에 한다. $-357+39=-318$

09

$$5.3+(17.2\times1.9)\div0.4$$

① 81.7 ② 78 ③ 82.4
④ 83 ⑤ 87

해설

괄호 안, 나눗셈, 덧셈 순으로 계산한다.
$5.3+(17.2\times1.9)\div0.4=5.3+(32.68\div0.4)=5.3+81.7=87$

10

$$5\times(-3)^3\div\frac{9}{10}$$

① -135 ② 135 ③ 150
④ -150 ⑤ $5\frac{3}{5}$

해설

$5\times(-3)^3\div\frac{9}{10}=5\times(-27)\times\frac{10}{9}=-135\times\frac{10}{9}=-150$

[11~13] 기호의 연산을 다음과 같이 가정할 때 제시된 식의 값을 구하시오.

$$A☆B=(A+B)\times(A-B)$$

11

$$6☆7$$

① 11　② 13　③ −11
④ −13　⑤ 169

해설

$6☆7=(6+7)\times(6-7)=13\times(-1)=-13$

12

$$-5☆8$$

① 13　② 19　③ −19
④ 39　⑤ −39

해설

$-5☆8=(-5+8)\times(-5-8)=3\times(-13)=-39$

13

$$(4☆7)+(11☆3)$$

① −33　② 79　③ 112
④ −79　⑤ 145

08 ④　09 ⑤　10 ④　11 ④　12 ⑤

수리력

해설

$\{11\times(-3)\}+(14\times8)=-33+112=79$

[14~15] 기호의 연산을 다음과 같이 가정할 때 제시된 식의 값을 구하시오.

$$A◎B=A^2+B$$
$$A\diamond B=A\times B^2$$

14

$(6◎7)\diamond3$

① 126 ② 189 ③ −287
④ 369 ⑤ 387

해설

$(36+7)\times9=387$

15

$(3\diamond-2)◎8$

① 131 ② 152 ③ −131
④ −152 ⑤ 208

해설

$(3\times4)^2+8=152$

02 응용계산

01 A 회사의 남자 직원 수는 전년 대비 20% 증가하였고, 여자 직원 수는 전년 대비 10% 증가하여 전체 직원 수는 전년 대비 25명 증가하였다. 작년에 남자 직원이 여자 직원보다 20명 더 많았다고 할 때, 올해 여자 직원의 수를 구하면?

① 75명 ② 77명 ③ 79명
④ 81명 ⑤ 83명

해설

작년 남자 직원 수를 x, 여자 직원 수를 y라고 하면,
$0.2x+0.1y=25$ …… ㉠
$x-y=20$ …… ㉡
㉠과 ㉡을 연립하여 풀면, $x=90$, $y=70$이다. 따라서 올해 여자 직원의 수는 $70\times1.1=77$명이다.

02 A 씨와 B 씨의 나이 합은 두 사람의 나이 차의 두 배이고, A 씨의 나이는 B 씨의 나이보다 20살이 더 많다. A 씨의 나이를 구하면?

① 26살 ② 28살 ③ 30살
④ 32살 ⑤ 34살

해설

A 씨의 나이를 x, B 씨의 나이를 y라 하면,
$x+y=2(x-y)$ …… ㉠
$x=y+20$ …… ㉡
㉡을 ㉠에 대입하여 풀면, $x=30$, $y=10$이므로 A 씨의 나이는 30살이다.

13② 14⑤ 15② | 01② 02③

03 체육대회에서 1반이 농구에서 우승하지 못할 확률은 30%이고, 축구에서 우승할 확률은 60%라고 한다. 이때 1반이 농구와 축구 모두 우승할 확률을 구하면?

① 26%　② 32%　③ 38%　④ 42%　⑤ 46%

해설

1반이 농구에서 우승할 확률은 $1-0.3=0.7$이고, 축구에서 우승할 확률은 0.6이다.
따라서 1반이 농구와 축구 모두 우승할 확률은 $0.7\times0.6=0.42$이므로 42%이다.

04 K 씨는 회사에서 차를 타고 시속 52km로 달려 18분 뒤에 집에 도착하였다. 집에 도착한 후 자전거를 타고 시속 12km로 달려 17분 후에 마트에 도착했다면, K 씨가 이동한 거리는 총 몇 km인가?

① 13km　② 15km　③ 17km　④ 19km　⑤ 21km

해설

'거리 = 시간 × 속력'이므로 K 씨가 이동한 거리는 총 $52\times\frac{18}{60}+12\times\frac{17}{60}=19$km이다.

05 신제품 개발을 위해 여러 부서에서 한 자리에 모여 회의를 하게 되었다. 같은 부서 사람이 서로 이웃하게 앉는 경우의 수는?

- 3개 부서에서 각 2명씩 총 6명이 회의에 참석하였다.
- 회의 참석자들은 하나의 원형 테이블에 둘러 앉아 회의를 한다.

① 12가지　② 16가지　③ 24가지　④ 36가지　⑤ 48가지

해설

같은 부서 사람 2명을 한 묶음으로 보고 경우의 수를 구하면 된다. 그러면 경우의 수는 $3!$인데 원형 테이블이므로 1을 빼면 $(3-1)!$이다. 여기서 같은 부서 사람이 서로 자리를 바꿔 앉을 경우를 곱하면 식이 완성된다. 세 부서가 있으므로 2를 세 번 곱하면 같은 부서 사람이 서로 이웃하게 앉는 경우의 수는 $(3-1)!\times2\times2\times2=16$가지이다.

06 한 공장에서 두 개의 생산라인을 이용하여 10시간 동안 4,500개의 물품을 생산하였다. A 생산라인이 20분 동안 65개의 물품을 생산할 수 있다고 할 때, B 생산라인이 1시간 동안 생산할 수 있는 물품은 몇 개인가?

① 235개 ② 240개 ③ 245개
④ 250개 ⑤ 255개

해설

A 생산라인이 1시간 동안 생산할 수 있는 물품의 개수는 $65\times3=195$개이다.
B 생산라인이 1시간 동안 생산할 수 있는 물품의 개수를 x라고 하면,
$(195+x)\times10=4{,}500$
$x=255$이므로 B 생산라인이 1시간 동안 생산할 수 있는 물품은 255개이다.

07 A 회사는 오후 2시, 5시에 직원 교육을 진행하고 있고, 직원들은 이 중 한 타임을 자유롭게 선택하여 교육을 들어야 한다. 6명의 직원이 교육 시간을 선택하는 경우의 수를 구하면?

① 6가지 ② 12가지 ③ 32가지
④ 48가지 ⑤ 64가지

해설

1명의 직원이 선택할 수 있는 교육 시간은 2가지이며, 6명의 직원 모두 2가지 중 하나를 선택할 수 있다. 따라서 6명의 직원이 교육 시간을 선택하는 경우의 수는 $2\times2\times2\times2\times2\times2=64$가지이다.

03 ④ 04 ④ 05 ② 06 ⑤ 07 ⑤

08 어머니, 아버지, 자녀 3명으로 구성된 가족을 일렬로 세울 때 부모를 이웃해서 세우는 경우의 수는?

① 12가지 ② 24가지 ③ 36가지
④ 48가지 ⑤ 50가지

해설

어머니, 아버지를 묶어 한 명으로 생각할 때 4명을 한 줄로 세우는 경우의 수는 $4!$이다.
이때, 이웃하는 어머니와 아버지의 순서를 바꾸는 경우는 $2!$이므로 $4! \times 2! = (4 \times 3 \times 2 \times 1) \times (2 \times 1) = 48$(가지)이다.

09 K 씨의 생일이 표시된 12월 달력이 있다. K 씨의 생일에서 위쪽으로 1칸 이동한 후 오른쪽으로 2칸 이동한 날짜와 생일에서 아래쪽으로 2칸 이동한 날짜를 더했더니 29가 되었다. K 씨의 생일은 언제인가?

① 12월 2일 ② 12월 5일 ③ 12월 7일
④ 12월 10일 ⑤ 12월 15일

해설

K 씨의 생일을 12월 x일이라고 하면, 생일에서 위쪽으로 1칸, 오른쪽으로 2칸 이동한 날짜는 $x - 7 + 2 = x - 5$이고, 생일에서 아래쪽으로 2칸 이동한 날짜는 $x + 14$이다.
$(x - 5) + (x + 14) = 29$이므로 $x = 10$이다. 따라서 K 씨의 생일은 12월 10일이다.

10 ○○교육청의 필기시험 응시자는 400명이었다. 응시자 전체의 필기시험 평균 점수는 60점, 합격자의 평균 점수는 74점, 불합격자의 평균 점수는 54점이라고 할 때, 합격자는 모두 몇 명인가?

① 100명 ② 110명 ③ 120명
④ 130명 ⑤ 140명

해설

합격자 수를 x명이라 하면, $60 \times 400 = 74 \times x + 54 \times (400 - x)$의 식을 세울 수 있다.
식을 계산하면 $x = 120$이므로 합격자는 120명이다.

11 A 작물과 B 작물을 기르는 농장에서 지난달에 A, B 작물을 합하여 1,000포기를 재배하였다. 이번 달에 재배한 양은 지난달에 비하여 A 작물은 10% 증가하고, B 작물은 5% 감소하여 전체적으로 7% 증가하였다. 이번 달에 재배한 A 작물은 몇 포기인가?

① 680포기 ② 720포기 ③ 780포기
④ 830포기 ⑤ 880포기

해설

지난달 재배한 A 작물의 수를 a포기, B 작물의 수를 b포기라 하면 다음 식을 세울 수 있다.

$$\begin{cases} a+b=1{,}000 \\ 0.1a-0.05b=1{,}000\times 0.07 \end{cases}$$

식을 풀면 $a=800$, $b=200$이고, 이번 달에 재배한 A 작물의 양은 $800\times 1.1=880$포기이다.

12 A와 B는 제비뽑기를 하려고 한다. A가 당첨 제비를 뽑을 확률은 $\frac{1}{4}$이고, B가 당첨 제비를 뽑을 확률은 $\frac{2}{5}$일 때, 두 사람 중 한 사람만 당첨 제비를 뽑을 확률은?

① $\frac{1}{4}$ ② $\frac{3}{7}$ ③ $\frac{3}{10}$
④ $\frac{9}{20}$ ⑤ $\frac{7}{23}$

해설

- A만 당첨 제비를 뽑을 확률 : $\frac{1}{4}\times\frac{3}{5}=\frac{3}{20}$
- B만 당첨 제비를 뽑을 확률 : $\frac{3}{4}\times\frac{2}{5}=\frac{6}{20}$

따라서 두 사람 중 한 사람만 당첨 제비를 뽑을 확률은 $\frac{3}{20}+\frac{6}{20}=\frac{9}{20}$이다.

08 ④ 09 ④ 10 ③ 11 ⑤ 12 ④

13 동전 한 개와 주사위 한 개를 동시에 던졌을 때, 동전은 뒷면이 나오고, 주사위는 짝수의 눈이 나오는 경우의 수를 구하면?

① 3가지 ② 5가지 ③ 6가지
④ 8가지 ⑤ 12가지

해설

동전의 뒷면이 나오는 경우의 수는 1가지이고, 주사위의 짝수 눈이 나오는 경우의 수는 3가지이다.
따라서 $1 \times 3 = 3$가지이다.

14 공장에서 생산한 제품이 정상 제품이면 500원의 수익이 발생하고, 불량 제품이면 300원의 손실이 발생한다. 520개의 제품을 생산할 때, 이익을 얻으려면 불량 제품은 최대 몇 개 이하여야 하는가?

① 320개 ② 322개 ③ 324개
④ 326개 ⑤ 328개

해설

불량 제품의 개수를 x라고 하면, 정상 제품의 개수는 $520-x$이다.
$(520-x)\times 500 > x \times 300$이므로 $325 > x$이다.
따라서 불량 제품의 개수는 최대 324개여야 한다.

15 P 씨와 Q 씨가 함께 하면 8일 만에 완료할 수 있는 일이 있다. 이 일을 P 씨가 혼자 하면 12일이 걸린다고 할 때, Q 씨가 혼자 할 경우 걸리는 기간은 얼마인가?

① 16일 ② 20일 ③ 24일
④ 28일 ⑤ 30일

해설

전체 일의 양을 1이라고 하면, P 씨가 혼자 할 때 걸리는 기간은 12일이므로, P 씨가 하루 동안 할 수 있는 일의 양은 $\frac{1}{12}$이다.
Q 씨가 하루 동안 할 수 있는 일의 양을 $\frac{1}{x}$이라고 하면, P 씨와 Q 씨가 함께 할 때 걸리는 기간은 8일이므로 $\left(\frac{1}{12}+\frac{1}{x}\right)\times 8 = 1$이다. 계산하면 $x = 24$이므로 Q 씨가 혼자 할 때 걸리는 기간은 24일이다.

16 신입사원연수 운영을 맡은 A 사원은 방 배정을 하고 있다. 신입사원이 사용할 수 있는 방을 다음과 같이 조정하고 있다면, 신입사원을 배정할 수 있는 방은 최대 몇 개인가?

- 4명씩 방을 배정하면, 12명이 방을 배정받지 못한다.
- 6명씩 방을 배정하면, 방이 2개 남는다.

① 12개 ② 14개 ③ 16개
④ 24개 ⑤ 26개

해설

방의 개수를 x(개)라 하면 신입사원 인원은 $4x+12$(명)이다. 6명씩 방을 배정할 경우 2개의 방이 남았으므로 $x-2$개의 방에 모두 6명씩 배정되었거나, $x-3$개의 방에는 6명씩 배정되고 하나의 방에 6명 미만의 신입사원이 배정되었을 수 있다. 따라서 6명씩 배정했을 때의 신입사원 수는 최소 $6(x-3)+1$명에서 최대 $6(x-2)$명이다. 이를 부등식으로 나타내면 $6(x-3)+1 \leq 4x+12 \leq 6(x-2)$이고, 연립부등식을 풀면 $12 \leq x \leq 14.5$이다. 따라서 신입사원을 배정할 수 있는 방은 최대 14개이다.

17 30m/s의 속력으로 달리는 기차가 있다. 길이가 330m인 다리를 기차가 완전히 건너는 데 걸린 시간이 20초라고 할 때, 길이가 1,350m인 다리를 완전히 건너는 데 걸리는 시간을 구하면?

① 43초 ② 45초 ③ 49초
④ 52초 ⑤ 54초

해설

다리를 완전히 건너는 데 이동한 거리는 다리의 길이와 기차의 길이를 더한 것이다.

기차의 길이를 x라고 하면, $\frac{330+x}{30}=20$ 이므로 $x=270$이다.

따라서 길이가 1,350m인 다리를 기차가 완전히 건너는 데 걸리는 시간은 $\frac{1,350+270}{30}=54$ 초이다.

13 ① 14 ③ 15 ③ 16 ② 17 ⑤

18 5%의 소금물 300g에 소금과 물을 더 넣어 농도가 7% 이상 10% 이하인 소금물 500g을 만들려고 한다. 더 넣어야 할 물의 양은 최소 얼마인가?

① 155g ② 160g ③ 165g
④ 170g ⑤ 180g

해설

더 넣어야 할 소금물의 양이 200g이므로 더 넣을 물의 양을 xg이라 하면, 더 넣을 소금의 양은 $(200-x)$g이다. 현재 5%의 소금물 300g에 들어 있는 소금의 양은 $\frac{5}{100}\times 300=15$g 이므로,
식을 세우면 $7\le\frac{15+(200-x)}{500}\times 100\le 10$ 이고 식을 풀면 $165\le x\le 180$이다.
따라서 더 넣어야 할 물의 양은 최소 165g 최대 180g이다.

꿀팁 COOL TIP 소금물의 농도와 소금의 양

1. 농도(%) $=\frac{\text{소금}}{\text{소금}+\text{물}}\times 100$ 2. 소금의 양(g) $=\frac{\text{농도}}{100}\times$ 소금물의 양

19 사과 1개의 원가는 1,200원이다. 원가에 25%의 이윤이 남도록 정가를 정하였는데, 사과가 잘 팔리지 않아 정가에서 30% 할인하여 팔기로 결정하였다. 사과 1개의 판매가격을 구하면?

① 1,050원 ② 1,250원 ③ 1,450원
④ 1,650원 ⑤ 1,850원

해설

사과 1개의 정가는 $1{,}200\times(1+0.25)=1{,}500$원이다. 정가에서 30%를 할인하여 판매한다고 하였으므로 사과 1개의 판매가격은 $1{,}500\times(1-0.3)=1{,}050$원이다.

20 A 학교의 전교생은 360명으로 남녀 학생의 비는 7:5이다. 전체 학생 중 $\frac{2}{5}$는 안경을 썼으며, 안경을 쓴 학생 중 $\frac{1}{4}$은 여학생이다. A 학교에서 안경을 쓰지 않는 남학생의 수를 구하면?

① 134명 ② 139명 ③ 143명
④ 102명 ⑤ 152명

해설

A 학교의 전교생 360명의 남녀 학생의 비는 7:5이므로 남학생 수는 $360 \times \frac{7}{12} = 210$명이고, 안경을 쓴 남학생 수는 $360 \times \frac{2}{5} \times \frac{3}{4} = 108$명이다. 따라서 A 학교에서 안경을 쓰지 않는 남학생 수는 $210 - 108 = 102$명이다.

21 수진이가 등산을 하는데 올라갈 때에는 시속 3km, 내려올 때에는 같은 길을 시속 6km로 걸어서 전체 걸리는 시간을 3시간 이내로 하려고 한다. 최대 몇 km 지점까지 올라갔다 올 수 있는가?

① 9km ② 8km ③ 7km
④ 6km ⑤ 5km

해설

등산로의 거리를 $x$km라 하면 식은 $\frac{x}{3} + \frac{x}{6} \leq 3$이므로 $3x \leq 18$, $\therefore x \leq 6$
따라서 등산로의 최대 거리는 6km이다.

꿀팁 COOL TIP 속력 / 거리 / 시간

1. 속력(km/h) $= \frac{\text{거리}}{\text{시간}}$ 2. 거리(km) = 시간 × 속력 3. 시간(h) $= \frac{\text{거리}}{\text{속력}}$

18 ③ 19 ① 20 ④ 21 ④

22 직사각형 모양의 탁자에 다음과 같이 8명이 둘러앉는 방법의 수는?

① 12,460가지 ② 18,160가지 ③ 20,160가지
④ 24,000가지 ⑤ 40,320가지

해설

다음과 같이 대각선을 기준으로 양쪽에서 반복된다.

따라서 직사각형 모양의 식탁에 8명이 둘러앉는 방법의 수는 $\frac{8!}{2} = \frac{8 \times 7 \times 6 \times 5 \times 4 \times 3 \times 2 \times 1}{2} = 20{,}160$가지이다.

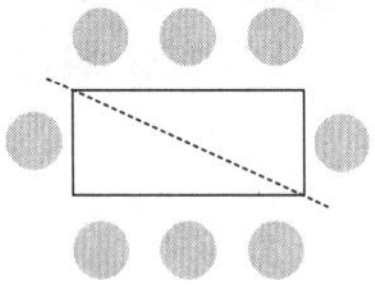

23 A 매장에서 작년 한 해 동안 판매한 책상과 의자는 총 2,700개이고, 올해 판매한 책상과 의자 수는 작년보다 각각 40%, 50% 증가하였다. 증가한 책상과 의자의 판매량의 비가 2:5일 때, 올해 책상의 판매량을 구하면?

① 1,140개 ② 1,180개 ③ 1,260개
④ 1,290개 ⑤ 1,370개

해설

작년 책상 판매량을 x, 의자 판매량을 y라 하면,
$x + y = 2{,}700$ …… ㉠
$0.4x : 0.5y = 2:5 \Rightarrow y = 2x$ …… ㉡
㉡을 ㉠에 대입하여 풀면, $3x = 2{,}700$이므로 $x = 900$, $y = 1{,}800$이다.
따라서 올해 책상의 판매량은 $900 \times 1.4 = 1{,}260$개이다.

24 한 개의 주사위를 던질 때, 5 이상의 홀수 또는 3 이하의 짝수가 나오는 경우의 수를 구하면?

① 1가지 ② 2가지 ③ 3가지
④ 4가지 ⑤ 5가지

해설

5 이상의 홀수가 나오는 경우의 수는 1가지이고, 3 이하의 짝수가 나오는 경우의 수는 1가지이다. 따라서 5 이상의 홀수 또는 3 이하의 짝수가 나오는 경우의 수는 $1+1=2$가지이다.

25 대형 수조에 들어 있는 물의 깊이를 알아보기 위해 길이가 20cm 차이 나는 두 막대를 수조에 수직으로 넣었다. 다 넣었을 때 짧은 막대의 $\frac{5}{7}$가 물에 잠겼고, 긴 막대의 $\frac{2}{3}$가 물에 잠겼다면 수조에 들어 있는 물의 깊이는 얼마인가?

① 120cm ② 140cm ③ 160cm
④ 180cm ⑤ 200cm

해설

짧은 막대의 길이를 x라고 하면, 긴 막대의 길이는 $x+20$이다.
수조에 수직으로 넣은 두 막대의 물에 잠긴 길이는 서로 같으므로 $\frac{5}{7}x=\frac{2}{3}(x+20)$
$x=280$이므로 물의 깊이는 $\frac{5}{7}\times 280=200\,\text{cm}$이다.

22 ③ 23 ③ 24 ② 25 ⑤

26 서울 ○○기업에 입사한 C 사원은 처음으로 회사 소유의 자동차를 타고 대구로 출장을 갔다. 회사 소유의 자동차인 만큼 제한 속도를 잘 지켜서 안전하게 운전했다. C 사원이 한 번도 쉬지 않고 운전했으며 출발한 지 3시간 만에 대구에 도착했다고 할 때, 구간단속구간의 제한 속도는 얼마인가?

- 서울에서 대구까지 거리는 280km이며, 30km 구간단속구간이 있다.
- 일반구간에서 시속 100km/h를 유지하며 운전하였다.
- 구간단속구간에서는 제한 속도를 유지하며 운전하였다.

① 50km/h ② 55km/h ③ 60km/h
④ 65km/h ⑤ 70km/h

해설

일반구간의 거리는 $280-30=250$km이고, 일반구간 거리를 가는 데 걸린 시간은 $250 \div 100 = 2.5$시간이다. 대구에 가는 데 3시간이 걸렸으므로 구간단속구간 30km를 가는 데는 0.5시간이 걸렸음을 알 수 있다. 속도 = 거리 ÷ 시간이고, C 사원은 구간단속구간에서 제한 속도를 유지하며 운전하였으므로, 구간단속구간의 제한 속도는 $30 \div 0.5 = 60$km/h이다.

27 △△기업은 다음과 같이 월급을 지급했다고 한다. 현재 사원들에게 지급하고 있는 월급의 총액은 얼마인가?

- 현재 모든 사원에게 모두 동일한 금액의 월급을 지급하고 있다.
- 만약 사원이 10명 늘어났을 때 각 사원들의 월급을 기존 월급에서 100만 원씩 줄이면 모든 사원들에게 지급하는 월급의 총액은 처음의 80%가 된다.
- 만약 사원이 20명 줄었을 때 각 사원들의 월급을 기존 월급과 동일하게 유지하면, 모든 사원들에게 지급하는 월급의 총액은 처음의 60%가 된다.

① 1억 5,000만 원 ② 1억 6,000만 원 ③ 1억 8,000만 원
④ 2억 1,000만 원 ⑤ 2억 4,000만 원

해설

사원 수를 x라 하고 월급을 y라 했을 때 현재의 총 월급은 xy이다.
사원이 10명 늘고 각 사원들의 월급을 100만 원씩 줄였을 경우의 식은 다음과 같다.
$xy + 10y - 1{,}000{,}000(x + 10) = 0.8xy$ …… ㉠
사원이 20명 줄었을 경우의 식은 다음과 같다.
$xy - 20y = 0.6xy$ …… ㉡
㉡의 식을 풀면 $x - 20 = 0.6x$, $0.4x = 20$, $x = 50$ 이다.
x를 대입해서 ㉠의 식을 풀면
$50y + 10y - 60{,}000{,}000 = 40y$
$20y = 60{,}000{,}000$
$\therefore y = 3{,}000{,}000$
따라서 현재 사원 수는 50명, 월급은 300만 원이고, 현재 지급하고 있는 월급의 총액은 $50 \times 3{,}000{,}000 = 150{,}000{,}000$원, 즉 1억 5,000만 원이다.

28 어느 해에 ㅇㅇ기업 채용에서 전체 지원자 중 880명이 합격하였을 때, 지원자 남녀의 비는 8:13, 합격자 남녀의 비는 4:7, 불합격자 남녀의 비는 2:3이었다. ㅇㅇ기업의 합격률을 $\frac{b}{a}$라고 할 때, $a - b$의 값을 구하면? (단, a, b는 서로소인 자연수이다.)

① 2 ② 4 ③ 6
④ 8 ⑤ 10

해설

합격자 남녀의 비가 4:7이고 합격자 수가 880명이므로 비례배분에 의해
남자는 $880 \times \frac{4}{4+7} = 320$ 명, 여자는 $880 \times \frac{7}{4+7} = 560$ 명이 합격하였다.
불합격자 남녀의 비가 2:3이므로 각각을 $2y$명, $3y$명으로 놓으면
지원자의 남녀의 비가 8:13이므로
$(320 + 2y):(560 + 3y) = 8:13$
$(320 + 2y) \times 13 = (560 + 3y) \times 8$
$\therefore y = 160$
따라서 총 지원자 수는 $880 + 320 + 480 = 1{,}680$명이므로 ㅇㅇ기업의 합격률은 $\frac{880}{1{,}680} = \frac{11}{21}$ 이고,
$a - b$의 값을 구하면 $21 - 11 = 10$이다.

26 ③ 27 ① 28 ⑤

29 **휴대폰 케이스 생산 공장을 운영하는 A 씨는 기계 3대로 주어진 |조건|과 같이 제품을 생산하고 있다. 이 공장의 전체 불량률은 얼마인가?** (단, 모든 불량률 계산은 소수 셋째 자리에서 반올림한다.)

| 조건 |

- 첫 번째 기계는 하루에 5,000개의 제품을 생산한다.
- 두 번째 기계는 첫 번째 기계보다 10% 더 많은 제품을 생산하며, 세 번째 기계는 두 번째 기계보다 500개 더 많은 제품을 생산한다.
- 첫 번째, 두 번째, 세 번째 기계의 하루 생산량의 불량률은 순서대로 0.7%, 1%, 0.3%이다.

① 0.5% ② 0.55% ③ 0.65%
④ 0.7% ⑤ 0.75%

해설

전체 불량률을 구하려면 전체 기계가 생산하는 제품의 수와 그중에서 불량이 나는 제품의 수를 알아야 한다. 첫 번째 기계는 5,000개의 제품을 생산하고 두 번째 기계는 10% 더 많은 5,500개의 제품을 생산한다. 세 번째 기계는 두 번째 기계보다 500개 더 많은 6,000개의 제품을 생산하므로 전체 기계는 총 16,500개의 제품을 생산한다. 각각 불량이 나는 제품의 수를 구하면 다음과 같다.

첫 번째 기계 : $5{,}000 \times \frac{0.7}{100} = 35$ 개

두 번째 기계 : $5{,}500 \times \frac{1}{100} = 55$ 개

세 번째 기계 : $6{,}000 \times \frac{0.3}{100} = 18$ 개

따라서 전체 제품에서 불량이 나는 제품의 수는 $35 + 55 + 18 = 108$개이고,

전체 불량률은 $\frac{108}{16{,}500} \times 100 = 0.6545\cdots\%$이므로 소수 셋째 자리에서 반올림하면 정답은 0.65%이다.

30 **둘레의 길이가 2km인 호수공원을 A, B 두 사람이 같은 지점에서 동시에 출발하여 서로 반대 방향으로 돌면 10분 후에 처음으로 다시 만나고, 서로 같은 방향으로 돌면 40분 후에 처음으로 다시 만난다고 한다. 이때 B의 속력은 분속 얼마인가?** (단, A의 속력은 B의 속력보다 빠르다.)

① 70m ② 75m ③ 80m
④ 85m ⑤ 90m

해설

A의 속력을 분속 xm, B의 속력을 분속 ym라 하면
호수공원을 서로 반대 방향으로 돌 때 (A가 움직인 거리) + (B가 움직인 거리) = 2,000m이므로
$10x + 10y = 2,000$이다.
호수공원을 서로 같은 방향으로 돌 때 (A가 움직인 거리) − (B가 움직인 거리) = 2,000m이므로
$40x - 40y = 2,000$이다.
두 식을 정리하면 $\begin{cases} x + y = 200 \\ x - y = 50 \end{cases}$ 이고, 연립방정식을 풀면 $x = 125$, $y = 75$이다.
따라서 B의 속력은 분속 75m이다.

수리력

29 ③ 30 ②

03 자료해석

01 두 도시의 주민들이 아래의 연도별 예산현황 자료를 보고 토론하고 있다. 다음 중 자료를 잘못 이해한 주민은?

S 시, A 시의 연도별 예산현황

(단위 : 백만 원)

구분	S 시			A 시		
	합계	일반회계	특별회계	합계	일반회계	특별회계
2015년	917,000	695,000	222,000	803,040	696,400	106,640
2016년	1,117,265	800,000	317,265	776,600	697,000	79,600
2017년	1,242,037	984,000	258,037	866,000	754,500	111,500
2018년	1,503,338	1,132,000	371,338	1,020,000	897,800	122,200
2019년	1,551,611	1,155,000	396,611	1,070,000	966,200	103,800

① D 주민 : S 시의 예산액 합계는 꾸준히 증가하고 있지만 A 시는 그렇지 않아요.

② R 주민 : S 시의 특별회계 예산액은 항상 A 시의 특별회계 예산액보다 2배 이상 더 많아요.

③ I 주민 : 2018년 S 시의 일반회계 예산액은 A 시의 일반회계 예산액보다 1.2배 이상 더 많네요.

④ N 주민 : 2017년 A 시 전체 예산액에서 특별회계 예산액이 차지하는 비중은 12% 이상이에요.

⑤ K 주민 : 2016년 S 시 전체 예산액 중에서 일반회계 예산액은 70% 미만을 차지해요.

해설

2016년 S 시 전체 예산액에서 일반회계 예산액이 차지하는 비중은 $\frac{800,000}{1,117,265} \times 100 = 71.6\cdots$으로 70% 이상이다.

Plus 해설

① S 시의 예산액 합계는 꾸준히 증가하고 있고, A 시는 2016년에 감소했다가 다시 증가하고 있다.

② S 시 특별회계 예산액과 A 시 특별회계 예산액 2배를 비교하면 다음과 같다.
2015년 : 222,000 > 213,280 / 2016년 : 317,265 > 159,200 / 2017년 : 258,037 > 223,000 / 2018년 : 371,338 > 244,400 / 2019년 : 396,611 > 207,600

③ 2018년 A 시 일반회계 예산액의 1.2배는 $897,800 \times 1.2 = 1,077,360$으로 S 시의 일반회계 예산액이 더 많다.

④ 2017년 A 시 전체 예산액에서 특별회계 예산액이 차지하는 비중은 $\frac{111,500}{866,000} \times 100 = 12.8\cdots$로 12% 이상이다.

02 다음은 어느 기관 직원의 평균 보수를 나타낸 표이다. 이에 대한 설명으로 적절하지 않은 것은?

직원 평균 보수

(단위 : 천 원)

구분	2014년	2015년	2016년	2017년	2018년
기본급	31,140	31,652	31,763	32,014	34,352
고정수당	13,387	13,868	13,434	12,864	12,068
실적수당	2,158	2,271	2,220	2,250	2,129
급여성 복리후생비	963	946	1,056	985	1,008
경영평가 성과급	1,129	733	1,264	1,117	862
기타 성과상여금	5,987	5,935	5,985	6,979	5,795
1인당 평균 보수액	54,764	55,405	55,722	56,209	56,214

① 2014년~2018년의 기본급과 1인당 평균 보수액은 모두 꾸준히 증가하고 있다.
② 2017년의 기본급은 전년 대비 1% 이하로 증가하였다.
③ 2018년 고정수당은 2014년에 비해 약 10% 감소하였다.
④ 조사 기간 동안 급여성 복리후생비는 증감을 반복하고 있다.
⑤ 조사 기간 중 경영평가 성과급이 가장 높은 해는 가장 낮은 해의 1.5배 미만이다.

해설

조사 기간 중 경영평가 성과급이 가장 높은 해는 2016년으로 1,264천 원이고, 가장 낮은 해는 2015년으로 733천 원이다. $1,264 \div 733 \fallingdotseq 1.72$이므로 1.5배 이상이다.

Plus 해설

② 2017년 기본급의 전년 대비 증가율은 $\frac{32,014-31,763}{31,763} \times 100 \fallingdotseq 0.8\%$로, 1% 이하이다.

③ 2018년의 고정수당은 2014년에 비해 $\frac{12,068-13,387}{13,387} \times 100 \fallingdotseq -9.9\%$, 약 10% 감소하였다.

01 ⑤ 02 ⑤

03 다음은 한 기관의 유연근무 현황이다. 이에 대한 설명으로 옳은 것은?

유연근무 현황

(단위 : 명)

구분		2014년	2015년	2016년	2017년	2018년	
						남	여
탄력 근무제	시차출퇴근형	279	259	447	420	134	163
	근무시간선택형	252	258	247	1,078	333	305
	집약근무형	3	5	14	11	10	0
원격 근무제	재택근무형	0	0	0	0	0	0
	스마트워크근무형	6	15	20	28	31	15

- 시차출퇴근형 : 주 5일 근무, 1일 8시간 근무, 출근시간 자율 조정
- 근무시간선택형 : 주 5일 근무, 1일 8시간에 구애받지 않고 근무시간 자율 조정
- 집약근무형 : 주 5일 미만 근무, 주 40시간 유지 (예 : 주 4일, 하루 10시간)

① 조사 기간 동안 스마트워크근무를 이용한 사람은 집약근무를 이용한 사람보다 항상 2배 이상으로 많았다.

② 2018년 유연근무제의 모든 형태를 남자가 여자보다 많이 이용하였다.

③ 2014년부터 2018년까지 스마트워크근무를 이용한 사람은 꾸준히 늘어나다가 감소하였다.

④ 2017년에 시차출퇴근을 이용한 사람은 2014년에 비해 50% 이상 증가하였다.

⑤ 조사 기간 동안 1일 8시간에 구애받지 않고 근무시간을 자율 조정한 사람이 제일 많았던 해는 제일 적었던 해의 5배 이상이다.

해설

2017년 시차출퇴근 탄력근무제를 이용한 사람은 2014년에 비해 $\frac{420-279}{279} \times 100 \fallingdotseq 50.5\%$로, 50% 이상 증가하였다.

Plus 해설

① 2014년, 2015년, 2017년, 2018년에 스마트워크근무를 이용한 사람은 집약근무를 이용한 사람보다 두 배 이상 많지만, 2016년에는 약 1.4배 많으므로 틀린 설명이다.

② 시차출퇴근형 유연근무제는 여자가 남자보다 많이 이용하였다.

③ 2014년부터 2018년까지 스마트워크근무를 이용한 사람은 꾸준히 늘어나고 있다.

	2014	2015	2016	2017	2018
스마트워크근무형	6	15	20	28	46(31+15)

⑤ 1일 8시간에 구애받지 않고 근무시간을 자율 조정하는 것은 근무시간선택형에 대한 설명이다. 근무시간선택을 이용한 사람이 가장 많았던 해는 2017년으로 1,078명 이용하였고, 가장 적었던 해는 2016년으로 247명 이용하였다. 따라서 $1,078 \div 247 \fallingdotseq 4.4$이므로, 5배 미만이다.

04 다음은 공항철도 여객 수송실적을 나타낸 자료이다. 이에 대한 해석으로 옳은 것은?

2016년 월별 여객 수송실적

(단위 : 천 명)

월	수송인원	승차인원	유입인원
1월	5,822	2,843	2,979
2월	5,520	2,703	(A)
3월	6,331	3,029	3,302
4월	6,237	3,009	3,228
5월	6,533	3,150	3,383
6월	6,361	3,102	3,259
7월	6,431	3,164	3,267
8월	(B)	3,103	3,617
9월	6,333	2,853	3,480
10월	6,875	3,048	3,827
11월	6,717	(C)	3,794
12월	6,910	3,010	3,900

• 유입인원 : 다른 철도를 이용하다가 공항철도로 환승하여 최종 종착지에 내린 승객의 수
• 수송인원 = 승차인원 + 유입인원

① 2016년 공항철도의 수송인원은 매월 증가하고 있다.
② 2016년 3분기 공항철도 총 수송인원은 1,950만 명 이상이다.
③ 2월 공항철도 유입인원은 1월에 비해 16만 2천 명 감소하였다.
④ 11월은 승차인원이 가장 적은 달로, 6월보다 18만 1천 명이 더 적었다.
⑤ 8월은 수송인원이 가장 많았던 달로, 12월보다 19만 명 더 많았다.

해설

2월 공항철도 유입인원은 5,520－2,703＝2,817천 명이고, 1월 공항철도 유입인원은 2,979천 명이다. 따라서 2월 공항철도 유입인원은 1월에 비해 2,979－2,817＝162천 명, 즉 162,000명 감소하였다.

Plus 해설

① 2016년 공항철도의 수송인원은 증가와 감소를 반복하고 있다.
② 2016년 3분기 공항철도 총 수송인원은 6,431 + 6,720 + 6,333 = 19,484천 명, 즉 19,484,000명으로 1,950만 명 이하이다.
④ 11월 승차인원은 2,923천 명(6,717 − 3,794)이므로 승차인원이 가장 적은 달은 2월이다.
⑤ 8월의 수송인원은 6,720천 명(3,103 + 3,617)이므로 수송인원이 가장 많은 달은 12월이다.

03 ④ 04 ③

수리력

05 다음 농가 소득현황을 분석한 내용 중 옳은 것을 | 보기 | 에서 모두 고른 것은? (단, 농가 소득은 소수 첫째 자리에서, 농업 의존도는 소수 둘째 자리에서 반올림한다.)

농가 소득현황

(단위 : 천 원, %)

	2013	2014	2015	2016	2017
농가 소득	ⓐ	34,950	37,215	37,197	38,239
└ 40~49세	43,135	45,083	50,043	48,170	48,976
└ 50~59세	54,745	57,816	60,703	63,151	65,082
└ 60~69세	34,223	35,533	40,133	42,637	44,551
└ 70세 이상	22,088	22,616	24,368	24,476	26,223
농업 소득	10,035	10,303	11,257	10,068	10,047
└ 농업 의존도	29.1	29.5	ⓑ	27.1	26.3
농업 이외 소득	24,489	24,647	25,959	27,130	28,193
도시근로자 가구 소득 대비 농가 소득 비율	62.5	61.5	64.4	63.5	-

• 농업 의존도 : 농업 소득이 농가 소득에서 차지하는 비중

| 보기 |

㉠ ⓐ에 들어갈 값은 34,485이다.
㉡ ⓑ에 들어갈 값은 28.2이다.
㉢ 조사 기간 동안 50~59세의 농가 소득이 가장 높았다.
㉣ 조사 기간 동안 농업 이외 소득이 가장 높았던 해는 가장 낮았던 해 대비 약 15.1% 증가하였다.
㉤ 도시근로자 가구 소득 대비 농가 소득 비율이 가장 높았던 해는 농업 소득도 가장 높다.

① ㉠, ㉢ ② ㉢, ㉣ ③ ㉡, ㉢, ㉤
④ ㉡, ㉣, ㉤ ⑤ ㉠, ㉢, ㉣, ㉤

해설

㉠ (○) 2013년 농가 소득을 x라 하면, ⓐ에 들어갈 값을 구하는 식은 $\frac{10,035}{x} \times 100 = 29.1$이다.
계산하면 $x = 34,484.5\cdots$이고, 소수 첫째 자리에서 반올림하면 34,485이다.

㉡ (×) ⓑ에 들어갈 값은 $\frac{11,257}{37,215} \times 100 = 30.24\cdots$이고, 소수 둘째 자리에서 반올림하면 30.2이다.

㉢ (○) 조사 기간 동안 50~59세의 농가 소득이 항상 가장 높다.

㉣ (○) 조사 기간 동안 농업 이외 소득이 가장 높았던 해는 2017년이고, 가장 낮았던 해는 2013년이다. 둘의 증감률을 구하면 $\frac{28,193-24,489}{24,489} \times 100 ≒ 15.1\%$이다.

㉤ (○) 도시근로자 가구 소득 대비 농가 소득 비율이 가장 높았던 해는 2015년으로, 같은 해의 농업 소득 또한 조사 기간 중 가장 높다.

따라서 옳은 것을 모두 고른 것은 ㉠, ㉢, ㉣, ㉤이다.

06 아래 자료는 국내 바이오 의약산업의 국내 판매 및 수출 규모를 2016년부터 2018년까지 정리한 자료이다. 이에 대한 내용으로 옳지 않은 것은?

바이오 의약산업 국내 판매 및 수출 규모

(단위 : 백만 원)

구분	2016		2017		2018	
	국내 판매액	수출액	국내 판매액	수출액	국내 판매액	수출액
항생제	60,262	63,520	67,367	68,133	77,902	65,301
항암제	33,126	16,347	36,298	22,408	40,157	26,050
백신	102,534	56,541	116,339	72,321	132,320	79,665
호르몬제	43,684	15,651	79,758	67,515	88,053	71,485
면역제제	20,221	698	26,004	716	42,069	11,153
혈액제제	210,148	27,514	148,077	17,451	165,231	20,019
저해제	57,857	1,293	37,221	725	46,718	1,501
성장인자	3,930	0	2,650	100	2,915	500
신개념치료제	1,512	271	6,593	577	17,138	2,300
진단키트	41,317	13,905	41,900	13,497	45,759	18,782
동물약품	52,623	6,530	67,603	8,551	68,418	10,356
기타바이오의약제	26,421	4,050	66,434	4,838	75,371	5,900

① 2016년 국내 판매액이 가장 높은 바이오 의약품은 '혈액제제'이다.
② 2017년 '백신'의 국내 판매액은 같은 해 수출액의 2배 이하이다.
③ 2018년 '항암제'의 수출액은 2016년 '항생제' 수출액의 40% 이상이다.
④ 2016년과 2017년의 국내 판매액 최하위 의약품의 수출액의 차는 1,000(백만 원) 이상이다.
⑤ 2018년 '면역제제'의 수출액은 2017년에 비해 10배 이상 급증했다.

해설

2016년의 국내 판매액 최하위 의약품 '신개념치료제'의 수출액은 271(백만 원)이고, 2017년의 국내 판매액 최하위 의약품 '성장인자'의 수출액은 100(백만 원)이다. 따라서 두 금액의 차는 171(백만 원)이다.

Plus 해설

① 표에서 2016년 국내 판매액이 가장 높은 바이오 의약품은 '혈액제제'임을 알 수 있다.
② 2017년 '백신'의 국내 판매액 116,339(백만 원)은 같은 해 수출액 72,321(백만 원)의 1.608…배이다.
③ 2018년 '항암제'의 수출액 26,050(백만 원)은 2016년 '항생제' 수출액 63,520(백만 원)의 약 41% 이다.
⑤ '면역제제'의 수출액은 2017년 716(백만 원)에서 2018년 11,153(백만 원)으로 약 15.57배 이상 급증했다.

05 ⑤ 06 ④

07 다음은 2008~2016년 A국의 국세 및 지방세에 관한 자료이다. 이에 대한 설명으로 옳지 않은 것은?

국세 및 지방세 징수액과 감면액

(단위 : 조 원)

구분	연도	2008	2009	2010	2011	2012	2013	2014	2015	2016
국세	징수액	138	161	167	165	178	192	203	202	216
	감면액	21	23	29	31	30	30	33	34	33
지방세	징수액	41	44	45	45	49	52	54	54	62
	감면액	8	10	11	15	15	17	15	14	11

국세 및 지방세 감면율 추이

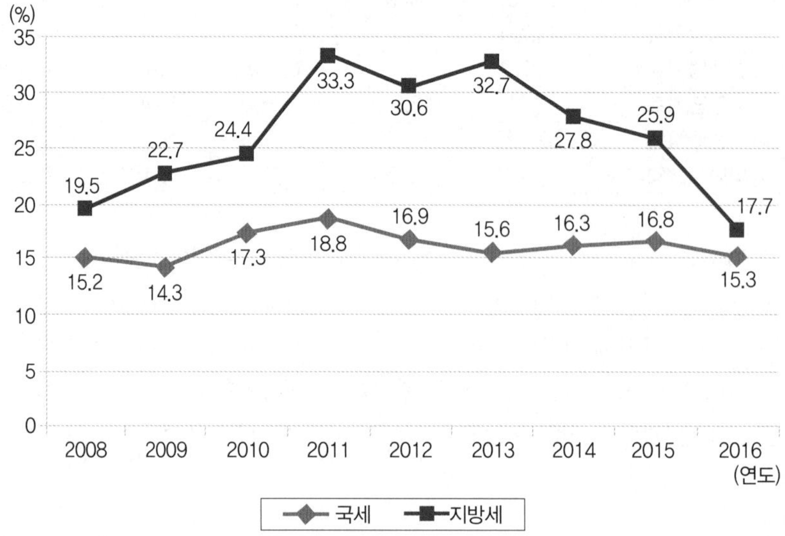

① 감면액은 국세가 지방세보다 매년 많다.

② 감면율은 지방세가 국세보다 매년 높다.

③ 2008년 대비 2016년 징수액 증가율은 국세가 지방세보다 높다.

④ 국세 징수액과 지방세 징수액의 차이가 가장 큰 해에는 국세 감면율과 지방세 감면율의 차이도 가장 크다.

⑤ 2014~2016년 동안 국세 감면액과 지방세 감면액의 차이는 매년 증가한다.

해설

국세 징수액과 지방세 징수액의 차이는 2016년에 216 − 62 = 154조 원으로 가장 크고, 국세 감면율과 지방세 감면율의 차이는 2013년에 32.7 − 15.6 = 17.1%p로 가장 크다.

Plus 해설

③ 2008년 대비 2016년 징수액 증가율은 국세가 $\frac{216-138}{138}\times 100 \fallingdotseq 56.52\%$ 이고, 지방세가 $\frac{62-41}{41}\times 100 \fallingdotseq 51.21\%$ 이므로 국세가 지방세보다 높다.

⑤ 국세 감면액과 지방세 감면액의 차이는 2014년에 $33-15=18$조 원, 2015년에 $34-14=20$조 원, 2016년에 $33-11=22$조 원으로 매년 증가한다.

08 다음은 세계 주요 터널화재 사고에 관한 자료이다. 이에 대한 설명으로 옳은 것은?

세계 주요 터널화재 사고 통계

구분 / 사고	터널길이(km)	화재규모(MW)	복구비용(억 원)	복구기간(개월)	사망자(명)
A	50.5	350	4,200	6	1
B	11.6	40	3,276	36	39
C	6.4	120	72	3	12
D	16.9	150	312	2	11
E	0.2	100	570	10	192
F	1.0	20	18	8	0

※ 사고비용(억 원) = 복구비용(억 원) + 사망자(명) × 5(억 원/명)

① 터널길이가 길수록 사망자가 많다.
② 화재규모가 클수록 복구기간이 길다.
③ 사고 A를 제외하면 복구기간이 길수록 복구비용이 크다.
④ 사망자가 가장 많은 사고 E는 사고비용도 가장 크다.
⑤ 사망자가 30명 이상인 사고를 제외하면 화재규모가 클수록 복구비용이 크다.

해설

사망자가 30명 이상인 사고 B와 E를 제외하면, 화재규모가 큰 사고 A, D, C, F 순으로 복구비용도 크다.

Plus 해설

① 터널길이는 사고 A가 가장 길지만, 사망자는 사고 E가 가장 많다.
② 화재규모는 사고 A가 가장 크지만, 복구기간은 사고 B가 가장 길다.
③ 사고 A를 제외하고 복구기간이 긴 순서는 B, E, F, C, D이고, 복구비용이 큰 순서는 B, E, D, C, F이다.
④ 사고 E의 사고비용은 $570+192\times 5=1{,}530$억 원이고, 사고 A의 사고비용은 $4{,}200+1\times 5=4{,}205$억 원이다. 따라서 사고 E의 사고비용이 가장 크다는 설명은 옳지 않다.

07 ④ 08 ⑤

수리력

09 다음은 약품 A~C 투입량에 따른 오염물질 제거량을 측정한 자료이다. 이에 대한 |보기|의 설명 중 옳은 것만을 모두 고르면?

약품 A~C 투입량에 따른 오염물질 제거량

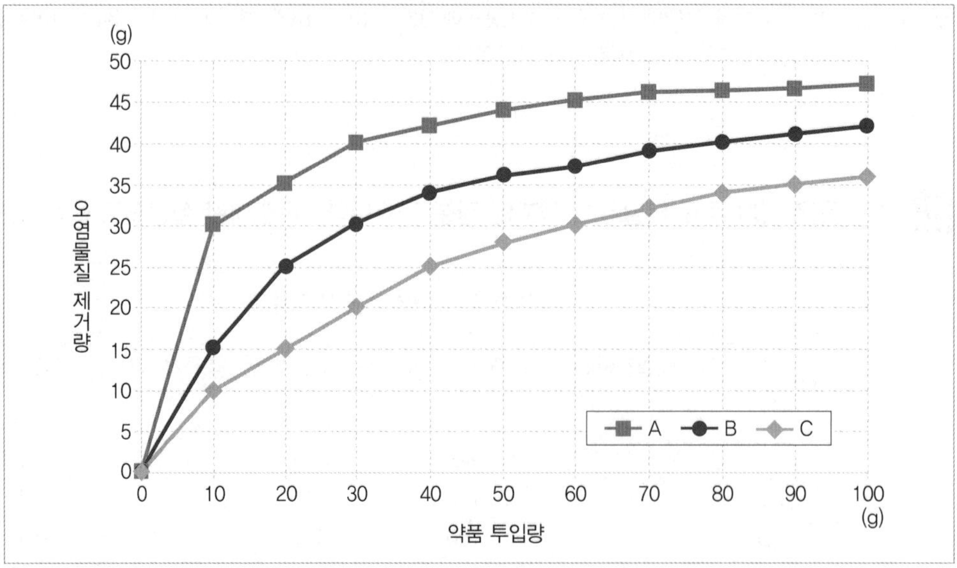

※ 약품은 혼합하여 투입하지 않으며, 측정은 모든 조건이 동일한 가운데 이루어짐.

| 보기 |

㉠ 각 약품의 투입량이 20g일 때와 60g일 때를 비교하면, A의 오염물질 제거량 차이가 가장 작다.
㉡ 각 약품의 투입량이 20g일 때, 오염물질 제거량은 A가 C의 2배 이상이다.
㉢ 오염물질 30g을 제거하기 위해 필요한 투입량이 가장 적은 약품은 B이다.
㉣ 약품 투입량이 같으면 B와 C의 오염물질 제거량 차이는 7g 미만이다.

① ㉠, ㉡ ② ㉡, ㉣ ③ ㉢, ㉣
④ ㉠, ㉡, ㉢ ⑤ ㉡, ㉢, ㉣

해설

㉠ 각 약품의 투입량이 20g일 때와 60g일 때, 오염물질 제거량 차이는 A가 $45-35=10$g, B가 $37-25=12$g, C가 $30-15=15$g으로 A의 오염물질 제거량 차이가 가장 작다.
㉡ 각 약품의 투입량이 20g일 때, 오염물질 제거량은 A가 35g, C가 15g으로 A가 C의 2배 이상이다.

Plus 해설

㉢ 오염물질 30g을 제거하기 위해 필요한 투입량은 A가 10g, B가 30g, C가 60g으로 A가 가장 적다.
㉣ 약품 투입량이 20g일 때, B와 C의 오염물질 제거량 차이는 $25-15=10$g이므로 옳지 않은 설명이다.

10 다음은 댐 저수 현황에 대한 자료이다. 자료를 분석한 내용으로 적절하지 않은 것은?

댐 저수 현황

(단위 : mm, 백만㎥, %)

	2013	2014	2015	2016	2017
강수량(mm)	1,169	1,042	846	1,193	962
유입량(백만㎥)	14,458	11,329	7,832	12,581	9,944
방류량(백만㎥)	15,985	11,598	8,842	11,275	10,579
평균 저수량(백만㎥)	7,037	5,885	5,474	6,108	6,093
평균 저수율(%)	55.7	46.6	43.1	47.9	43.5

① 조사 기간 동안 모든 항목의 증감 추세가 일정한 패턴을 보인다.
② 평균 저수량이 가장 낮은 해는 다른 항목의 수치도 모두 가장 적다.
③ 2015년의 강수량은 전년 대비 20% 이상 감소하였다.
④ 2017년의 방류량은 2013년에 비해 약 34% 감소하였다.
⑤ 평균 저수율이 가장 높았던 해와 가장 낮았던 해의 수치는 10%p 이상 차이가 난다.

해설

2015년의 강수량은 전년 대비 $\frac{846-1,042}{1,042}\times 100 ≒ -19\%$ 감소하였으므로 20% 미만으로 감소하였다.

Plus 해설

① 모든 항목의 증감 패턴이 감소 → 감소 → 증가 → 감소로 일정하다.
② 평균 저수량이 가장 낮은 해는 2015년으로 다른 항목의 수치도 모두 가장 적다.
④ 2017년의 방류량은 2013년에 비해 $\frac{10,579-15,985}{15,985}\times 100 ≒ -34\%$ 감소하였다.
⑤ 평균 저수율이 가장 높았던 해는 2013년으로 55.7%이고, 가장 낮았던 해는 2015년으로 43.1%이다. $55.7-43.1=12.6\%$p이므로, 10%p 이상 차이가 난다.

09 ① 10 ③

수리력

11 다음은 농림축산식품 수출입 동향을 나타낸 표이다. 자료에 대한 설명으로 적절하지 않은 것은?

농림축산식품 수출입 동향

(단위 : 백만 달러)

구분		2014	2015	2016	2017	2018
수출	소계	6,183	6,105	6,464	6,827	6,926
	농산물	5,224	5,221	5,581	6,047	5,985
	축산물	470	497	458	341	417
	임산물	489	387	425	439	524
수입	소계	31,634	30,222	29,673	32,294	35,302
	농산물	19,308	17,902	17,666	18,594	19,903
	축산물	5,622	5,728	5,807	6,603	7,522
	임산물	6,704	6,592	6,200	7,097	7,877
무역수지		−25,451	−24,117	−23,209	−25,467	−28,376

• 무역수지 = 수출 − 수입

① 조사 기간 동안 무역수지의 적자폭은 줄어들었다가 다시 늘어나는 추세를 보이고 있다.
② 2016년 축산물 수입액이 전체 수입액에서 차지하는 비율은 20% 미만이다.
③ 2018년 농림축산식품 전체 수출액의 2014년 대비 증감률은 약 12%이다.
④ 2017년의 전년 대비 임산물 수입 증감률은 2018년의 전년 대비 증감률과 5%p 이상 차이 난다.
⑤ 농산물 수출액이 가장 많았던 해의 수출액은 가장 적었던 해보다 826백만 달러 더 많았다.

해설

2017년의 전년 대비 임산물 수입 증감률은 $\frac{7,097-6,200}{6,200}\times 100 ≒ 14.47\%$ 이고, 2018년의 전년 대비 임산물 수입 증감률은 $\frac{7,877-7,097}{7,097}\times 100 ≒ 10.99\%$ 이다.
둘의 차이는 약 3.48%p로, 5%p 미만의 차이를 보이고 있다.

Plus 해설

② 2016년 축산물 수입액은 5,807백만 달러로 전체 수입액에서 $\frac{5,807}{29,673}\times 100 ≒ 19.57\%$ 를 차지한다.
③ 2018년 농림축산식품 전체 수출액의 2014년 대비 증감률은 $\frac{6,926-6,183}{6,183}\times 100 ≒ 12\%$ 이다.
⑤ 농산물 수출액이 가장 많았던 해는 2017년으로 6,047백만 달러였고, 가장 적었던 해는 2015년으로 5,221백만 달러였다. 둘의 차이는 826백만 달러로, 농산물 수출액이 가장 많았던 2017년의 수출액이 826백만 달러 더 많았다.

12 다음 수자원 현황에 대한 자료를 분석한 내용으로 옳은 것은?

수자원 현황

(단위 : mm, 억m^3/년)

구분		1994	1998	2003	2007
수자원 총량		1,267	1,276	1,240	1,294
이용 현황	총 이용량	301	331	337	333
	생활용수	62	73	76	75
	공업용수	26	29	26	21
	농업용수	149	158	160	159
	유지용수	64	71	75	78
당해 연도 강수량		923	1,630	1,756	1,380

① 조사 기간 동안 수자원 총량은 꾸준히 증가하고 있다.
② 당해 연도 강수량이 많은 해일수록 수자원의 총 이용량이 많다.
③ 2007년 농업용수로 사용된 수자원은 공업용수로 사용된 수자원의 8배 이상이다.
④ 1998년 수자원 총 이용량의 약 22%가 생활용수로 사용되었다.
⑤ 2007년 유지용수로 사용된 수자원은 1994년에 비해 약 14% 증가하였다.

해설

1998년 수자원 총 이용량 중 생활용수로 사용된 비율은 $\frac{73}{331} \times 100 \fallingdotseq 22\%$ 이다.

Plus 해설

① 2003년의 수자원 총량은 1998년에 비해 감소하였다.
② 당해 연도 강수량이 두 번째로 많은 해는 1998년이지만, 총 이용량이 두 번째로 많은 해는 2007년이므로 틀린 설명이다.
③ 2007년 농업용수로 사용된 수자원은 공업용수로 사용된 수자원의 $159 \div 21 \fallingdotseq 7.6$배이다.
⑤ 2007년 유지용수로 사용된 수자원은 1994년에 비해 $\frac{78-64}{64} \times 100 \fallingdotseq 22\%$ 증가하였다.

11 ④ 12 ④

13 다음의 농업 기계화 현황 자료를 보고 해석한 것으로 적절하지 않은 것은?

농업 기계화 현황

(단위 : 천 대, %)

		2013	2014	2015	2016	2017
보유대수	소계	1,233	1,183	1,173	1,147	1,130
	트랙터	278	277	283	286	290
	콤바인	79	76	79	77	77
	이앙기	236	220	213	202	196
	경운기	640	610	598	582	567
기계화율	벼농사	94.1	97.8	97.8	97.9	98.4
	밭농사	55.7	56.3	56.3	58.3	60.2

• 기계화율 : 농업기계 작업 면적/전체 농작업 면적×100

① 조사 기간 동안 벼농사의 농업 기계화율이 밭농사의 농업 기계화율보다 항상 높았다.
② 2014년 전체 보유대수 중 이앙기가 차지하는 비율은 약 18.6%이다.
③ 조사 기간 동안 전체 보유대수 중 경운기가 차지하는 비율은 항상 50%를 넘는다.
④ 2017년 전체 밭농사 작업 면적이 150평이었다고 가정하면, 그중 농업기계 작업 면적은 90.3평이었을 것이다.
⑤ 2016년의 전년 대비 콤바인 보유대수 증감률은 약 −5.2%이다.

해설

2016년의 전년 대비 콤바인 보유대수 증감률은 $\frac{77-79}{79}\times 100 \fallingdotseq -2.5\%$ 이다.

Plus 해설

② 2014년 전체 보유대수 중 이앙기가 차지하는 비율은 $\frac{220}{1,183}\times 100 \fallingdotseq 18.6\%$ 이다.
③ 보유대수 소계의 50%보다 경운기 보유대수가 더 많은지를 확인하면 된다. 2013년 616.5<640, 2014년 591.5<610, 2015년 586.5<598, 2016년 573.5<582, 2017년 565<567로 조사 기간 동안 전체 보유대수 중 경운기가 차지하는 비율은 항상 50%를 넘는다.
④ 2017년 전체 밭농사 작업 면적이 150평일 경우, 농업기계 작업 면적을 구하는 식은 다음과 같다.

$$\frac{x}{150}\times 100 = 60.2 \quad \therefore x = 90.3$$

따라서 농업기계 작업 면적은 90.3평이었을 것이다.

14 다음은 지하수 및 지표수의 연간 취수량에 대한 자료이다. 자료를 분석한 내용으로 적절하지 않은 것은?

지하수 및 지표수의 연간 취수량

(단위 : 백만m^3/년)

		2014	2015	2016
합계		7,300	6,552	6,672
지하수		163	170	146
지표수	소계	7,137	6,382	6,526
	하천표류수	3,235	2,599	2,635
	하천복류수	437	450	445
	댐	3,404	3,269	3,377
	기타 저수지	61	64	70

① 조사 기간 동안 지하수와 지표수의 증감 패턴은 반대이다.
② 2015년 지표수의 연간 취수량 중 하천복류수가 차지하는 비율은 약 7%이다.
③ 2016년 댐의 연간 취수량은 기타 저수지의 연간 취수량보다 약 48배 많다.
④ 2016년 지하수의 연간 취수량은 2014년에 비해 약 10% 감소하였다.
⑤ 2015년의 하천표류수 연간 취수량은 전년 대비 20% 이상 감소하였다.

해설

2015년 하천표류수의 연간 취수량은 전년 대비 $\frac{2,599-3,235}{3,235}\times 100 \fallingdotseq -19.7\%$로 20% 미만으로 감소하였다.

Plus 해설

① 지하수는 증가 → 감소의 패턴을 보이고, 지표수는 감소 → 증가의 패턴을 보이므로 둘의 증감 패턴은 반대이다.
② 2015년 지표수의 연간 취수량 중 하천복류수가 차지하는 비율은 $\frac{450}{6,382}\times 100 \fallingdotseq 7\%$이다.
③ 2016년 댐의 연간 취수량은 3,377백만m^3로, 기타 저수지의 연간 취수량 70백만m^3보다 $3,377 \div 70 \fallingdotseq 48$배 많다.
④ 2016년 지하수의 연간 취수량은 2014년에 비해 $\frac{146-163}{163}\times 100 \fallingdotseq -10\%$로 약 10% 감소하였다.

13 ⑤ 14 ⑤

[15~16] 다음 생활시간조사에 관한 자료를 보고 질문에 답하시오.

〈자료 1〉 18세 이상 전체 인구의 생활 행동별 요일 내 평균 시간 추이

(단위 : 분)

행동 분류별		1999년	2004년	2009년	2014년
필수시간	수면	442	445	450	480
	식사	94	111	116	127
	건강관리	8	8	7	6
의무시간	근로시간	206	187	183	180
	가정관리	110	106	105	109
	학습시간	33	17	15	23
여가시간	게임시간	5	13	10	10
	여가활동	217	275	248	259

• 생활시간조사는 18세 이상의 국민이 각자 주어진 24시간을 보내는 양상을 파악하기 위한 것으로, 24시간을 필수시간, 의무시간, 여가시간으로 구분하여 행동 분류별 시간 사용량을 파악하고 있다.

〈자료 2〉 18세 이상 행위자 인구의 생활 행동별 요일 평균 시간

(단위 : 분)

행동 분류별		1999년	2004년	2009년	2014년
필수시간	수면	442	445	450	480
	식사	94	111	116	127
	건강관리	8	60	47	43
의무시간	근로시간	385	343	334	341
	가정관리	146	137	131	134
	학습시간	222	327	294	232
여가시간	게임시간	85	80	73	64
	여가활동	220	276	250	261

• 행위자 인구 : 18세 이상의 성인 중 하루 24시간 중 1분 이상이라도 필수시간, 의무시간, 여가시간에 속한 특정 행위를 한 사람들을 의미한다. 따라서 〈자료 2〉는 해당 생활 행동 행위자만을 대상으로 계산한 요일 평균 행위시간을 나타낸다.

15 〈자료 1〉에 대한 해석으로 적절한 것은?

① 수면과 식사, 게임시간은 증가하고, 학습시간, 가정관리, 근로시간은 감소하는 추세에 있다.

② 2014년 식사시간은 1999년에 비해 130% 이상 증가하여 가장 큰 증가폭을 보였다.

③ 가정관리에 시간을 투입하는 인구가 증가했는데, 1999년 54%에서 2014년 65%로 증가했다.

④ 전체적으로 필수시간의 총합은 증가하고, 근로시간은 감소한 경향이 있다.

⑤ 건강관리에 시간을 투자하는 인구가 계속 감소하고 있음을 알 수 있다.

해설

전체 인구의 필수시간 총합은 1999년 $442+94+8=544$분, 2004년 $445+111+8=564$분, 2009년 $450+116+7=573$분, 2014년 $480+127+6=613$분으로 점점 증가하고 있다. 반면 근로시간은 점점 감소하고 있으므로 정답은 ④이다.

Plus 해설

① 수면과 식사시간이 증가하고 근로시간은 감소한 것이 맞지만, 게임시간, 학습시간, 가정관리 시간은 증감 추세가 일정하지 않다.

② 2014년 식사시간은 127분으로 1999년 식사시간인 94분에 비해 $\frac{127}{94}\times 100 \fallingdotseq 135\%$ 증가하였으므로 130% 이상 증가한 것이 맞지만, 게임시간의 증가폭이 더 크다.

③ 주어진 자료 이외에는 인구에 대한 수치가 따로 제공된 것이 없으므로 가정관리에 시간을 투입하는 인구가 증가했는지, 얼마나 증가했는지에 대한 내용을 확인할 수 없다.

⑤ 건강관리에 투자하는 시간은 감소한 것이 맞지만 건강관리에 시간을 투자하는 인구가 감소하고 있는지는 알 수 없다.

16 다음 중 〈자료 1〉과 〈자료 2〉를 통해서 알 수 있는 사실이 아닌 것은?

① 건강관리를 하는 사람들이 건강관리에 투자하는 시간이 2004년부터 상당히 늘어났다.

② 수면과 식사시간을 제외한 모든 항목에서 행위자 평균이 전체 인구 평균보다 높게 나타났다.

③ 2014년 학습시간은 전체 인구 평균과 행위자 간 평균이 10배 이상의 차이를 보였다.

④ 게임시간의 경우 행위자 평균 시간은 계속 줄었지만 전체 인구가 게임을 하는 총 시간은 늘었다.

⑤ 2014년 건강관리 행위자의 평균 시간은 전체 인구 평균에 비해 7배 이상이다.

해설

1999년 건강관리 항목은 행위자 평균과 전체 인구 평균이 8분으로 같다.

Plus 해설

① 건강관리 행위자 인구가 건강관리에 투자하는 시간은 1999년 8분에서 2004년 60분으로 상당히 늘어났다.
③ 2014년 학습시간의 전체 인구 평균은 23분이고, 행위자 인구 평균은 232분으로 10배 이상의 차이를 보인다.
④ 행위자 인구의 게임시간은 계속 줄고 있고 전체 인구가 게임을 하는 총 시간은 5분에서 10분으로 늘었다.
⑤ 2014년 건강관리 행위자의 평균 시간은 43분으로 전체 인구 평균 시간인 6분에 비해 7배 이상이다.

15④ 16②

수리력

17 귀하는 본사 기획실에 국내 경기에 대한 최근 동향을 분석하여 보고해 줄 것을 주문받았고, 첫 번째 보고서를 위해 국내 경기의 흐름을 쉽게 알아볼 수 있는 건설경기를 먼저 분석하고자 한다. 아래 자료는 건설수주액에 대한 경상자료 중 발주자/공종별 자료만 조사해둔 자료이다. 다음 중 자료를 분석한 내용으로 옳지 않은 것은?

발주자/공종별 건설수주액(경상)

(단위 : 백만 원)

발주자별	공종별	1월	2월	3월	4월	5월
수주총액	계	11,885,120	7,946,447	10,509,180	9,193,856	12,090,487
	건축	6,120,240	5,174,489	8,897,938	7,999,396	8,269,327
	토목	5,764,880	2,771,958	1,611,242	1,194,460	3,821,160
공공부문	계	1,324,652	2,271,086	1,225,083	1,448,248	2,710,364
	건축	466,932	282,650	536,908	613,221	891,730
	토목	857,720	1,988,436	688,175	835,027	1,818,634
민간부문	계	6,339,121	5,659,828	9,183,405	7,476,576	9,285,468
	건축	5,649,084	4,889,111	8,361,002	7,136,830	7,377,018
	토목	690,037	770,717	822,403	339,746	1,908,450
국내 외국기관	계	358	3,716	42	227,083	579
	건축	100	2,728	28	227,083	579
	토목	258	988	14	0	0
민자	계	4,220,989	11,817	100,650	41,949	94,076
	건축	4,124	0	0	22,262	0
	토목	4,216,865	11,817	100,650	19,687	94,076

① 조사 기간 동안 '수주총액'의 합계금액은 매월 등락을 반복하는 형태를 보인다.

② 조사 기간 동안 '민간부문'의 '건축' 수주액이 가장 높았던 달은 같은 달 '토목'의 수주액과 비교할 때 10배 이상의 수주액을 기록하고 있다.

③ 조사 기간 동안 '민자' 합계금액이 가장 큰 달은 나머지 달들의 합계보다 20배 이상이다.

④ 조사 기간 동안 '국내 외국기관' 합계금액은 4월의 수주액이 최고치였고 이는 두 번째로 많았던 2월의 50배 이상이다.

⑤ 5월을 제외한 나머지 조사 기간 동안 공공부문과 민간부문의 건설수주총액 증감 추이는 매월 다른 양상을 보인다.

해설

조사 기간 동안 '민자' 합계금액이 가장 큰 달인 1월(4,220,989)을 뺀 나머지 달의 합계는 248,492백만 원(11,817 + 100,650 + 41,949 + 94,076)이며, '민자' 합계금액이 가장 큰 달은 나머지 달 합계의 약 17배이다.

Plus 해설

② 조사 기간 동안 '민간부문'의 '건축' 수주액이 가장 높았던 달은 3월(8,361,002)이고, 같은 달 '토목'의 수주액(822,403)과 비교할 때 10배 이상의 수주액을 기록하고 있다.

④ 조사 기간 동안 '국내 외국기관' 합계금액은 4월의 수주액(227,083)이 최고치였고, 이는 두 번째로 많았던 2월(3,716)의 약 61배이므로 50배 이상은 맞는 설명이다.

18 다음은 농가 및 농가 인구에 대한 자료이다. 자료에 대한 설명으로 적절한 것은?

농가 및 농가 인구

(단위 : 천 호, %, 천 명)

	2013	2014	2015	2016	2017
농가 수	1,142	1,121	1,089	1,068	1,042
└총가구 중 비중	6.3	6.1	5.7	5.5	5.3
농가 인구	2,847	2,752	2,569	2,496	2,422
└총인구 중 비중	5.7	5.5	5.0	4.9	4.7
└65세 이상 비중	37.3	39.1	38.4	40.3	42.5

① 조사 기간 동안 모든 데이터의 값이 꾸준히 감소하고 있다.

② 조사 기간 중 농가 인구가 가장 많이 감소한 해는 2014년이다.

③ 총가구 중 농가 수의 비중과 총인구 중 농가 인구의 비중은 5~6% 사이를 차지한다.

④ 2016년의 총가구는 약 1,941만 8천 호였다.

⑤ 2013년의 농가 인구 중 65세 이상 인구수는 백만 명 이하였다.

수리력

해설

2016년의 총가구 중 농가 수의 비중이 5.5%이므로, 총가구 수를 x라 하면 다음과 같은 식이 성립한다.

$\frac{1,068}{x} \times 100 = 5.5 \quad \therefore x \fallingdotseq 19,418$ 천 호

Plus 해설

① 나머지는 모두 꾸준히 감소하고 있지만, 농가 인구의 65세 이상 비중은 2015년을 제외하고 증가하고 있다.

② 조사 기간 동안의 농가 인구는 2014년에는 전년 대비 95천 명(2,847 − 2,752), 2015년에는 전년 대비 183천 명(2,752 − 2,569), 2016년에는 전년 대비 73천 명(2,569 − 2,496), 2017년에는 전년 대비 74천 명(2,496 − 2,422)이 감소하였다. 따라서 농가 인구가 가장 많이 감소한 해는 2015년이다.

③ 2013년과 2014년의 총가구 중 농가 수의 비중은 6%를 넘고, 2016년과 2017년의 총인구 중 농가 인구의 비중은 5%가 되지 않으므로 틀린 설명이다.

⑤ 2013년의 농가 인구 중 65세 이상 인구수는 $\frac{x}{2,847} \times 100 = 37.3 \quad \therefore x \fallingdotseq 1,062$ 천 명, 즉 106만 2천 명이었다. 따라서 백만 명 이상이다.

17 ③ 18 ④

[19~20] 다음은 국내 인구 이동 현황이다. 자료를 보고 질문에 답하시오.

국내 인구 이동

(단위 : 천 명, %)

구분		2013년	2014년	2015년	2016년	2017년
총 이동	이동자 수	7,412	7,629	7,755	7,378	7,154
	이동률(%)	14.7	15.0	15.2	14.4	14.0
	전입신고건수	4,505	4,657	4,761	4,570	4,570
	이동자 성비(여자=100)	102.3	102.9	103.2	103.9	104.1

- 이동률 : (연간 이동자 수/주민등록 연앙인구)×100
- 주민등록 연앙인구 : 한 해의 중앙일(7월 1일)에 해당하는 인구로 당해년 평균인구의 개념으로 활용함.
- 전입신고건수 : 동일시점에 동일세대 구성원이 동시에 전입신고한 경우 함께 신고한 세대원 수에 상관없이 한 건으로 집계

권역별 순이동자 수

(단위 : 천 명)

구분	2013년	2014년	2015년	2016년	2017년
수도권	−4	−21	−33	−1	16
중부권	28	39	49	41	42
호남권	−7	−6	−8	−16	−18
영남권	−25	−23	−22	−40	−54

- 순이동 : 전입 − 전출
  - 전입 : 행정 읍면동 경계를 넘어 다른 지역에서 특정 지역으로 이동해 온 경우
  - 전출 : 행정 읍면동 경계를 넘어 특정 지역에서 다른 지역으로 이동해 간 경우

19 다음 중 위 자료에 대해 바르게 해석한 것은?

① 2015년에는 남자 100명이 이동할 때, 여자 103.2명이 이동했다.
② 국내 인구 이동률은 2014년 이후 계속해서 감소하고 있는 추세이다.
③ 2013년~2016년까지 수도권으로 전입한 인구가 전출한 인구보다 많다.
④ 2016년 수도권, 호남권, 영남권 전출자들은 모두 중부권으로 전입했다.
⑤ 2017년 국내 이동자 수는 총 715만 4천 명으로 전년 대비 약 3% 감소하였다.

해설

2017년 국내 이동자 수는 총 715만 4천 명이고 2016년 국내 이동자 수는 총 737만 8천 명이다. 감소율을 계산하면, $\frac{7,154-7,378}{7,378}\times 100=-3.036\cdots$이므로 약 3% 감소하였다.

Plus 해설

① 이동자 성비는 여자가 100일 때의 비율이므로 2015년에는 여자 100명이 이동할 때, 남자 103.2명이 이동했다.
② 국내 인구 이동률은 2015년에 2014년보다 증가했다.
③ 2013~2016년까지 수도권의 순이동자 수는 모두 '−'이므로 전출 인구가 더 많다.
④ 2016년 수도권, 호남권, 영남권 전출자들이 어디로 갔는지 알 수 있는 자료가 없다.

20 위 자료를 토대로 할 때, 2014년 주민등록 연앙인구(7월 1일 자 기준인구)는 몇 명인가?

① 48,145,000명　② 50,860,000명　③ 52,725,000명
④ 54,380,000명　⑤ 56,460,000명

해설

주민등록 연앙인구를 당해년 평균인구의 개념으로 활용한다고 하였으므로 이동률과 이동자 수로 구할 수 있다.

2014년의 주민등록 연앙인구를 x라고 하면, $x \times \frac{15}{100} = 7,629$ 천 명이다.
$0.15x = 7,629$
$x = 50,860$
따라서 2014년 주민등록 연앙인구는 50,860천 명, 즉 50,860,000명이다.

19 ⑤　20 ②

Chapter 04 문제해결력 기본 이론 학습

① 수 · 문자 추리

1) 수 추리

(1) 반복 규칙 : 반복되는 사칙연산의 규칙을 찾아 문제를 해결한다.

> 예 3, 9, 27, 9, 27, 81, 27, 81, ⋯
> → $\times 3$, $\times 3$, $\times \frac{1}{3}$ ⋯이 반복되는 규칙을 보인다.

(2) 피보나치 수열 : 첫 번째 항의 수와 두 번째 항의 수를 더하면 세 번째 항의 수가 나온다.

> 예 1, 1, 2, 3, 5, 8, 13, ⋯
> → $1+1=2$, $1+2=3$, $2+3=5$, $3+5=8$, $5+8=13$, ⋯

2) 문자 추리

(1) 한글 자음 순서 : 일반 자음 순서 14개를 순환 패턴으로 규칙을 가지는 문제가 있고, 쌍자음이 포함된 자음 순서 19개의 순환 패턴 규칙을 적용하는 문제도 있다.

ㄱ	ㄴ	ㄷ	ㄹ	ㅁ	ㅂ	ㅅ	ㅇ	ㅈ	ㅊ	ㅋ	ㅌ	ㅍ	ㅎ
1	2	3	4	5	6	7	8	9	10	11	12	13	14

ㄱ	ㄲ	ㄴ	ㄷ	ㄸ	ㄹ	ㅁ	ㅂ	ㅃ	ㅅ	ㅆ	ㅇ	ㅈ	ㅉ	ㅊ	ㅋ	ㅌ	ㅍ	ㅎ
1	2	3	4	5	6	7	8	9	10	11	12	13	14	15	16	17	18	19

(2) 한글 모음 순서 : 일반 모음 순서 10개를 순환 패턴으로 규칙을 가지는 문제가 있고, 사전에 실리는 모음 순서 21개의 순환 패턴 규칙을 적용하는 문제도 있다.

ㅏ	ㅑ	ㅓ	ㅕ	ㅗ	ㅛ	ㅜ	ㅠ	ㅡ	ㅣ
1	2	3	4	5	6	7	8	9	10

ㅏ	ㅐ	ㅑ	ㅒ	ㅓ	ㅔ	ㅕ	ㅖ	ㅗ	ㅘ	ㅙ	ㅚ	ㅛ	ㅜ	ㅝ	ㅞ	ㅟ	ㅠ	ㅡ	ㅢ	ㅣ
1	2	3	4	5	6	7	8	9	10	11	12	13	14	15	16	17	18	19	20	21

(3) 알파벳 순서

A	B	C	D	E	F	G	H	I	J	K	L	M
1	2	3	4	5	6	7	8	9	10	11	12	13
N	O	P	Q	R	S	T	U	V	W	X	Y	Z
14	15	16	17	18	19	20	21	22	23	24	25	26

예제 1

다음 제시된 문자의 규칙을 찾아 ?에 들어갈 알맞은 문자를 고르면?

ㅠ ㅏ ㅛ ㅓ (?)

① ㅏ
② ㅑ
③ ㅠ
④ ㅡ

해설

한글의 일반 모음 순서를 숫자로 변환한 후 수 추리의 규칙을 찾아낸다.

ㅠ → ㅏ → ㅛ → ㅓ → ?
8 → 1 → 6 → 3 → ?
(−7, −5, −3, −1)

따라서 ?에 들어갈 숫자는 2가 되므로 정답은 두 번째 모음인 'ㅑ'이다.

정답 ②

② 논증

1) 연역추론 : 전제에서 시작하여 논리적인 주장을 통해 특정 결론에 도달한다.

> 예 ㉠ 모든 사람은 죽는다. (대전제)
> ㉡ 소크라테스는 사람이다. (소전제)
> ㉢ 소크라테스는 죽는다. (결론)

2) 귀납추론 : 관찰이나 경험에서 시작하여 일반적인 결론에 도달한다.

> 예 ㉠ 소크라테스는 죽었다. 플라톤도 죽었다. 아리스토텔레스도 죽었다.
> ㉡ 이들은 모두 사람이다.
> ㉢ 그러므로 모든 사람은 죽는다.

예제 2

다음을 읽고 밑줄 친 부분에 들어갈 말로 적절한 것을 고르면?

> ㉠ 새끼를 낳아 수유를 하는 동물은 포유류이다.
> ㉡ 인간은 새끼를 낳아 수유를 한다.
> ㉢ ____________________.

① 포유류는 동물을 분류하는 기준이다.
② 포유류만 새끼를 낳는 것은 아니다.
③ 포유류는 척추동물이다.
④ 인간은 포유류이다.

해설

'포유류는 새끼를 낳아 수유를 한다'는 일반적인 사실이나 원리를 전제로 하여 '인간 또한 포유류'라는 개별적이고 특수한 사실을 결론으로 이끌어 낸 연역추론의 한 예시이다.

Plus 해설

삼단논법은 연역추론의 한 방법으로, 2개의 전제와 1개의 결론으로 구성된다. 대전제는 일반적 · 추상적 원칙이고, 소전제는 구체적 사실이다. 이와 같은 두 개의 전제에서 구체적인 결론을 이끌어 내는 방법이 삼단논법이다. 첫 번째 전제 ㉠에서 '새끼를 낳아 수유를 하는 동물' → '포유류'라고 했고, 두 번째 전제 ㉡에서 '인간' → '새끼를 낳아 수유를 한다'고 했다. 삼단논법으로 추리할 때 '인간' → '새끼를 낳아 수유를 하는 동물' → '포유류'가 되므로 결론인 '인간은 포유류이다'를 도출할 수 있다.

정답 ④

③ 명제 추리

1) 명제의 정의

(1) 명제 : 어떤 문제에 대한 하나의 논리적 판단 내용과 주장을 언어 또는 기호로 표시한 것이다. 참과 거짓을 판단할 수 있다는 점이 특징이다.

> 예 상상력이 풍부한 사람은 독서를 좋아한다.

(2) 명제의 역 · 이 · 대우

① **명제의 역 :** 원 명제(P → Q)의 가정과 결론을 바꾼 명제(Q → P)이다.

② **명제의 이 :** 원 명제(P → Q)의 가정과 결론을 둘 다 부정한 명제(~P → ~Q)이다.

③ **명제의 대우 :** 원 명제(P → Q)의 '역'의 '이'인 명제(~Q → ~P)이다.

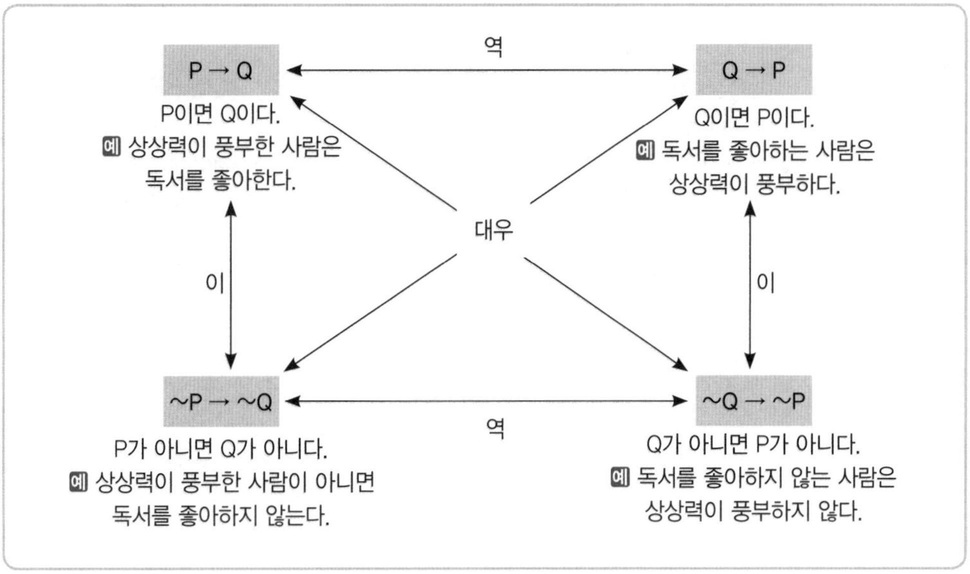

Tips

원 명제가 참일 때 그 '역'과 '이' 또한 반드시 참이라고 할 수 없지만, '대우'는 반드시 참이다. 즉 원 명제와 '대우'의 진위는 반드시 일치한다.

2) 명제의 집합관계와 부정

명제		부정	
• 모든 P는 Q이다.	예 모든 사탕은 달다.	• 어떤 P는 Q가 아니다.	예 어떤 사탕은 달지 않다.
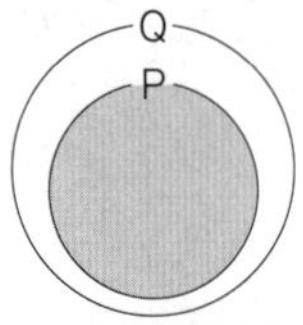	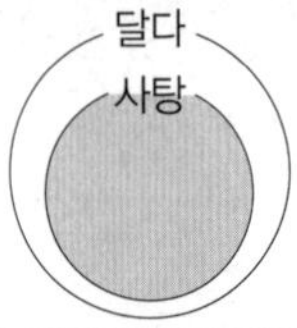	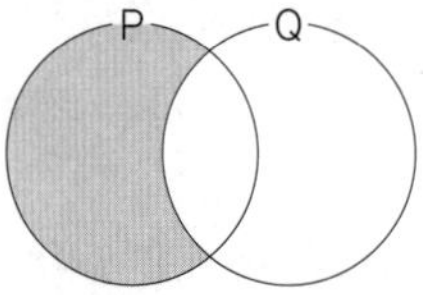	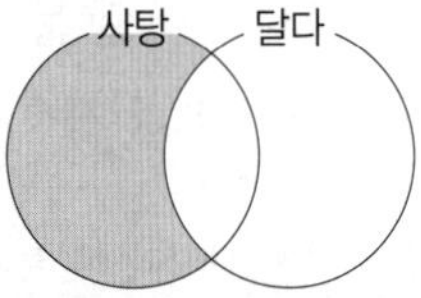
• 어떤 P는 Q이다.	예 어떤 사탕은 달다.	• 모든 P는 Q가 아니다.	예 모든 사탕은 달지 않다.
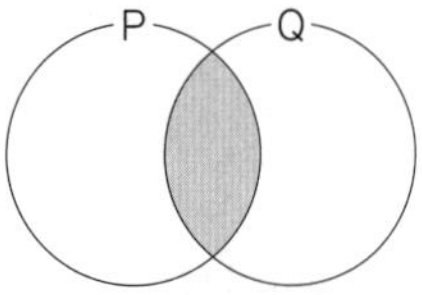	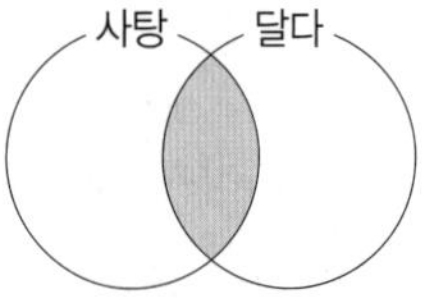	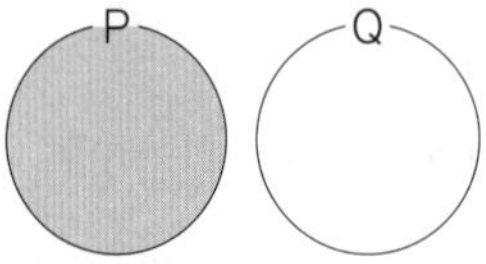	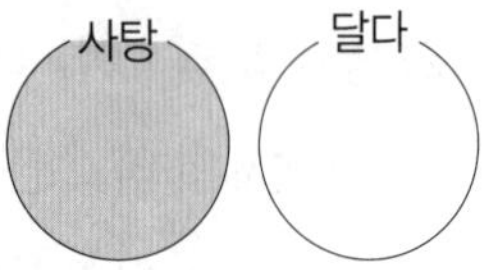

3) 삼단논법 : 두 명제를 전제로 하여 하나의 결론을 이끌어내는 추리 방법이다.

P → Q

P이면 Q이다.
예 모든 어린이는
상상력이 풍부한 사람이다.

Q → R

Q이면 R이다.
예 상상력이 풍부한 사람은
독서를 좋아한다.

↓

따라서 P → Q → R이며,

P → R

P이면 R이다.

예 모든 어린이는 독서를 좋아한다.

4) 문제 풀이 순서

(1) 문제를 핵심 단어나 기호로 간략히 나타낸다.

(2) 명제 사이의 관계가 잘 드러나도록 표시해둔다.

(3) 명제가 참(거짓)이면 반드시 참(거짓)인 대우 명제를 간단히 적어둔다.

(4) 삼단논법을 활용하여 문제를 푼다.

(5) 정리한 것을 선택지에 대입하여 확인한다.

예제 3

다음 명제가 모두 참일 때, 언제나 참인 것은?

- 수영을 좋아하는 사람은 등산을 좋아한다.
- 달리기를 좋아하는 사람은 등산을 좋아한다.
- 줄넘기를 좋아하는 사람은 수영을 좋아한다.

① 수영을 좋아하는 사람은 달리기를 좋아한다.
② 줄넘기를 좋아하는 사람은 달리기를 좋아한다.
③ 줄넘기를 좋아하는 사람은 등산을 좋아한다.
④ 달리기를 좋아하는 사람은 수영을 좋아한다.
⑤ 수영을 좋아하지 않는 사람은 등산도 좋아하지 않는다.

해설

명제 추리의 문제 풀이 순서에 따른 해결은 다음과 같다.
(1) '수영을 좋아하는 사람＝P, 등산을 좋아하는 사람＝Q, 달리기를 좋아하는 사람＝R, 줄넘기를 좋아하는 사람＝S'와 같이 명제를 기호로 간략히 표시한다.
(2) 'P → Q, R → Q, S → P'와 같이 명제 사이의 관계를 정리한다.
(3) 명제가 참이므로 항상 참이 되는 대우 명제를 '~Q → ~P, ~Q → ~R, ~P → ~S'와 같이 표시해둔다.
(4) 삼단논법이 적용되는 경우를 'S → P → Q(S → Q), ~Q → ~P → ~S(~Q → ~S)'와 같이 정리해둔다.
(5) 정리한 내용을 바탕으로 선택지를 확인한다.
① 'P → R', ② 'S → R', ④ 'R → P', ⑤ '~P → ~Q'는 정리한 내용에 없으므로 참 · 거짓을 판단할 수 없다.
③ 'S → Q'는 (4)에서 삼단논법으로 확인한 내용이므로 항상 참이다. 따라서 답은 ③이다.

정답 ③

④ 참 · 거짓 추론

1) 참 · 거짓의 정의

(1) 참 : 명제가 진리인 것을 이른다.

(2) 거짓 : 명제가 진리가 아닌 것을 이른다.

2) 문제 유형

여러 명의 진술 중 거짓을 말하는 사람과 진실을 말하는 사람을 구분하여 해결하는 문제이다. 이러한 문제는 거짓 진술과 참인 진술 사이에 발생하는 모순을 찾는 것이 중요하다.

3) 문제 풀이 순서

(1) 동시에 참일 수 없거나 동시에 거짓일 수 없는 모순점이 있는 명제를 찾는다. 혹은 동시에 참이거나 동시에 거짓일 수밖에 없는 명제를 찾아 분류한다.

(2) 분류한 내용을 기준으로 한 가지 경우가 옳다고 가정한 후 문제를 풀어본다.

(3) 가정이 틀렸을 경우 다른 경우를 옳다고 가정한 후 문제를 풀어나간다.

※ 만약 분류할 수 있는 내용이 없을 경우 각각의 진술을 참 또는 거짓이라 가정 후 검토해본다.

예제 4

A~D 중 한 명이 취업을 했다. 이 중 한 명만 진실을 말하고 있다고 할 때, 취업을 한 사람은 누구인가?

A : 취업을 한 사람은 C입니다.
B : 저는 취업을 하지 않았습니다.
C : A는 거짓말을 하고 있습니다.
D : A가 취업을 한 것이 확실합니다.

① 알 수 없음 ② A
③ B ④ C

해설

참 · 거짓 추론 문제 유형의 문제 풀이 순서에 따른 추론은 다음과 같다.
(1) A와 C의 진술이 모순되므로 둘 중 한 명이 진실을 말하고 있음을 알 수 있다.
(2) A가 진실을 말하고 있다고 가정해본다.

A	B – 취업	C – 취업	D
진실	거짓	거짓	거짓

→ B의 말이 거짓이면 B가 취업을 했다는 뜻이므로, 취업을 한 사람이 C라는 A의 진술과 모순된다. 따라서 틀린 가정이다.
(3) C가 진실을 말하고 있다고 가정해본다.

A	B – 취업	C	D
거짓	거짓	진실	거짓

→ 모순되는 진술이 없으므로 취업을 한 사람은 B이다. 따라서 답은 ③이다.

정답 ③

⑤ 순서 · 위치 · 방향 추론

1) 문제 유형

다각형 테이블에 둘러앉은 사람들의 위치나 방향, 마라톤과 같은 경기에서 경기 도중의 순서나 최종 순위, 건물과 건물 혹은 인물과 건물 간의 위치나 방향 등을 조건에 따라 추론하는 문제이다. 이러한 문제는 주어진 조건에 따라 가능한 가정을 모두 세우는 것이 중요하다.

2) 문제 풀이 순서

(1) 다른 사람들과 관련된 순서나 위치 관련 정보가 가장 많은 사람을 파악한다.

(2) 주어진 조건을 통해서 순서나 위치를 확실하게 고정할 수 있는 사람을 찾는다.

(3) 고정한 사람과 관련된 사람의 순서나 위치 정보를 파악한다.

(4) 주어진 조건을 정리해 가능한 순서나 위치 관계를 모두 정리한다.

(5) 정리한 가정을 문제와 조건에 대입하며 소거한 후 답을 찾는다.

예제 5

5인용 원형 테이블에 A, B, C, D가 둘러앉아 있다. 아래 제시된 조건을 모두 고려했을 때, A, B, C, D 4명의 자리 배치로 옳은 것을 고르면?

- B의 오른쪽 옆자리는 비어 있다.
- C는 B의 옆자리에 앉지 않는다.
- D의 맞은편 한 자리는 비어 있고, 한 자리는 B가 앉아 있다.

①
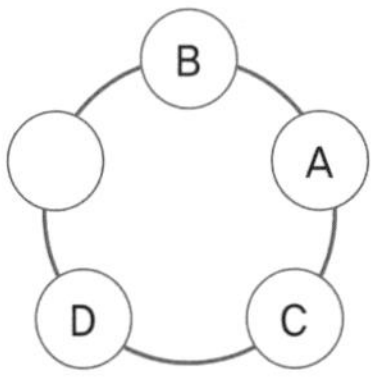

②
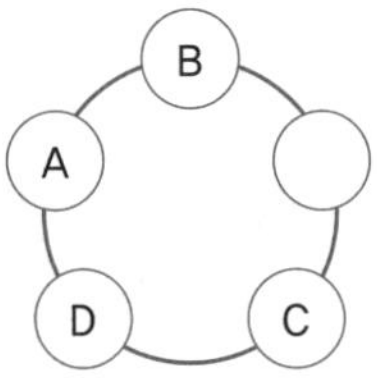

③
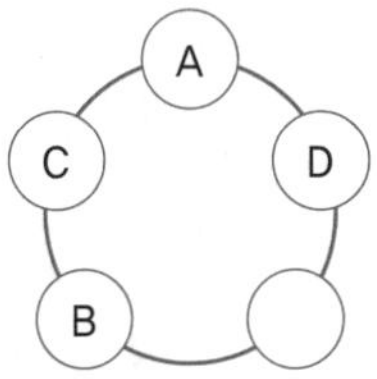

④
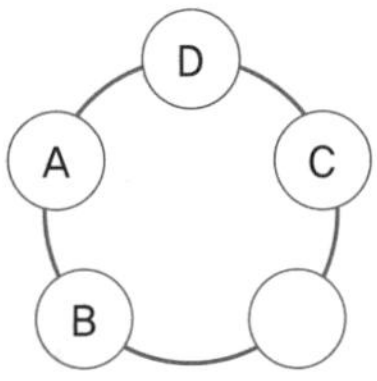

해설

제시된 조건에 따르면 5인용 원형 테이블에 4명이 둘러앉으므로, 1개의 빈자리가 있다는 것을 알 수 있다. 이때, 순서 · 위치 · 방향 추론 문제 유형의 문제 풀이 순서에 따른 추론은 다음과 같다.

(1) 다른 사람들과 관련된 순서나 위치 관련 정보가 가장 많은 사람은 B이다. B의 오른쪽 옆자리는 비어 있고, C는 B의 옆자리에 앉지 않으므로, B의 오른쪽과 왼쪽에는 C가 앉지 않는다.
(2) 주어진 조건을 통해서 위치를 확실하게 고정할 수 있는 사람인 B를 기준으로 4명의 자리 배치를 가정한다.
(3)~(4) 이때, B를 기준으로 C의 위치를 다음 두 가지로 배정할 수 있다.

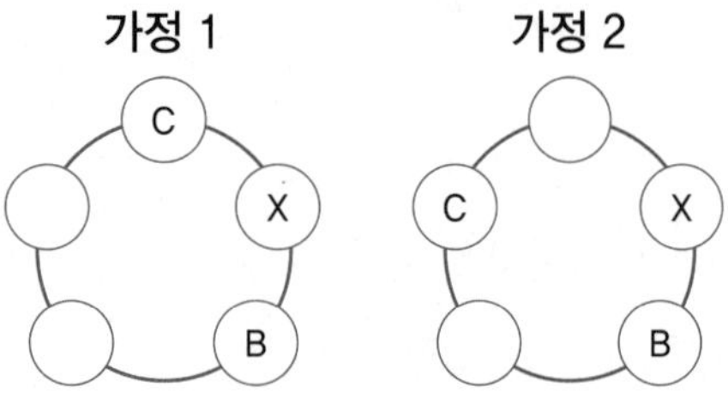

(5) 또한 D의 맞은편 한 자리는 비어 있고 한 자리는 B가 앉아 있다고 했으므로, C의 위치는 가정 2가 아닌 가정 1이 되어야 한다. B의 오른쪽 옆자리는 비어 있다고 했으므로. 이에 근거해 A의 위치 또한 추론할 수 있다.

정답 ④

Chapter 04 문제해결력 실전 연습 문제

출제 포인트!

문제해결력은 나열된 숫자 또는 문자의 규칙을 찾아 빈칸에 들어갈 알맞은 숫자·문자를 고르는 수·문자 추리 문제와 참·거짓 문제, 조건 추리 문제가 함께 출제된다.
수·문자 추리 문제는 단순 나열에 그치지 않고 도형과 접목한 경우도 있으므로 다양한 유형의 문제를 접하는 것이 중요하다. 참·거짓 문제와 조건 추리 문제의 경우 다소 복잡하게 느껴질 수 있는 문제 유형이지만, 주어진 조건을 통해 확실히 알 수 있는 내용부터 하나씩 적용해 나가면 오히려 쉽게 풀 수 있는 문제이므로 충분한 연습이 필요하다.

01 수·문자 추리

[01~11] 다음 나열된 숫자의 규칙을 찾아 (?)에 들어갈 알맞은 수를 고르시오.

01

11　7　12　8　13　9　14　(?)

① 10　② 11　③ 12
④ 13　⑤ 14

해설

−4, +5 …가 반복되는 규칙을 보이고 있다.

11 → 7 → 12 → 8 → 13 → 9 → 14 → (?)
−4　+5　−4　+5　−4　+5　−4

따라서 괄호에 들어갈 알맞은 숫자는 10이다.

01 ①

02

7 4 12 9 27 24 (?)

① 21 ② 24 ③ 37
④ 72 ⑤ 84

해설

7 → 4 → 12 → 9 → 27 → 24 → (?)
−3 ×3 −3 ×3 −3 ×3

따라서 괄호에 들어갈 알맞은 숫자는 72이다.

03

8 11 17 29 44 65 (?)

① 53 ② 77 ③ 89
④ 94 ⑤ 102

해설

8 → 11 → 17 → 29 → 44 → 65 → (?)
+3 → +6 → +12 → +15 → +21 → +24
+3 +6 +3 +6 +3

따라서 괄호에 들어갈 알맞은 숫자는 89이다.

04

4 7 13 21 37 (?)

① 51 ② 52 ③ 55
④ 56 ⑤ 59

해설

4 → 7 → 13 → 21 → 37 → (?)

+3 → +6 → +8 → +16 → +18

×2 +2 ×2 +2

따라서 괄호에 들어갈 알맞은 숫자는 55이다.

05

2 3 6 9 18 15 (?) 21

① 17 ② 24 ③ 36
④ 48 ⑤ 54

해설

×3 (2 → 6), ×3 (6 → 18), ×3 (18 → (?))

2 → 3 → 6 → 9 → 18 → 15 → (?) → 21

+6 (3 → 9), +6 (9 → 15), +6 (15 → 21)

따라서 괄호에 들어갈 알맞은 숫자는 54이다.

06

−9 −4 8 13 −26 (?)

① −21 ② −18 ③ 11
④ 19 ⑤ 23

해설

나열된 수는 $+5$와 $\times(-2)$가 반복되고 있다. 즉, $(-9)+5=(-4)$, $(-4)\times(-2)=8$, $8+5=13$, $13\times(-2)=(-26)$ 이므로 괄호에 들어갈 알맞은 숫자는 '$(-26)+5=(-21)$'이다.

02 ④ 03 ③ 04 ③ 05 ⑤ 06 ①

문제해결력

07

$\frac{2}{7}$ $\frac{6}{9}$ $\frac{8}{15}$ $\frac{14}{23}$ $\frac{22}{37}$ (?)

① $\frac{23}{51}$ ② $\frac{32}{53}$ ③ $\frac{34}{54}$

④ $\frac{36}{59}$ ⑤ $\frac{39}{61}$

해설

앞의 항이 $\frac{B}{A}$일 때, 다음 항은 $\frac{A-1}{A+B}$의 규칙이 있다.

나열된 수를 차례로 살펴보면 $\frac{7-1}{7+2}=\frac{6}{9}$, $\frac{9-1}{9+6}=\frac{8}{15}$, $\frac{15-1}{15+8}=\frac{14}{23}$, $\frac{23-1}{23+14}=\frac{22}{37}$이므로

괄호에 들어갈 알맞은 숫자는 $\frac{37-1}{37+22}=\frac{36}{59}$이다.

08

5 7 11 19 35 67 (?)

① 93 ② 105 ③ 117

④ 129 ⑤ 131

해설

주어진 수는 $(+2^1) \rightarrow (+2^2) \rightarrow (+2^3) \rightarrow (+2^4) \rightarrow \cdots$의 규칙을 갖고 있다. 따라서 빈칸에 들어갈 숫자는 $67+2^6=131$이다.

09

3 6 13 26 53 106 (?)

① 165 ② 183 ③ 204

④ 213 ⑤ 225

해설

주어진 수는 $(\times 2) \rightarrow (\times 2+1) \rightarrow (\times 2) \rightarrow (\times 2+1)$이 반복되는 규칙을 갖고 있다. 따라서 빈칸에 들어갈 숫자는 $106\times 2+1=213$이다.

10

4 9 13 23	6 5 11 19	8 3 (?) 13

① 3 ② 7 ③ 9
④ 11 ⑤ 15

해설

그룹에 나열된 숫자를 각각 A B C D라 하면, '(A×B) − C = D'의 일정한 규칙을 가지고 있다.
따라서 '(8×3) − (?) = 13'이므로 괄호에 들어갈 알맞은 숫자는 11이다.

11

7 3 40	8 5 39	4 −4 (?)

① 0 ② 4 ③ 7
④ 16 ⑤ −16

해설

그룹 안에 나열된 숫자를 각각 A B C라고 하면, $A^2 - B^2 = C$의 일정한 규칙이 있다.
따라서 빈칸에 들어갈 알맞은 숫자는 $4^2 - (-4)^2 = 0$이다.

12 다음 화살표(⇩)가 가리키는 자리를 기준으로 반시계 방향으로 회전할 경우 ?에 들어갈 알맞은 숫자를 고르면?

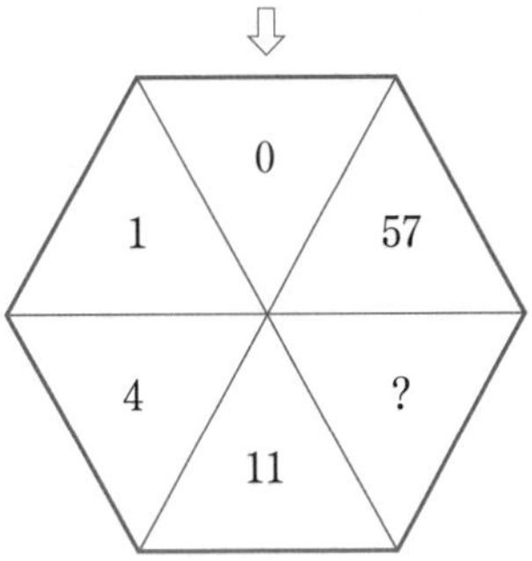

① 26 ② 27 ③ 28
④ 29 ⑤ 30

07 ④ 08 ⑤ 09 ④ 10 ④ 11 ①

해설

0	→	1	→	4	→	11	→	(?)	→	57
	×2+1		×2+2		×2+3		×2+4		×2+5	

따라서 ?에 들어갈 알맞은 숫자는 26이다.

13 다음 화살표(⇩)가 가리키는 자리를 기준으로 시계 방향으로 회전할 경우 ?에 들어갈 알맞은 숫자를 고르면?

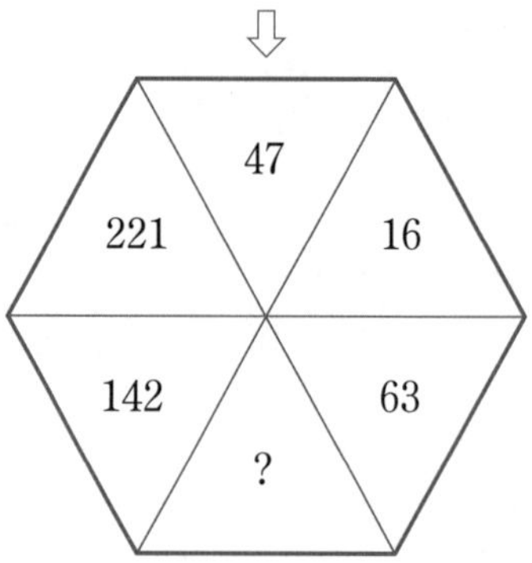

① 69　　② 75　　③ 79
④ 98　　⑤ 112

해설

첫 번째 항과 두 번째 항의 수를 더하면 세 번째 항의 수가 나오는 '피보나치 수열'에 해당한다.

47	→	16	→	63	→	(?)	→	142	→	221
				⬆		⬆		⬆		⬆
				47+16		16+63		63+79		79+142

따라서 ?에 들어갈 알맞은 숫자는 79이다.

[14~15] 다음 ?에 들어갈 알맞은 숫자를 고르시오.

14

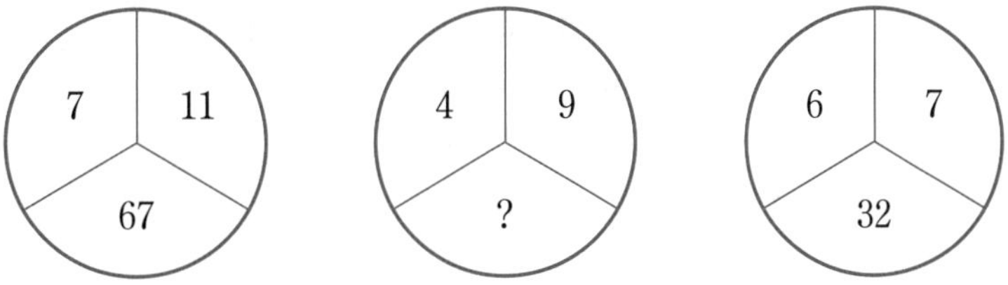

① 12 ② 24 ③ 26
④ 45 ⑤ 51

해설

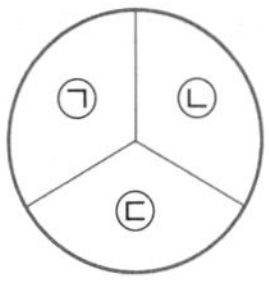

원 안의 각 부분을 위와 같이 ㉠~㉢으로 표시하였을 때, '㉠×㉡ − 10 = ㉢'이란 규칙이 성립한다. 따라서 ?에 들어갈 알맞은 숫자는 '4×9 − 10 = 26'이다.

15

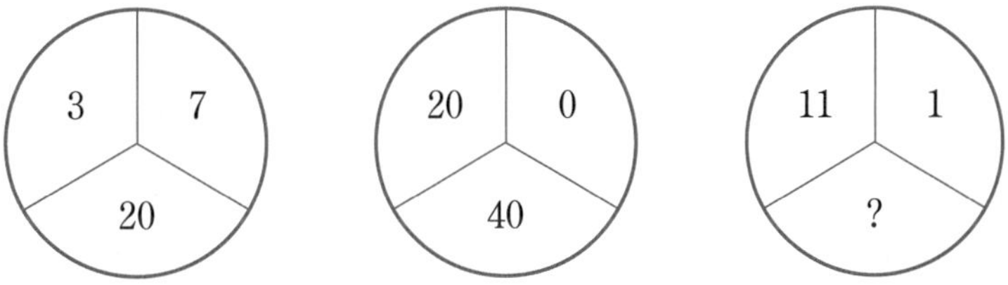

① 4 ② 17 ③ 21
④ 24 ⑤ 31

해설

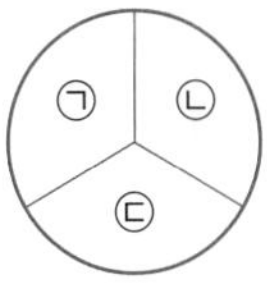

원 안의 각 부분을 위와 같이 ㉠~㉢으로 표시하였을 때, '(㉠×2) + (㉡×2) = ㉢'이란 규칙이 성립한다. 따라서 ?에 들어갈 알맞은 숫자는 '(11×2) + (1×2) = 22 + 2 = 24'이다.

12 ① 13 ③ 14 ③ 15 ④

[16~19] 다음 나열된 문자의 규칙을 찾아 (?)에 들어갈 알맞은 문자를 고르시오.

16

ㅊ ㅁ ㅍ ㅈ (?) ㅍ

① ㄱ ② ㄴ ③ ㄷ ④ ㄹ ⑤ ㅁ

해설

제시된 한글 자음 순서를 숫자로 바꿔보면 다음과 같다.

$$10 \rightarrow 5 \rightarrow 13 \rightarrow 9 \rightarrow (\ ?\ ) \rightarrow 13$$

(5 → 9: +4, 9 → 13: +4 / 10 → 13: +3, 13 → (?): +3)

따라서 괄호에 올 숫자는 16이고, 한글 자음은 14를 기점으로 돌아가는 순환 패턴을 보이므로, 16번째에 해당하는 ㄴ(16 − 14 = 2)이 들어가야 한다.

꿀팁 COOL TIP 한글 자음 순서

ㄱ	ㄴ	ㄷ	ㄹ	ㅁ	ㅂ	ㅅ	ㅇ	ㅈ	ㅊ	ㅋ	ㅌ	ㅍ	ㅎ
1	2	3	4	5	6	7	8	9	10	11	12	13	14

17

A B C (?) H M U

① D ② E ③ F ④ G ⑤ K

해설

제시된 알파벳 순서를 숫자로 바꿔보면 다음과 같다.

$1 \rightarrow 2 \rightarrow 3 \rightarrow (\ ?\ ) \rightarrow 8 \rightarrow 13 \rightarrow 21$

나열된 숫자의 규칙을 살펴보면, 첫째 항과 둘째 항의 합이 셋째 항이 되는 '피보나치 수열'을 이루고 있다.
따라서 괄호에 들어갈 숫자는 '2+3=5'이고, 5에 대응하는 알파벳은 E이다.

꿀팁 COOL TIP 알파벳 순서

A	B	C	D	E	F	G	H	I	J	K	L	M
1	2	3	4	5	6	7	8	9	10	11	12	13
N	O	P	Q	R	S	T	U	V	W	X	Y	Z
14	15	16	17	18	19	20	21	22	23	24	25	26

18

ㅏ ㅕ ㅡ ㅛ (?)

① ㅜ ② ㅠ ③ ㅓ ④ ㅗ ⑤ ㅣ

해설

먼저 제시된 한글 모음을 숫자로 치환하면 다음과 같다.

1 4 9 16 (?)

나열된 숫자를 살펴보면 1^2, 2^2, 3^2, 4^2, …과 같은 거듭제곱수임을 알 수 있다. 따라서 괄호 안에 들어갈 숫자는 $5^2=25$이고, 25에 대응하는 한글 모음은 'ㅗ'이다.

꿀팁 COOL TIP 한글 모음 순서

ㅏ	ㅑ	ㅓ	ㅕ	ㅗ	ㅛ	ㅜ	ㅠ	ㅡ	ㅣ
1	2	3	4	5	6	7	8	9	10

19

ㅑ ㅔ ㅙ ㅠ ㅖ (?)

① ㅒ ② ㅖ ③ ㅘ ④ ㅜ ⑤ ㅟ

16 ② 17 ② 18 ④

해설

먼저 제시된 한글 모음을 숫자로 치환하면 다음과 같다.

3 → 6 → 11 → 18 → 27 → (?)

+3 → +5 → +7 → +9 → +11

+2 +2 +2 +2

따라서 괄호에 들어갈 알맞은 숫자는 38이고, 38에 대응하는 한글 모음은 'ㅓ'이다.

꿀팁 COOL TIP 한글 모음 순서

ㅏ	ㅐ	ㅑ	ㅒ	ㅓ	ㅔ	ㅕ	ㅖ	ㅗ	ㅘ	ㅙ	ㅚ	ㅛ	ㅜ	ㅝ	ㅞ	ㅟ	ㅠ	ㅡ	ㅢ	ㅣ
1	2	3	4	5	6	7	8	9	10	11	12	13	14	15	16	17	18	19	20	21

[20~21] 다음 화살표(⇩)가 가리키는 자리를 기준으로 시계 방향으로 돌 경우 ?에 들어갈 알맞은 숫자를 고르시오.

20 >

⇩

?	4	7
60		21
63	21	18

① 63 ② 66 ③ 71
④ 120 ⑤ 132

해설

규칙을 살펴보면 +3, ×3, −3이 차례로 반복되고 있음을 알 수 있다.

4 → 7 → 21 → 18 → 21 → 63 → 60 → (?)

+3 ×3 −3 +3 ×3 −3 +3

따라서 ?에 들어갈 알맞은 숫자는 '60 + 3 = 63'이다.

21

⇩ (above the third column)

110	132	6
90		L
?		T
D	42	30

① P ② 72 ③ Q ④ 115 ⑤ Y

해설

숫자와 문자가 혼용된 문제가 출제되었을 경우, 먼저 문자를 숫자로 치환한 다음 규칙을 찾는 것이 유리하다. 주어진 숫자와 문자를 일렬로 나열하여 살펴보면 '2×3, 3×4, 4×5, 5×6, …, 10×11, 11×12'와 같은 규칙이 있음을 발견할 수 있다.

6	→	L	→	T	→	30	→	42	→	D	→	(?)	→	90	→	110	→	132
⬆		⬆		⬆		⬆		⬆		⬆		⬆		⬆		⬆		⬆
2×3		3×4		4×5		5×6		6×7		7×8		8×9		9×10		10×11		11×12

따라서 ?에 들어갈 알맞은 숫자는 '$8\times9=72$'이다.

[22~23] 다음 그림의 ?에 들어갈 알맞은 수를 구하시오.

22

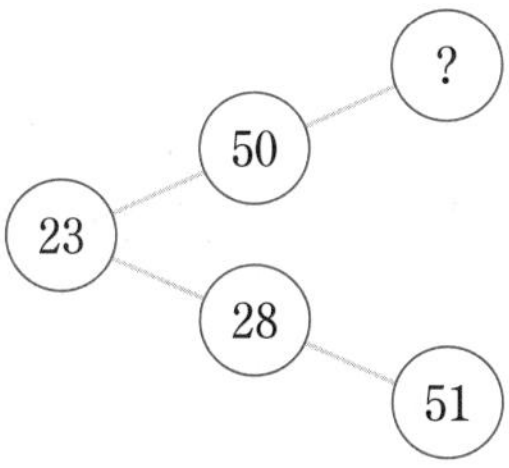

① 55 ② 59 ③ 62 ④ 70 ⑤ 73

19 ⑤ 20 ① 21 ②

해설

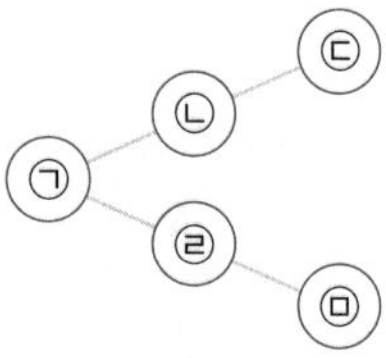

그림의 각 부분을 ㉠~㉤으로 표시하였을 때, '㉠ + ㉣ = ㉤' 또는 '㉤ − ㉣ = ㉠'의 규칙이 있음을 알 수 있다. 따라서 ?에 들어갈 알맞은 숫자를 구하면 '23 + 50 = 73'이다.

23

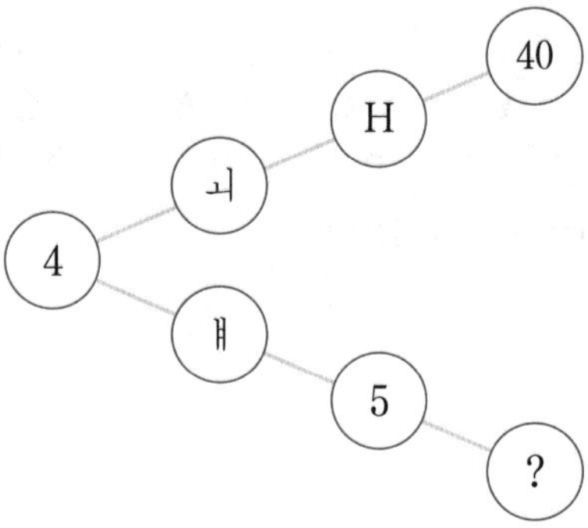

① 10 ② S ③ ㅕ
④ K ⑤ 15

해설

먼저 숫자와 문자가 섞여 있으므로 문자를 숫자로 치환하는 작업부터 진행하면 다음과 같은 결과를 얻을 수 있다.

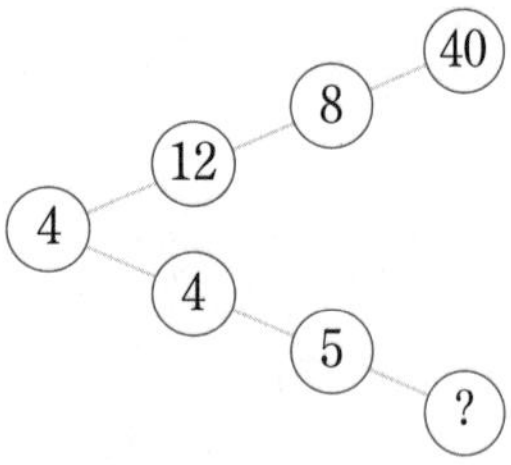

대각선 위쪽의 숫자를 일렬로 나열하면 '4−12−8−40'이고, 이는 '4×12−8 = 40'이란 규칙이 있다. 따라서 ?에 들어갈 알맞은 숫자를 구하면 '4×4−5 = 11'이고, 11에 대응하는 알파벳은 'K'이다.

02 명제 · 삼단논법

[01~02] 다음 제시문을 읽고 각 문제가 항상 참이면 ①, 거짓이면 ②, 알 수 없으면 ③을 고르시오.

- 효능이 없는 어떤 한약은 입에 쓰지 않다.
- 좋은 한약은 모두 입에 쓰다.

01 효능이 없는 어떤 한약은 좋은 한약이 아니다.

① 참 ② 거짓 ③ 알 수 없음

해설

주어진 조건의 명제를 p, q, r로 정리하면,
p : 효능이 있다. / q : 입에 쓰다. / r : 좋은 한약
~p → ~q, r → q가 성립하고 ~p → ~r을 확인하는 문제이다.
~p → ~q와 r → q의 대우인 ~q → ~r을 적용하면 삼단논법에 의해 ~p → ~q → ~r이 성립한다.
따라서 ~p → ~r은 참이다.

꿀팁 COOL TIP

명제의 대우
명제 p → q가 참이면, 대우인 명제 ~q → ~p도 참이다.
삼단논법
p → q이고 q → r이면, p → q → r이다. 따라서 p → r이다.

02 입에 쓰다면 좋은 한약이거나 효능이 없다.

① 참 ② 거짓 ③ 알 수 없음

해설

주어진 조건의 명제를 p, q, r로 정리하면,
p : 효능이 있다. / q : 입에 쓰다. / r : 좋은 한약
~p → ~q, r → q가 성립하고 q → r 또는 q → ~p를 확인하는 문제이다.
~p → ~q의 대우는 q → p이므로 q → ~p는 거짓이다.
q → r은 r → q의 역이다. 명제가 참이더라도 그 명제의 역이 참인지는 알 수 없으므로 답은 ③이다.

22 ⑤ 23 ④ | 01 ① 02 ③

[03~04] 다음 제시문을 읽고 각 문제가 항상 참이면 ①, 거짓이면 ②, 알 수 없으면 ③을 고르시오.

- 요리를 좋아하는 사람은 커피도 좋아한다.
- 운동을 좋아하지 않는 사람은 커피도 좋아하지 않는다.
- 그림을 좋아하지 않는 사람은 운동도 좋아하지 않는다.

03 커피를 좋아하는 사람은 요리도 좋아한다.

① 참 ② 거짓 ③ 알 수 없음

해설

조건을 p, q, r, s로 정리하면,

- p : 요리를 좋아한다.
- q : 운동을 좋아한다.
- r : 커피를 좋아한다.
- s : 그림을 좋아한다.

$p \rightarrow r$, $\sim q \rightarrow \sim r$, $\sim s \rightarrow \sim q$가 성립하고 $r \rightarrow p$를 확인하는 문제이다.
여기서 $r \rightarrow p$는 제시된 $p \rightarrow r$의 역 · 이 · 대우 중에서 이에 해당한다. 명제가 참인 경우 그 대우는 반드시 참이지만, 명제가 참이라고 하여 그 명제의 역과 이가 반드시 참인 것은 아니다. 따라서 '커피를 좋아하는 사람은 요리도 좋아한다.'는 참 · 거짓을 판단할 수 없다.

꿀팁 COOL TIP 명제의 역 · 이 · 대우

명제 'p이면 q이다' $p \rightarrow q$를 통해 다음 관계를 나타낼 수 있다.
- 역 : q이면 p이다. $q \rightarrow p$
- 이 : p가 아니면 q가 아니다. $\sim p \rightarrow \sim q$
- 대우 : q가 아니면 p가 아니다. $\sim q \rightarrow \sim p$ (명제가 참이면, 그 명제의 대우는 반드시 참)

04 그림을 좋아하지 않는 학생은 요리를 좋아하지 않는다.

① 참 ② 거짓 ③ 알 수 없음

해설

제시된 명제에서 포인트가 되는 말을 사용하여 간략하게 줄여서 나타낸다. 이때 각 명제의 대우까지 함께 표시한 후 문제를 풀면 더 도움이 될 수 있다.

• 요○ → 커○	대우	커× → 요×
• 운× → 커×	↔	커○ → 운○
• 그× → 운×		운○ → 그○

문제에 제시된 명제는 그× → 요×를 확인하는 문제이고, 이 명제의 대우인 요○ → 그○의 참 · 거짓을 판단해도 된다. 그런데 요○ → 커○, 커○ → 운○, 운○ → 그○이므로 요○ → 커○ → 운○ → 그○이 성립한다. 따라서 요○ → 그○은 참이다.

05 다음 밑줄 친 부분에 들어갈 결론으로 옳은 것은?

[전제 1] 모든 소설가는 글을 잘 쓴다.
[전제 2] 어떤 드라마 작가는 소설가이다.
[결론] 그러므로 ____________________

① 글을 못 쓰는 모든 사람은 드라마 작가가 아니다.
② 글을 잘 쓰는 모든 사람은 작가이다.
③ 모든 드라마 작가는 글을 잘 쓴다.
④ 어떤 드라마 작가는 글을 잘 쓴다.
⑤ 모든 소설가는 드라마 작가이다.

해설

제시된 두 전제를 벤다이어그램으로 나타내면 다음과 같다.
소설가=P, 글을 잘 씀=Q, 드라마 작가=R

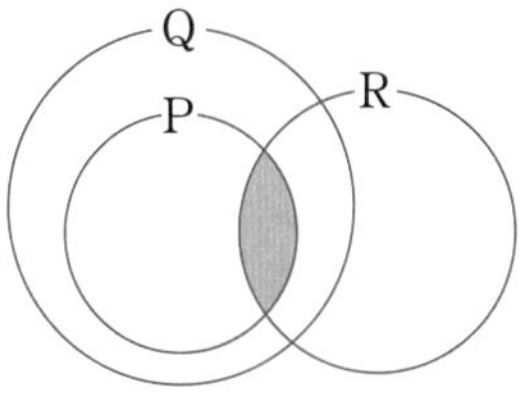

따라서 선택지 중 옳은 결론은 '④ 어떤 드라마 작가는 글을 잘 쓴다.'이다.

03 ③ 04 ① 05 ④

06 〉 전제가 다음과 같을 때, 반드시 참인 결론으로 옳은 것은?

[전제 1] 색연필을 구입한 사람은 크레파스도 구입하였다.
[전제 2] 물감을 구입한 사람 중에는 색연필을 구입한 사람도 있다.
[결론] 그러므로 ______________________

① 색연필을 구입한 사람은 모두 물감을 구입하였다.
② 색연필과 크레파스, 물감을 모두 구입한 사람이 있다.
③ 크레파스를 구입한 모든 사람은 색연필을 구입하였다.
④ 크레파스를 구입한 모든 사람은 물감을 구입하지 않았다.
⑤ 물감을 구입한 모든 사람은 색연필과 크레파스도 구입하였다.

해설

제시된 두 전제를 벤다이어그램으로 나타내면 다음과 같다.
색연필을 구입함=P, 크레파스를 구입함=Q, 물감을 구입함=R

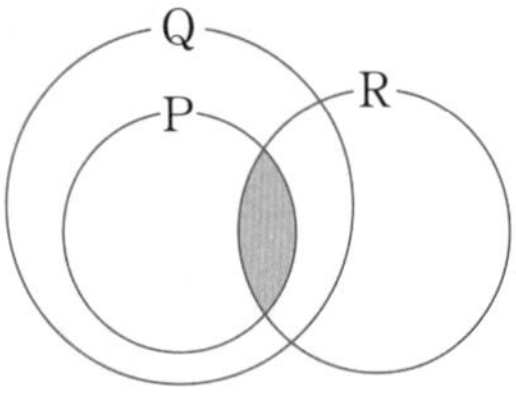

따라서 반드시 참인 결론은 '② 색연필과 크레파스, 물감을 모두 구입한 사람이 있다.'이다.

07 〉 다음 명제가 모두 참이라고 가정할 때 참인 명제는?

- 자율학습을 열심히 하는 학생은 수학을 잘한다.
- 수업시간에 집중해서 공부하지 않으면 수학을 잘 못한다.

① 수학을 잘하는 학생은 자율학습을 열심히 한다.
② 자율학습을 열심히 하지 않는 학생은 수학을 잘 못한다.
③ 수학을 잘 못하는 학생은 수업시간에 집중해서 공부하지 않는다.
④ 자율학습을 열심히 하는 학생은 수업시간에 집중해서 공부한다.
⑤ 수업시간에 집중해서 공부하는 학생은 자율학습을 열심히 한다.

해설

주어진 조건을 p, q, r로 정리하면

- p : 자율학습을 열심히 하는 학생
- q : 수학을 잘한다.
- r : 수업시간에 집중해서 공부한다.

p → q, ~r → ~q가 성립하고 ~r → ~q의 대우인 q → r도 성립한다. 따라서 삼단논법에 의해 p → q → r이 성립하므로 ④의 p → r은 참인 명제이다.

08 다음 명제가 모두 참이라고 할 때, 항상 옳은 문장은?

- 수영을 좋아하는 사람은 다이빙을 좋아한다.
- 수영을 좋아하지 않는 사람은 스노클링을 좋아하지 않는다.
- 스노클링을 좋아하는 사람은 낚시를 좋아한다.

① 수영을 좋아하는 사람은 스노클링을 좋아한다.
② 낚시를 좋아하는 사람은 수영을 좋아한다.
③ 스노클링을 좋아하는 사람은 다이빙을 좋아한다.
④ 스노클링을 좋아하지 않는 사람은 수영을 좋아하지 않는다.
⑤ 다이빙을 좋아하지 않는 사람은 스노클링을 좋아한다.

해설

각 명제와 그 대우를 간단하게 나타내면 다음과 같다.
- 수영 → 다이빙, ~다이빙 → ~수영
- ~수영 → ~스노클링, 스노클링 → 수영
- 스노클링 → 낚시, ~낚시 → ~스노클링

그러므로 삼단논법에 따라 명제와 대우를 정리하면 다음과 같다.
1) ~다이빙 → ~수영 → ~스노클링
2) 스노클링 → 수영 → 다이빙
따라서 항상 옳은 문장은 ③이다.

06 ② 07 ④ 08 ③

09 아래의 명제가 모두 참일 때, 다음 중 항상 참인 것은?

- 빨간색을 좋아하는 사람은 파란색을 좋아하지 않는다.
- 노란색을 좋아하는 사람은 초록색도 좋아한다.
- 초록색을 좋아하는 사람은 파란색을 좋아하지 않는다.

① 노란색을 좋아하는 사람은 파란색도 좋아한다.
② 빨간색을 좋아하는 사람은 초록색을 좋아하지 않는다.
③ 파란색을 좋아하지 않는 사람은 초록색을 좋아한다.
④ 노란색을 좋아하지 않는 사람은 빨간색도 좋아하지 않는다.
⑤ 파란색을 좋아하는 사람은 노란색을 좋아하지 않는다.

해설

주어진 명제와 그 대우를 간략히 정리하면 다음과 같다.
- 빨강 → ~파랑, 파랑 → ~빨강
- 노랑 → 초록, ~초록 → ~노랑
- 초록 → ~파랑, 파랑 → ~초록

∴ 노랑 → 초록 → ~파랑
　파랑 → ~초록 → ~노랑

따라서 항상 참인 명제는 '파란색을 좋아하는 사람은 노란색을 좋아하지 않는다.'이다.

10 아래의 명제가 모두 성립할 때, 다음 중 항상 참인 것은?

- 액션 영화를 좋아하는 사람은 스릴러 영화를 즐겨 보지 않는다.
- 전쟁 영화와 탐정 영화를 좋아하는 사람은 공포 영화를 즐겨 본다.
- 멜로 영화를 좋아하는 사람은 코미디 영화와 액션 영화도 좋아한다.
- 판타지 영화를 좋아하거나 멜로 영화를 좋아하지 않는 사람은 공포 영화를 즐겨 보지 않는다.

① 전쟁 영화와 탐정 영화를 좋아하는 사람은 판타지 영화와 멜로 영화를 좋아하지 않는다.
② 스릴러 영화를 즐겨 보는 사람은 전쟁 영화를 좋아하지 않거나 탐정 영화를 좋아하지 않는다.
③ 코미디 영화를 좋아하지 않는 사람은 멜로 영화를 즐겨 본다.
④ 공포 영화를 즐겨 보는 사람은 판타지 영화도 즐겨 본다.
⑤ 판타지 영화를 좋아하는 사람은 탐정 영화도 좋아한다.

해설

주어진 명제와 그 대우를 간략히 정리하면 다음과 같다.
- 액션 → ~스릴러, 스릴러 → ~액션
- 전쟁 and 탐정 → 공포, ~공포 → ~전쟁 or ~탐정
- 멜로 → 코미디 and 액션, ~코미디 or ~액션 → ~멜로
- 판타지 or ~멜로 → ~공포, 공포 → ~판타지 and 멜로

위에서 간략히 정리한 명제와 대우 간의 관계를 삼단논법을 활용하여 정리해보면 다음과 같다.
1) 스릴러 → ~액션 → ~멜로 → ~공포 → ~전쟁 or ~탐정
2) 전쟁 and 탐정 → 공포 → ~판타지 and 멜로
3) 판타지 or ~멜로 → ~공포 → ~전쟁 or ~탐정

따라서 항상 참인 명제는 '스릴러 → ~전쟁 or ~탐정'이다.

11 아래의 명제가 모두 참일 때, 다음 중 항상 거짓인 것은?

- 치킨을 먹은 사람은 피자도 먹었다.
- 떡볶이를 먹은 사람은 초밥도 먹었다.
- 피자를 먹은 사람은 라면을 먹지 않았다.
- 떡볶이를 먹지 않은 사람은 라면을 먹었다.

① 치킨을 먹은 사람은 라면을 먹지 않았다.
② 피자를 먹은 사람은 초밥도 먹었다.
③ 떡볶이를 먹지 않은 사람은 치킨도 먹지 않았다.
④ 초밥을 먹지 않은 사람은 라면도 먹지 않았다.
⑤ 라면을 먹은 사람은 치킨을 먹지 않았다.

해설

주어진 명제와 그 대우를 간략히 정리하면 다음과 같다.
- 치킨 → 피자, ~피자 → ~치킨
- 떡볶이 → 초밥, ~초밥 → ~떡볶이
- 피자 → ~라면, 라면 → ~피자
- ~떡볶이 → 라면, ~라면 → 떡볶이

∴ 치킨 → 피자 → ~라면 → 떡볶이 → 초밥
~초밥 → ~떡볶이 → 라면 → ~피자 → ~치킨

따라서 항상 거짓인 명제는 '초밥을 먹지 않은 사람은 라면도 먹지 않았다.'이다.

09 ⑤ 10 ② 11 ④

12 아래의 명제가 모두 참일 때, 다음 중 항상 참인 것은?

- 정일이와 화사 둘 중 한 명이라도 영어 공부를 했다면 화사는 문제집을 샀다.
- 화사가 국어 공부를 했다면 그 날은 문제집을 사지 않았을 것이다.
- 화사가 국어 공부를 하지 않았다면 정일이도 수학 공부를 하지 않았다.

① 정일이가 영어 공부를 했으면 화사는 국어 공부를 했다.
② 정일이가 수학 공부를 했다면 정일이와 화사 둘 다 영어 공부를 하지 않았다.
③ 화사가 국어 공부를 했다면 정일이와 화사 둘 다 영어 공부를 했다.
④ 화사가 문제집을 샀다면 정일이가 영어 공부를 하지 않았거나 화사가 영어 공부를 하지 않았다.
⑤ 정일이가 영어 공부를 했거나 화사가 영어 공부를 했으면 정일이는 수학 공부를 했다.

해설

정일이를 P, 화사를 Q라고 하고, 주어진 명제와 그 대우를 간략히 정리하면 다음과 같다.
- P영어 or Q영어 → Q문제집, ~Q문제집 → ~P영어 and ~Q영어
- Q국어 → ~Q문제집, Q문제집 → ~Q국어
- ~Q국어 → ~P수학, P수학 → Q국어

위에서 간략히 정리한 명제와 대우 간의 관계를 삼단논법을 활용하여 정리해보면 다음과 같다.
1) P영어 or Q영어 → Q문제집 → ~Q국어 → ~P수학
2) P수학 → Q국어 → ~Q문제집 → ~P영어 and ~Q영어

따라서 P(정일이)가 수학 공부를 했다면 P(정일이)와 Q(화사) 모두 영어 공부를 하지 않았다는 ②가 항상 참인 문장이다.

13 다음 명제가 모두 참일 때, 언제나 참인 것은?

- 수영을 좋아하는 사람은 등산을 좋아한다.
- 달리기를 좋아하는 사람은 등산을 좋아한다.
- 줄넘기를 좋아하는 사람은 수영을 좋아한다.

① 수영을 좋아하는 사람은 달리기를 좋아한다.
② 줄넘기를 좋아하는 사람은 달리기를 좋아한다.
③ 줄넘기를 좋아하는 사람은 등산을 좋아한다.
④ 달리기를 좋아하는 사람은 수영을 좋아한다.
⑤ 수영을 좋아하지 않는 사람은 등산도 좋아하지 않는다.

해설

수영을 좋아하는 사람 P, 등산을 좋아하는 사람 Q, 달리기를 좋아하는 사람 R, 줄넘기를 좋아하는 사람 S와 같이 명제를 기호로 간략히 표시한 다음 주어진 명제와 그 대우를 간략히 정리하면 다음과 같다.
• P → Q, ~Q → ~P
• R → Q, ~Q → ~R
• S → P, ~P → ~S
위에서 간략히 정리한 명제와 대우 간의 관계를 삼단논법을 활용하여 정리해보면 다음과 같다.
1) S → P → Q
2) ~Q → ~P → ~S
따라서 줄넘기를 좋아하는 사람(S)은 등산을 좋아한다(Q)는 명제가 항상 참이므로 정답은 ③이다.

Plus 해설

'① P → R, ② S → R, ④ R → P, ⑤ ~P → ~Q'는 참 · 거짓을 판단할 수 없다.

14 다음의 명제가 모두 성립할 때, 선택지 중 거짓인 것은?

• 장미를 좋아하면 개나리를 좋아한다.
• 해바라기를 좋아하면 수선화를 좋아한다.
• 수선화를 좋아하면 개나리를 좋아하지 않는다.
• 나팔꽃을 좋아하지 않으면 장미를 좋아한다.

① 장미를 좋아하면 해바라기도 좋아한다.
② 개나리를 좋아하지 않으면 나팔꽃을 좋아한다.
③ 해바라기를 좋아하면 나팔꽃을 좋아한다.
④ 수선화를 좋아하면 장미를 싫어한다.
⑤ 나팔꽃을 좋아하지 않으면 개나리를 좋아한다.

해설

주어진 명제와 그 대우를 간략히 정리하면 다음과 같다.
• 장미 → 개나리, ~개나리 → ~장미
• 해바라기 → 수선화, ~수선화 → ~해바라기
• 수선화 → ~개나리, 개나리 → ~수선화
• ~나팔꽃 → 장미, ~장미 → 나팔꽃
위에서 간략히 정리한 명제와 대우 간의 관계를 삼단논법을 활용하여 정리해보면 다음과 같다.
1) ~나팔꽃 → 장미 → 개나리 → ~수선화 → ~해바라기
2) 해바라기 → 수선화 → ~개나리 → ~장미 → 나팔꽃
따라서 거짓인 명제는 ①이다.

12 ② 13 ③ 14 ①

문제해결력

15 상호, 은화, 원도, 지영, 미식 다섯 명 중 한 명이 회사 회의실에서 물품을 훔쳤고 이들을 심문했더니 다음과 같이 진술하였다. 이 중 두 명은 진실을 말하고 범인을 포함한 나머지 세 명은 거짓을 말하고 있다고 할 때, 다음 중 범인을 고르면?

> 상호 : 은화와 지영이 회의실에 들어가는 것을 봤다. 둘 중 한 명이 범인이다.
> 은화 : 나는 회의실에 들어가지 않았다. 상호나 지영이 범인이다.
> 원도 : 지영과 나는 사무실에 있었다. 우리 둘은 범인이 아니다.
> 지영 : 범인은 미식이다.
> 미식 : 지영의 말은 거짓말이다. 나는 물품을 훔치지 않았다.

① 상호 ② 은화 ③ 원도
④ 지영 ⑤ 미식

해설

지영과 미식의 진술이 모순되지만, 진실을 말하는 사람이 두 명이므로 나머지 한 명이 누군지 알기 힘들다. 이런 경우 한 명씩 범인으로 가정하면 쉽게 답을 찾을 수 있다.

가정 1) 상호가 범인일 경우

상호－범인	은화	원도	지영	미식
거짓	진실	진실	거짓	진실

→ 진실을 말하는 사람이 세 명이 되므로 틀린 가정이다.

가정 2) 은화가 범인일 경우

상호	은화－범인	원도	지영	미식
진실	거짓	진실	거짓	진실

→ 진실을 말하는 사람이 세 명이 되므로 틀린 가정이다.

가정 3) 원도가 범인일 경우

상호	은화	원도－범인	지영	미식
거짓	거짓	거짓	거짓	진실

→ 진실을 말하는 사람이 한 명이므로 틀린 가정이다.

가정 4) 지영이 범인일 경우

상호	은화	원도	지영－범인	미식
진실	진실	거짓	거짓	진실

→ 진실을 말하는 사람이 세 명이 되므로 틀린 가정이다.

가정 5) 미식이 범인일 경우

상호	은화	원도	지영	미식－범인
거짓	거짓	진실	진실	거짓

→ 진실을 말하는 사람이 두 명, 거짓을 말하는 사람이 세 명이므로 맞는 가정이다.
따라서 범인은 미식이다.

16 A~C는 각각 사과와 포도 중 한 가지를 먹었다. 이들의 진술은 다음과 같으며 각각의 진술 중 한 문장은 참이고, 한 문장은 거짓이다. 다음 |보기|의 내용 중 옳은 것들끼리 짝지어진 것은?

> A : 나는 포도를 먹었다. B는 사과를 먹었다.
> B : 나는 사과를 먹었다. C도 사과를 먹었다.
> C : 나는 사과를 먹었다. B도 사과를 먹었다.

| 보기 |

> ㉠ 한 사람만 포도를 먹은 경우가 있다.
> ㉡ 두 사람이 포도를 먹은 경우가 있다.
> ㉢ 모두 함께 포도를 먹은 경우가 있다.

① ㉠　　② ㉡　　③ ㉢
④ ㉠, ㉡　　⑤ ㉡, ㉢

해설

B의 첫 번째 진술이 참일 경우, A와 C의 두 번째 진술이 참이 된다. 반대로 B의 첫 번째 진술이 거짓일 경우, A와 C의 두 번째 진술도 거짓이 된다. 두 가지 가정을 표로 나타내면 다음과 같다.

가정 1) B의 첫 번째 진술이 참일 경우

A	B	C
거짓/참	참/거짓	거짓/참
사과	사과	포도

→ |보기| 중 ㉠의 경우에 해당한다.

가정 2) B의 첫 번째 진술이 거짓일 경우

A	B	C
참/거짓	거짓/참	참/거짓
포도	포도	사과

→ |보기| 중 ㉡의 경우에 해당한다.

다른 경우는 존재하지 않으므로 정답은 ④이다.

문제해결력

15 ⑤　16 ④

17 **체육대회 이어달리기 시간에 1반~6반 학생들이 경기를 하고 있다. 미림, 명진, 연아, 소연, 재진은 각각 경기 결과를 예측하였고 이 중 단 한 명의 예측만이 맞았다. 다음 진술을 보고 이어달리기에서 1등을 한 반을 고르면?** (단, 공동 1등이 아니다.)

미림 : 3반은 1등을 못할 것 같아.
명진 : 1반이나 2반 중 한 반이 1등을 할 것 같아.
연아 : 이대로라면 무조건 2반이 1등이야.
소연 : 4, 5, 6반 중 한 반이 1등을 할 것 같아.
재진 : 4, 5, 6반은 1등을 못할 거야.

① 1반 ② 2반 ③ 3반 ④ 4반 ⑤ 5반

해설

소연과 재진의 예측이 모순되므로 둘 중 한 명의 예측이 맞을 것이다.

가정 1) 소연의 예측이 맞았을 경우

1	2	3	4	5	6
		1등		1등	

→ 미림과 소연의 진술에 의해 1등이 두 반이 되므로 틀린 가정이다.

가정 2) 재진의 예측이 맞았을 경우

1	2	3	4	5	6
		1등			

→ 미림의 진술이 거짓이므로 3반이 1등을 했음을 알 수 있다.
따라서 답은 ③이다.

18 A~D는 한 달에 한 번씩 다 함께 봉사활동을 가기로 약속했다. 하지만 한 명이 약속을 어겼고 네 명은 다음과 같은 진술을 하였다. 한 명만 진실을 말하고 있다고 할 때, 네 명 중 진실을 말하고 있는 사람과 약속을 어긴 사람을 순서대로 고르면?

> A : C가 약속을 어겼어.
> B : 나는 약속을 어기지 않았어.
> C : A의 말은 거짓말이야.
> D : A가 약속을 어겼어.

① A－C ② B－A ③ C－A
④ C－B ⑤ D－A

해설

A와 C의 진술이 모순되고 있으므로 둘 중 한 명이 진실을 말하고 있다.

가정 1) A가 진실을 말하는 경우

A	B	C	D
진실	거짓－약속 어김	거짓－약속 어김	거짓

→ A의 말이 진실일 경우 약속을 어긴 사람은 C인데, B의 말이 거짓이므로 약속을 어긴 사람이 두 명이 된다. 따라서 모순된다.

가정 2) C가 진실을 말하는 경우

A	B	C	D
거짓	거짓－약속 어김	진실	거짓

→ 모순되는 점이 없으므로 약속을 어긴 사람은 B이다.
따라서 진실을 말한 사람이 C이고, 약속을 어긴 사람이 B이므로 답은 ④이다.

17 ③ 18 ④

19 갑, 을, 병, 정 네 사람이 다음과 같은 방침에 따라 해외 출장을 가기로 했다. 다음 중 반드시 참이 아닌 것은?

- 갑이 출장을 간다면, 을도 간다.
- 병이 출장을 간다면, 정도 간다.
- 갑과 병 중 적어도 한 명은 출장을 간다.

① 을이 출장을 가지 않는다면, 병은 출장을 간다.
② 적어도 두 명은 출장을 간다.
③ 갑이 출장을 가지 않는다면, 출장을 가는 사람은 두 명이다.
④ 정이 출장을 가지 않게 되었다면, 다른 세 사람의 출장 여부가 모두 정해진다.
⑤ 갑, 을, 병, 정 네 사람이 모두 출장을 가는 경우도 있다.

해설

첫 번째, 두 번째 명제와 그 대우를 간략히 나타내면 다음과 같다.
- 갑 → 을, ~을 → ~갑
- 병 → 정, ~정 → ~병

그리고 세 번째 명제를 보면 다음과 같이 세 가지 가정이 가능함을 알 수 있다.

가정 1) 갑이 출장을 가고, 병이 출장을 가지 않는 경우

갑	을	병	정
○	○	×	○ / ×

가정 2) 병이 출장을 가고, 갑이 출장을 가지 않는 경우

갑	을	병	정
×	○ / ×	○	○

가정 3) 갑과 병이 모두 출장을 가는 경우

갑	을	병	정
○	○	○	○

따라서 갑이 출장을 가지 않는다면, 출장을 가는 사람은 두 명 또는 세 명이므로 ③은 반드시 참이 아니다.

20 학교 도서관에서 책이 사라졌고, 거짓말을 못하는 사람 두 명과 거짓말만 하는 사람 세 명이 있다. 책이 교실, 운동장, 식당 중 한 곳에 있다고 할 때, 다음 진술을 보고 거짓말을 못하는 사람, 거짓말만 하는 사람, 책의 위치로 가능한 조합을 고르면?

> 은지 : 책은 운동장에 있어.
> 준성 : 여기서 책이 어디 있는지 아는 사람은 나뿐이야.
> 영은 : 은지는 거짓말만 하는 사람이야.
> 민수 : 나는 책의 위치를 알고 있어.
> 명길 : 책은 교실에 있어.

	책의 위치	거짓말을 못하는 사람	거짓말만 하는 사람
①	교실	민수	은지
②	교실	명길	영은
③	운동장	은지	민수
④	식당	준성	민수
⑤	식당	은지	명길

해설

은지와 영은의 진술이 모순된다. 은지의 말이 진실일 경우와 달리 영은의 말이 진실일 경우에는 여러 가지 가능성이 생겨나므로, 이런 경우 책의 위치를 가정해보는 것이 좋다.

가정 1) 책이 교실에 있는 경우

은지	준성	영은	민수	명길
거짓	거짓	참	거짓	참

가정 2) 책이 운동장에 있는 경우 (은지의 말이 참인 경우)

은지	준성	영은	민수	명길
참	거짓	거짓	참	거짓

가정 3) 책이 식당에 있는 경우

은지	준성	영은	민수	명길
거짓	참/거짓	참	참/거짓	거짓

따라서 총 네 가지의 조합이 가능하며 책이 식당에 있을 경우 준성이 참이면 민수가 거짓이므로, 답은 ④이다.

19 ③ 20 ④

21 신입사원(A, B, C, D, E)이 각각 두 개 항목의 물품 구매를 신청했다. 5명 중 2명은 모든 진술이 거짓이라고 할 때, 신청한 사람과 신청 항목이 바르게 짝지어진 것은?

> 신청한 항목은 4개이며, 각 항목별로 신청한 사원 수는 다음과 같다.
> - 필기구 2명, 복사용지 2명, 의자 3명, 사무용 전자제품 3명
> - A : 나는 필기구 구매를 신청했고, E는 거짓말을 하고 있습니다.
> - B : 나는 의자를 신청하지 않았고, D는 진실을 말하고 있습니다.
> - C : 나는 의자를 신청하지 않았고, E는 진실을 말하고 있습니다.
> - D : 나는 필기구와 사무용 전자제품을 신청하였습니다.
> - E : 나는 복사용지를 신청하였고, B와 D는 거짓을 말하고 있습니다.

① A : 복사용지 ② A : 의자 ③ C : 필기구
④ C : 사무용 전자제품 ⑤ E : 필기구

해설

A의 말이 거짓이면, E의 말은 진실이고, B와 D의 말은 거짓이 된다. 이 경우, 다섯 명 중 A, B, D 세 명의 말이 거짓이 되므로, A의 말은 거짓이 될 수 없다.
A의 말이 진실이면, E의 말은 거짓이고, B와 D의 말은 진실이 된다. 또한 E가 진실을 말하고 있다고 진술한 C의 말은 거짓이 된다. 따라서 A, B, C, D, E 중 거짓을 말하고 있는 신입사원은 C, E이고, 진실을 말하고 있는 신입사원은 A, B, D이다.
A~E는 각각 두 개 항목의 물품 구매를 신청했고, 신청 항목은 필기구 2명, 복사용지 2명, 의자 3명, 사무용 전자제품 3명이므로 A~E의 진술을 표로 정리하면 다음과 같다.

A	필기구, 의자
B	복사용지, 사무용 전자제품
C	의자, 복사용지
D	필기구, 사무용 전자제품
E	의자, 사무용 전자제품

따라서 정답은 ②이다.

22 수박을 먹은 두 명은 거짓말을 하고 있고 나머지 세 명은 진실을 이야기하고 있다고 할 때, 수박을 먹은 두 사람은 누구인가?

- 영은 : 미나가 수박을 먹었다.
- 은지 : 수민이가 수박을 먹었다.
- 수민 : 은지가 수박을 먹었다.
- 미나 : 은지와 수민이는 수박을 먹지 않았다.
- 보배 : 수민이와 미나 중 한 명만 수박을 먹었다.

① 영은, 은지　② 은지, 수민　③ 은지, 미나
④ 수민, 미나　⑤ 미나, 보배

해설

은지의 말이 참일 경우 수민의 말이 거짓이 되고, 수민의 말이 참일 경우 은지의 말이 거짓이 된다.

가정 1) 은지의 말이 참일 경우

영은	은지	수민－수박	미나－수박	보배
참	참	거짓	거짓	거짓

→ 거짓을 말한 사람이 세 명이 되므로 잘못된 가정이다.

가정 2) 수민의 말이 참일 경우

영은	은지－수박	수민	미나－수박	보배
참	거짓	참	거짓	참

→ 모순되는 점이 없으므로 옳은 가정이다.
따라서 수박을 먹은 사람은 은지와 미나이다.

21 ②　22 ③

23 가온, 나래, 다솜, 라온, 마루, 바론 여섯 명 중 세 명은 산으로, 세 명은 바다로 휴가를 떠났다. 이때 각 장소로 떠난 세 명은 각각 20대, 30대, 40대 1명씩으로 구성되었다. 여섯 명이 다음과 같이 진술하였는데 산으로 떠난 세 명은 진실을 말하고 바다로 떠난 세 명은 거짓을 말하고 있다. 바다로 떠난 30대는 누구인가?

> 가온 : 바론은 바다로 떠났다.
> 나래 : 마루는 산으로 떠났다.
> 다솜 : 나래는 30대이다.
> 라온 : 마루가 30대이다.
> 마루 : 나는 가온과 동갑이다.
> 바론 : 나래와 라온의 나이대가 같다.

① 가온 ② 나래 ③ 다솜 ④ 라온 ⑤ 바론

해설

가온의 말이 진실이라면 바론의 말은 거짓이고, 가온의 말이 거짓이라면 바론의 말은 진실이다. 따라서 둘은 같은 곳으로 휴가를 떠났을 수 없다. 또한 나래의 말이 참이면 마루의 말도 참이고, 나래의 말이 거짓이면 마루의 말도 거짓이다. 따라서 둘은 같은 곳으로 휴가를 떠났을 것이다.

가정 1) 가온과 나래의 말이 모두 진실일 경우

산			바다		
가온	나래	마루	다솜	라온	바론

→ 가온과 동갑이라는 마루의 말이 진실이 될 수 없으므로 틀린 가정이다.

가정 2) 가온의 말이 진실이고, 나래의 말이 거짓일 경우

산			바다		
가온	다솜	라온	나래－30대	마루－30대	바론

→ 다솜과 라온의 말이 동시에 진실이 될 수 없으므로 틀린 가정이다.

가정 3) 가온의 말이 거짓이고 나래의 말이 진실일 경우

산			바다		
나래－30대 ×	마루－30대 ×	바론－30대	가온－30대 ×	다솜－30대	라온－30대 ×

→ 모순되는 진술이 없다.

따라서 진실을 말하는 사람은 나래, 마루, 바론 세 사람이고 바다로 떠난 30대는 다솜이다.

24 ○○공사의 신입사원 A~E는 각자 희망하는 부서가 달랐고, 그중 한 명만 희망하는 부서에 배치되었다. 인사부, 총무부, 홍보부, 기획부, 영업부에 각각 한 명씩 배치되었고 직원 한 명이 거짓말을 하고 있다고 할 때, 희망하는 부서에 배치된 직원과 그 부서로 맞게 짝지어진 것은?

- A : B는 희망하는 부서에 배치되었고, 나는 기획부를 희망했어.
- B : 나는 D가 희망했던 기획부에 배치되었어.
- C : 내가 희망한 부서에 D가 배치되었어.
- D : 나는 인사부를 희망하지 않았고, C의 희망 부서는 총무부였어.
- E : 난 영업부를 희망했지만 인사부에 배치되었어.

① A－기획부
② A－홍보부
③ B－기획부
④ B－홍보부
⑤ C－총무부

해설

A의 말이 참이면 B의 말이 거짓이 되고 B의 말이 참이면 A의 말이 거짓이 된다.

가정 1) A의 말이 참일 때(B가 거짓)

	A	B	C	D	E
희망	기획부	홍보부	총무부	인사부	영업부
실제	영업부	홍보부	기획부	총무부	인사부

→ D가 인사부를 희망하지 않았으므로 틀린 가정이다.

가정 2) A의 말이 거짓일 때(B가 참)

	A	B	C	D	E
희망	홍보부	인사부	총무부	기획부	영업부
실제	홍보부	기획부	영업부	총무부	인사부

→ 모순되는 점이 없으므로 맞는 가정이다.
따라서 희망하는 부서에 배치된 직원은 A이고, 그 부서는 홍보부이다.

23 ③ 24 ②

03 조건 추리

01 신입사원 A, B, C, D, E는 다음의 조건에 따라 기획부, 총무부, 인사부, 영업부, 개발부에 배치되었다. 아래의 조건을 모두 고려하였을 때, 옳은 설명은?

- 한 부서에는 신입사원이 한 명씩만 배치되었다.
- A 사원은 기획부와 영업부에 배치되지 않았다.
- B 사원은 기획부나 총무부에 배치되었다.
- C 사원은 기획부나 인사부에 배치되지 않았다.
- D 사원은 영업부에 배치되었다.
- E 사원은 총무부나 영업부에 배치되었다.

① A 사원은 인사부에 배치되었다.
② B 사원은 총무부에 배치되었다.
③ C 사원은 총무부에 배치되었다.
④ D 사원은 기획부에 배치되었다.
⑤ E 사원은 영업부에 배치되었다.

해설

주어진 조건에 따르면, 한 부서에는 신입사원이 한 명씩만 배치되고 D 사원이 영업부에 배치되었으므로 E 사원은 총무부에 배치되고, B 사원은 기획부에 배치되었음을 알 수 있다. C 사원은 기획부나 인사부에 배치되지 않았다고 했으므로 개발부에 배치되었음을 알 수 있고, 남은 A 사원은 인사부에 배치되었음을 알 수 있다.
따라서 A 사원은 인사부, B 사원은 기획부, C 사원은 개발부, D 사원은 영업부, E 사원은 총무부에 배치되었다.

02 ○○공단 인사부장은 전국의 A, B, C, D, E, F(순서대로 서울, 경기, 충북, 대전, 대구, 부산) 지사에 방문해야 할 일이 생겼다. 다음의 조건을 고려했을 때, 인사부장은 어떤 순서로 각 지사를 방문하는가?

- B는 첫 번째로 방문하거나 마지막으로 방문해야 한다.
- A와 B 사이에 두 개 이상의 지사를 방문해야 한다.
- A와 E는 연속으로 방문하지 않고, B와 C는 연속으로 방문한다.
- D를 방문했다면, 남은 방문 일정은 한 가지이다.
- A의 순서가 정해지면, 나머지 순서가 모두 정해진다.

① 대구 – 부산 – 서울 – 대전 – 충북 – 경기
② 경기 – 충북 – 부산 – 대구 – 대전 – 서울
③ 경기 – 충북 – 부산 – 서울 – 대전 – 대구
④ 경기 – 충북 – 대구 – 부산 – 대전 – 서울
⑤ 서울 – 부산 – 대구 – 대전 – 충북 – 경기

해설

주어진 조건을 통해 확실하게 정해지는 순서를 먼저 정리해야 한다. 네 번째 조건을 보면 인사부장은 D를 다섯 번째로 방문함을 알 수 있고, 이에 따라 C와 연속으로 방문하는 B는 마지막에 방문할 수 없게 되므로 첫 번째로 방문하게 된다. 표로 정리하면 다음과 같다.

첫 번째	두 번째	세 번째	네 번째	다섯 번째	여섯 번째
B	C			D	

마지막 조건을 통해 A의 순서가 중요한 역할을 함을 추측해볼 수 있다. A와 B 사이에 두 개 이상의 지사를 방문해야 하므로 A를 방문하는 순서는 네 번째 또는 여섯 번째일 것이다. 두 경우를 가정해보면 다음과 같다.

가정 1) A를 네 번째로 방문할 경우

첫 번째	두 번째	세 번째	네 번째	다섯 번째	여섯 번째
B	C	F	A	D	E

→ A와 E를 연속으로 방문하지 않으므로 모든 방문 순서가 정해진다.

가정 2) A를 여섯 번째로 방문할 경우

<table>
<tr><th>첫 번째</th><th>두 번째</th><th>세 번째</th><th>네 번째</th><th>다섯 번째</th><th>여섯 번째</th></tr>
<tr><td rowspan="2">B</td><td rowspan="2">C</td><td>E</td><td>F</td><td rowspan="2">D</td><td rowspan="2">A</td></tr>
<tr><td>F</td><td>E</td></tr>
</table>

→ 세 번째와 네 번째 방문 순서가 정해지지 않는다.
따라서 '가정 1'이 옳은 가정이며, 인사부장은 B(경기) – C(충북) – F(부산) – A(서울) – D(대전) – E(대구) 순서로 각 지사를 방문한다.

01 ① 02 ③

03 다음은 ○○은행의 K 회장과 H 이사의 대화이다. 대화를 읽고 3층에 배치될 수 있는 부서끼리 짝지어진 것을 고르면?

K 회장 : 이번에 새로 지은 4층짜리 건물로 부서 몇 개를 이동하는 것이 좋을 것 같아요.
H 이사 : 신입 사원이 많이 입사해 사무실 자리가 좁다고 한 감사부, 인사부, 영업부, 기획부, 총무부 5개 부서를 옮기는 게 어떻겠습니까?
K 회장 : 좋은 생각입니다. 아, 그런데 짝수 층에는 한 부서씩만 배치될 수 있어요.
H 이사 : 홀수 층은요?
K 회장 : 최대 두 개 부서씩 배치될 수 있습니다.
H 이사 : 그렇군요. 인사부는 2층에 배치하는 것이 좋을 것 같습니다.
K 회장 : 그렇게 합시다. 제 생각에는 영업부가 기획부보다 아래층에 배치되어야 할 것 같습니다.
H 이사 : 제 생각도 그렇습니다. 감사부는 기획부보다 위층에 배치하고요.
K 회장 : 좋습니다.

① 감사부, 인사부 ② 감사부, 영업부 ③ 인사부, 총무부
④ 영업부, 기획부 ⑤ 기획부, 총무부

해설

주어진 대화를 읽고 조건을 적용하여 표로 나타내면 다음과 같다.

4층	감사부	
3층	기획부	
2층	인사부	
1층	영업부	

정해지지 않은 부서는 총무부뿐이며 총무부는 두 개 부서가 배치될 수 있는 홀수 층에 배치될 것이다. 따라서 3층에 배치될 수 있는 부서는 기획부와 총무부이다.

04 다음은 사내 워크숍을 준비하기 위해 조사한 내역이다. 다음의 조사를 바탕으로 C가 반드시 참석하는 경우, 참석 인원을 타당하게 추론한 것은? (단, 부서의 총 인원은 5명이다.)

[정보 1] B가 워크숍에 참여하면 E는 참여할 수 없다.
[정보 2] D는 B와 E 모두가 참여하지 않을 경우에만 참석한다.
[정보 3] A가 워크숍에 갈 경우 B 혹은 D 중의 한 명이 함께 참석한다.
[정보 4] C가 워크숍에 참석하면 D는 참석하지 않는다.
[정보 5] C가 워크숍에 참여하면 A도 참여한다.

① A, B, C ② A, C, D ③ A, C, D, E ④ A, B, C, D ⑤ A, B, C, E

해설

[정보 5]를 보면 C가 참석하는 경우, A도 참석한다. [정보 3]을 보면 A가 참석하는 경우 B와 D 중 한 명이 함께 참석한다고 하였는데, [정보 4]에서 C가 참석하면 D는 참석하지 않는다고 하였으므로 B가 참석한다. [정보 1]을 보면 B가 참석하면 E는 참석할 수 없다고 하였으므로 참석 인원은 A, B, C이다.

05 ○○공사 기획부에는 총 6명이 근무하고 있다. 다음 조건을 보고, 두 번째로 근무 기간이 긴 사람을 고르면?

- ○○공사 기획부에는 A, B, C, D, E, F가 근무하고 있다.
- A, B, F는 같은 날에 입사하였다.
- D는 A, B, F가 근무한 기간을 합친 것보다 10개월 더 일했다.
- A와 B의 근무 기간을 합친 것은, C와 F의 근무 기간을 합친 것보다 크다.
- E는 A와 F가 근무한 기간을 합친 것보다 7개월 더 일했다.

① A ② C ③ D ④ E ⑤ F

해설

두 번째 조건으로 $A=B=F$임을 알 수 있다. 세 번째 조건($D=A+B+F+10$)에서 D가 A, B, F보다 먼저 입사했음을 알 수 있다. 네 번째 조건($A+B>C+F$)에서 C는 A, B, F보다 늦게 입사했음을 알 수 있다. 다섯 번째 조건($E=A+F+7$)에서 E는 A, B, F보다 먼저 입사했음을 알 수 있다. 세 번째 조건과 다섯 번째 조건으로 D가 E보다 먼저 입사했음을 알 수 있다. 따라서 A~F의 근무 기간이 긴 순서는 D, E, $A=B=F$, C이고, 두 번째로 근무 기간이 긴 사람은 E이다.

03 ⑤ 04 ① 05 ④

06 순환근무의 조건이 |보기 1|과 같다고 할 때, |보기 2|에서 옳은 것만 묶은 것은?

| 보기 1 |

2018년부터 A, B, C, D는 각각 동부지점, 남부지점, 서부지점, 북부지점에 배치되었다.
이들은 동부 · 남부 · 서부 · 북부 순서로 순환 배치된다.
A는 1년에 1회, B는 2년에 1회, C는 3년에 1회, D는 4년에 1회 순환 배치된다.

| 보기 2 |

㉠ 2023년 B와 C는 같은 지점에 근무하게 된다.
㉡ C와 D가 같은 지점에 근무하는 일은 2030년까지 일어나지 않는다.
㉢ 2022년에는 A, B, C, D 모두 북부지점에 근무하게 된다.
㉣ 2021년에는 A, B, C, D 중에서 세 사람이 같은 지점에 근무하게 된다.
㉤ 2019년에 A와 B는 남부지점에 함께 근무하게 된다.

① ㉠, ㉣　② ㉣, ㉤　③ ㉠, ㉡, ㉢
④ ㉠, ㉣, ㉤　⑤ ㉡, ㉢, ㉣

해설

|보기 1|의 내용을 표로 정리하면 다음과 같다.

	동부지점	남부지점	서부지점	북부지점
2018년	A	B	C	D
2019년		A, B	C	D
2020년			A, B, C	D
2021년			B	A, C, D
2022년	A, D			B, C
2023년	D	A		B, C

따라서 옳은 것은 ㉠, ㉣, ㉤이다.

Plus 해설

㉡ C와 D는 2021년에 북부지점에서 같이 근무하게 된다.
㉢ 2022년에 A와 D는 동부지점에서, B와 C는 북부지점에서 근무하게 된다.

07 ○○공사에는 기획부, 인사부, 총무부, 마케팅부, 홍보부, 영업부가 있다. 다음의 조건을 모두 고려하였을 때, 홍보부는 몇 층에 위치하는가?

- ○○공사는 건물의 6~10층을 사용하고 있다.
- 모든 층에는 적어도 1개의 부서가 존재한다.
- 기획부와 총무부는 같은 층을 사용한다.
- 마케팅부에서 인사부로 가기 위해서는 한 층을 올라가야 한다.
- 마케팅부에서 홍보부로 가기 위해서는 2개 층을 올라가야 한다.
- 영업부에서 기획부로 가기 위해서는 4개 층을 이동해야 한다.
- 총무부에서 인사부와 마케팅부로 가기 위해서는 위층으로 올라가야 한다.

① 6층 ② 7층 ③ 8층 ④ 9층 ⑤ 10층

해설

○○공사는 총 6개의 부서가 있고, 기획부와 총무부는 같은 층을 사용한다고 했으므로, 기획부와 총무부를 제외한 나머지 부서는 한 개의 층을 하나의 부서가 사용하고 있음을 알 수 있다. 네 번째와 다섯 번째 조건을 통해 '마케팅부－인사부－홍보부'의 순으로 건물을 사용하고 있음을 알 수 있고, 여섯 번째 조건을 통해 영업부와 기획부(＝총무부)는 각각 6층 또는 10층을 사용하고 있음을 알 수 있다. 마지막 조건을 보면, 총무부(＝기획부)에서 인사부와 마케팅부로 가기 위해서는 위층으로 올라가야 한다고 했으므로, 총무부(＝기획부)가 6층을 사용하고 있음을 알 수 있다.

10층	영업부
9층	홍보부
8층	인사부
7층	마케팅부
6층	기획부, 총무부

따라서 홍보부는 9층에 있다.

문제해결력

06 ④ 07 ④

08 한 노인의 집 선반 위에 노인의 유년, 소년, 청년, 장년, 중년, 노년 시절 그림이 걸려 있다. 다음 |조건|을 보고 A~F 중 유년 시절 그림이 걸려 있는 위치를 고르면?

A	B	C
D	E	F
왼쪽	선반	오른쪽

| 조건 |

- 소년 시절 그림은 선반 바로 위에 걸려 있다.
- 중년 시절 그림은 노년 시절 그림 바로 위에 걸려 있다.
- 장년 시절 그림은 중년 시절 그림과, 청년 시절 그림은 노년 시절 그림과 같은 줄에 걸려 있다.
- 청년 시절 그림은 노년 시절 그림 바로 옆 자리에 걸려 있지 않으며, 제일 오른쪽에 걸려 있다.
- 유년 시절 그림은 장년 시절 그림 바로 옆에 걸려 있으며 다른 쪽에는 아무 그림도 걸려 있지 않다.

① A ② C ③ D ④ E ⑤ F

해설

|조건|을 보고 그림 위치를 추측해보면 다음과 같다.

중년(노년 바로 위)	장년(중년과 같은 줄)	유년(장년 옆, 다른 쪽에 그림 없음)
노년(청년 바로 옆 아님)	소년(선반 바로 위)	청년(노년과 같은 줄, 제일 오른쪽)
왼쪽	선반	오른쪽

따라서 유년 시절 그림이 걸려 있는 위치는 C이다.

09 **A~F 6명이 원탁에 일정한 간격으로 둘러앉아 있다. 다음 조건을 보고 A의 오른쪽에 있는 사람부터 순서대로 배열한 것을 고르면?** (단, A~F는 각각 다른 색깔의 옷을 입고 있다.)

- F는 C와 D 사이에 앉아 있다.
- B는 노란색 옷을 입고 있다.
- 빨간색 옷을 입은 사람은 파란색 옷을 입은 사람과 서로 마주보고 있다.
- D와 E는 이웃하여 앉아 있다.
- F는 보라색 옷을 입고 있다.
- C 옆에는 빨간색 옷을 입은 사람이 앉아 있다.
- 노란색 옷을 입은 사람은 F와 서로 마주보고 있다.
- D의 오른쪽에는 F가 앉아 있다.

① B−E−D−F−C ② B−F−E−D−C ③ C−F−D−E−B
④ C−E−F−D−B ⑤ E−D−F−C−B

해설

F는 C와 D 사이에 앉아 있다고 하였고, D의 오른쪽에 F가 앉아 있다고 하였다. 또 D와 E가 이웃하여 앉아 있다고 하였으므로 D의 왼쪽에 E가 앉아 있는 것을 알 수 있다. 따라서 'E−D−F−C'의 순서로 앉아 있는 것을 알 수 있다. C 옆에는 빨간색 옷을 입은 사람이 앉아 있다고 했고, F는 보라색 옷을 입고 있다고 하였으므로, 'E−D−F(보라색 옷)−C−빨간색 옷'까지 추리해볼 수 있다. 빨간색 옷을 입은 사람과 파란색 옷을 입은 사람이 마주보고 있고, 노란색 옷을 입은 B가 F와 마주보고 있다고 하였으므로 그림으로 나타내면 다음과 같다.

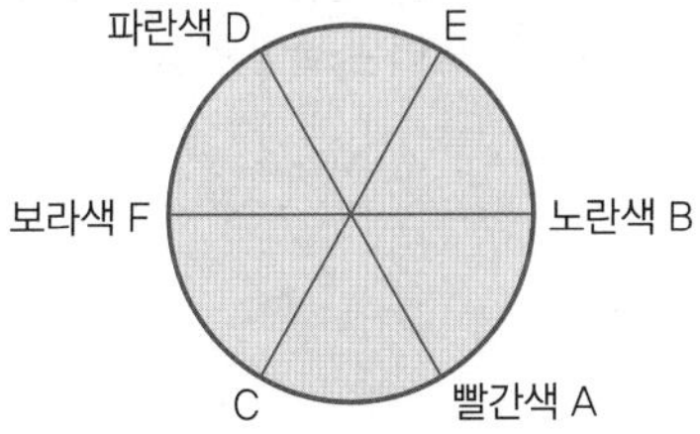

따라서 A의 오른쪽에 있는 사람부터 순서대로 배열하면 B−E−D−F−C가 된다.

08 ② 09 ①

문제해결력

10 ○○기업의 기획부는 투표로 회식 메뉴를 정하고 있다. 한식, 일식, 중식, 양식, 분식을 대상으로 투표를 하였고, 다음과 같은 투표 결과가 나왔다. 다음 중 옳은 설명만을 모두 고른 것은?

- 일식과 분식에 투표한 사람은 한식에 투표한 사람보다 적다.
- 분식에 투표한 사람은 양식에 투표한 사람보다 많고, 중식에 투표한 사람보다 적다.
- 양식에 투표한 사람은 일식에 투표한 사람보다 많고, 분식에 투표한 사람보다 적다.

㉠ 양식에 투표한 사람의 수가 두 번째로 적다.
㉡ 가장 많은 표를 받은 메뉴는 한식이다.
㉢ 분식에 투표한 사람의 수가 두 번째로 많다.
㉣ 표를 제일 적게 받은 메뉴는 일식이다.

① ㉠, ㉣ ② ㉡, ㉢ ③ ㉡. ㉣
④ ㉠, ㉡, ㉢ ⑤ ㉠, ㉢, ㉣

해설

위의 내용을 표로 나타내면 다음과 같다.

1위	2위	3위	4위	5위
한식 or 중식	한식 or 중식	분식	양식	일식

따라서 양식에 투표한 사람의 수가 두 번째로 적고, 표를 제일 적게 받은 메뉴는 일식이라는 설명은 옳은 설명이다.

Plus 해설

㉡ 가장 많은 표를 받은 메뉴가 한식인지 중식인지는 자료를 통해 알 수 없다.
㉢ 분식에 투표한 사람의 수는 세 번째로 많다.

11 A~F가 원탁에 둘러앉아 상담을 하고 있다. 이 중 세 명은 직원, 세 명은 고객이라고 할 때, 다음 상황을 보고 세 명의 고객을 찾으면?

- B 고객과 D 직원은 마주보고 앉아 있다.
- A는 D 직원 오른쪽에 앉아 있다.
- E와 F는 마주보고 앉아 있다.
- F 직원의 양옆에는 고객이 앉아 있다.
- C의 오른쪽에는 직원이 앉아 있다.

① A, B, C　② A, B, E　③ A, C, E
④ B, C, E　⑤ B, C, F

해설

상황을 적용하여 그림으로 나타내면 다음과 같다.

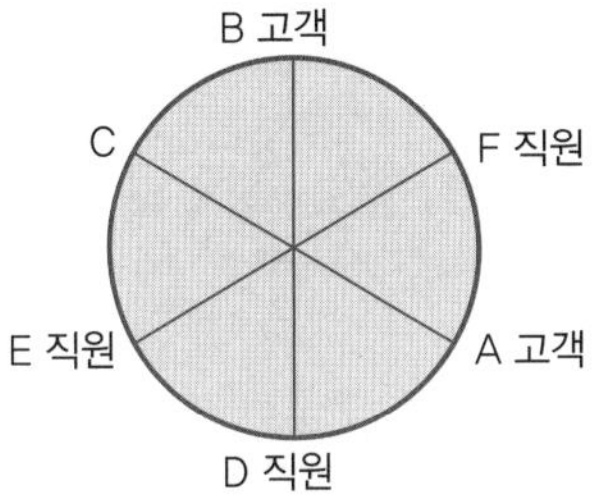

따라서 D, E, F가 직원이고, A, B, C가 고객이다.

12 신입사원 A, B, C, D, E, F 6명은 서로 일정한 간격으로 원탁에 앉아있다. 다음을 보고 A의 왼쪽에 앉아있는 사람을 고르면?

- F와 D는 서로 마주 보고 앉아있다.
- C는 E의 옆에 앉아있다.
- D의 오른쪽에는 B가 앉아있다.

① B　② C　③ D　④ E　⑤ F

10 ①　11 ①

해설

F와 D는 서로 마주 보고 앉아있고, D의 오른쪽에는 B가 앉아있으므로, C와 E는 두 자리가 연속으로 비어있는 D의 왼쪽에 앉아있음을 알 수 있다. 따라서 남는 자리인 B와 F의 사이에 A가 앉아있음을 알 수 있고, A의 오른쪽에는 F, 왼쪽에는 B가 앉아있음을 알 수 있다.

13 ○○회사에 다니는 A, B, C, D, E는 연봉이 각각 다르다. 다음 내용을 통해 알 수 있는 사실 중 옳은 것만 고른 것은?

작년

- C는 A보다 연봉이 500만 원 더 높다.
- A는 D보다 연봉이 200만 원 더 낮고, E보다 400만 원 더 높다.
- B는 연봉이 가장 높고 연봉이 가장 낮은 사람보다 1,100만 원 더 높다.
- 연봉이 가장 낮은 사람의 연봉은 2,200만 원이다.

올해

- D는 진급하여 연봉 600만 원이 올랐다.
- E는 D보다 연봉 200만 원이 적고, B보다는 800만 원이 적다.
- A는 연봉이 동결되었다.

㉠ 작년 A의 연봉은 2,600만 원이다.
㉡ 올해 연봉이 가장 높은 사람은 작년과 똑같다.
㉢ B, D, E는 올해 연봉이 500만 원 이상씩 올랐다.

① ㉡　　② ㉠, ㉡　　③ ㉠, ㉢
④ ㉡, ㉢　　⑤ ㉠, ㉡, ㉢

해설

㉠ (○) 작년 기준으로 연봉은 A가 2,600만 원, B가 3,300만 원, C가 3,100만 원, D가 2,800만 원, E가 2,200만 원이었다.
㉡ (×) 작년에 연봉이 가장 높은 사람은 B(3,300만 원)였지만, 올해 C의 연봉을 알 수 없으므로 연봉이 가장 높은 사람이 누구인지 알 수 없다.
㉢ (○) 올해 기준으로 연봉은 A가 2,600만 원, B가 4,000만 원, D가 3,400만 원, E가 3,200만 원이고, C의 연봉 액수는 알 수 없다. 따라서 B, D, E는 모두 작년보다 연봉이 500만 원 이상씩 올랐음을 알 수 있다.

14 |보기|는 원자력 발전소의 순찰 순서에 대해 적어놓은 것이다. A팀 4명, B팀 4명의 사람이 새벽 1시~8시까지 40분 간격으로 출발했다고 할 때, 5시 40분에 순찰한 사람은 누구인가?

| 보기 |

- 마지막에 출발한 사람은 7시에 출발하였다.
- A팀 3번이 출발한 시각은 3시이다.
- A팀 4번보다 일찍 간 사람은 4명이다.
- B팀 1번보다 늦게 출발한 사람은 4명이다.
- B팀 4번은 B팀 3번보다 늦게 출발하였지만 마지막은 아니었다.
- B팀이 처음과 끝에 순찰하였다.
- A팀 1번은 A팀 중 가장 마지막으로 순찰하였다.
- A팀 2번은 B팀 3번보다 늦게 순찰하였지만, B팀 4번보다는 먼저 돌았다.
- B팀 2번은 A팀 1번보다 늦게 순찰하였다.
- A팀 4번과 B팀 4번은 연달아 순찰하지 않았다.

① A팀 3번　② B팀 1번　③ A팀 2번
④ B팀 4번　⑤ A팀 1번

해설

마지막에 출발한 사람이 7시이므로 아래 표의 시간에 순찰했음을 알 수 있다.

2:20	3:00	3:40	4:20	5:00	5:40	6:20	7:00
1번째	2번째	3번째	4번째	5번째	6번째	7번째	8번째

A팀 3번이 출발한 시각은 3시이므로 2번째에 순찰하였고, A팀 4번보다 일찍 간 사람은 4명이므로 A팀 4번은 5번째, B팀 1번보다 늦게 출발한 사람은 4명이므로 B팀 1번은 4번째에 순찰하였다. B팀 4번은 B팀 3번보다 늦게 출발하였지만 마지막은 아니므로 B팀 3번, B팀 4번, B팀 2번 순으로 순찰했을 것이다. 또한, B팀이 처음과 끝에 순찰하였기 때문에 B팀 3번이 1번째, B팀 2번이 8번째에 순찰하였다. A팀 1번은 A팀 중 가장 마지막으로 순찰하였고 A팀 4번과 B팀 4번은 연달아 순찰하지 않았으므로 A팀 1번이 6번째, B팀 4번이 7번째에 순찰하였다.

2:20	3:00	3:40	4:20	5:00	5:40	6:20	7:00
B팀 3번	A팀 3번	A팀 2번	B팀 1번	A팀 4번	A팀 1번	B팀 4번	B팀 2번

따라서 5시 40분에 순찰한 사람은 A팀 1번이다.

12 ①　13 ③　14 ⑤

문제해결력

15 영업팀에 근무하는 김 대리, 박 과장, 최 대리, 이 주임 4명은 컴퓨터능력을 향상시키기 위하여 다음과 같이 스프레드시트 과정, 데이터베이스 과정, 포토샵 과정, 자바베이직 과정을 배운다. 주어진 조건을 보고 항상 옳은 것을 고르면?

> ㉮ 네 사람은 각각 최소 한 가지 과정, 최대 세 가지 과정을 배운다.
> ㉯ 스프레드시트 과정을 배우는 사람은 한 사람이다.
> ㉰ 데이터베이스 과정을 배우는 사람은 두 사람이다.
> ㉱ 포토샵 과정을 배우는 사람은 최소 두 명이다.
> ㉲ 자바베이직 과정을 배우는 사람은 모두 세 명이다.
> ㉳ 김 대리와 박 과장이 배우는 어떤 과정도 최 대리는 배우지 않는다.
> ㉴ 최 대리가 배우는 어떤 과정도 이 주임은 배우지 않는다.
> ㉵ 김 대리가 배우는 과정은 모두 이 주임도 배운다.
> ㉶ 이 주임이 배우는 과정 중에서 김 대리는 배우지만 박 과장은 배우지 않는 과정이 있다.

① 최 대리는 자바베이직 과정을 배운다.
② 최 대리는 스프레드시트 과정과 데이터베이스 과정을 배운다.
③ 박 과장은 포토샵 과정과 자바베이직 과정을 배운다.
④ 이 주임은 데이터베이스 과정, 포토샵 과정, 자바베이직 과정을 배운다.
⑤ 김 대리는 스프레드시트 과정, 데이터베이스 과정, 포토샵 과정을 배운다.

해설

조건 ㉳와 조건 ㉴에서 최 대리가 배우는 과정은 김 대리, 박 과장, 이 주임 모두 배우지 않는다는 것을 알 수 있다. 따라서 최 대리는 한 사람만이 배우는 스프레드시트 과정을 배워야 하고(조건 ㉯), 자바베이직 과정은 김 대리, 박 과장, 이 주임이 배운다(조건 ㉲).
조건 ㉶와 조건 ㉰, 조건 ㉵와 조건 ㉱에 의해서 김 대리와 이 주임은 데이터베이스 과정 또는 포토샵 과정을 배울 수 있다. 이를 표로 정리하면 다음과 같다.

<table>
<tr><th></th><th>스프레드시트</th><th colspan="2">데이터베이스</th><th colspan="3">포토샵</th><th>자바베이직</th></tr>
<tr><td>김 대리</td><td></td><td>○</td><td>×</td><td>○</td><td>○</td><td>×</td><td>○</td></tr>
<tr><td>박 과장</td><td></td><td>×</td><td>○</td><td>○</td><td>×</td><td>○</td><td>○</td></tr>
<tr><td>최 대리</td><td>○</td><td colspan="2"></td><td colspan="3"></td><td></td></tr>
<tr><td>이 주임</td><td></td><td colspan="2">○</td><td colspan="3">○</td><td>○</td></tr>
<tr><td>인원</td><td>1명</td><td colspan="2">2명</td><td colspan="3">2명 이상</td><td>3명</td></tr>
</table>

따라서 조건에 따라 선택지 중에서 항상 옳은 것은 ④이다.

16 그린 포럼의 일정을 조정하고 있는 A 행정관이 고려해야 할 사항들이 다음과 같을 때, 항상 옳다고 볼 수 없는 것은?

- 포럼은 개회사, 발표, 토론, 휴식으로 구성하며, 휴식은 생략할 수 있다.
- 포럼은 오전 9시에 시작하여 늦어도 당일 정오까지는 마쳐야 한다.
- 개회사는 포럼 맨 처음에 10분 또는 20분으로 한다.
- 발표는 3회까지 계획할 수 있으며, 각 발표시간은 동일하게 40분으로 하거나 동일하게 50분으로 한다.
- 각 발표마다 토론은 10분으로 한다.
- 휴식은 최대 2회까지 가질 수 있으며, 1회 휴식은 20분으로 한다.

① 발표를 2회 계획한다면, 휴식을 2회 가질 수 있는 방법이 있다.
② 발표를 2회 계획한다면, 오전 11시 이전에 포럼을 마칠 방법이 있다.
③ 발표를 3회 계획하더라도, 휴식을 1회 가질 수 있는 방법이 있다.
④ 각 발표를 50분으로 하더라도, 발표를 3회 가질 수 있는 방법이 있다.
⑤ 각 발표를 40분으로 하고 개회사를 20분으로 하더라도, 휴식을 2회 가질 수 있는 방법이 있다.

해설

두 번째 정보에 따라 포럼시간은 최대 180분임을 알 수 있다. 발표를 50분씩 3회 하면 발표와 토론시간은 $(50+10)\times 3=180$분이고, 개회사를 하게 되면 전체 포럼시간을 초과하게 된다. 따라서 각 발표를 50분으로 하였을 때, 발표를 3회 가질 수 있는 방법은 없다.

Plus 해설

① 각 발표를 40분씩 하는 경우, $10+(40+10)\times 2=110$분이므로 70분이 남는다. 각 발표를 50분씩 하는 경우, $10+(50+10)\times 2=130$분이므로 50분이 남는다. 따라서 휴식을 2회 가질 수 있는 방법이 있다.
② 휴식을 생략하면 $10+(40+10)\times 2=110$분이므로, 오전 9시에 포럼을 시작해서 오전 11시 이전에 포럼을 마칠 수 있는 방법이 있다.
③ $10+(40+10)\times 3=160$분이므로 20분이 남는다. 따라서 휴식을 1회 가질 수 있는 방법이 있다.
⑤ $20+(40+10)\times 1=70$분이므로 110분이 남는다. 따라서 휴식을 2회 가질 수 있는 방법이 있다.

15 ④ 16 ④

17 12명의 사람에게 꽃을 한 송이씩 나누어 주었다. 다음 정보를 바탕으로 하였을 때, |보기| 중 옳은 것을 모두 고르면?

- 꽃은 총 12송이로 수국, 작약, 장미, 카라 4가지였으며, 1송이 이상씩 있었다.
- 작약을 받은 사람은 카라를 받은 사람보다 적다.
- 수국을 받은 사람은 작약을 받은 사람보다 적다.
- 장미를 받은 사람은 수국을 받은 사람보다 많고, 작약을 받은 사람보다 적다.

| 보기 |

㉠ 카라를 받은 사람이 4명이라면, 수국을 받은 사람은 1명이다.
㉡ 카라와 작약을 받은 사람이 각각 5명과 4명이라면, 장미를 받은 사람은 2명이다.
㉢ 수국을 받은 사람이 2명이라면, 작약을 받은 사람은 수국을 받은 사람보다 2명 더 많다.

① ㉠ ② ㉡ ③ ㉢
④ ㉠, ㉡ ⑤ ㉡, ㉢

해설

정보를 조합하면 꽃을 받은 사람 수는 카라>작약>장미>수국 순으로 많음을 알 수 있다. 카라와 작약을 받은 사람이 각각 5명, 4명이라면, 꽃은 3송이가 남고 장미를 받은 사람이 2명, 수국을 받은 사람이 1명일 것이다. 따라서 옳은 것은 ㉡이다.

Plus 해설

㉠ 카라를 받은 사람이 4명이고 작약, 장미, 수국을 받은 사람이 각각 3명, 2명, 1명이라고 했을 때, 총합이 12송이가 되지 않는다. 따라서 틀린 설명이다.
㉢ 수국을 받은 사람이 2명이고 장미, 작약, 카라를 받은 사람이 각각 3명, 4명, 5명이라고 했을 때, 작약을 받은 사람이 수국을 받은 사람보다 2명 더 많기는 하지만 총합이 14송이가 된다. 따라서 틀린 설명이다.

18 ○○공사에 근무하는 6명의 신입사원 A, B, C, D, E, F는 서로 일정이 겹치지 않도록 휴가 일정을 정하려고 한다. |조건|이 다음과 같을 때 항상 옳은 것을 고르면?

| 조건 |

- A, B, C, D, E, F의 휴가 일정은 겹치지 않는다.
- D는 세 번째로 휴가를 간다.
- A와 D는 연달아서 휴가를 간다.
- B는 A보다 먼저 휴가를 간다.
- 네 번째로 휴가를 가는 사람은 B 또는 F이다.
- C는 D보다 늦게 휴가를 간다.
- E는 D보다 늦게 휴가를 간다.

① B가 가장 먼저 휴가를 간다.
② C가 가장 마지막으로 휴가를 간다.
③ E는 다섯 번째로 휴가를 간다.
④ F는 두 번째로 휴가를 간다.
⑤ C와 E는 연달아 휴가를 가지 않는다.

해설

두 번째 조건에 따라 세 번째로 휴가를 가는 사람은 D이다. 세 번째 조건에서 A와 D는 연달아서 휴가를 간다고 했으므로 A는 두 번째나 네 번째로 휴가를 가야 한다. 하지만 다섯 번째 조건에서 네 번째로 휴가를 가는 사람은 B 또는 F라고 했으므로, A는 두 번째로 휴가를 가게 된다. 네 번째 조건에서 B는 A보다 먼저 휴가를 간다고 했으므로 B는 첫 번째로 휴가를 가게 되고, B가 첫 번째로 휴가를 가므로 네 번째로 휴가를 가는 사람은 F이다. C와 E는 D보다 늦게 휴가를 간다고 했으므로, 다섯 번째나 여섯 번째로 휴가를 가게 된다.

첫 번째	두 번째	세 번째	네 번째	다섯 번째	여섯 번째
B	A	D	F	C/E	E/C

따라서 항상 옳은 것은 ①이다.

17 ② 18 ①

문제해결력

19 A, B, C, D, E가 키를 측정한 후 키가 큰 순서대로 나란히 서 있다. 측정을 도와준 네 사람이 다음과 같이 진술했다고 할 때, 두 번째로 키가 큰 사람은 누구인가?

> 갑 : E는 A와 D 사이에 서 있다.
> 을 : A는 B와 C 사이에 서 있다.
> 병 : D는 키가 제일 작지 않다.
> 정 : A와 E는 바로 옆에 서 있지 않다.

① A ② B ③ C ④ D ⑤ E

해설

각각의 진술을 간략하게 나타내면 다음과 같다.
갑 · 정 → A - ( ) - E - D 또는 D - E - ( ) - A
+을 → B(C) - A - C(B) - E - D 또는 D - E - B(C) - A - C(B)
+병 → D - E - B(C) - A - C(B)
따라서 두 번째로 키가 큰 사람은 E이다.

20 A, B, C, D, E 다섯 약국은 공휴일마다 2지점씩만 영업을 한다. 알려진 사실이 다음과 같을 때 항상 옳은 것은? (단, 한 달간 각 약국의 공휴일 영업일수는 같다.)

> - 이번 달 공휴일은 총 5일이다.
> - 오늘은 세 번째 공휴일이며 A약국, C약국이 영업을 한다.
> - D약국은 오늘을 포함하여 이번 달에는 더 이상 공휴일에 영업을 하지 않는다.
> - E약국은 마지막 공휴일에 영업을 한다.
> - A약국과 E약국은 이번 달에 한 번씩 D약국과 영업을 했다.

① A약국은 이번 달에 두 번의 공휴일을 연달아 영업한다.
② 이번 달에 B약국, E약국이 함께 영업하는 공휴일은 없다.
③ B약국은 두 번째, 네 번째 공휴일에 영업을 한다.
④ 네 번째 공휴일에 영업하는 약국은 B약국과 C약국이다.
⑤ E약국은 첫 번째, 다섯 번째 공휴일에 영업을 한다.

해설

한 달간 각 약국의 공휴일 영업일수가 같으므로 5일의 공휴일 동안 각각 두 번씩 영업한다. 세 번째 공휴일인 오늘은 A약국, C약국이 영업을 하며 D약국은 오늘을 포함하여 이번 달에는 더 이상 공휴일 영업을 하지 않는다고 하였으므로 이미 두 번 영업을 했다고 할 수 있다. A약국과 E약국이 D약국이 영업할 때 함께 영업을 했고, E약국은 마지막 공휴일에 영업을 한다고 했으므로 표로 나타내면 다음과 같다.

첫 번째 공휴일	D약국, A(E)약국
두 번째 공휴일	D약국, E(A)약국
세 번째 공휴일	A약국, C약국
네 번째 공휴일	
다섯 번째 공휴일	E약국

그러므로 한 번도 영업하지 않은 B약국이 남은 공휴일에 모두 영업을 하고, 한 번 영업한 C약국이 네 번째 공휴일에 영업을 한다.

첫 번째 공휴일	D약국, A(E)약국
두 번째 공휴일	D약국, E(A)약국
세 번째 공휴일	A약국, C약국
네 번째 공휴일	B약국, C약국
다섯 번째 공휴일	E약국, B약국

따라서 항상 옳은 것은 ④이다.

Plus 해설

① A약국은 이번 달에 공휴일 영업을 두 번 연달아 했을 수도 있고 그렇지 않을 수도 있다.
② 이번 달에 B약국과 E약국이 함께 영업하는 공휴일은 다섯 번째 공휴일이다.
③ B약국은 네 번째, 다섯 번째 공휴일에 영업을 한다.
⑤ E약국은 첫 번째, 다섯 번째 공휴일 또는 두 번째, 다섯 번째 공휴일에 영업을 한다.

문제해결력

19 ⑤ 20 ④

Chapter 05 공간지각력 기본 이론 학습

① 도형 개수

1) 평면도형 개수 세기 : 삼각형 또는 사각형의 개수를 세는 문제

Tips

1. 한 변의 길이가 가장 작은 것부터 센다.
2. 도형을 중복해서 세지 않도록 주의한다.

예제 1

다음 그림에서 만들 수 있는 크고 작은 사각형을 모두 구하면 몇 개인가?

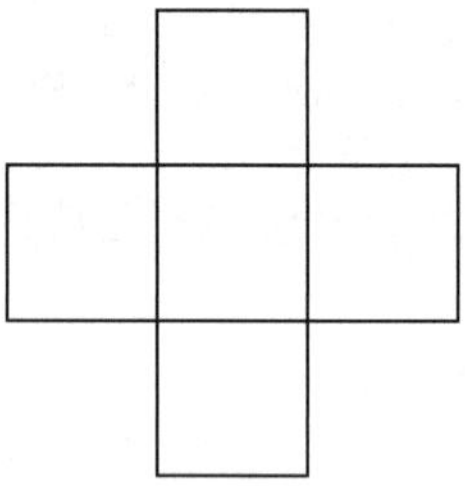

① 7개　　② 9개　　③ 11개　　④ 13개

해설

5개
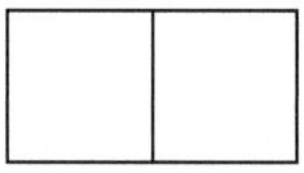
4개
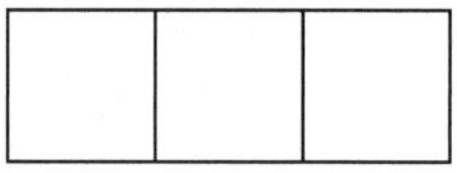
2개

따라서 크고 작은 사각형은 모두 11개이다.

정답 ③

2) 입체도형(블록) 개수 세기 : 가로, 세로, 높이가 있는 3차원 도형의 개수를 세는 문제

Tips

1. 주어진 그림에서 보이지 않는 숨어 있는 도형의 면을 파악한다.
2. 접촉하고 있는 면을 셀 때는 좌→우, 상→하, 전→후의 일정한 기준과 순서에 따라 개수를 세는 것이 효율적이다.
3. 도형의 면을 정확히 구분하는 것이 중요하다.

예제 2

다음과 같이 쌓여 있는 블록의 개수를 구하면?

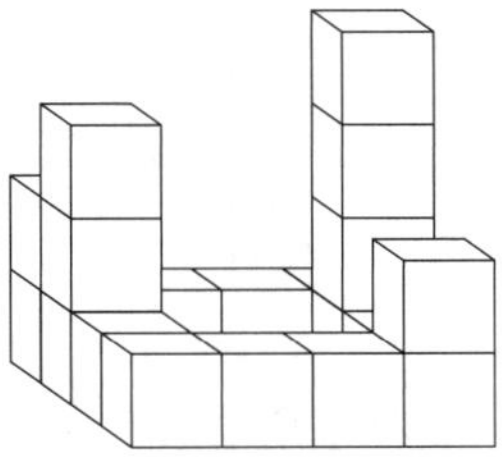

① 16개　　② 17개　　③ 18개　　④ 19개

해설

1층에 있는 블록은 12개이고 2층에 있는 블록은 4개, 3~4층에 있는 블록은 2+1=3개이다. 따라서 블록의 개수는 총 12+4+3 = 19개이다.

정답 ④

공간지각력

② 도형 회전

1) 도형 회전 : 제시된 도형이 시계 방향이나 반시계 방향으로 회전하는 규칙

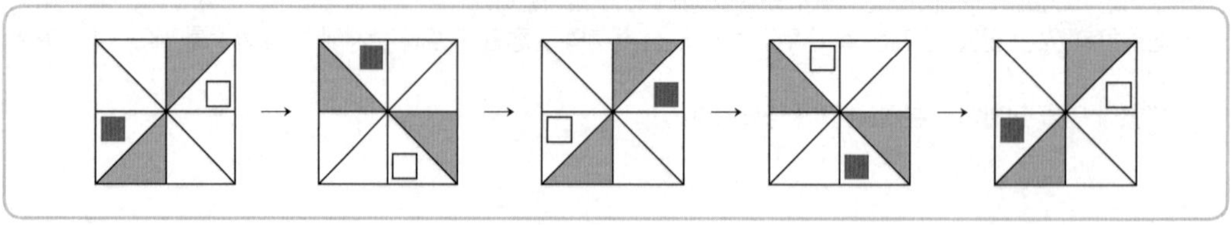

→ 제시된 도형이 시계 방향으로 90°씩 회전하고 있다.

2) 내부 도형 회전 : 제시된 도형의 내부 도형이 시계 방향이나 반시계 방향으로 회전하는 규칙

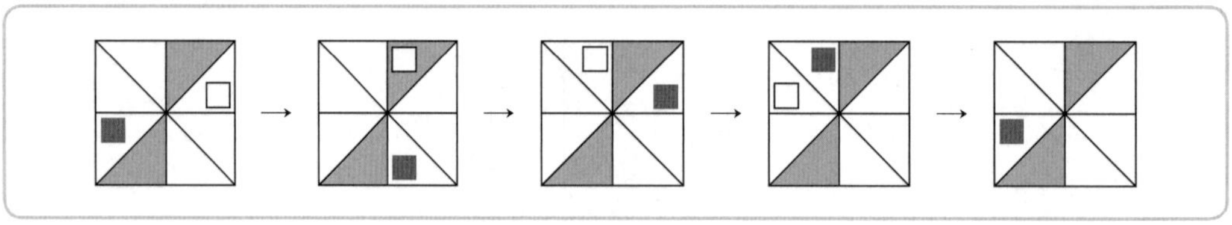

→ 제시된 도형의 내부 도형 중 □은 반시계 방향으로 한 칸씩, ■은 두 칸씩 움직이고 있다.

3) 대칭 · 반전 : 제시된 도형이 좌 · 우나 상 · 하로 대칭하며 회전하는 규칙

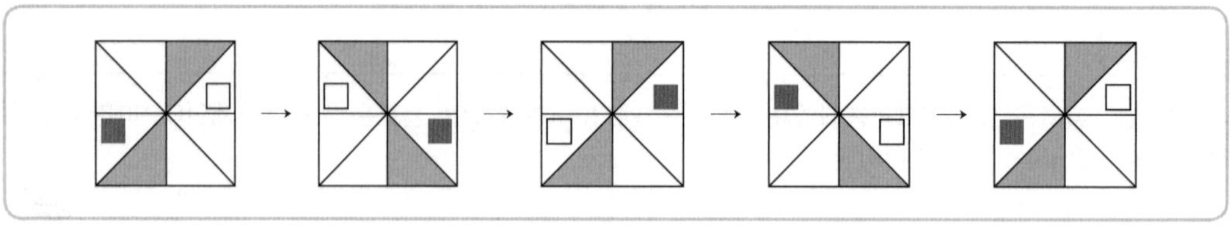

→ 제시된 도형은 좌우대칭, 상하대칭을 반복하고 있다.

4) 색 반전 : 제시된 도형이나 내부 도형의 색이 반전하는 규칙

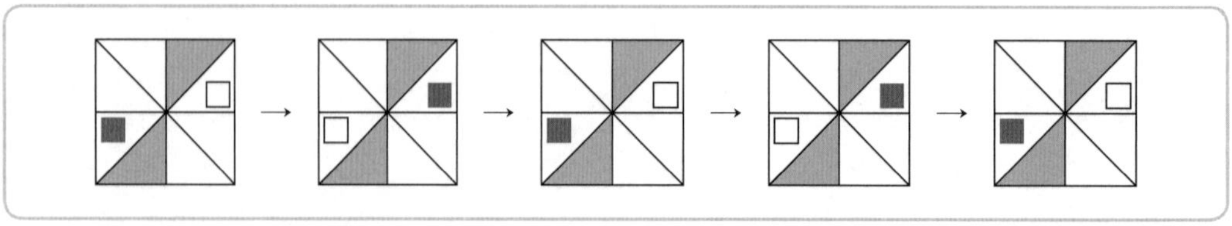

→ 제시된 도형의 내부 도형의 색깔이 반전하고 있다.

5) 선 삭제 · 합체 : 제시된 도형의 선 일부를 삭제하거나 합치는 규칙

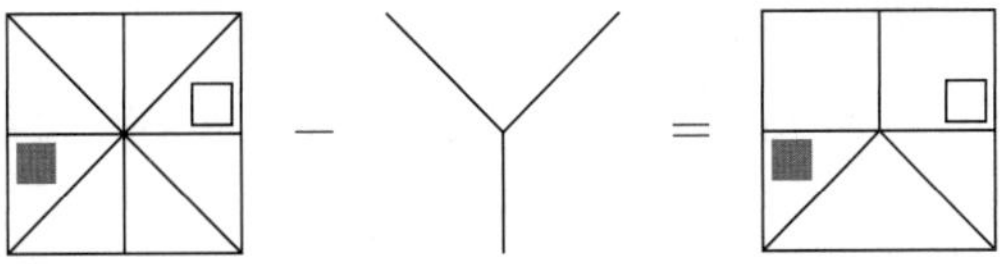

예제 3

다음 도형 변화의 규칙을 찾아 ?에 들어갈 알맞은 그림을 고르면?

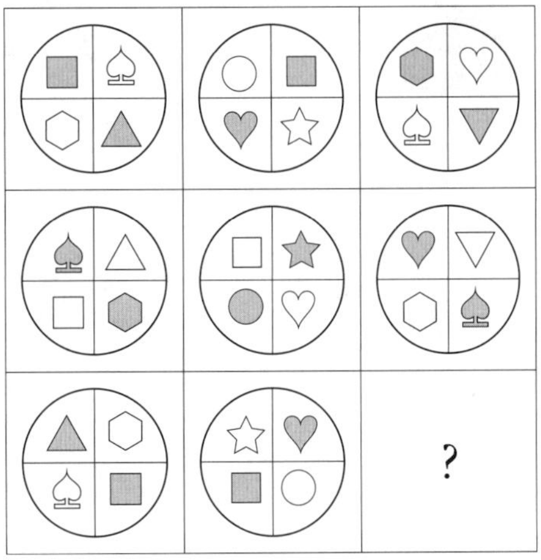

① 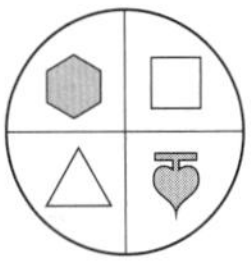
② 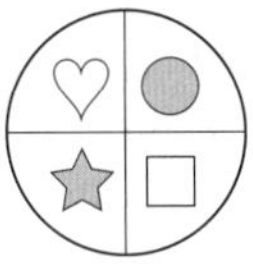
③ 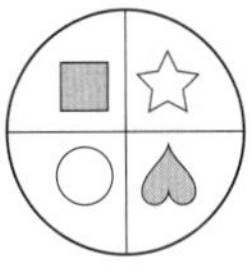
④ 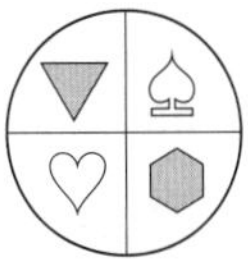

해설

세로 줄을 기준으로 동그라미 안의 작은 도형들의 색이 번갈아 바뀌고 있고, 가로줄을 기준으로 반시계 방향으로 한 칸씩 움직이고 있다. 따라서 ?에 들어갈 알맞은 그림은 ④이다.

정답 ④

③ 거울에 비친 모양이나 도장을 찍었을 때의 모양

1) 문제 유형 : 주어진 그림을 대칭하여 회전시킨 후 일치하지 않는 모양을 찾는 문제이다. 이러한 문제는 거울에 비친 상 또는 도장을 찍었을 때의 모양은 좌우대칭되어 나타난다는 것이 중요하다.

2) 문제 풀이 : 거울에 비쳤을 때 모양이 변하지 않는 형태나 특징적인 부분을 표시해둔다.

예제 4

다음과 같은 도장을 빈 종이에 찍었을 때 나올 수 없는 모양은?

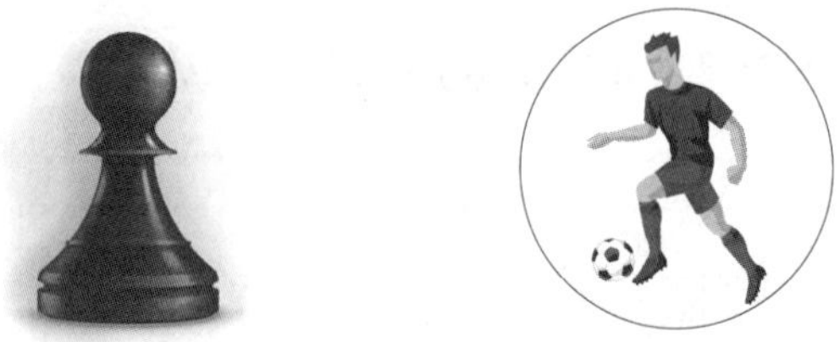

①

②

③

④

해설

도장을 찍으면 도장 내 이미지는 좌우대칭으로 나타난다. 따라서 도장 내 이미지를 좌우대칭하지 않은 채 왼쪽으로 90° 회전시킨 보기 ④의 모양은 나올 수 없다.
① : 제시된 이미지를 좌우대칭한 후 180° 회전시킨 모양이다.
② : 제시된 이미지를 좌우대칭한 후 왼쪽으로 90° 회전시킨 모양이다.
③ : 제시된 이미지를 좌우대칭한 후 오른쪽으로 90° 회전시킨 모양이다.

정답 ④

④ 다면체

다각형(삼각형, 사각형, 오각형, …)인 면으로만 둘러싸인 입체도형이다.

1) 정다면체 : 모든 면이 합동인 정다각형이고, 각 꼭짓점에 모인 면의 개수가 모두 같은 다면체

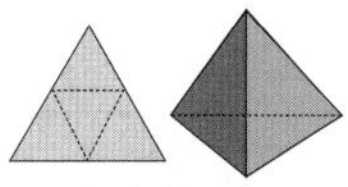	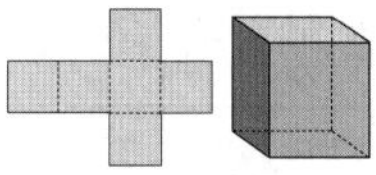	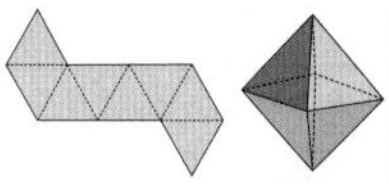	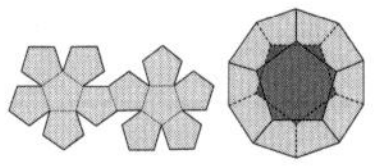	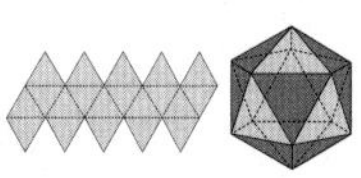
정사면체	정육면체	정팔면체	정십이면체	정이십면체

Tips

정다면체는 정4면체, 정6면체, 정8면체, 정12면체, 정20면체 총 5가지이다.

구별하기

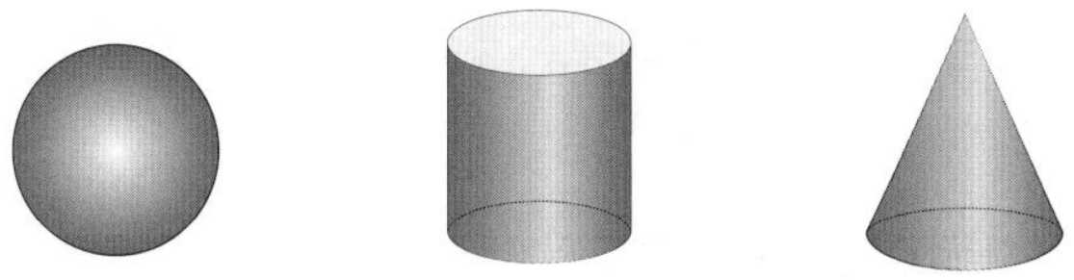

구　　원기둥　　원뿔

* 원기둥과 원뿔은 다면체가 아니다.
원기둥과 원뿔의 밑면은 원이므로 다각형이 아니기 때문이다.

2) 각기둥 · 각뿔 · 각뿔대

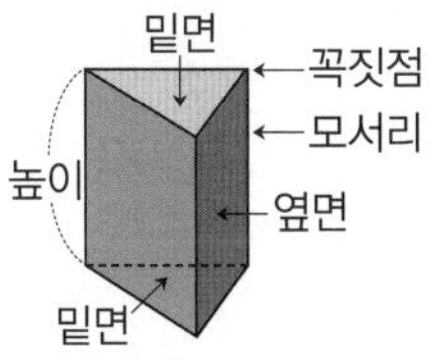	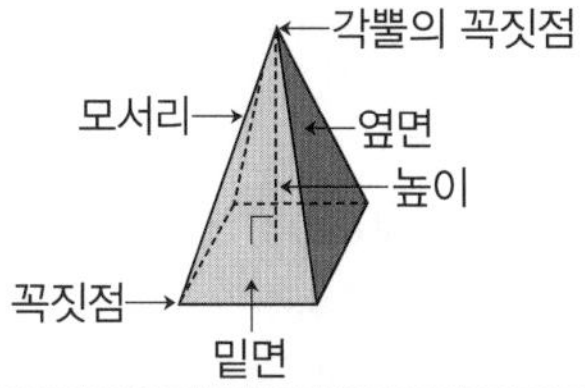	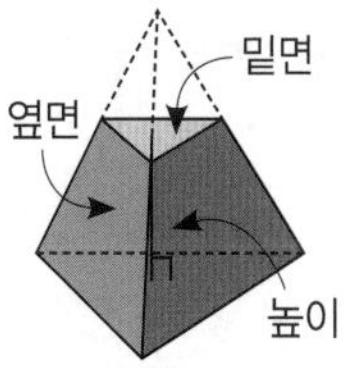
각기둥	각뿔	각뿔대

(1) **각기둥 :** 위와 아래에 있는 면이 서로 평행이고 합동인 다각형으로 이루어진 입체도형이다.

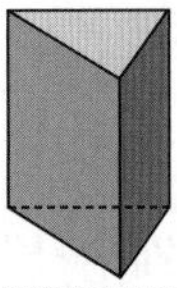	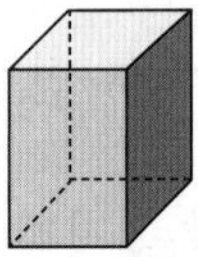	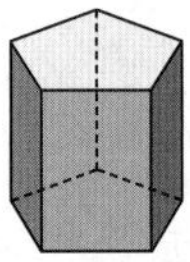	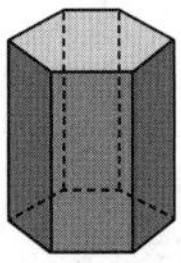
삼각기둥	사각기둥	오각기둥	육각기둥

(2) **각뿔 :** 밑면이 다각형이고, 옆면은 모두 삼각형인 뿔 모양의 입체도형이다.

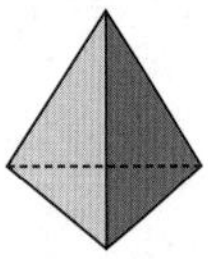	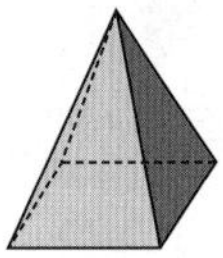	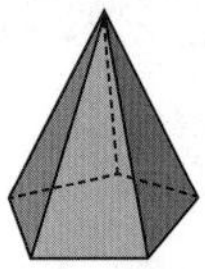	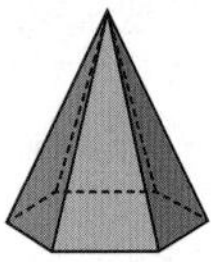
삼각뿔	사각뿔	오각뿔	육각뿔

(3) **각뿔대 :** 각뿔을 밑면에 평행인 평면으로 잘랐을 때 생기는 입체도형 중 각뿔이 아닌 도형으로, 각뿔대의 두 밑면의 크기는 다르고, 옆면의 모양은 사다리꼴이다.

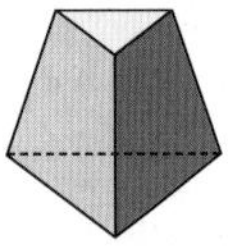	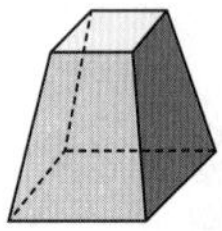
삼각뿔대	사각뿔대

(4) **특징**

구분	n각기둥	n각뿔	n각뿔대
면의 수	n + 2	n + 1	n + 2
꼭짓점의 수	2n	n + 1	2n
모서리의 수	3n	2n	3n

예 사각기둥의 면의 수 : $4+2=6$(개)
꼭짓점의 수 : $2\times4=8$(개)
모서리의 수 : $3\times4=12$(개)

예제 5

다음 입체도형의 모서리는 모두 몇 개인가?

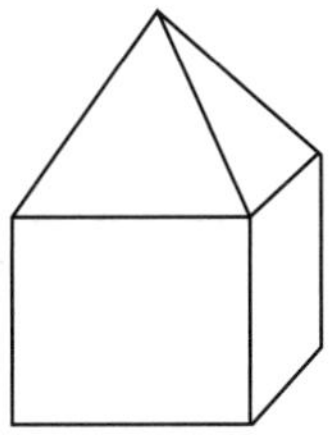

① 9개 ② 12개 ③ 16개 ④ 20개

해설

각기둥이나 각뿔의 모서리는 직선이다.
각기둥의 모서리 수를 구하는 공식은 '밑면 변의 수×3'이다. 따라서 사각기둥 모서리 수는 4×3=12이다.
각뿔의 모서리 수를 구하는 공식은 '밑면 변의 수×2'이므로, 사각뿔 모서리 수는 4×2=8이다.
사각기둥과 사각뿔의 모서리 수를 더한 12+8=20에서 위 입체 도형의 겹쳐지는 부분의 모서리 수 4를 빼면 제시된 도형의 모서리 수는 총 16개이다.

정답 ③

⑤ 전개도

입체도형을 펼쳐서 평면에 나타낸 그림이다.

Tips

1. 서로 마주 보는 면은 합동이 되도록 나타낸다.
2. 접히는 부분은 점선으로, 나머지 부분은 실선으로 나타낸다.
3. 같은 입체도형이라도 전개도의 모양이 다를 수 있다.

1) 정사면체 전개도 : 정사면체의 전개도는 두 가지이며, 평행 관계에 위치한 면은 없다.

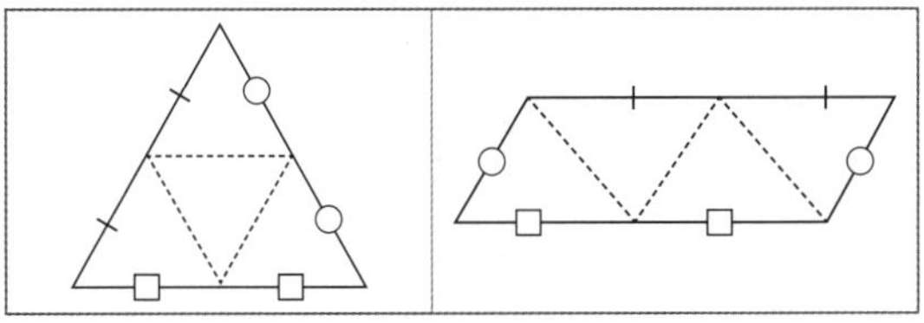

2) **정육면체 전개도** : 정육면체의 전개도는 11가지이며, 대개 상단 1면 · 중단 4면 · 하단 1면의 구조가 되면 정육면체의 전개도가 성립한다.

(1) 전개도의 인접하는 면

① 90°를 이루는 변은 겹쳐진다.

② 90°를 이루는 변의 이웃한 변은 겹쳐진다.

③ 인접하는 면의 이웃한 변으로 면을 이동시킬 수 있다.

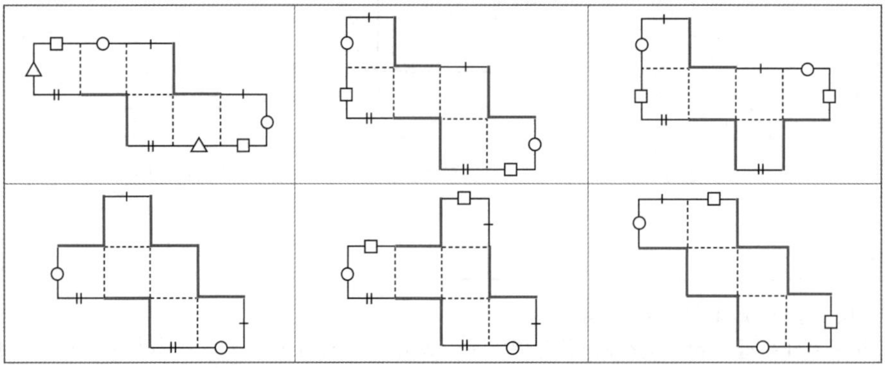

(2) 전개도의 변형(면의 이동)

① 인접하는 면의 방향으로 회전하며 이동한다.

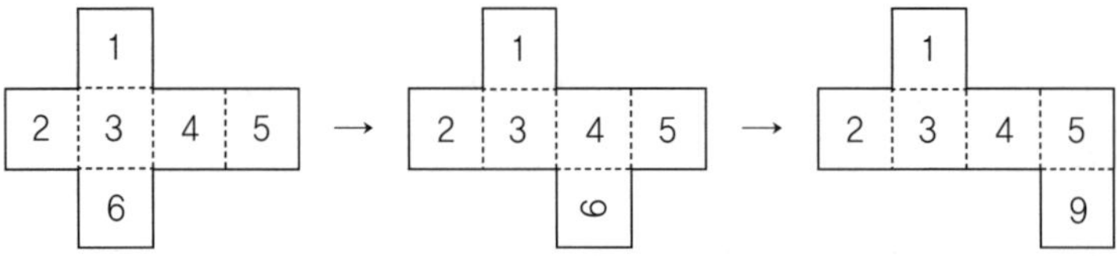

② 여러 개를 한꺼번에 이동할 수 있다.

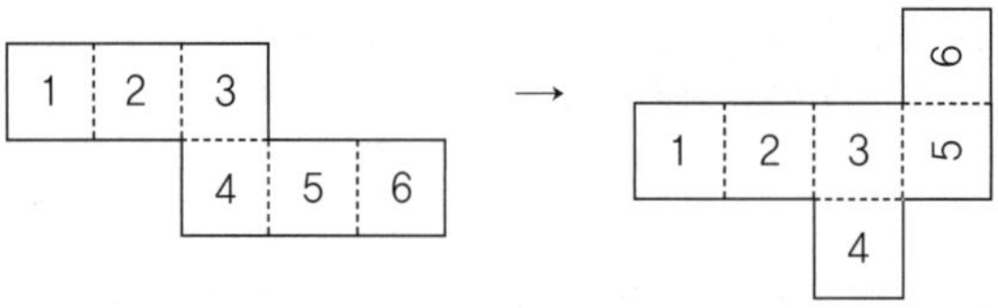

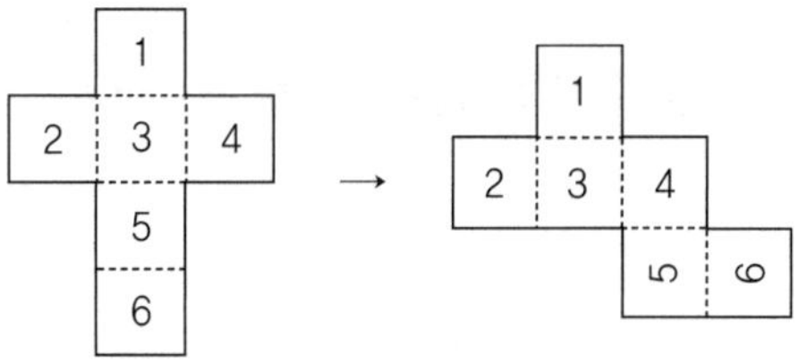

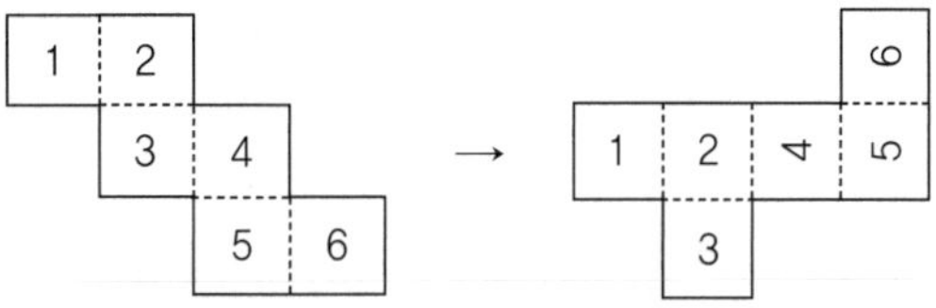

③ 4칸이 이어진 전개도의 경우, 같은 형태 그대로 이동할 수 있다.

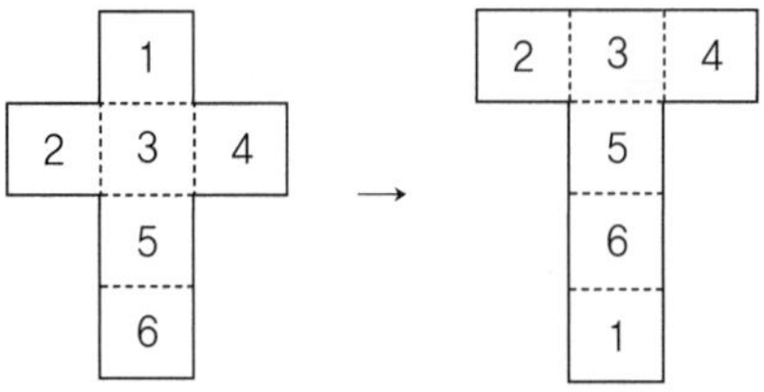

3) 정팔면체 전개도 : 정팔면체의 전개도는 상단 1면 · 중단 6면(△와 ▽을 번갈아 배열) · 하단 1면의 구조가 되거나, 꼭짓점 A와 B를 중심으로 4개의 정삼각형이 모이게 된다.

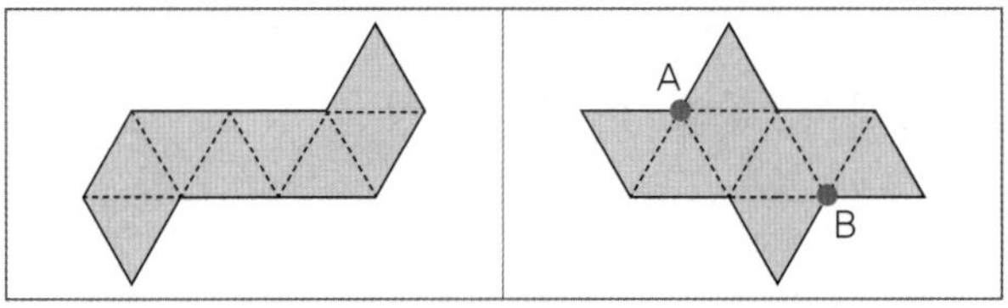

예제 6

다음 전개도를 접었을 때 나올 수 있는 입체도형을 고르면?

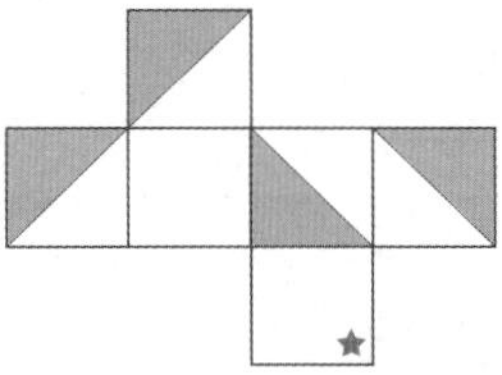

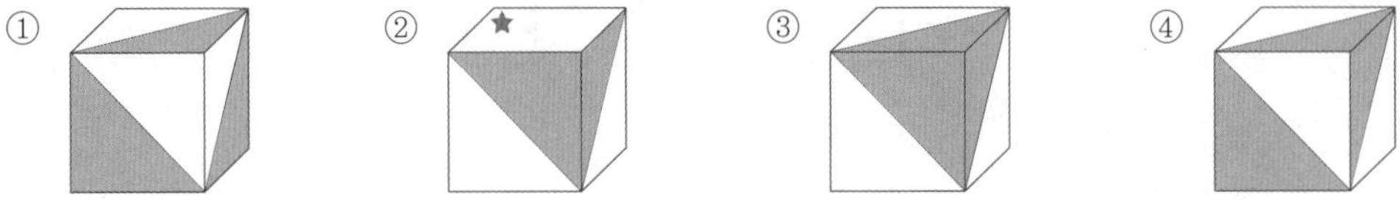

① ② ③ ④

해설

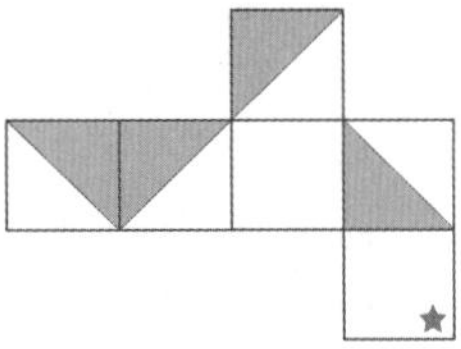

오른쪽 한 면을 왼쪽으로 옮기면 세 면이 만나는 부분을 파악할 수 있다. 따라서 정답은 ③이다.

정답 ③

⑥ 회전체와 절단면

1) 회전체 : 평면도형의 한 직선을 축으로 하여 1회전 시킨 입체도형

(1) 원기둥

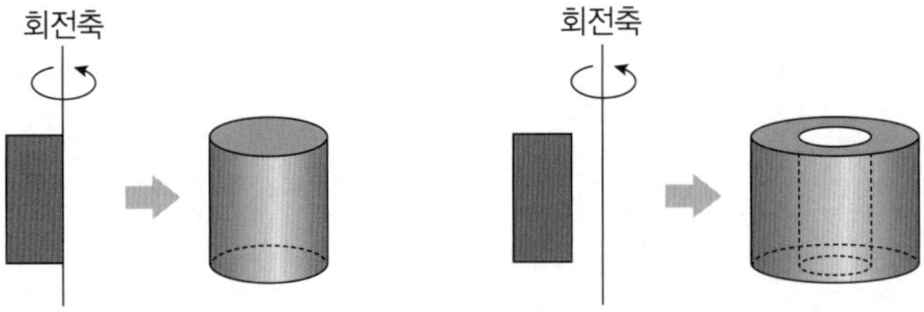

(2) 원뿔

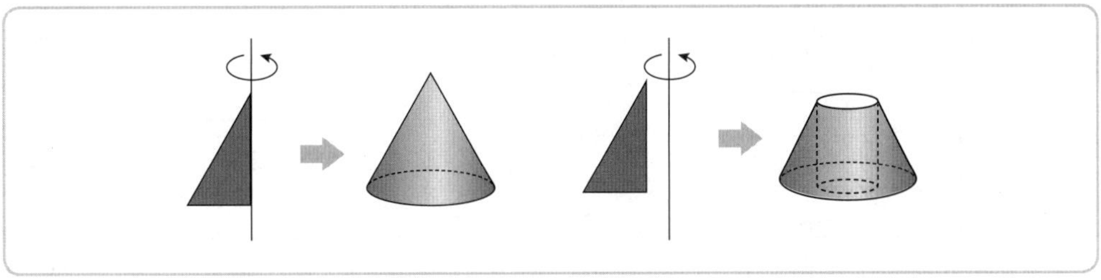

(3) 원뿔대

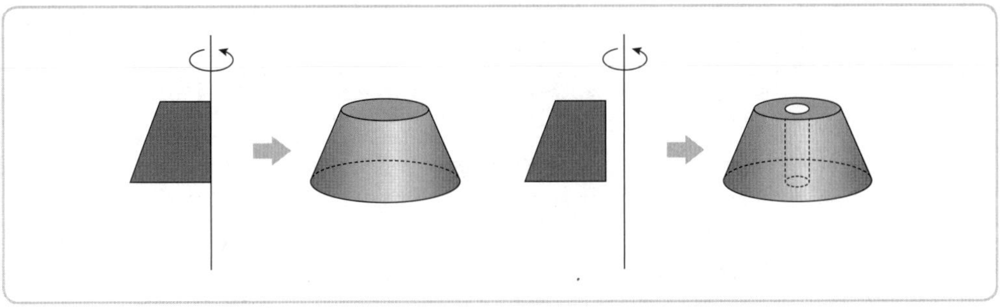

(4) 구

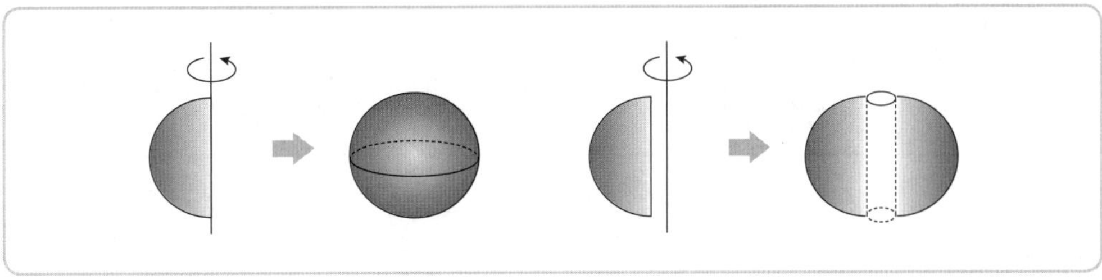

Tips

축으로 사용한 직선을 '회전축'이라고 한다. 회전축이 평면도형과 떨어져 있는 경우에는 속이 비어 있는 회전체가 되며, 회전체는 반드시 원을 포함하고 있다.

2) **절단면** : 회전체를 평면으로 잘랐을 때 생기는 도형의 단면

구분	(1) 원기둥	(2) 원뿔	(3) 원뿔대	(4) 구
회전축에 수직인 평면으로 자르기	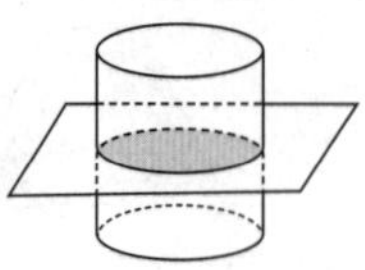	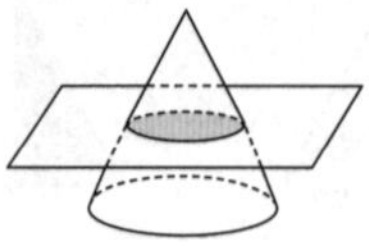	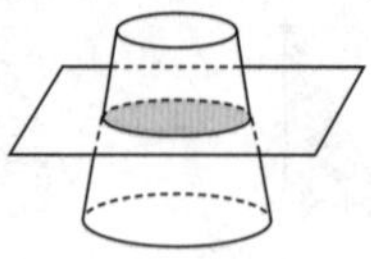	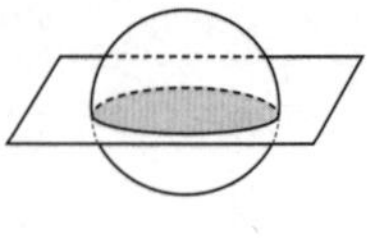
	원	원	원	원
회전축을 포함한 평면으로 자르기	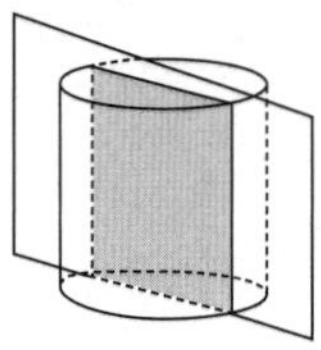	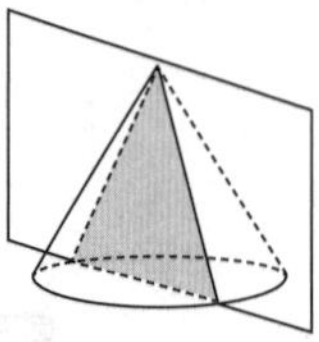	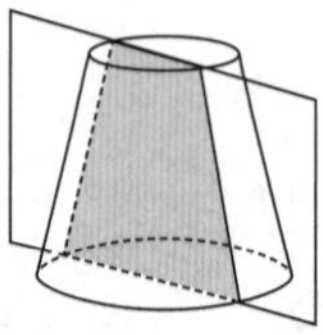	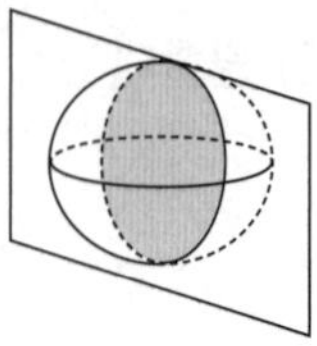
	직사각형	이등변삼각형	등변사다리꼴	원
그 외 여러 가지 방향으로 자르기	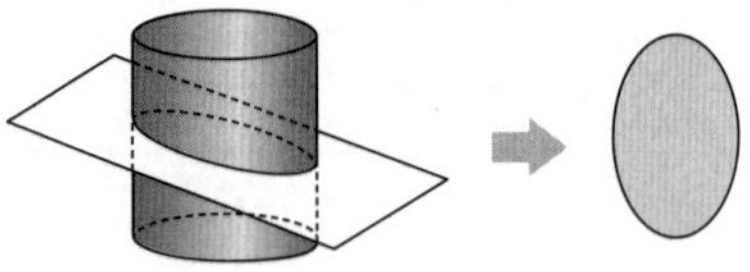		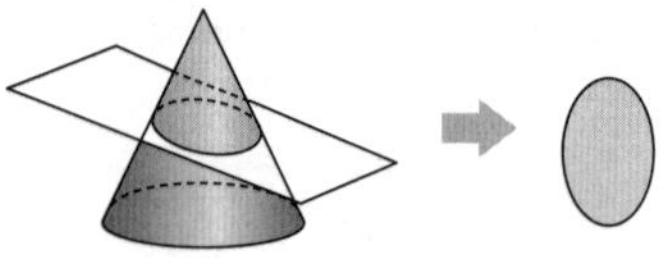	
속이 비어 있는 회전체의 단면	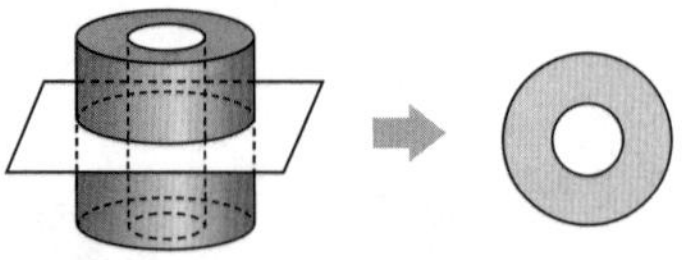		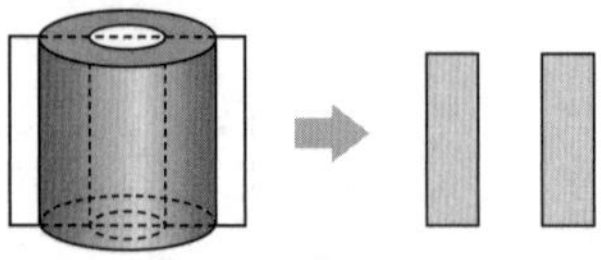	

Tips

같은 회전체라도 자르는 방향에 따라 단면의 모양이 달라진다. 회전축에 수직인 평면으로 자른 단면은 항상 원이다.

예제 7

다음 정사각뿔을 평면으로 한 번 잘랐을 때 나올 수 없는 단면은?

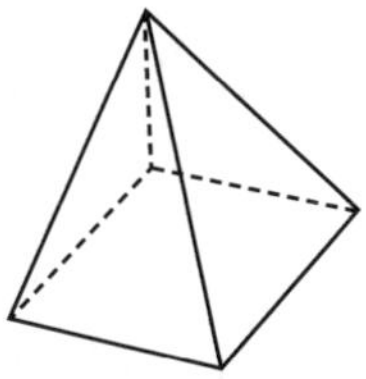

①  ② 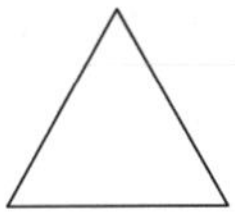 ③  ④ 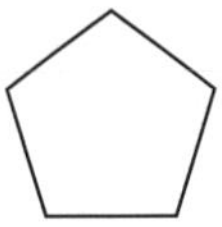

해설

n각뿔을 잘랐을 때 나올 수 있는 최대 단면은 $(n+1)$각형이다.
정사각뿔은 $4+1=5$이므로 모든 면을 지나도록 자른 단면은 5각형이 된다. 따라서 위 정사각뿔을 평면으로 한 번 잘랐을 때 삼각형, 사각형, 오각형이 나올 수 있다.

Plus 해설

다음과 같이 정사각뿔의 높이를 다르게 자르면 ①과 같은 사다리꼴이 나온다.

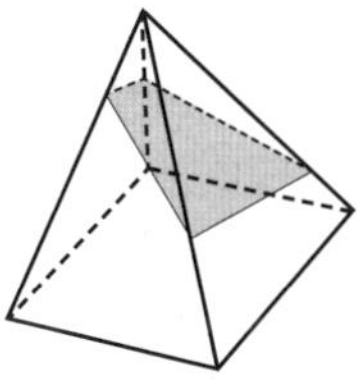

정답 ③

Tips

다면체를 평면으로 잘랐을 때 나올 수 있는 단면의 최대 개수
1. n각기둥을 잘랐을 때 나올 수 있는 최대 단면은 (n+2)각형이다.
2. n각뿔을 잘랐을 때 나올 수 있는 최대 단면은 (n+1)각형이다.
예 사각기둥을 평면으로 자르면 삼각형, 사각형, 오각형, 육각형의 단면이 나올 수 있다.

Chapter 05 공간지각력 실전 연습 문제

출제 포인트!

공간지각력은 지각속도, 도형추리, 그림유추, 종이접기, 블록, 전개도 등의 유형으로 구성된다. 문자나 도형 등을 얼마나 빠르게 지각할 수 있는지, 도형의 규칙을 찾아 도형의 모양을 예상할 수 있는지, 쌓여 있는 블록의 개수를 유추해낼 수 있는지, 입체 도형과 전개도의 관계를 파악할 수 있는지 등을 확인하는 문제들이 출제되고 있다.
최대한 빠른 시간 내에 문제를 푸는 것이 중요하며, 정답이 아닌 선택지를 하나씩 제거해나가며 푸는 것이 도움이 된다. 여러 유형의 문제를 반복적으로 풀어보며 문제 풀이 시간을 단축해 보도록 한다.

01 지각속도

[01~05] 다음 제시된 문자와 같은 것의 개수를 구하시오.

01

하구

소구	가구	오구	배구	치구	소구	배구	체구	나구	미구	소구	다구
치구	호구	자구	다구	명구	마구	가구	다구	미구	자구	체구	나구
가구	배구	명구	소구	미구	배구	마구	자구	소구	오구	마구	하구
미구	마구	치구	하구	가구	자구	명구	오구	배구	호구	자구	명구

① 1개 ② 2개 ③ 3개 ④ 4개 ⑤ 5개

해설

소구	가구	오구	배구	치구	소구	배구	체구	나구	미구	소구	다구
치구	호구	자구	다구	명구	마구	가구	다구	미구	자구	체구	나구
가구	배구	명구	소구	미구	배구	마구	자구	소구	오구	마구	하구
미구	마구	치구	하구	가구	자구	명구	오구	배구	호구	자구	명구

꿀팁 COOL TIP 지각속도 풀이비법

1. 비슷한 글자와 혼동하지 않도록 손가락으로 짚어가며 푼다.
2. 많은 글자가 있는 가로 열보다는 적은 글자가 있는 세로 열 기준으로 확인하는 것이 시간 단축에 도움이 될 수 있다.

02

㉷㉹

㉲㉻	㉱㉵	㉻㉲	㉲㉳	㉳㉲	㉵㉴	㉱㉵	㉲㉻	㉴㉵	㉳㉲	㉵㉱	㉮㉯
㉳㉲	㉴㉵	㉵㉱	㉯㉱	㉲㉻	㉴㉵	㉳㉲	㉻㉲	㉲㉳	㉲㉻	㉮㉯	㉻㉲
㉮㉯	㉻㉲	㉲㉻	㉵㉴	㉷㉹	㉵㉱	㉲㉻	㉮㉯	㉹㉺	㉯㉱	㉷㉹	㉴㉵
㉵㉱	㉷㉹	㉲㉳	㉹㉺	㉱㉵	㉻㉲	㉲㉳	㉵㉴	㉲㉻	㉲㉳	㉯㉱	㉲㉻

① 1개 ② 2개 ③ 3개 ④ 4개 ⑤ 5개

해설

㉲㉻	㉱㉵	㉻㉲	㉲㉳	㉳㉲	㉵㉴	㉱㉵	㉲㉻	㉴㉵	㉳㉲	㉵㉱	㉮㉯
㉳㉲	㉴㉵	㉵㉱	㉯㉱	㉲㉻	㉴㉵	㉳㉲	㉻㉲	㉲㉳	㉲㉻	㉮㉯	㉻㉲
㉮㉯	㉻㉲	㉲㉻	㉵㉴	㉷㉹	㉵㉱	㉲㉻	㉮㉯	㉹㉺	㉯㉱	㉷㉹	㉴㉵
㉵㉱	㉷㉹	㉲㉳	㉹㉺	㉱㉵	㉻㉲	㉲㉳	㉵㉴	㉲㉻	㉲㉳	㉯㉱	㉲㉻

03

찕

첡	잔	잟	찮	잘	첡	잟	첞	잔	찮	첡	잘
잘	첞	춚	첧	첞	찕	첧	찰	첧	잫	찰	잔
첧	잫	찰	첡	챃	잫	춚	잘	찕	챃	잫	춚
춚	찮	잘	첞	잔	잟	찮	첞	잟	첡	찮	첞

① 1개 ② 2개 ③ 3개 ④ 4개 ⑤ 5개

01 ② 02 ③

해설

칡	잔	잟	찮	잘	칡	잟	첞	잔	찮	칡	잘
잘	첞	촗	첧	첞	찱	첧	찰	첧	잫	찰	잔
첧	잫	찰	칡	챃	잫	촗	잘	찱	챃	잫	촗
촗	찮	잘	첞	잔	잟	찮	첞	잟	칡	찮	첞

04

88

84	28	37	87	07	48	38	29	07	87	38	37
48	07	23	91	88	84	91	28	23	28	84	28
29	23	38	29	37	28	87	88	84	91	07	48
91	38	87	28	84	48	23	07	38	29	23	87

① 1개 ② 2개 ③ 3개 ④ 4개 ⑤ 5개

해설

84	28	37	87	07	48	38	29	07	87	38	37
48	07	23	91	88	84	91	28	23	28	84	28
29	23	38	29	37	28	87	88	84	91	07	48
91	38	87	28	84	48	23	07	38	29	23	87

05

許樂

懇肝	苛甘	鑑痄	迦苛	甘懇	迦助	迦苛	鑑痄	肝曷	曷迦	奸癎	許樂
迦苛	苛柬	肝曷	曷角	懇肝	幹奴	苛柬	苛甘	懇肝	幹奴	曷角	迦助
鑑痄	迦助	苛柬	甘懇	鑑痄	肝曷	迦苛	甘懇	苛柬	鑑痄	迦苛	苛柬
許樂	甘懇	幹奴	奸癎	許樂	苛甘	曷角	肝曷	曷迦	迦苛	懇肝	甘懇

① 1개 ② 2개 ③ 3개 ④ 4개 ⑤ 5개

해설

懇肝	苛甘	鑑疳	迦苛	甘懇	迦助	迦苛	鑑疳	肝曷	曷迦	奸痼	許樂
迦苛	苛柬	肝曷	曷角	懇肝	幹奴	苛柬	苛甘	懇肝	幹奴	曷角	迦助
鑑疳	迦助	苛柬	甘懇	鑑疳	肝曷	迦苛	甘懇	苛柬	鑑疳	迦苛	苛柬
許樂	甘懇	幹奴	奸痼	許樂	苛甘	曷角	肝曷	曷迦	迦苛	懇肝	甘懇

[06~10] 다음 표에 제시되지 않은 문자 또는 도형을 고르시오.

06

거	효	초	진	지	제	조	샤	네	겨	노	냐
도	고	다	보	듀	처	호	쿄	버	표	포	게
너	마	지	두	드	디	도	채	페	셔	비	래
츠	츄	됴	야	요	어	초	슈	수	투	텨	보

① 쿄 ② 효 ③ 포 ④ 예 ⑤ 처

해설

거	효	초	진	지	제	조	샤	네	겨	노	냐
도	고	다	보	듀	처	호	쿄	버	표	포	게
너	마	지	두	드	디	도	채	페	셔	비	래
츠	츄	됴	야	요	어	초	슈	수	투	텨	보

꿀팁 COOL TIP 시간 단축이 생명인 지각속도 풀이비법

1. 선택지 ①~⑤에 표기된 문자 중심으로 박스 안에 있는 문자들을 비교하며 답이 되지 않는 선택지는 바로바로 지워가면서 푼다.
2. 동그라미, 세모, 사선 등 자신만의 기호로 확실하게 표시하면서 푸는 요령도 익히도록 한다.

03 ② 04 ② 05 ③ 06 ④

07

시기	재기	안기	보기	수기	야기	가기	용기	축기	차기	사기	서기
앙기	속기	삼기	족기	배기	공기	마기	영기	자기	미기	망기	농기
잔기	방기	달기	해기	중기	하기	혼기	오기	삼기	종기	세기	선기
고기	나기	항기	출기	송기	호기	지기	피기	한기	상기	빙기	주기

① 경기 ② 송기 ③ 종기 ④ 속기 ⑤ 농기

해설

시기	재기	안기	보기	수기	야기	가기	용기	축기	차기	사기	서기
앙기	속기	삼기	족기	배기	공기	마기	영기	자기	미기	망기	농기
잔기	방기	달기	해기	중기	하기	혼기	오기	삼기	종기	세기	선기
고기	나기	항기	출기	송기	호기	지기	피기	한기	상기	빙기	주기

08

↙	◆	★	↖	◐	∀	⇔	♠	☎	∃	▼	§
¶	♥	Ⓚ	€	⊙	♤	♠	♬	↘	◇	■	☞
㈜	♬	⇔	☎	♨	¢	◈	$	※	↗	‡	▥
☞	△	♡	▣	⇒	▶	☏	Σ	▦	◑	♨	▲

① ∞ ② ◐ ③ ♬ ④ $ ⑤ ■

해설

↙	◆	★	↖	◐	∀	⇔	♠	☎	∃	▼	§
¶	♥	Ⓚ	€	⊙	♤	♠	♬	↘	◇	■	☞
㈜	♬	⇔	☎	♨	¢	◈	$	※	↗	‡	▥
☞	△	♡	▣	⇒	▶	☏	Σ	▦	◑	♨	▲

09

머지	머자	묘치	며지	머자	머지	먀지	머자	며지	미지	며초	머지
머자	미자	머지	머피	뮤지	며초	미지	뮤자	뮤지	머자	머자	무지
뮤지	먀지	미지	머지	며초	머피	머자	미지	먀지	머지	머자	며지
며지	며추	므지	미지	머피	며지	머피	모지	머자	머지	먀지	뮤지

① 무지　② 마자　③ 묘치　④ 모지　⑤ 므지

해설

머지	머자	묘치	며지	머자	머지	먀지	머자	며지	미지	며초	머지
머자	미자	머지	머피	뮤지	며초	미지	뮤자	뮤지	머자	머자	무지
뮤지	먀지	미지	머지	며초	머피	머자	미지	먀지	머지	머자	며지
며지	며추	므지	미지	머피	며지	머피	모지	머자	머지	먀지	뮤지

10

218	849	249	387	808	213	102	348	876	808	117	328
615	632	883	102	339	119	357	321	244	532	114	348
215	618	420	255	880	392	344	802	244	436	329	714
323	394	234	505	296	808	213	115	223	503	548	244

① 883　② 420　③ 296　④ 119　⑤ 931

해설

218	849	249	387	808	213	102	348	876	808	117	328
615	632	883	102	339	119	357	321	244	532	114	348
215	618	420	255	880	392	344	802	244	436	329	714
323	394	234	505	296	808	213	115	223	503	548	244

07 ①　08 ①　09 ②　10 ⑤

[11~17] 다음 제시된 좌우의 문자 또는 도형 중 다른 것의 개수를 구하시오.

11

(ㅊ) (ㅂ) (ㅍ) (ㅁ) (ㅂ) (ㅈ) (ㅊ) (ㅋ) — (ㅁ) (ㅂ) (ㅍ) (ㅂ) (ㅁ) (ㅈ) (ㄴ) (ㅁ)

① 1개 ② 2개 ③ 3개 ④ 4개 ⑤ 5개

해설

(ㅊ) (ㅂ) (ㅍ) (ㅁ) (ㅂ) (ㅈ) (ㅊ) (ㅋ) — (ㅁ) (ㅂ) (ㅍ) (ㅂ) (ㅁ) (ㅈ) (ㄴ) (ㅁ)

12

4824970893143 — 3829470839134

① 3개 ② 4개 ③ 5개 ④ 6개 ⑤ 7개

해설

4824970893143 — 3829470839134

13

◖ ◕◓◑◓◐●◔ – ◖ ◓◕◑◓◔●◐

① 1개 ② 2개 ③ 3개 ④ 4개 ⑤ 5개

해설

◖ ◕◓◑◓◐●◔ – ◖ ◓◕◑◓◔●◐

14

↙↓↖↖↓↓↑↘ — ↔↗↔↖↓↑↓↕

① 3개 ② 4개 ③ 5개 ④ 6개 ⑤ 7개

해설

↙↓↖↖↓↓↑↘ — ↔↗↔↖↓↑↓↕

15

⤹ ⤾ ↺ ↷ ↗ ↰ ↶ ↻ – ⤹ ⤸ ↻ ↗ ↰ ↶ ↻ ↷

① 3개 ② 4개 ③ 5개 ④ 6개 ⑤ 7개

해설

⤹ ⤾ ↺ ↷ ↗ ↰ ↶ ↻ – ⤹ ⤸ ↻ ↗ ↰ ↶ ↻ ↷

16

⇖ ⇔ ⇙ ⇘ ⇓ ⇒ ⇕ ⇓ – ⇖ ⇔ ⇘ ⇓ ⇓ ⇒ ⇕ ⇗

① 2개 ② 3개 ③ 4개 ④ 5개 ⑤ 6개

해설

⇖ ⇔ ⇙ ⇘ ⇓ ⇒ ⇕ ⇓ – ⇖ ⇔ ⇘ ⇓ ⇓ ⇒ ⇕ ⇗

17

↦ ↲ ↮ ↱ ⤷ ↲ ↰ ⤷ – ↨ ↮ ↲ ↱ ⤷ ↰ ↮ ↲

① 2개 ② 3개 ③ 4개 ④ 5개 ⑤ 6개

해설

↦ ↲ ↮ ↱ ⤷ ↲ ↰ ⤷ – ↨ ↮ ↲ ↱ ⤷ ↰ ↮ ↲

11 ⑤ 12 ⑤ 13 ④ 14 ④ 15 ⑤ 16 ② 17 ⑤

공간지각력

[18~20] 다음 문자배열의 좌우 양쪽을 비교하여 서로 다른 것을 고르시오.

18

① ㉮㉶㉼㉵㉴㉳㉯㉯㉱ — ㉮㉶㉼㉵㉴㉳㉯㉯㉱
② ◈▣⊙♥♤♣◈▶◁ — ◈▣⊙♥♠♣◈◀◁
③ PRQNVCTYEWQP — PRQNVCTYEWQP
④ ㈆㈌㈍㈂㈈㈅㈁㈀㈃ — ㈆㈌㈍㈂㈈㈅㈁㈀㈃
⑤ boasrccdkkstwory — boasrccdkkstwory

해설

② ◈▣⊙♥♤♣◈▶◁ — ◈▣⊙♥♠♣◈◀◁

19

① 가교구겨갸고그갸기 — 가교구겨갸고구갸기
② 13978824533271 — 13978824533271
③ 다보지사아교나러쿠 — 다보지사아교나러쿠
④ ㄹ ㅂ ㅇ ㅍ ㄱ ㄱ ㅌ ㅎ ㄷ — ㄹ ㅂ ㅇ ㅍ ㄱ ㄱ ㅌ ㅎ ㄷ
⑤ UywEbBNmksTZaa — UywEbBNmksTZaa

해설

① 가교구겨갸고그갸기 — 가교구겨갸고구갸기

20

① ⓉⓌⓏⓅⓃⒸⒸⒺⒺ — ⓉⓌⓏⓅⓃⒸⒸⒺⒺ
② ★§▼◆◎○◇♀☆■ — ★§▼◆◎○◇♀☆■
③ 강선27공3칠9상6합 — 강선27공3칠9상6합
④ ♪◐⊙▷♠♤♬¶◁△◎ — ♪◐⊙▷♠♤♬¶◁△◎
⑤ 신탕편좌친고경검강 — 신탕편좌천고경건강

해설

⑤ 신탕편좌친고경검강 — 신탕편좌천고경건강

[21~23] 제시된 문자 및 숫자, 기호를 오른쪽부터 왼쪽으로 다시 배열한 것을 고르시오.

21

00102397048291

① 19284009320100 ② 19824097320100 ③ 19284079320100
④ 19284079230100 ⑤ 19284079320010

해설

주어진 숫자를 오른쪽에서 왼쪽으로 다시 배열하면 '③ 19284079320100'이다.

Plus 해설

① 19284009320100 ② 19824097320100 ④ 19284079230100 ⑤ 19284079320010

22

bnyesamcnptrx

① xrtbncmaseynb ② xrtpncmaseynb ③ xrtpmcnaseynb
④ xtrpncmaseynb ⑤ xrtpncmasenyb

해설

주어진 알파벳을 오른쪽에서 왼쪽으로 다시 배열하면 '② xrtpncmaseynb'이다.

Plus 해설

① xrtbncmaseynb ③ xrtpmcnaseynb ④ xtrpncmaseynb ⑤ xrtpncmasenyb

23

가교너모푸더사라바코미히

① 히미코비라사더푸모너교가 ② 히미코바라사더푸무너교가
③ 히미코바러사더푸모너교가 ④ 히미코바라사더푸모너교가
⑤ 히미코바라시더푸모너교가

18 ② 19 ① 20 ⑤ 21 ③ 22 ②

해설

주어진 한글을 오른쪽에서 왼쪽으로 다시 배열하면 '④ 히미코바라사더푸모너교가'이다.

Plus 해설

① 히미코비라사더푸모너교가 ② 히미코바라사더푸무너교가
③ 히미코바러사더푸모너교가 ⑤ 히미코바라시더푸모너교가

[24~25] 다음 주어진 단어 중 가장 많이 사용된 단어의 개수를 고르시오.

24

강우	환자	선물	장소	연필	가위	고무	오류	종이	박스
오류	한복	개울	종이	바지	거울	빙하	오염	여행	발전
남자	녹음	성악	수선	눈물	바위	성악	선물	음식	방지
거울	발전	거울	박스	오류	거울	한복	연필	고무	거울

① 1개 ② 2개 ③ 3개 ④ 4개 ⑤ 5개

해설

강우	환자	선물	장소	연필	가위	고무	오류	종이	박스
오류	한복	개울	종이	바지	거울	빙하	오염	여행	발전
남자	녹음	성악	수선	눈물	바위	성악	선물	음식	방지
거울	발전	거울	박스	오류	거울	한복	연필	고무	거울

25

바람	점심	상장	수첩	한우	건강	동료	점심	처서	한우
파도	한우	친구	파도	약속	회의	인사	파도	회사	사돈
건강	동의	한우	동료	직장	바람	검진	동의	친분	건강
약속	상장	건강	처서	저녁	회사	한우	한우	수첩	상장

① 3개 ② 4개 ③ 5개 ④ 6개 ⑤ 7개

해설

바람	점심	상장	수첩	한우	건강	동료	점심	처서	한우
파도	한우	친구	파도	약속	회의	인사	파도	회사	사돈
건강	동의	한우	동료	직장	바람	검진	동의	친분	건강
약속	상장	건강	처서	저녁	회사	한우	한우	수첩	상장

02 도형추리

01 다음 도형을 시계방향으로 90° 회전했을 때의 모양은?

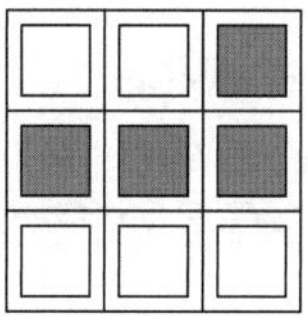

① 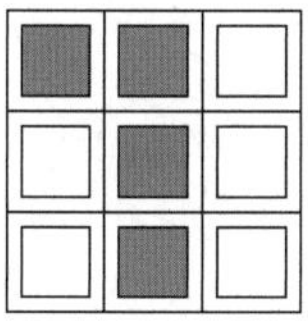 ② 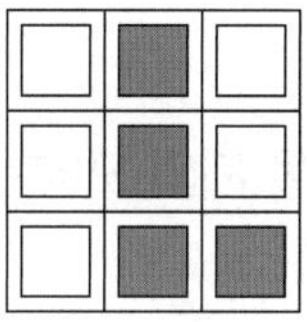 ③ 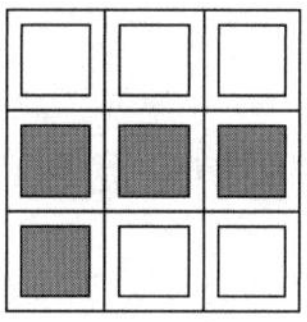 ④ 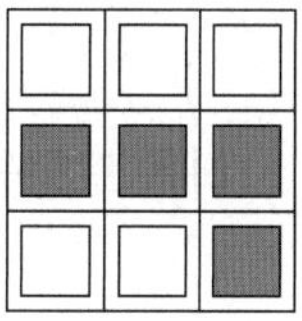

해설

제시된 도형을 보면 가로 두 번째 줄은 세 개의 사각형이 모두 ■로 되어 있고, 세 번째 줄은 모두 □로 되어 있으므로, 이를 시계방향으로 90° 회전시키면 이 사각형의 나열이 세로로 바뀌어야 한다. 따라서 정답은 ②이다.

02 다음 도형을 시계방향으로 90° 회전했을 때의 모양은?

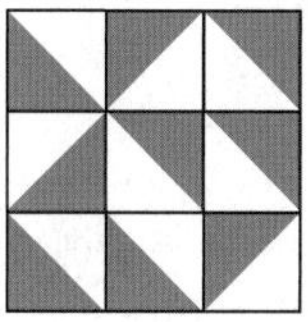

① 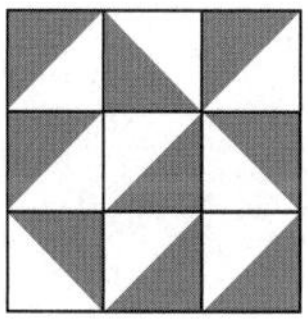 ② 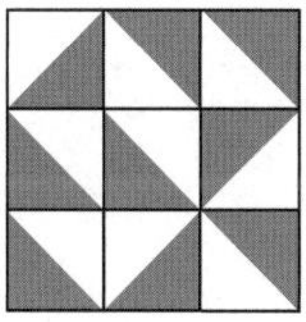 ③ 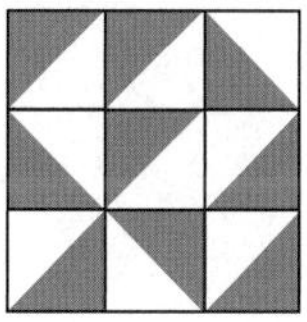 ④ 

23 ④ 24 ⑤ 25 ④ | 01 ②

해설

제시된 도형의 세 번째 줄인 을 기준으로 했을 때, 시계방향으로 90° 회전하면 해당 부분이 바닥으로 내려와 이 되어야 한다. 따라서 이런 식으로 부분의 특징을 통해 회전 후 모양을 유추하면 ①이 정답임을 알 수 있다.

꿀팁 COOL TIP 도형 회전

1. 회전 방향이 시계방향인지 반시계방향인지 파악한다.
2. 제시된 도형의 특정 부분을 기준으로 잡고, 그 부분이 움직인 후의 모양을 먼저 확인한다.
3. 특정 부분의 회전 후 모양을 통해 전체 도형을 유추한다.

03 〉 다음 도형을 반시계방향으로 90° 회전했을 때의 모양은?

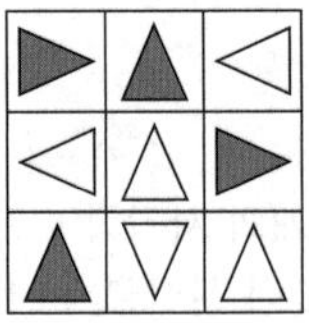

① 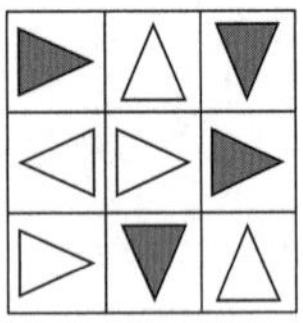

② 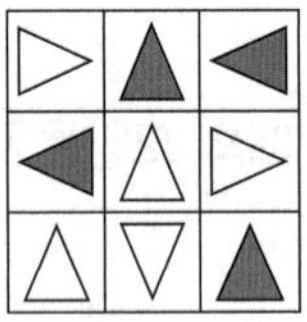

③ 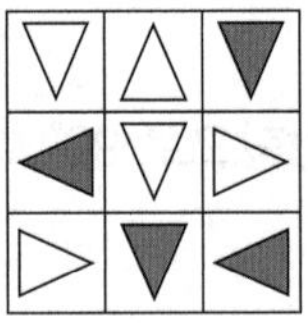

④ 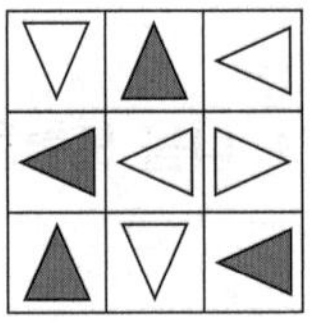

해설

제시된 도형을 반시계방향으로 90° 회전하면 맨 윗줄에 있는 ▶▲◁이 왼쪽으로 내려와 세로열 첫 번째 줄이 된다. 따라서 이를 기준으로 유추하면 정답은 ④이다.

04 다음 도형을 반시계방향으로 90° 회전했을 때의 모양은?

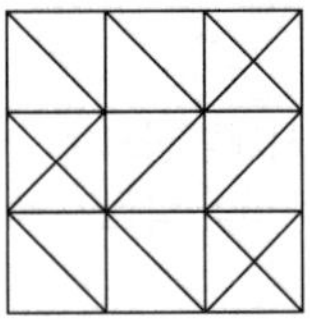

①
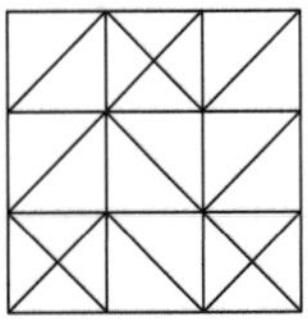

②
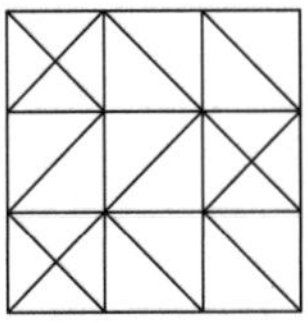

③
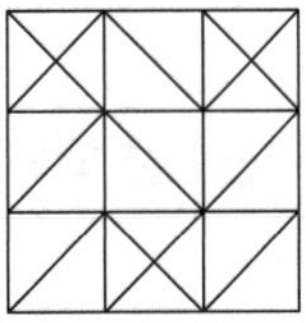

④
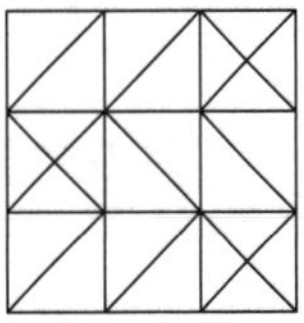

해설

제시된 도형을 반시계방향으로 90° 회전하면 맨 윗줄에 있는 이 왼쪽으로 내려와 세로열 첫 번째 줄이 된다. 따라서 이를 기준으로 유추하면 정답은 ③이다.

05 다음 도형을 180° 회전했을 때의 모양은?

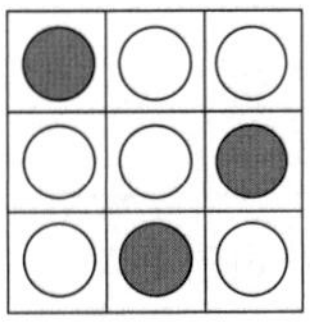

①
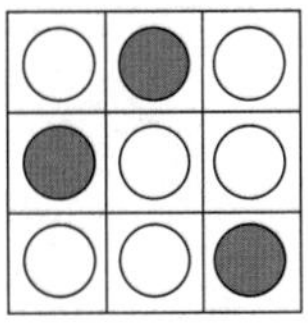

②
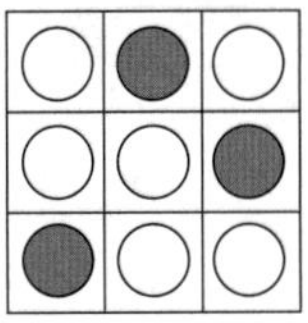

③
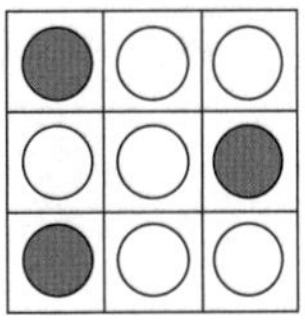

④
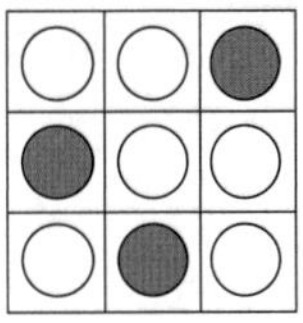

02 ① 03 ④ 04 ③

해설

180° 회전은 시계방향으로 90° 회전을 두 번 하면 된다.

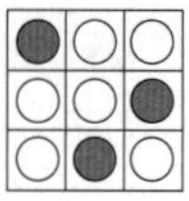

→
시계방향으로
90° 회전

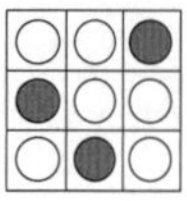

→
시계방향으로
90° 회전

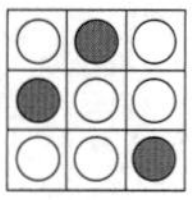

06 다음 도형을 180° 회전했을 때의 모양은?

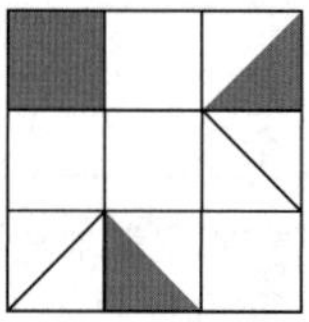

① 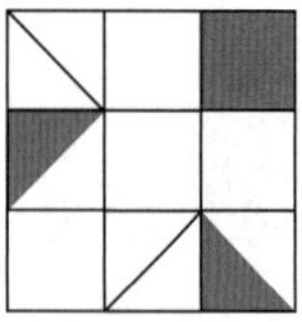

② 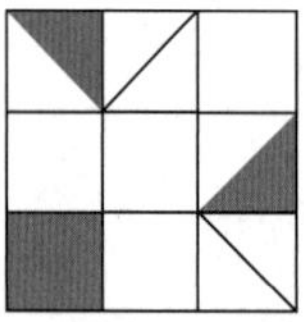

③ 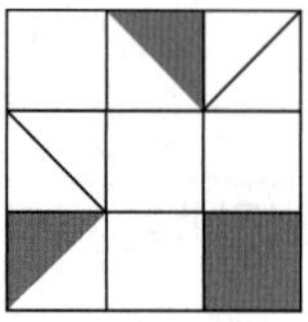

④ 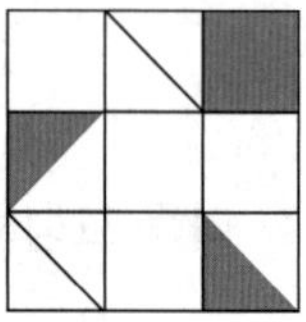

해설

180° 회전은 시계방향으로 90° 회전을 두 번 하면 된다.

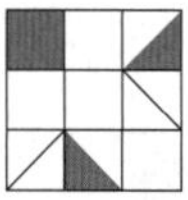

→
시계방향으로
90° 회전

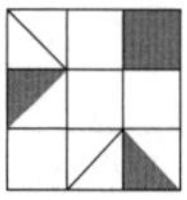

→
시계방향으로
90° 회전

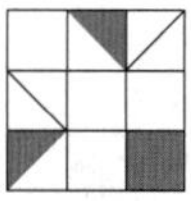

[07~16] 다음 제시된 도형을 보고 규칙을 찾아 적용했을 때 '?'에 들어갈 도형으로 적절한 것을 고르시오.

07

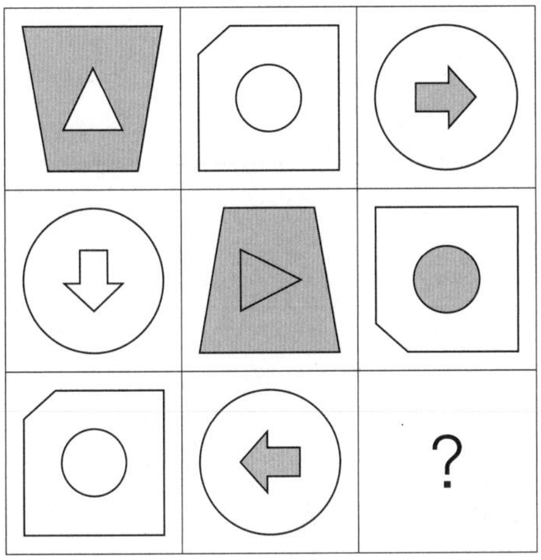

① 
② 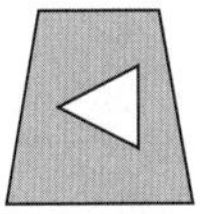
③ 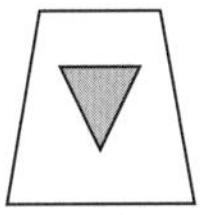
④ 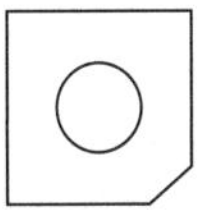
⑤ 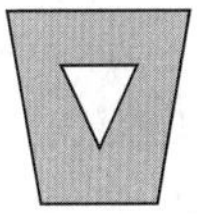

해설

각 행에 제시된 도형은 다음 행에서 오른쪽으로 한 칸씩 이동하고 있다. 이때 외부 도형은 상하 대칭으로 모양이 바뀌며 내부 도형은 시계 방향으로 90도 회전하면서 색이 반전됨을 알 수 있다.

따라서 2열 도형  에서 외부 도형은 상하 대칭으로 모양이 바뀌고, 내부 도형은 시계 방향으로 90도 회전하면서 색이 반전된 ⑤가 정답이다.

05 ① 06 ③ 07 ⑤

08

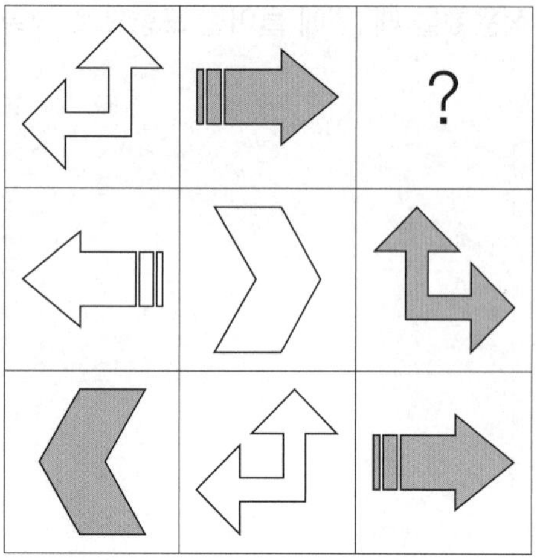

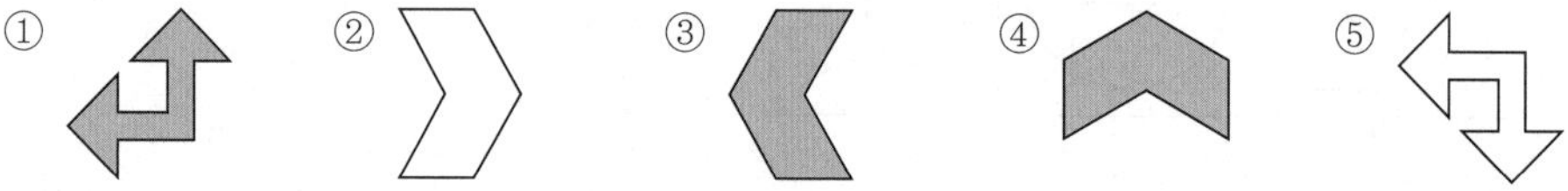

해설

각 행에 제시된 도형은 다음 행에서 왼쪽으로 한 칸씩 이동하고 좌우 반전, 색 반전이 이루어지고 있다. 따라서 도형 에서 좌우 반전, 색 반전이 된 ③이 정답이다.

09

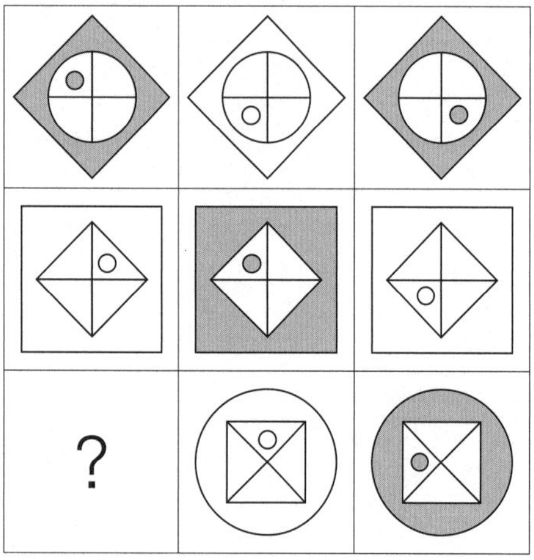

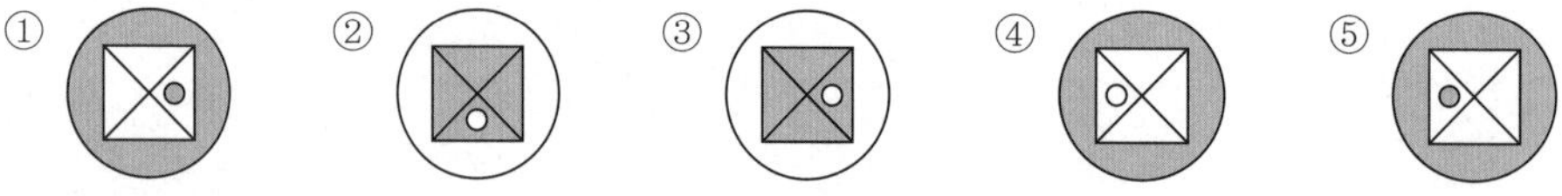

해설

각 도형은 오른쪽 열로 이동하면서 외부 도형과 내부 작은 원의 색 반전이 이루어진다. 또한 내부의 작은 원은 시계 반대 방향으로 한 칸씩 이동하고 있다. 따라서 '?'에 들어갈 도형은 다음 열의 모양으로 색 반전이 이루어지기 전, 내부의 원이 시계 반대 방향으로 한 칸 이동하기 전인 ①이다.

10

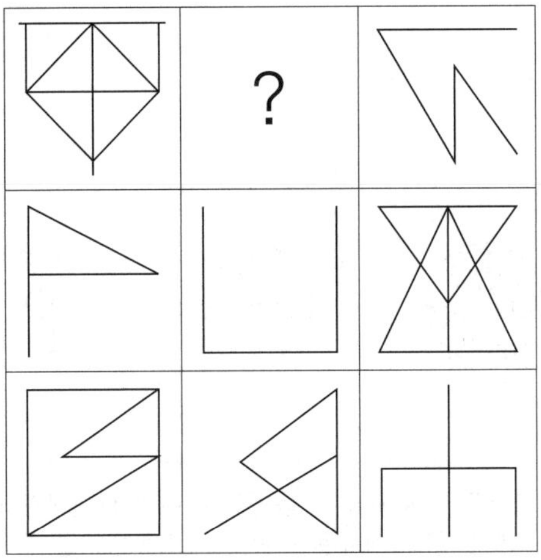

① 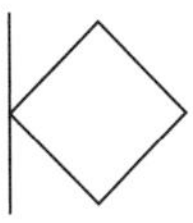 ② 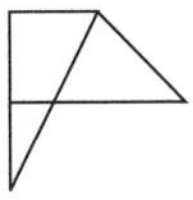 ③ 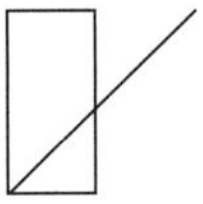 ④  ⑤ 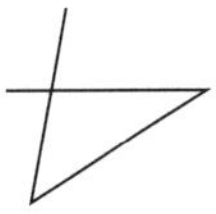

해설

(가)	(나)	(다)
(라)	(마)	(바)
(사)	(아)	(자)

(바)는 (라)와 (아)를 합친 것이고 (사)는 (다)와 (마)를 합친 것이다. 따라서 (가)는 (나)와 (자)를 합친 것임을 알 수 있으므로, (나)에 들어갈 도형은 ①이다.

08 ③ 09 ① 10 ①

11>

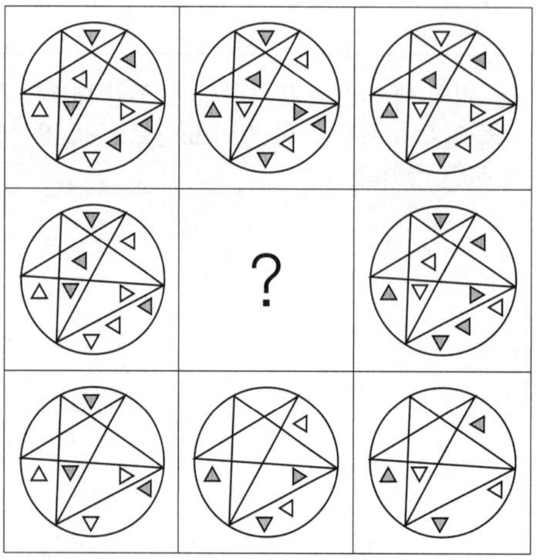

①  ②  ③  ④  ⑤ 

해설

1행과 2행의 작은 내부 도형의 음영이 같으면 3행에 그대로 표시되었고, 음영이 다르면 삭제되었다. 따라서 '?' 밑의 행에 나타나 있는 내부 도형은 1행과 똑같이 음영을 주고, 삭제된 도형은 다르게 음영을 주어야 한다. 정답은 ②이다.

12>

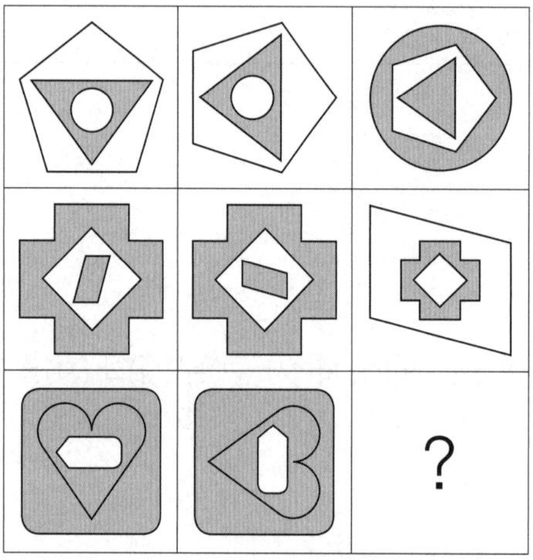

①  ②  ③  ④  ⑤ 

해설

2열에 제시된 형태는 1열에서 시계 방향으로 90도 회전한 형태이고, 3열은 2열의 가장 안쪽에 있는 도형을 바깥으로 이동하면서 그 도형의 색만 반전시킨 형태이다. 따라서 2열의 가장 안쪽에 있는 도형이 바깥쪽으로 나오면서 음영이 생긴 ⑤가 답이다.

13

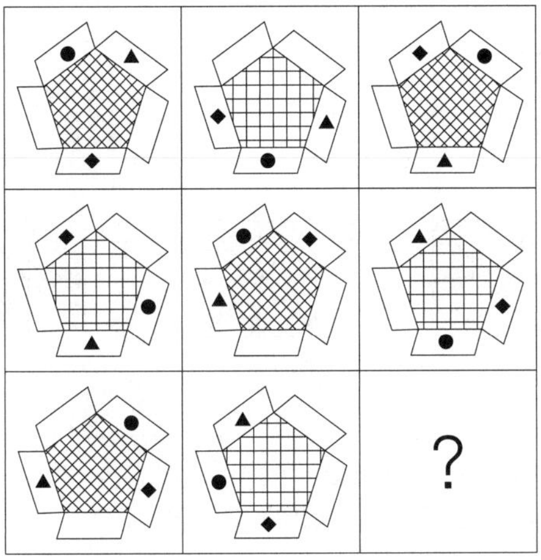

① ② ③ ④ ⑤

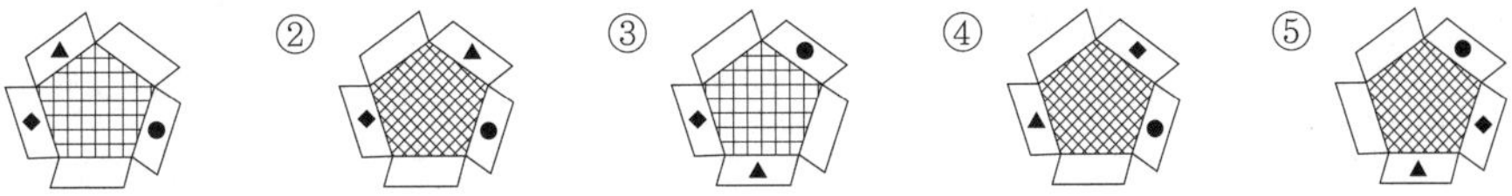

해설

1열 → 2열 → 3열로 가면서 도형 안쪽의 무늬는 가로세로 무늬와 대각선 무늬가 교대로 나타나고 있다. ● 모양은 반시계 방향으로 두 칸씩 이동하고 있고, ▲ 모양과 ◆ 모양은 시계 방향으로 한 칸씩 움직이고 있다. 따라서 답은 ②이다.

11 ② 12 ⑤ 13 ②

공간지각력

14>

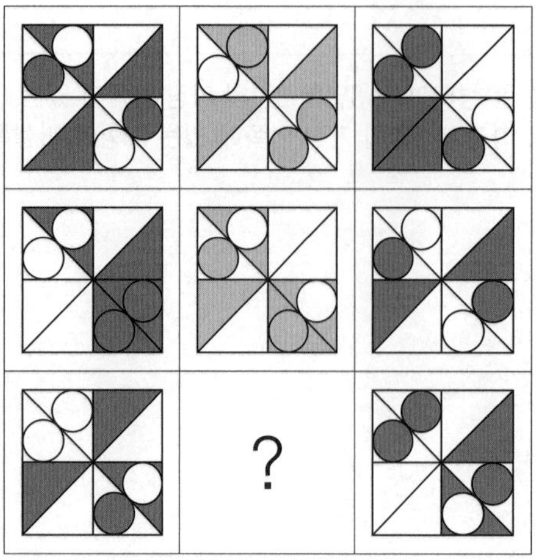

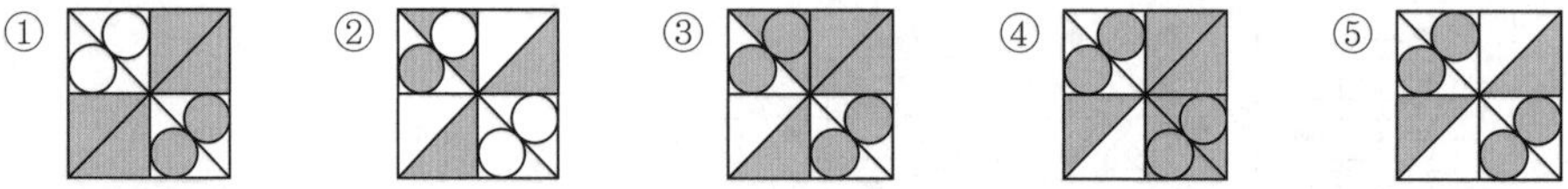

해설

1열과 3열의 겹치는 부분의 색깔에 따라 2열 도형의 색이 결정된다. 1열과 3열이 서로 같은 색이면 2열은 흰색, 1열과 3열이 서로 다른 색이면 2열은 연한 색이 된다. 이를 적용하면 정답은 ④이다.

15>

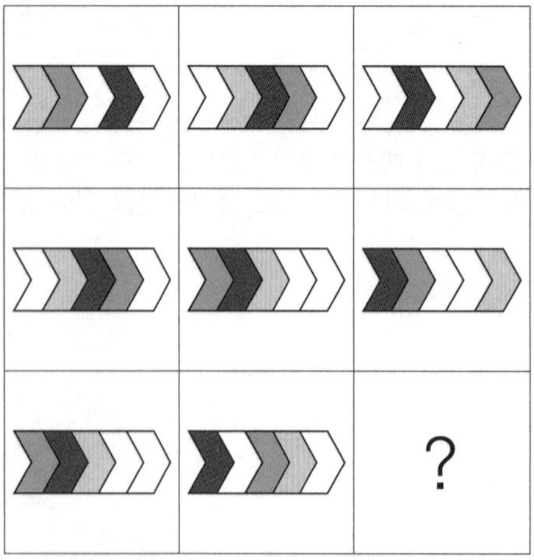

해설

1행에서 2행, 3행으로 가면서 연한 색 부분은 오른쪽으로 한 칸, 진한 색 부분은 오른쪽으로 두 칸, 회색 부분은 왼쪽으로 한 칸 이동하고 있다. 따라서 정답은 ④이다.

16

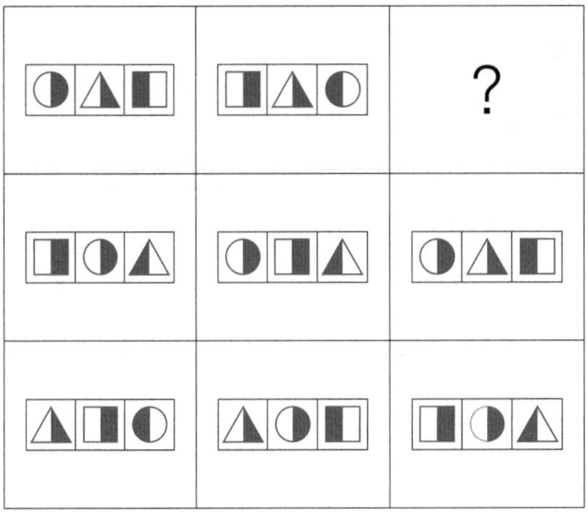

해설

각 도형은 아래 행으로 내려오면서 한 칸씩 오른쪽으로 이동하고 있으며, 제일 오른쪽 칸에 있는 도형의 색은 명암이 반대로 되어 있다. 따라서 답은 ⑤이다.

14 ④ 15 ④ 16 ⑤

[17~18] 다음은 일정한 규칙에 따라 배열된 도형이다. A와 B에 들어갈 도형이 순서대로 바르게 나열된 것을 고르시오.

17

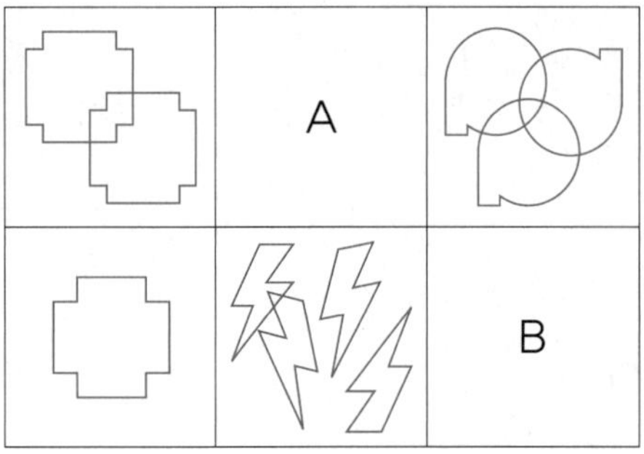

①

②
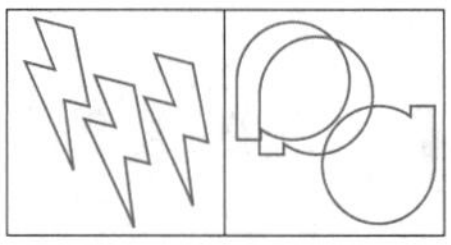

③
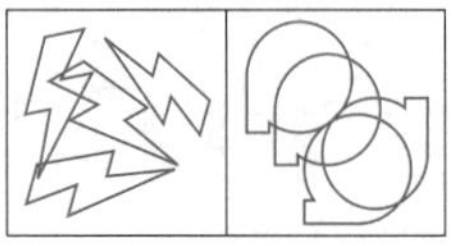

④

⑤
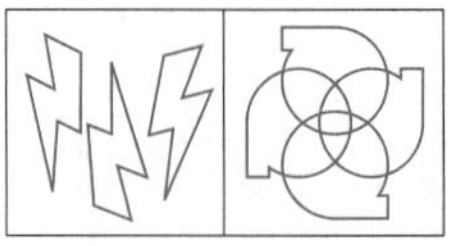

해설

박스에서 알 수 있는 규칙은 아래 행으로 내려오면서 도형이 하나씩 감소한다는 것이다. 따라서 A에는 도형이 5개, B에는 도형이 2개 있어야 한다. 정답은 ④이다.

18

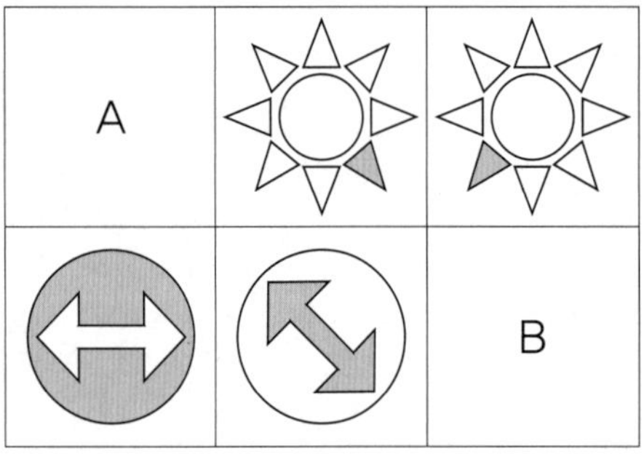

① 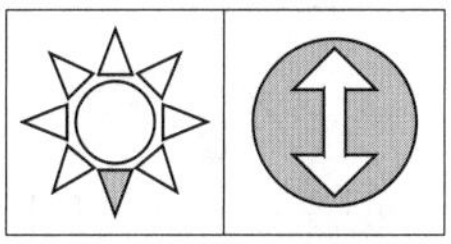
② 
③ 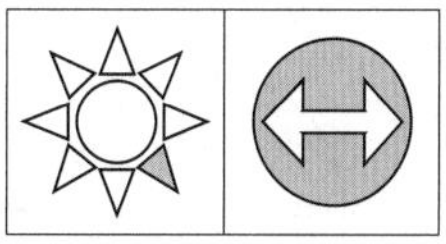
④ 
⑤ 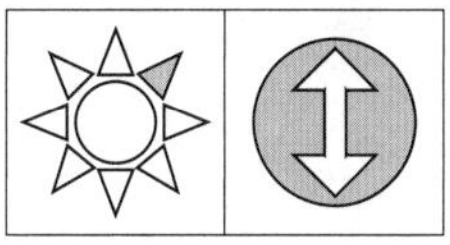

해설

1행은 색칠된 부분이 시계 방향으로 두 칸씩 이동하고 있고, 2행은 색이 반전되면서 내부 도형이 시계 방향으로 45도씩 회전하고 있다. 따라서 정답은 ⑤이다.

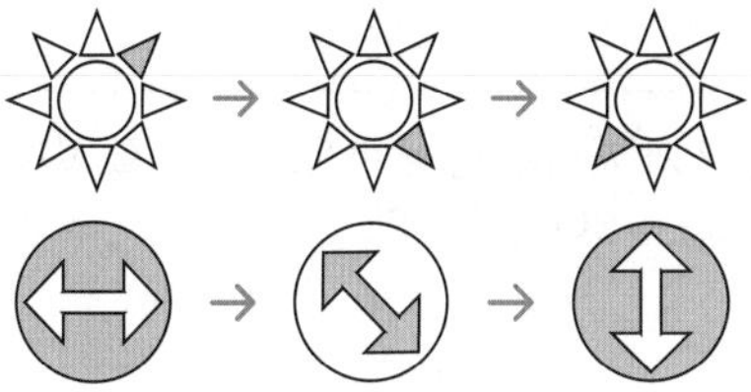

[19~31] 주어진 도형을 보고 변화하는 규칙을 찾아 '?'에 들어갈 알맞은 도형을 고르시오.

19

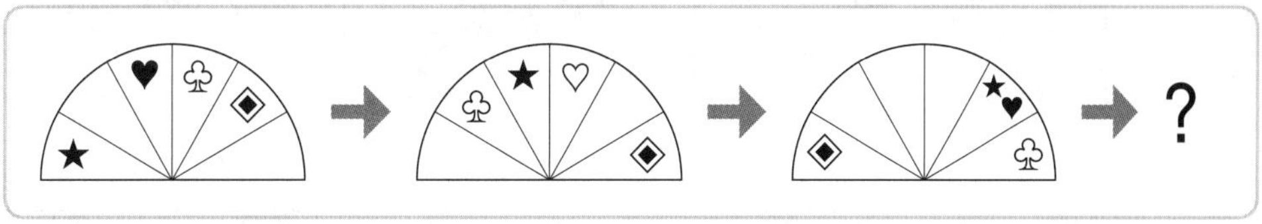

① 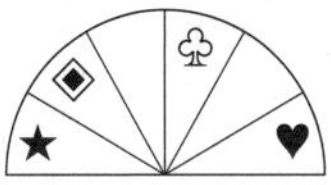
② 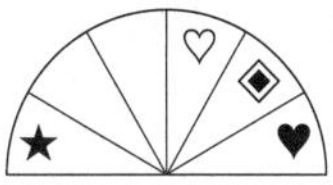
③ 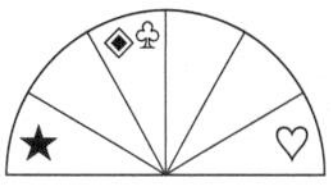
④ 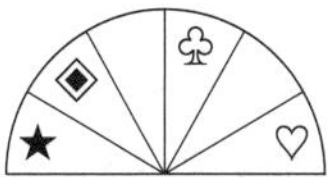
⑤ 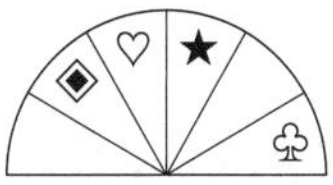

해설

★ 모양은 시계 방향으로 두 칸씩 이동하고 있고, ♥ 모양은 색 반전과 동시에 시계 방향으로 한 칸씩 이동하고 있다. ♧ 모양은 반시계 방향으로 두 칸씩 이동하고 있으며, ◈ 모양은 시계 방향으로 한 칸씩 이동하고 있다. 따라서 모든 조건이 바르게 적용된 ④가 정답이다.

17 ④ 18 ⑤ 19 ④

20 >

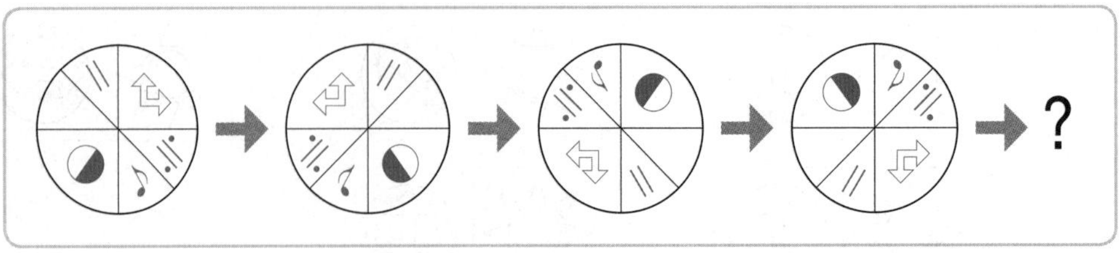

① ② ③ ④ ⑤

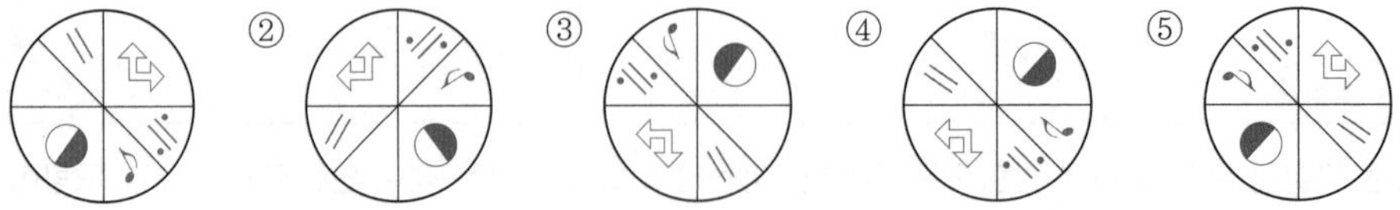

해설

주어진 도형은 좌우 반전 → 상하 반전 → 좌우 반전을 반복하고 있다. '?'의 자리는 상하 반전을 해야 할 차례이므로 네 번째 도형에서 상하 반전이 되어 다시 첫 번째 그림으로 돌아오는 ①이 정답이다.

21 >

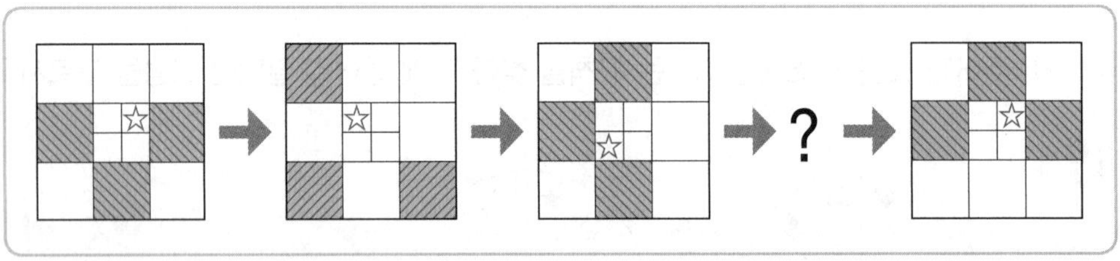

① ② ③ ④ ⑤

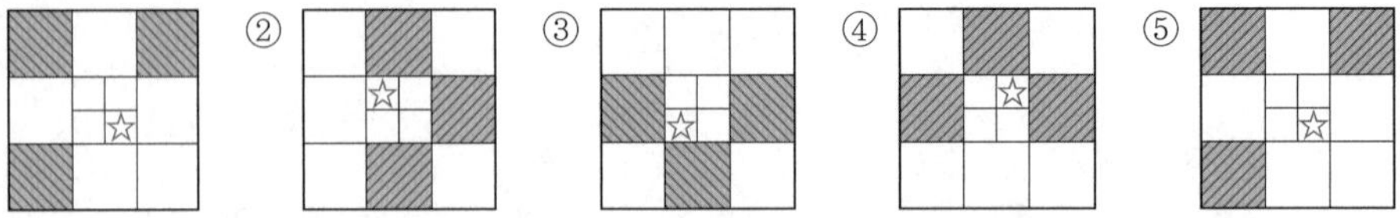

해설

도형의 색칠된 부분은 시계 방향으로 한 칸씩 이동하면서 빗금의 방향이 반대로 바뀌고 있다. 그리고 도형 중심의 ☆ 모양은 반시계 방향으로 한 칸씩 이동하고 있다. 따라서 빗금의 모양과 위치가 적절히 변경된 ⑤가 답이다.

22

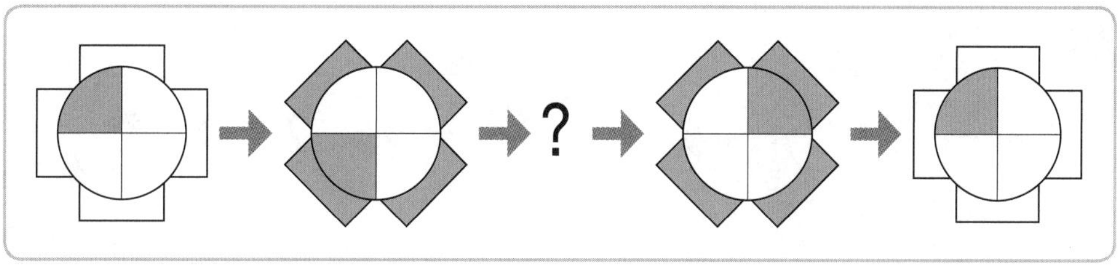

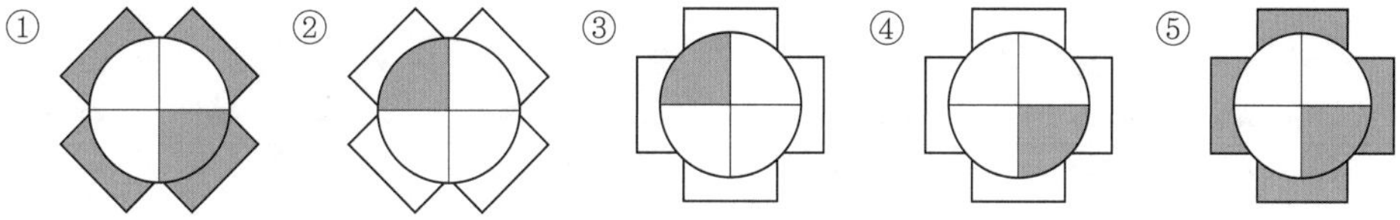

해설

외부 도형은 45도 회전하면서 색이 반전되고 있고, 내부 도형은 보라색 칸이 반시계 방향으로 한 칸씩 움직이고 있다. 따라서 두 번째 도형에서 외부 도형이 45도 회전하면서 색이 반전되고, 내부 도형의 보라색 칸이 반시계 방향으로 한 칸 이동한 ④가 답이다.

23

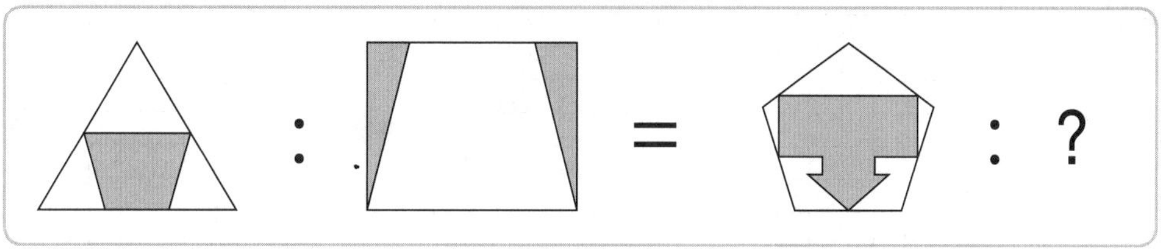

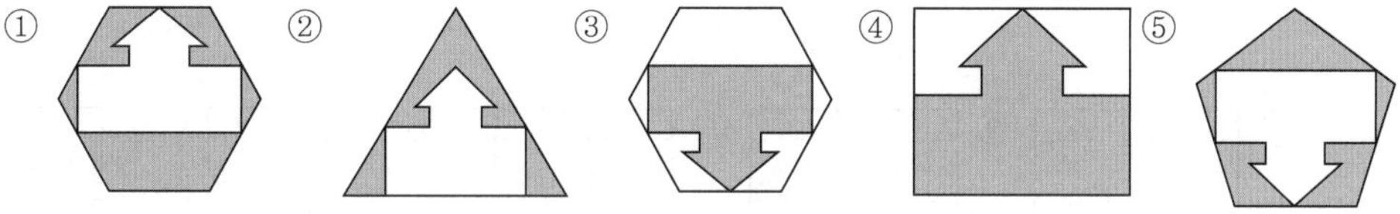

해설

첫 번째 도형에서 두 번째 도형이 되면서 외부 도형의 각이 하나 늘어났다. 그리고 내부 도형이 180도 회전하면서 외부 도형과 색이 서로 바뀌고 있다. 따라서 '?'에 올 도형은 오각형에서 각이 하나 늘어난 보라색 육각형 안에 180도 회전한 흰색 내부 도형이 있는 ①이다.

20 ① 21 ⑤ 22 ④ 23 ①

24

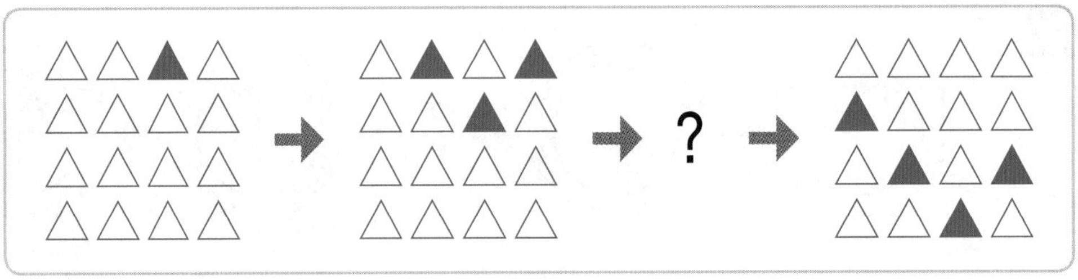

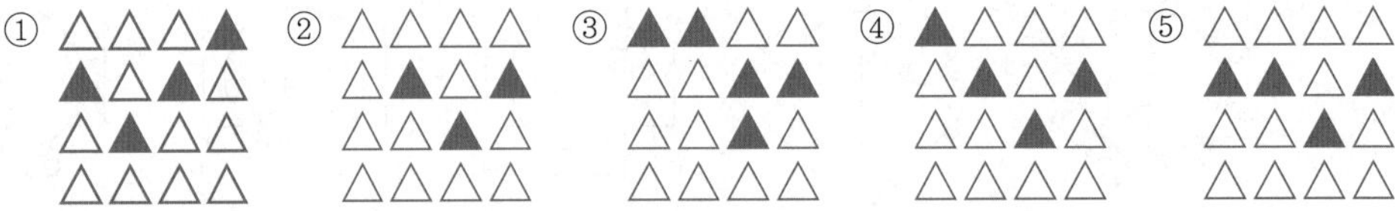

해설

▲ 모양이 밑으로 한 칸씩 내려오고 있다. 두 번째 그림과 네 번째 그림을 보면 답이 ④임을 알 수 있다.

25

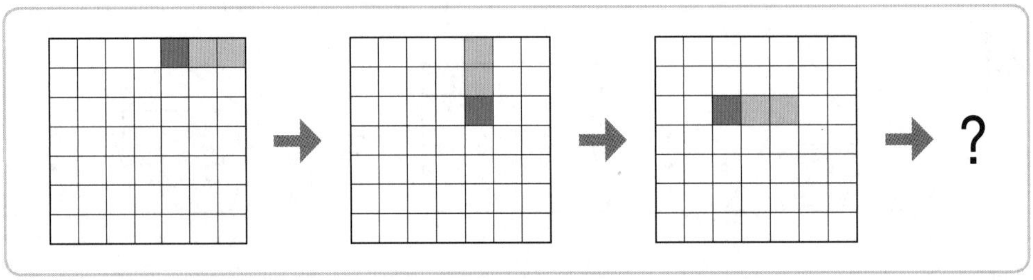

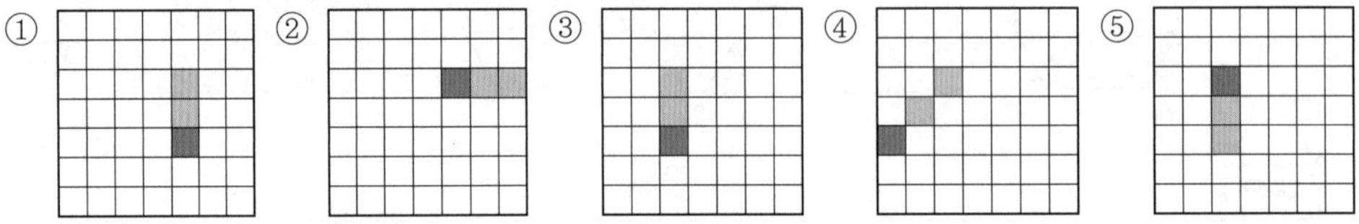

해설

진한 색 칸을 기준으로 한 번은 시계 방향으로 90도, 한 번은 반시계 방향으로 90도 회전하고 있으며, 회전 후 마지막 칸이 진한 색이 된다. 시계 방향으로 90도 회전할 차례이므로 정답은 ③이다.

26

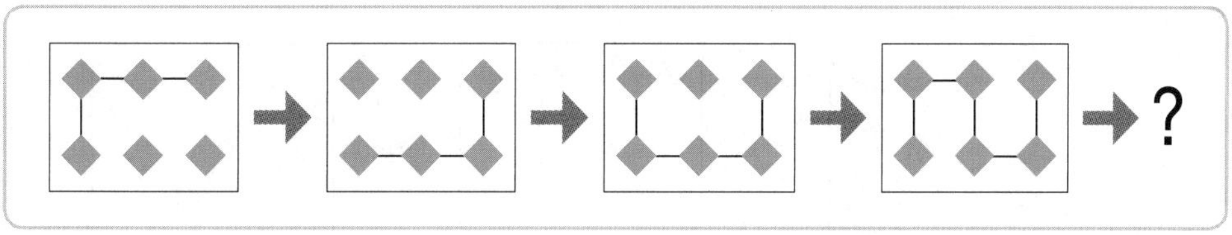

①
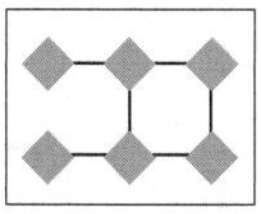
②
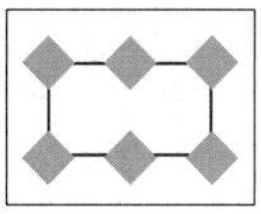
③
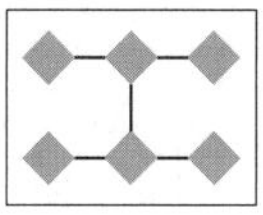
④
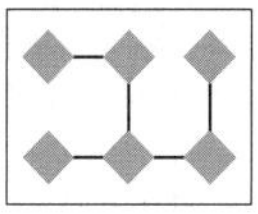
⑤
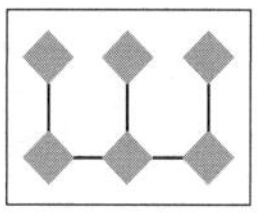

해설

제시된 그림을 시계 방향으로 90도 회전해 보면 ㄱ→ㄴ→ㄷ→ㄹ의 자음을 순서대로 선이 이어지고 있음을 알 수 있다. '?'의 자리에는 자음 'ㅁ'이 나올 차례이므로 답은 ②이다.

27

9	8	7
6	5	4
3	2	1

→

7	6	5
11	10	9
9	6	3

→

5	4	3
16	15	14
27	18	9

→ ?

①

3	2	1
32	30	28
54	36	18

②

7	6	5
22	17	20
25	16	7

③

1	2	3
26	25	24
81	54	27

④

3	2	1
21	20	19
81	54	27

⑤

4	3	2
14	13	12
32	23	14

해설

1행은 앞의 도형 숫자에서 2를 빼고 있고, 2행은 5를 더하고 있으며, 3행은 3을 곱하고 있다. 이 규칙에 따라 계산하면 다음에 올 도형은 ④이다.

24 ④ 25 ③ 26 ② 27 ④

28

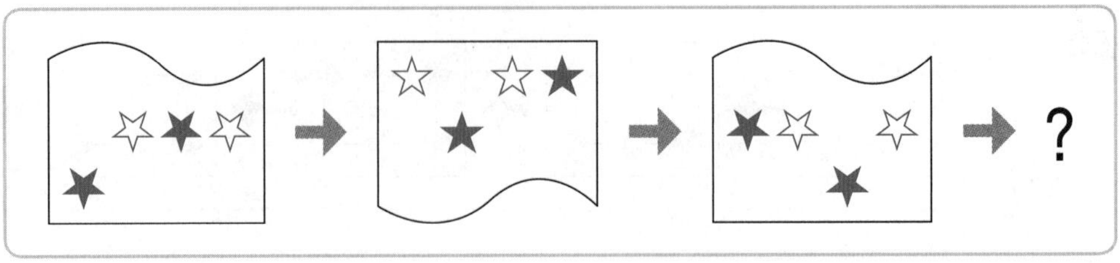

해설

도형이 상하 반전되면서 ★ 모양의 색도 함께 반전되고 있다. 그리고 ★ 모양이 왼쪽부터 하나씩 아래로 내려오고 있다. 따라서 도형이 상하 반전되면서 ★ 모양의 색이 바뀌고 네 번째 ★ 모양이 아래로 내려와 있는 ③이 정답이다.

29

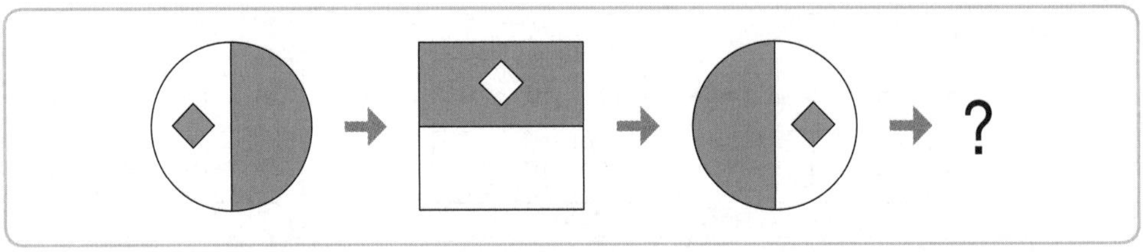

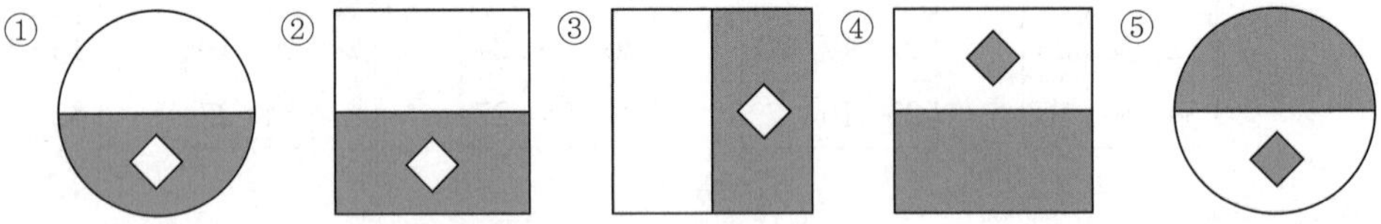

해설

외부 도형이 원→사각형→원 순서로 반복되고 있으며, 색칠된 부분의 위치로 보아 시계 반대 방향으로 90도 회전하고 있음을 알 수 있다. ◇ 모양 내부 도형은 흰색 부분과 붉은 색 부분을 차례대로 오가고 있고, 배경이 흰색이면 붉은 색, 배경이 붉은 색이면 흰색으로 나타난다. 따라서 답은 ②이다.

30

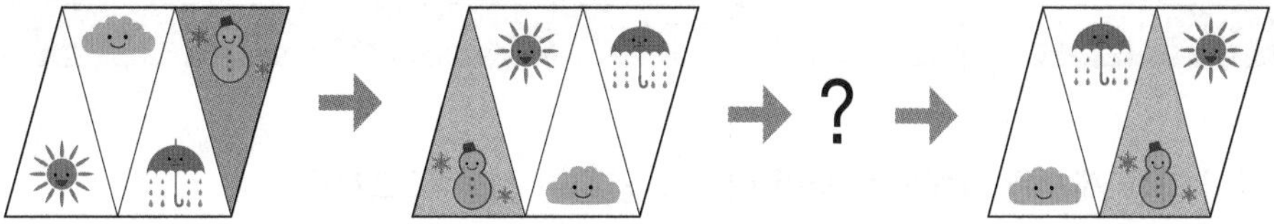

해설

, , , 모양이 한 칸씩 오른쪽으로 이동하면서 번갈아 위 · 아래에 위치하고, 모양이 있는 칸에만 음영이 들어간다. 따라서 답은 ①이다.

31

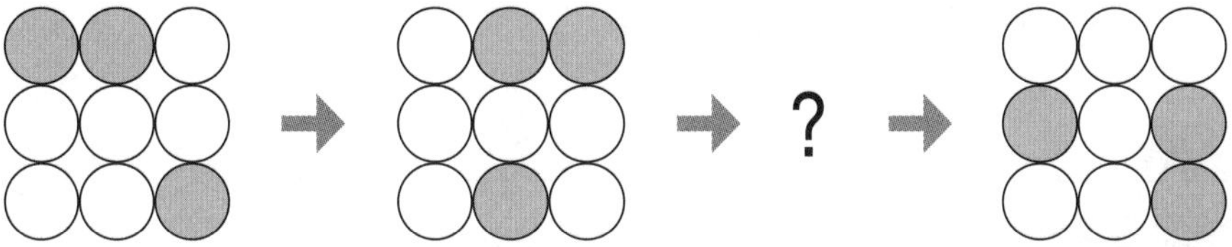

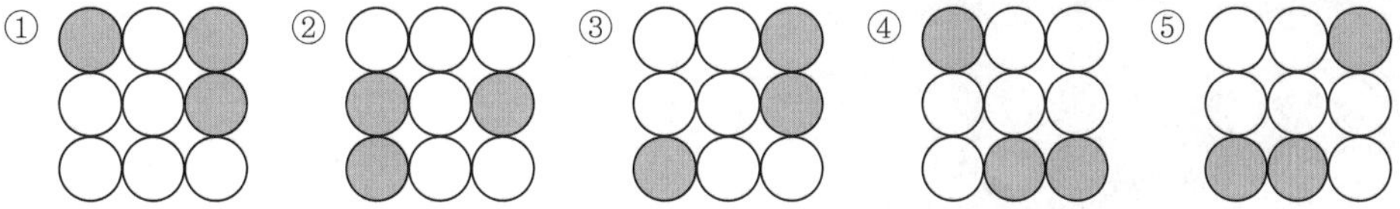

해설

색칠된 부분이 시계 방향으로 한 칸씩 이동하고 있다. 따라서 '?'에 들어갈 도형은 ③이다.

28 ③ 29 ② 30 ① 31 ③

03 그림유추 / 종이접기

[01~07] 다음 제시된 그림의 순서를 바르게 연결한 것을 고르시오.

01

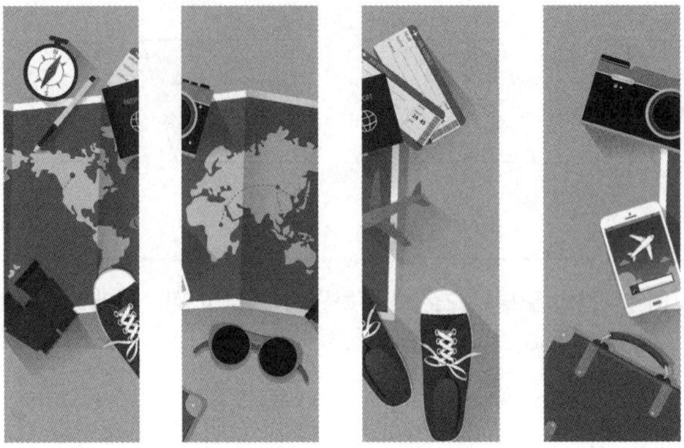

A B C D

① C—A—D—B ② C—D—B—A ③ D—B—A—C ④ D—B—C—A

해설

나열된 그림 조각 내에 있는 사물의 형태를 이어 붙이며 퍼즐처럼 모양을 유추하여 완성한다.
따라서 정답은 D—B—A—C이다.

02

① B－A－D－C ② B－D－A－C ③ D－B－C－A ④ D－C－B－A

해설

따라서 정답은 B－D－A－C이다.

01 ③ **02** ②

03

A B C D

① B—A—D—C ② B—C—A—D ③ C—A—D—B ④ C—D—B—A

해설

따라서 정답은 B—C—A—D이다.

04

A　　B　　C　　D

① A－C－D－B　　② A－D－B－C　　③ B－A－C－D　　④ B－C－D－A

해설

따라서 정답은 A－C－D－B이다.

03 ②　04 ①

05

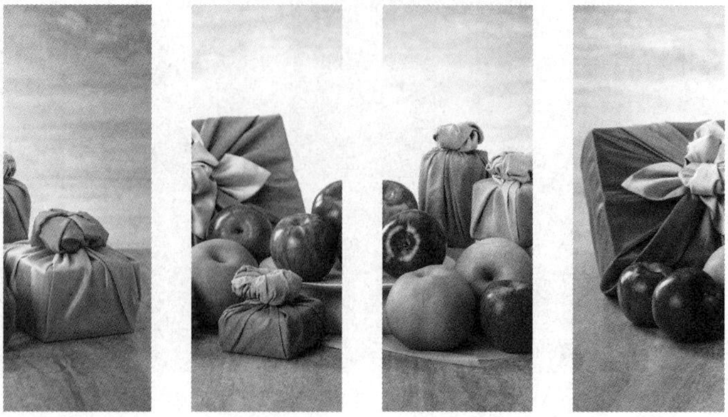

A B C D

① C—A—D—B ② C—D—B—A ③ D—B—A—C ④ D—B—C—A

해설

따라서 정답은 D—B—C—A이다.

06

A

B

C

D

① A—C—B—D　② A—D—B—C　③ C—A—D—B　④ C—B—D—A

해설

따라서 정답은 C—A—D—B이다.

05 ④　06 ③

07

A B C D

① A－C－B－D ② A－C－D－B ③ D－A－C－B ④ D－B－A－C

해설

따라서 정답은 A－C－B－D이다.

[08~10] 다음과 같이 화살표 방향으로 종이를 접은 다음 펀치로 구멍을 뚫은 후 다시 펼쳤을 때의 모양으로 알맞은 것을 고르시오.

08

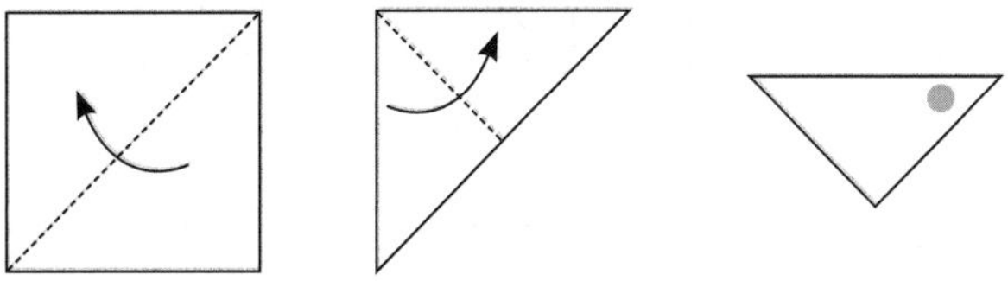

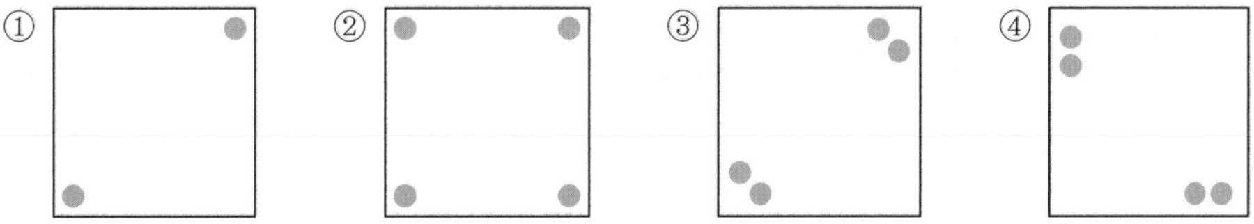

① ② ③ ④

해설

종이를 접은 역순으로 다시 펼치면 다음과 같다.

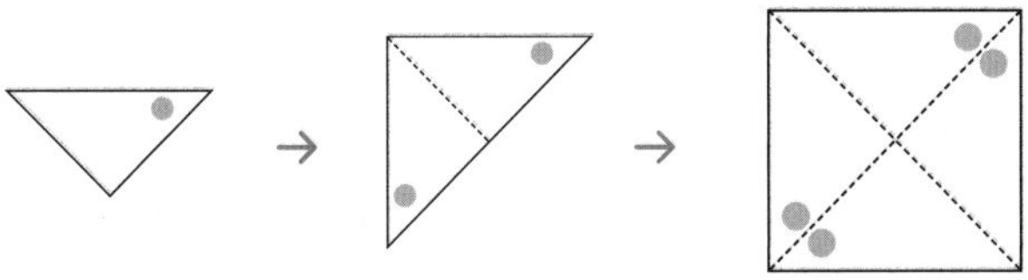

07 ① 08 ③

09

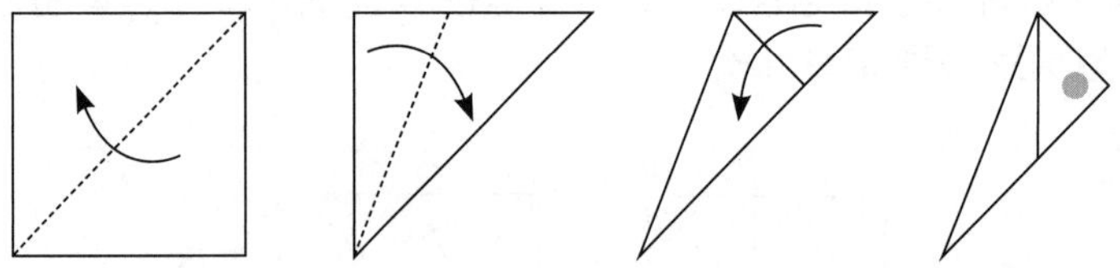

①

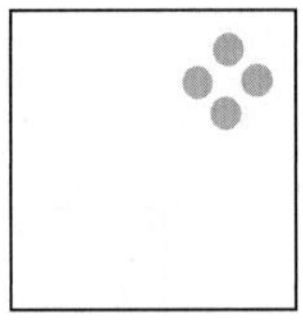

②

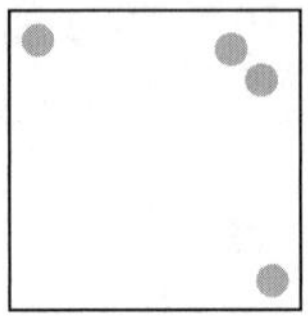

③

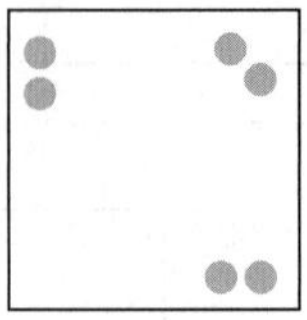

④

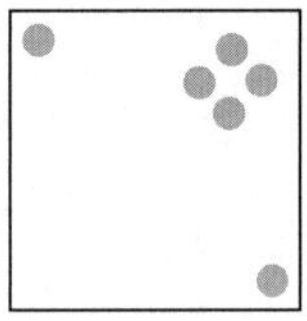

해설

종이를 접은 역순으로 다시 펼치면 다음과 같다.

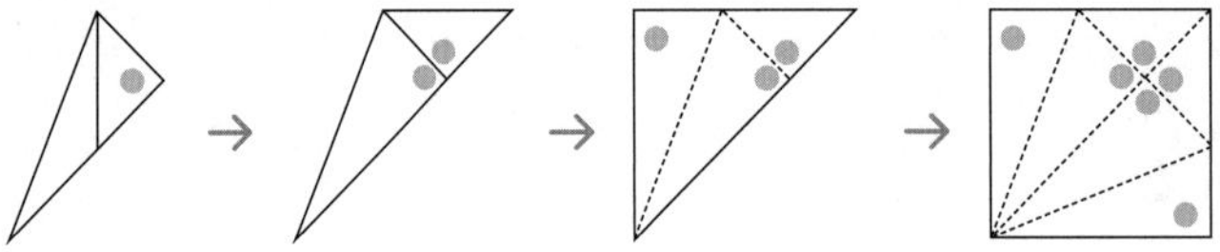

10

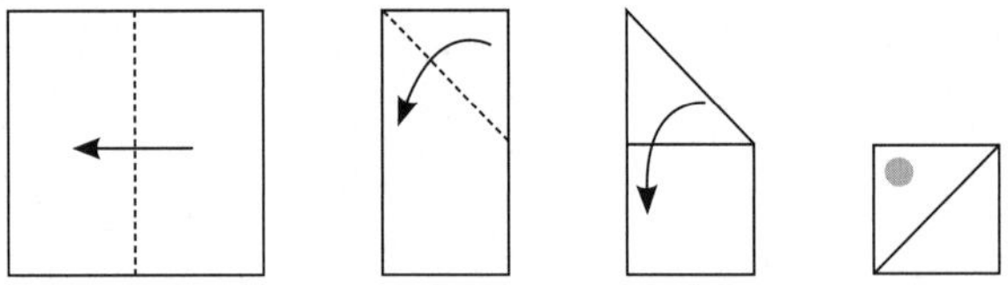

①

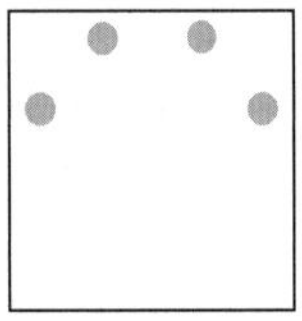

②

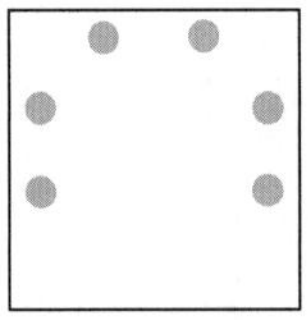

③

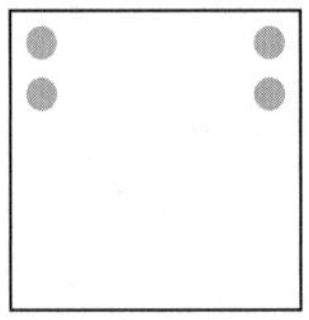

④

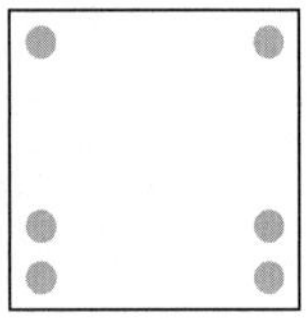

해설

종이를 접은 역순으로 다시 펼치면 다음과 같다.

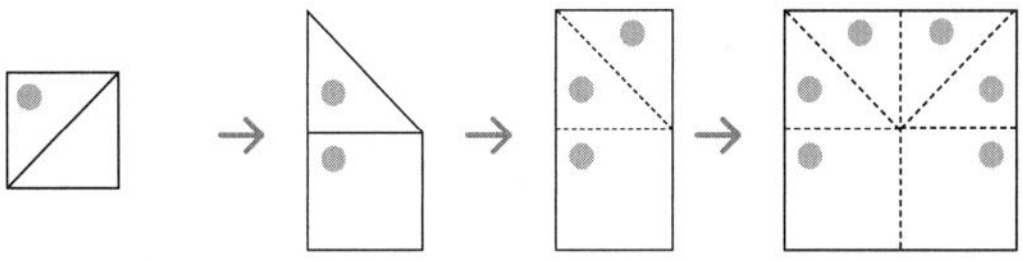

[11~17] 다음과 같이 화살표 방향으로 종이를 접은 다음 색칠된 부분을 자르고 다시 펼쳤을 때의 모양으로 알맞은 것을 고르시오.

11

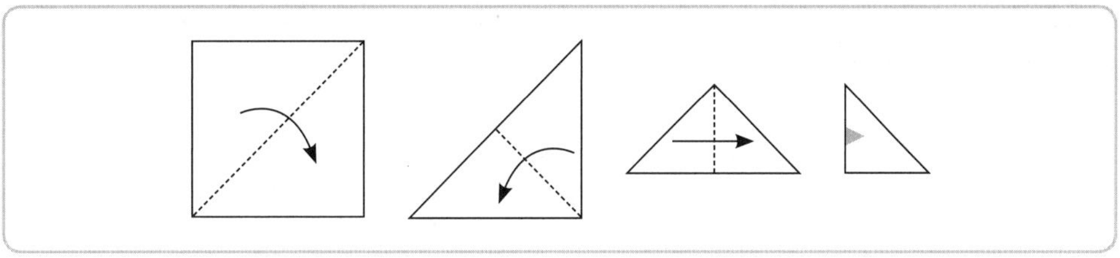

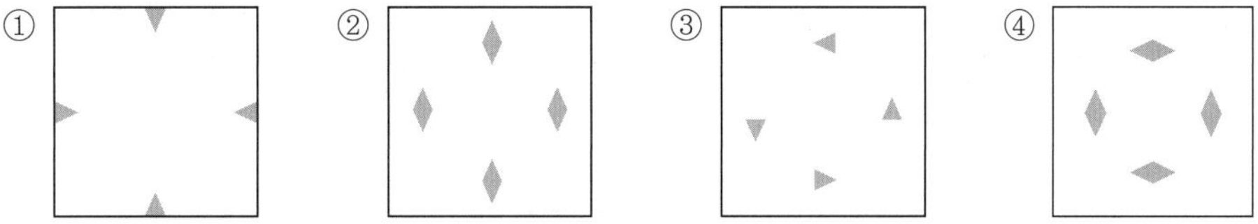

해설

종이를 접은 역순으로 다시 펼치면 다음과 같다.

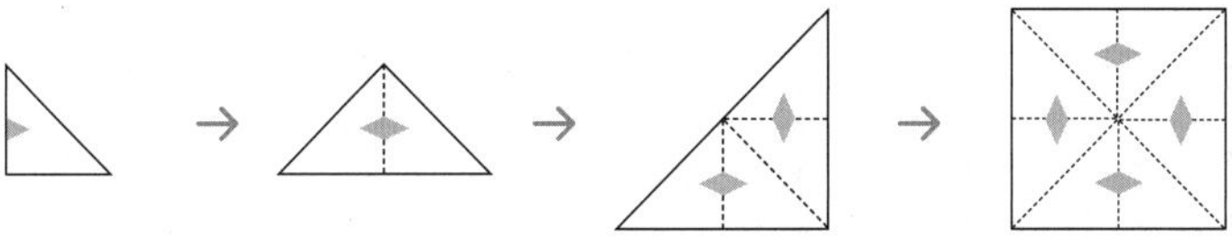

09 ④ 10 ② 11 ④

12 >

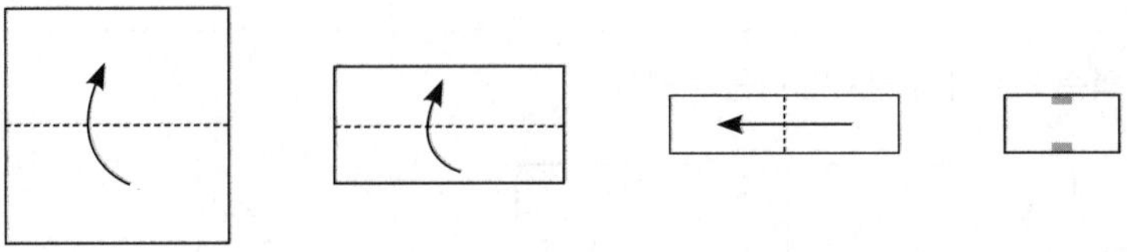

①

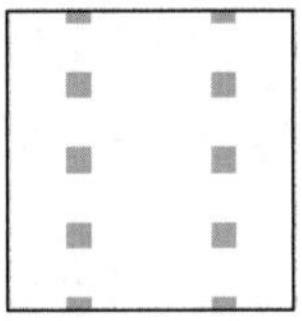

②

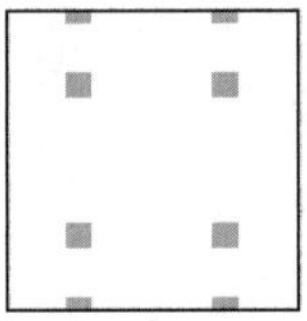

③

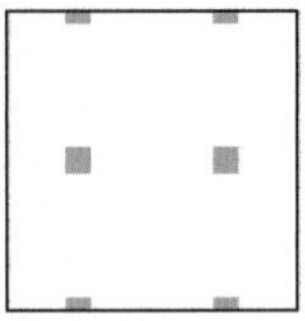

④

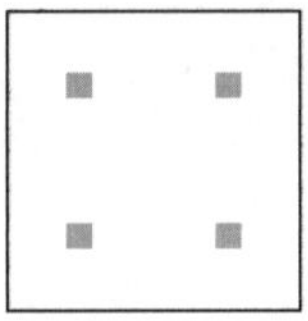

해설

종이를 접은 역순으로 다시 펼치면 다음과 같다.

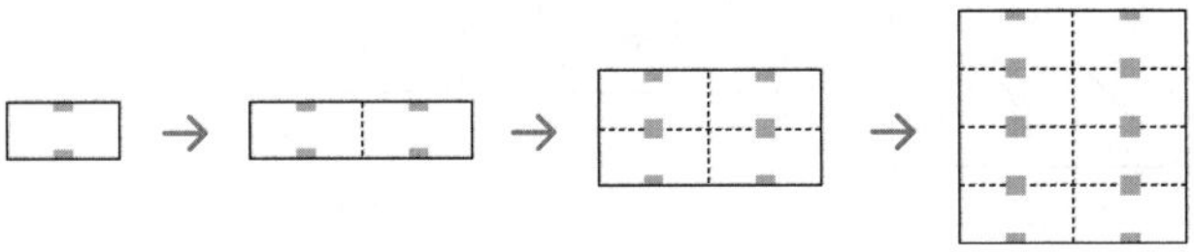

13 >

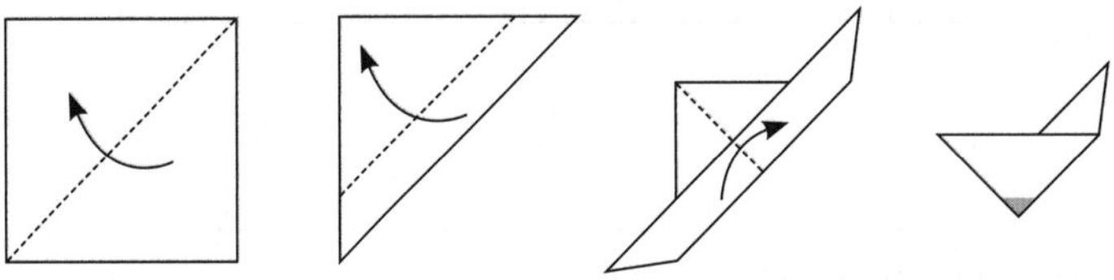

①

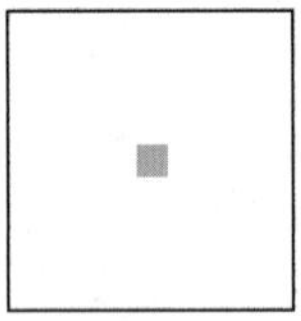

②

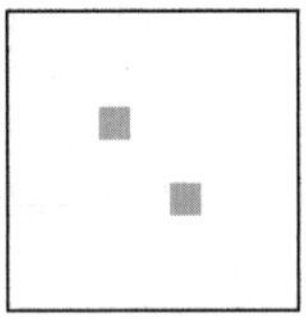

③

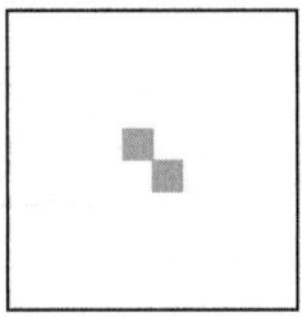

④

해설

종이를 접은 역순으로 다시 펼치면 다음과 같다.

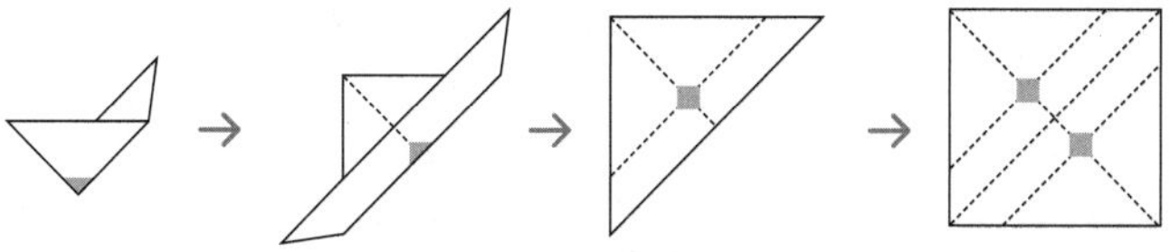

14

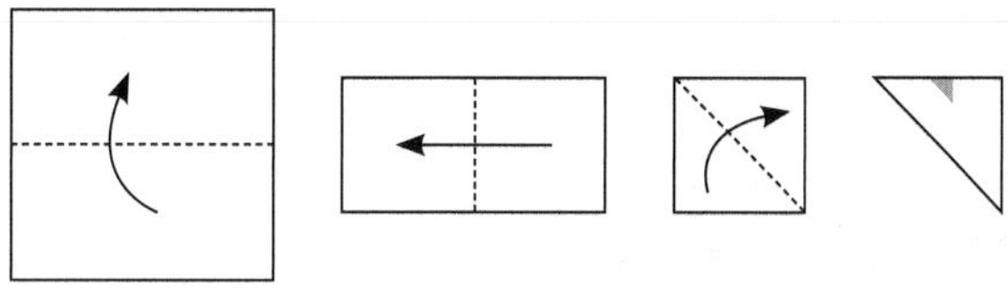

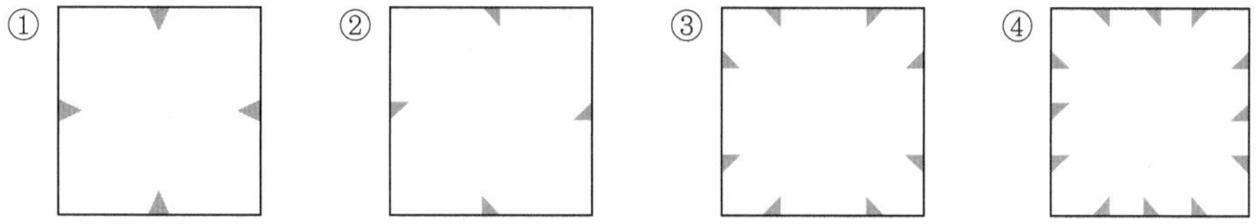

해설

종이를 접은 역순으로 다시 펼치면 다음과 같다.

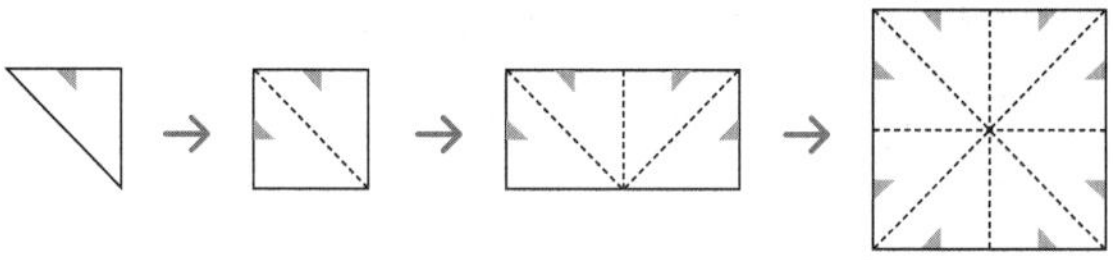

12 ① 13 ② 14 ③

15

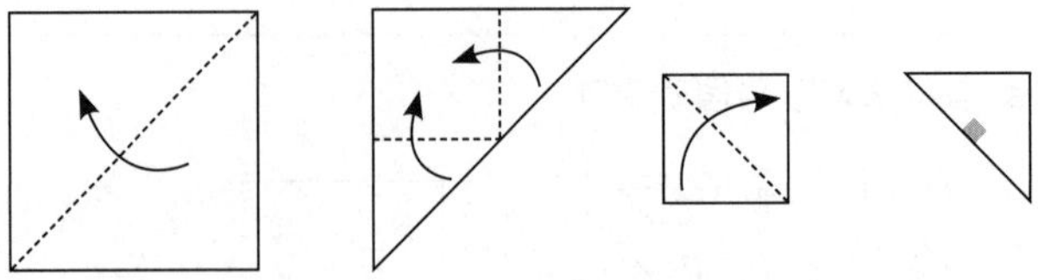

① ② ③ ④

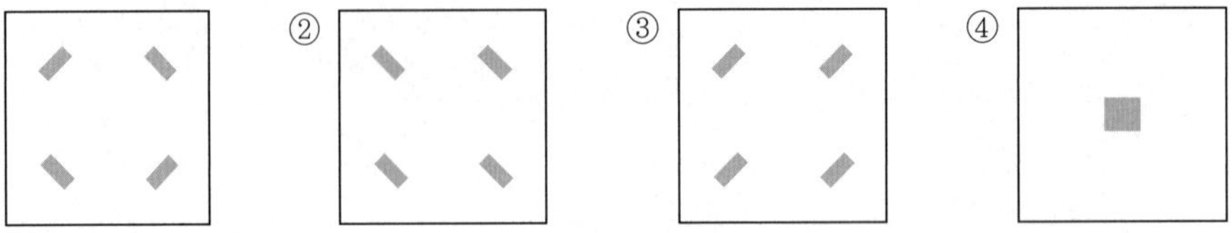

해설

종이를 접은 역순으로 다시 펼치면 다음과 같다.

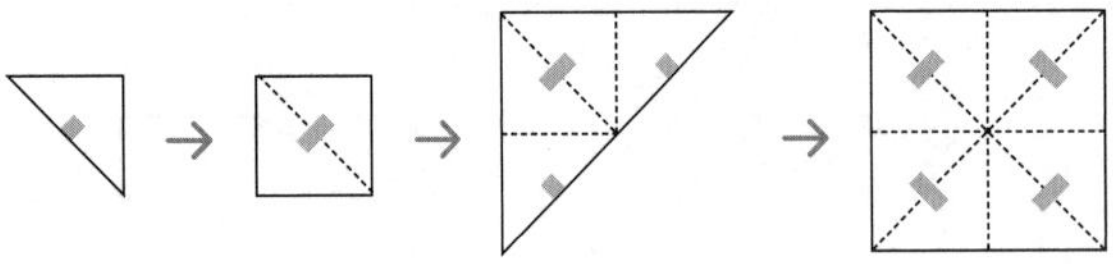

16

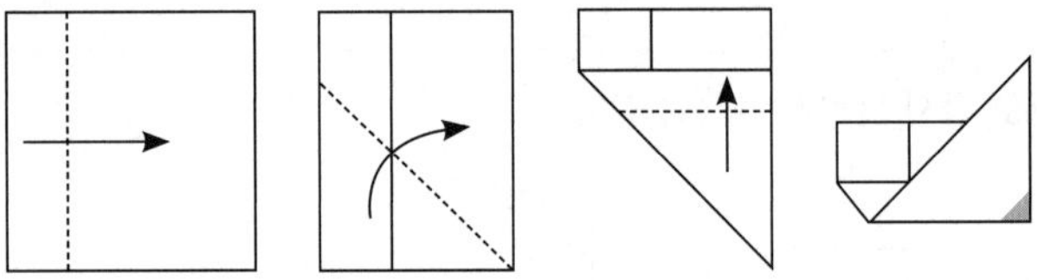

① ② ③ ④

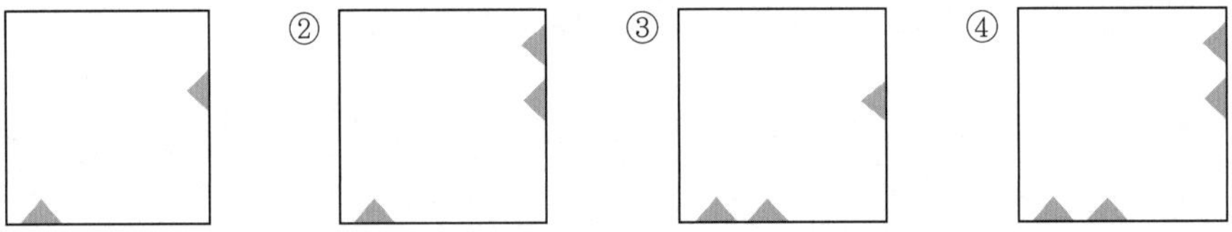

해설

종이를 접은 역순으로 다시 펼치면 다음과 같다.

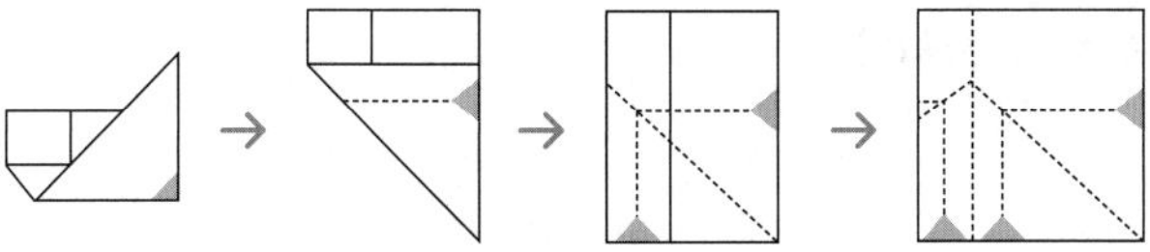

17

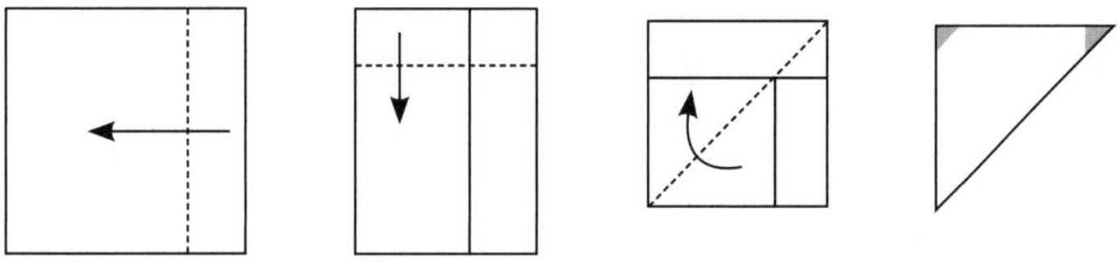

①

②

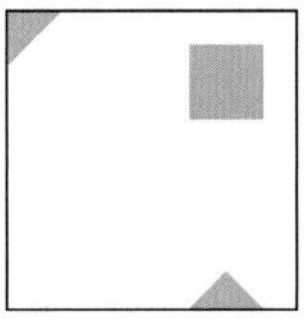

③

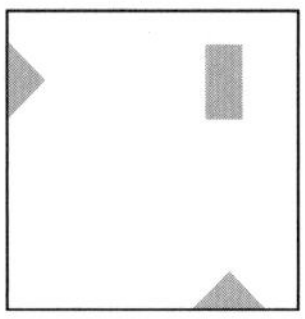

④

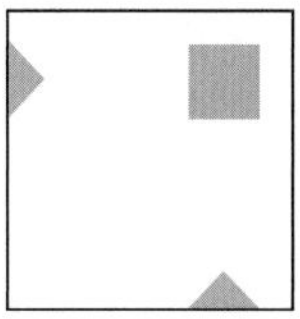

해설

종이를 접은 역순으로 다시 펼치면 다음과 같다.

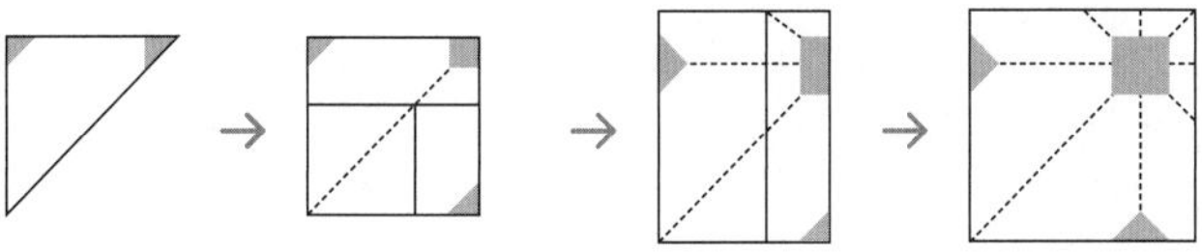

15 ① 16 ③ 17 ④

04 블록

[01~05] 다음과 같이 쌓여 있는 블록의 개수를 구하시오.

01

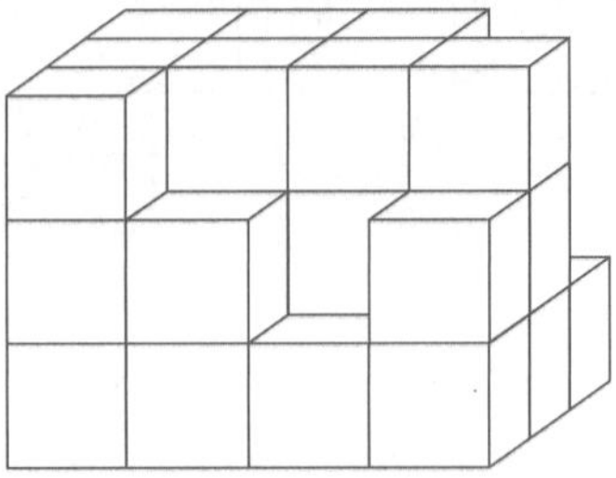

① 28개 ② 29개 ③ 30개 ④ 31개

해설

만약 비어있는 블록이 없을 경우, 전체 블록의 개수는 $3\times4\times3=36$개일 것이다. 여기서 비어있는 블록의 개수를 빼면 된다. 따라서 비어있는 블록이 6개이므로 전체 블록의 개수는 $36-6=30$개이다.

02

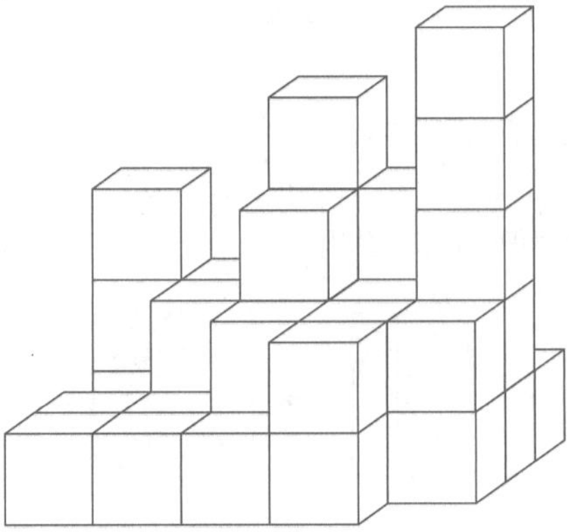

① 32개 ② 34개 ③ 36개 ④ 38개

해설

왼쪽부터 한 줄씩 블록의 개수를 세어 본다. 제일 왼쪽 줄에 있는 블록은 5개이고, 그다음 줄에는 6개가 있다. 가운데 줄에는 10개, 그다음 줄에는 9개, 제일 오른쪽 줄에는 8개가 있다. 따라서 총 블록의 개수는 $5+6+10+9+8=38$개이다.

03

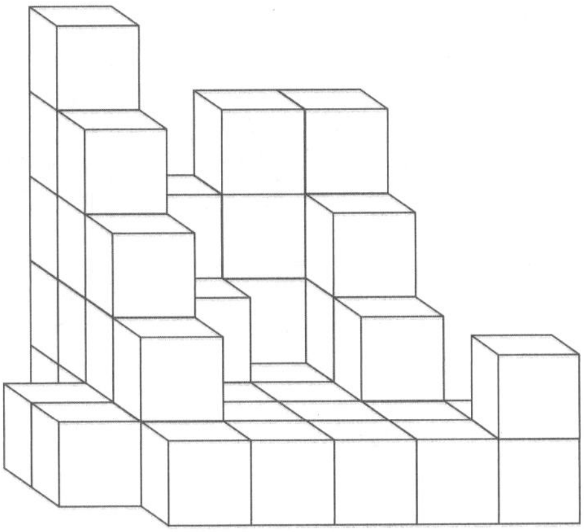

① 44개　② 45개　③ 46개　④ 47개

해설

왼쪽 줄부터 한 줄씩 블록의 개수를 세어 본다. 제일 왼쪽 줄에는 블록이 2개 있고, 그다음 줄에는 15개가 있다. 왼쪽에서 세 번째 줄에는 블록이 8개 있고, 그다음 줄에도 8개가 있다. 마지막 두 줄에는 11개, 3개가 있다. 따라서 총 블록의 개수는 $2+15+8+8+11+3=47$개이다.

04

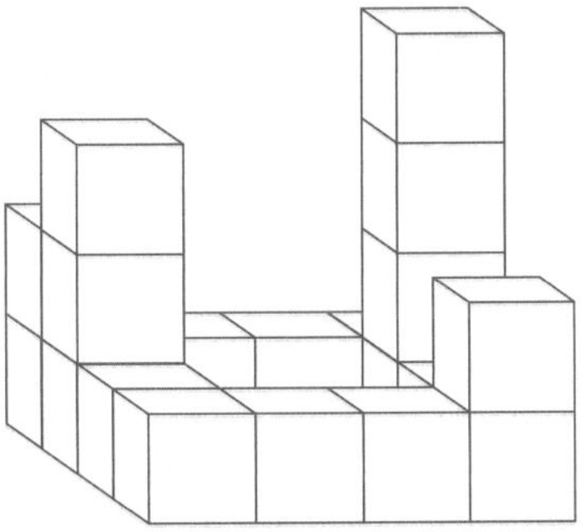

① 16개　② 17개　③ 18개　④ 19개

해설

1층에 있는 블록은 12개이고 2층에 있는 블록은 4개, 3 · 4층에 있는 블록은 $2+1=3$개이다. 따라서 총 블록의 개수는 $12+4+3=19$개이다.

01 ③　02 ④　03 ④　04 ④

05

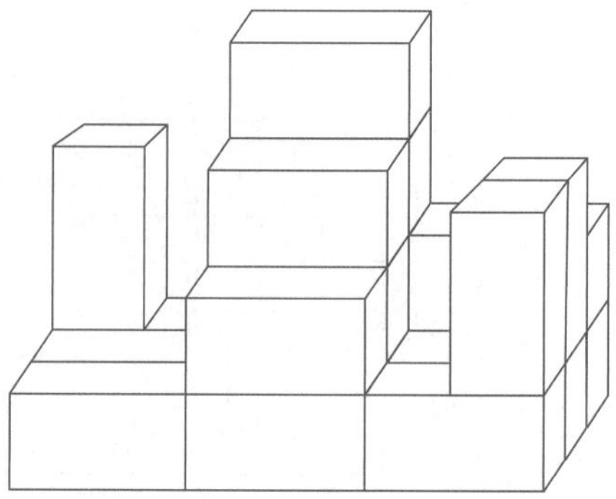

① 19개　② 20개　③ 21개　④ 22개

해설

제일 왼쪽에 있는 블록은 4개이고, 가운데 있는 블록은 9개이다. 제일 오른쪽에 있는 블록이 6개이므로, 총 블록의 개수는 $4+9+6=19$개이다.

06

정육면체 블록을 빈틈없이 쌓은 후 위, 앞, 오른쪽 옆에서 보았더니 다음과 같은 모습이었다. 이 입체를 만드는 데 사용된 블록의 개수는 총 몇 개인가?

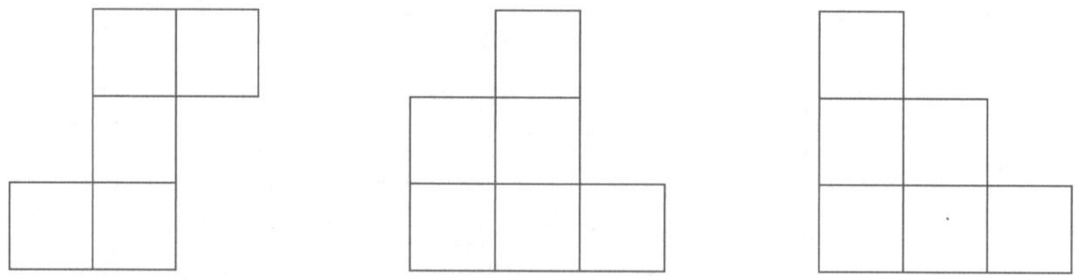

① 7개　② 9개　③ 11개　④ 13개

해설

위에서 보이는 모양은 블록이 쌓여 있는 자리이다. 여기에 앞에서 보이는 모습을 고려하면 다음 위치의 블록 개수를 알 수 있다.

	?	1
	?	
2	?	

다음으로 오른쪽 옆에서 보이는 모습을 생각해보면 모든 위치의 블록 개수를 알 수 있다.

	1	1
	2	
2	3	

따라서 이 입체를 만드는 데 사용된 블록의 개수는 2+3+2+1+1=9개이다.

07 다음 블록의 바닥면을 포함한 겉면에 색칠을 하려고 한다. 1층에서 3층에 있는 각 블록 중 4면이 칠해지는 블록이 층마다 1개 이상 있으려면, 최소 몇 개의 블록을 추가해야 하는가?

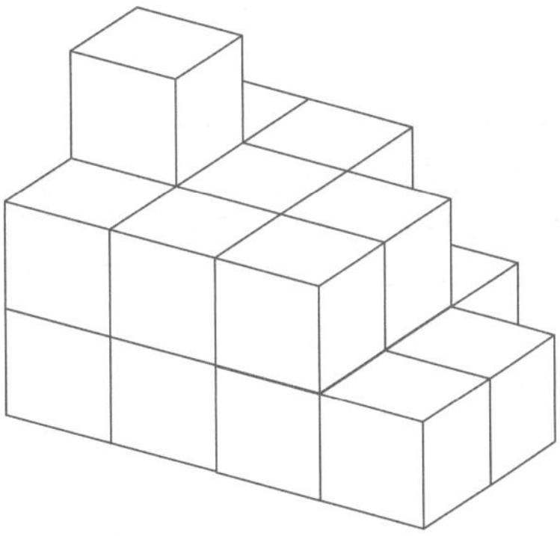

① 1개 ② 2개 ③ 3개 ④ 4개

해설

각 블록에 칠해지는 면의 수는 다음과 같다.

(1층)

3	2	4	
2	1	1	4
3	2	2	4

(2층)

3	3	
1	1	3
3	2	3

(3층)

5

따라서 1층엔 블록을 추가하지 않아도 되며, 2층과 3층에 하나씩 추가해야 한다.

(2층)

3	3		
1	1	2	4
3	2	3	or

(3층)

4	
4	or
or	

답은 2개이다.

05 ① 06 ② 07 ②

공간지각력

[08~10] 다음과 같이 쌓여있는 블록을 보고 최소 몇 개의 블록을 더 쌓아야 직육면체 모양의 블록이 되는지 답하시오.

08

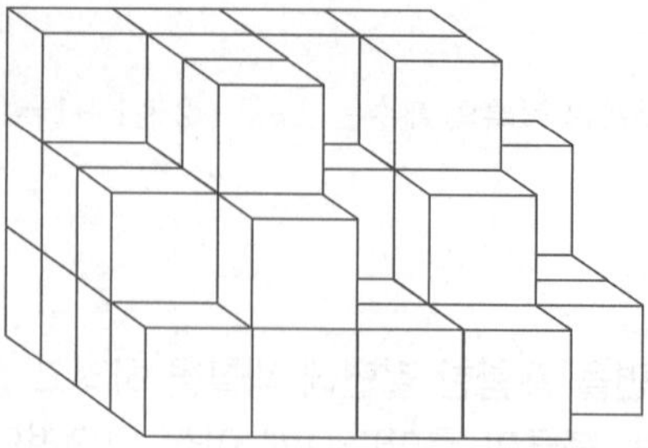

① 21개 ② 22개 ③ 23개 ④ 24개

해설

가로 5칸, 세로 4칸, 높이 3칸의 직육면체 모양을 만들면 된다. 층별로 $5 \times 4 = 20$개의 블록이 있어야 하고, 1층에는 1개, 2층에는 7개의 블록이 모자란다. 제일 위층에는 7개의 블록만이 있으므로 13개의 블록이 모자람을 알 수 있다. 따라서 직육면체 모양을 만들기 위해 필요한 블록의 최소 개수는 $1+7+13=21$개이다.

09

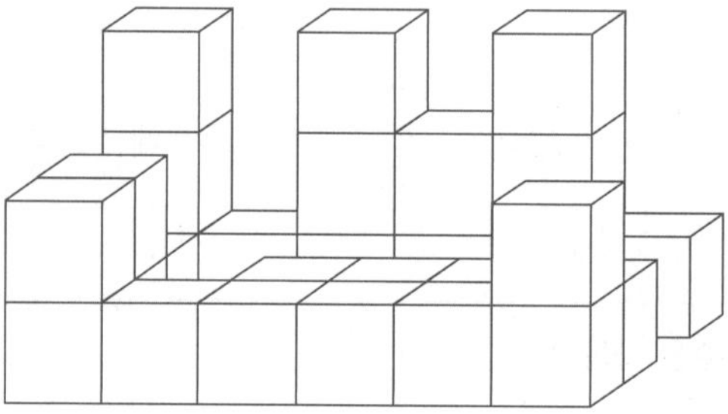

① 43개 ② 44개 ③ 45개 ④ 46개

해설

가로 6칸, 세로 4칸, 높이 3칸의 직육면체 모양을 만들어야 한다. 각 층에 $6 \times 4 = 24$개의 블록이 필요하며, 1층에는 6개의 블록이 없음을 알 수 있다. 2층에는 7개의 블록이 있으므로, $24-7=17$개의 블록이 더 필요하며, 3층에는 3개의 블록만 있으므로 $24-3=21$개의 블록이 더 필요하다. 따라서 직육면체 모양을 만들기 위해서는 최소 $6+17+21=44$개의 블록이 더 필요하다.

10 >

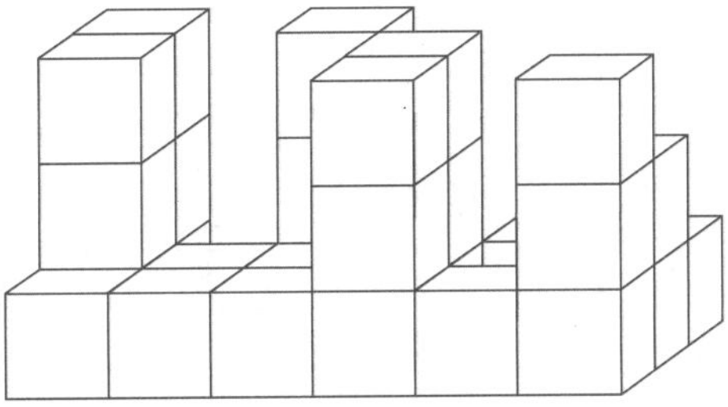

① 22개 ② 24개 ③ 26개 ④ 28개

해설

가로 6칸, 세로 3칸, 높이 3칸의 직육면체를 만들어야 한다. 한 층당 $6\times3=18$개의 블록이 있어야 하며, 1층에는 3개의 블록이 모자란다. 위의 두 층은 합쳐서 36개의 블록이 있어야 하는데, 왼쪽부터 $4+2+4+3=13$개의 블록만 있으므로 23개가 모자란다. 따라서 총 $3+23=26$개의 블록을 더 쌓아야 한다.

[11~12] 다음과 같이 블록을 쌓았을 때, 2개의 면이 밖으로 나오는 블록의 개수를 구하시오.
(단, 바닥은 면수에서 제외한다.)

11 >

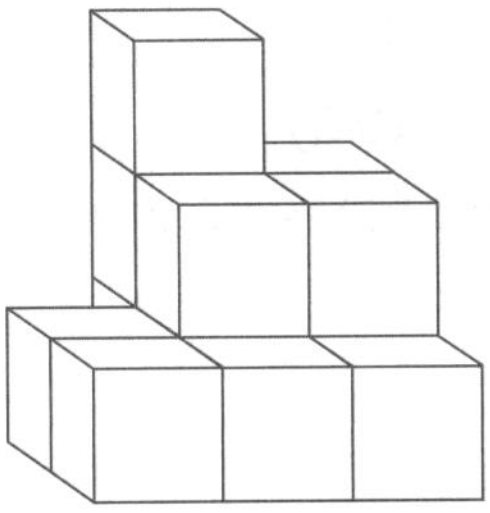

① 4개 ② 3개 ③ 2개 ④ 1개

해설

각 블록의 밖으로 나오는 면의 수는 다음과 같다.

	2	2
3	0	1
3	2	3

(1층)

2	3
3	3

(2층)

5

(3층)

따라서 2개의 면이 밖으로 나오는 블록의 개수는 4개이다.

08 ① 09 ② 10 ③ 11 ①

12 >

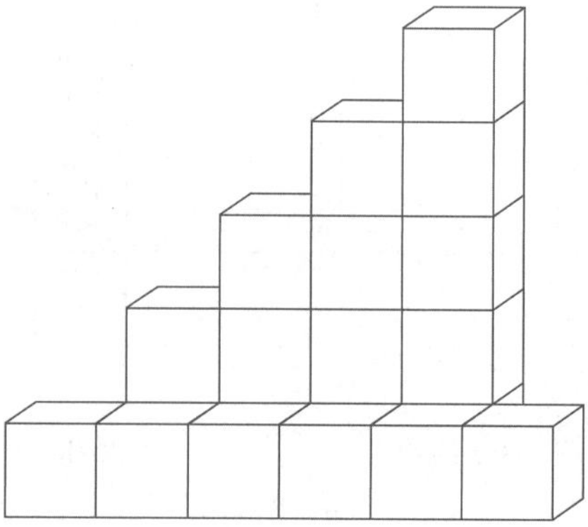

① 3개　② 5개　③ 7개　④ 9개

해설

각 블록의 밖으로 나오는 면의 수는 다음과 같다.

4	2	2	2	2	4

(앞줄)

			5
		4	3
	4	2	3
4	2	2	3
2	1	1	2

(뒷줄)

따라서 2개의 면이 밖으로 나오는 블록의 개수는 9개이다.

[13~14] 다음과 같이 블록을 쌓았을 때, 3개의 면이 밖으로 나오는 블록의 개수를 구하시오.
(단, 바닥은 면수에서 제외한다.)

13 >

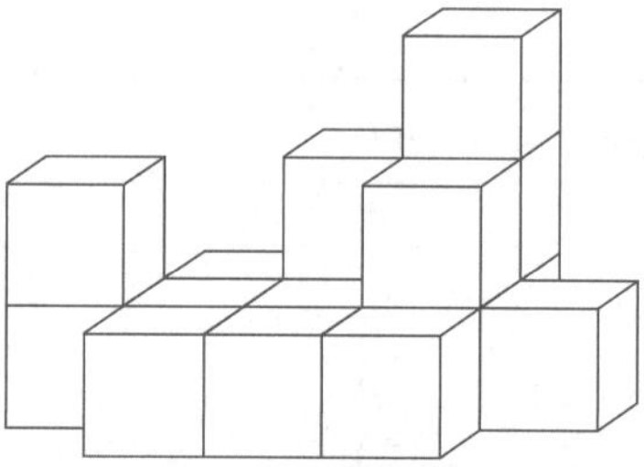

① 1개　② 2개　③ 3개　④ 4개

해설

각 블록의 밖으로 나오는 면의 수는 다음과 같다.

(1층)

	3	1	2	
3	1	1	0	4
	3	2	3	

(2층)

		4	2
5			4

(3층)

5

따라서 3개의 면이 밖으로 나오는 블록의 개수는 4개이다.

14

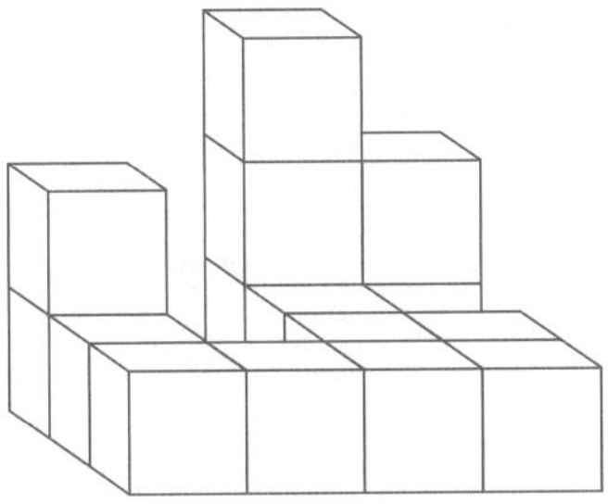

① 8개　② 9개　③ 10개　④ 11개

해설

각 블록의 밖으로 나오는 면의 수는 다음과 같다.

(1층)

		2	3
3		3	
3		2	3
3	3	2	3

(2층)

	3	4
5		

(3층)

5

따라서 3개의 면이 밖으로 나오는 블록의 개수는 9개이다.

12 ④　13 ④　14 ②

공간지각력

[15~16] 다음은 동일한 크기의 정육면체 모양 블록을 빈틈없이 쌓아올린 것이다. 회색으로 칠해진 블록은 반대편까지 회색으로 칠해져있다고 할 때, 흰색 블록의 개수를 구하시오.

15

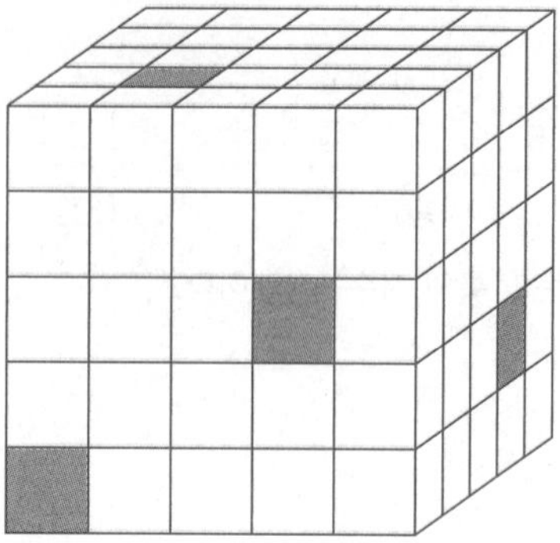

① 120개 ② 115개 ③ 105개 ④ 100개

해설

전체의 블록 수는 $5 \times 5 \times 5 = 125$개이다. 이 중 회색 블록 수가 $5 \times 4 = 20$개이므로, 흰색 블록은 $125 - 20 = 105$개이다.

16

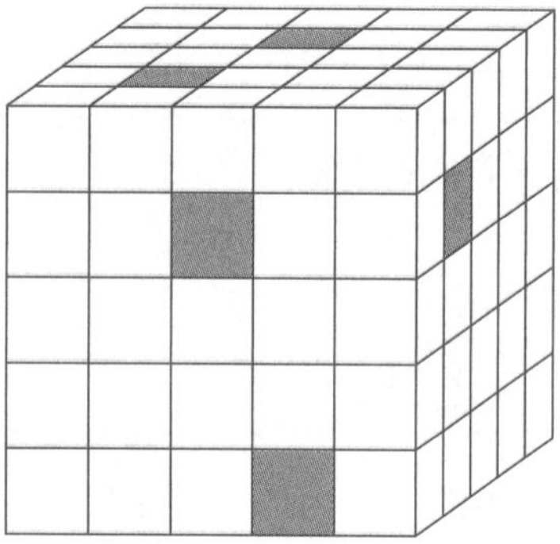

① 100개 ② 101개 ③ 102개 ④ 103개

해설

전체의 블록 수는 $5 \times 5 \times 5 = 125$개이다. 회색 블록 수를 구하기 위해서는 겹치는 부분이 몇 군데인지 보아야 한다. 겹치는 부분은 세 군데이다. 따라서 회색 블록 수는 $(5 \times 5) - 3 = 22$개이고, 흰색 블록 수는 $125 - 22 = 103$개이다.

[17~18] 다음은 동일한 크기의 정육면체 모양 블록을 빈틈없이 쌓아올린 것이다. 회색으로 칠해진 블록은 반대편까지 회색으로 칠해져있다고 할 때, 회색 블록의 개수를 구하시오.

17 >

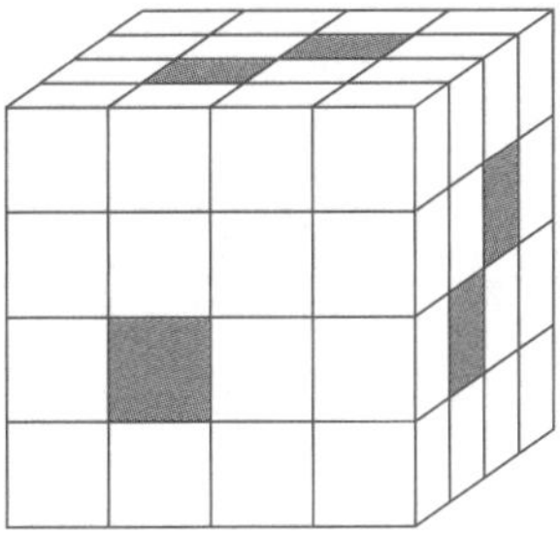

① 17개 ② 18개 ③ 19개 ④ 20개

해설

회색 블록이 겹치는 부분은 총 두 군데이다. 한 군데에서는 두 블록이 겹치고, 나머지 한 군데에서는 세 블록이 겹친다. 겹치는 부분이 없다고 생각하면 회색 블록의 개수는 $5 \times 4 = 20$개이고, 여기서 두 블록이 겹치는 경우에는 1을, 세 블록이 겹치는 경우에는 2를 빼주어야 한다. 따라서 회색 블록의 개수는 $20-1-2=17$개이다.

18 >

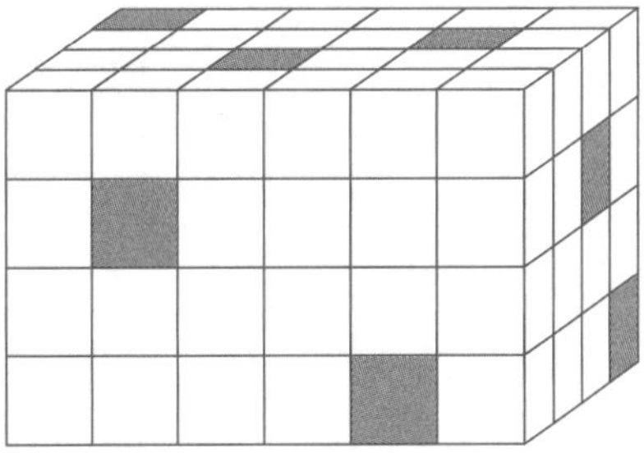

① 27개 ② 29개 ③ 30개 ④ 32개

해설

겹치는 부분을 고려하지 않았을 때 회색 블록은 $(5 \times 4)+(2 \times 6)=32$개이다. 겹치는 부분은 다섯 군데이며, 따라서 회색 블록의 총 개수는 $32-5=27$개이다.

15③ 16④ 17① 18①

19 다음 블록에 색칠을 하려고 한다. 밑면은 칠하지 않는다고 할 때, 칠할 수 있는 블록 면의 개수는 몇 개인가?

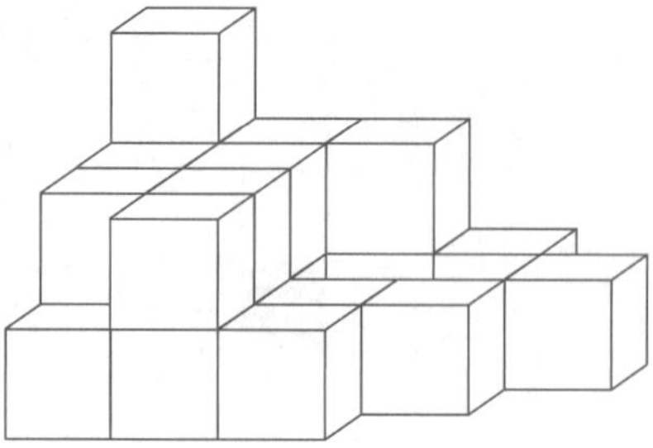

① 53개 ② 56개 ③ 59개 ④ 62개

해설

윗면의 개수는 14개이고, 옆면의 개수는 각각 10개씩 20개이다. 앞면과 뒷면의 개수는 11개씩 22개이므로, 색칠할 수 있는 총 블록 면의 개수는 14＋20＋22 ＝ 56개이다.

20 다음 블록의 밑면을 포함하여 색칠한다고 할 때, 칠할 수 있는 블록 면의 개수는 몇 개인가?

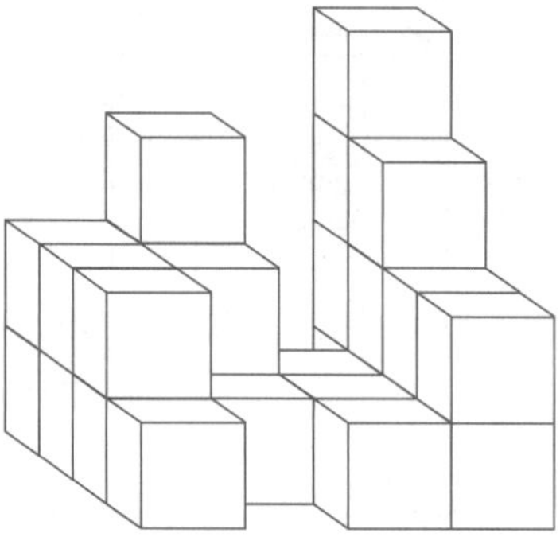

① 78개 ② 80개 ③ 82개 ④ 85개

해설

윗면과 밑면의 개수는 각각 14개씩 28개이며, 옆면의 개수는 각각 17개씩 34개이다. 마지막으로 앞면과 뒷면의 개수는 각각 10개씩 20개이다. 따라서 색칠할 수 있는 총 블록 면의 개수는 28＋34＋20 ＝ 82개이다.

21 다음은 정육면체 블록을 쌓은 것이다. 두 면이 다른 블록과 접해 있는 블록의 개수는 몇 개인가?

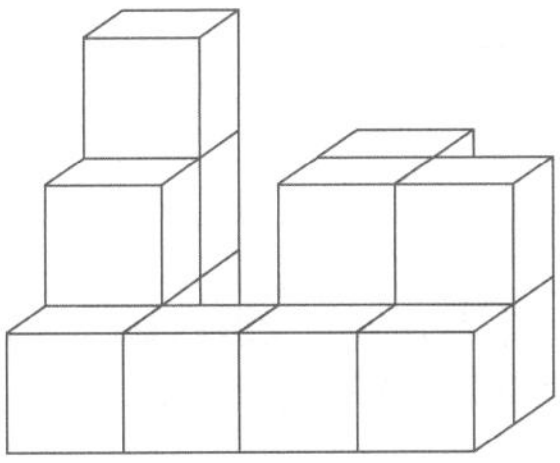

① 8개 ② 9개 ③ 10개 ④ 11개

해설

각 층의 블록 면이 다른 블록 면과 접해 있는 수는 다음과 같다.

2		2	
3		4	3
2	2	3	2

(1층)

3		2	
2		3	2

(2층)

1

(3층)

따라서 두 면이 다른 블록과 접해 있는 블록의 개수는 8개이다.

[22~23] 다음 블록을 보고 물음에 답하시오.

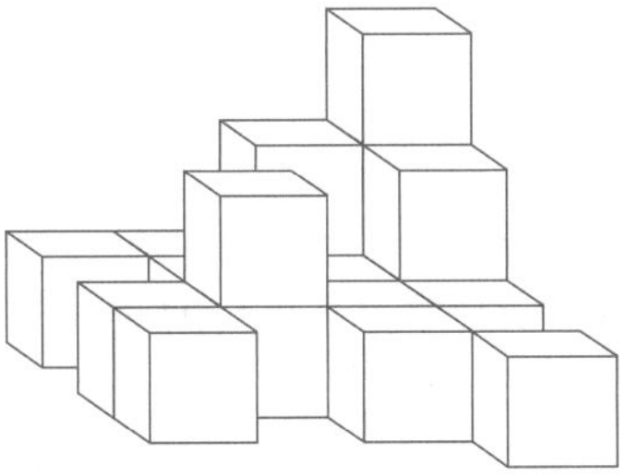

22 위 블록의 개수는 모두 몇 개인가?

① 18개 ② 19개 ③ 20개 ④ 21개

해설

1층에 있는 블록은 14개이다. 2층에 4개, 3층에 1개의 블록이 있으므로 총 블록의 개수는 14+4+1=19개이다.

19 ② 20 ③ 21 ① 22 ②

23 위 블록에 밑면을 포함하여 페인트를 칠한다고 할 때, 칠해지는 면의 개수는 모두 몇 개인가?

① 66개 ② 68개 ③ 70개 ④ 72개

해설

칠할 수 있는 윗면과 밑면의 개수는 각각 14개씩 28개이고, 옆면의 개수는 10개씩 20개이다. 앞면과 뒷면의 개수도 각각 10개씩 20개이므로, 칠해지는 면의 총 개수는 28+20+20=68개이다.

[24~25] 다음 블록을 보고 물음에 답하시오.

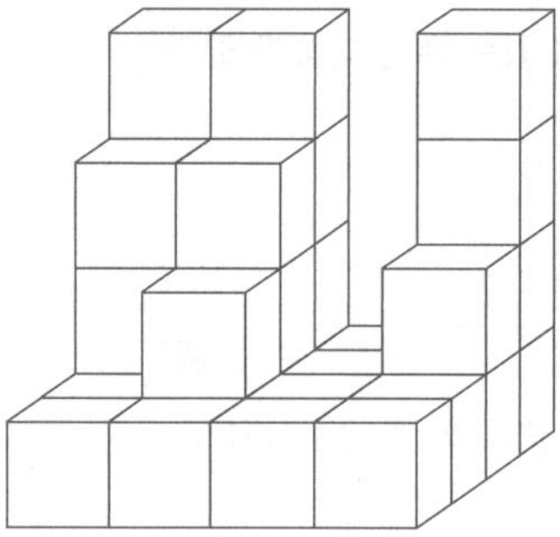

24 위 블록의 개수는 모두 몇 개인가?

① 28개 ② 29개 ③ 30개 ④ 31개

해설

1층의 블록 개수는 16개이고 2층의 블록 개수는 7개이다. 3층은 5개, 4층은 3개이므로 총 블록의 개수는 16+7+5+3=31개이다.

25 위 블록의 한 변의 길이가 1cm라고 할 때, 최소 몇 개의 블록을 더 쌓아야 정육면체 모양의 블록이 되는가?

① 30개 ② 31개 ③ 32개 ④ 33개

해설

블록의 가로, 세로, 높이의 개수를 모두 네 개씩 하면 정육면체가 완성된다. 각 층마다 4×4=16개의 블록이 있어야 하며, 모자라는 블록의 개수를 세어보면 정육면체 모양을 만들기 위해 필요한 블록의 개수를 알 수 있다. 1층에는 모자라는 블록이 없으며, 2층에는 7개의 블록이 있으므로 16－7＝9개의 블록이 모자란다. 3층에는 16－5＝11개, 4층에는 16－3＝13개가 모자라므로, 정육면체 모양을 만들기 위해 필요한 최소 블록의 개수는 9＋11＋13＝33개이다.

05 전개도

[01~12] 다음 전개도를 접었을 때 만들어지는 입체도형으로 알맞은 것을 고르시오.

01

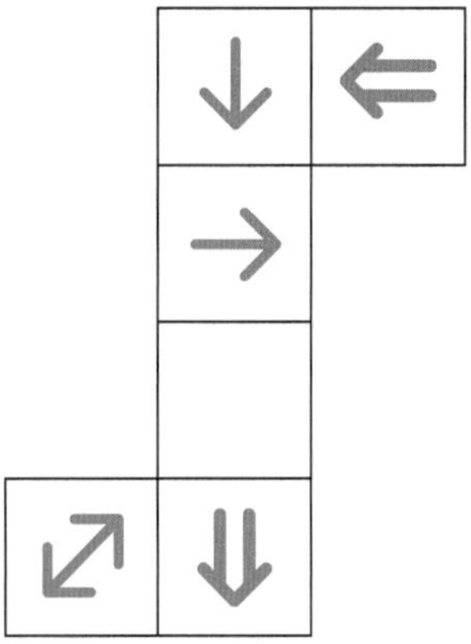

① 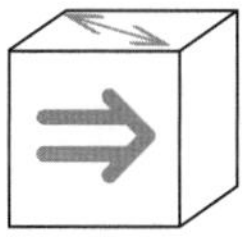
② 
③ 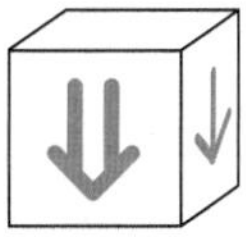
④ 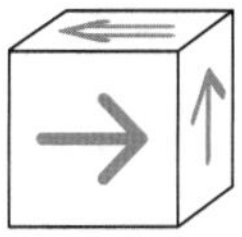

해설

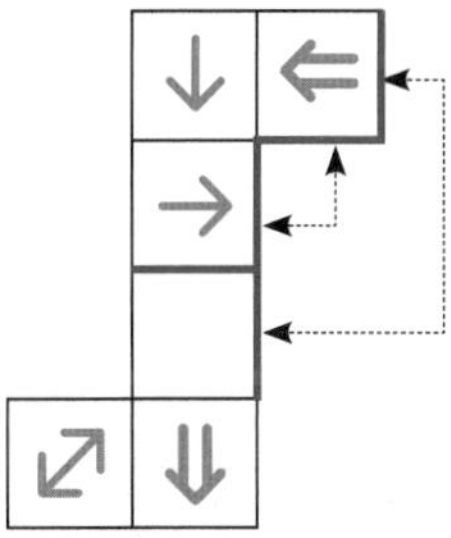

23 ② 24 ④ 25 ④ | 01 ②

02

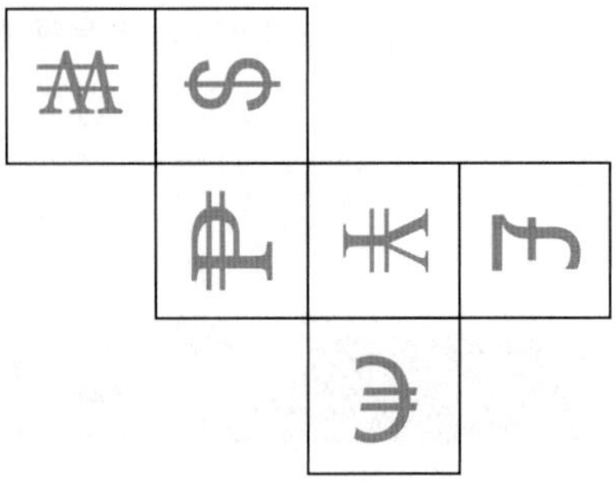

①
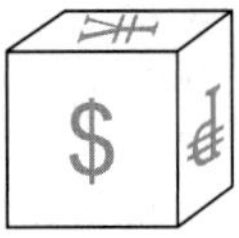
②

③
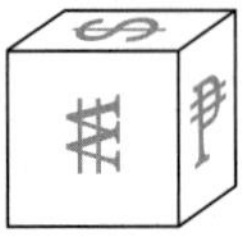
④
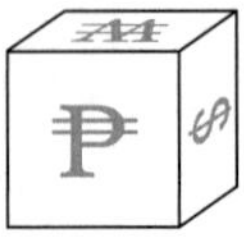

해설

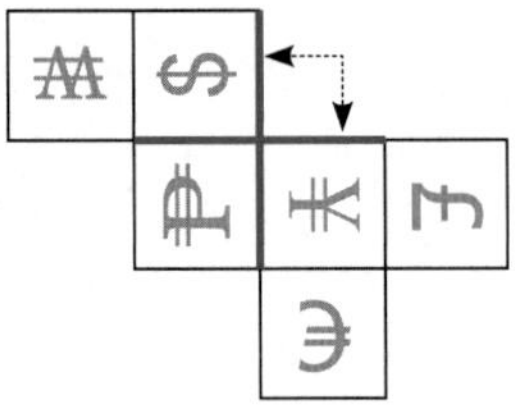

03

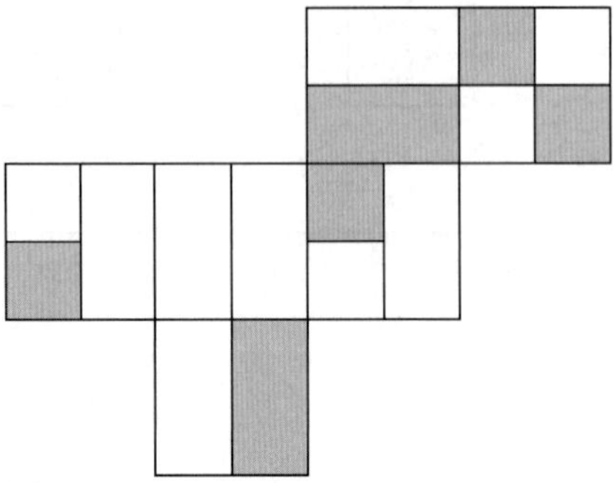

①
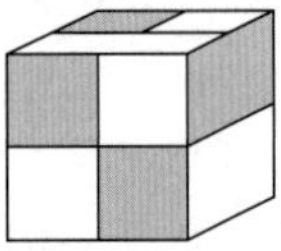
②
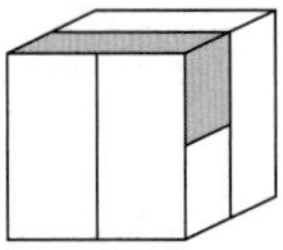
③
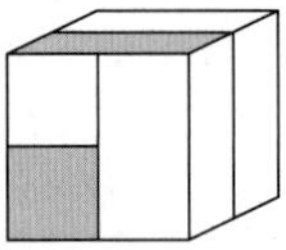
④
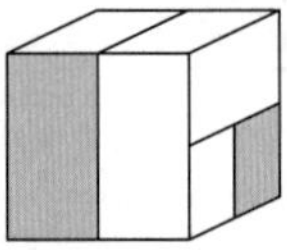

해설

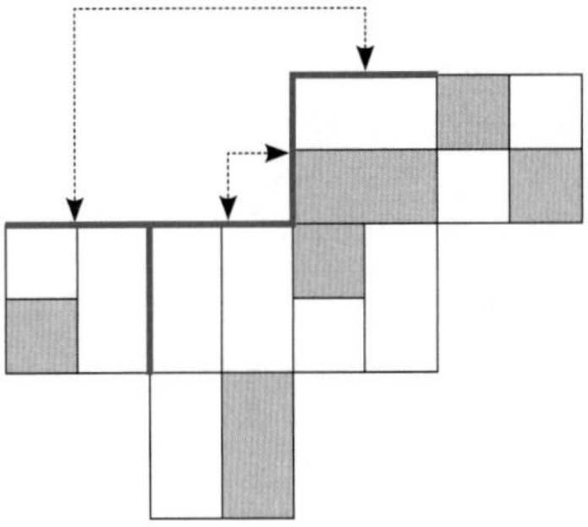

04 >

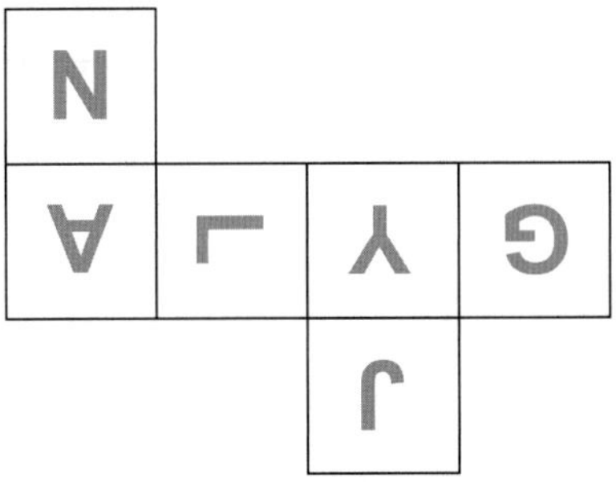

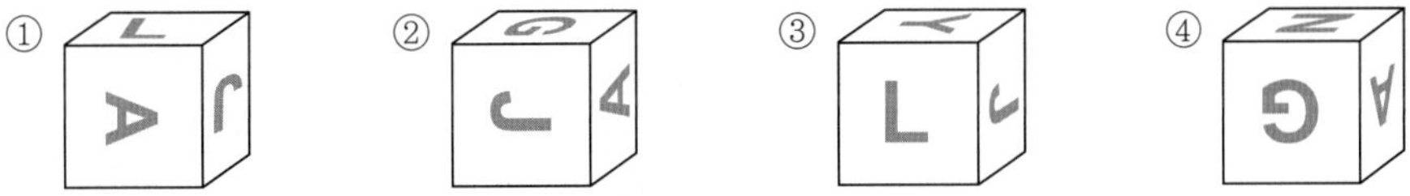

해설

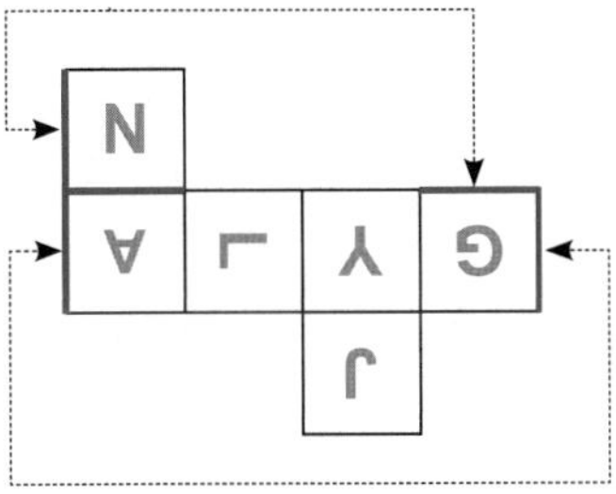

02 ① 03 ④ 04 ④

05

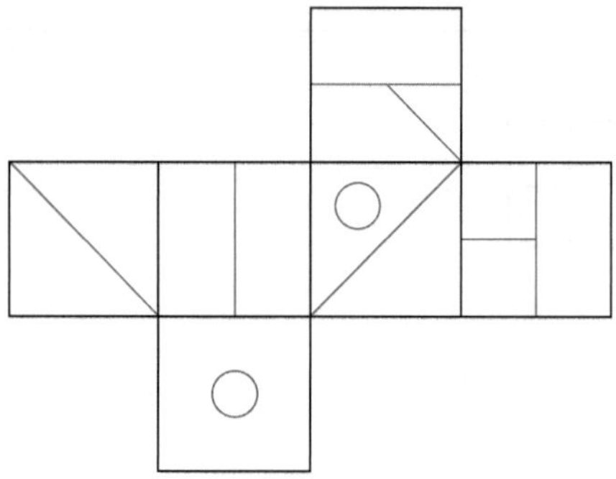

① 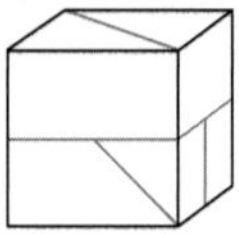
② 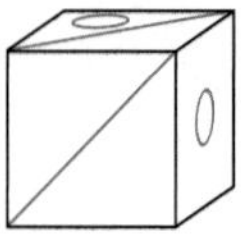
③ 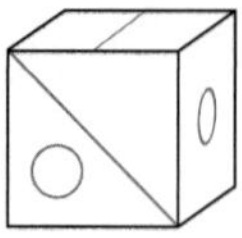
④ 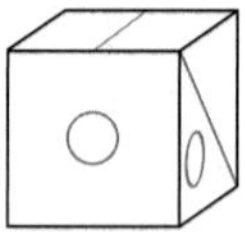

해설

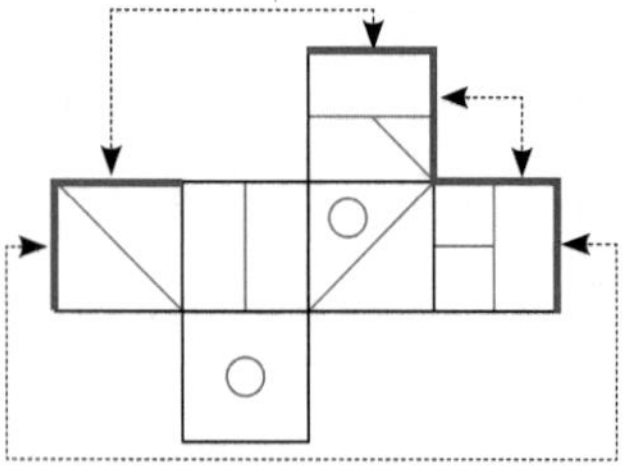

06

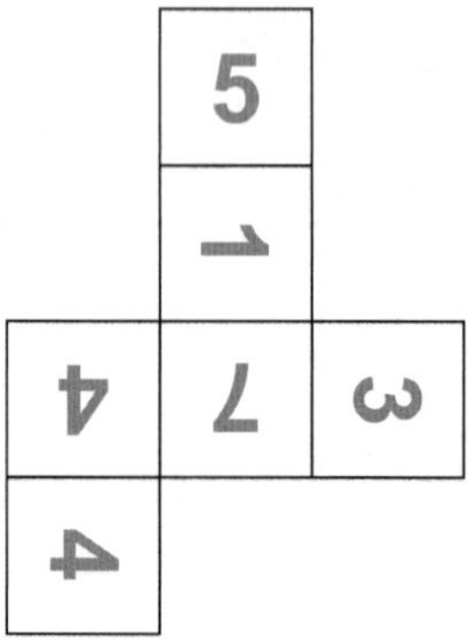

① 
② 
③ 
④ 

해설

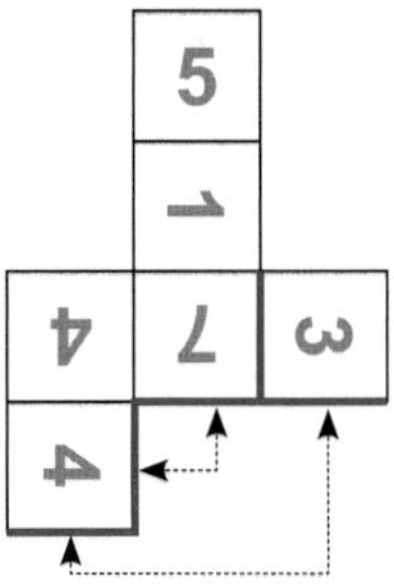

07 >

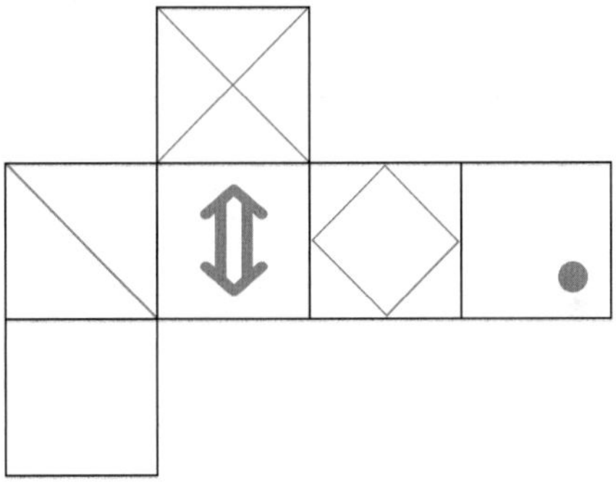

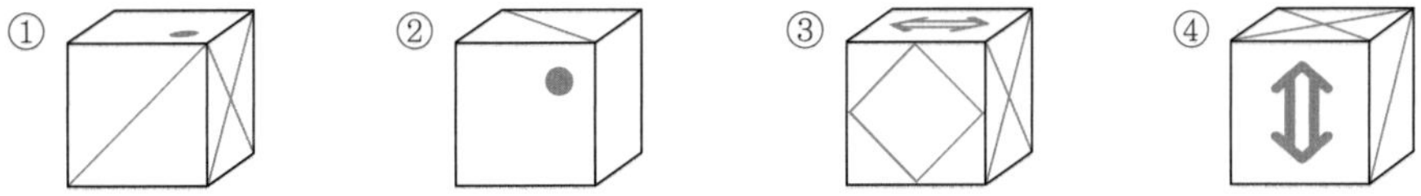

해설

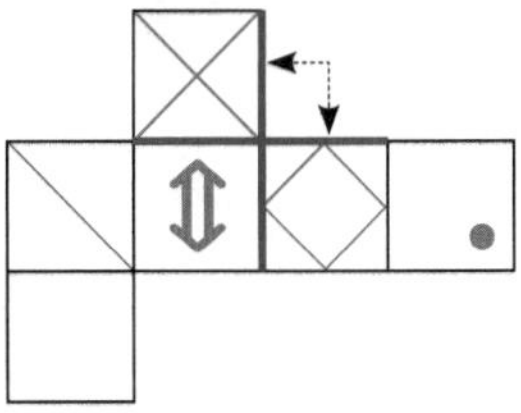

05 ① **06** ④ **07** ③

08 >

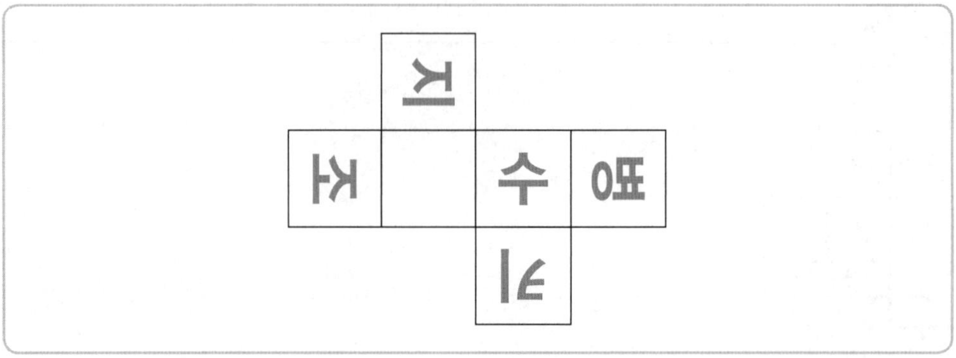

① 

② 

③ 

④ 

해설

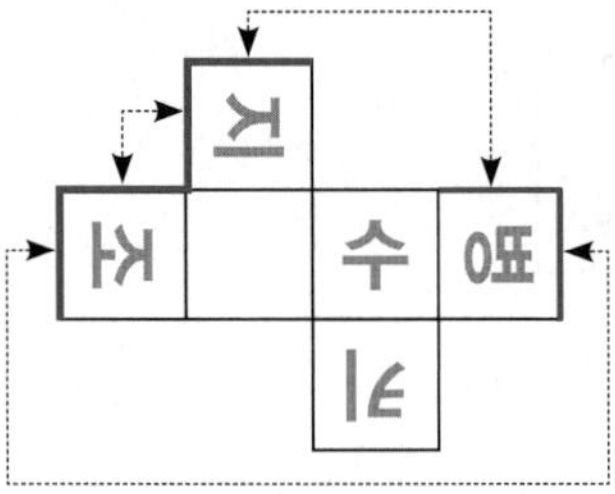

09 >

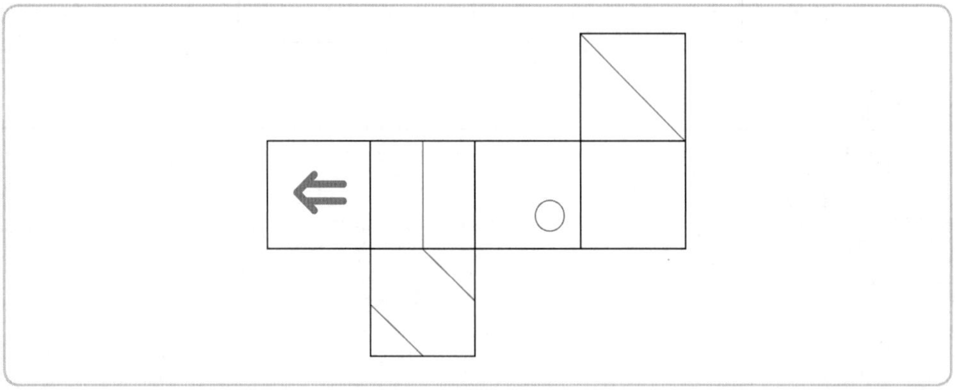

① 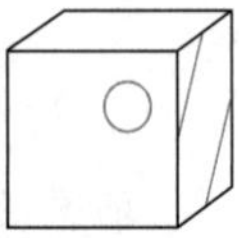

② 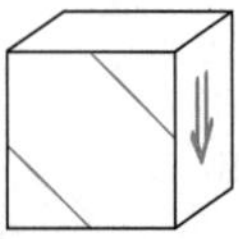

③ 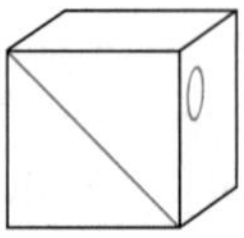

④ 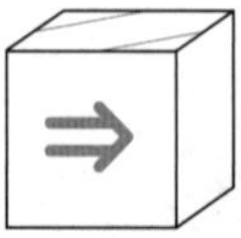

해설

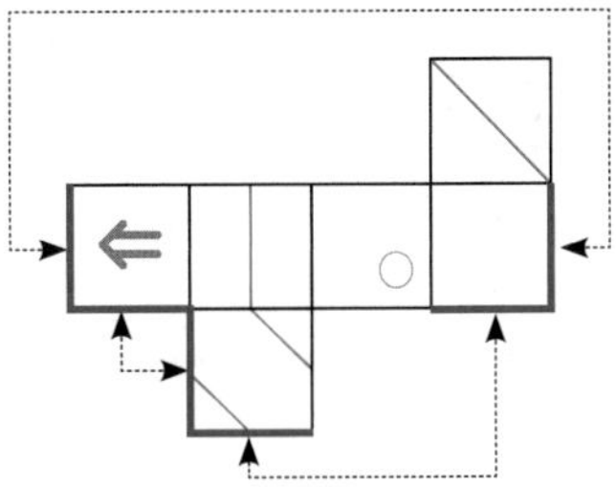

10

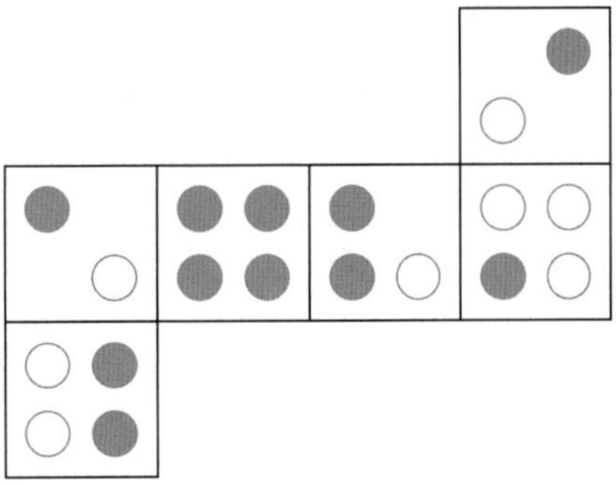

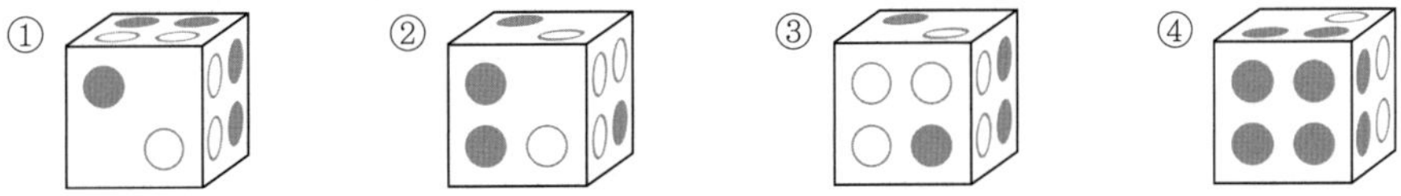

해설

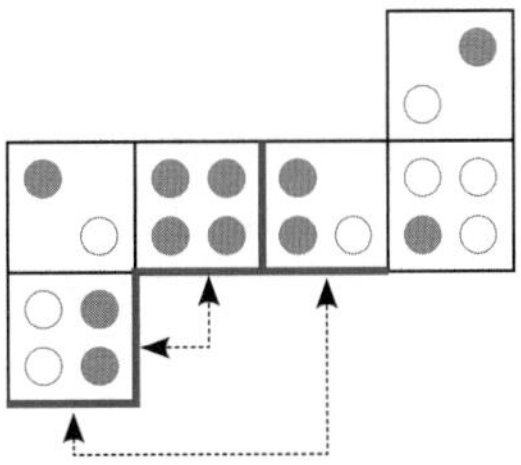

08 ② 09 ④ 10 ④

11

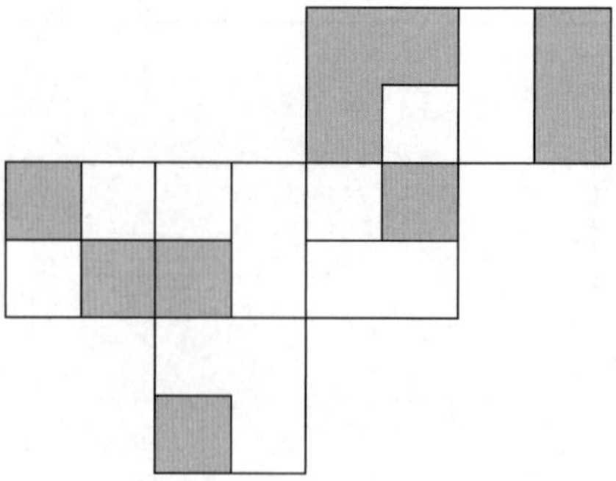

①

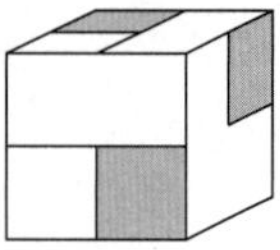

②

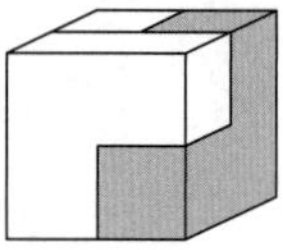

③

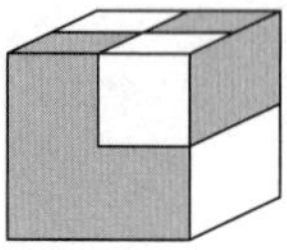

④

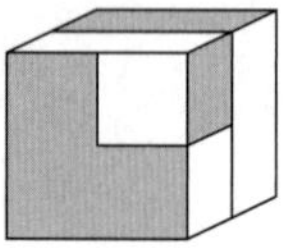

해설

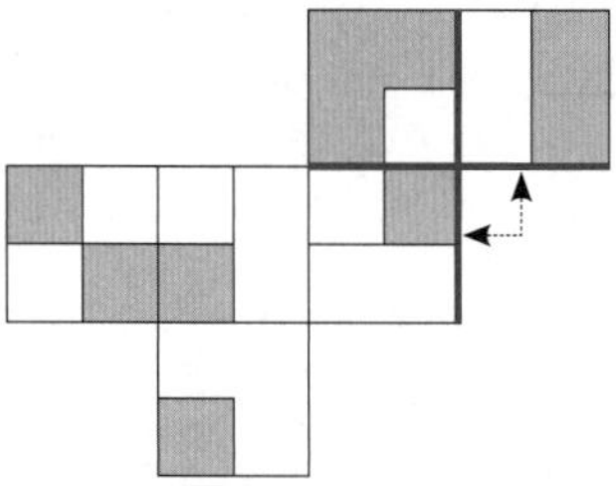

12

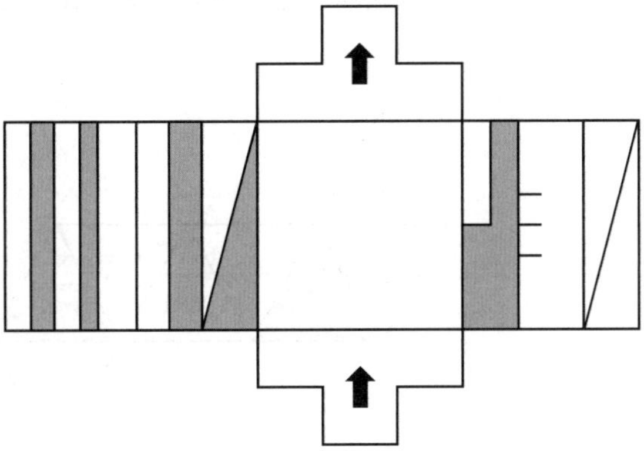

① 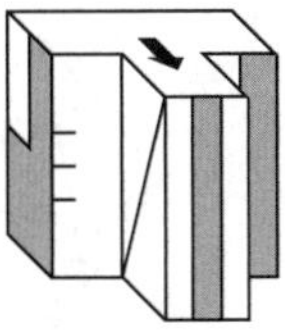
② 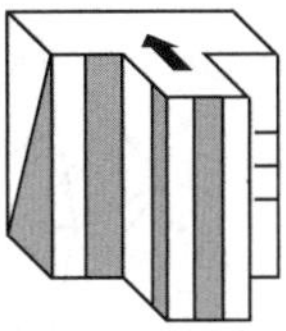
③ 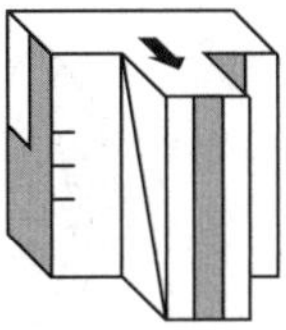
④ 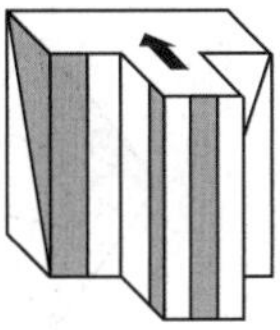

해설

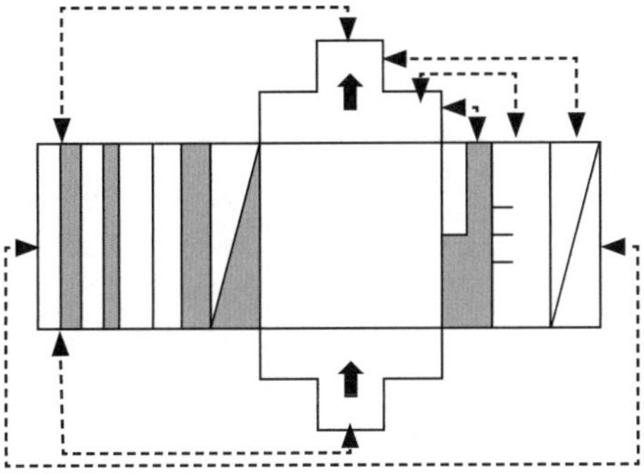

11 ④ 12 ①

[13~17] 다음 전개도를 접었을 때 만들어지는 입체도형으로 알맞지 않은 것을 고르시오.

13

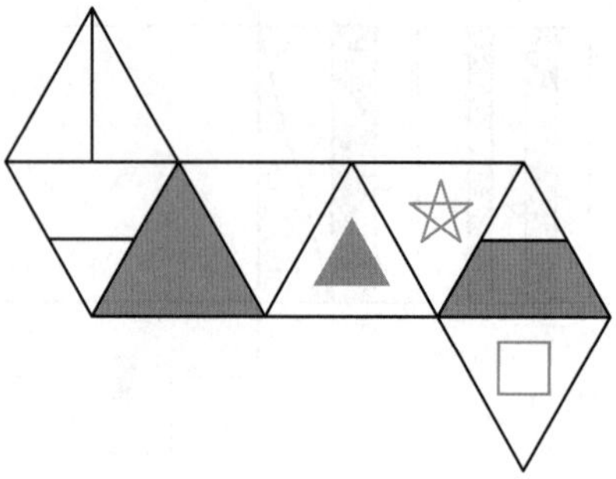

① ② ③ ④

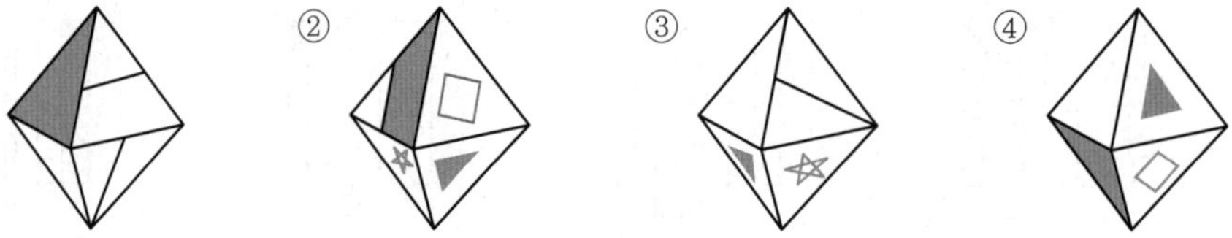

해설

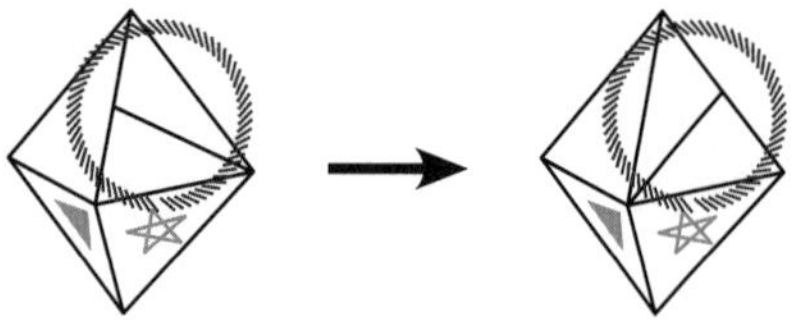

14

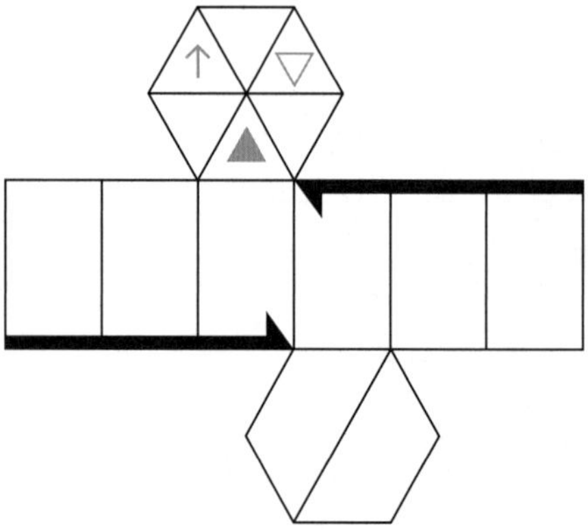

① 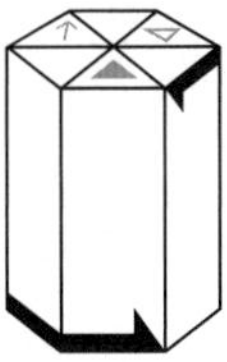
② 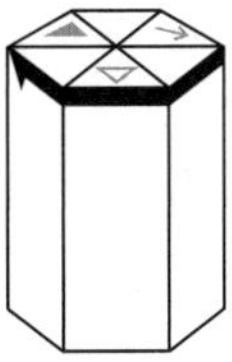
③ 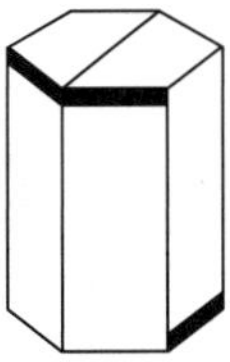
④ 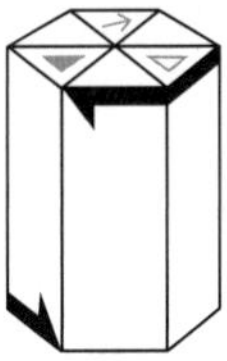

해설

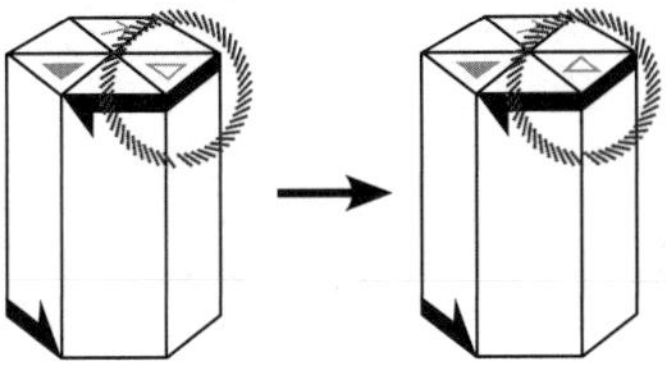

15>

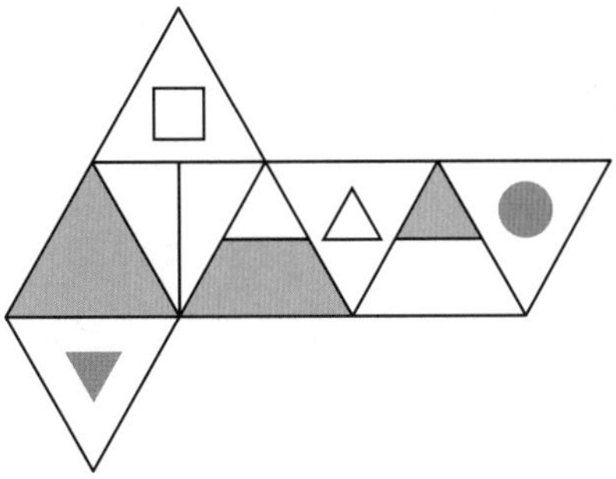

① 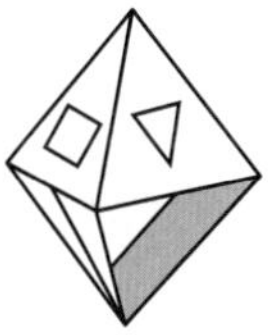
② 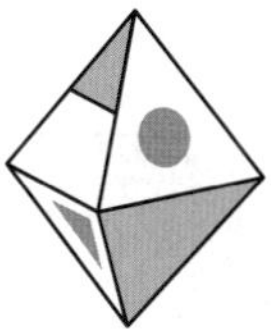
③ 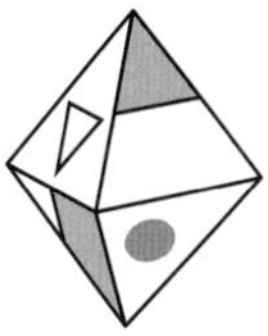
④ 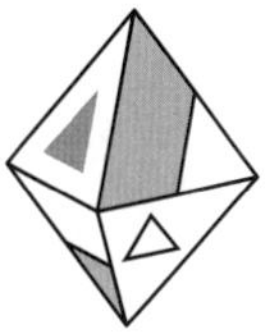

해설

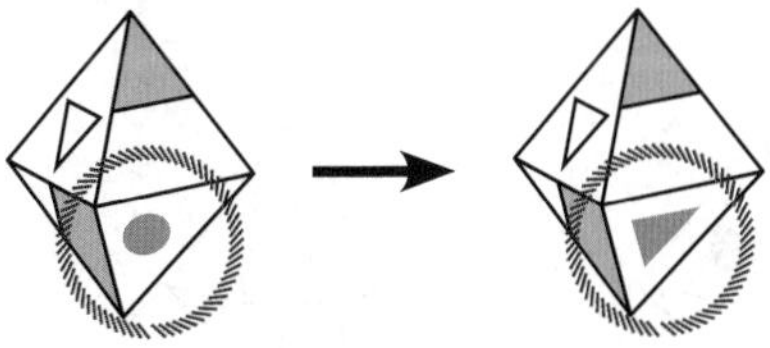

13 ③ 14 ④ 15 ③

16

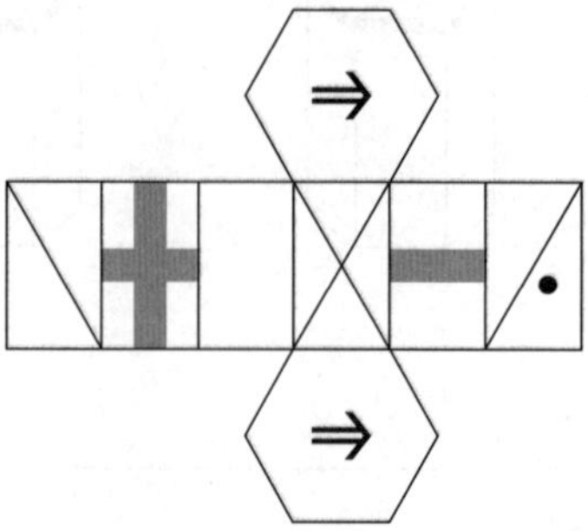

① 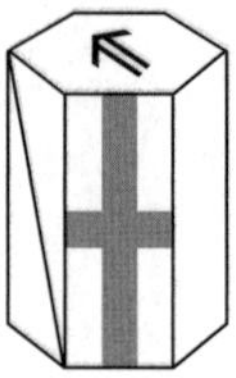

② 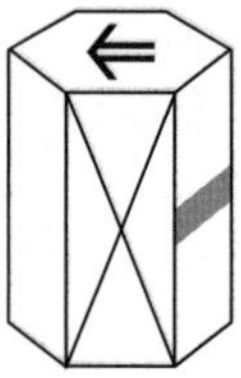

③ 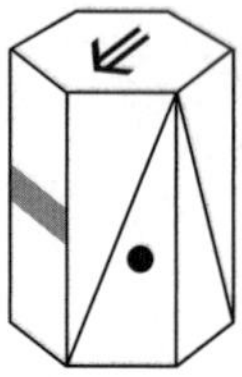

④ 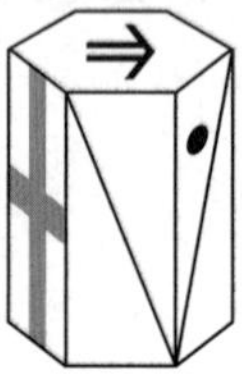

해설

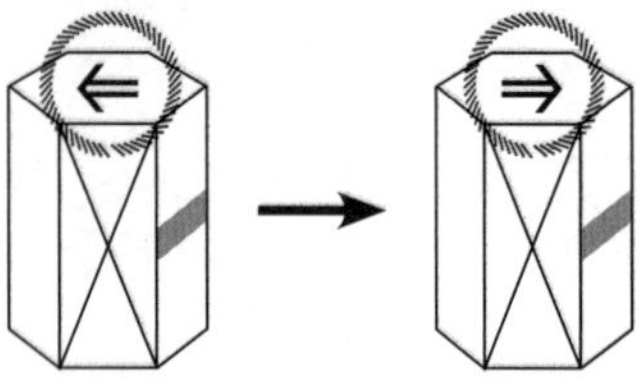

17

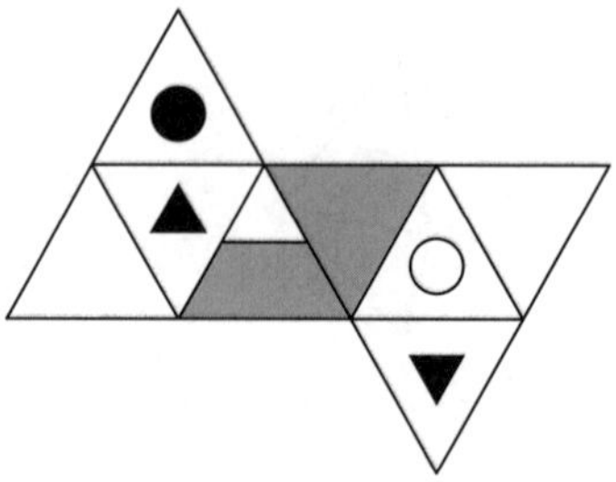

① 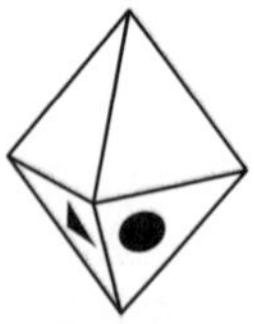

② 

③ 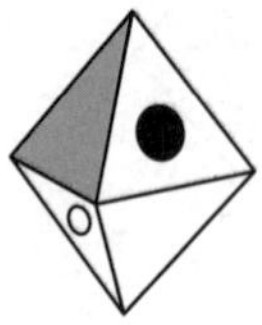

④ 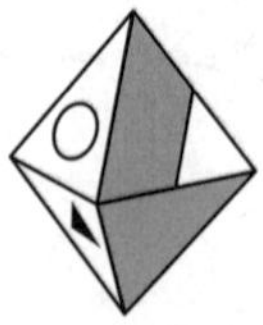

해설

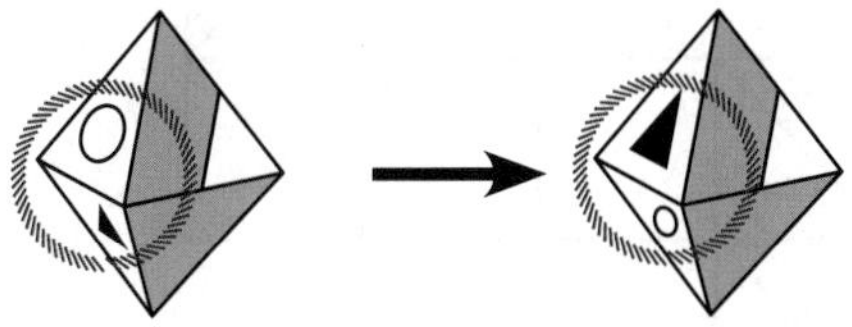

[18~20] 다음 전개도를 접어 정육면체를 만들었을 때 모양이 나머지와 다른 것을 고르시오.

18

①

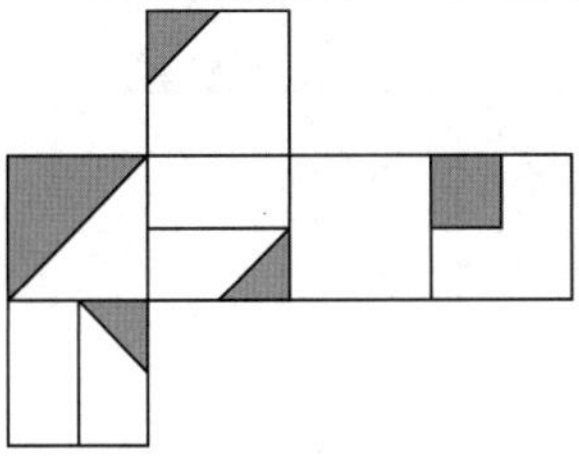

②

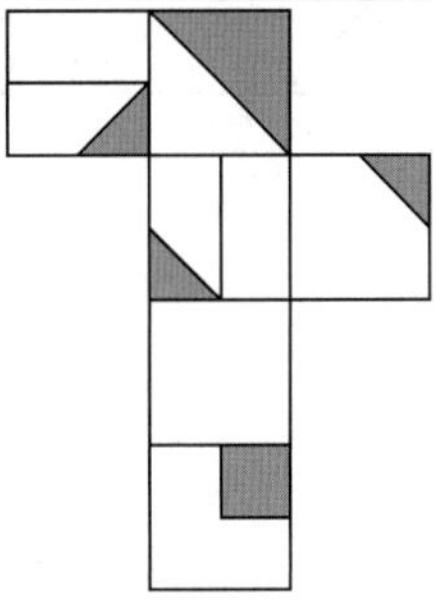

③

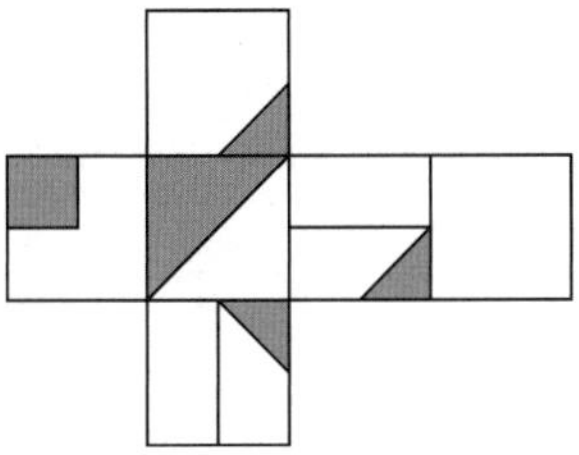

④

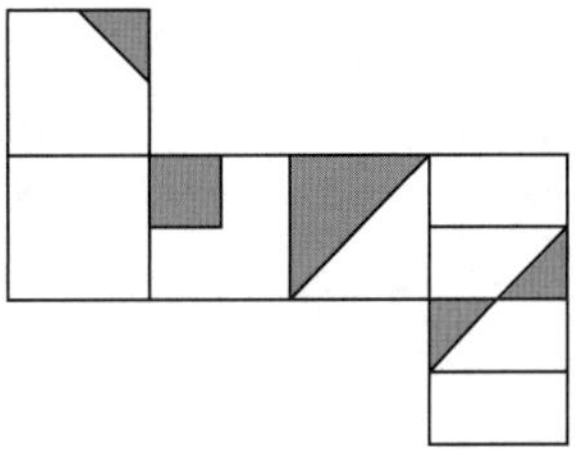

해설

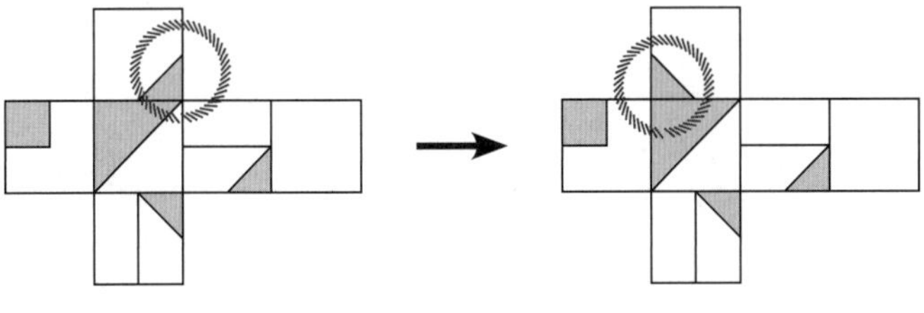

16 ② 17 ④ 18 ③

19 ①

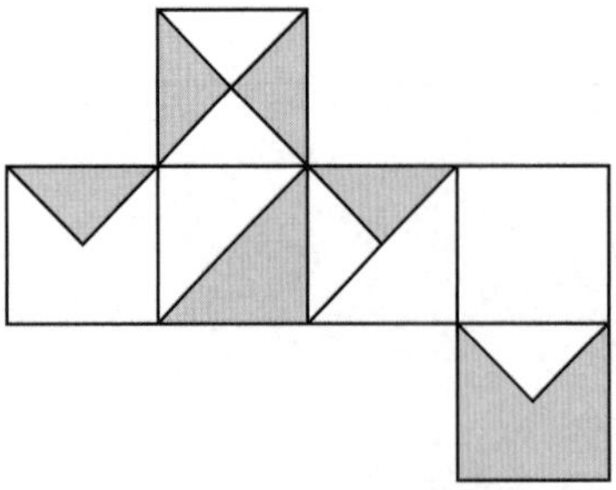

②

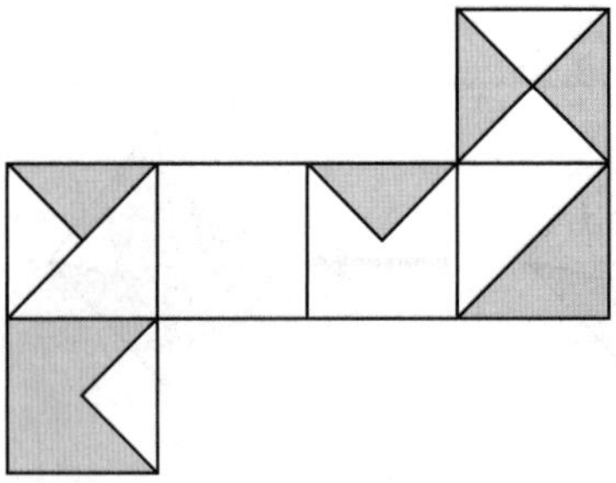

③

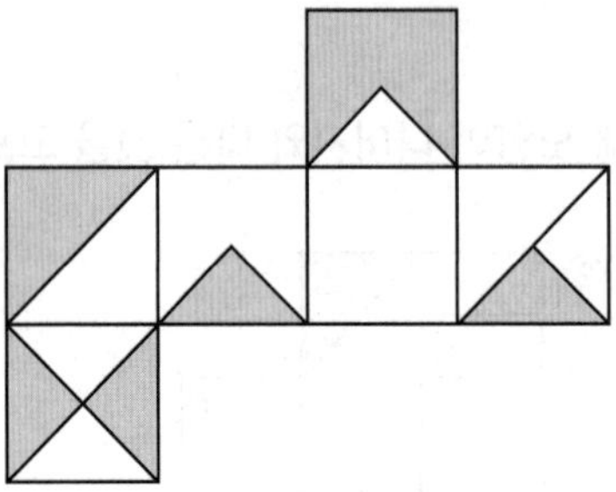

④

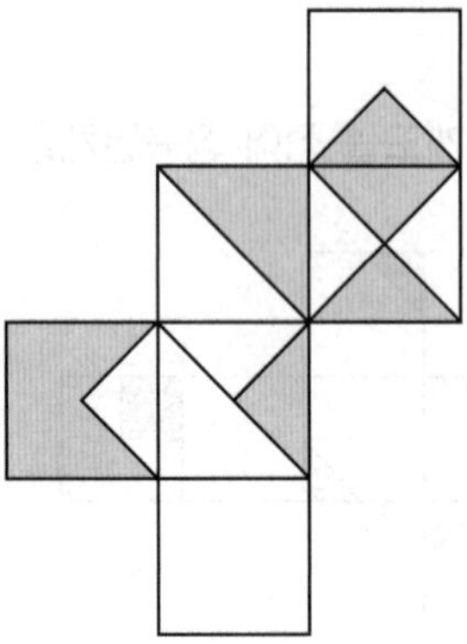

해설

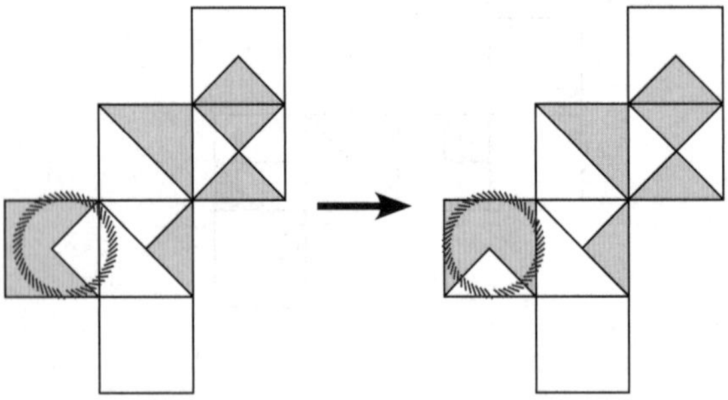

20 ①

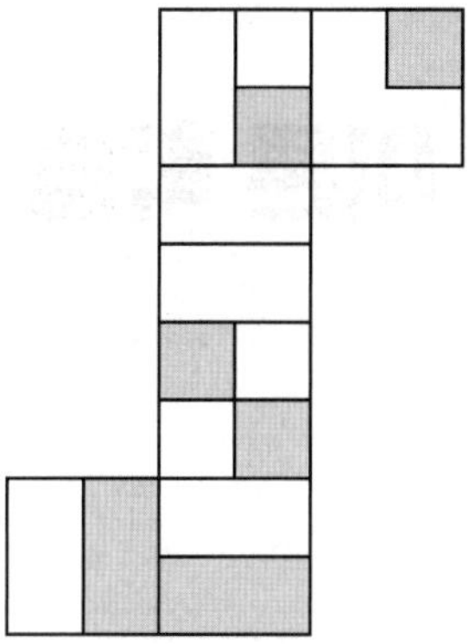

②

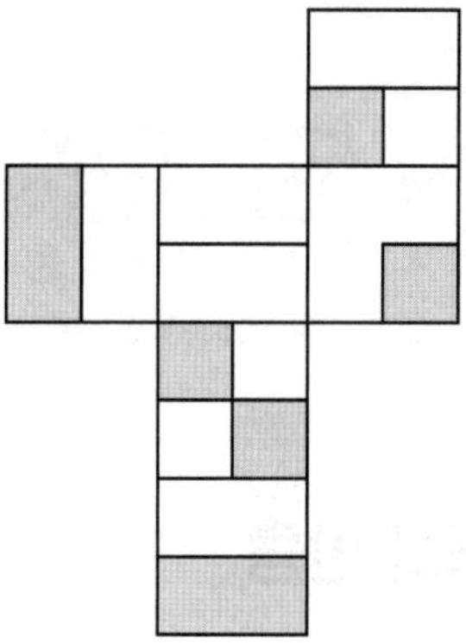

③

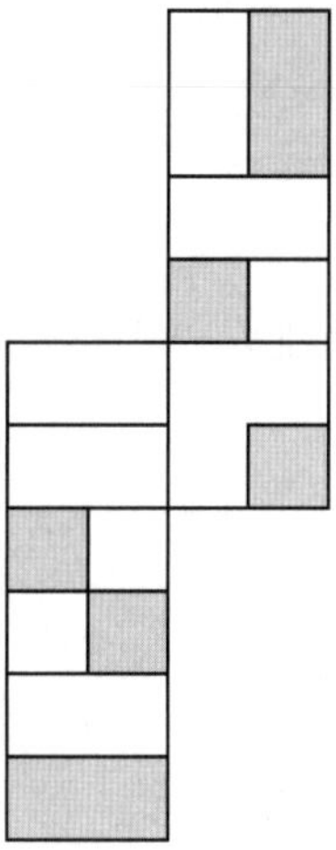

④

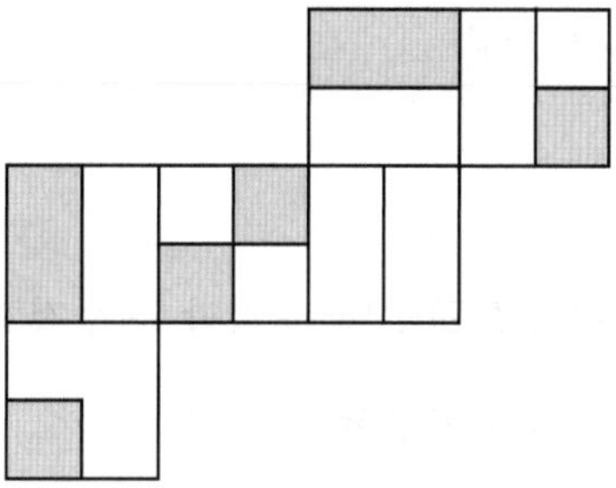

해설

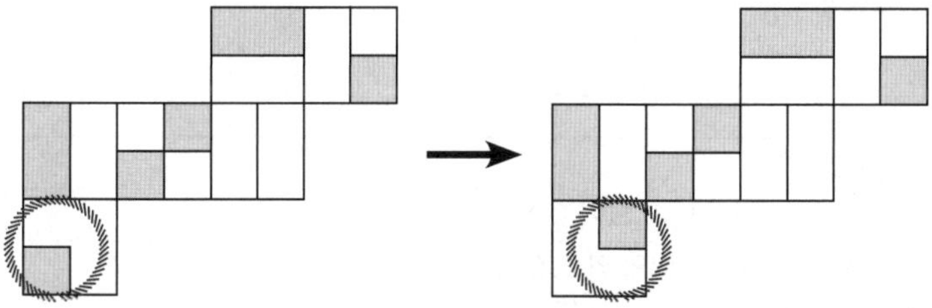

19 ④ 20 ④

Chapter 06 관찰탐구력 기본 이론 학습

01 자극과 반응

① 감각 기관

1) 눈

(1) **시각의 성립 :** 빛 → 각막 → 수정체 → 유리체 → 망막의 시각 세포 → 시각 신경 → 뇌

(2) **눈의 구조와 기능**

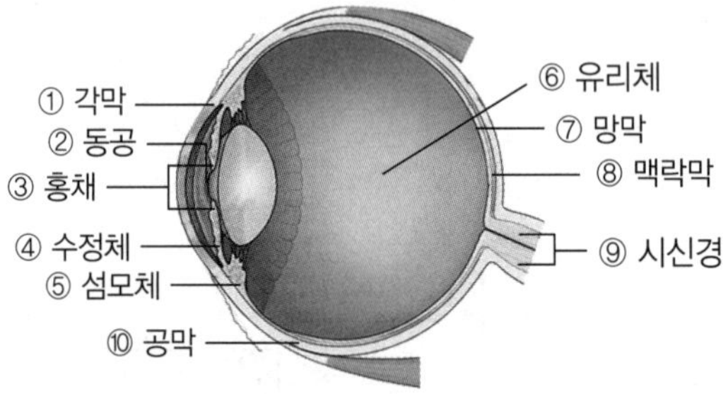

① 각막	홍채의 바깥을 감싸는 투명한 막
② 동공	빛이 들어가는 부분으로, 빛의 세기에 따라 크기 조절됨
③ 홍채	동공의 크기를 조절해 눈으로 들어오는 빛의 양 조절함
④ 수정체	빛을 굴절시켜 망막에 상이 맺히게 함
⑤ 섬모체	수정체의 두께 조절함. '모양체'라고도 함
⑥ 유리체	눈 안을 채우고 있는 투명한 물질로, 눈의 형태 유지함
⑦ 망막	상이 맺히는 부위로, 시각 세포가 분포함 • 황반 : 시각 세포가 많이 모여 있어 이곳에 상이 맺히면 물체가 선명하게 보인다. • 맹점 : 시각 신경이 모여 나가는 곳으로, 시각 세포가 없어 상이 맺혀도 물체가 보이지 않는다.
⑧ 맥락막	검은색 색소가 있어 눈 속을 어둡게 함
⑨ 시각 신경	시각 세포에서 받아들인 자극을 뇌로 전달함
⑩ 공막	눈의 가장 바깥을 싸고 있는 막

(3) 눈의 조절 작용

밝기에 따른 동공 크기 변화	• 어두운 곳에서 밝은 곳으로 갔을 때 : 홍채 확장(면적 증가) → 동공 축소(작아짐) → 눈으로 빛 적게 들어옴
	• 밝은 곳에서 어두운 곳으로 갔을 때 : 홍채 수축(면적 감소) → 동공 확대(커짐) → 눈으로 빛 많이 들어옴
거리에 따른 수정체 두께 변화	• 가까운 곳을 볼 때 : 섬모체 수축 → 수정체 두꺼워짐
	• 먼 곳을 볼 때 : 섬모체 이완 → 수정체 얇아짐

2) 귀

(1) 청각의 성립 : 소리 → 귓바퀴 → 외이도 → 고막 → 귓속뼈 → 달팽이관의 청각 세포 → 청각 신경 → 뇌

(2) 귀의 구조와 기능

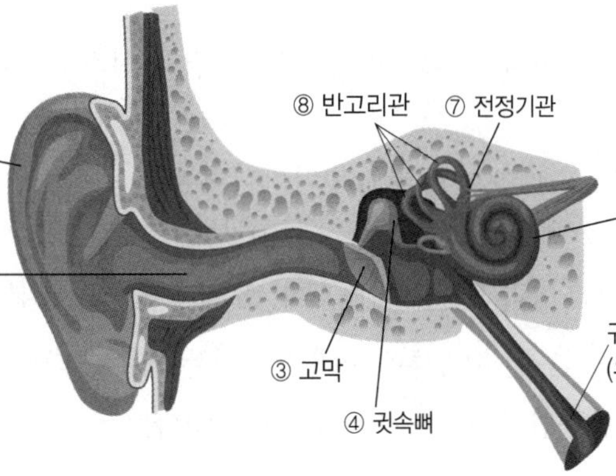

① 귓바퀴		소리(음파)를 모음
② 외이도		소리가 이동하는 통로
③ 고막		소리에 의해 진동하는 얇은 막
④ 귓속뼈		고막의 진동을 증폭함
⑤ 달팽이관		청각 세포가 분포함
⑥ 청각 신경		청각 세포에서 받아들인 자극을 뇌로 전달함
평형 감각 기관	⑦ 전정기관	몸의 움직임이나 기울어짐을 감지함. '안뜰기관'이라고도 함 예 돌부리에 걸려 넘어질 때 몸이 기울어지는 것을 느낀다.
	⑧ 반고리관	몸의 회전을 감지함. 전정기관의 하위 기관 예 회전하는 놀이기구를 탔을 때 몸이 회전하는 것을 느낀다.
⑨ 귀인두관		고막 안쪽과 바깥쪽의 압력을 같게 조절함 예 높은 곳에 올라가서 귀가 먹먹해질 때 침을 삼키면 괜찮아진다.

관찰탐구력

3) 코

(1) 후각의 성립 : 기체 상태의 화학 물질 → 후각 상피의 후각 세포 → 후각 신경 → 뇌

(2) 후각의 특징

① 매우 민감하여 쉽게 피로해진다. 예 같은 냄새를 계속 맡으면 나중에는 잘 느끼지 못한다.

② 음식 맛은 후각과 미각을 종합하여 느낀다. 예 코가 막히면 음식 맛을 제대로 느끼지 못한다.

4) 혀

(1) 미각의 성립 : 액체 상태의 화학 물질 → 맛봉오리의 맛세포 → 미각 신경 → 뇌

(2) 혀에서 느끼는 기본 맛 : 단맛, 짠맛, 신맛, 쓴맛, 감칠맛

5) 피부 감각

(1) 피부 감각의 성립 : 자극 → 피부의 감각점 → 감각 신경 → 뇌

(2) 피부 감각의 특징

① 일반적으로 피부에 통점이 가장 많이 분포한다.

② 몸의 부위에 따라 감각점의 수가 다르다. 예 감각점이 많이 분포한 곳이 예민하다.

③ 같은 부위라도 감각점의 종류에 따라 분포하는 개수가 다르다. 예 특정 감각점이 많은 부위는 그 감각점이 받아들이는 자극에 더 예민하다.

(3) 피부에서 자극을 받아들이는 감각점 : 통점(통증), 압점(눌림), 촉점(촉감), 냉점(차가움), 온점(따뜻함)

예제 1

다음 중 혀에서 느끼는 기본적인 맛이 아닌 것을 모두 고르면?

(ㄱ) 단맛　(ㄴ) 신맛　(ㄷ) 매운맛　(ㄹ) 쓴맛　(ㅁ) 떫은맛　(ㅂ) 짠맛

① (ㄴ), (ㄷ)　② (ㄷ), (ㄹ)
③ (ㄷ), (ㅁ)　④ (ㄹ), (ㅂ)

해설

매운맛은 통점에서, 떫은맛은 압점에서 자극을 받아들여 느끼는 피부 감각이다.

정답 ③

② 신경계와 호르몬

1) 신경계

(1) 신경계 : 감각 기관에서 받아들인 자극을 전달하거나, 자극을 판단하여 적절한 반응이 나타나도록 신호를 전달하는 체계이다. 신경계는 중추 신경계와 말초 신경계로 구분된다.

① **중추 신경계** : 자극을 느끼고 판단하여 적절한 명령을 내린다. 뇌와 척수로 이루어져 있다.

② **말초 신경계** : 온몸에 퍼져 있어 중추 신경계와 온몸을 연결한다.

중추 신경계	뇌	대뇌	• 감각 기관에서 받아들인 자극을 느끼고 판단하여 적절한 명령을 내림 • 기억, 추리, 감정 등 다양한 정신활동 담당
		소뇌	근육 운동을 조절하여 몸의 자세와 균형 유지
		간뇌	체온, 체액의 농도 등 몸속 상태를 일정하게 유지
		중간뇌	눈의 움직임과 동공의 크기를 조절
		연수	심장 박동, 호흡 운동, 소화 운동 등을 조절
	척수		• 뇌와 몸의 각 부분 사이의 신호 전달 통로 • 무조건 반사의 중추
말초 신경계	감각 신경		감각 기관에서 받아들인 자극을 중추 신경계로 전달함
	운동 신경		중추 신경계에서 내린 명령을 반응 기관으로 전달함
	자율 신경		• 말초 신경계 중 일부는 내장 기관에 연결되어 대뇌의 직접적인 명령 없이 내장 기관의 운동을 조절함 • 교감 신경과 부교감 신경으로 구분되며, 둘은 같은 내장 기관에 분포하지만 서로 반대되는 작용을 함 • 교감 신경은 대개 위급한 상황에 대처하도록 하는 기능을 하는 반면, 부교감 신경은 에너지를 보존하는 기능을 함

구분	심장 박동	호흡 운동	소화 운동	동공 크기
교감 신경	촉진	촉진	억제	확대
부교감 신경	억제	억제	촉진	축소

2) 자극과 반응

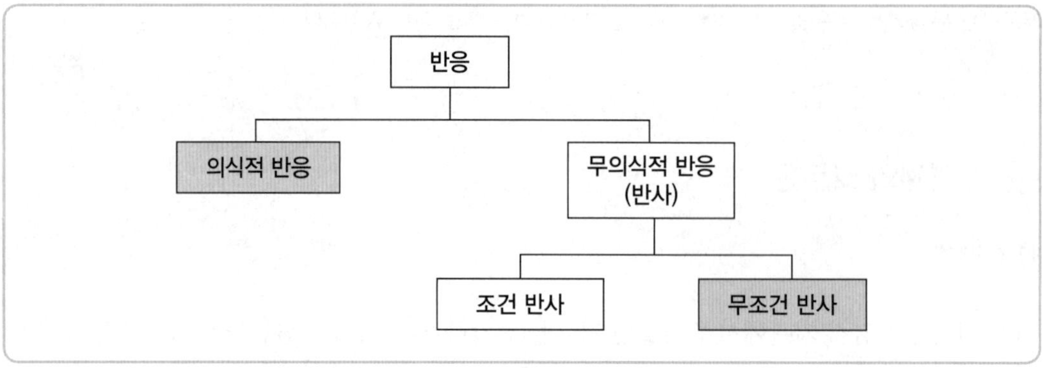

(1) **반응의 구분 :** 반응은 자신의 의지로 일어나는지에 따라 의식적 반응과 무의식적 반응(반사)으로 구분된다. 무의식적 반응에는 대뇌가 관여하는 조건 반사와 대뇌가 관여하지 않는 무조건 반사가 있다.

① 의식적 반응 : 대뇌의 판단 과정을 거쳐 자신의 의지에 따라 일어나는 반응(→ 대뇌가 중추)

② 무조건 반사

- 대뇌의 판단 과정을 거치지 않아 자신의 의지와 관계없이 일어나는 무의식적 반응(→ 척수, 연수, 중간뇌가 중추)
- 반응이 빠르게 일어나므로 위험한 상황에서 우리 몸을 보호하는 데 중요한 역할을 함

3) 호르몬 : 특정 세포나 기관으로 신호를 전달해 몸의 기능을 조절하는 물질이다.

(1) 호르몬의 특징

① 내분비샘*에서 만들어져 혈액으로 분비된다.

② 혈관을 통해 온몸으로 이동하여 표적세포**나 표적기관에 작용한다.

③ 분비량이 너무 많거나 적으면 몸에 이상 증상이 나타날 수 있다.

* 내분비샘 : 호르몬을 만들어 분비하는 조직이나 기관

** 표적세포 : 특정 호르몬의 작용을 받는 세포로 호르몬의 종류에 따라 표적세포가 다르다.

(2) 호르몬의 종류

갑상샘호르몬	갑상선에서 생성 및 분비되어 인체의 신진대사 조절에 영향을 미치는 중요한 호르몬이며 본체는 티록신이다.
뇌하수체호르몬	뇌하수체에서 분비되는 각종 호르몬을 총칭하며 전엽, 중엽, 후엽의 3엽으로 분리된다. 전엽은 생식선, 갑상선, 부신피질에 작용하며 후엽은 혈관, 자궁 등에 작용한다.

에스트로겐	여성의 난소에서 분비되는 성호르몬으로 사춘기 이후 증가하여 2차 성징이 나타나며 생식과 성장에 관여한다.
프로게스테론	여성의 난소에서 분비되는 성호르몬으로 황체에서 분비되어 생식주기에 영향을 미치는 호르몬이다.
테스토스테론	남성의 고환에서 분비되는 성호르몬으로 2차 성징을 촉진하며 생식과 성장에 관여한다.
인슐린	이자에서 분비되어 인체의 물질대사에 중요한 역할을 하는 호르몬으로 체내 혈당량이 높아지면 혈중 포도당을 낮추는 작용을 한다.
글루카곤	이자에서 합성, 분비되는 단백질성 호르몬으로 혈당을 올려준다.
코르티솔	부신피질에서 생성되는 스테로이드 호르몬으로 스트레스에 반응해 분비되며 스트레스에 대항하는 에너지를 공급하는 역할을 한다.
옥시토신	뇌하수체에서 분비되는 호르몬으로 인간의 감정을 조절하고, 자궁수축을 촉진하여 이뇨작용과 혈압을 증가시킨다.
바소프레신	뇌하수체에서 분비되는 호르몬으로 항이뇨호르몬이라고도 불리며, 체내의 수분 양을 조절하여 적정 혈압을 유지하는 데 관여한다.

(3) 호르몬 관련 질병 : 호르몬이 과다 분비되거나 결핍될 경우 질병이 나타날 수 있다.

생장 호르몬	결핍	소인증	키가 정상인에 비해 매우 작다.
	과다	거인증	키가 정상인에 비해 매우 크다.
		말단 비대증 (성장기 이후)	코와 턱이 두꺼워지고 손과 발이 커진다.
갑상샘 호르몬	결핍	갑상샘 기능 저하증	체중이 증가하고 쉽게 피로해지며, 추위를 잘 탄다.
	과다	갑상샘 기능 항진증	체중이 감소하고 눈이 돌출되며, 맥박이 빨라진다.
인슐린	결핍	당뇨병	오줌에 당이 섞여 나오고 쉽게 피로해지며, 심한 갈증을 느낀다.

4) 항상성

(1) 항상성 : 우리 몸이 환경 변화에 적절하게 반응하여 몸의 상태를 일정하게 유지하는 성질이다. 신경과 호르몬의 작용으로 항상성이 유지된다.

(2) 체온 조절 : 열 방출량과 열 발생량을 조절해 체온을 유지한다.

체온 낮을 때 (추울 때)	• 갑상샘에서 티록신 분비량이 늘어나 세포 호흡이 촉진됨 → 열 발생량 증가 • 근육을 떨리게 함 → 열 발생량 증가 • 피부 근처 혈관이 수축함 → 열 방출량 감소
체온 높을 때 (더울 때)	• 피부 근처 혈관이 확장됨 → 열 방출량 증가 • 땀 분비량 늘어남 → 열 방출량 증가

관찰탐구력

(3) **혈당량 조절** : 인슐린과 글루카곤의 작용으로 혈당량을 유지한다.

혈당량이 높을 때	이자에서 인슐린 분비 → 간에서 포도당을 글리코젠으로 합성하여 저장, 세포에서 포도당 흡수 촉진 → 혈당량이 낮아짐
혈당량이 낮을 때	이자에서 글루카곤 분비 → 간에서 글리코젠을 포도당으로 분해하여 혈액으로 내보냄 → 혈당량이 높아짐

5) 신경과 호르몬의 비교

구분	전달 매체	전달 속도	작용 범위	효과의 지속성
신경	뉴런*	빠름	좁음	일시적
호르몬	혈액	느림	넓음	지속적

* 뉴런 : 신경계를 이루고 있는 신경 세포이다. 감각 신경을 구성하는 '감각 뉴런', 중추 신경계를 구성하는 '연합 뉴런', 운동 신경을 구성하는 '운동 뉴런'으로 구분된다.

예제 2

항상성은 생명체가 변화하는 환경에 대응하여 생존에 필요한 상태를 유지하고자 하는 성질이다. 다음 중 우리 신체의 항상성에 대한 설명으로 옳은 것을 고르면?

1) 체온이 낮을 때는 근육을 떨리게 하여 열 발생량을 [증가 / 감소]시키고, 피부 근처 혈관을 수축시켜 열 방출량을 [증가 / 감소]시킨다.
2) 혈당량이 높을 때는 이자에서 [인슐린 / 글루카곤]이 분비되어 혈당량을 낮추고, 혈당량이 낮을 때는 이자에서 [인슐린 / 글루카곤]이 분비되어 혈당량을 높인다.

해설

1) 신체의 체온이 낮을 때 근육을 떨리게 하여 열 발생량을 증가시키고, 피부 근처 혈관을 수축시켜 열 방출량을 감소시킨다. 또한 갑상샘에서 티록신 분비량이 늘어나 세포 호흡이 촉진되어 열 발생량을 증가시킨다.
2) 인슐린은 간에서 포도당을 글리코젠으로 합성하고 세포에서 포도당을 흡수하는 과정을 촉진한다. 반면, 글루카곤은 간에서 글리코젠을 포도당으로 분해하는 과정을 촉진한다.

정답 1) 증가, 감소 / 2) 인슐린, 글루카곤

02 영양소

① 영양소의 기능과 역할

영양소는 식품의 성분 중 체내에 영양적인 작용을 하는 유효 성분으로 우리 몸에 에너지를 제공하고, 몸의 생체 기능을 조절한다. 영양소의 기능과 역할은 다음과 같다.

1) **몸의 구성 물질 :** 우리 몸은 영양소에 의해 만들어진다. 신체의 조성과 체격은 유전인자와 성장 과정에서의 영양 상태에 의해서 결정된다. 영양소는 우리가 일상생활에서 섭취하는 음식물에서 얻을 수 있다.

2) **에너지 공급원 :** 유기 물질인 탄수화물, 단백질, 지방은 몸속에서 서서히 연소하며 열을 발생시키므로 '열량소'라고도 불린다. 에너지는 대부분 활동 에너지와 체온 유지를 위한 열에너지로 사용된다.

3) **생리적 기능 조절 :** 비타민이나 무기질과 같은 영양소의 결핍으로 인해 열량소가 우리 몸속에서 완전히 연소하지 못하거나, 영양소가 제대로 이용되지 못하면 질병을 유발할 수 있다.

② 6대 영양소

탄수화물, 지방, 단백질은 우리 몸의 건강을 지키기 위해 반드시 섭취해야 하는 3대 영양소이다. 이에 비타민, 무기질 그리고 물을 합하면 6대 영양소라 불린다. 특히, 탄수화물과 지방은 주된 에너지원이며. 무기질 · 비타민 · 물은 에너지를 주지는 못하지만 신체에 꼭 필요한 영양소이다.

1) 탄수화물

(1) 탄소(C), 수소(H), 산소(O) 세 원소로 이루어져 $Cn(H_2O)m$의 구조를 가지는 화합물이다.

(2) 음식물을 섭취하여 얻는 총 섭취 열량의 60%를 차지하는 주된 열량 영양소이다.

(3) 뇌가 생각하고, 뼈와 근육이 움직이는 데 필요한 모든 에너지가 탄수화물에서 나오므로 사람이 살아가는 데 있어서 가장 기본이 되는 영양소이다.

(4) 1g당 4kcal의 에너지를 만든다.

2) 지방

(1) 생체 내에서 이용할 수 있는 에너지원이면서 몸에서 사용되지 못한 여분의 에너지를 저장하기도 한다.

(2) 우리 몸을 이루는 기본 단위인 세포를 둘러싸고 있는 세포막의 구성 성분이자, 우리 몸을 조절하는 호르몬의 재료이다.

(3) 뇌의 80%가 지방으로 구성되어 있으며, 피부 밑에 있는 피하지방은 열이 빠져나가는 것을 막고, 몸속의 장기를 충격으로부터 보호한다.

(4) 1g당 9kcal의 에너지를 만든다.

3) 단백질

(1) 수많은 아미노산이 결합해 만들어진 유기물로, 불필수 아미노산(체내 생성 가능)과 반드시 식품으로 섭취해야 하는 필수 아미노산(체내 합성 불가능)으로 구분된다.

(2) 신체를 구성하며, 에너지를 낸다는 두 기능에서 탄수화물이나 지방과 비슷하다. 그러나 단백질은 탄수화물이나 지방과는 달리 신체에서 에너지를 내는 데 곧바로 쓰이지 않는다.

(3) 외부로부터 침입한 바이러스와 대항하는 면역시스템의 중추적 역할을 하는 항체나 몸 곳곳에 산소를 운반하는 적혈구의 혈색소 등을 구성한다. 또한 뼈나 근육 등의 연결 조직을 이루기도 하고 머리카락 · 손톱 · 발톱을 자라게 하며, 혈액을 응고시키는 데에도 필요하다.

(4) 1g당 4kcal의 에너지를 만든다.

4) 무기질

(1) 생물체를 구성하는 원소 중에서 탄소 · 수소 · 산소 등의 3원소를 제외한 생물체의 무기적 구성 요소이며, 광물질(鑛物質)이라고도 한다.

(2) 신체의 성장, 유지 및 생식에 다른 영양소보다 적은 양이 필요하다.

(3) 신체의 구성 성분 중 무기질은 체중의 약 4%를 차지한다.

* 나머지 96% 중 탄수화물, 지방, 단백질과 같은 열량 영양소가 30% 정도이며, 물은 약 65%를 차지하고, 비타민은 매우 적은 양이 들어 있다.

5) 비타민

(1) 신체가 세포 속에서 특수한 대사 기능을 수행하기 위하여 필요로 하는 유기 물질로, 수용성 비타민(비타민 B, C)과 지용성 비타민(비타민 A, D, E, K)으로 구분된다.

(2) 에너지를 제공하지 않지만 탄수화물, 지방, 단백질이 에너지를 내는 과정에 작용한다.

(3) 시력, 성장, 상처 치료, 혈액 응고, 세포 분열 등 여러 기능을 하지만, 체내에서 스스로 합성하지 못하거나 미량이 합성되기 때문에 반드시 식품이나 비타민제를 통하여 섭취해야 한다.

6) 물

(1) 사람의 생명을 유지하기 위한 가장 중요한 물질이다.

(2) 수분은 모든 조직의 기본 성분일 뿐 아니라 신체의 2/3가량을 차지하므로 신체 조직을 구성하는 성분 중 가장 양이 많다.

(3) 신체 내에 함유되어 있는 수분의 양은 연령, 성별, 체지방의 함량에 따라 차이가 있다. 갓난아이(약 75% 이상) – 성인 남성(체중의 약 60%) – 성인 여성(체중의 약 50~55%)순이다. 같은 성별 및 연령에서도 체지방의 함량에 따라 수분 함량이 달라진다.

〈인체의 구성 성분〉

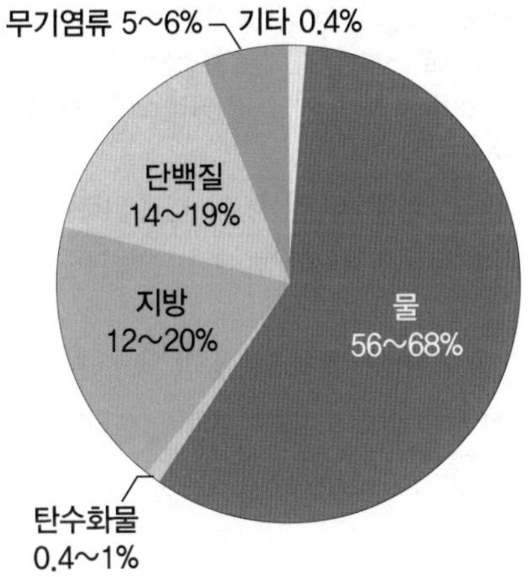

7) 6대 영양소의 기능과 역할

구분	내용	구분	내용
탄수화물	• 에너지 공급 • 장내 운동성 • 신체 구성 성분 • 단백질 절약 작용	무기질	• 생체 기능 유지 • 촉매 작용 • 산 · 염기 및 체액 균형 • 물의 균형 조절
지방	• 농축된 에너지의 급원 • 체지방 축적 • 만복감 및 맛과 향미 제공 • 필수 지방산 제공 • 지용성 비타민의 운반과 흡수 도움	비타민	• 신체의 건강, 활력 및 성장 • 식품의 소화 및 이용 • 체내 가스 운반 도움 • 대사 기능
단백질	• 에너지 급원 • 영양소 운반 • 조직의 성장과 유지 • 산 · 염기 및 체액 균형 • 호르몬과 효소, 항체 형성	물	• 체온 조절 • 영양소 운반 • 감각 기능 유지 • 신체조직 보호

8) 3대 영양소의 결핍과 과잉

구분		내용
탄수화물	결핍	• 에너지 고갈을 막기 위해 미리 저장되어 있던 지방과 단백질을 대체 에너지로 사용한다. • 단기적으로 저혈당이 나타나 활력 저하, 정신기능의 지체, 의기소침, 신경과민, 수면장애 등을 일으킨다. • 장기적으로 무기질이 부족해져서 불규칙한 심장 박동, 근 골격의 약화로 인한 관절 등 결합 조직의 손상이 발생한다.
	과잉	• 필요한 에너지양보다 많이 섭취했을 때 일부는 지방으로 전환되며, 주로 복부에 저장된다. • 탄수화물이 지방으로 전환될 때에는 포화지방산을 포함하는 중성지방으로 전환된다. • 인슐린을 과다 분비해 체내 지방 및 콜레스테롤을 축적하므로 당뇨, 고혈압, 심장병, 비만 등을 유발한다.
지방	결핍	• 피부가 건조해지고, 집중력이 떨어지며, 쉽게 피로를 느끼게 되고, 면역력이 약해질 수 있다.
	과잉	• 체중이 증가하며 심장병 위험이 높아지고 심혈관 질환인 심장마비와 뇌졸중 등이 발생할 수 있다.
단백질	결핍	• 필수 아미노산을 공급받지 못하므로 성장 저하, 면역력 저하, 빈혈 등이 발생할 수 있다.
	과잉	• 단백질 분해 시 체내 질소 노폐물이 많이 형성되므로, 노폐물을 거르는 기능을 하는 신장에 부담을 줄 수 있다.

9) 영양소의 섭취 : 3대 영양소의 이상적인 섭취 비율은 탄수화물 55~60%, 단백질 20~25%, 지방 15~20%이다.

구분			함유 식품
탄수화물	복합 탄수화물(다당류)		밥, 라면, 과자, 떡, 빵, 감자, 고구마 등
	당류	단당류 탄수화물(단순당)	꿀, 잼, 사탕, 초콜릿 등
		이당류 탄수화물	유당, 서당, 맥아당 등
지방	동물성 지방(포화지방산 많음)		육류, 유제품(예 우유, 치즈) 등
	동물성 지방(불포화지방산 많음)		등푸른 생선(예 고등어, 꽁치, 참치, 삼치) 등
	식물성 지방(불포화지방산 많음)		콩기름, 참기름, 들기름, 올리브유, 견과류(땅콩, 호두, 잣 등) 등
단백질	육류		쇠고기, 돼지고기, 닭고기 등
	어패류		생선, 조개, 굴 등
	기타		달걀, 유제품, 콩류, 견과류 등

* 탄수화물 : 구성하는 당의 수에 따라서 다당류, 단당류, 이당류로 분류된다.

③ 무기질의 종류

종류		주요 기능	함유 식품
대량	칼슘(Ca)	뼈 · 치아 등 경조직 구성, 혈액 및 세포에서 생리 작용, 효소 활성	우유, 치즈, 대두, 멸치, 참깨, 새우 등
	마그네슘(Mg)	뼈 · 치아 등 경조직 구성, 각종 효소 구성	완두콩, 버섯, 다시마, 바나나 등
	인(P)	뼈 · 치아 등 경조직 구성, 세포의 성장, 에너지 생성	육류, 생선, 유제품, 달걀 등
	칼륨(K)	산 · 염기 평형, 체액의 삼투압 유지, 세포 등 연조직 구성, 효소 활성	채소류, 과일, 다시마, 효모, 바나나 등
	나트륨(Na)	산 · 염기 평형, 체액의 삼투압 유지	소금 등
	염소(Cl)	소화 작용, 면역 작용	소금 등
미량	철(Fe)	산소 운반, 혈액 헤모글로빈 구성, 효소 반응 촉진	달걀, 생선, 간, 육류, 푸른 잎 채소 등
	아연(Zn)	인슐린 · 탈탄산 효소 구성, 효소 반응 촉진, 소화 작용	생선, 육류, 달걀 노른자, 간, 버섯 등
	구리(Cu)	철의 흡수와 이용률 높임, 뼈와 적혈구 생성	아몬드, 콩, 브로콜리, 마늘, 버섯, 오렌지, 건포도, 연어 등
	망간(Mn)	뼈 성장과 재생, 혈당 조절, 단백질 · 면역계 · 신경계 유지	효모, 콩, 녹황색 채소, 해초류, 달걀 노른자, 파인애플 등

④ 비타민의 종류와 결핍증

종류		주요 기능	결핍 증상	함유 식품
비타민	A	• 신체 저항력 강화 • 눈 성장, 발육 지원	야맹증, 각막 연화증	우유, 치즈, 당근 · 시금치 등 녹황색 채소
	B_1	• 신진 대사 촉진 • 성장 촉진, 이뇨 작용	각기병, 신경 불안	돼지고기, 현미, 보리, 밀, 해바라기 씨앗 등
	B_2	• 물질 대사에 관여, 항산화제 역할 • 성장 촉진, 스트레스 완화	저항력 감퇴, 눈 · 입 · 혀 주변의 피부 질환	쇠고기, 버섯 등
	B_3	• 세포 신호, 대사와 DNA 합성 및 수리 • 체내 에너지 생성	피부 및 소화관 점막 염증, 소화 장애, 우울증 등	닭고기, 참치, 콩 등
	B_5	• 호르몬 및 콜레스테롤 생산, 항체 형성 • 손 저림 완화	피부염, 식욕 부진, 변비, 감각 이상	간, 견과류, 닭고기
	B_6	• 아미노산 대사, 적혈구 생성 및 신경 전달 물질 생성 • 면역 체계 강화	피부염, 근육 퇴화, 빈혈	간, 시금치, 감자, 바나나 등
	B_7	• 탄수화물과 지방 대사에 필수, 유전자 발현 조절 • 피부염 완화, 탈모 예방	피부염, 결막염, 탈모	달걀 노른자, 우유, 인삼 등
	B_9 (엽산)	• DNA와 아미노산의 합성 및 적혈구 형성, 세포 분열 • 태아의 신경 발달	빈혈, 태아 기형	푸른 잎 채소, 곡류, 콩 등
	B_{12}	• 신경계 기능, DNA 합성 및 적혈구 생성	악성 빈혈, 신경 장애	육류, 간, 해산물, 달걀 등 동물성 식품
	C	• 단백질 대사에 관여, 항산화 기능 • 상처 치유	괴혈병, 면역력 감소	채소, 과일 등
	D	• 칼슘과 인의 농도 유지 • 골격 강화	구루병, 골연화증, 신경 장애	지방이 많은 생선, 달걀 노른자, 버섯 등
	E	• 항산화 작용	신경 손상, 생식력 감퇴, 용혈성 빈혈	우유, 견과류, 식물성 기름 등
	K	• 혈액 응고	출혈, 멍	아보카도, 파슬리, 녹색 채소 등

예제 3

다음 (ㄱ), (ㄴ)에 들어갈 영양소를 알맞게 짝 지은 것은?

- (ㄱ)과 (ㄴ)은 다른 영양소에 비해 신체를 구성하는 양이 적다.
- (ㄱ)은 유기 물질인 반면, (ㄴ)은 단일 요소로서 무기 물질이다.
- (ㄱ)과 다르게 (ㄴ)은 어떠한 생명체도 합성할 수 없다.
- (ㄱ)은 물에 잘 녹고, 소변으로 배출되기 쉬운 수용성과 지방에 잘 녹고, 장에서 지방과 함께 흡수되는 지용성으로 구분된다.
- 신체를 구성하는 원소 54종 중 탄소(C), 질소(N), 수소(H), 산소(O)를 제외한 50종의 원소를 (ㄴ)이라고 부른다.

	(ㄱ)	(ㄴ)
①	단백질	무기질
②	무기질	비타민
③	비타민	무기질
④	비타민	단백질

해설

비타민	무기질
유기 물질	무기 물질
식물, 세균 등의 유기체는 몇 가지 비타민을 합성할 수 있음	어떠한 생명체도 합성할 수 없음
공기, 빛, 열 등의 여러 가지 처리에 의하여 쉽게 파괴됨	일반적인 화학 방법에 의하여 쉽게 파괴되지 않고 매우 안정적

정답 ③

관찰탐구력

03 법정 감염병 · 가축 전염병

① 법정 감염병

1) 1급 감염병 · 2급 감염병 (질병관리청 감염병포털 2024년 8월 기준)

구분	제1급 감염병	제2급 감염병
특성	생물테러감염병 또는 치명률이 높거나 집단 발생의 우려가 커서 발생 또는 유행 즉시 신고, 음압격리와 같은 높은 수준의 격리가 필요한 감염병 (17종)	전파가능성을 고려하여 발생 또는 유행 시 24시간 이내에 신고, 격리가 필요한 감염병 (21종)
종류	1. 에볼라바이러스병 2. 마버그열 3. 라싸열 4. 크리미안콩고출혈열 5. 남아메리카출혈열 6. 리프트밸리열 7. 두창 8. 페스트 9. 탄저 10. 보툴리눔독소증 11. 야토병 12. 신종감염병증후군1) 13. 중증급성호흡기증후군(SARS) 14. 중동호흡기증후군(MERS) 15. 동물인플루엔자 인체감염증 16. 신종인플루엔자 17. 디프테리아	1. 결핵 2. 수두 3. 홍역 4. 콜레라 5. 장티푸스 6. 파라티푸스 7. 세균성이질 8. 장출혈성대장균감염증 9. A형간염 10. 백일해 11. 유행성이하선염 12. 풍진 13. 폴리오 14. 수막구균 감염증 15. b형헤모필루스인플루엔자 16. 폐렴구균 감염증 17. 한센병 18. 성홍열 19. 반코마이신내성 황색포도알균(VRSA) 감염증 20. 카바페넴내성장내세균속균종(CRE) 감염증 21. E형간염
신고 주기	즉시	24시간 이내

※ '코로나바이러스감염증-19'는 제1급 감염병으로 분류되었으나, 2022년 4월 25일부터 제2급 감염병으로 조정되고, 23년 8월 이후 제4급으로 하향 조정되었다.

2) 3급 감염병 · 4급 감염병 (질병관리청 감염병포털 2024년 8월 기준)

구분	제3급 감염병	제4급 감염병
특성	발생을 계속 감시할 필요가 있어 발생 또는 유행 시 24시간 이내 신고하여야 하는 감염병 (27종)	유행 여부를 조사하기 위하여 표본감시 활동이 필요한 감염병 (22종)
종류	1. 파상풍 2. B형간염 3. 일본뇌염 4. C형간염 5. 말라리아 6. 레지오넬라증 7. 비브리오패혈증 8. 발진티푸스 9. 발진열 10. 쯔쯔가무시증 11. 렙토스피라증 12. 브루셀라증 13. 공수병 14. 신증후군출혈열 15. 후천성면역결핍증(AIDS) 16. 크로이츠펠트-야콥병(CJD) 및 변종크로이츠펠트-야콥병(vCJD) 17. 황열 18. 뎅기열 19. 큐열 20. 웨스트나일열 21. 라임병 22. 진드기매개뇌염 23. 유비저 24. 치쿤구니야열 25. 중증열성혈소판감소증후군(SFTS) 26. 지카바이러스 감염증 27. 매독 28. 엠폭스	1. 인플루엔자 2. 회충증 3. 편충증 4. 요충증 5. 간흡충증 6. 폐흡충증 7. 장흡충증 8. 수족구병 9. 임질 10. 클라미디아감염증 11. 연성하감 12. 성기단순포진 13. 첨규콘딜롬 14. 반코마이신내성장알균(VRE) 감염증 15. 메티실린내성황색포도알균(MRSA) 감염증 16. 다제내성녹농균(MRPA) 감염증 17. 다제내성아시네토박터바우마니균 (MRAB) 감염증 18. 장관감염증2) 19. 급성호흡기감염증3) 20. 해외유입기생충감염증4) 21. 엔테로바이러스감염증 22. 사람유두종바이러스 감염증 23. 코로나바이러스감염증19
신고 주기	24시간 이내	7일 이내

※ '엠폭스'는 2022년 5월 이후 엠폭스 비풍토국인 유럽과 북미를 중심으로 유행하여 감염 사례와 발생 지역이 확대되었으며, 2022년 6월 국내 첫 확진 사례가 보고되었다.

※ '매독'은 수직감염, 혈액, 성접촉 등에 의해 장기간 전파가 가능하고 중증합병증으로 진행될 위험이 높아 퇴치 필요성을 고려하여 2024년부터 4급에서 3급으로 상향 조정되었다.

② 가축 전염병

구분	내용
돼지열병	• 국제적으로 지정한 피해가 심한 악성가축전염병으로서 전염성이 매우 강하고 일단 발병하면 치료가 불가한 급성 폐사성 바이러스성 전염병이다. • 돼지에게만 발병하며, 사람의 세균성전염병인 콜레라와는 병원체, 증상 등이 전혀 다른 가축만의 전염병이다. • 돼지열병은 인체에 해를 끼치지 않고 다른 동물에 전염되지 않으나 전염병의 확산을 막기 위해 살처분, 매몰을 실시하고 유통을 금지시키고 있다. (유통 돼지고기는 안심하고 섭취해도 됨)
아프리카 돼지열병	• 치명적인 바이러스성 출혈성 돼지 전염병으로 발생 시 세계동물보건기구(OIE)에 즉시 보고해야 하며 돼지와 관련된 국제교역도 즉시 중단해야 한다. • 현재 세계적으로 사용가능한 백신이나 치료제가 없어 국내에 유입되지 않도록 하는 것이 최선이다.
구제역	• 소, 돼지, 양, 염소 및 사슴 등 발굽이 둘로 갈라진 동물(우제류)에 감염되는 질병으로 전염성이 매우 강하다. • 입술, 혀, 잇몸, 코 또는 지간부 등에 물집(수포)이 생기며 체온이 급격히 상승되고 식욕이 저하되어 심하게 앓거나 어린 개체의 경우 폐사한다. • 세계동물보건기구(OIE)에서 지정한 중요 가축 전염병으로 가축전염병예방법 제1종 가축전염병에 속한다.
소해면상뇌증 (BSE)	• 소에서 발생하는 만성 신경성 질병으로서 일명 광우병 또는 프리온질병(Prion Diseases)으로 불려지고 있다. • 현재 우리나라에는 소해면상뇌증이 발생하고 있지 않으므로 국내에 이 질병이 유입되지 않도록 하는 것이 최선의 방역대책이며, 발생국산 반추류 동물이나 그 생산물(우유 및 유제품, 원피 제외)의 수입을 금지해야 한다.
조류인플루엔자 (AI)	• 닭, 칠면조, 오리 등 가금류에서 발생하는 조류의 급성 전염병으로, 감염된 동물은 급성 호흡기 증상을 보이며 100%에 가까운 폐사를 나타낸다. • 변이가 쉽게 일어나고 감염되어도 뚜렷한 증상 없이 경과될 수 있기 때문에 국가방역 측면에서 볼 때 가장 주의해야 할 가축전염병 중 하나이다.
광견병	• 모든 온혈동물(더운피동물)에게 발생되는 질병이며, 감염 동물로부터 교상(물리거나 할퀸 상처)을 통해 동물 및 사람에게 전파되는 중요한 인수공통전염병이다. • 감염되면 신경증상, 뇌염 등 중추신경계병변을 일으켜 대부분 죽게 되며, 사람 및 가축의 법정 전염병이다.

04 운동과 에너지

① 운동

과학에서 운동이란 시간에 따라 물체의 위치가 변하는 현상이다.

1) 등속 운동 : 시간에 따라 속력이 일정한 운동

(1) **이동 거리 :** 시간에 비례하여 증가한다.

(2) **속력과 이동 거리 간의 관계** : 같은 시간 동안 이동한 거리가 길수록 속력이 빠르다.

예 에스컬레이터, 무빙워크, 모노레일, 컨베이어 벨트, 스키장 리프트 등

2) 자유 낙하 운동 : 물체가 중력만 받으면서 아래로 떨어지는 운동

(1) **이동 거리 :** 같은 시간 동안 물체가 이동하는 거리는 점점 증가한다.

(2) **속력이 일정하게 증가하는 이유 :** 물체의 운동 방향으로 중력이 작용하기 때문이다.

(3) **질량이 다른 물체의 자유 낙하 운동**

공기 저항 없을 때		공기 저항 있을 때	
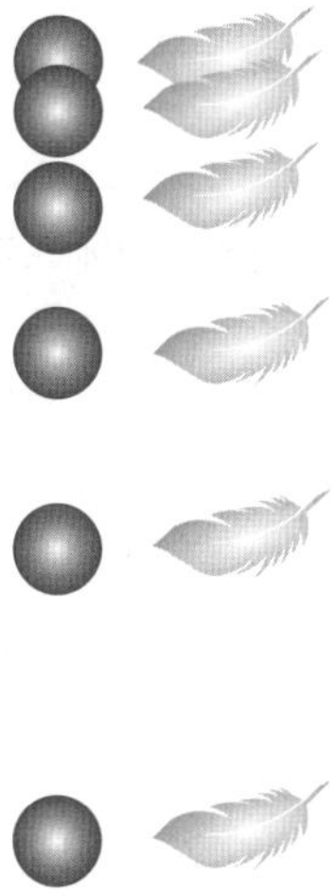	쇠구슬과 깃털 모두 1초에 9.8m/s씩 빨라지는 운동을 한다. → 쇠구슬과 깃털이 동시에 떨어진다.	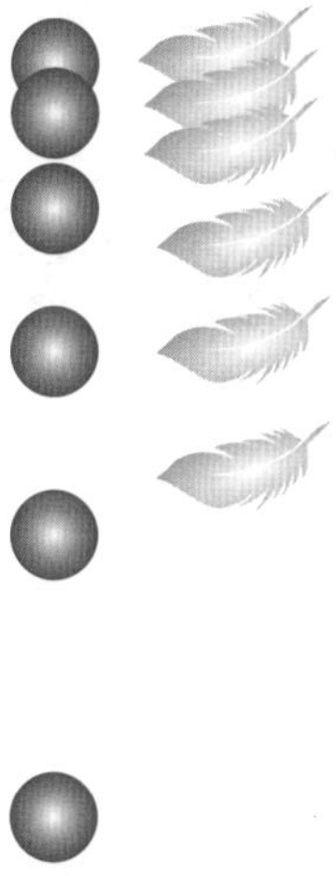	쇠구슬보다 깃털이 공기 저항의 영향을 더 많이 받는다. → 쇠구슬보다 깃털이 더 늦게 떨어진다.

* 공기의 저항이 없을 때, 같은 높이에서 동시에 자유 낙하하는 물체의 속력은 1초에 9.8m/s씩 증가한다.

3) 등속 운동 vs 자유 낙하 운동

등속 운동	자유 낙하 운동
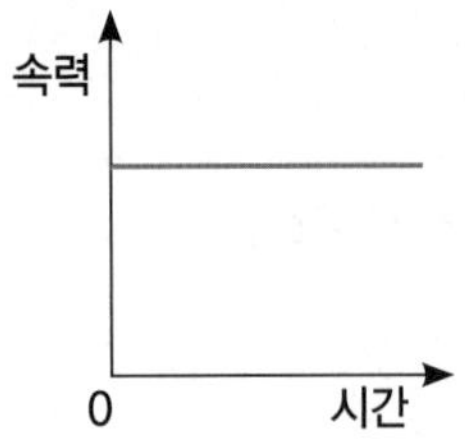	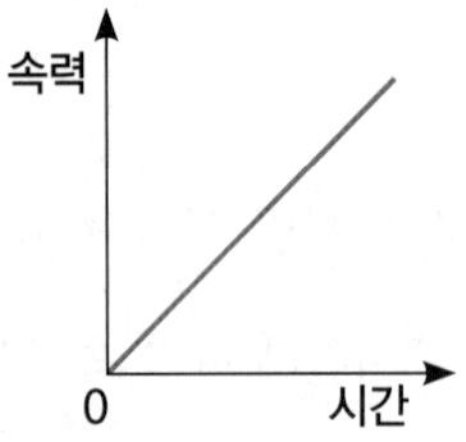
• 속력이 일정하다. • 같은 시간 동안 이동한 거리가 일정하다.	• 속력이 일정하게 증가한다. • 같은 시간 동안 이동한 거리가 점점 증가한다.

예제 4

A와 B는 각각 쇠구슬과 깃털을 공기의 저항이 없는 곳과 공기의 저항을 받는 곳에서 동시에 떨어뜨리고, 그 차이를 비교하는 실험을 하기로 했다. 다음 중 실험의 결과로 옳은 것을 고르면?

① 공기의 저항이 있는 곳에서는 쇠구슬과 깃털이 동시에 떨어진다.
② 공기의 저항이 있는 곳에서는 깃털보다 쇠구슬이 늦게 떨어진다.
③ 공기의 저항이 없는 곳에서는 쇠구슬보다 깃털이 늦게 떨어진다.
④ 공기의 저항이 없는 곳에서는 쇠구슬과 깃털이 동시에 떨어진다.

해설

공기의 저항이 없을 때 질량이 다른 두 물체를 같은 높이에서 동시에 떨어뜨리면 동시에 바닥에 도달한다. 즉, 물체의 종류 · 모양 · 질량에 관계없이 속력이 1초마다 9.8m/s씩 증가한다.

정답 ④

② 일과 에너지

1) 일

(1) 과학에서의 일 : 물체에 힘을 작용하여 물체가 힘의 방향으로 이동하는 경우

(2) 일의 양이 0인 경우

① 물체에 작용한 힘이 0일 때 : 물체가 등속 운동을 하는 경우
예 마찰이 없는 빙판에서 스케이트를 탄다.

② 물체의 이동 거리가 0일 때 : 힘을 작용해도 물체가 이동하지 않는 경우
예 벽을 힘껏 밀어도 움직이지 않는다.

③ 힘의 방향과 물체의 이동 방향이 수직일 때 : 힘의 방향으로 이동한 거리가 0인 경우
예 사람이 가방을 들고 수평 방향으로 걸어간다.

(3) 일의 양과 중력

① 중력에 대해서 한 일 : 물체를 들어 올릴 때에는 중력에 대해 일을 한 것이다.
예 바닥에 놓인 상자를 들어 올린다.

② 중력이 한 일 : 물체가 떨어질 때에는 중력이 물체에 일을 하는 것이다.
예 나무에서 사과가 떨어진다.

Tips

일의 양(W)
- 힘(F)과 힘의 방향으로 이동한 거리(s)의 곱, $W[J]=F_S$
- 물체에 작용한 힘이 클수록 커진다.
- 물체가 힘의 방향으로 이동한 거리가 클수록 커진다.

2) 에너지

(1) 에너지 : 일을 할 수 있는 능력

① 중력에 의한 위치 에너지 : 높은 곳에 있는 물체가 가지는 에너지

② 운동 에너지 : 운동하는 물체가 가지는 에너지

(2) 일과 에너지의 전환 : 물체에 일을 하면 물체가 에너지를 갖게 되고, 물체가 갖게 된 에너지는 일로 전환될 수 있다.

① 중력에 의한 위치 에너지의 전환

- **물체를 들어 올릴 때** : 물체에 한 일의 양만큼 물체의 위치 에너지가 증가한다. 따라서 물체를 들어 올린 일의 양은 물체의 증가한 위치 에너지이다.
- **물체가 말뚝에 충돌할 때** : 물체의 위치 에너지는 말뚝을 박는 일로 전환된다. 이때, 물체의 감소한 위치 에너지는 물체가 말뚝에 한 일의 양이다.

② 운동 에너지의 전환

- **운동하는 수레가 장애물과 부딪힐 때** : 수레의 운동 에너지는 장애물을 밀어내는 일로 전환된다.
- **높은 곳에서 물체가 낙하할 때** : 물체에 중력이 작용해 일을 한다. 이때, 중력이 물체에 한 일의 양은 물체의 운동 에너지로 전환되므로, 중력이 물체에 한 일의 양은 물체의 운동 에너지와 같다. 따라서 낙하하는 동안 물체의 운동 에너지는 증가한다.

예제 5

다음 중 과학에서 일을 한 경우를 모두 고르면?

(ㄱ) 책을 읽으면서 공부를 했다.
(ㄴ) 역기를 들고 가만히 서 있었다.
(ㄷ) 상자를 밀어서 반대편으로 옮겼다.
(ㄹ) 가방을 들고 수평 방향으로 걸어갔다.

① (ㄱ) ② (ㄱ), (ㄴ)
③ (ㄷ) ④ (ㄷ), (ㄹ)

해설

(ㄱ) 정신적 활동이나 힘을 사용하는 인간의 모든 활동을 일컫는 '일상생활에서의 일'이다.
(ㄴ) 힘의 방향으로 물체가 이동한 거리가 0이므로, 일의 양은 0이다.
(ㄹ) 힘의 방향과 물체의 이동 방향이 수직이므로, 일의 양은 0이다.

정답 ③

③ 역학적 에너지와 전기 에너지

1) 역학적 에너지

(1) **역학적 에너지 :** 물체가 가진 중력에 의한 위치 에너지와 운동 에너지의 합

(2) **역학적 에너지 전환 :** 물체의 높이가 변할 때 위치 에너지와 운동 에너지가 서로 전환된다.

물체가 자유 낙하할 때 위치 에너지 → 운동 에너지로 전환		물체를 연직 위로 던져 올릴 때 운동 에너지 → 위치 에너지로 전환	
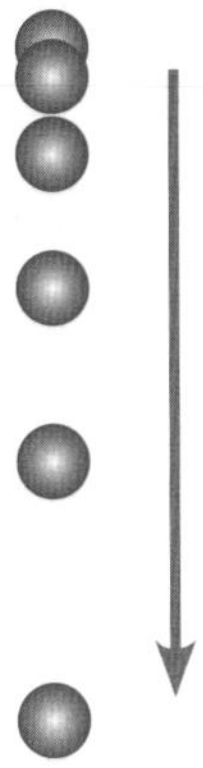	• 높이가 낮아질 때 → 위치 에너지 감소 • 속력이 빨라질 때 → 운동 에너지 증가	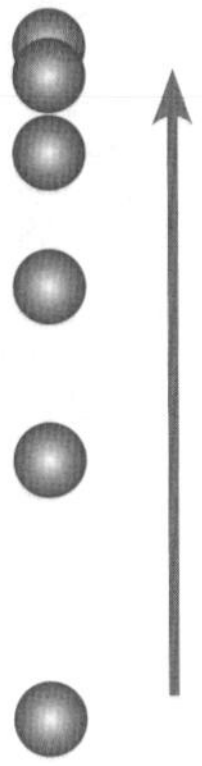	• 높이가 높아질 때 → 위치 에너지 증가 • 속력이 느려질 때 → 운동 에너지 감소

(3) **진자 운동**

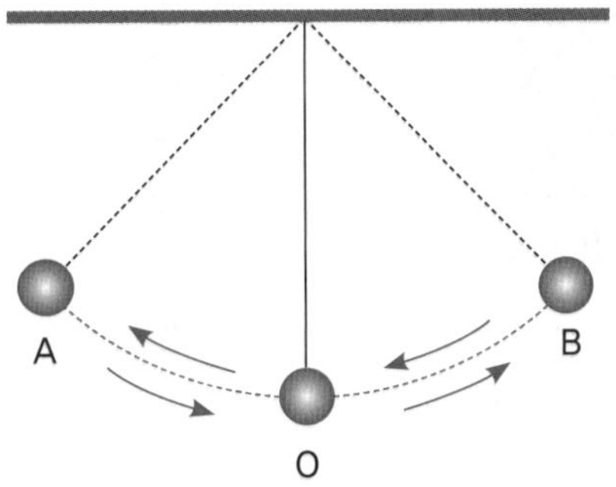

구분	A	A → O	O	O → B	B
위치 에너지	최대	감소	0(최소)	증가	최대
운동 에너지	0(최소)	증가	최대	감소	0(최소)
역학적 에너지	일정				
에너지 전환	위치 에너지 → 운동 에너지			운동 에너지 → 위치 에너지	

2) 전기 에너지

(1) 전기 에너지 : 전류가 흐를 때 공급되는 에너지

(2) 전기 에너지 전환 : 전기 에너지는 다른 형태의 에너지로 쉽게 전환하여 사용할 수 있기 때문에 실생활에서 쉽게 찾아볼 수 있다.

(3) 전기 에너지 전환의 예

전환된 에너지	예
빛에너지	전구, 형광등, 텔레비전, 모니터 등
열에너지	전기다리미, 전기밥솥, 전기난로, 헤어드라이어 등
소리 에너지	스피커, 오디오, 텔레비전, 휴대전화 등
운동 에너지	세탁기, 선풍기, 진공청소기, 헤어드라이어, 믹서 등
화학 에너지	배터리 충전 등

3) 에너지 전환과 보존

(1) 휴대전화에서 에너지 전환

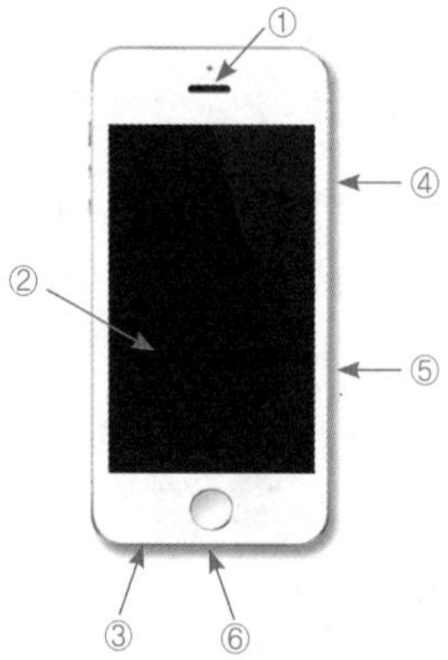

① 스피커	전기 → 소리 에너지
② 화면	전기 → 빛에너지
③ 마이크	소리 → 전기 에너지
④ 진동	전기 → 운동 에너지
⑤ 발열	전기 → 열에너지
⑥ 배터리 충전	전기 → 화학 에너지

* 휴대전화 배터리의 화학 에너지는 전기, 빛, 열, 소리, 운동 에너지 등으로 전환된다.

(2) 자동차에서 에너지 전환

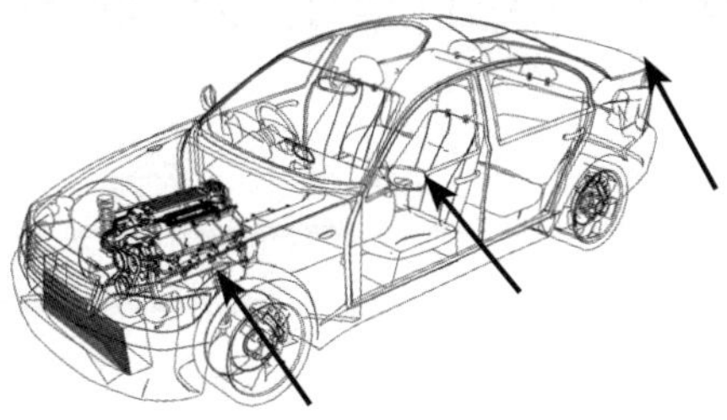

연료의 화학 에너지 → ① 운동 에너지
→ ② 전기 에너지
→ ③ 열에너지 등

* 에너지가 전환될 때 한 형태의 에너지로만 전환되는 것은 아니다.

(3) 에너지 보존

① 에너지 보존 법칙 : 에너지는 전환 과정에서 새로 생기거나 없어지지 않으므로 에너지의 총량은 일정하게 보존된다.

② 역학적 에너지의 보존 : 공기 저항이나 마찰이 없을 때, 운동하는 물체의 역학적 에너지는 항상 일정하게 보존된다.

③ 역학적 에너지가 보존되지 않는 경우 : 공기 저항이나 마찰이 있을 때, 역학적 에너지는 보존되지 않는다. 이때, 감소한 역학적 에너지는 열에너지 등으로 전환된다.

예제 6

다음은 A와 C 사이를 왕복하는 진자의 운동을 나타낸 것이다. 그림을 보고 질문에 답하시오.
(단, 모든 공기 저항과 마찰은 무시한다.)

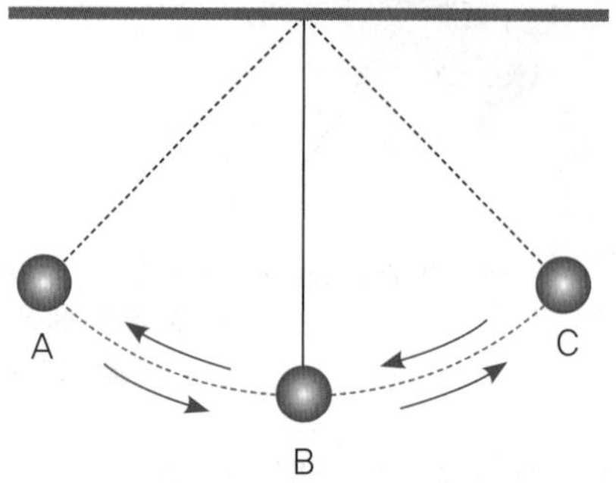

예제 6-1 다음 중 진자가 B 지점에서 A 지점으로 운동할 때 에너지 전환 과정은?

① 위치 에너지 → 열에너지
② 운동 에너지 → 열에너지
③ 위치 에너지 → 운동 에너지
④ 운동 에너지 → 위치 에너지

해설

높이가 낮은 곳에서 높은 곳으로 운동할 때, 운동 에너지가 위치 에너지로 전환된다.

정답 ④

예제 6-2 다음 중 진자의 에너지에 대한 설명으로 옳지 않은 것은?

① B점에서 운동 에너지는 최대이다.
② C점에서는 위치 에너지만 갖고 있다.
③ A, B, C점에서 역학적 에너지는 같다.
④ C점에서 역학적 에너지는 B점에서보다 크다.

해설

공기 저항이나 마찰을 무시할 때, 역학적 에너지는 일정하게 보존된다. 따라서 위치에 관계없이 A, B, C 점에서 역학적 에너지는 모두 같다.

정답 ④

05 힘과 운동

① 힘

1) **힘 :** 물체의 모양이나 운동 상태를 변화시키는 원인이 되는 것

2) **힘의 3요소 :** 힘의 크기, 힘의 방향, 힘의 작용점

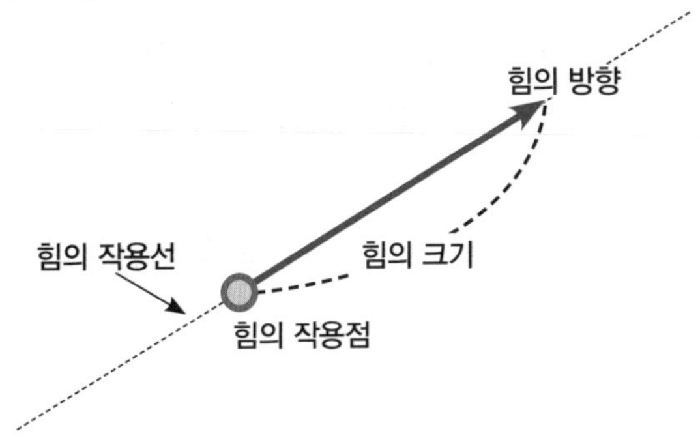

3) **힘의 합성** : 여러 힘이 한 물체에 동시에 작용할 때 그 여러 힘과 같은 효과를 내는 힘을 구하는 것으로, 이렇게 구해진 것을 힘의 '합력(알짜힘)'이라고 함

(1) 두 힘이 같은 방향으로 작용할 때 : $F=F_1+F_2$

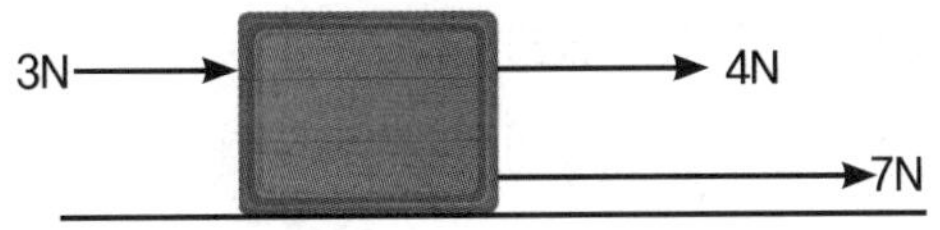

합력(알짜힘) = 3N+4N = 7N

(2) 두 힘이 다른 방향으로 작용할 때 : $F=F_2-F_1$(큰 힘 − 작은 힘)

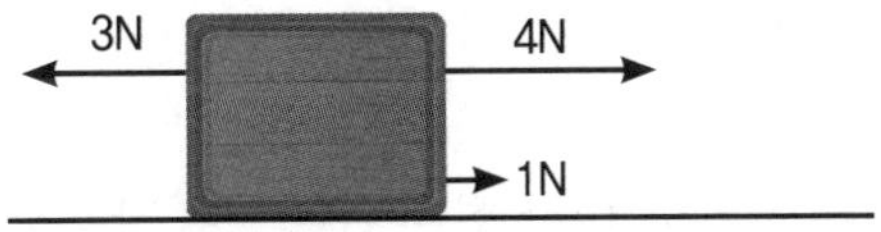

합력(알짜힘) = 4N−3N = 1N

4) 힘의 평형

(1) **힘의 평형 :** 물체에 힘이 작용하면 힘의 효과에 의해서 변형이나 운동 상태의 변화가 있어야 하는데, 힘이 작용하였음에도 불구하고 운동 상태의 변화가 없는 경우

(2) **두 힘의 평형 조건**

① 두 힘의 크기가 같아야 한다.

② 두 힘의 방향이 정반대 방향이어야 한다.

③ 두 힘이 일직선상(동일 작용선상)에 놓이면서 어느 한 점 또는 동일한 물체에 작용해야 한다. 특히 두 힘이 동일 작용선상에 있지 않으면 물체가 회전하게 되므로 평형을 이룬다고 할 수 없다.

예 줄다리기 중 줄이 어느 한편으로도 치우치지 않고, 중앙에서 팽팽하게 유지될 때

② 운동의 법칙

1) **관성 :** 물체가 원래의 운동 상태를 계속 유지하려는 성질로, 질량이 클수록 관성은 더 크게 나타난다.

(1) **정지 관성 :** 정지 상태를 유지하려는 관성

예 버스가 갑자기 출발해서 뒤로 넘어진 승객, 옷이나 이불을 두드리면 떨어지는 먼지

(2) **운동 관성 :** 운동 상태를 유지하려는 관성

예 버스가 갑자기 정지해서 앞으로 넘어진 승객, 달리다가 돌부리에 걸려 넘어진 사람

2) **가속도 :** 단위 시간당의 속도 변화량으로, 걸린 시간과 속도 변화량은 가속도의 값에 영향을 준다.

(1) 가속도와 힘은 비례한다.

(2) 가속도와 질량은 반비례한다.

3) **작용 · 반작용 :** 어떤 두 물체에 대한 힘은 단독으로 작용하지 않고 항상 두 물체 사이에 쌍으로 작용한다. 이때, 한 힘을 작용이라고 하면 다른 한 힘을 반작용이라고 한다.

Tips

작용 – 반작용
물체의 운동 상태에 관계없이 성립하며 모든 힘에 대해 성립하므로 항상 쌍으로 존재한다. 작용점이 서로 다른 물체에 작용하여 작용점이 한 개인 것이 힘의 평형과 구분되는 요소이다.

4) 뉴턴(Newton)의 운동 법칙 : 물체의 운동에 대해 영향을 주는 힘에 대한 세 가지 법칙

제1법칙 관성의 법칙	외력이 작용하지 않으면 물체는 처음의 운동 상태를 유지한다. 처음에 정지해 있던 물체는 계속 정지해 있고, 운동하던 물체는 등속 직선 운동을 한다.
제2법칙 가속도의 법칙	속도의 변화는 질량이 일정할 때 작용하는 힘의 크기에 비례하고, 작용하는 힘의 크기가 일정할 때 물체의 질량에 반비례한다.
제3법칙 작용 · 반작용의 법칙	두 물체 A, B 사이에서 A가 B에 힘(작용)을 가하면, B도 A에 방향은 반대이나 크기는 같은 힘(반작용)을 가한다.

예제 7

다음 중 뉴턴의 운동 법칙에 따른 사례를 적절히 연결한 것은?

(ㄱ) 급커브를 돈 트럭의 짐칸에서 도로로 쏟아진 화물
(ㄴ) 볼링공보다 더 쉽게 움직이고 멈추는 탁구공
(ㄷ) 가스를 내뿜으며 하늘 위로 날아가는 로켓

	관성의 법칙	가속도의 법칙	작용 · 반작용의 법칙
①	(ㄱ)	(ㄴ)	(ㄷ)
①	(ㄱ)	(ㄷ)	(ㄴ)
①	(ㄴ)	(ㄱ)	(ㄷ)
①	(ㄷ)	(ㄴ)	(ㄱ)

해설

(ㄱ) 짐칸에 보관되던 상태를 유지하려는 힘이다.
(ㄴ) 볼링공의 질량이 탁구공보다 크기 때문에 속력을 변화시키기 어렵다.
(ㄷ) 작용 · 반작용 : 가스가 로켓을 위로 밀 때, 로켓이 가스를 아래로 미는 힘이다.

정답 ①

Chapter 06 관찰탐구력 실전 연습 문제

출제 포인트!

관찰탐구력은 중·고등학교 수준의 물리, 생물, 의학과 관련한 문제와 생활에 적용되는 과학원리·질병과 관련한 문제 등이 출제되고 있다. 신체 기관, 힘과 운동의 원리, 영양소, 최근 발생한 질병, 재해와 관련한 내용들이 출제되므로 다음 문제들을 통해 관찰탐구력의 기본 유형을 익혀두도록 하자.

01 사람의 눈의 구조 중 눈으로 들어오는 빛의 양을 조절하는 역할을 하는 곳은 어디인가?

① 수정체 ② 망막 ③ 유리체 ④ 홍채

해설

홍채는 눈으로 들어오는 빛의 양을 조절하는 역할을 하는데 이는 사진기의 조리개와 비슷하다.

Plus 해설

① 수정체 : 빛을 굴절시켜 망막에 상이 맺히게 한다.
② 망막 : 상이 맺히는 곳이다.
③ 유리체 : 수정체와 망막 사이의 안구 속을 채우고 있는 반고체의 투명한 물질이다.

02 다음 중 어두운 방에 들어가 형광등을 켰을 때 눈에 작용하는 변화로 옳은 것은?

① 홍채가 수축되어 동공이 확대된다.
② 홍채가 확장되어 동공이 축소된다.
③ 섬모체가 이완되어 수정체가 얇아진다.
④ 섬모체가 수축되어 수정체가 두꺼워진다.

해설

어두운 곳에 있다가 주변이 밝아지게 되면, 눈으로 들어오는 빛의 양을 줄이기 위해 홍채를 확장해 동공을 축소한다.

Plus 해설

③ 먼 곳을 볼 때 섬모체가 이완되어 수정체가 얇아진다.
④ 가까운 곳을 볼 때 섬모체가 수축되어 수정체가 두꺼워진다.

03 다음 제시된 ㉠, ㉡의 현상과 관련 있는 귀의 구조를 옳게 연결한 것은?

> ㉠ 엘리베이터 안에서 올라가는지 내려가는지 알 수 있다.
> ㉡ 코끼리코를 돌다가 멈췄을 때 똑바로 서있기 힘들다.

	㉠	㉡		㉠	㉡
①	귀인두관	달팽이관	②	전정기관	달팽이관
③	귀인두관	반고리관	④	전정기관	반고리관

해설

귀에서 몸의 움직임이나 기울어짐을 감지하는 구조는 전정기관이고, 몸의 회전을 감지하는 구조는 반고리관이다.

Plus 해설

- 귀인두관 : 고막의 안팎, 즉 외이와 중이의 기압 차이를 없애 주는 기능을 한다.
- 달팽이관 : 귀의 가장 안쪽인 내이에 위치하며, 듣기를 담당하는 청각기관이다.

04 다음 중 혀끝이나 손가락 끝의 감각이 다른 부위에 비해 더 예민한 이유로 옳은 것을 고르면?

① 피부 조직이 얇기 때문이다.
② 혈액순환이 활발하기 때문이다.
③ 감각점의 수가 많기 때문이다.
④ 감각점의 크기가 크기 때문이다.

해설

혀끝이나 손가락 끝은 몸의 다른 부위에 비해 감각점의 수가 더 많기 때문에 감각이 더 예민하다.

01 ④ 02 ② 03 ④ 04 ③

05 다음에서 설명하고 있는 사람의 감각은 무엇인가?

기체 상태의 화학 물질에 의해 자극되고, 감각 중 가장 예민하며, 같은 자극에 대하여 쉽게 피로해진다.

① 시각　② 청각　③ 촉각　④ 후각

해설

후각은 냄새를 맡는 감각으로 기체 상태의 자극물이 코의 말초 신경을 자극하여 생기는 감각을 이른다.

Plus 해설

① 시각 : 눈을 통해 빛의 자극을 받아들이는 감각 작용이다.
② 청각 : 소리를 느끼는 감각이다.
③ 촉각 : 물건이 피부에 닿아서 느껴지는 감각이다.

06 다음에서 설명하고 있는 소화 기관은 무엇인가?

- 근육이 발달된 주머니 모양이다.
- 염산이 분비되어 음식물 속의 세균을 죽인다.

① 위　② 소장　③ 간　④ 대장

해설

위는 구강과 식도를 통해 내려온 음식물을 잠시 동안 저장하고 일부 소화 작용을 거쳐 소장으로 내려 보내는 역할을 한다.

Plus 해설

② 소장 : 위와 대장 사이에 있는 길고 좁은 관으로 3대 영양소의 소화가 모두 이루어진다.
③ 간 : 탄수화물을 저장하고 단백질이나 당의 대사를 조절하며 해독 작용을 한다.
④ 대장 : 소화 효소가 만들어지지 않기 때문에 소화는 이루어지지 않고, 수분 흡수만 일어난다.

07 다음은 무조건 반사 중 무릎 반사에 대한 자극 전달 경로를 나타낸 것이다. 괄호 안에 들어갈 알맞은 것은?

자극 → 감각 신경 → (　　) → 운동 신경 → 반응

① 척수　② 중간뇌　③ 소뇌　④ 간뇌

해설

무조건 반사의 중추는 연수와 척수가 있다. 이 중 내장 기관과 관련된 무조건 반사의 중추신경은 연수이고, 뜨거운 것이나 뾰족한 것, 또는 무릎 반사와 관련된 무조건 반사의 중추신경은 척수이다. 따라서 괄호 안에 들어갈 중추신경은 '척수'이다.

08 다음에서 설명하고 있는 신경계는 무엇인가?

- 신체에 적절한 내부환경을 유지하는 데 필요한 세밀한 내적 조절기능을 한다.
- 무의식적으로 작용하므로 특별히 의식하지 않아도 음식을 먹은 후에 소화관을 움직여 음식을 소화시킨다.
- 호흡, 순환, 대사, 체온, 소화, 분비, 생식 등 생명활동의 기본이 되는 기능인 항상성을 유지하는 데 중요한 역할을 한다.

① 중추 신경　② 감각 신경　③ 운동 신경　④ 자율 신경

해설

자율 신경은 말초 신경계 중 일부로 교감 신경과 부교감 신경으로 구분된다. 무의식적으로 작용하므로 특별히 의식하지 않아도 신체에 적절한 내부환경을 유지하는 데 중요한 역할을 한다.

05 ④　06 ①　07 ①　08 ④

09 다음 제시된 반응 실험의 순서에 따를 때, A의 팔보다 다리가 더 빨리 반응했다. 그 이유로 옳은 것을 고르면?

1) A는 책상에 앉아 눈을 감고 몸에 힘을 뺀다.
2) 고무망치로 A의 무릎뼈 바로 아래를 가볍게 친다.
3) A는 다리에 고무망치가 닿는 것을 느끼는 즉시 오른팔을 들기로 한다.

① 팔을 올리는 반응의 경로가 더 단순하기 때문이다.
② 다리가 들리는 반응의 경로가 더 복잡하기 때문이다.
③ 팔을 올리는 반응은 무조건 반사이기 때문이다.
④ 다리가 들리는 반응은 무조건 반사이기 때문이다.

해설

고무망치로 무릎 아래를 치면 다리가 저절로 들린다. 다리가 들리는 반응은 팔을 드는 반응보다 빨리 일어난다. 다리가 들리는 반응은 무조건 반사이고, 팔을 드는 반응은 의식적 반응이기 때문이다. 즉, 다리가 들리는 반응의 경로가 더 짧고 단순하므로 더 빨리 반응하는 것이다.

10 다음 제시된 사례에 따른 기능을 담당하는 뇌의 구조를 옳게 연결한 것은?

㉠ 달리기 후 심장 박동이 빨라진다.
㉡ 더울 때 땀을 흘린다.
㉢ 눈에 빛을 비추면 동공의 크기가 작아진다.
㉣ 교통사고 후 사고 전 일을 기억하지 못한다.
㉤ 몸의 균형을 잡지 못하고 넘어진다.

	㉠	㉡	㉢	㉣	㉤
①	간뇌	연수	대뇌	소뇌	중간뇌
②	간뇌	연수	소뇌	대뇌	중간뇌
③	연수	간뇌	중간뇌	소뇌	대뇌
④	연수	간뇌	중간뇌	대뇌	소뇌

해설

㉠ 연수 : 심장 박동과 호흡 운동을 조절한다.
㉡ 간뇌 : 체온을 일정하게 유지한다.
㉢ 중간뇌 : 눈의 움직임과 동공의 크기를 조절한다.
㉣ 대뇌 : 다양한 정신 활동을 담당한다.
㉤ 소뇌 : 몸의 자세와 균형을 유지한다.

11 다음 빈칸에 공통으로 들어갈 영양소로 옳은 것은?

(_____)의 종류는 다양하고, 그 기능에 따라 구조 (_____)과 생물학적 활성 (_____)로 분류된다. 구조 (_____)은 뼈 · 인대 · 피부 등을 구성하는 콜라겐과 손톱 · 발톱 · 머리카락 등을 구성하는 케라틴 등이다. 활성 (_____)은 체내에서 일어나는 화학반응을 촉매하거나, 외부 바이러스 · 세균의 침입으로부터 몸을 방어하거나, 신체의 다른 부위로 신호를 전달하는 등의 역할을 한다.

① 탄수화물 ② 단백질 ③ 비타민 ④ 무기질

해설

단백질의 여러 가지 기능과 역할은 다음과 같다.
- 뼈 · 근육 등의 연결 조직을 구성한다.
- 손톱 · 발톱 · 머리카락 등을 자라게 한다.
- 생물의 체내에서 일어나는 화학반응을 촉매한다. (효소 역할)
- 외부 바이러스나 세균의 침입으로부터 몸을 방어한다. (항원 역할)
- 신체의 다른 부위로 신호를 전달하거나 물질을 수송한다. (호르몬 역할)

관찰탐구력

09 ④ 10 ④ 11 ②

12 다음에서 설명하고 있는 영양소는 무엇인가?

1g당 약 9kcal의 열량을 내는 영양소로, 에너지 함량이 다른 영양소보다 많아서 매우 효율적인 에너지원이다. 적은 양으로도 에너지를 낼 수 있기 때문에 소모되는 양이 적은 반면 피하에 쌓이는 양이 많다. 따라서 지나치게 섭취하면 심장질환이나 동맥경화와 같은 질병을 유발할 수 있다.

① 탄수화물 ② 단백질 ③ 지방 ④ 비타민

해설

지방은 에너지 함량이 탄수화물이나 단백질보다 두 배 정도 많고, 적은 양으로도 에너지를 생성하기 때문에 아주 효율적인 에너지원이다. 그러나 소모되는 양에 비해 체내 축적되는 양이 많으므로 지나치게 많이 섭취하면 비만이나 뇌졸중, 심장병, 동맥경화와 같은 위험한 질병을 유발할 수 있다.

13 우리 몸에 필요한 6대 영양소 중 '무기질'에 대한 설명으로 옳은 것은?

① 탄소(C), 수소(H), 산소(O)의 세 원소로 이루어져 있으며, 총 섭취 열량의 약 60%를 차지하는 주된 영양소이다.
② 심한 운동 후 신경의 피로나 근육의 탄력성 감퇴, 체액의 산성화 등을 방지하고 회복을 촉진시키는 역할을 한다.
③ 수많은 아미노산이 결합해 만들어진 유기물로, 체내 생성 가능 여부에 따라 불필수와 필수 아미노산으로 나뉜다.
④ 생명을 유지하는 데 가장 중요한 물질이며, 신체의 약 70%를 차지하므로 신체 조직의 구성 성분 중 양이 가장 많다.

해설

무기질은 스포츠나 심한 트레이닝 시 신경의 피로, 근육의 탄력성 감퇴, 체액의 산성화 및 삼투압의 변화, 소화 기능의 저하, 발한에 의한 염분이나 칼슘, 철의 손실 등에 의한 기능의 저하를 방지할 뿐만 아니라 그 회복을 촉진시키는 역할을 한다.
①은 탄수화물, ③은 단백질, ④는 물에 대한 설명이다.

14 다음과 같은 역할을 하는 영양소는 무엇인가?

- 1g당 4kcal의 에너지를 공급한다.
- 아미노산들로 구성되어 있다.
- 질병에 대한 저항력을 높인다.

① 탄수화물 ② 지방 ③ 단백질 ④ 무기질

해설

위와 같은 역할을 하는 영양소는 단백질이다. 단백질은 체내에서 물 다음으로 많은 양을 차지하고, 다양한 기관과 효소, 호르몬 등 신체를 이루는 주성분이기도 하다. 단백질을 구성하고 있는 물질의 단위는 아미노산이고, 효소와 항체도 단백질로 이루어져있기 때문에 질병에 대한 저항력을 높이는 데 중요한 역할을 한다.

15 다음에서 설명하고 있는 체내 구성 성분으로 옳은 것은?

- 체온을 조절한다.
- 체중의 $\frac{2}{3}$ 이상을 차지한다.
- 영양소와 노폐물을 운반하는 역할을 한다.

① 물 ② 비타민 ③ 칼슘 ④ 단백질

해설

물은 아무런 맛도 없고 열량도 없지만 신체의 70%를 차지하는 중요한 물질이다. 혈액을 비롯하여 소변과 땀은 대부분 물로 구성되어 있고, 혈액은 우리 몸에 산소와 영양분을 공급하며 노폐물을 없애는 역할을 한다. 또한 소변은 신장에서 만들어진 물로 된 노폐물이고, 땀샘에서 만들어지는 땀은 체온을 조절하는 역할을 한다.

12 ③ 13 ② 14 ③ 15 ①

16 다음 중 혈액의 구성 성분인 혈구의 역할이 바르게 짝지어진 것은?

① 적혈구 – 식균 작용
② 적혈구 – 산소 운반
③ 백혈구 – 혈액 응고
④ 백혈구 – 물질 운반

해설

혈액이 붉게 보이는 것은 적혈구에 헤모글로빈이라는 붉은 색소가 있기 때문이고, 헤모글로빈은 산소 운반에 중요한 역할을 한다.

17 다음의 ㉠, ㉡에 들어갈 물질의 명칭이 바르게 짝지어진 것은?

- 녹말을 구성하는 기본 단위는 (㉠)이다.
- 단백질을 구성하는 기본 단위는 (㉡)이다.

	㉠	㉡
①	지방	아미노산
②	포도당	지방
③	지방	포도당
④	포도당	아미노산

해설

녹말을 구성하는 기본 단위는 포도당이고, 단백질을 구성하는 기본 단위는 아미노산이다.
포도당은 생물체 내에서 중요한 역할을 담당하는 단당류로 물에 잘 녹고 단맛이 있다. 생물계에 널리 분포하고, 생물 조직 속에서 에너지원으로 소비된다. 단백질을 구성하는 기본 단위인 아미노산은 단백질 분자의 가장 기본적인 조성 물질이다.

18 다음 ㉠에 공통으로 들어갈 영양소는 무엇인가?

- (㉠)은 적혈구의 구성 성분이다.
- (㉠)은 달걀, 시금치, 쇠고기 등에 많이 들어 있다.
- (㉠)은 필요량보다 부족할 경우 빈혈 증상이 나타날 수 있다.

① 철 ② 물 ③ 나트륨 ④ 비타민

해설

철은 혈액 내의 산소를 조직으로 공급해 주고 이산화탄소를 제거해주는 헤모글로빈의 주요 구성 성분이다. 철 성분 결핍 시에는 빈혈이 생기고, 쉽게 피로하며, 성장 속도가 느려진다. 철의 주요 공급원에는 간, 살코기, 달걀 노른자 등이 있으며 비타민 C는 철의 이용을 도와주므로 신선한 채소나 과일을 함께 섭취하면 좋다.

19 다음 중 물에 대한 설명으로 옳지 않은 것은?

① 생물체 내에서 화학 반응이 쉽게 일어날 수 있는 환경을 제공한다.
② 비열과 기화열이 높아 체온을 일정하게 유지하는 데 큰 영향을 미친다.
③ 물 분자의 수소 결합에는 많은 에너지가 있어 생물체의 주된 에너지원으로 사용된다.
④ 생물체 내에서 영양분과 노폐물을 비롯한 여러 가지 물질의 운반을 담당한다.

해설

물은 에너지원으로 사용되지 않는다. 에너지원으로 사용되는 물질은 탄수화물, 단백질, 중성지방 등이다.

Plus 해설

① · ④ 생명 현상을 나타내는 여러 화학 반응이 잘 일어나게 해주고, 물질에 대한 용해성이 커서 생물체 내 물질 운반 작용을 담당한다.
② 물 분자들은 수소 결합으로 연결되어 있어 수소 결합을 끊는 데 많은 에너지가 소비되므로 다른 물질에 비해 비열과 기화열이 높다.

20 다음 중 비타민 D의 주요 기능과 결핍증이 바르게 연결된 것은?

① 눈의 건강 – 야맹증
② 골격 발달 – 구루병
③ 상처 회복 – 괴혈병
④ 식욕 촉진 – 각기병

해설

비타민 D는 뼈의 성장에 필수적인 영양소이므로 충분히 공급받지 못하면 구루병 · 골다공증 등의 위험이 증가한다. 음식을 통해서도 섭취가 가능하지만 대부분은 햇빛을 통해 얻을 수 있다. 자외선이 피부에 자극을 주면 비타민 D 합성이 일어나게 되는데 너무 오랜 시간 자외선을 쬐이면 피부 노화가 촉진되고 피부암이 생길 수 있으므로 주의가 필요하다.

16 ② 17 ④ 18 ① 19 ③ 20 ②

21 다음 중 질병에 대한 설명으로 바르지 않은 것은?

① 당뇨병은 병원체에 의해 나타나는 질병이다.
② 비감염성 질병은 병원체 없이 일어나는 질병으로 유전, 생활 방식 등이 원인이 된다.
③ 질병은 독감・결핵 등의 감염성 질병과 고혈압・지방간 등의 비감염성 질병으로 구분한다.
④ 병원체가 침입했다고 해서 모두 감염성 질병에 걸리는 것은 아니다.

해설

당뇨병, 고혈압, 암과 같이 전염되지 않는 질병을 비감염성 질병이라 한다. 이는 병원체 없이 일어나며 생활방식, 환경, 유전 등 여러 원인이 복합적으로 영향을 미쳐 질병을 유발한다. 반면, 감염성 질병은 바이러스, 세균, 곰팡이, 기생충 등의 병원체가 체내에 침입할 때 발생하는 질병으로 감기, 독감, 결핵과 같이 다른 사람에게 전염되는 질병이다. 병원체가 침입했다고 하여 모두 감염성 질병에 걸리는 것은 아니다. 이는 인체가 병원체에 대한 저항력을 가지고 있어 질병 발생을 억제하는 작용을 하기 때문이다.

22 다음 중 노로바이러스 감염에 대한 설명으로 틀린 것은?

① 백신 접종으로 예방할 수 있다.
② 식품이나 물에 의해 전염될 수 있다.
③ 대부분의 증상은 경미한 편으로 자연 회복이 가능하다.
④ 구토, 설사, 오한, 두통 등의 증상이 나타난다.

해설

노로바이러스 감염증은 노로바이러스로 인한 바이러스성 위장염이다. 보통 2~4일 정도의 잠복기가 지나면 미열, 구토, 설사, 두통, 복통 등의 증상이 나타나지만, 대부분의 증상은 경미한 편으로 1~2일이 지나면 자연 회복된다. 그러나 노로바이러스는 종류가 많아 한 번 감염된 후 다른 종류의 노로바이러스에 의한 재감염률이 높아 백신 개발이 어려운 것으로 알려져 있다.

23 다음 중 아프리카돼지열병에 대한 설명으로 바르지 않은 것은?

① 바이러스에 의해 발생하는 돼지 전염병으로 치료제나 백신이 없어 치사율이 최대 100%에 이르는 제1종 전염병이다.
② 인수공통전염병이어서 돼지과에 속하는 동물은 물론 사람에게도 전염된다.
③ 주로 바이러스에 감염된 돼지, 야생 멧돼지의 침, 분변 등 분비물 등의 접촉으로 전파된다.
④ 아프리카돼지열병 바이러스는 낮은 온도에서도 안정적으로 생존하여 냉동육은 최대 천일까지 생존이 가능하다.

해설

아프리카돼지열병(African Swine Fever, ASF)은 인수공통전염병이 아니므로 사람은 감염되지 않고, 돼지과에 속하는 동물만 전염된다. 아프리카돼지열병의 바이러스는 24종이며, 바이러스 종류가 많을수록 백신 개발이 어려워 현재 전 세계적으로 개발된 백신이나 치료법이 없다.

24 다음 중 감염병예방법에서 규정한 법정 감염병 중 제1급 감염병이 아닌 것은?

① 에볼라바이러스병
② 디프테리아
③ 콜레라
④ 중동호흡기증후군

해설

『감염병의 예방 및 관리에 관한 법률』(약칭 : 감염병예방법)에서 규정하는 감염병 중 제1급 감염병은 생물테러감염병 또는 치명률이 높거나 집단 발생의 우려가 커서 발생 또는 유행 즉시 신고하여야 하고, 음압격리와 같은 높은 수준의 격리가 필요한 감염병을 말한다(제2조 제2호). 에볼라바이러스병, 페스트, 탄저, 중동호흡기증후군, 디프테리아 등 총 17종이 제1급 감염병에 해당하며, 콜레라는 제2급 감염병에 속한다.

관찰탐구력

21 ① 22 ① 23 ② 24 ③

25 다음 중 엠폭스(원숭이두창)에 관한 설명으로 바르지 않은 것은?

① 엠폭스는 22년 유행 전까지는 중앙 아프리카 및 서부 아프리카의 농촌 열대우림지역에서 주로 발생하는 풍토병이었다.

② 2022년 5월 이후 유럽과 북미를 중심으로 다수국가에서 풍토병 지역과 연관성이 없는 감염사례가 이례적으로 유행하여 환자가 증가하고 발생지역이 확대되고 있다.

③ 엠폭스는 원숭이두창 바이러스가 포함된 미세 에어로졸을 통한 공기전파에 의해서도 감염된다.

④ 엠폭스에 감염된 경우, 대부분 경미하게 증상이 나타나고 2~4주 후 완치가 되는 것으로 보고되고 있으며 주로 대증적인 증상 완화 치료를 시행한다.

해설

엠폭스는 인수공통감염병으로 원숭이두창 바이러스에 감염된 사람, 감염된 동물(쥐, 다람쥐, 프레리도그와 같은 설치류 및 원숭이 등) 또는 오염된 물질에 접촉할 경우 감염될 수 있다. 그러나 원숭이두창 바이러스가 포함된 미세 에어로졸을 통한 공기전파에 대해서는 아직 확인된 바 없다.

Plus 해설

엠폭스의 주요 증상은 발열, 오한, 림프절 부종, 피로, 근육통 및 요통, 두통, 호흡기 증상(인후통, 코막힘, 기침 등) 등이며, 대부분 2~4주 후 완치가 되는 것으로 보고되나 고위험군 환자는 합병증이 발생할 수 있다.

26 다음 제시된 감염병 및 전염병 중 종류가 다른 것은 무엇인가?

① 지카바이러스 감염증
② 구제역
③ 조류인플루엔자
④ 돼지열병

해설

구제역, 조류인플루엔자(AI), 돼지열병은 동물에게 감염되는 가축 전염병이며, 지카바이러스 감염증은 사람에게도 감염되는 감염병으로 3급에 해당한다. 지카바이러스(Zika virus)는 1947년 우간다의 지카 숲에서 발견되어 붙여진 이름으로 매개체는 숲모기류이며 감염된 매개모기를 통해 전파된다. 이에 감염되면 발진, 관절통, 근육통 등의 증상이 나타나며 치사율은 낮지만 합병증 우려가 있으므로 예방에 주의해야 한다.

27 다음 중 전기 에너지가 빛에너지로 전환되는 예가 아닌 것은?

① 형광등 ② 불꽃놀이
③ 텔레비전 ④ 컴퓨터 모니터

해설

불꽃놀이는 화학 에너지가 빛에너지로 전환되는 예이다.

28 다음 중 빛에 관한 설명으로 옳지 않은 것은?

① 볼록거울은 항상 허상이 생기므로 실물보다 작게 보인다.
② 빛의 속도는 파동을 전달시키는 매질에 따라 다르다.
③ 빛이 굴절할 때에는 진동 수도 변화한다.
④ 매질이 일정한 경우 빛은 직진으로 진행한다.

해설

빛의 굴절은 빛이 서로 다른 매질의 경계면에서 다른 매질 속으로 진행하면서 광선의 진로가 꺾이는 현상으로 이때 진동 수는 변함이 없다. 모든 빛의 진동 수는 그 빛을 발생시키는 빛의 진동 횟수에 의해 결정되므로, 빛이 어느 매질로 전파되더라도 진동 수는 변하지 않는다. 여기서 매질(medium, 媒質)이란 파동을 매개하는 물질을 말하며, 매질 입자의 진동이 곧 파동이다.

Plus 해설

① 볼록거울은 빛을 발산시키는 기능을 하는데, 물체의 상(像)은 물체와 볼록거울 사이의 위치와 관계 없이 바로 선 형태의 허상인 정립허상이 되며 이 상은 실물보다 축소되어 보인다.
② 빛의 속도가 매질에 따라 다르기 때문에 굴절 현상이 나타난다.
④ 빛은 파장이 짧기 때문에 직진성이 강하여 일정한 매질 속에서 직진하게 된다. 그러다 다른 매질을 만나면 두 매질의 경계면에서 반사나 굴절을 일으킨다.

25 ③ 26 ① 27 ② 28 ③

29 다음 중 광합성에 대한 설명으로 옳은 것은?

① 광합성량은 빛의 세기와는 관계가 없다.
② 온도가 높아질수록 광합성량이 증가하다가 어느 이상이 되면 일정해진다.
③ 이산화탄소의 농도가 지나치게 높으면 광합성량이 급격히 감소한다.
④ 아침과 저녁보다는 한낮에 광합성이 활발하게 일어난다.

해설

광합성은 빛의 세기가 증가할수록 광합성량이 증가하다가 광포화점 이상이 되면 일정해진다. 하루 중 빛의 세기가 가장 많은 때는 한낮이므로 아침과 저녁보다는 한낮에 광합성이 더 활발하게 일어난다.

Plus 해설

① 광합성은 빛의 세기, 이산화탄소의 농도, 온도의 영향을 받는다.
②·③ 빛의 세기나 이산화탄소의 농도가 증가할수록 광합성량이 증가하다가 어느 한계 이상이 되면 일정해진다. 온도가 높아질수록 광합성량이 증가하지만, 약 40℃ 이상이 되면 광합성량이 급격히 감소한다.

꿀팁 COOL TIP 광합성

녹색 식물의 엽록체에서 빛에너지를 이용하여 물과 이산화탄소를 원료로 포도당과 산소를 만드는 과정

30 다음 중 위치 에너지는 감소하고 운동 에너지는 증가하는 경우를 고르면?

① 도약대에서 허공을 날아 활강하는 스키점프 선수
② 막대를 넘기 위해 뛰어오르는 높이뛰기 선수
③ 수평 레일의 표면 위를 굴러가는 볼링공
④ 골대에 넣기 위해 던져 올린 농구공

해설

위치가 높은 곳에서 낮은 곳으로 속력이 빨라지는 운동을 할 때, 위치 에너지는 감소하고 운동 에너지는 증가한다.

Plus 해설

②·④ 위치가 낮은 곳에서 높은 곳으로 운동하므로, 위치 에너지가 증가한다.
③ 위치 에너지는 일정하고, 운동 에너지는 알 수 없다.

31 다음 밑줄 친 이 현상을 이용한 예를 모두 고르면?

이 현상에 대한 연구는 '전류가 흐를 때 그 주위에 자기장이 생긴다면 자기장을 변화시켜 전류가 흐르게 할 수는 없을까?'라는 의문에서 시작됐다. 1차 회로의 전류에 의해 생겨난 자기력이 2차 회로에 전류를 유도해 만들어진 것으로, 자기장과의 상호작용에 의해 회로에 전류가 생겨나는 이 현상을 이용해 현대의 수많은 전자제품이 생겨나게 되었다.

(ㄱ) 가스레인지 (ㄴ) 마이크 (ㄷ) 발전기
(ㄹ) 교통카드 판독기 (ㅁ) 세탁기 (ㅂ) 금속 탐지기

① (ㄱ), (ㄴ), (ㄷ), (ㅁ)
② (ㄱ), (ㄷ), (ㅁ), (ㅂ)
③ (ㄴ), (ㄷ), (ㄹ), (ㅂ)
④ (ㄷ), (ㄹ), (ㅁ), (ㅂ)

해설

밑줄 친 이 현상은 '전자기 유도 현상'이다.
전자기 유도 현상을 이용한 예로 발전기, (교통)카드 판독기, 하이패스(고속도로 통행료 지불 단말기), 금속 탐지기, 도난 방지 장치, 인덕션 레인지, 마이크 등이 있다.

Plus 해설

전자기 유도 법칙은 발전기, 전동기, 변압기의 제작에 이용되는 기본 법칙이다. 전자기 유도 현상에서 자기장의 증가나 감소 등으로 자기장의 변화가 있을 때에는 전류가 유도되는 반면, 자기장이 없거나 일정한 크기의 자기장이 지속되는 경우에는 전류가 유도되지 않는다.

관찰탐구력

29 ④ 30 ① 31 ③

32 다음은 김치를 만드는 원리를 화학 변화와 함께 설명한 것이다. 바르지 않은 것을 고르면?

① 배추를 소금에 절이는 것은 삼투 현상을 이용해 수분이 빠진 배춧잎에 양념이 잘 배게 하기 위함이다.

② 김치를 담근 후 김칫독 위를 무거운 돌로 누르는 것은 김치에 있는 혐기성 세균의 작용을 위해 산소를 차단하려는 것이다.

③ 김칫독을 땅에 묻어 익히면 김치가 발효하며 익을수록 pH가 높아져 신맛을 낸다.

④ 김치와 같은 원리로 만드는 음식으로는 젓갈, 청국장 등이 있다.

해설

김치는 발효하면서 pH가 낮아지면서 산도가 올라가 신맛을 낸다.

Plus 해설

수소 이온농도 지수인 pH는 산성이나 알칼리성의 정도를 나타내는 수치로 사용되는데, 수소 이온인 H^+농도와 수산화 이온인 OH^- 농도가 같으면 중성, H^+가 높으면 산성, OH^-가 높으면 알칼리성으로 구분한다. pH 7은 중성, pH 7 미만은 산성, pH 7 초과는 알칼리성이다.

33 다음 현상 중 작용하는 과학적 원리가 다른 하나를 고르면?

① 흰 옷에 묻은 때를 지우기 위해 표백제를 넣어 빨래하였다.

② 은수저로 달걀찜을 먹었더니 은수저가 검게 변했다.

③ 종이를 태우자 검은 그을음이 생겼다.

④ 비 갠 후 맑은 하늘에 무지개가 생겼다.

해설

무지개는 빛의 분산 현상으로 햇빛이 공기 중에 떠 있는 물방울을 통과할 때 파장에 따라 굴절률이 달라져 여러 색의 띠로 나타나는 것이다. 따라서 무지개는 물리적 현상으로 볼 수 있으며, 나머지는 화학적 현상에 해당된다.

Plus 해설

① 흰 옷의 얼룩을 없애는 표백은 산소가 색소를 파괴시켜 원래의 색을 되찾는 산화 반응을 이용한 것이다.
② 달걀노른자의 황(S)과 은수저의 은(Ag) 성분이 화학 반응하여 황화은이 생겨 은수저 주변이 검게 변한다.
③ 산소가 불충분하거나 온도가 낮은 불완전연소를 하면 그을음이나 일산화탄소를 생성한다.

34 다음 중 목욕탕의 거울에 김이 생기는 현상과 비슷한 예가 아닌 것은?

① 종이컵에 얼음물을 담아 놓으면 컵 표면에 물방울이 생긴다.
② 이른 아침 숲속의 풀잎에 이슬이 맺힌다.
③ 한여름 무더운 날 아스팔트 위 풍경이 어른거려 보인다.
④ 대기 중의 수증기가 냉각되어 구름이 된다.

해설

종이컵 표면에 물방울이 생기는 것, 이른 아침 풀잎에 이슬이 맺히는 것, 수증기가 냉각되어 구름이 되는 것은 모두 기체가 액체로 변하는 액화 현상이며, 더운 날 아스팔트 위가 어른거려 보이는 것은 아스팔트의 높은 온도로 인해 나타나는 굴절 현상이다.

꿀팁 COOL TIP 빛의 굴절

- 빛의 굴절 : 빛의 성질이 다른 두 물질의 경계면을 통과하면서 빛의 진행 방향이 꺾이는 현상
- 빛의 굴절 현상의 예
  1. 물의 깊이가 실제보다 얕아 보인다.
  2. 물속의 물체가 실제보다 커 보인다.
  3. 신기루나 아지랑이가 보인다.
  4. 음료가 담긴 컵 안의 빨대가 꺾여 보인다.

35 다음 중 지진이 발생했을 때의 대피 방법으로 적절하지 않은 것은?

① 튼튼한 탁자 아래에 들어가 몸을 보호한다.
② 가스와 전깃불을 차단하고 문을 열어 출구를 확보한다.
③ 계단을 이용하여 밖으로 나가고 낙하물이 없는 넓은 곳으로 대피한다.
④ 건물 밖으로 나오면 벽돌로 된 담장에 기대어 몸을 보호한다.

해설

건물 밖으로 나오면 담장, 유리창 등이 파손되어 다칠 수 있으므로 건물과 담장에서 최대한 멀리 떨어져 가방이나 손으로 머리를 보호하면서 대피하도록 한다.

32 ③ 33 ④ 34 ③ 35 ④

36 다음과 같은 진자의 운동에 대한 설명으로 바르지 않은 것은?

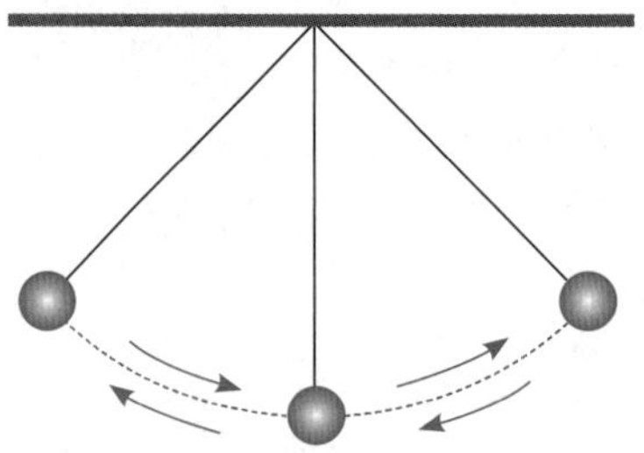

① 진자의 주기는 물체의 질량에 영향을 받지 않는다.
② 진자가 1초 동안 왕복 운동하는 횟수를 진동수라 한다.
③ 진자의 속력은 중앙으로 갈수록 느려지고 양쪽 끝으로 갈수록 빨라진다.
④ 진폭의 길이는 진자의 주기에 영향을 미치지 않는다.

해설

진자의 속력은 중앙으로 갈수록 빨라지고 양쪽 끝으로 갈수록 느려진다.

Plus 해설

진자의 주기는 질량과 진폭에는 영향을 받지 않고 진자의 길이에 영향을 받는다. 따라서 진자의 길이가 같으면 무게나 크기와 상관없이 같은 속도로 움직인다.

37 다음 그림과 같이 바닥에 놓인 상자를 50N의 힘으로 오른쪽으로 밀었는데 상자가 움직이지 않았다면 그 원인은 무엇인가?

① 50N보다 작은 마찰력이 상자에 왼쪽으로 작용하기 때문이다.
② 50N보다 큰 마찰력이 상자에 왼쪽으로 작용하기 때문이다.
③ 50N보다 큰 중력이 상자에 아래쪽으로 작용하기 때문이다.
④ 50N인 마찰력이 상자에 왼쪽으로 작용하기 때문이다.

해설

상자에 작용하는 힘이 서로 평형일 경우 상자는 움직이지 않는다. 따라서 상자를 미는 힘과 평형을 이루는 힘인 마찰력이 작용하는 방향은 미는 힘의 방향과 반대인 왼쪽이고 힘의 크기는 50N으로 같다.

38 다음이 설명하는 내용과 유사한 현상이 아닌 것은?

> 식탁보 위에 여러 음식이 담긴 그릇과 물건이 놓여있는 상태에서 식탁보를 빠르고 세게 잡아당기면, 식탁보 위에 있던 물건은 그대로인 채 식탁보만 뺄 수 있다.

① 버스가 급정거하면 앞으로 넘어진다.
② 막대로 옷을 두드려 먼지를 털어낸다.
③ 우주로 로켓을 발사한다.
④ 회전 놀이기구를 타면 몸이 바깥으로 쏠린다.

해설

식탁 위의 물건은 정지상태로 두면서 식탁보만 빠르게 빼내는 것은 뉴턴의 제1운동법칙인 관성의 법칙에 해당한다. 관성의 법칙은 외부에서 아무런 힘이 작용하지 않을 때, 물체의 운동 상태는 변하지 않고 그대로 유지하려 한다는 것으로 ①·②·④는 모두 관성의 법칙이 작용하는 예이다.
그러나 ③은 뉴턴의 제3운동법칙인 작용·반작용의 법칙이 작용한다. 이는 두 물체가 서로 힘을 미치면서 크기는 같고 방향은 반대인 상호작용을 할 때 적용되는 법칙이다.

꿀팁 COOL TIP 뉴턴의 운동법칙

1. **관성의 법칙(제1법칙)** : 외부에서 힘이 가해지지 않는 한 모든 물체는 지금의 상태를 그대로 유지하려고 한다는 것이다.
2. **가속도의 법칙(제2법칙)** : 힘이 가해졌을 때 물체가 얻는 가속도는 가해지는 힘에 비례하고, 물체의 질량에 반비례한다는 법칙이다.
3. **작용·반작용의 법칙(제3법칙)** : A가 B에 작용한 힘(작용)과 같은 크기의 힘을 B 역시 A에 가한다(반작용)는 것이다. 지구와 달 사이의 만유인력, 총을 쏘면 총이 뒤로 밀리는 현상 등이 그 예이다.

36 ③ **37** ④ **38** ③

39 다음 중 가속도의 법칙이 적용되는 것은?

① 칠판지우개에 묻은 분필 가루를 털기 위해 막대로 두들겼다.
② 풍선을 불다가 놓치면 공기가 밖으로 빠지면서 날아간다.
③ 언덕에서 공을 굴리면 아래로 계속 내려간다.
④ 물에서 물장구를 치면 몸이 앞으로 나아간다.

해설

'가속도의 법칙'은 힘이 가해졌을 때 물체가 얻는 가속도는 가해지는 힘에 비례하고 물체의 질량에 반비례한다는 것이다. 따라서 언덕에서 공을 굴리면 아래로 내려갈수록 가속을 받아 계속 빠르게 내려간다.

Plus 해설

① 외부에서 힘이 가해지지 않는 한 모든 물체는 지금의 상태를 그대로 유지하려고 하는 '관성의 법칙'이 적용되는 예이다.
②·④ A가 B에 작용한 힘과 같은 크기의 힘을 B 역시 A에 가한다는 '작용·반작용의 법칙'이 적용되는 예이다.

40 다음의 각 운동에 대한 설명으로 옳지 않은 것은?

① 스키장의 리프트 운동은 속력이 일정한 운동이다.
② 비탈길을 내려가는 자전거는 속력이 증가하는 운동이다.
③ 진자 운동은 운동 방향만 변하는 운동이다.
④ 인공위성의 운동은 등속 원운동이다.

해설

진자 운동은 힘의 크기와 방향이 변하여 진자의 속력과 운동 방향이 모두 변하는 운동이다.

41 다음 중 열에너지의 상태 변화가 같은 현상을 연결한 것은?

㉠ 비 오기 전 날씨가 후덥지근하게 느껴진다.
㉡ 무더운 여름 마당에 물을 뿌리면 시원해진다.
㉢ 얼음조각상 가까이에 있으면 시원하게 느껴진다.
㉣ 에스키모인이 얼음집에 물을 뿌린다.
㉤ 처마에 달린 고드름이 녹아 물이 된다.

① ㉠, ㉢　② ㉡, ㉣, ㉤　③ ㉡, ㉢, ㉤　④ ㉠, ㉢, ㉣

해설

제시된 상태 변화는 열에너지의 흡수 · 방출과 관련된 흡열반응, 발열반응 현상들이다.
'흡열반응'은 고체에서 액체로, 고체에서 기체로, 액체에서 기체로 온도가 높아지거나 압력이 낮아질 경우 주변의 에너지를 흡수하는 것을 말한다. 흡열반응 시에는 부피가 커지고 운동성이 증가하며 주변의 온도가 낮아지는 등의 현상이 나타난다. ㉡, ㉢, ㉤은 모두 흡열반응의 예이며, 나머지는 발열반응에 대한 예이다.

Plus 해설

'발열반응'은 에너지를 방출하는 경우로 발열반응 시에는 부피가 감소하고 운동이 작아지며 주변의 온도가 높아지는 등의 현상이 나타난다.

42 다음은 열의 이동과 관련한 여러 가지 현상이다. 열의 전달 방법이 같은 것끼리 연결된 것은?

㉠ 감자에 쇠젓가락을 꽂으면 속까지 잘 익는다.
㉡ 아무리 먼 곳이라도 열은 전달된다.
㉢ 난로는 바닥에 설치하고 냉풍기는 위에 설치하는 것이 좋다.
㉣ 추운 겨울에 운동장에 있는 나무와 철봉을 만지면 철봉이 더 차갑게 느껴진다.

① ㉠, ㉢ ② ㉠, ㉡ ③ ㉢, ㉣ ④ ㉠, ㉣

해설

㉠, ㉣은 전도, ㉢은 대류, ㉡은 복사에 의한 현상이다.

- 전도 : 열이 물체의 한 부분에서 다른 부분으로 물체를 따라 이동하는 현상으로, 뜨거운 부분의 분자들은 활발하게 운동하므로 주변의 다른 분자들과 충돌하여 열을 전달한다.
- 대류 : 액체나 기체의 뜨거운 부분이 이동하여 열을 전달하는 방법으로, 자연적인 대류 현상은 중력이 작용하는 공간에서 밀도 차이에 의하여 발생한다.
- 복사 : 물질을 거치지 않고 열에너지가 열을 직접 이동시키는 현상으로, 복사에 의한 열의 이동 속도는 빛의 속도와 같다. 태양열이 복사에 의해 진공 상태인 우주 공간을 지나 지구에 도달하는 것, 전기히터에서 나오는 빛을 쪼이면 따뜻함을 느낄 수 있는 것 등이 대표적인 예이다.

39 ③ 40 ③ 41 ③ 42 ④

43 다음 그림과 같이 (가)~(다) 용기에 물을 넣고 압력을 측정하였다. 압력이 가장 크게 측정되는 용기는?

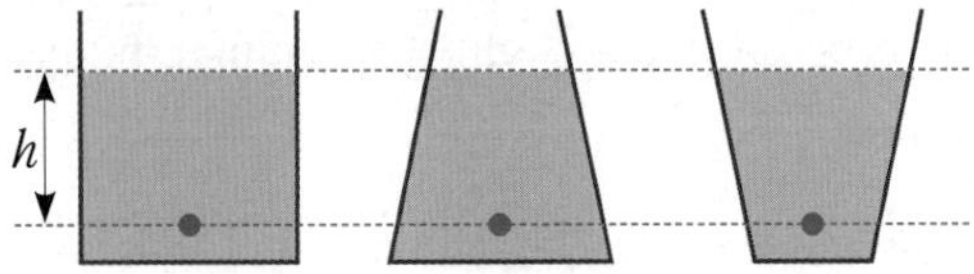

① 가　　② 나　　③ 다　　④ 모두 같다.

해설

유체의 압력은 유체의 양이나 모양과는 관련이 없고 깊이 h에 따라 달라진다. 따라서 압력은 모두 같다.

Plus 해설

- 유체 : 물, 공기, 수증기 등 액체나 기체와 같이 흐를 수 있는 물질을 유체라고 한다. 유체는 일정한 모양이 없고, 담는 용기의 모양에 따라 달라진다.
- 유체의 압력 : 깊이가 깊은 곳일수록 유체의 압력은 크고, 깊이가 같은 곳은 압력이 모두 같다.

44 다음 중 샤를의 법칙과 관련이 있는 현상은?

① 각설탕을 따뜻한 물에 넣으면 저어주지 않아도 물에서 단맛이 난다.
② 방 안에 있는 꽃병의 향기가 방 전체에 퍼진다.
③ 풍선이 하늘로 올라가면 점점 커지다가 터진다.
④ 찌그러진 탁구공을 뜨거운 물에 넣으면 펴진다.

해설

'샤를의 법칙'은 압력이 일정할 때 기체의 부피는 온도가 1℃ 올라갈 때마다 0℃일 때 부피의 $\frac{1}{273}$ 씩 증가한다는 법칙이다. 따라서 찌그러진 탁구공을 뜨거운 물에 넣으면 부피가 증가해 다시 팽팽하게 펴지게 된다.

Plus 해설

①·② 무질서한 열운동을 통해 농도가 높은 쪽에서 낮은 쪽으로 이동하는 '확산 현상'이다.
③ 온도가 일정할 때 기체의 부피는 압력에 반비례한다는 '보일의 법칙'과 관련이 있다. 따라서 풍선이 하늘로 올라가면 압력은 점점 낮아지고 풍선 내부의 부피는 증가해 결국 터지게 된다.

45 다음 ㉠~㉢에 들어갈 말이 바르게 연결된 것은?

- (㉠) 리트머스 종이가 산성비에 반응하여 (㉡)이 되었다.
- 자외선은 가시광선 중 (㉢)에 가깝다.

	㉠	㉡	㉢
①	빨간색	파란색	보라색
②	파란색	빨간색	보라색
③	빨간색	파란색	노란색
④	파란색	빨간색	노란색

해설

- 이산화탄소, 황산화물 등이 녹아있는 산성비는 pH 5.6 이하의 산성을 띠고 있어 파란색 리트머스 종이를 붉게 만든다.
- 자외선은 태양광의 스펙트럼을 사진으로 찍었을 때 눈에 보이지 않는 빛으로, 가시광선을 기준점으로 보았을 때 보라색 광선의 바깥에 위치하고 있다. 그래서 보라색을 나타내는 자색(紫色)과 바깥 외(外) 자를 써서 자외선(紫外線)이라고 한다.

따라서 ㉠은 파란색, ㉡은 빨간색, ㉢은 보라색이다.

46 털가죽과 막대를 마찰시킨 후 가까이하면 서로 끌어당긴다. 다음 중 그 원인에 대한 이유를 설명한 것으로 옳은 것은?

① 마찰로 인해 둘 다 (+) 전기를 띠기 때문이다.
② 마찰로 인해 둘 다 (−) 전기를 띠기 때문이다.
③ 마찰로 두 물체 사이에 마찰력이 생기기 때문이다.
④ 마찰로 두 물체가 서로 다른 전기를 띠기 때문이다.

해설

털가죽과 막대를 마찰시키면 털가죽은 (+) 전기를 띠고 막대는 (−) 전기를 띠게 되어 서로 끌어당기는 전기력이 작용한다.

43 ④ 44 ④ 45 ② 46 ④

47 > 다음 중 번개가 칠 때의 대처법으로 적절하지 않은 것은?

① 낮은 지대나 움푹 파인 곳으로 피신하여 몸을 낮춘다.
② 차 안으로 들어가 몸을 피한다.
③ 착용하고 있던 금속제품은 버리고 주변의 철제 제품으로부터 떨어진다.
④ 길에 있는 키가 큰 나무 아래로 몸을 피한다.

해설

번개가 칠 때 쏟아지는 전자들은 전하가 많이 모여 있는 높은 곳을 표적으로 삼는다. 따라서 높이 솟아있는 물질로부터 양전하를 끌어들이게 되므로 키가 큰 나무 아래는 피하는 것이 좋다.

48 > 다음 중 푄현상에 대한 설명으로 옳은 것은?

① 남쪽에서 불어오는 바람을 뜻한다.
② 저기압이 접근하고 있을 때 나타난다.
③ 곧 비가 올 것이라는 예보를 할 수 있다.
④ 고온건조한 바람이 부는 현상이다.

해설

푄현상은 습윤한 바람이 높은 산을 넘으면서 기온이 높고 건조한 바람으로 바뀌는 현상이다. 라틴어로 서풍이라는 의미이며 보통 산맥을 경계로 하여 기압 차이가 있을 때 나타난다. 푄현상이 나타나면 이상 건조로 인해 큰 불이 생길 우려가 있다. 따라서 옳은 것은 ④이다.

49 다음 중 학교급식법에 따른 학교급식의 영양관리와 위생관리 등에 대한 설명으로 바르지 않은 것은?

① 학교급식의 영양관리기준은 한끼의 기준량을 제시한 것으로 학생 집단의 성장 및 건강상태, 활동정도, 지역적 상황 등을 고려하여 탄력적으로 적용할 수 있으며 이는 교육부령으로 정한다.
② 급식용수로 수돗물이 아닌 지하수를 사용하는 경우 소독 또는 살균하여 사용하여야 한다.
③ 급식시설에서 조리한 식품은 온도관리를 하지 아니하는 경우에는 조리 후 2시간 이내에 배식을 마쳐야 한다.
④ 식품 취급 등의 작업은 바닥으로부터 50cm 이상의 높이에서 실시하여 식품의 오염이 방지되어야 한다.

해설

식품 취급 등의 작업은 바닥으로부터 60cm 이상의 높이에서 실시하여 식품의 오염이 방지되어야 한다(학교급식법 시행규칙 별표4의 4. 작업위생－나 항목).

Plus 해설

① 학교급식법 시행규칙 제5조 제1항 및 별표3, 학교급식법 제11조 제2항
② 학교급식법 시행규칙 별표4의 1. 시설관리－가 항목
③ 학교급식법 시행규칙 별표4의 5. 배식 및 검식－라 항목
④ 학교급식법 시행규칙 별표4의 4. 작업위생－나

50 다음 중 학교급식의 영양관리기준에 따른 식단 작성 시 고려해야 할 사항으로 옳지 않은 것은?

① 전통 식문화(食文化)의 계승 및 발전을 고려할 것
② 가급적 자연식품과 계절식품을 사용하고 조리방법을 단순화할 것
③ 곡류 및 전분류, 채소류 및 과일류, 어육류 및 콩류, 우유 및 유제품 등 다양한 종류의 식품을 사용할 것
④ 염분, 유지류, 단순당류 또는 식품첨가물 등을 과다하게 사용하지 않을 것

해설

조리방법을 단순화하는 것이 아니라 다양한 조리방법을 활용해야 한다(학교급식법 시행규칙 제5조 제2항 제5호).

47 ④ 48 ④ 49 ④ 50 ②

북스케치
www.booksk.co.kr

Part 2
인성검사

Chapter 01 인성검사 안내
Chapter 02 교육청별 검사 기준
Chapter 03 인성검사 실전 연습

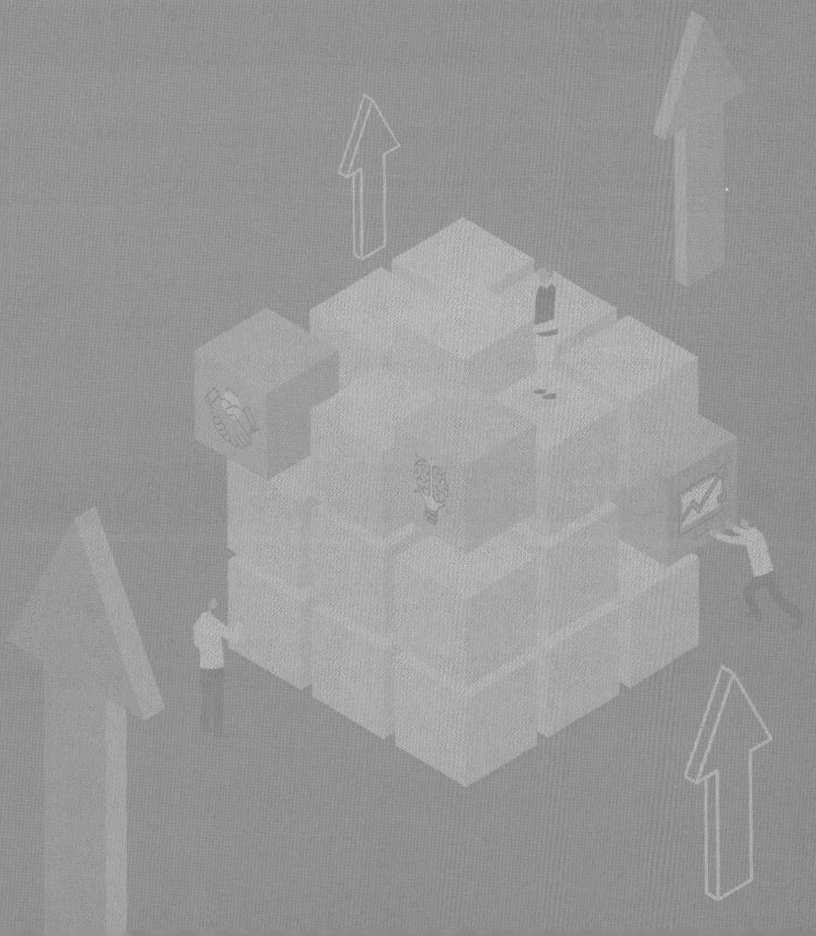

Chapter 01 인성검사 안내

01 인성검사 개요

인성(人性)은 사람의 바탕이 되는 성품, 즉 인간다운 면모와 자질을 의미한다. 사람의 성품은 각기 다르기 때문에, 개인의 인성을 객관적인 지표로 측정하기란 그 기준이 모호하고 평가의 신뢰성이 떨어질 수 있다. 그러나 교육청에서는 다양한 범주를 통해 각 **응시자의 대인관계능력을 비롯한 정서적 측면** 등을 측정할 필요가 있다. 모든 응시자를 대면하면서 그 사람의 자질을 깊이 있게 파악하기란 사실상 어렵기 때문이다.

따라서 각 교육청은 지원자가 질문에 답한 일관성을 토대로 개인의 성향을 파악하고, 지원자가 해당 교육청에서 추구하는 교육 이념과 얼마나 부합하는지를 판단하며, 해당 직군의 **조직 적합성과 직무 적응도를 살피는 준거**로서 인성검사를 활용하고 있다.

02 인성검사 응답의 유의점

인성검사는 자신을 실제보다 **'더 좋게 보이려는 의도'**와 **'무성의한 응답'을 가려낼 수 있도록 개발되었**기 때문에 응답하지 않은 문항이 많거나, 솔직하게 응답하였다고 보기 어려운 문항은 측정에서 제외될 수 있음을 염두에 두어야 한다.

오래 생각하지 말고 직관적으로 + 응시자의 의견을 솔직하게 → 개인의 성향과 직무역량을 객관적으로 진단

03 인성검사 평가 역량

평가 역량	세부 역량	역량의 의미
업무능력	일처리, 전문성 추구	• 문제의 원인을 이해하여 적극적인 해결 시도 • 업무에 필요한 지식과 기술, 자기개발을 위한 노력

관계적응	외향/친화력, 팀지향/협동	• 처음 보는 사람과 쉽게 친해지며, 활기찬 분위기 유도 • 솔선수범하며 팀 활동에 적극적으로 참여
정서적응	감정이해, 감정조절	• 타인의 감정과 기분을 잘 파악하여 갈등 해결 유도 • 감정변화가 안정적이고 감정을 잘 다스려 표현을 자제
조직적응	조직순응성, 조직시민정신	• 기존 체계와 관습 존중, 새로운 문화에도 잘 적응함 • 타인에게 해가 되는 행동 자제, 타인 배려, 윗사람 존중

04 인성검사 평가 척도와 내용

평가 척도	내용
개방성 (openness)	변화와 다양성에 대해 우호적인 성향을 측정한다. 개방성이 높은 사람은 독창적인 사고력을 지닌 사람일 가능성이 높고, 개방성이 낮은 사람은 관습을 중시하는 사람일 가능성이 높다.
결단력 (decision)	결정적인 판단을 빠르게 내릴 수 있는 능력을 측정한다. 결단력이 높은 사람은 조직에서 발생한 문제에 대해 신속한 상황 파악이 가능하다.
계획성 (planning)	계획을 짜서 업무를 처리하려고 하는 성향을 측정한다. 계획성이 높은 사람은 조직 내 업무의 원활한 진행을 돕고, 다음 계획을 구상할 가능성이 높다.
규범성 (normativity)	규범, 행동준칙 등을 따르는 성향을 측정한다. 조직 내 갖추어진 규범을 받아들여 적응하는 정도를 파악할 수 있다.
낙관성 (optimism)	사물 또는 현상에 대해 긍정적으로 보는 성향을 측정한다. 낙관성이 높은 사람은 조직 내 발생한 문제를 긍정적으로 진행하여 해결할 가능성이 높다.
사회성 (sociality)	자신이 속한 사회 구성원으로서의 소속감을 측정한다. 외향적인 성향의 사람이 사회성 항목에서 높은 점수를 받는 경향을 보인다.
성실성 (sincerity)	진중함과 끈기를 측정한다. 조직 규범 및 업무에 대한 마찰을 통제하며, 목표 지향적인 행동을 꾸준히 지속할 수 있는 정도를 파악할 수 있다.
신경성 (neuroticism)	조직에서 발생하는 힘든 경험에 대해 부정적인 정서를 얼마나 보이는지를 측정한다. 신경성이 높은 사람은 업무, 대인관계 등에 대해 과민함을 드러낼 수 있다.
우호성 (agreeableness)	타인과 친밀한 관계를 맺고 그 관계를 지속하려는 성향을 측정한다. 우호성이 높은 사람은 조직 구성원을 배려하고 반대 입장을 헤아리는 이타심을 보인다.
외향성 (extroversion)	타인과의 관계에서 상호작용을 주도하려는 정도를 측정한다. 외향성이 높은 사람은 능동적이고 개방적인 반면에 외향성이 낮은 사람은 낯을 잘 가리고 냉정한 면을 보인다.
자기조절력 (self-regulation)	충동적인 감정 표출과 돌출 행동에 대한 조절능력을 측정한다. 차분함과 변덕 성향, 융통성 등을 평가하는 요소로도 활용된다.
정서적 안정성 (emotional stability)	정서적으로 얼마나 안정되어 있는지를 측정하며, 자기 자신과 주변 환경에 대해 가지고 있는 불안함을 측정하는 요소로도 활용된다.
정직성 (probity)	거짓이나 꾸밈이 없이 바르고 곧은 성향을 측정한다. 정직성이 높은 사람은 타인을 과하게 칭찬하지 않으며 뒤에서 험담하지 않는 과묵함을 보인다. 자신의 실수를 솔직하게 인정하는 반면 타인의 잘못은 냉정하게 지적하는 면도 보인다.
지도성 (leadership)	팀을 조직하여 지도하는 것을 좋아하는 성향을 측정한다. 조직 구성원의 능력에 따른 업무를 할당하고 조화로운 조직을 구성할 수 있는 능력을 평가한다.
창의성 (creativity)	새롭고 독창적인 것을 만드는 것을 좋아하는 성향을 측정한다. 지적호기심과 상상력, 실행력 등을 함께 측정하는 요소로도 활용된다.

※ 각 교육청의 핵심가치, 인재상, 검사 방식에 따라 평가 척도는 다르게 적용될 수 있다.

Chapter 02 교육청별 검사 기준

01 인성검사 출제 방법

인성검사는 문항 출제 및 결과 분석 등 검사 전반에 관한 사항을 전문검사기관에 위탁하여 실시한다.

02 인성검사 출제 기준

울산광역시교육청 경상남도교육청

응시자가 응답한 결과에 따라 성실성, 대인관계성, 이타성, 심리적 안정성으로 구분하여 점수를 산출하고, 산출된 점수를 집단평균을 중심으로 표준편차 단위로 표준점수화하여 최종점수를 산정한다.

충청남도교육청

8개 항목 ①근면성, ②책임감, ③사교감, ④적극성, ⑤리더십, ⑥준법성, ⑦배려심, ⑧심리안정도(침착성, 감정, 정서)를 측정한다.

전라북도교육청

응시자가 평소 자신의 행동 성향과 가깝다고 생각하는 대로 응답하고, 응답결과에 따라 성실성, 대인관계성, 이타성, 심리적 안정성으로 구분하여 점수를 산출하고, 산출된 점수를 집단평균을 중심으로 표준편차 단위로 표준점수화하여 최종점수를 산정한다.

Chapter 03 인성검사 실전 연습

출제 포인트!

교육공무직원 소양평가에서 인성검사는 대개 40분 내 200문항에 답하도록 출제된다.
최근 O/X 선택형(약 180~190문항)과 4지/5지 선다형(약 10~20문항)이 혼합되어 출제되고 있으므로, 여러 기관에서 활용되는 몇 가지 대표적인 유형으로 실전 연습을 해보는 것이 중요하다.
인성검사는 지원자의 가치관 및 성향을 알아보기 위한 검사이므로 정답이 없다. 따라서 직관에 따라 솔직하게 응답하되 일관성 유지에 유의해야 한다.

01 Yes / No 진위 선택형

[01~80] 다음 각 질문에 대해 본인이 맞다고 생각하면 Yes, 그렇지 않으면 No에 체크하시오.

번호	질문	Yes	No
01	평소 다양한 분야에 관심이 많다.	○	○
02	집에 있는 것을 좋아한다.	○	○
03	맡은 임무에 대해서는 끝까지 책임지고 해낸다.	○	○
04	구체적인 계획이 없으면 행동에 옮기기 어렵다.	○	○
05	직책이나 직권 등의 권위를 가지고 싶다.	○	○
06	남의 말이나 행동에 쉽게 상처 받는다.	○	○
07	나와 마음이 맞는 사람이 주변에 별로 없다.	○	○
08	남을 잘 배려한다는 소리를 듣는 편이다.	○	○
09	한 가지 일에 몰입하면 다른 것은 못 한다.	○	○
10	혼자 집중하여 하는 일을 즐긴다.	○	○
11	몸에 무리가 가는 일은 하지 않는다.	○	○
12	나를 나쁘게 말하는 사람이 주변에 많다.	○	○
13	일이 생겼을 때 정확한 판단이 설 때까지 행동하지 않는다.	○	○
14	일을 시작하기 전에 세부계획을 먼저 세운다.	○	○
15	정신력이 강하다.	○	○
16	규칙은 반드시 준수한다.	○	○
17	나의 의견이 받아들여지지 않으면 화가 난다.	○	○

번호	질문	Yes	No
18	남이 나를 비판하는 것을 받아들이기 어렵다.	○	○
19	돌다리도 두들겨 보고 걷는다.	○	○
20	조직 생활이 즐겁다.	○	○
21	나는 낙천적인 성격을 가지고 있다.	○	○
22	노력만으로는 안 되는 것들이 있다.	○	○
23	일을 할 때에는 나를 도와주는 사람이 필요하다.	○	○
24	틈틈이 나의 미래를 생각한다.	○	○
25	급한 일도 기한 내에 마무리할 수 있다.	○	○
26	개인의 능력보다는 팀워크가 중요하다.	○	○
27	처음 가보는 곳은 철저히 조사한다.	○	○
28	조직을 위하여 자존심을 굽힐 수 있다.	○	○
29	공과 사는 명확하게 구분한다.	○	○
30	한번 좋아하는 것은 끝까지 좋아한다.	○	○
31	남이 나를 신뢰할 때 더욱 열심히 일한다.	○	○
32	나는 조직 구성원에게 도움을 줄 수 있다.	○	○
33	조직 구성원과 협조적인 관계를 유지한다.	○	○
34	조직의 내부 및 외부 갈등을 원만하게 해결할 수 있다.	○	○
35	상대방을 진정으로 이해하며 노력하는 편이다.	○	○
36	친절함과 공손함은 매우 중요한 덕목이다.	○	○
37	약속을 지키는 것이 신뢰성을 높인다고 생각한다.	○	○
38	나는 실험정신이 투철하다.	○	○
39	끊임없이 변화하고 환경에 적응을 잘한다.	○	○
40	보람된 삶을 사는 것이 인생의 목표다.	○	○
41	나의 주장과 반대되는 의견이 있을 시 배척한다.	○	○
42	내가 목표로 한 바에 대해 정확한 피드백을 할 수 있다.	○	○
43	내가 가지고 있는 흥미가 무엇인지 이해하고 있다.	○	○
44	직무에 대한 구체적인 정보를 가지고 있다.	○	○
45	나를 가로막고 있는 것이 무엇인지 알고 있다.	○	○
46	공정하게 경쟁하는 것을 즐긴다.	○	○
47	직업 선택에 있어서 경제적인 보상을 우선순위에 둔다.	○	○
48	계획을 세운 것은 반드시 실천한다.	○	○
49	나는 미래에 대한 단기, 중기, 장기 목표를 세웠다.	○	○

번호	질문	Yes	No
50	타인과의 협상 및 설득에 능하다.	○	○
51	일을 저돌적으로 밀어붙이는 면이 있다.	○	○
52	어느 모임에서든 중요한 역할을 한다.	○	○
53	남에게 없는 나만의 매력이 있다.	○	○
54	다른 사람에게 나의 장점을 어필할 수 있다.	○	○
55	상대가 나를 존중하지 않으면 일을 제대로 하지 않는다.	○	○
56	생각이 기발하다는 말을 종종 듣는다.	○	○
57	좋고 싫음의 구분이 분명하다.	○	○
58	전망이 어둡다고 판단되면 생각을 접는다.	○	○
59	주변에서 나에게 거는 기대가 크다.	○	○
60	그래프를 분석하고 도표를 작성하는 업무는 즐겁다.	○	○
61	주변 사람의 단점이나 잘못된 행동을 보면 지적한다.	○	○
62	미래에 대한 명확한 기준을 가지고 있다.	○	○
63	복잡한 일일수록 천천히 한다.	○	○
64	모르는 사람과는 어울리기 힘들다.	○	○
65	그룹과 단체보다는 나를 중시한다.	○	○
66	기존 방식이나 관습을 따를 필요는 없다.	○	○
67	맡은 임무에 대해서는 끝까지 책임지고 해낸다.	○	○
68	감정 조절이 힘든 편이다.	○	○
69	다양한 분야에 관심이 많다.	○	○
70	몸에 무리가 가는 일을 하지 않는다.	○	○
71	여러 사람을 만나는 것이 부담된다.	○	○
72	거짓말을 하지 못해 낭패를 본 적이 있다.	○	○
73	일을 할 때 산만한 편이다.	○	○
74	때로 죽고 싶을 때가 있다.	○	○
75	가족을 선택할 수 있다면 다른 부모를 만나고 싶다.	○	○
76	살면서 거짓말을 해본 적이 거의 없다.	○	○
77	남의 물건을 슬쩍 가져온 경험이 있다.	○	○
78	이유 없이 불안한 생각이 들 때가 있다.	○	○
79	어떤 사안을 결정할 때에는 다수결 원칙을 따른다.	○	○
80	질서와 준칙을 지키는 것이 좋다.	○	○

02 동의 척도 표시형

[01~50] 다음 질문을 읽고 ①~⑤ 중 자신에게 가장 가까운 것 하나에 체크하시오.

01 부정적인 생각을 자주 한다.

① 전혀 그렇지 않다. ② 그렇지 않다. ③ 보통이다. ④ 그렇다. ⑤ 매우 그렇다.

02 일보다 사람의 관계가 우선이다.

① 전혀 그렇지 않다. ② 그렇지 않다. ③ 보통이다. ④ 그렇다. ⑤ 매우 그렇다.

03 남이 나를 어떻게 생각하는지는 중요하지 않다.

① 전혀 그렇지 않다. ② 그렇지 않다. ③ 보통이다. ④ 그렇다. ⑤ 매우 그렇다.

04 타인의 마음을 꿰뚫어 볼 수 있다.

① 전혀 그렇지 않다. ② 그렇지 않다. ③ 보통이다. ④ 그렇다. ⑤ 매우 그렇다.

05 혼자 있는 것을 좋아하지 않는다.

① 전혀 그렇지 않다. ② 그렇지 않다. ③ 보통이다. ④ 그렇다. ⑤ 매우 그렇다.

06 느림보라는 말을 종종 듣는다.

① 전혀 그렇지 않다. ② 그렇지 않다. ③ 보통이다. ④ 그렇다. ⑤ 매우 그렇다.

07 생각에서 끝나는 경우가 많다.

① 전혀 그렇지 않다. ② 그렇지 않다. ③ 보통이다. ④ 그렇다. ⑤ 매우 그렇다.

08 권력에 대한 욕구가 있다.

① 전혀 그렇지 않다. ② 그렇지 않다. ③ 보통이다. ④ 그렇다. ⑤ 매우 그렇다.

09 도전하지 않으면 얻을 수 없는 것이 많다.

① 전혀 그렇지 않다. ② 그렇지 않다. ③ 보통이다. ④ 그렇다. ⑤ 매우 그렇다.

10 외향적 성격이라고 생각한다.

① 전혀 그렇지 않다. ② 그렇지 않다. ③ 보통이다. ④ 그렇다. ⑤ 매우 그렇다.

11 준비 없는 일에는 뛰어들지 않는다.

① 전혀 그렇지 않다. ② 그렇지 않다. ③ 보통이다. ④ 그렇다. ⑤ 매우 그렇다.

12 성격이 온순하고 다감한 편이다.

① 전혀 그렇지 않다. ② 그렇지 않다. ③ 보통이다. ④ 그렇다. ⑤ 매우 그렇다.

13 나에게 필요한 것은 결정력이다.

① 전혀 그렇지 않다. ② 그렇지 않다. ③ 보통이다. ④ 그렇다. ⑤ 매우 그렇다.

14 항상 결과를 생각하며 행동한다.

① 전혀 그렇지 않다. ② 그렇지 않다. ③ 보통이다. ④ 그렇다. ⑤ 매우 그렇다.

15 타인의 실수와 잘못에 관대하다.

① 전혀 그렇지 않다. ② 그렇지 않다. ③ 보통이다. ④ 그렇다. ⑤ 매우 그렇다.

16 누구와도 잘 어울릴 자신이 있다.

① 전혀 그렇지 않다. ② 그렇지 않다. ③ 보통이다. ④ 그렇다. ⑤ 매우 그렇다.

17 매사에 조용한 편이라고 생각한다.

① 전혀 그렇지 않다. ② 그렇지 않다. ③ 보통이다. ④ 그렇다. ⑤ 매우 그렇다.

18 시간약속을 잘 지킨다.

① 전혀 그렇지 않다. ② 그렇지 않다. ③ 보통이다. ④ 그렇다. ⑤ 매우 그렇다.

19 낯선 곳을 여행하는 일은 즐겁다.

① 전혀 그렇지 않다. ② 그렇지 않다. ③ 보통이다. ④ 그렇다. ⑤ 매우 그렇다.

20 매사에 조심하는 성격이다.

① 전혀 그렇지 않다. ② 그렇지 않다. ③ 보통이다. ④ 그렇다. ⑤ 매우 그렇다.

21 활달하고 외향적인 성격이다.

① 전혀 그렇지 않다. ② 그렇지 않다. ③ 보통이다. ④ 그렇다. ⑤ 매우 그렇다.

22 행동과 동작이 빠른 편이다.

① 전혀 그렇지 않다. ② 그렇지 않다. ③ 보통이다. ④ 그렇다. ⑤ 매우 그렇다.

23 노력은 절대 배신하지 않는다고 생각한다.

① 전혀 그렇지 않다. ② 그렇지 않다. ③ 보통이다. ④ 그렇다. ⑤ 매우 그렇다.

24 시간 계획을 세우는 것을 좋아한다.

① 전혀 그렇지 않다. ② 그렇지 않다. ③ 보통이다. ④ 그렇다. ⑤ 매우 그렇다.

25 다른 사람과 공유한 비밀은 절대 누설하지 않는다.

① 전혀 그렇지 않다. ② 그렇지 않다. ③ 보통이다. ④ 그렇다. ⑤ 매우 그렇다.

26 남에게 지는 것을 싫어한다.

① 전혀 그렇지 않다. ② 그렇지 않다. ③ 보통이다. ④ 그렇다. ⑤ 매우 그렇다.

27 내 의견을 피력하는 데 주저함이 없다.

① 전혀 그렇지 않다. ② 그렇지 않다. ③ 보통이다. ④ 그렇다. ⑤ 매우 그렇다.

28 결정하는 데 시간이 오래 걸린다.

① 전혀 그렇지 않다. ② 그렇지 않다. ③ 보통이다. ④ 그렇다. ⑤ 매우 그렇다.

29 하나 이상의 취미를 가지고 있다.

① 전혀 그렇지 않다. ② 그렇지 않다. ③ 보통이다. ④ 그렇다. ⑤ 매우 그렇다.

30 내가 책임질 수 없는 일은 하지 않는다.

① 전혀 그렇지 않다. ② 그렇지 않다. ③ 보통이다. ④ 그렇다. ⑤ 매우 그렇다.

31 말과 행동이 일치하지 않는다.

① 전혀 그렇지 않다. ② 그렇지 않다. ③ 보통이다. ④ 그렇다. ⑤ 매우 그렇다.

32 남들과는 차별성을 두고 싶다.

① 전혀 그렇지 않다. ② 그렇지 않다. ③ 보통이다. ④ 그렇다. ⑤ 매우 그렇다.

33 오늘 할 일은 오늘 한다.

① 전혀 그렇지 않다. ② 그렇지 않다. ③ 보통이다. ④ 그렇다. ⑤ 매우 그렇다.

34 처음 만나는 사람과도 잘 어울린다.

① 전혀 그렇지 않다. ② 그렇지 않다. ③ 보통이다. ④ 그렇다. ⑤ 매우 그렇다.

35 생각을 깊게 오래 한다.

① 전혀 그렇지 않다. ② 그렇지 않다. ③ 보통이다. ④ 그렇다. ⑤ 매우 그렇다.

36 무엇이든 행동을 우선한다.

① 전혀 그렇지 않다. ② 그렇지 않다. ③ 보통이다. ④ 그렇다. ⑤ 매우 그렇다.

37 인간관계가 복잡하다.

① 전혀 그렇지 않다. ② 그렇지 않다. ③ 보통이다. ④ 그렇다. ⑤ 매우 그렇다.

38 자신이 없는 것은 도전하지 않는다.

① 전혀 그렇지 않다. ② 그렇지 않다. ③ 보통이다. ④ 그렇다. ⑤ 매우 그렇다.

39 주변 사람을 세심하게 살피고 배려한다.

① 전혀 그렇지 않다. ② 그렇지 않다. ③ 보통이다. ④ 그렇다. ⑤ 매우 그렇다.

40 부당한 일은 그냥 넘기지 않는다.

① 전혀 그렇지 않다. ② 그렇지 않다. ③ 보통이다. ④ 그렇다. ⑤ 매우 그렇다.

41 교통신호는 반드시 지킨다.

① 전혀 그렇지 않다. ② 그렇지 않다. ③ 보통이다. ④ 그렇다. ⑤ 매우 그렇다.

42 나태함과 무력감에 잘 빠진다.

① 전혀 그렇지 않다. ② 그렇지 않다. ③ 보통이다. ④ 그렇다. ⑤ 매우 그렇다.

43 활동적이기보다는 조용한 편이다.

① 전혀 그렇지 않다. ② 그렇지 않다. ③ 보통이다. ④ 그렇다. ⑤ 매우 그렇다.

44 여럿이 다니는 것보다 혼자 자유롭게 다니는 것이 좋다.

① 전혀 그렇지 않다. ② 그렇지 않다. ③ 보통이다. ④ 그렇다. ⑤ 매우 그렇다.

45 어려운 일이 닥칠 때 대처할 수 있는 나만의 방식이 있다.

① 전혀 그렇지 않다. ② 그렇지 않다. ③ 보통이다. ④ 그렇다. ⑤ 매우 그렇다.

46 나와 뜻이 맞지 않는 사람과는 대화를 나누지 않는다.

① 전혀 그렇지 않다. ② 그렇지 않다. ③ 보통이다. ④ 그렇다. ⑤ 매우 그렇다.

47 내가 속한 팀에서 인정받기 위해 늘 노력한다.

① 전혀 그렇지 않다. ② 그렇지 않다. ③ 보통이다. ④ 그렇다. ⑤ 매우 그렇다.

48 회사 동료와 개인적인 친분을 오래 유지할 수 있다.

① 전혀 그렇지 않다. ② 그렇지 않다. ③ 보통이다. ④ 그렇다. ⑤ 매우 그렇다.

49 상사에게 업무와 복지에 대한 고충을 이야기할 수 있다.

① 전혀 그렇지 않다. ② 그렇지 않다. ③ 보통이다. ④ 그렇다. ⑤ 매우 그렇다.

50 주변 소음과 움직임에 민감한 편이다.

① 전혀 그렇지 않다. ② 그렇지 않다. ③ 보통이다. ④ 그렇다. ⑤ 매우 그렇다.

03 Most / Least 정도 선택형

[01~30] 다음 각 질문의 ①~④ 중 자신과 가장 가까운 것은 M을 선택하고, 가장 먼 것은 L을 선택하시오.

01
① 나는 어른에 대한 예의를 중시한다.
② 나는 형식보다는 편안함을 추구한다.
③ 나는 다른 사람의 잘못을 솔직하게 지적한다.
④ 나는 개방적이고 자유로운 사고를 가지고 있다.

M	①	②	③	④
L	①	②	③	④

02
① 나는 공과를 겉으로 드러내지 않는다.
② 나는 개인의 장점에 따라 업무를 배분해야 한다고 생각한다.
③ 나는 상사의 부당한 지시에 대해 정중하게 거부할 수 있다.
④ 나는 업무에 대해 대화보다는 메신저로 소통하는 것이 편하다.

M	①	②	③	④
L	①	②	③	④

03
① 나는 독서보다는 영화 감상을 즐긴다.
② 나는 직접 운동하는 것보다 관람하는 것이 좋다.
③ 나는 꾸준히 하는 한 가지 이상의 취미가 있다.
④ 나는 호기심이 많아 취미를 자주 바꾼다.

M	①	②	③	④
L	①	②	③	④

04
① 나는 타인의 지적에 불편하게 대응한다.
② 나는 경쟁을 통해 발전할 수 있다고 생각한다.
③ 나는 혼자 하는 일보다는 협력하는 일이 좋다.
④ 나는 다른 사람에게 불편한 말을 못 한다.

M	①	②	③	④
L	①	②	③	④

05
① 나는 데이터를 찾아보며 일하는 것이 좋다.
② 나는 직접 경험하며 체득하는 일이 좋다.
③ 나는 겪어보지 않은 지식은 믿지 않는다.
④ 나는 통계자료를 분석하는 일이 어렵다.

M	①	②	③	④
L	①	②	③	④

06
① 나는 조급함보다는 느긋함을 추구한다.
② 나는 세부적인 계획을 세우고 일을 시작한다.
③ 나는 상황에 따라 계획을 유동적으로 수정한다.
④ 나는 타이트하게 기한을 정하는 것이 익숙하다.

M	①	②	③	④
L	①	②	③	④

07 ① 나는 이성보다 감성에 따른다.
② 나는 논리적으로 사고한다.
③ 나는 메모하는 습관이 있다.
④ 나는 금전관리를 철저히 한다.

M	① ② ③ ④
L	① ② ③ ④

08 ① 나는 주변의 반응에 둔감하다.
② 나는 타인의 말에 쉽게 반응한다.
③ 나는 반대 의견을 잘 설득한다.
④ 나는 내 주장을 끝까지 관철한다.

M	① ② ③ ④
L	① ② ③ ④

09 ① 나는 동성인 동료가 더 많은 것이 좋다.
② 나는 동갑인 동료와 친구로 지낼 수 있다.
③ 나는 나보다 나이가 적은 상사를 깍듯이 대한다.
④ 나는 나이와 성별 관계 없이 편하게 일할 수 있다.

M	① ② ③ ④
L	① ② ③ ④

10 ① 나는 정기적으로 기부하는 기관이 있다.
② 나는 재난 및 참사 시 기부 또는 봉사활동을 한다.
③ 나는 난민의 수용을 거부한다.
④ 나는 사회적 약자를 위해 희생할 수 있다.

M	① ② ③ ④
L	① ② ③ ④

11 ① 나는 동성애자인 동료를 편하게 대할 수 있다.
② 나는 개성이 강한 사람과 지내는 것이 불편하다.
③ 나는 사내 연애에 대해 부정적이다.
④ 나는 부서 이동이 활발한 회사가 좋다.

M	① ② ③ ④
L	① ② ③ ④

12 ① 나는 우리나라는 외모지상주의가 심하다고 생각한다.
② 나는 계획보다는 행동이 우선한다.
③ 나는 정해진 계획을 벗어나면 불안하다.
④ 나는 상황에 따라 기한을 유동적으로 수정한다.

M	① ② ③ ④
L	① ② ③ ④

13
① 나는 공동의 성과를 위해 내 이익을 양보할 수 있다.
② 나는 업무 시간 내 마치지 못할 일은 하지 않는다.
③ 나는 형식적인 회의는 하지 않는 것이 낫다고 생각한다.
④ 나는 자유로운 분위기가 업무능력 향상에 도움이 된다고 생각한다.

M	① ② ③ ④
L	① ② ③ ④

14
① 나는 스트레스를 푸는 나만의 방법이 있다.
② 나는 평소 술을 즐겨 마시지 않는다.
③ 나는 친구들과 모일 때는 식사보다 술을 마신다.
④ 나는 직장 내 회식 문화는 사라져야 한다고 생각한다.

M	① ② ③ ④
L	① ② ③ ④

15
① 나는 성공한 삶을 위해 남들보다 노력한다.
② 나는 매너리즘에 빠질 때가 많다.
③ 나는 익숙함이 나태함의 지름길이라고 생각한다.
④ 나는 스스로 게을러지지 않기 위해 항상 단련한다.

M	① ② ③ ④
L	① ② ③ ④

16
① 나는 시간이 오래 걸려도 매사 꼼꼼하게 일한다.
② 나는 업무 기한을 위해 일정 부분은 포기하고 넘어간다.
③ 나는 후배 직원의 실수를 일일이 지적한다.
④ 나는 상사라도 잘못된 언행은 바로잡는다.

M	① ② ③ ④
L	① ② ③ ④

17
① 나는 내 기분을 겉으로 잘 드러내지 않는다.
② 나는 기분이 상하면 표정으로 나타난다.
③ 나는 공사를 구분하면서 감정을 표출한다.
④ 나는 내 기분보다 타인의 기분을 맞추려고 애쓴다.

M	① ② ③ ④
L	① ② ③ ④

18
① 나는 타인과의 갈등 해결 뒤에는 뒤끝이 없다.
② 나는 서운한 일은 마음에 담아두는 편이다.
③ 나는 불만을 참았다가 한번에 터뜨리는 편이다.
④ 나는 나와 맞지 않는 사람과 거리를 둔다.

M	① ② ③ ④
L	① ② ③ ④

19 ① 나는 타인의 행동과 기분을 잘 분석한다.
② 나는 다른 사람의 말을 잘 신경 쓰지 않는다.
③ 나는 주변에 휘둘리지 않고 신념을 지킨다.
④ 나는 의사결정을 빨리하는 편이다.

M	① ② ③ ④
L	① ② ③ ④

20 ① 나는 정치 성향이 다른 사람과도 친하게 지낸다.
② 나는 변화보다는 안정을 추구한다.
③ 나는 직장을 위해 거주지를 옮길 수 있다.
④ 나는 프로젝트를 위해 주말을 포기할 수 있다.

M	① ② ③ ④
L	① ② ③ ④

21 ① 나는 여러 사람과 함께하는 일에서는 불만을 표현하지 않는다.
② 나는 내가 앞서서 해야 하는 일은 별로 하고 싶지 않다.
③ 나는 동료나 리더의 의견에 전적으로 따르는 편이다.
④ 나는 리더라면 팀원의 성향대로 일을 배분해야 한다고 생각한다.

M	① ② ③ ④
L	① ② ③ ④

22 ① 나는 평소 존경하는 인물이나 롤모델이 있다.
② 나는 자기계발 서적을 즐겨 읽는다.
③ 나는 베스트셀러보다는 작가 위주로 찾아 읽는다.
④ 나는 대형서점에서 시간을 보내는 것이 좋다.

M	① ② ③ ④
L	① ② ③ ④

23 ① 나는 돌려 말하지 않고 직설적으로 말한다.
② 나는 선의의 거짓말이 가끔은 필요하다고 생각한다.
③ 나는 조직 내 규율과 준칙은 반드시 지키는 편이다.
④ 나는 혼자 하는 일보다 협력하는 일이 더 좋다.

M	① ② ③ ④
L	① ② ③ ④

24 ① 나는 새로운 장소에 가보는 것이 좋다.
② 나는 손으로 조립하고 만드는 일을 좋아한다.
③ 나는 레시피를 찾아 요리하는 것보다 외식이 편하다.
④ 나는 유명한 장소보다는 숨겨진 오지가 좋다.

M	① ② ③ ④
L	① ② ③ ④

25
① 나는 합리적인 성격이라고 생각한다.
② 나는 감정이 격해지면 폭언하는 경향이 있다.
③ 나는 기분이 나빠도 속으로 삭이려고 한다.
④ 나는 막연한 불안으로 잠을 설칠 때가 있다.

M	① ② ③ ④
L	① ② ③ ④

26
① 나는 시계 초침 소리에 예민한 편이다.
② 나는 잠잘 때 이어플러그나 안대를 종종 사용한다.
③ 나는 전화 응대가 많은 업무는 피하고 싶다.
④ 나는 조용히 몰두하는 일이 적성에 맞는다.

M	① ② ③ ④
L	① ② ③ ④

27
① 나는 많은 사람들 앞에서 이야기하는 것을 즐긴다.
② 나는 주로 모임을 주최하는 역할을 맡는다.
③ 나는 민원인을 친절하게 응대할 수 있다.
④ 나는 곤란한 상황에 처한 동료를 외면할 수 없다.

M	① ② ③ ④
L	① ② ③ ④

28
① 나는 쓸데없이 고민이 많다는 말을 듣는다.
② 나는 걱정 없이 편하게 산다는 말을 듣는다.
③ 나는 부모님 말씀은 틀리지 않다고 생각한다.
④ 나는 주관대로 행동하는 것이 옳다고 생각한다.

M	① ② ③ ④
L	① ② ③ ④

29
① 나는 두루두루 무난하고 원만한 성격이다.
② 나는 성격이 까다롭고 모난 구석이 있다.
③ 나는 학창시절 왕따를 당하거나 친구를 따돌렸던 적이 있다.
④ 나는 필요한 경우 집회 등에 참가해서 사회적으로 목소리를 낸다.

M	① ② ③ ④
L	① ② ③ ④

30
① 나는 날씨에 따라 신체 리듬이 달라진다.
② 나는 여행지에서는 쉽게 잠들지 못하는 편이다.
③ 나는 한번 잠들면 업어가도 모를 만큼 깊이 잔다.
④ 나는 새벽에 잠을 자주 깨고 꿈도 많이 꾼다.

M	① ② ③ ④
L	① ② ③ ④

Part 3
면접

Step 01　면접 준비의 A~Z!
Step 02　상황별·주제별 답변 Skill
Step 03　교육청·직종별 면접 기출

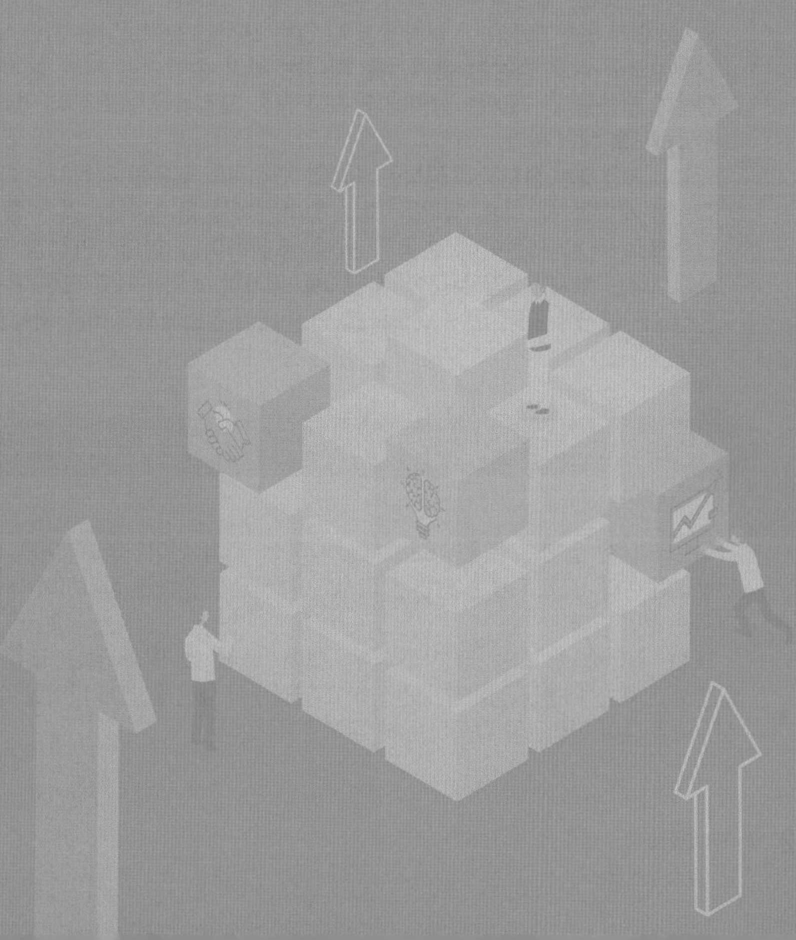

Step 01 면접 준비의 A~Z!

01 호감 가는 첫인상 만들기!

호감을 주는 첫인상을 만들기 위해서는 외모뿐만 아니라 시선 · 목소리 · 표정 · 태도 또한 중요하다.

- 시선 : 지원자의 자신감은 시선을 통해 드러난다. 질문을 한 면접관을 정면으로 응시하면서 답변해야 하고, 짧게 마주치는 면접관과의 눈빛 교환 속에서 본인이 가진 열정을 어필할 수 있어야 한다. 시선을 회피하지 말고, 눈을 맞추는 것이 어려울 경우 면접관의 인중 또는 미간을 보도록 한다.
- 목소리 : 면접 전형의 경우 지원자의 답변을 목소리를 통해 전달받기 때문에 목소리의 중요성은 여러 번 강조되어야 하는 부분이다. 자신감 있고 신뢰를 주는 목소리는 면접장 분위기를 밝게 만들고, 지원자에 대한 긍정적인 이미지를 심어줄 수 있는 중요한 요소이다. 평상시 차분하고 조용한 성격 때문에 작고 자신감 없는 목소리가 나올 경우 부끄럽다는 생각을 버리고 명확하고 자신감 있는 목소리를 내뱉도록 꾸준한 연습이 필요하다.
- 표정 : 면접은 일종의 대화이기 때문에 밝은 표정을 유지하는 것이 좋다. 처음부터 끝까지 억지스럽게 웃는 표정이나 상황에 맞지 않는 표정을 짓기보다는 자연스럽게 살짝 미소를 머금고 전체적으로 밝고 건강한 분위기를 지니는 것이 좋다. 단, 지원 동기나 입사 후 포부와 같은 질문에 답변을 할 때에는 상황에 맞춰 진중한 표정을 지음으로써 면접관에게 신뢰와 진정성을 전달하도록 해야 한다.
- 태도 : 지원자는 진지하고 침착한 자세로 면접관의 질문을 경청하는 태도가 필요하다. 면접관이 질문을 하였을 때 다른 생각을 하고 있다는 인상을 심어줄 경우 좋지 않은 평가를 받을 수 있으므로 특히 시선이나 손동작 등을 조심하여야 한다. 면접장 안에서만의 태도에 신경 쓰기보다는 부지불식간 누군가 지원자를 평가하고 있을지도 모른다는 생각을 가지고, 정해진 면접 시간에 맞춰 여유 있게 도착하고, 면접 대기 장소에서도 바른 자세를 유지하도록 한다.

02 답변은 두괄식으로 핵심만 요약하여 간단히!

질문에 대한 답변은 두괄식으로 핵심 내용을 먼저 이야기하고, 이후 부연 설명을 통해 이유를 덧붙여야 한다. 길고 지루한 답변은 피하고, 핵심만 간결하게 정리하여 대략 20~40초 내에 답변을 마치는 것이 좋다.

또한, 길어질 수 있는 답변의 경우 '첫째, 둘째, 셋째'와 같은 표현을 활용하여 체계적으로 답변하고, 이는 내용을 정확하게 전달하고 면접관이 내용을 쉽게 파악할 수 있도록 도움을 준다. 즉, 전달력을 높여 면접관을 설득하는 데 유리할 수 있다.

03 솔직한 답변만큼 진정성 있는 답변 또한 중요!

기본적으로 솔직한 자세로 면접에 임하는 것은 중요하지만, 항상 모든 상황에서 솔직함이 통하는 것은 아니다. 지원자가 하고 싶은 말을 하는 것도 중요하지만 면접관이 듣고 싶은 말을 하는 것 또한 중요하다. 면접관이 듣고 싶은 내용과 지원자의 솔직한 답변이 일치하지 않을 경우 좋은 평가를 받기 어려울 수 있으므로 무조건적인 솔직함보다는 상황에 맞게 진정성 있는 답변을 하는 것이 중요하다.

04 압박질문에는 인정(Yes)-반론(But) 화법 활용!

지원자가 면접에서 당황하는 대표적인 질문으로 압박질문이 있다. 압박질문을 받게 될 경우 대부분의 지원자는 질문 자체를 부정하거나 변명을 늘어놓게 된다. 압박질문의 경우 지원자를 떨어뜨릴 목적이 아니라 당황스러운 상황에서 어떤 방식으로 대처하는 지를 평가하기 위한 질문이다. 따라서 먼저 면접관이 질문한 내용에 대해 인정하고 이에 대한 반론을 덧붙여 이야기하는 '인정–반론 화법'을 활용해야 한다. 본인의 약점 또는 단점을 감추기보다는 먼저 인정하고, 이에 대한 보완 방법을 언급하며 반론을 하는 방식이다.

05 직관적인 답변과 뜸을 들일 필요가 있는 답변은 구분!

면접관의 질문에 대한 답변을 바로 해야 하는 경우가 있고, 약간의 생각할 시간을 가진 후 해야 하는 경우가 있다. 충분한 생각이 필요한 질문임에도 불구하고 바로 답변을 하게 되면 면접관은 지원자가 미리 외워온 답변을 그대로 말한다고 생각하므로 진정성까지 의심할 수 있다. 그러므로 미리 준비한 답변이라 할지라도 어느 정도의 시간을 가진 후 답변을 하는 것이 좋다.

06 입 밖으로 소리를 내어 연습!

면접 예상 질문에 대한 답변을 미리 작성해 놓고 외우는 경우가 있다. 질문에 대한 답변을 머릿속으로만 생각하기보다 직접 글로 작성해 보면서 구조화하는 것이다. 약 100여 개의 예상 질문에 대한 답변을 정리해두었다면, 답변을 있는 그대로 외우려 하지 말고, 키워드 위주로 직접 말로 해보는 연습을 통해 자연스러운 답변을 완성하여야 한다.

Step 02 상황별·주제별 답변 Skill

01 교육공무직원으로서의 태도를 묻는 질문

Q1 교육공무직원으로서의 의무는 무엇인가?

국가법령정보센터의 「교육부와 그 소속기관 공무직 등 관리 규정」을 근거로 하여 교육공무직원의 의무에 대해 답하는 것이 적절하다.

Q2 교육공무직원으로서 갖추어야 할 자세는 무엇인가?

책임감, 협동심, 청렴함, 친절함 등과 같이 본인이 생각하는 교육공무직원에게 가장 필요한 자세 한 가지를 정하고, 왜 그런 자세가 필요한지에 대해 언급해야 한다. 또한 본인이 이러한 자세를 갖추고 있음을 객관적인 근거를 들어 제시함으로써 교육공무직원으로서 갖추어야 할 역량을 지니고 있음을 강조하는 것이 좋다.

책임감	맡은 일을 끝까지 완수할 수 있음
협동심	조직의 일원으로서 협력하여 일을 처리할 수 있음
청렴함	공공기관 근무자로서 떳떳하고 공정할 수 있음
친절함	민원인, 학부모 등을 친절하게 대할 수 있음

02 '나'에 대해 묻는 질문

Q1 본인의 장점과 단점은 무엇인가?

본인이 가지고 있는 장점이 무엇인지에 대해 먼저 언급하고 장점을 뒷받침해줄 수 있는 관련 사례를 제시하도록 한다. 그 다음 단점을 언급하고, 그러한 단점을 극복하기 위해 본인이 하고 있는 노력에 대해 이야기하도록 한다.

Q2 본인의 강점은 무엇인가?

먼저 강점과 장점에 대한 이해가 필요하다. 강점은 직무에서 활용되는 능력과 관련된 것을 가리키고, 장점은 강점이 생기게 된 성격적인 배경을 뜻한다. 예를 들어 꼼꼼한 성격이 장점에 해당된다면, 강점은 분석력으로 볼 수 있는 것이다. 강점과 장점에 대한 차이를 이해하고 구별하여 답하는 것이 가장 중요하다.

Q3 본인만의 스트레스 해소법이 있는가?

건전하고 적당히 활동적이며 무언가를 배움으로써 성장할 수 있는 스트레스 해소법이라면 모두 가능하다. 하지만 많은 시간과 비용을 필요로 하거나 잠과 쇼핑, 음주와 같은 해소법은 적절하지 않다.

Q4 본인의 가치관은 어떠한가?

주로 '좌우명이 무엇인지, 존경하는 인물은 누구인지, 감명 깊었던 책 또는 영화가 무엇인지' 등에 대하여 질문하기 때문에 면접자는 정확한 근거를 들어 답변을 해야 신뢰도를 높일 수 있다.

03 대인관계를 묻는 질문

Q1 동료 또는 상사와 갈등이 생긴다면 어떻게 대처할 것인가?

자기 자신의 행동을 먼저 돌아본 다음 적극적인 대화를 통해 관계 유지를 위한 노력을 할 것임을 언급하는 것이 좋다.

Q2 과거에 대인관계 갈등 경험이 있는가?

구체적인 상황을 제시하고 갈등의 원인을 파악하여 극복 방법과 근거를 제시하도록 한다. 여기서 더 나아가 그 경험으로부터 느낀 점에 대해 이야기하며 마무리를 짓는 것이 좋다.

04 업무 중의 상황 질문

Q1 상사가 부당한 일을 시킬 경우 어떻게 대처할 것인가?

먼저 상사가 시킨 일이 진짜 부당한 것인지 아닌지부터 구분을 한 다음 법적으로 어긋난 행위라면 절대 해서는 안 되고, 업무적인 부분 · 부탁 등은 수용한다는 방향으로 답변을 하는 것이 좋다.

Q2 채용 후 다른 업무를 시킨다면 어떻게 할 것인가?

상황 수용 의지와 근거를 들어 답변을 해야 한다. 즉, 주어진 업무를 최선을 다해 처리하면서 여러 가지 상황에 대처할 수 있는 능력을 키울 수 있고, 나아가 자신이 하고 싶은 업무를 잘 처리하는 데에도 도움이 될 수 있으므로 상황을 긍정적으로 받아들이겠음을 강조하는 것이 좋다.

Q3 올바른 전화 응대법은 무엇인가?

벨은 3초 이내 또는 3번 울리기 전에 받아야 하고, 기관명과 수신자를 밝히는 것이 적절하다. 혹시 담당자가 아닐 경우에는 담당자에게 연결해준다는 안내를 하고, 전화가 끊길 상황을 대비하여 담당자 연락처를 따로 알려주는 것이 좋다. 담당자가 부재중일 경우에는 부재 사유와 통화 가능 시간을 간단히 알리고 메모를 원하는지 여부를 물어보도록 한다. 마지막에는 더 궁금한 것은 없는지 묻고 끝맺음 인사를 하도록 한다. 상대가 전화를 끊은 다음 수화기를 내려놓도록 한다.

Q4 불만이 가득한 채로 찾아온 민원인을 어떻게 대할 것인가?

가장 먼저 민원인이 느꼈을 불편에 대해 공감하는 말을 건네도록 하고, 민원인의 요구를 들어줄 수 없는 경우에는 관련 제도와 법령 등을 자세히 설명하며 요구를 들어줄 수 없어 안타까움을 표현하는 것이 좋다.

Q5 민원인이 폭언을 할 경우 어떻게 대응할 것인가?

먼저 폭언을 중단해줄 것을 요청하고 함께 대화할 수 있도록 유도한다. 폭언 중지를 3회 이상 요청했음에도 불구하고 폭언이 지속될 경우 민원 응대가 불가함을 알리고 사무실에서 나가줄 것을 요청하거나 녹음을 사전 고지한 다음 녹음을 진행하도록 한다.

05 난감한 질문

Q1 본인이 모르는 내용에 대해 상대방이 질문할 경우 어떻게 답할 것인가?

준비가 부족했음을 빠르게 인정하고 몰랐던 점을 보완할 것이라는 의지를 드러내는 것이 좋다.

Q2 약점이 될 만한 부분에 대해 질문을 할 경우 어떻게 답할 것인가?

반박하려 하지 말고 약점을 솔직하게 인정하는 것이 좋으며, 약점이 오히려 강점이 될 수 있음을 말하는 것이 좋다.

Step 03 교육청·직종별 면접 기출

※ 울산교육청 · 부산교육청 · 경북교육청 · 경남교육청 · 아산교육청 · 충남교육청 실제 기출 포함

01 울산교육청 최근 면접 기출 질문

2022년 면접 기출

1. 학부모의 민원에 어떻게 대처할 것인지
2. 학기 초 돌봄교실에 적응하지 못하는 1학년 학생을 어떻게 대할 것인지
3. 돌봄교실 학생들 중에서 특수교육대상자 학생이 있다면 어떻게 할 것인지
4. 자신이 잘 모르는 업무에 대해 지시를 받았다면 어떻게 할 것인지
5. 교육공무직원으로 일하면서 업무가 적성에 맞지 않는다면 어떻게 할 것인지

2021년 면접 기출

1. 방과후전담사의 역할은 무엇인지
2. 울산광역시교육청이 추구하는 기본 방향은 무엇이라고 생각하는지
3. 본인의 업무에 있어서 가장 필요한 역량은 무엇이라고 생각하는지
4. 울산광역시 교육의 기본 방침에 교육복지 업무가 어떤 영향을 미치는지
5. 교육복지 업무 수행에 필요한 능력은 무엇이라고 생각하는지
6. 동료 교사와의 관계에서 중요한 것은 무엇이라고 생각하는지
7. 본인의 직무와 다른 업무를 지시 받았을 경우 어떻게 할 것인지
8. 동료 교사와의 협업을 이루기 위해 어떻게 할 것인지

2020년 면접 기출

1. 조리실무사는 어떻게 지원하게 되었는지
2. 식중독 오염을 방지하기 위한 방법
3. 동료와 업무 중 마찰이 생겼을 때 어떻게 대처할 것인지

02 부산교육청 최근 면접 기출 질문

2023년 면접 기출

• 특수교육실무원

1. 특수 교사는 장애가 있는 학생과의 관계에서 어떤 자세로 임해야 하는가?
2. 장애가 있는 학생이 실수로 교실에서 소변을 보았다면 어떻게 대처할 것인가?
3. 현장학습 시 발생할 수 있는 돌발 상황에는 어떤 자세로 대처하겠는가?
4. 자신의 장점과 교육공무직원으로서 그 장점을 학교에서 어떻게 발휘하겠는가?

2022년 면접 기출

• 특수교육실무원

1. 8시 30분에 등교 지도를 해야 하는데, 개인적인 사정으로 20분 정도 늦게 출근하게 되었다면 어떻게 대처하겠는가?
2. 특수교육대상 아동의 무단이탈을 예방할 수 있는 방법은?
3. 뇌전증 질환을 가진 학생이 발작했을 때 대처 방법은?
4. 특수교육실무원의 역할과 자세는?

• 돌봄전담사

1. 돌봄전담사의 업무와 자세
2. 돌봄전담사가 된다면 아이들에게 어떤 전담사가 되고 싶은가?
3. 돌봄교실을 주로 이용하는 저학년(1, 2학년)의 특성 3가지와 지도방법
4. 아이들의 귀가 시간이 다 다른데 어떻게 지도하겠는가?
5. 돌봄교실 운영 방안
6. 돌봄교실 환경구성 방안
7. 돌봄교실 안전관리 방안

• 교육실무원

1. 교육실무원의 자세
2. 학교 기록물 종류와 관리법
3. 정보공개법률에 따라 정보 공개가 원칙인데, 공개하지 않는 정보는 무엇이 있는가?
4. 교직원과 갈등 발생 시 대처법

• 조리원

1. 지원 동기
2. 식중독 예방법
3. 자신 있는 음식
4. 상사, 동료와 불화가 있을 때 대처법

2021년 면접 기출

• 특수교육실무원

1-1. 교육공무직 직원의 의무는 무엇인가?

1-2. 본인이 가장 중요하다고 생각하는 의무는 무엇인가?

2-1. 특수교육실무원으로서 전문적인 역량을 갖추기 위해 한 것은?

2-2. 어떤 특수교육실무원이 되겠는가?

3. 법적인 특수교육실무원의 역할
4. 동료와 갈등 발생 시 대처법
5. 자폐 아동 특징 2가지와 지도방안 3가지
6. 아동학대를 목격했다면 어떻게 할 것인가?

• 돌봄전담사

1. 불만을 가진 부모에게 전화가 왔을 경우 대응
2. 아이들의 정서적 안정을 위해 프로그램을 한 가지 만든다면?
3. 코로나 대응을 위해 돌봄교실에서 할 일과 비상시 대책
4. 연간운영계획표

03 직종별 면접 기출질문

2024년 늘봄실무사 / 늘봄행정실무사 / 늘봄교무행정실무원

부산교육청

1. 교실이 공사 중이라 운영이 어려울 때 대처 방법을 말해 보세요.
2. 급식, 안전, 생활 교육 중 가장 중요하게 생각하는 것과 그 지도 방법에 대해 5가지 이상 말해 보세요.
3. 학교 부근에 새 아파트 단지가 생겨서 입주할 학생이 많아질 경우, 가입학식 후 입학 절차가 어떻게 진행되는지 전담사로서 대응 방법에 대해 말해 보세요.
4. 학부모의 만족도를 높일 수 있는 운영 방안을 4가지 이상 말해 보세요.

경북교육청

1. 본인의 강점 3가지와 그 중에서 학생들에게 도움이 될 강점을 말해 보세요.
2. 어떤 프로그램을 지원할 수 있는지 4가지 분야를 말해 보세요.
3. 학생들의 안전을 위해 할 수 있는 것을 4가지 이상 말해 보세요.

4. 특수학생, 저소득층 학생, 다문화가정의 아이를 위해 할 수 있는 일을 3가지 이상 말해 보세요.
5. 여러 교직원들과 잘 지내기 위해서 어떻게 해야 할지 말해 보세요.

서울교육청

1. 늘봄실무사를 지원하게 된 동기를 말해 보세요.
2. 늘봄실무사의 역할에 대해 말해 보세요.
3. 본인의 강점 중에서 늘봄실무사로서 도움이 될 점을 말해 보세요.

조리원

경북교육청

1. 교차 오염에 대한 설명
2. 조리과정 중 온도체크 시기와 과정, 이유에 대한 설명
3. 육류와 어류의 전처리 과정 설명
4. 적정 배식을 위해 어떻게 해야 하는지
5. 조리원들과 업무 분담은 어떻게 할 것인지
6. 배식 중 아이들이 맛있는 반찬만 더 달라고 하고 맛없는 반찬은 안 받는다고 할 때 대처 방법

부산교육청

1. 조리원을 지원한 동기
2. 알레르기가 있는 학생을 위한 대처 방법
3. 단체 급식 경험이 있는지
4. 조리원이라는 직업에 대해 어떻게 생각하는지
5. 식중독을 예방하기 위한 방법

충남교육청

1. 직원(동료)과의 불화 시 대처 방법
2. 배식 중 조리된 음식이 모자랄 경우 대처 방법

특수교육실무원 · 특수교육지도사 · 특수교육보조원

경남교육청

1. 경남교육청의 슬로건
2. 교육공무직으로서의 자질과 덕목

3. 특수아동의 개인욕구지원
4. 특수교육실무원 역할에 맞는 자신의 장점
5. 3개월 수습기간 후 임용이 안 될 시에 어떻게 할 것인지

부산교육청

1. 특수교육실무원의 자질에 대하여 설명
2-1. 자폐아동의 특징에 대하여 설명
2-2. 지체장애 아동의 식사 지도 시 주의할 점
3-1. 아동의 문제행동 유형을 설명
3-2. 마스크를 착용하지 않으려는 아동을 어떻게 지도할 것인지
4. 특수 아동의 학부모와 잘 협업하기 위한 특수교사의 자세

기타교육청

1. 특수지도사의 업무 범위 및 하는 일
2. 특수교육지도사에 대한 생각과 직업관
3. 특수교육보조원의 자질
4. 특수교육실무원의 역할
5. 통합 교육의 장점
6. 개별화 교육에 대한 설명
7. 아이들의 돌발 행동 시 대처 방법
8. 아동이 위험에 빠졌을 때 대처 방법
9. 학부모 민원 발생 시 대처 방법
10. 담임과의 갈등 발생 시 해결 방법
11. 간질환 학생이 발작을 일으켰을 때 대처 방법
12. 휠체어를 탄 학생이 화장실, 식당 등으로 이동할 때 유의해야 할 점

돌봄전담사

경남교육청

1. 돌봄전담사의 주요 역할
2. 교육공무직원의 덕목
3. 퇴근 준비하고 있는데 업무가 생긴다면 어떻게 할 것인지
4. 학교 폭력 대응책에 대하여
5. 돌봄교실 귀가 지도에 대하여

부산교육청

1. 초등 돌봄교실의 필요성과 초등 돌봄전담사로서의 복무 자세
2. 친구를 자꾸 괴롭히는 학생이 있을 때 어떻게 지도할 것인지
3. 돌봄전담사의 역할 3가지와 가장 중요하다고 생각하는 것
4. 급식과 간식 배식 시 주의할 점

사무행정원 · 교무행정사

경남교육청

1. 경상남도교육청 브랜드 슬로건
2. 사무행정원의 업무는 무엇인가?
3. 교육공무직원이 갖추어야 할 자세와 가장 중요하게 생각해야 할 점
4. 민원인을 상대로 전화받는 방법과 절차에 대하여
5. 3개월 동안 수습하고 평점이 안 좋으면 채용이 안 될 수 있는데 그럴 경우 어떻게 할 것인지

아산교육청

1. 교육공무직원으로서의 자세 3가지
2. 교무행정사 제도의 좋은 점과 개선해야 할 점
3. 조직생활을 할 때 해야 할 것 2가지와 해서는 안 되는 것 2가지
4. 두 명의 상급자로부터 업무를 지시받았을 때 처리 방법

광주교육청

1. 교무행정지원에서 하는 업무
2. 교육공무직의 해당 직무들을 수행하기 위해 필요한 역량
3. 광주 교육공무직 관리 규정의 교육공무직 8가지 의무

충남교육청

1. 교육공무직에 지원한 동기와 본인의 자세
2. 교무행정사가 하는 업무는 무엇이고, 어떻게 수행할 것인지
3. 교무행정사가 되면 무엇을 잘할 수 있는지
4. 기한이 급한 업무가 있는데 민원인이 불만이 가득한 상태로 찾아왔을 때 대처 방법
5. 주말에 학교에서 행사가 있는데 의무 참석이 아닐 경우 어떻게 할 것인지
6. 상사가 부당한 명령을 했을 때 나와 의견이 다를 경우의 대처 방법
7. 학부모가 찾아와 화를 낼 때의 대처 방법
8. 지인이나 친구들에게 어떤 친구로 기억되고 싶은지
9. 직장 동료와 갈등이 발생할 경우의 해결 방법

학습문의 및 정오표 안내

저희 북스케치는 오류 없는 책을 만들기 위해 노력하고 있으나, 미처 발견하지 못한 잘못된 내용이 있을 수 있습니다. 학습하시다 문의 사항이 생기실 경우, 북스케치 이메일(booksk@booksk.co.kr)로 교재 이름, 페이지, 문의 내용 등을 보내주시면 확인 후 성실히 답변 드리도록 하겠습니다.
또한, 출간 후 발견되는 정오 사항은 북스케치 홈페이지(www.booksk.co.kr)의 도서정오표 게시판에 신속히 게재하도록 하겠습니다.
좋은 콘텐츠와 유용한 정보를 전하는 '간직하고 싶은 수험서'를 만들기 위해 늘 노력하겠습니다.

늘봄·교무행정실무사
울산광역시교육청
교육공무직원
소양평가 전 직종 대비

초판발행	2019년 11월 25일
개정4판발행	2023년 10월 10일
개정5판발행	2025년 01월 10일
지은이	취업채널
펴낸곳	**북스케치**
출판등록	제2022-000047호
주소	경기도 파주시 광인사길 193, 2층
전화	070-4821-5513
팩스	0303-0955-3012
학습문의	booksk@booksk.co.kr
홈페이지	www.booksk.co.kr
ISBN	979-11-94041-12-2

이 책은 저작권법의 보호를 받습니다.
수록된 내용은 무단으로 복제, 인용, 사용할 수 없습니다.
Copyright©booksk, 2025 Printed in Korea

북스케치

www.booksk.co.kr

북스케치
www.booksk.co.kr